面向十二五高职高专会计专业规划教材

会计信息系统项目教程
(用友 ERP-U8 V10.1)

郝雅静　刘　英　主　编

高锁军　刘海涛　李光宁　副主编

清华大学出版社

北　京

内 容 简 介

会计信息系统是会计专业知识和计算机知识相结合的一门新的学科，它是企业使用信息化处理手段来提升企业管理水平的必要工具，人们可以借助它处理日益复杂的会计核算和财务管理工作。目前，会计信息化被广泛应用在企业、事业、机关和团体中，而且是国家会计从业资格认证考试的必考科目之一。该课程属于会计类人才培养方案中的专业核心课程，并且体现了以就业为导向、以能力为本位、突出岗位群建设、实现双证融通的人才培养目标。

本书参照2006年颁布的《企业会计准则》，以2016年财政部颁发的会计从业资格考试大纲(2017年1月1日执行)为依据，以用友ERP-U8 V10.1软件为应用系统，通过完整化、系统化的综合案例，对总账管理系统、UFO报表系统、薪资管理系统、应收应付款管理系统、固定资产管理系统、采购与应付系统、销售与应收系统、库存管理系统和存货核算系统等内容，进行了全方位的阐述。

本书可作为高职高专院校会计专业的特色教材，同时也可作为其他会计类从业者的学习参考用书。

图书在版编目(CIP)数据

会计信息系统项目教程(用友ERP-U8 V10.1)/郝雅静，刘英主编. —北京：清华大学出版社，2017
(面向十二五高职高专会计专业规划教材)
ISBN 978-7-302-46746-5

Ⅰ. ①会…　Ⅱ. ①郝…　②刘…　Ⅲ. ①会计信息—财务管理系统—高等职业教育—教材　Ⅳ. ①F232

中国版本图书馆CIP数据核字(2017)第042987号

责任编辑：汤涌涛
装帧设计：杨玉兰
责任校对：周剑云
责任印制：李红英
出版发行：清华大学出版社
　网　　址：http://www.tup.com.cn, http://www.wqbook.com
　地　　址：北京清华大学学研大厦A座　　**邮　　编**：100084
　社 总 机：010-62770175　　**邮　　购**：010-62786544
　投稿与读者服务：010-62776969, c-service@tup.tsinghua.edu.cn
　质量反馈：010-62772015, zhiliang@tup.tsinghua.edu.cn
　课件下载：http://www.tup.com.cn, 010-62791865
印 装 者：清华大学印刷厂
经　　销：全国新华书店
开　　本：185mm×260mm　　**印　　张**：25.75　　**字　　数**：620千字
版　　次：2017年6月第1版　　**印　　次**：2017年6月第1次印刷
印　　数：1～2000
定　　价：56.00元

产品编号：072000-01

前言

会计信息系统是高职高专院校会计、会计信息管理和会计电算化等专业的入门课程和核心课程，是经济类学生参加会计从业资格认证考试的必考科目之一。随着社会的发展和科学技术的进步，越来越多的企事业单位采用计算机和会计相结合的电算化手段来处理会计核算及进行会计分析。这种操作手段的转变，要求会计类学生除了要扎实掌握会计基础知识之外，还要具备熟练使用计算机和会计软件进行日常会计工作的能力。

我们在多年职业院校会计专业教学经验的基础上，深入到用人单位和管理软件公司进行调研，结合高职高专学生的学习特点及培养要求，听取了会计行业、企业多名专家意见，紧紧围绕“岗位—课程—证书—素养”的高职院校人才培养目标，以学生的“能力培养，持续发展”为目的，结合会计岗位对基本技能和职业素养的要求，分析高职培养对象的现状，编写了这本体现高等职业教育特色的会计专业教材。

全书内容围绕财政部新修订的 2016 年从业资格考试大纲为依据，设计了 14 个项目共 58 个任务的仿真案例进行教学，将教材内容与会计电算化的实际工作有机结合起来，同时引入会计技能大赛中出现的一些易考、易错的知识点，能够有效地实现“教、学、做一体化”，全面提高学习者的会计电算化理论和实践技能水平。

本书内容丰富，结构设计新颖。每一项目均包含职业能力目标、典型工作任务、知识架构、项目小结和拓展闯关等版块，既可以满足教师循序渐进地讲解，也可以由学生自学掌握财务业务相关知识，降低了高职学生的学习难度，提高了学习兴趣。

本书由内蒙古机电职业技术学院郝雅静、刘英主编，内蒙古机电职业技术学院高锁军、刘海涛及企业专家李光宁担任副主编。具体分工如下：郝雅静编写项目 7、项目 10、项目 12 和项目 14，刘英编写项目 1～项目 5，高锁军编写项目 8、项目 11，刘海涛编写项目 6、项目 9、项目 13，李光宁负责案例的校对。全书由郝雅静负责总体架构的设计、修改、补充和定稿。在此对所有作者和专家表示诚挚的谢意！

本书是多位一线教师及各相关单位倾力合作与集体智慧的结晶，但由于编者的经验和水平有限，书中不足之处在所难免，恳请广大读者及同行批评指正，以促进我们进一步修订和完善。

编　者

目　　录

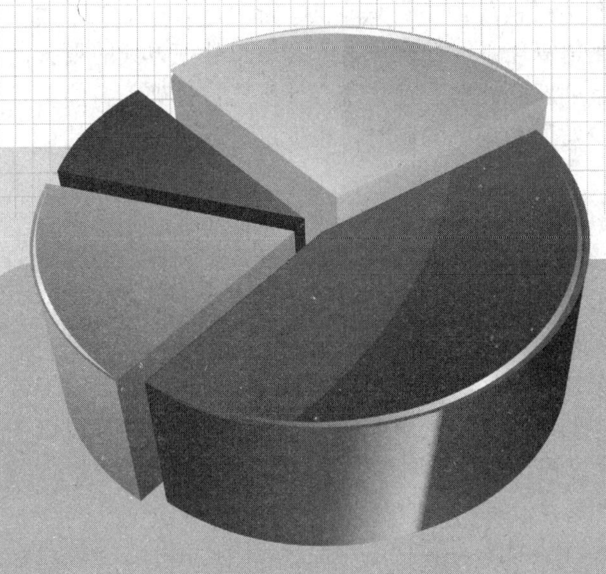

项目 1 会计信息系统概述

职业能力目标

了解会计信息系统的概念，熟悉会计电算化的功能。

知识架构

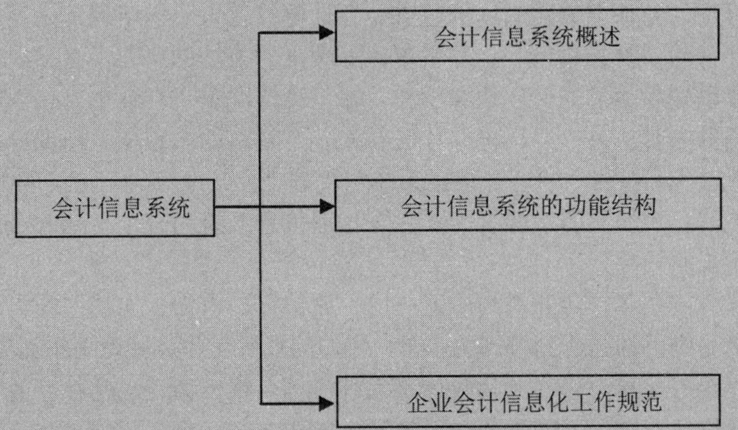

任务 1.1　会计信息系统概述

1.1.1　会计信息系统的来源及概念

1. 会计信息系统的来源

21 世纪是一个信息时代，会计工作作为经济生活不可缺少的一部分，必将更多地运用信息技术。会计信息处理从手工发展到电算化是会计操作技术和信息处理方式的重大变革。它对会计理论和会计方法提出一系列新的课题，使传统会计格局被打破，新的会计思想和理论逐渐确立，在推动会计自身发展和变革的同时，也促进会计信息系统的进一步完善和发展。

“会计电算化”一词最早出现于 1981 年 8 月，在财政部、第一机械工业部和中国会学会的支持下，中国人民大学和长春第一汽车制造厂联合召开了“财务、会计、成本应用电子计算机问题研讨会”，在这次会上第一次提出“会计电算化”的概念。当时是把“电子计算机在会计业务处理中的应用”简称为“会计电算化”。

从字面上讲，“会计电算化”是指会计业务处理电子计算机化，即会计业务处理工具由原来的算盘转变为电子计算机，其中的“化”字是一个动词，是指用电子计算机这个现代化的工具替代算盘、计算器的一个过程。“会计电算化”是一种通俗易懂的提法，人们很容易理解和接受，但对其内涵和外延并没有明确的定义。

30 多年来，“会计电算化”作为一种事业或奋斗目标，对促进我国计算机在会计业务处理中的应用起到了很大作用。随着计算机技术的深入发展和广泛普及，计算机学科对会计学科已经产生了深刻的影响。现在再回过头来讨论“会计电算化”一词，可以发现，它的含义已经得到了深化和延伸。现在人们所说的“会计电算化”与原来的含义相比已经发生了变化，现在所说的“会计电算化”不仅仅要求用计算机替代算盘和计算器来完成会计业务处理，而且还包括一个单位的会计电算化工作的规划与组织、会计电算化的实施与管理、会计电算化制度的建立、会计电算化人员的培训等内容，还要涉及会计核算、会计管理、财务决策和计算机审计等理论和方法的研究。它已经发展成为现代会计学与计算机技术交叉的一门边缘学科。在这种情况下“会计电算化”一词已经不能包含这个领域的内容了，“会计电算化”作为一个学科的名称或一门课程的名称都显得不合适了。所以我们主张用“会计信息系统”代替“会计电算化”，其理由有以下几点。

(1) 会计信息系统有明确的含义，它是管理信息系统的一个重要的子系统，是属于计算机信息系统的一部分。

(2) 计算机已在各行各业得到广泛应用，如银行、电力、交通、邮电和税收等，这些行业计算机的应用都已达到较高的水平，它们的业务工作、管理工作都离不开计算机，它们都使用“银行信息系统”“税收信息系统”等名称。会计也是社会的一个行业，我们使用“会计信息系统”可以与其他行业保持一致。

(3) 使用“会计信息系统”与国际上通用的会计信息系统 AIS(Accounting Information

System)的概念保持一致，这样便于国际上的交流。

2. 会计信息系统的概念

会计信息系统是以电子计算机为主要工具，利用现代化信息技术，对各种会计数据进行收集、处理、存储和分析，并为用户提供所需的各种会计核算信息和财务管理信息的计算机信息系统。它与其他信息系统的主要区别在于它的处理对象是会计数据。

会计信息系统作为企业管理信息系统的一个重要组成部分，其开发与使用的最终目标就是要满足企业现代化管理的需要，这就是说，在特定时期开发出的会计信息系统，其结构与功能必须要适应特定时期的企业管理体制。与此同时，计算机管理系统的开发与应用也会在一定程度上改变企业手工业务处理流程，促进企业管理的规范化和现代化，使企业管理进入一个更高层次。企业管理进入一个更高层次后，又会反过来要求会计信息系统在结构与功能上进一步发展，以适应企业更高层次管理模式的需要。因此，会计信息系统的发展与管理的发展是既相互适应又相互推动的关系。

1.1.2　会计信息系统的特征

由于会计信息系统有手工会计系统和基于计算机的会计信息系统之别，这里分别以手工会计系统和基于计算机的会计信息系统说明会计信息系统的特点，以比较不同处理手段给会计系统带来的区别。

1. 会计信息系统与手工会计系统的共同点

因为会计信息系统是在手工会计系统的基础上发展起来的，所以它们保持着以下的基本共同点。

(1) 系统目标相同。两个系统的最终目标都是为了加强经营管理，提供会计信息，参与经营决策，提高经济效益。

(2) 基本功能相同。任何一个系统要达到目标，都应具备信息的采集输入、存储、加工处理、输出和传输这五项功能。

(3) 基本的会计理论与方法相同。两系统均要遵循基本的会计理论与方法，并以此作为指导。

(4) 保存会计档案，编制会计报表要求相同。作为会计系统的输出，会计信息档案必须妥善保存，以便查询。会计报表必须按国家要求编制输出。

2. 会计信息系统与手工会计系统的区别

会计信息系统与手工会计系统的区别主要表现在以下几个方面。

(1) 运算工具不同。手工会计信息采用算盘、计算器，不能实现数据处理自动化，速度慢，容易出现差错；会计信息系统采用计算机，它与算盘相比运算速度快，能随时计算出中间结果和最终结果。

(2) 信息存储介质不同。手工会计系统以纸张为载体，占用空间大、查询烦琐；会计信息采用磁盘和光盘存储介质，占用空间小、查询检索方便。

(3) 簿记规则不同。手工会计系统的日记账和总账采用订本式账册，明细账用活页式，账簿记录的错误用划线法或红字更正法更正。会计信息系统的账页均用卷带式打印纸打印，可装订成活页式，登账后如发现数据有误，只能采用输入“更改凭证”进行修改，以便留下改动痕迹。

(4) 账务处理程序不同。手工会计系统根据企业的生产规模、经营方式和管理形式不同，采用不同的会计核算形式，对数据采用了分散收集、分散处理、重复登记的操作方法，通过多人员多环节进行内部牵制和相互核对，来减少舞弊和差错。会计信息系统采用了统一的核算形式，对数据采用集中收集、统一处理和数据共享的操作方法，由记账凭证登记日记账、明细账，通过汇总登记总账，编制并打印报表。在会计信息系统的数据处理流程中，只要输入的记账凭证是正确的，日记账、总账和明细账一定是正确的，不必进行相互核对，大大减少了工作量。

(5) 人员、组织体系及内部控制方式不同。手工会计系统中人员均为会计专业人员，按会计事务的需要，分为不同的专业组，如会计主管、现金出纳、工资组、固定资产核算组和材料核算组等，通过账证相符、账账相符和账实相符等内部控制来保证数据的正确。会计信息系统除了会计人员外，还有计算机软、硬件技术人员和操作人员，按数据的形态划分为数据收集审核、凭证编码、数据输入处理和输出以及系统维护等专业组，内部控制扩大到对人员、计算机设备、数据和程序等各个方面，而且要求更为严密。

1.1.3 会计信息系统的作用

会计信息系统主要有以下几个方面的作用。

1. 减轻财务人员的劳动强度，提高会计工作效率

会计信息系统的业务处理是通过各种业务处理程序，指挥计算机进行各种指令操作完成的。例如，原始数据的输入；建立数据文件替代手工操作的账簿来实现数据的存储；打印各种符合要求的报表；进行日常管理所需的各种查询。这些原来是靠人工进行的大部分计算、抄写等工作均由计算机来完成，而计算机的运算和处理的速度是人无法比拟的，因而大大提高了工作效率。

2. 提高会计工作质量，促进会计工作规范化

当一个单位应用了会计信息系统后，一方面解决了手工操作时对同一笔业务数据需要反复抄写，容易产生差错、遗漏等问题；另一方面，由于所使用的会计软件是经过许多专家严格评审通过的，系统运行时的数据处理是在软件严格地控制下进行的，它能保证数据处理的正确性；再一方面，应用会计信息系统以后，计算机所输出的财务报表都比较美观、清晰，信息的查询都十分方便，这些都体现了会计工作质量的提高。

由于会计信息系统在对数据的输入、处理和输出的全过程中，都有一系列的规范化要求，系统内部有严格的控制手段，操作人员必须按规范化要求进行操作。当出现操作错误时，系统会出现警告提示或拒绝接受该操作。这样在很大程度上解决了手工操作时的不规范等问题。

3. 促进会计工作职能的转变，提高会计人员的素质

会计的职能应具有事后的核算监督和事中的管理控制两大功能。在手工会计情况下，会计人员整天忙于繁重的数据处理事务，没有精力参与企业的财务管理控制问题，只有应用了会计信息系统以后，才能促进会计工作向管理控制的职能转变。财务的管理控制不仅需要及时地利用本期发生的各种数据，还需利用历史年度的数据。在手工操作情况下，要查找历史的会计数据是十分麻烦的，工作量也很大；应用了会计信息系统后，数据的查找就成为一件非常容易的事情。应用会计信息系统以后，会计人员不仅能够参与事中的管理控制，还有可能参与事前的预测决策工作。

4. 促进会计科学理论的深入研究

会计信息系统的应用不仅是会计数据处理工具的改变，而且会计数据处理流程、处理方法、系统内部控制方式和会计工作的组织结构等都要发生变化，这将对会计理论和方法都产生影响，从而将推进会计理论的研究和深入发展。例如，实施会计信息系统后，账簿的产生方式、存储方式和处理方式都发生了变化，这将直接导致账簿概念和分类方法发生变化。

5. 为企业的管理现代化奠定基础

企业的管理现代化包括管理思想、管理理论、管理方法和管理手段的现代化。企业的计算机管理信息系统水平是企业现代化程度的综合标志。而企业的会计信息系统是管理信息系统的重要组成部分。一个企业的会计信息量占企业管理信息总量的 60%～80%，而且是综合性的指标，涉及面广、辐射性强。因此，会计信息系统为企业管理的现代化奠定了基础，可带动企业管理现代化的进程。行业、地区实现了会计信息系统后，大量的经济信息资源就可以共享，通过联网系统就可以迅速了解各种经济技术指标的完成情况，会极大地提高经济信息的使用价值。

任务 1.2　会计信息系统的功能结构

1.2.1　会计软件的功能模块

一个会计信息系统的结构应当包括系统的硬件结构、软件结构和功能结构。会计信息系统的硬件结构和软件结构是根据系统的规模和企业的管理信息系统结构来确定的，中小型企事业单位可以采用单机系统结构，大中型企事业单位可以采用局部网络结构，大型集团公司或跨国公司则要采用基于 Internet 平台的网络结构。这里我们从应用角度，讨论会计信息系统的功能结构，即会计信息系统是由哪些功能子系统和功能模块组成的。

一个完整的会计信息系统应当由会计核算系统、财务管理系统和财务决策支持系统组成。它们分别满足业务操作层、管理控制层和计划决策层的用户要求。财务管理系统和财务决策支持系统涉及的因素较多，它们与企业管理信息系统的结构有密切关系，有不少单位正在研制和试用。这里我们着重讨论会计核算系统的功能结构。

在我国，会计核算系统已经有许多成熟的商品化财务软件，不同的行业会计核算系统的功能结构是有区别的。例如，工业企业的会计信息系统的功能模块一般包括：总账管理系统、应收款管理系统、应付款管理系统、固定资产管理系统、存货核算系统、工资核算系统、成本管理系统、资金管理系统、财务报表系统和财务分析系统等模块，每个模块又有下级模块，形成了一个完整的会计信息系统的功能模块体系，如图 1.1 所示。

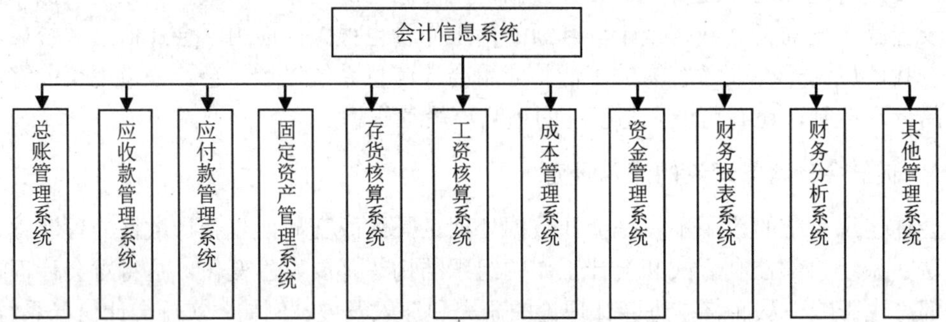

图 1.1　会计信息系统的功能模块

1. 总账管理系统

总账管理系统即账务处理模块，通常由以下基本功能模块组成：系统初始化、凭证处理、记账、银行对账、账表查询与打印输出、期末处理和系统维护等。账务处理模块是会计软件系统的核心模块，可以与其他功能模块和业务无缝对接，实现数据共享，其他功能模块与会计处理相关的数据最终要归集到账务处理模块。

2. 应收款、应付款管理模块

应收款、应付款管理模块以发票、费用单据、其他应收单据和应付单据等原始单据为依据，记录销售、采购业务所形成的往来款项，处理应收、应付款项的收回、支付和转账，进行账龄分析和坏账估计及冲销，并对往来业务中的票据、合同进行管理，同时提供统计分析、打印和查询功能，以及与采购管理、销售管理、账务处理等模块进行数据传递功能。

3. 固定资产管理模块

固定资产管理模块主要是以固定资产卡片和固定资产明细账为基础，实现固定资产的会计核算、折旧计提和分配、设备管理等功能，同时提供了固定资产按类别、使用情况、所属部门和价值结构等进行分析、统计和各种条件下的查询、打印功能，以及该模块与其他模块的数据接口管理。

4. 存货核算模块

存货核算模块以供应链模块产生的入库单、出库单和采购发票等核算单据为依据，核算存货的出入库和库存金额、余额；确认采购成本，分配采购费用，确认销售收入、成本和费用，并将核算完成的数据按照需要，分别传递到成本管理模块和账务处理模块。

5. 工资核算模块

工资核算模块是进行工资管理和核算的模块，该模块以人力资源管理提供的员工及其工资的基本数据为依据，完成员工工资数据的收集，员工工资的核算，工资发放，工资费用的汇总和分摊，个人所得税计算，以及按照部门、项目、个人时间等条件进行工资分析、查询和打印输出，以及该模块与其他模块的数据接口管理。

6. 成本管理模块

成本管理模块可提供成本核算、成本分析和成本预测功能，满足会计核算的事前预测和事后核算分析的需要。

7. 财务报表模块

财务报表模块与其他模块相连，可以根据会计核算的数据，生成各种内部报表、外部报表和汇总报表，并根据报表数据分析报表，以及生成各种分析图。在网络环境下，很多财务报表模块同时提供了远程报表的汇总、数据传输、检索查询和分析处理等功能。

8. 其他管理模块

根据企业管理的实际需要，其他管理模块一般包括领导查询模块和决策支持模块等。

上述各模块即相互联系又相互独立，有着各自的目标和任务，它们共同构成了会计软件，实现了会计软件的总目标。

1.2.2　会计软件各功能模块之间的数据联系

会计软件是由各个功能模块共同组成的有机整体，为实现相应功能，各个功能模块之间根据会计业务流程进行数据交换，如图 1.2 所示。

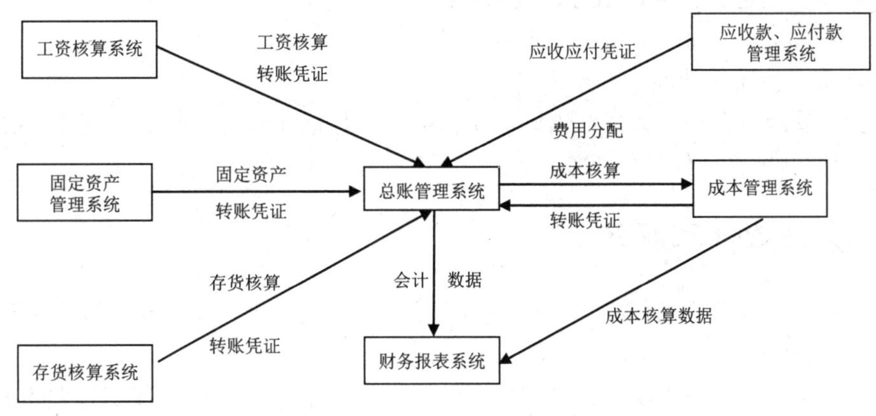

图 1.2　各功能模块之间的数据关系图

任务 1.3　企业会计信息化工作规范

1.3.1　总则

第一条 为推动企业会计信息化，节约社会资源，提高会计软件和相关服务质量，规范信息化环境下的会计工作，根据《中华人民共和国会计法》《财政部关于全面推进我国会计信息化工作的指导意见》(财会〔2009〕6 号)，制定本规范。

第二条 本规范所称会计信息化，是指企业利用计算机、网络通信等现代信息技术手段开展会计核算，以及利用上述技术手段将会计核算与其他经营管理活动有机结合的过程。

本规范所称会计软件，是指企业使用的，专门用于会计核算、财务管理的计算机软件、软件系统或者其功能模块。

会计软件具有以下功能。

(一)为会计核算、财务管理直接采集数据；

(二)生成会计凭证、账簿、报表等会计资料；

(三)对会计资料进行转换、输出、分析、利用。

本规范所称会计信息系统，是指由会计软件及其运行所依赖的软硬件环境组成的集合体。

第三条 企业(含代理记账机构，下同)开展会计信息化工作，软件供应商(含相关咨询服务机构，下同)提供会计软件和相关服务，适用本规范。

第四条 财政部主管全国企业会计信息化工作，主要职责包括：

(一)拟订企业会计信息化发展政策；

(二)起草、制定企业会计信息化技术标准；

(三)指导和监督企业开展会计信息化工作；

(四)规范会计软件功能。

第五条 县级以上地方人民政府财政部门管理本地区企业会计信息化工作，指导和监督本地区企业开展会计信息化工作。

1.3.2　会计软件和服务

第六条 会计软件应当保障企业按照国家统一会计准则制度开展会计核算，不得有违背国家统一会计准则制度的功能设计。

第七条 会计软件的界面应当使用中文并且提供对中文处理的支持，可以同时提供外国或者少数民族文字界面对照和处理支持。

第八条 会计软件应当提供符合国家统一会计准则制度的会计科目分类和编码功能。

第九条 会计软件应当提供符合国家统一会计准则制度的会计凭证、账簿和报表的显示和打印功能。

第十条　会计软件应当提供不可逆的记账功能，确保对同类已记账凭证的连续编号，不得提供对已记账凭证的删除和插入功能，不得提供对已记账凭证日期、金额、科目和操作人的修改功能。

第十一条　鼓励软件供应商在会计软件中集成可扩展商业报告语言(XBRL)功能，便于企业生成符合国家统一标准的 XBRL 财务报告。

第十二条　会计软件应当具有符合国家统一标准的数据接口，满足外部会计监督需要。

第十三条　会计软件应当具有会计资料归档功能，提供导出会计档案的接口，在会计档案存储格式、元数据采集、真实性与完整性保障方面，符合国家有关电子文件归档与电子档案管理的要求。

第十四条　会计软件应当记录生成用户操作日志，确保日志的安全、完整，提供按操作人员、操作时间和操作内容查询日志的功能，并能以简单易懂的形式输出。

第十五条　以远程访问、云计算等方式提供会计软件的供应商，应当在技术上保证客户会计资料的安全、完整。对于因供应商原因造成客户会计资料泄露、毁损的，客户可以要求供应商承担赔偿责任。

第十六条　客户以远程访问、云计算等方式使用会计软件生成的电子会计资料归客户所有。

软件供应商应当提供符合国家统一标准的数据接口供客户导出电子会计资料，不得以任何理由拒绝客户导出电子会计资料的请求。

第十七条　以远程访问、云计算等方式提供会计软件的供应商，应当做好本厂商不能维持服务情况下，保障企业电子会计资料安全以及企业会计工作持续进行的预案，并在相关服务合同中与客户就该预案做出约定。

第十八条　软件供应商应当努力提高会计软件相关服务质量，按照合同约定及时解决用户使用中的故障问题。

会计软件存在影响客户按照国家统一会计准则制度进行会计核算问题的，软件供应商应当为用户免费提供更正程序。

第十九条　鼓励软件供应商采用呼叫中心、在线客服等方式为用户提供实时技术支持。

第二十条　软件供应商应当就如何通过会计软件开展会计监督工作，提供专门教程和相关资料。

1.3.3　企业会计信息化

第二十一条　企业应当充分重视会计信息化工作，加强组织领导和人才培养，不断推进会计信息化在本企业的应用。

第二十二条　企业开展会计信息化工作，应当根据发展目标和实际需要，合理确定建设内容，避免投资浪费。

第二十三条　企业开展会计信息化工作，应当注重信息系统与经营环境的契合，通过信息化推动管理模式、组织架构、业务流程的优化与革新，建立健全适应信息化工作环境的制度体系。

第二十四条 大型企业、企业集团开展会计信息化工作，应当注重整体规划，统一技术标准、编码规则和系统参数，实现各系统的有机整合，消除信息孤岛。

第二十五条 企业配备的会计软件应当符合本规范会计软件和服务中的要求。

第二十六条 企业配备会计软件，应当根据自身技术力量以及业务需求，考虑软件功能、安全性、稳定性、响应速度、可扩展性等要求，合理选择购买、定制开发、购买与开发相结合等方式。

定制开发包括企业自行开发、委托外部单位开发、企业与外部单位联合开发。

第二十七条 企业通过委托外部单位开发、购买等方式配备会计软件，应当在有关合同中约定操作培训、软件升级、故障解决等服务事项，以及软件供应商对企业信息安全的责任。

第二十八条 企业应当促进会计信息系统与业务信息系统的一体化，通过业务的处理直接驱动会计记账，减少人工操作，提高业务数据与会计数据的一致性，实现企业内部信息资源共享。

第二十九条 企业应当根据实际情况，开展本企业信息系统与银行、供应商、客户等外部单位信息系统的互联，实现外部交易信息的集中自动处理。

第三十条 企业进行会计信息系统前端系统的建设和改造，应当安排负责会计信息化工作的专门机构或者岗位参与，充分考虑会计信息系统的数据需求。

第三十一条 企业应当遵循企业内部控制规范体系要求，加强对会计信息系统规划、设计、开发、运行、维护全过程的控制，将控制过程和控制规则融入会计信息系统，实现对违反控制规则情况的自动防范和监控，提高内部控制水平。

第三十二条 对于信息系统自动生成、且具有明晰审核规则的会计凭证，可以将审核规则嵌入会计软件，由计算机自动审核。未经自动审核的会计凭证，应当先经人工审核再进行后续处理。

第三十三条 处于会计核算信息化阶段的企业，应当结合自身情况，逐步实现资金管理、资产管理、预算控制、成本管理等财务管理信息化。

处于财务管理信息化阶段的企业，应当结合自身情况，逐步实现财务分析、全面预算管理、风险控制、绩效考核等决策支持信息化。

第三十四条 分公司、子公司数量多、分布广的大型企业、企业集团应当探索利用信息技术促进会计工作的集中，逐步建立财务共享服务中心。

实行会计工作集中的企业以及企业分支机构，应当为外部会计监督机构及时查询和调阅异地储存的会计资料提供必要条件。

第三十五条 外商投资企业使用的境外投资者指定的会计软件或者跨国企业集团统一部署的会计软件，应当符合本规范会计软件和服务中的要求。

第三十六条 企业会计信息系统数据服务器的部署应当符合国家有关规定。数据服务器部署在境外的，应当在境内保存会计资料备份，备份频率不得低于每月一次。境内备

份的会计资料应当能够在境外服务器不能正常工作时，独立满足企业开展会计工作的需要以及外部会计监督的需要。

第三十七条　企业会计资料中对经济业务事项的描述应当使用中文，可以同时使用外国或者少数民族文字对照。

第三十八条　企业应当建立电子会计资料备份管理制度，确保会计资料的安全、完整和会计信息系统的持续、稳定运行。

第三十九条　企业不得在非涉密信息系统中存储、处理和传输涉及国家秘密，关系国家经济信息安全的电子会计资料；未经有关主管部门批准，不得将其携带、寄运或者传输至境外。

第四十条　企业内部生成的会计凭证、账簿和辅助性会计资料，同时满足下列条件的，可以不输出纸面资料：

(一)所记载的事项属于本企业重复发生的日常业务；

(二)由企业信息系统自动生成；

(三)可及时在企业信息系统中以人类可读形式查询和输出；

(四)企业信息系统具有防止相关数据被篡改的有效机制；

(五)企业对相关数据建立了电子备份制度，能有效防范自然灾害、意外事故和人为破坏的影响；

(六)企业对电子和纸面会计资料建立了完善的索引体系。

第四十一条　企业获得的需要外部单位或者个人证明的原始凭证和其他会计资料，同时满足下列条件的，可以不输出纸面资料：

(一)会计资料附有外部单位或者个人的、符合《中华人民共和国电子签名法》的可靠的电子签名；

(二)电子签名经符合《中华人民共和国电子签名法》的第三方认证；

(三)满足第四十条第(一)项、第(三)项、第(五)项和第(六)项规定的条件。

第四十二条　企业会计资料的归档管理，遵循国家有关会计档案管理的规定。

第四十三条　实施企业会计准则通用分类标准的企业，应当按照有关要求向财政部报送 XBRL 财务报告。

1.3.4　监督

第四十四条　企业使用会计软件不符合本规范要求的，由财政部门责令限期改正。限期不改的，财政部门应当予以公示，并将有关情况通报同级相关部门或其派出机构。

第四十五条　财政部采取组织同行评议、向用户企业征求意见等方式对软件供应商提供的会计软件遵循本规范的情况进行检查。

第四十六条　软件供应商提供的会计软件不符合本规范要求的，财政部可以约谈该供应商主要负责人，责令限期改正。限期内未改正的，由财政部予以公示，并将有关情况通报相关部门。

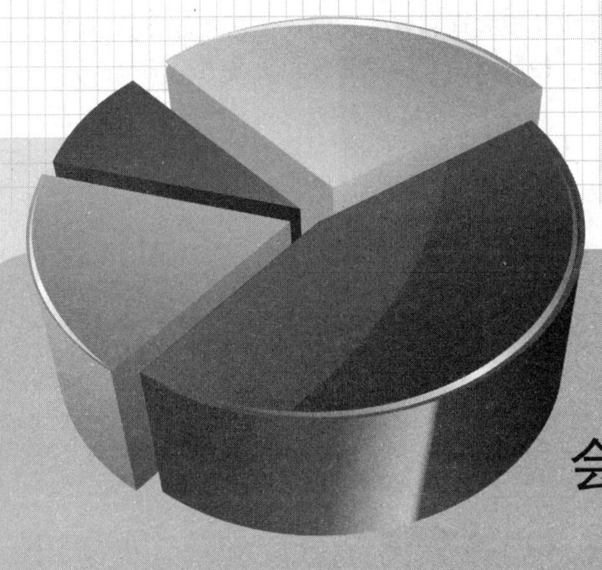

项目 2 会计软件的运行环境

职业能力目标

- 了解会计软件的运行环境
- 掌握会计软件的一般应用流程

知识架构

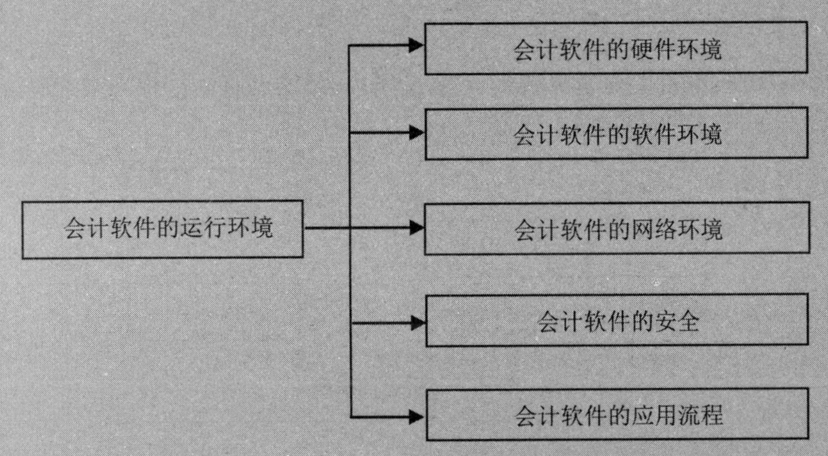

任务 2.1　会计软件的硬件环境

会计软件的运行环境包括硬件环境和软件环境。硬件环境是计算机工作的物质基础，软件环境是计算机的灵魂。

2.1.1　硬件设备

计算机硬件是构成计算机系统的物理实体或物理装置。按照冯·诺依曼计算机体系结构，计算机硬件包括输入设备、运算器、控制器、存储器和输出设备五个部分，其工作原理如图 2.1 所示。

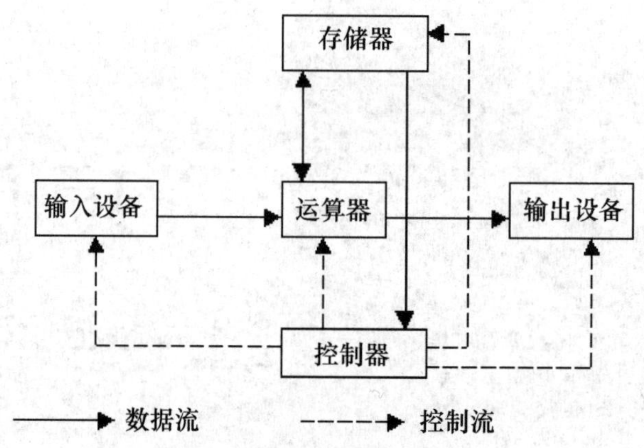

图 2.1　计算机系统的工作原理

1. 输入设备

输入设备是将数据和程序输入到计算机的设备；计算机常见的输入设备有键盘、鼠标、光电自动扫描仪、条形码扫描仪(又称扫码器)、二维码识读设备、POS 机、芯片读卡器、语音输入设备和手写输入设备等。

2. 中央处理器

中央处理器(Central Process Unit，CPU)是计算机的心脏，也称为微处理器，主要由运算器和控制器组成，如图 2.2 所示。

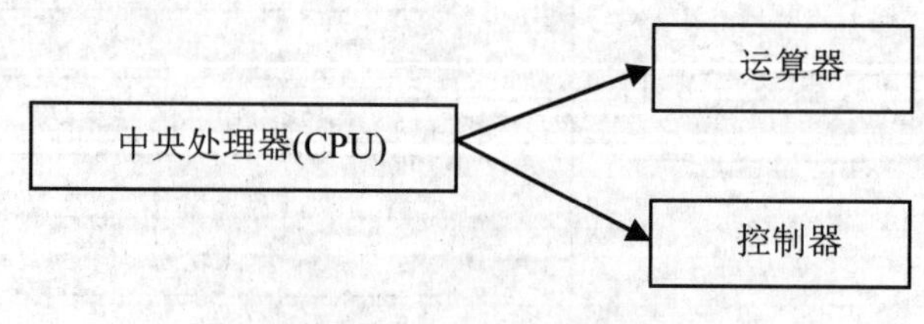

图 2.2　CPU 的组成

(1) 控制器：从内存储器中读取指令，并控制计算机的各部分，完成指令所指定的工作。指令是指能被计算机识别并执行的二进制代码，用于完成某一特定的操作。计算机指令通常用二进制代码形式表示。

(2) 运算器：在控制器的指挥下，按指令的要求从内存储器中读取数据，完成运算，再将运算的结果保存到内存储器中的指定地址。

3. 存储器

存储器是用来存放数据的设备。存储器又分为内存储器和外存储器，如图 2.3 所示。

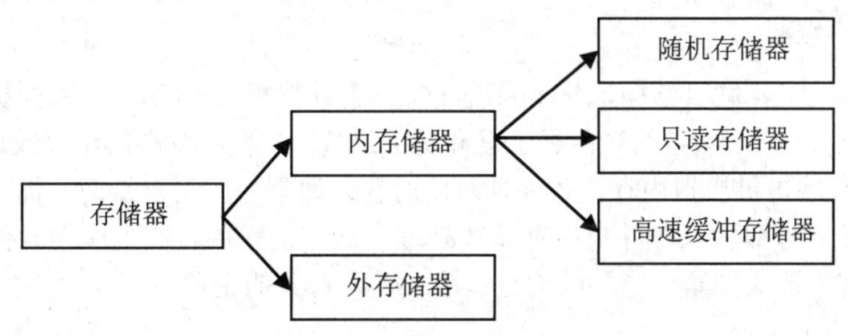

图 2.3　存储器的组成

内存储器也叫作主存，是计算机的数据存储中心，主要用来存储程序及等待处理的数据，可与 CPU 直接交换数据。

在计算机中，内存由 RAM(Random Access Memory，随机存储器)、ROM (Read Only Memory，只读存储器)和 Cache(高速缓冲存储器)三部分组成。其中，RAM 的容量占总内存容量的绝大部分，而 ROM 和 Cache 的容量只占很小的一部分，因此，人们常把 RAM 称为内存。

4. 输出设备

输出设备是将计算机处理结果或处理过程中的有关信息交付给用户的设备。计算机常见的输出设备有显示器和打印机。

在会计软件中，显示器既可以显示用户在系统中输入的各种命令和信息，也可以显示系统生成的各种会计数据和文件；打印机一般用于打印输出各类凭证、账簿、财务报表等各种会计资料。

2.1.2　硬件结构

会计信息系统中常见的硬件结构有单机结构、多机松散结构、多用户结构和网络结构四种形式。

1. 单机结构

单机结构属于单用户工作方式，一台微机同一时刻只能一人使用。单机结构的优点是使用简单、配置成本低，数据共享程度高，一致性好；缺点是集中输入速度低，不能同时允许多个成员进行操作，并且不能进行分布式处理。这种结构适用于数据输入量小的企业。

2. 多机松散结构

多机松散结构是指有多台微机，但每台微机都有相应的输入输出设备，每台微机仍属单机结构，各台微机不发生直接的数据联系，而是通过磁盘、光盘、U 盘和移动硬盘等传送数据。多机松散结构的优点是输入输出集中程度高，速度快；缺点是数据共享性能差，系统整体效率低。这种结构适用于输入量较大的企业。

3. 多用户结构

多用户结构又称联机结构，整个系统配备一台计算机主机(通常是中型机，目前也有较高档的微机)和多个终端(终端由显示器和键盘组成)。主机与终端的距离较近(0.1 千米左右)，并为各终端提供虚拟内存，各终端可同时输入数据。多用户结构的优点是会计数据可以通过各终端分散输入，并集中存储和处理；缺点是费用较高，应用软件较少，主机负载过大，容易形成拥塞。这种结构也适用于输入量大的企业。

4. 网络结构

网络结构，是由一台服务器(通常是高档微机)将许多中低档微机连接在一起(由网络接口卡、通信电缆连接)，相互通信、共享资源，组成一个功能更强的计算机网络系统。网络结构通常分为客户机/服务器结构和浏览器/服务器结构两种，主要适用于大中型企业。

1) 客户机/服务器(C/S)结构

客户机/服务器结构模式下，服务器配备大容量存储器并安装数据库管理系统，负责会计数据的定义、存取、备份和恢复，客户端安装专用的会计软件，负责会计数据的输入、运算和输出。C/S 结构的优点是技术成熟、响应速度快、适合处理大量数据；缺点是系统客户端软件安装维护的工作量大，且数据库的使用一般仅限于局域网的范围内。

2) 浏览器/服务器(B/S)结构

浏览器/服务器结构模式下，服务器是实现会计软件功能的核心部分，客户机上只需安装一个浏览器，用户通过浏览器向分布在网络上的服务器发出请求，服务器对浏览器的请求进行处理，将用户所需信息返回到浏览器。B/S 结构的优点是维护和升级方式简单，运行成本低；缺点是应用服务器运行数据负荷较重。

任务 2.2　会计软件的软件环境

2.2.1　软件的类型

1. 系统软件

系统软件是用来控制计算机运行，管理计算机的各种资源，并为应用软件提供支持

和服务的一类软件。

1)　操作系统

操作系统是计算机系统中硬件、软件资源的“大管家”和“总指挥部”。它控制和管理计算机系统内各种硬件资源和软件资源，合理有效地组织计算机系统的工作，为用户提供一个使用方便、可扩展的工作环境，从而起到连接计算机和用户的接口作用的系统软件。

操作系统是系统软件中的核心软件，是计算机裸机(硬件)与应用程序(软件)及用户之间的桥梁，没有操作系统的计算机，不能进行任何操作。

目前，常见的操作系统有 Windows、UNIX、Linux、Android 和 iOS 等。

2)　数据库管理系统

数据库是指按一定的方式组织起来的数据的集合，它具有数据冗余度小、可共享等特点。数据库管理系统是一种操作和管理数据库的大型软件。我们所学习的会计软件是基于数据库系统的应用软件。

目前，常用的数据库管理系统有 Oracle、Sybase、SQL Server、Visual FoxPro、Informix 和 Access 等。

3)　支撑软件

支撑软件是指为配合应用软件有效运行而使用的工具软件，它是软件系统的一个重要组成部分。

它主要包括编辑程序、调试程序、装备和连接程序、纠错程序、诊断程序和杀病毒程序等。

4)　语言处理程序

语言处理程序包括汇编程序、解释程序和编译程序等，其任务是将用汇编语言或高级语言编写的程序，翻译成计算机硬件能够直接识别和执行的机器指令代码。

2. 应用软件

应用软件是为解决各类实际问题而专门设计的软件，会计软件属于应用软件。常用的应用软件主要有以下几类。

(1)　办公类软件：Word、Excel、PPT 和 WPS。

(2)　图像处理软件：Photoshop、会声会影、美图秀秀和微软的画图。

(3)　媒体播放软件：Windows Media Player、Real Player、暴风影音、QQ 影音和百度影音。

(4)　网络通信软件：微信、Foxmail、QQ 和飞信。

(5)　翻译软件：金山词霸、百度词典和有道词典。

(6)　财务软件：用友、金蝶、管家婆和速达等。

各类软件之间的关系如图 2.4 所示。

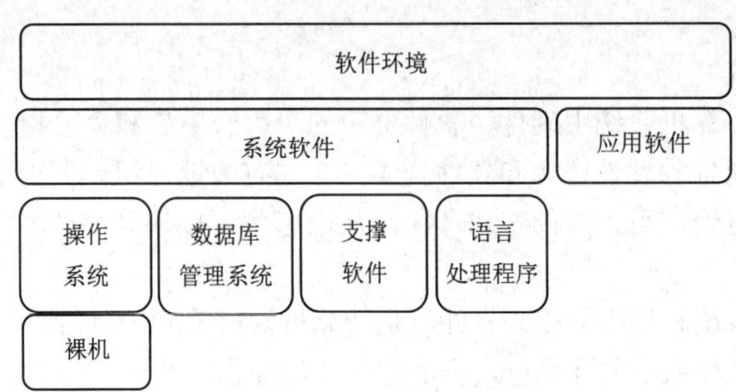

图 2.4　软件环境的组成

2.2.2　安装会计软件的前期准备

在安装会计软件前，技术支持人员必须首先确保计算机的操作系统符合会计软件的运行要求。某些情况下，技术支持人员应该事先对操作系统进行一些简单的配置，以确保会计软件正常运行。

在检查并设置完操作系统后，技术支持人员需要安装数据库管理系统。

会计软件的正常运行需要某些支撑软件的辅助，因此，在设置完操作系统并安装完数据库管理系统后，技术支持人员应该安装计算机缺少的支撑软件。

在安装完操作系统和相应支撑软件后才可以安装会计软件，同时需要考虑会计软件与数据库管理系统的兼容性。

任务 2.3　会计软件的网络环境

2.3.1　计算机网络基本知识

1. 计算机网络的概念与功能

计算机网络是以硬件资源、软件资源和信息资源共享以及信息传递为目的，在统一的网络协议控制下，将地理位置分散的许多独立的计算机系统连接在一起所形成的网络。

计算机网络的功能主要体现在资源共享、数据通信和分布处理等三个方面。

(1)　资源共享。在计算机网络中，各种资源可以相互通用，用户可以共同使用网络中的软件、硬件和数据。

(2)　数据通信。计算机网络可以实现各计算机之间的数据传送，可以根据需要对这些数据进行集中与分散管理。

(3)　分布处理。当计算机中的某个计算机系统负荷过重时，可以将其处理的任务传送到网络中较空闲的其他计算机系统中，以提高整个系统的利用率。

2. 计算机网络的分类

按照覆盖的地理范围，计算机网络可以分为局域网、城域网和广域网三类。

1)　局域网

局域网(LAN)是一种在小区域内使用的，由多台计算机组成的网络，覆盖范围通常局限在 10 千米范围之内，属于一个单位或部门组建的小范围网。

2)　城域网

城域网(MAN)是作用范围在广域网与局域网之间的网络，其网络覆盖范围通常可以延伸到整个城市，借助通信光纤将多个局域网连通公用城市网络形成大型网络，使得不仅局域网内的资源可以共享，局域网间的资源也可以共享。

3)　广域网

广域网(WAN)是一种远程网，涉及长距离的通信，覆盖范围可以是一个国家或多个国家，甚至整个世界。由于广域网地理上的距离可以超过几千千米，所以信息衰减非常严重，这种网络一般要租用专线，通过接口信息处理协议和线路连接起来，构成网状结构，解决寻径问题。

2.3.2　会计信息系统的网络组成部分

会计信息系统的网络组成部分主要包括服务器、客户机和网络连接设备。

1. 服务器

服务器，是网络环境中的高性能计算机，它侦听网络上其他计算机(客户机)提交的服务请求，并提供相应的服务，控制客户端计算机对网络资源的访问，并能存储、处理网络上大部分的会计数据和信息。服务器的性能必须适应会计软件方面的运行要求，其硬件配置一般高于普通客户机。

2. 客户机

客户机又称用户工作站，是连接到服务器的计算机，能够享受服务器提供的各种资源和服务。会计人员通过客户机使用会计软件，因此，客户机性能也必须适应会计软件的运行要求。

3. 网络连接设备

网络连接设备是把网络通信线路连接起来的各种设备，包括中继器、交换机和路由器等。

任务 2.4　会计软件的安全

2.4.1　安全使用会计软件的基本要求

常见的非规范化操作包括密码与权限管理不当、会计档案保存不当以及未按照正常操作规范运行软件等。这些操作可能威胁会计软件的安全运行。

1. 严格管理账套使用权限

在使用会计软件时，用户应该对账套使用权限进行严格管理，防止数据外泄；用户不能随便让他人使用电脑；在离开电脑时，必须立即退出会计软件，以防止他人偷窥系统数据。

2. 定期打印备份重要的账簿和报表数据

为防止硬盘上的会计数据遭到意外或被人为破坏，用户需要定期将硬盘数据备份到其他磁性介质上(如 U 盘、光盘等)。在月末结账后，对本月重要的账簿和报表数据还应该打印备份。

需要打印的会计电算化档案包括以下几个方面。

(1) 现金日记账和银行日记账要求每天打印输出，做到日清月结。

(2) 明细账要求每年打印一次或在需要时打印。

(3) 总账、报表一般每月打印一次。

(4) 相关凭证、报表应有签名和盖章。

(5) 系统开发资料，如系统说明书、软件测试报告、编码说明和代码清单等，保管期应截止到该系统停止使用或有重大更改之后的 5 年。

3. 严格管理软件版本升级

对会计软件进行升级的原因主要包括以下几个方面。

(1) 因改错而升级版本。

(2) 因功能改进和扩充而升级版本。例如，用友 T3 升级后增加“生产管理”模块，金蝶 KIS 专业版 13.0 集成企业 QQ 功能。

(3) 因运行平台升级而升级版本。例如，Windows XP 系统升级至 Windows 7 系统，数据库管理系统和会计软件均可能需要升级。经过对比审核，如果新版软件更能满足实际需要，企业应该对其进行升级。

2.4.2 计算机病毒的防范

计算机病毒是指编制者在计算机程序中插入的破坏计算机功能或数据，影响计算机使用并且能够自我复制的一组计算机指令或程序代码。

1. 计算机病毒的特点

计算机病毒具有以下几个方面的特点。

1) 寄生性

寄生在正常的程序中，跟随正常程序一起运行激活。

2) 传染性

具有自我复制到其他程序中的特性。

3) 潜伏性

一般不立即发作，具有一定的潜伏期，在某一时间集中大规模爆发。

4)　隐蔽性

病毒程序隐藏在引导区或者文件中，与正常程序不容易区分出来。感染病毒后，用户不会感到任何异常。

5)　破坏性

电脑运行速度变慢、死机、蓝屏；增删改正常的数据、文件。

6)　可触发性

满足预先设定的触发条件，自动感染或破坏；如果不满足，病毒继续潜伏。例如，Jerusalem(黑色星期五)病毒的触发条件之一是：如果计算机系统日期是 13 日并且是星期五，则病毒发作，并删除任何一个在计算机上运行的 com 文件或 exe 文件。

2. 计算机病毒的类型

1)　按计算机病毒的破坏能力分类

计算机病毒可分为良性病毒和恶性病毒。良性病毒是指那些只占有系统 CPU 资源，但不破坏系统数据，不会使系统瘫痪的计算机病毒。与良性病毒相比，恶性病毒对计算机系统的破坏力更大，包括删除文件、破坏盗取数据、格式化硬盘和使系统瘫痪等。

2)　按计算机病毒存在的方式分类

计算机病毒可分为引导型病毒、文件病毒和网络病毒。引导型病毒是在系统开机时进入内存后控制系统，进行病毒传播和破坏活动；文件型病毒是感染计算机存储设备中的可执行文件，当执行该文件时，再进入内存、控制系统，进行病毒传播和破坏活动；网络病毒是通过计算机网络传播感染网络中的可执行文件的病毒，主要通过网络的服务器访问、电子邮件收发，以及 FTP 文件互换、磁盘共享与交换等形式进行传播。

3. 导致病毒感染的人为因素

不规范的网络操作可能导致计算机感染病毒，其主要途径包括浏览不安全网页、下载被病毒感染的文件或软件，接收被病毒感染的电子邮件、使用即时通信工具等。此外，使用来历不明的硬盘和 U 盘，也容易使计算机感染病毒。

4. 感染计算机病毒的主要症状

当计算机感染病毒时，系统会表现出一些异常症状，主要有：

(1)　系统启动时间比平时长，运行速度减慢；

(2)　系统经常无故发生死机现象；

(3)　系统异常重新启动；

(4)　计算机存储系统的存储容量异常减少，磁盘访问时间比平时长；

(5)　系统不识别硬盘；

(6)　文件的日期、时间、属性、大小等发生变化；

(7)　打印机等一些外部设备工作异常；

(8)　程序或数据丢失、文件损坏；

(9)　系统的蜂鸣器出现异常响声；

(10) 其他异常现象。

5. 防范计算机病毒的措施

防范计算机病毒的措施主要包括：

(1) 规范使用U盘的操作，在使用外来U盘时应该首先用杀毒软件检查是否有病毒，确认无病毒后再使用；

(2) 使用正版软件，杜绝购买盗版软件；

(3) 谨慎下载与接收网络上的文件和电子邮件；

(4) 经常升级杀毒软件；

(5) 在计算机上安装防火墙；

(6) 经常检查系统内存；

(7) 计算机系统要专机专用，避免使用其他软件。

6. 计算机病毒的检测与清除

1) 计算机病毒的检测

发现病毒是清除病毒的前提。计算机病毒的检测方法通常有两种：一种是人工检测，通过一些软件工具进行病毒检测。这种方法需要检测者熟悉机器指令和操作系统，因而不易普及。另一种是自动检测，即通过一些诊断软件来判断一个系统或一个软件是否有计算机病毒。自动检测比较简单，一般用户都可以进行。

2) 计算机病毒的清除

计算机病毒的清除主要依赖于杀毒软件，通过运行软件的杀毒功能进行病毒的清除。除此以外，也可以通过重新安装操作系统清除计算机病毒。

2.4.3 计算机黑客的防范

计算机黑客是指通过计算机网络非法进入他人系统的计算机入侵者。他们对计算机技术和网络技术非常精通，能够了解系统的漏洞及其原因所在，通过非法闯入计算机网络来窃取机密信息，毁坏某个信息系统。

1. 黑客常用手段

1) 密码破解

黑客通常采用的攻击方式有字典攻击、假登录程序和密码探测程序等，主要目的是获取系统或用户的口令文件。

2) IP 嗅探与欺骗

IP 嗅探是一种被动式攻击，又叫作网络监听。它通过改变网卡的操作模式来接收流经计算机的所有信息包，以便截取其他计算机的数据报文或口令。

欺骗是一种主动式攻击，它将网络上的某台计算机伪装成另一台不同的主机，目的是使网络中的其他计算机误将冒名顶替者当成原始的计算机而向其发送数据。

3) 攻击系统漏洞

系统漏洞是指程序在设计、实现和操作上存在的错误。黑客利用这些漏洞攻击网络

中的目标计算机。

4)　端口扫描

由于计算机与外界通信必须通过某个端口才能进行，黑客可以利用一些端口扫描软件对被攻击的目标计算机进行端口扫描，搜索到计算机的开放端口后进行攻击。

2. 防范黑客的措施

防范黑客的措施有以下几种。

1)　制定相关法律法规加以约束

随着网络技术的形成和发展，有关网络信息安全的法律法规相继诞生，以有效规范和约束与网络信息传递相关的各种行为。

2)　数据加密

数据加密的目的是保护系统内的数据、文件、口令和控制信息，同时也可以提高网上传输数据的可靠性。

3)　身份认证

系统可以通过密码或特征信息等来确认用户身份的真实性，只对确认了身份的用户给予相应的访问权限，从而降低黑客攻击的可能性。

4)　建立完善的访问控制策略

系统应该设置进入网络的访问权限、目录安全等级控制、网络端口和节点的安全控制以及防火墙的安全控制等。通过各种安全控制机制的相互配合，才能最大限度地保护计算机系统免受黑客的攻击。

任务 2.5　会计软件的应用流程

会计软件的应用流程一般包括系统初始化、日常处理和期末处理等环节，如图 2.5 所示。

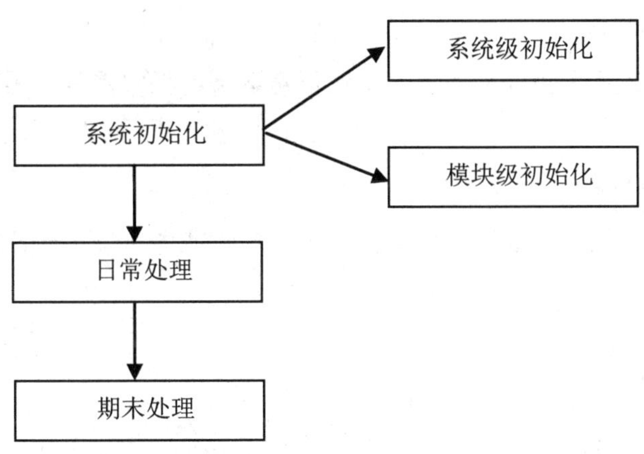

图 2.5　会计软件的一般应用流程

2.5.1 系统初始化

1. 系统初始化的特点和作用

系统初始化是系统首次使用时，根据企业的实际情况进行参数设置，并录入基础档案与初始数据的过程。

系统初始化是会计软件运行的基础。它将通用的会计软件转变为满足特定企业需要的系统，使手工环境下的会计核算和数据处理工作得以在计算机环境下延续和正常运行。

系统初始化在系统初次运行时一次性完成，但部分设置可以在系统使用后进行修改。系统初始化将对系统的后续运行产生重要影响，因此，系统初始化工作必须完整且尽量满足企业的需求。

2. 系统初始化的内容

系统初始化的内容包括系统级初始化和模块级初始化。

1) 系统级初始化

系统级初始化是设置会计软件所公用的数据、参数和系统公用基础信息，其初始化的内容涉及多个模块的运行，不特定专属于某个模块。

系统级初始化的内容主要包括：创建账套并设置相关信息；增加操作员并设置权限；设置系统公用基础信息。

2) 模块级初始化

模块级初始化是设置特定模块运行过程中所需要的参数、数据和本模块的基础信息，以保证模块按照企业的要求正常运行。

模块级初始化的内容主要包括：设置系统控制参数；设置基础信息；录入初始数据。

2.5.2 日常处理

1. 日常处理的含义

日常处理是指在每个会计期间内，企业日常运营过程中重复、频繁发生的业务处理过程。

2. 日常处理的特点

日常业务频繁发生，需要输入的数据量大；日常业务在每个会计期间内重复发生，所涉及金额不尽相同。

2.5.3 期末处理

1. 期末处理的含义

期末处理是指在每个会计期间的期末所要完成的特定业务。

2. 期末处理的特点

期末处理有较为固定的处理流程，业务可以由计算机自动完成。

2.5.4　数据管理

在会计软件应用的各个环节均应注意对数据的管理。

1. 数据备份

数据备份是指将会计软件的数据输出保存在其他存储介质上，以备后续使用。数据备份主要包括账套备份和年度账备份等。

2. 数据还原

数据还原又称数据恢复，是指将备份的数据使用会计软件恢复到计算机硬盘上。它与数据备份是一个相反的过程。数据还原主要包括账套还原和年度账还原等。

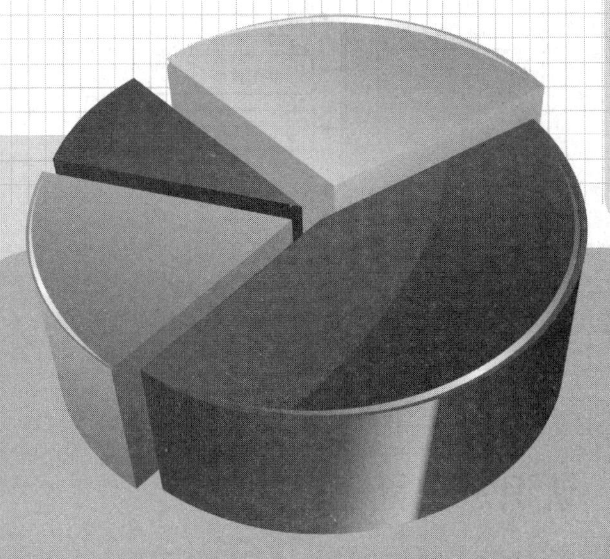

项目 3 系统管理与初始化

职业能力目标

系统管理在用友 ERP-U8 V10.1 中是一个独立的模块，对整个系统的公共任务进行统一的管理，对系统所属的各子系统模块进行统一的操作管理和数据维护。通过本项目的学习，使学生掌握建立账套、修改账套、删除账套、备份和引入账套，操作员管理和权限管理。掌握系统启用的方法，能够设置系统档案，将部门、人员、客商、银行和结算方式等基础档案信息录入系统中。

典型工作任务

- 建立、修改和删除账套
- 增加操作员
- 设置权限
- 备份和引入账套
- 系统初始化

知识架构

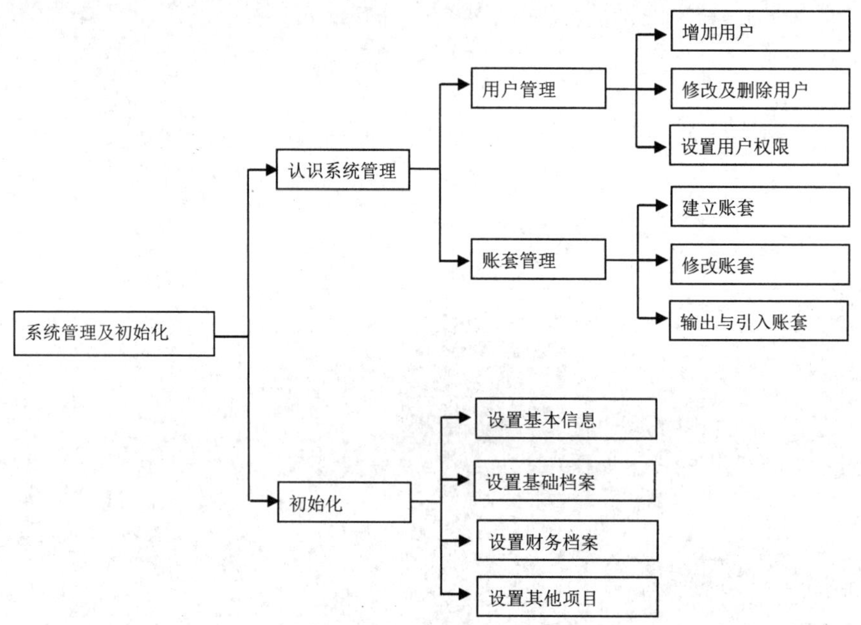

任务 3.1 认识系统管理

3.1.1 系统管理功能概述

系统管理在用友 ERP-U8 V10.1 中是一个独立的模块，对整个系统的公共任务进行统一的管理，对系统所属的各子系统模块进行统一的操作管理和数据维护，例如，建立账套、修改账套和备份账套，增加用户和分配权限等。具体包括如下功能。

1. 账套管理

账套指的是一组相互关联的数据，每个企业(或核算部门)的财务与业务数据在系统内部都以账套的形式进行体现。在用友 ERP-U8 V10.1 应用系统中，可以为多个企业分别建立多个套账，且各个账套间互不影响，最多可建立 999 个账套，也可为一个企业建立多个账套。账套管理主要包括账套的建立、修改、引入和备份等。

2. 年度账管理

一个账套中包含了企业所有的数据，把企业数据按年度进行划分，称为年度账。年度账可以作为系统操作的基本单位。年度账管理包括年度账的建立、清空、引入、输出、结转上年数据和清空年度数据等。

3. 用户及用户权限管理

为了保证系统和数据的安全，系统管理提供了用户及用户权限的集中管理机制，包

括为系统分配一定的操作员以及为操作员分配相应的权限。

3.1.2　系统管理与其他系统的主要关系

系统管理是用友 ERP-U8 V10.1 系统的运行基础，它是其他子系统的公共平台，包括公共的账套、年度账及其他相关的基础数据，各子系统的操作员需要在系统管理中统一设置并分配权限。

3.1.3　启动系统管理并注册

系统允许两种身份进入系统管理，一是系统管理员(admin)的身份，二是账套主管的身份。

系统管理员负责整个系统的管理和控制工作，可以管理系统中的所有账套；能够进行建立账套、引入账套和输出账套的工作，同时可以设置用户及用户权限，为某个账套设置账套主管等。

账套主管负责选定账套的维护工作，主要包括对选定账套进行修改、对年度账进行管理及对该账套操作权限进行设置等。

案例 3.1　以系统管理员身份登录系统管理。

操作步骤：

(1) 选择“开始”→“所有程序”→“用友 U8 V10.1”→“系统服务”→“系统管理”命令或双击桌面上的“系统管理”快捷图标，打开“系统管理”窗口，如图 3.1 所示。

(2) 在菜单栏选择“系统”→“注册”命令，打开“登录”对话框。

(3) 在“登录到”文本框中输入所用计算机的机器名或服务器机器名，在“操作员”文本框中输入默认的系统管理员 admin(不区分大小写)。默认的系统管理员密码为空，在“账套”文本框中双击，选择对应的账套 default 或 127.0.0.1，如图 3.2 所示。

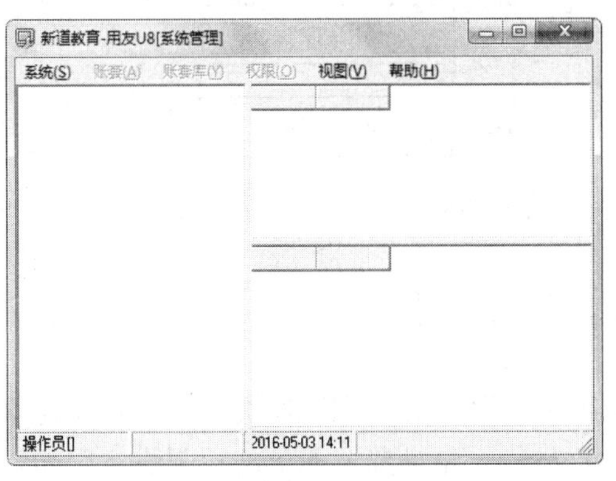

图 3.1　系统管理登录窗口

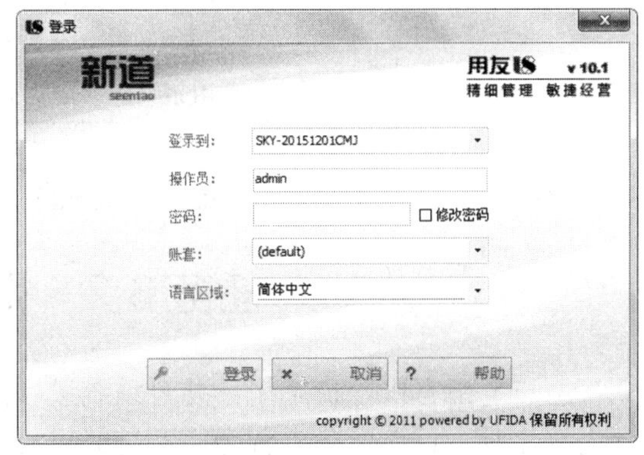

图 3.2　“登录”对话框

(4) 单击“登录”按钮，打开“系统管理”窗口。“系统管理”窗口最下方的状态栏中显示当前操作员为 admin，如图 3.3 所示。

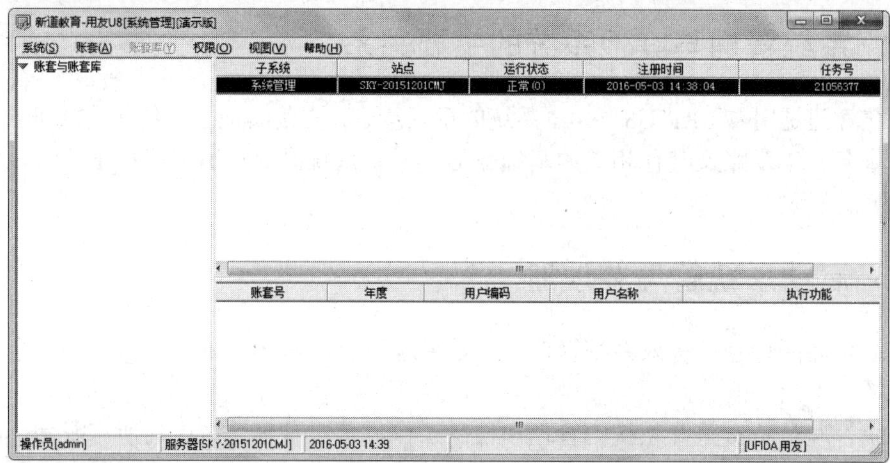

图 3.3　系统管理员登录系统管理后的窗口

3.1.4　企业建账的一般工作流程

企业建账的一般工作流程如图 3.4 所示。

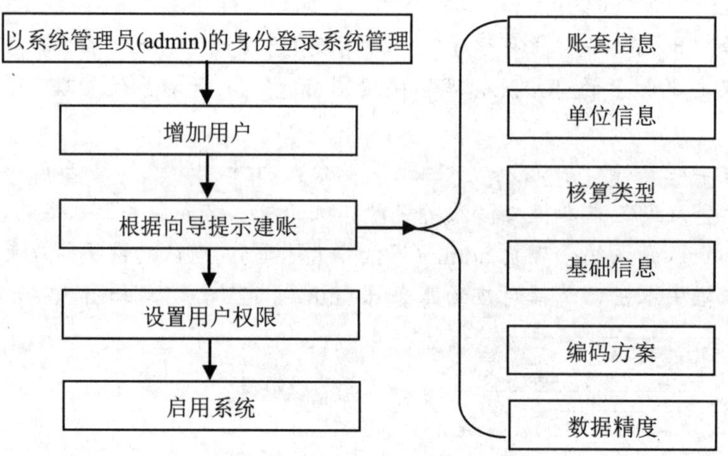

图 3.4　企业建账的一般工作流程

任务 3.2　用 户 管 理

用户是指有权登录系统，并对系统进行操作的人员，又叫作操作员。企业在实施会计电算化时，首先要确定各个子系统的授权登录人员，并对登录人员的权限进行限定，以保证系统的安全性。

只有系统管理员可以设置用户及其权限。账套主管不能增加用户，但可以对登录账套的用户权限进行设置。

3.2.1　增加用户

增加用户时必须指定用户编号、姓名、定义用户的口令及所属部门。其中，用户编号和用户姓名必须唯一，即使在不同的账套，用户编号也不能重复。

案例 3.2　增加用户，如表 3.1 所示。

表 3.1　用户的基本情况

编　号	姓　名	口　令	所属部门
999	李光宁	空	财务部
001	李婧	空	财务部
002	袁大伟	空	财务部
003	刘杰	空	人力资源部
004	左林	空	采购部
005	刘洋	空	人力资源部
006	孙东明	空	销售部
007	曹颖	空	生产部
008	史艳	空	仓储部
009	郭芙蓉	空	仓储部
010	王佳佳	空	仓储部

操作步骤：

(1) 以系统管理员 admin 的身份登录“系统管理”窗口，在菜单栏选择“权限”→“用户”命令，打开“用户管理”窗口，如图 3.5 所示。窗口中已有的几个用户是系统预置的。

用户编码	用户全名	部门	Email地址	手机号	用户类型	认证方式	状态	创建时
011	王东	财务部			普通用户	用户+口令(传统)	启用	2016-08-29
012	刘方	财务部			普通用户	用户+口令(传统)	启用	2016-08-29
013	何欢	财务部			普通用户	用户+口令(传统)	启用	2016-11-01
014	周强	采购部			普通用户	用户+口令(传统)	启用	2016-11-01
015	张云	销售部			普通用户	用户+口令(传统)	启用	2016-11-01
016	王力	仓储部			普通用户	用户+口令(传统)	启用	2016-11-01
201	李泉	财务部			普通用户	用户+口令(传统)	启用	2015-01-31
admin	admin				管理员用户	用户+口令(传统)	启用	
demo	demo				普通用户	用户+口令(传统)	启用	
SYSTEM	SYSTEM				普通用户	用户+口令(传统)	启用	
UFSOFT	UFSOFT				普通用户	用户+口令(传统)	启用	

图 3.5　“用户管理”窗口

(2) 单击“增加”按钮，打开“操作员详细情况”对话框，输入“编号”为 999，“姓名”为“李光宁”，“口令”及“确认口令”为空，“所属部门”为“财务部”，若有其他信息，根据需要输入，如图 3.6 所示。

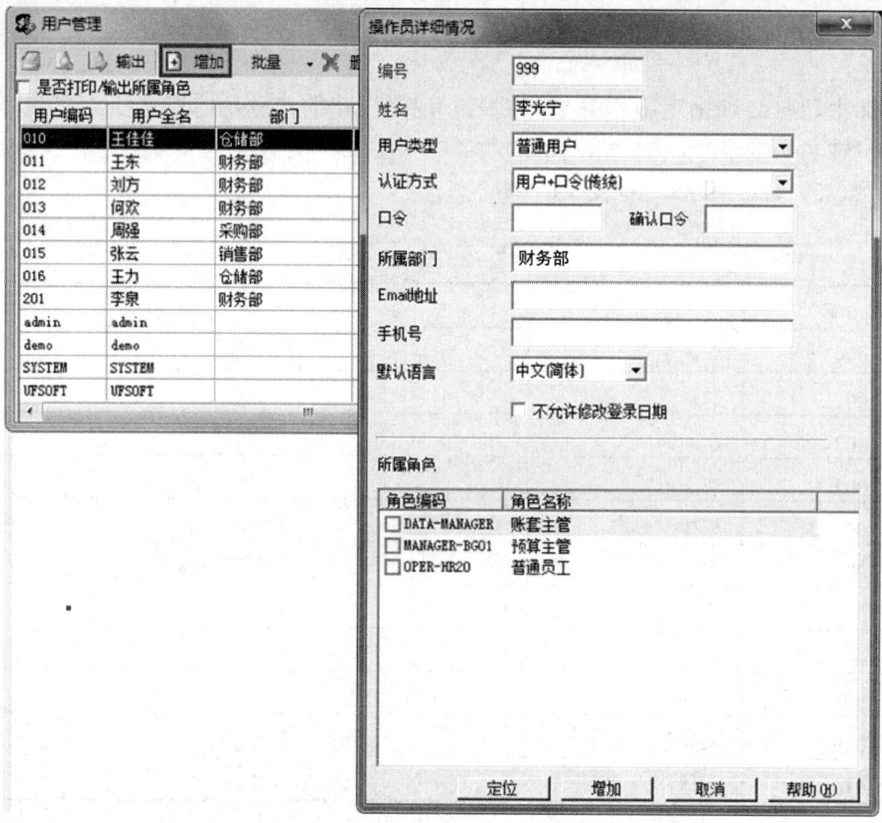

图 3.6　增加用户

(3) 单击“增加”按钮，完成操作员的建立。单击“取消”按钮，则视为放弃本次操作。按照同样的过程可以增加其他操作员。

3.2.2　修改用户

用户刚刚增加完毕，在没有被使用前，可以修改其姓名和口令。如果已经填制了单据或会计凭证，则该用户不能被修改只能被注销。

案例 3.3　修改用户王佳佳的口令为 010。

操作步骤:

(1) 以系统管理员 admin 的身份登录“系统管理”窗口，在菜单栏选择“权限”→“用户”命令，打开“用户管理”窗口。

(2) 在“用户管理”窗口，选中要修改的用户 010。

(3) 单击“修改”按钮，打开“操作员详细情况”对话框。

(4) 修改用户口令为 010，修改完成后单击“确定”按钮，完成口令的修改，如图 3.7 所示。

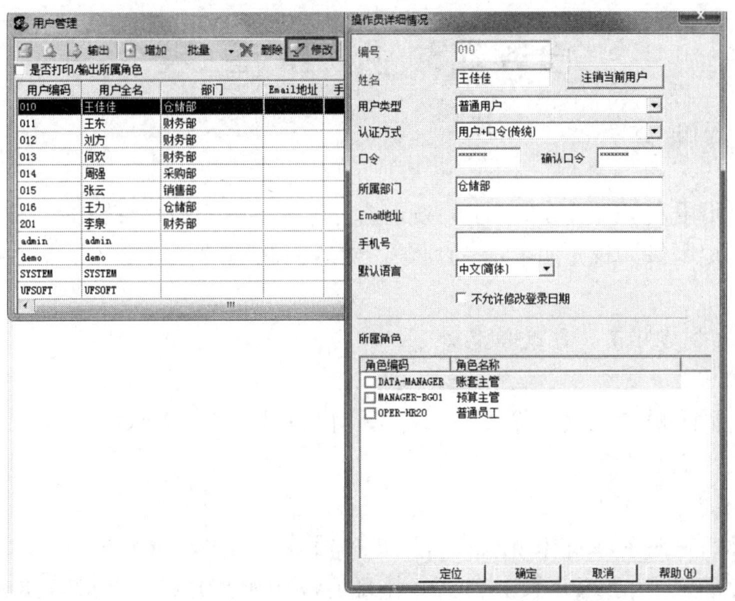

图 3.7　修改用户

3.2.3　删除用户

用户刚刚增加完毕，在没有被使用前可以删除。用户一旦被系统使用，则不能随意删除。若单击“删除”按钮，系统会弹出如图 3.8 所示的提示信息。

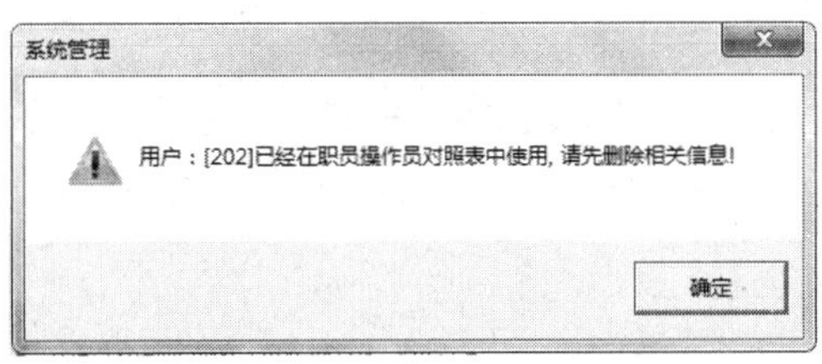

图 3.8　系统提示信息

案例 3.4　删除用户王佳佳。

操作步骤：

(1) 以系统管理员 admin 的身份登录“系统管理”窗口，在菜单栏选择“权限”→“用户”命令，打开“用户管理”窗口。

(2) 在“用户管理”窗口，选中要删除的用户“010 王佳佳”。

(3) 单击“删除”按钮，系统弹出“确认删除用户 010 吗？”提示信息，单击“是”按钮，该用户被删除。

提示：

已使用过系统，之后又调离企业的用户，可以在“修改”用户信息时，单击“注销当前用户”按钮，从而不允许该用户此后再登录该系统。

任务3.3 账套管理

3.3.1 建立账套

企业在应用用友 ERP-U8 V10.1 系统前，首先需要在系统中建立企业的基本信息、核算方法和编码规则等，该过程称之为建账。然后在此基础上启用各个子系统，进行日常业务处理。

案例 3.5 创建账套，账套信息如下。

1) 账套信息

账套号：001；账套名称：聚杰乳业有限责任公司；采用默认账套路径；启用会计期：2016 年 1 月；会计期间：默认。

2) 单位信息

单位名称：聚杰乳业有限责任公司；单位简称：聚杰乳业；单位地址：内蒙古呼和浩特市腾飞大道 1 号；法人代表：李光宁；邮政编码：010010；联系电话：138××××7865；电子邮件：NMGUFIDA@163.com。

3) 核算类型

该企业的记账本位币：人民币(RMB)；企业类型：工业；行业性质：2007 新会计制度科目；账套主管：李光宁；选中“按行业性质预制科目”。

4) 基础信息

该企业进行业务处理时，需要对存货、客户和供应商进行分类，并且有外币核算业务。

5) 分类编码方案

科目编码级次：4222；客户和供应商编码级次：234；存货分类编码级次：22223；部门编码级次：22；地区分类编码级次：234；结算方式编码级次：12；收发类别编码级次：111。

6) 数据精度

该企业对存货数量、单价小数位定为 2。

7) 系统启用

启用总账，启用时间为 2016-01-01。

操作步骤：

(1) 以系统管理员 admin 的身份登录“系统管理”窗口，在菜单栏选择“账套”→“建立”命令，打开“创建账套”对话框，选中“新建空白账套”单选按钮，如图 3.9 所示。

(2) 单击“下一步”按钮，打开“创建账套—账套信息”对话框，按要求输入账套信息，如图 3.10 所示。

提示:

- 新建的账套号不能和已经存在的账套号重复。
- “账套路径”默认为 ERP-U8 V10.1 的安装位置，可以单击“浏览”按钮修改位置。

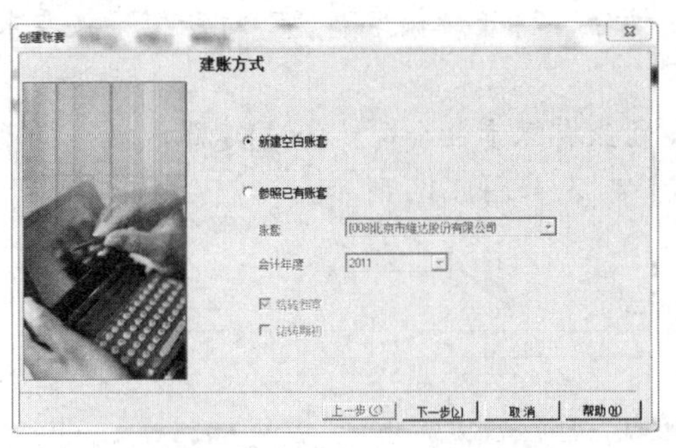

图 3.9　选择建账方式

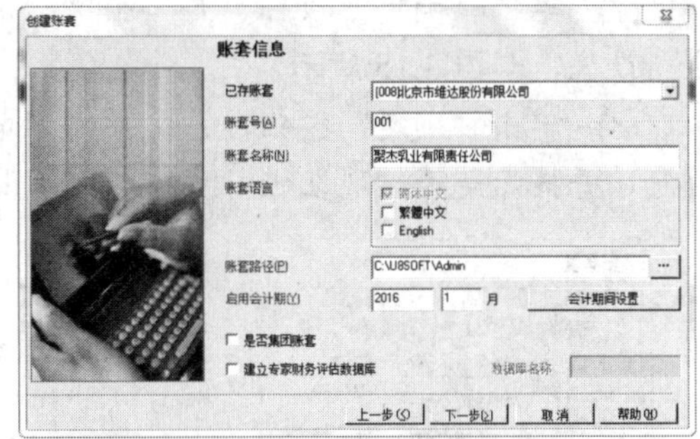

图 3.10　创建账套信息

(3) 单击“下一步”按钮，打开“创建账套—单位信息”对话框，输入单位信息，如图 3.11 所示。

(4) 单击“下一步”按钮，打开“创建账套—核算类型”对话框，输入核算类型，如图 3.12 所示。

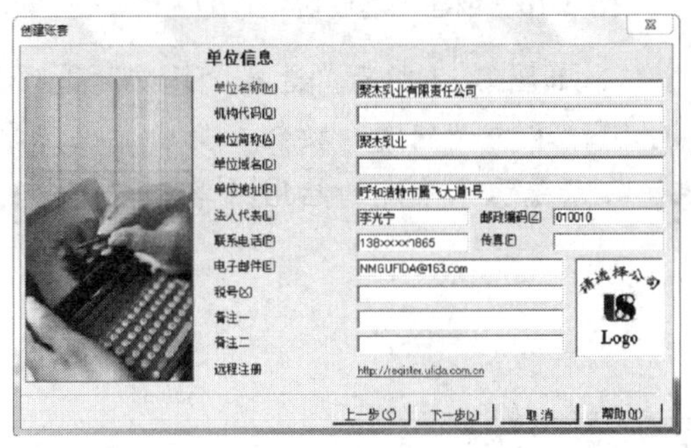

图 3.11　输入单位信息

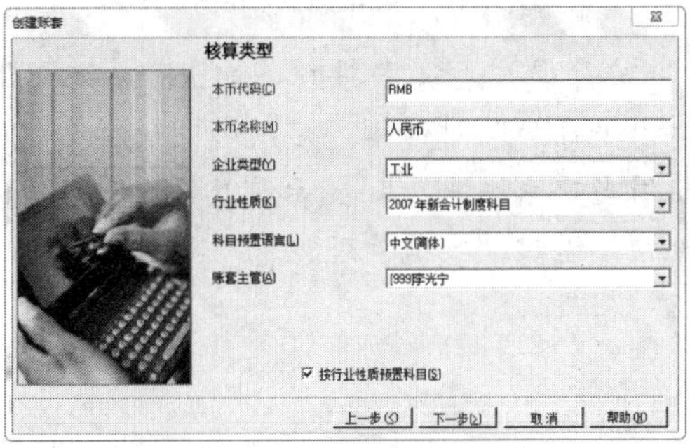

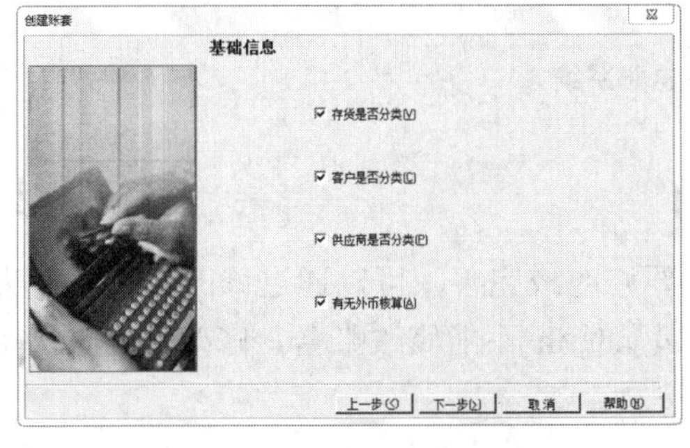

图 3.12　输入核算类型

(5) 单击“下一步”按钮，打开“创建账套—基础信息”对话框，选择基础信息，如图 3.13 所示。

(6) 单击“完成”按钮，弹出“可以创建账套了么？”提示信息，单击“是”按钮，系统开始配置账套信息。配置完毕后，弹出“编码方案”对话框，根据分类编码方案要求输入，如图 3.14 所示。

图 3.13　选择基础信息

图 3.14　设置编码方案

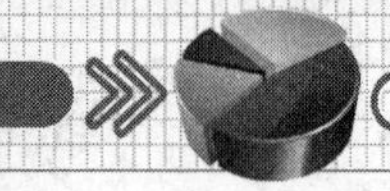

(7) 单击“确定”按钮，再单击“取消”按钮，打开“数据精度”对话框。按要求进行设置，如图 3.15 所示。

(8) 单击“确定”按钮，系统弹出“聚杰乳业有限责任公司：[001]建账成功”提示信息，并提示是否“现在进行系统启用的设置？”，如图 3.16 所示。

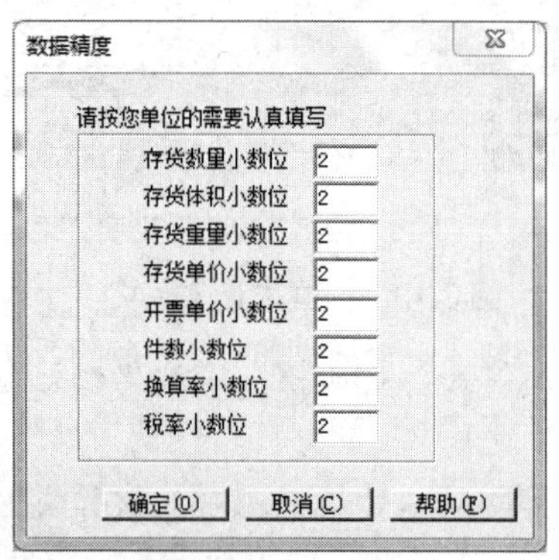

图 3.15　设置数据精度

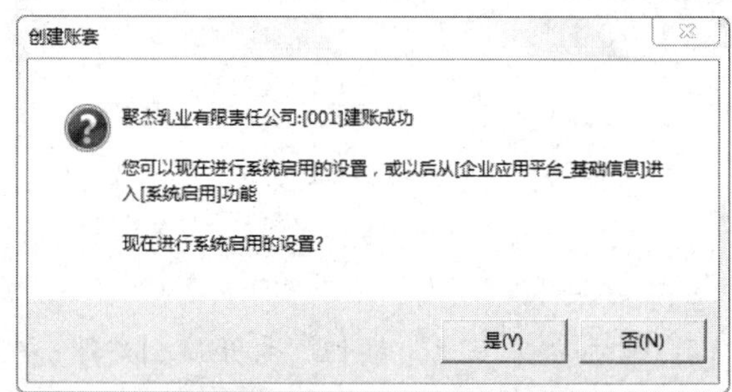

图 3.16　创建账套成功

(9) 单击“是”按钮，弹出“系统启用”窗口，如图 3.17 所示。选择“总账”选项，弹出“日历”对话框，启用时间选择为 2016-01-01，单击“确定”按钮，弹出“确实要启用当前系统吗？”提示信息，单击“是”按钮，完成总账系统的启用。单击“退出”按钮，返回“系统管理”窗口。

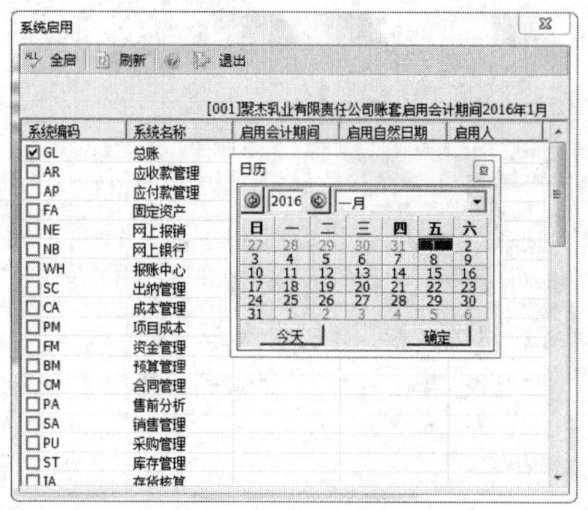

图 3.17　启用总账系统

3.3.2　修改账套

账套建立完毕后，发现账套的某些信息需要修改或完善，可以通过修改账套功能来实现。只有账套主管有权修改账套，系统管理员 admin 不能修改账套。修改账套时，灰色部分的内容不能进行修改。

案例 3.6　完善单位基本信息，新增机构代码 876324 和传真 0471-3386386。

操作步骤:

(1) 如果已经以系统管理员 admin 的身份登录了“系统管理”窗口，需要在菜单栏选择“系统”→“注销”命令,注销当前用户的登录，然后重新选择“系统”→“注册”命令，打开“登录”对话框。

(2) 输入操作员 999，空密码，在“账套”下拉列表中选择“[001](default)聚杰乳业有限责任公司”，输入操作日期 2016-01-01，如图 3.18 所示。单击“登录”按钮，以账套主管的身份登录系统管理。

图 3.18　以账套主管身份登录系统管理

(3) 选择“账套”→“修改”命令，打开“修改账套—账套信息”对话框，单击“下一步”按钮，打开“单位信息”对话框，输入机构代码和传真。然后单击“下一步”按钮，按照向导提示完成账套修改。

提示:

- 只有账套主管可以修改账套。
- 必须使用账套主管身份登录“系统管理”窗口，才可以修改账套。

3.3.3　输出账套与引入账套

1. 输出账套

账套输出，又称账套备份，就是将用友 ERP-U8 V10.1 中的账套数据备份到硬盘或其他存储介质中。如果系统内的账套信息已经不需要保留，也可以使用账套输出功能将账套删除。账套备份时的输出文件位置只能为本地硬盘，待输出到硬盘后才可往优盘或外部存储介质上进行复制。

案例 3.7　将 001 账套备份到“D:\001 账套备份”文件夹中。

操作步骤:

(1) 以系统管理员 admin 的身份登录“系统管理”窗口，在菜单栏选择“账套”→“输出”命令，进入“账套输出”对话框，在“账套号”下拉列表中选择“[001]聚杰乳

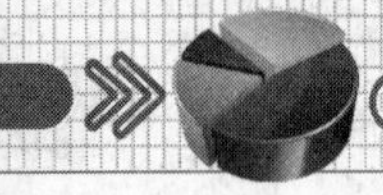

业有限责任公司”，如图 3.19 所示。

(2) 单击“输出文件位置”文本框后的“浏览”按钮，弹出“请选择账套备份路径”对话框，在该对话框中选择“D:\001 账套备份”路径，如图 3.20 所示。

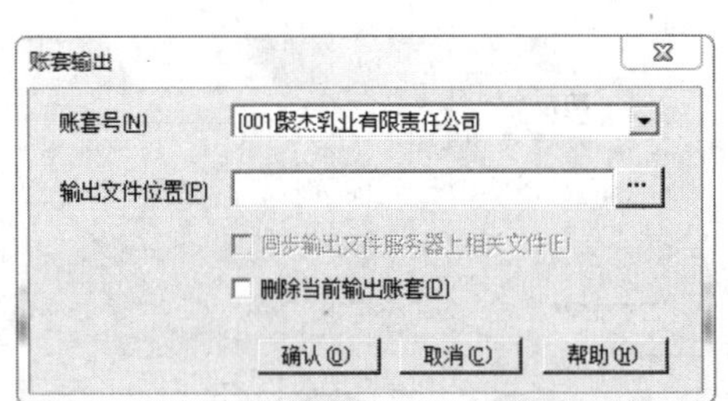

图 3.19　选择输出的账套

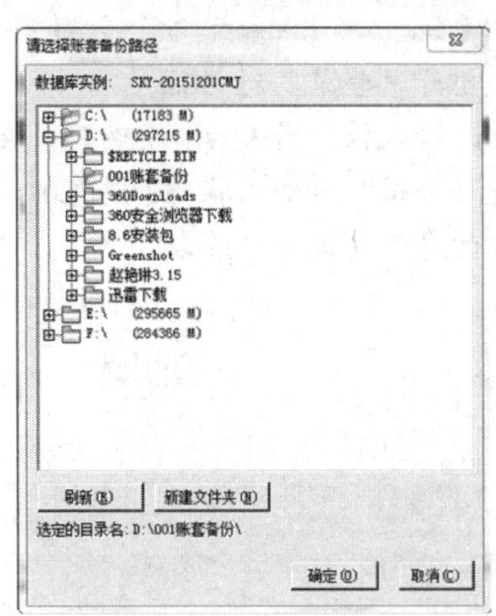

图 3.20　选择账套备份路径

(3) 单击下方的“确定”按钮，系统返回“账套输出”对话框，确认账套号和路径正确后单击“确认”按钮。

(4) 系统进行数据备份工作，完毕后弹出“输出成功”提示信息。

提示:

- 存放备份文件的文件夹一定要处于打开状态，并且在“请选择账套备份路径”对话框中显示的路径名称和实际需求一致时，再单击“确定”按钮。否则，账套文件将不能备份到指定位置，从而导致重要数据丢失。
- 账套中的数据较多，备份需要一定时间，请耐心等待。
- 备份路径下有两个文件，分别是 UFDATA.BAK 和 UfErpAct.Lst。这两个文件只能通过恢复账套功能恢复到用友 ERP-U8 V10.1 中才可以查看，并且恢复账套时，两个文件缺一不可。
- 如果想要删除账套，需要在“账套输出”对话框中选中“删除当前输出账套”复选框。

2. 引入账套

账套引入，又称账套恢复，就是将硬盘或其他存储介质中的备份数据恢复到指定路径中。如果计算机发生故障或是受到病毒入侵，系统数据受损，可以使用账套恢复功能将已经备份的账套引入系统，减少损失。

案例 3.8　将“D:\001 账套备份”文件夹中的账套恢复到系统中。

操作步骤:

(1) 以系统管理员 admin 的身份登录“系统管理”窗口，在菜单栏中选择“账套”

→“引入”命令，进入“请选择账套备份文件”对话框。

(2) 选择 001 账套数据的备份路径“D:\001 账套备份”，选择要恢复的账套备份文件 UfErpAct.Lst，单击“确定”按钮，如图 3.21 所示。系统弹出提示信息，提示账套引入路径为“C:\U8SOFT\Admin\”，单击“确定”按钮。

(3) 系统弹出 “此项操作将覆盖[001]账套当前的所有信息，继续吗” 提示信息，单击“是”按钮，系统进行账套数据的恢复，弹出“账套引入”对话框，如图 3.22 所示。

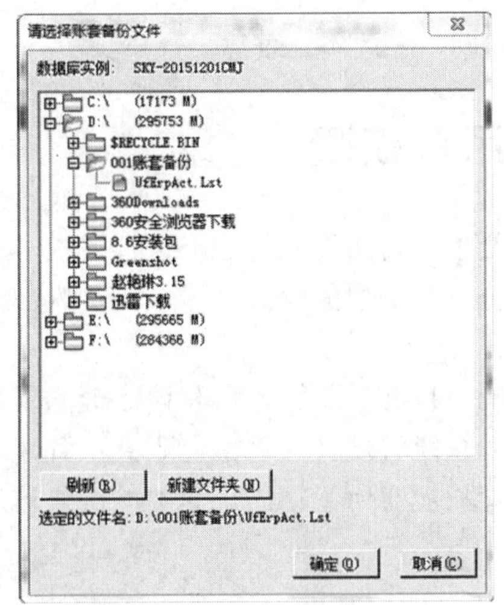

图 3.21　选择账套引入的文件

图 3.22　账套引入过程

(4) 耐心等待，直到系统弹出“账套[001]引入成功”提示信息，单击“确定”按钮返回即可。

3.3.4　年度账管理

对年度账的管理只能由账套主管进行。

1. 建立年度账

以账套主管的身份进入“系统管理”窗口，选定账套和会计年度建立年度账。在默认状态下，账套是指用户注册进入时所选的账套，会计年度则显示所选会计账套当前会计年度加上 1 的年度。

2. 清空年度数据

如果用户不希望将上一年度的余额或其他信息全部转到下一年度时，可使用清空年度数据的功能。这里所指的清空，并非将年度账的数据全部清空，而是保留一些主要的基础信息，以方便用户使用清空后的年度账操作。用户需慎重选择此操作。

3. 引入和输出年度账

年度账操作中的引入和输出与账套操作中的引入和输出的含义基本一致，作用都是

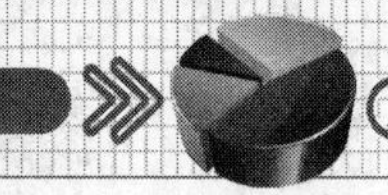

对数据的备份和恢复。所不同的是，年度账操作中引入和输出不是针对整个账套，而是针对账套中的某一年度的年度账进行的。

4. 结转上年数据

年末启用新年度账时，需要将上一年度中相关账户的余额及其他信息结转到新年度账中，以满足用户持续核算的要求。结转年度数据时，要按照规定顺序进行，先结转供应链，再结转财务各模块，最后结转总账系统。

年度账管理的具体操作方法与账套管理操作相同，在此不再赘述。

任务 3.4　设置用户权限

用户权限设置是指按照会计内部控制制度的要求，对所设立的用户进行授权，指定用户对账套数据的处理权限及操作范围。其目的是实行必要的财务分工，满足内部控制的要求，同时也有利于企业经营数据的安全与保密。

权限设置功能是对于已有的用户进行权力分配。只有系统管理员和该账套的账套主管有权进行权限设置，但是二者的权限又有区别。系统管理员可以指定账套主管，也可以对各个账套的操作员进行权限设置；而账套主管只能对所管辖的账套中的操作员进行权限设置。

3.4.1　设置或取消账套主管

只有系统管理员才有权利进行账套主管的设定与取消。

案例 3.9　设置刘杰为账套主管，再取消账套主管权限。

操作步骤：

(1) 以系统管理员 admin 的身份登录“系统管理”窗口，在菜单栏选择“权限”命令，打开“操作员权限”窗口，在窗口的右上角选择“[001]聚杰乳业有限责任公司”账套，然后选中左侧的操作员刘杰，如图 3.23 所示。

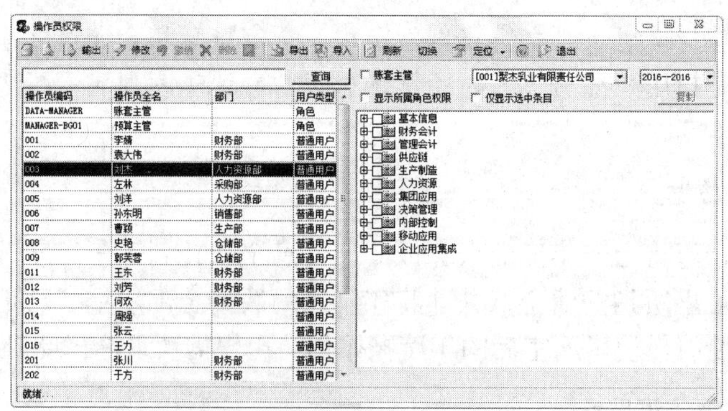

图 3.23　选择账套及对应的操作员

(2) 选中界面上方“账套主管”复选框，弹出“系统管理”对话框，提示是否设置普通用户[003]账套主管权限，如图 3.24 所示。单击“是”按钮即可设置 003 刘杰为[001]聚杰乳业有限责任公司账套的账套主管。

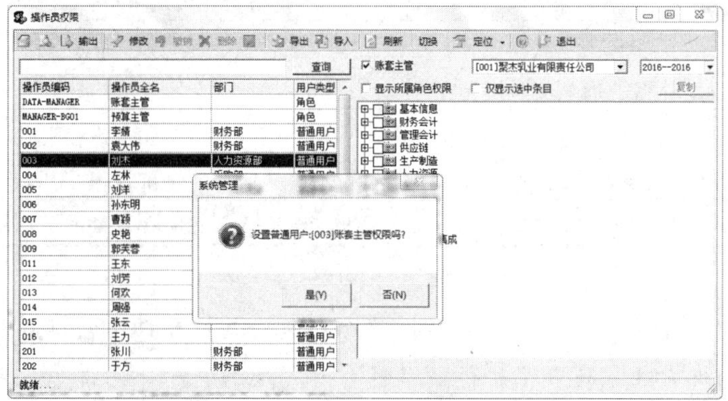

图 3.24　设置账套主管权限

(3) 再次在窗口左侧选中用户刘杰，取消选中“账套主管”复选框，弹出如图 3.25 所示的提示对话框，单击“是”按钮，即可取消刘杰账套主管的权限。

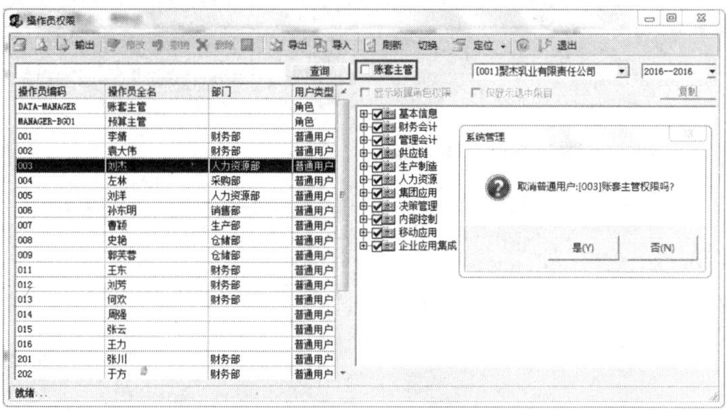

图 3.25　取消账套主管权限

提示:

- 一个账套可以有多个账套主管。
- 系统默认账套主管自动拥有该账套的全部权限，故此对账套主管来说，不能增加或删除权限。

3.4.2　设置用户权限

1. 增加操作员权限

增加操作员以后，还需要给操作员赋予一定的权限，操作员才能对账套进行操作。

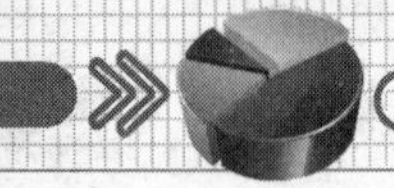

案例 3.10 设置如下操作员的权限，如表 3.2 所示。

表 3.2　操作员权限表

编　号	姓　名	财务分工
001	李婧	拥有公用目录设置、总账系统、应收款、应付款、固定资产、存货核算和薪资管理的所有操作权限
002	袁大伟	拥有“总账-凭证-出纳签字”和“总账-出纳”的操作权限
004	左林	拥有公共单据、公用目录设置和采购管理的全部权限
006	孙东明	拥有公共单据、公用目录设置、销售管理和库存管理的全部权限

操作步骤：

以系统管理员(admin)或账套主管(999)身份登录“系统管理”窗口进行操作。

(1) 在“系统管理”窗口，执行“权限”→“权限”命令，打开“操作员权限”窗口，在右上方的账套中选择“[001]聚杰乳业有限责任公司”，在左侧的操作员列表中选择“[001]李婧”；然后单击上方的“修改”按钮，依次选中右侧的“公用目录设置”“总账”“应收款管理”“应付款管理”“固定资产”、供应链中的“存货核算”和人力资源管理中的“薪资管理”，如图 3.26 所示，最后单击上方的“保存”按钮即可。

图 3.26　增加操作员权限

(2) 在左侧的操作员列表中选择“[002]袁大伟”，然后单击上方的“修改”按钮，依次打开右侧窗口中的“财务会计”→“总账”→“凭证”，选择“出纳签字”，以及“财务会计”→“总账”→“出纳”的全部权限，如图 3.27 所示，最后单击上方的“保存”按钮即可。

(3) 同理设置[004]左林和[006]孙东明的权限，此处不再赘述。

2. 删除操作员权限

系统管理员或账套主管可以对非账套主管的操作员已拥有的权限进行删除。但所设置的操作员权限一旦被引用，便不能被修改或删除。删除操作员权限时，选择具体的操

作员，单击上方的“删除”按钮即可。

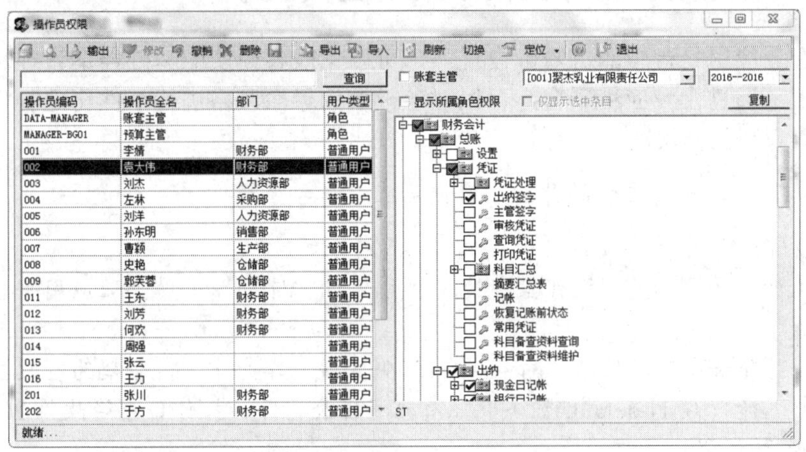

图 3.27　操作员权限设置——袁大伟

任务 3.5　认识企业应用平台

用友 ERP-U8 V10.1 应用系统包含了众多子系统，它们之间存在很多共性，例如都需要进行系统注册、设置基础档案信息，等等。企业应用平台，也称企业门户，是用友 ERP-U8 V10.1 管理软件的集成应用平台，可以实现系统基础数据的集中维护、各种信息的及时沟通、数据资源的有效利用。企业应用平台为企业员工、工作伙伴提供了访问系统的唯一通道；通过企业应用平台，用户可以设计个性化的工作流程，提高工作效率，还可以实现与日常办公的协同进行。

3.5.1　企业应用平台简介

企业应用平台集成了用友 ERP-U8 V10.1 应用系统的所有功能，为各个子系统提供了公共的交流平台功能。

企业应用平台中包含的内容极为丰富，与系统应用相关的项目主要有基础设置、业务工作和系统服务。各个项目下的具体功能如图 3.28 所示。

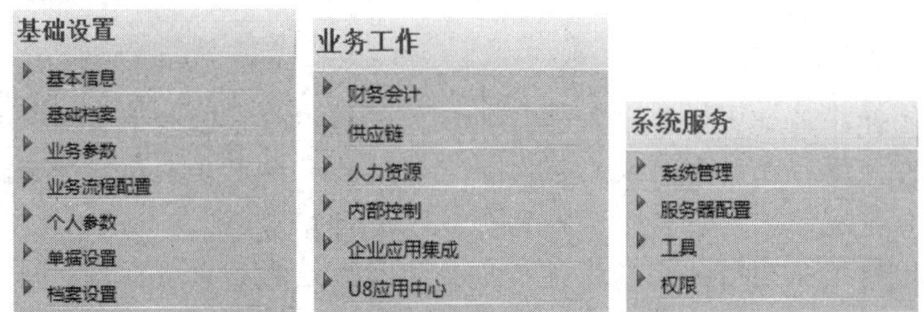

图 3.28　企业应用平台的主要功能

3.5.2 企业应用平台与其他系统的主要关系

通过企业应用平台中的“基础设置”，可以完成各模块的基础档案管理、数据权限划分等设置。通过企业应用平台，可以对各模块的界面风格进行个性化定制，方便进入任何一个有权限的模块。

案例 3.11 以账套主管的身份登录企业应用平台。

操作步骤：

(1) 执行“开始”→“所有程序”→“用友 U8 V10.1”→“企业应用平台”命令，打开“登录”对话框。

(2) 在“登录”对话框中，输入操作员 999 或“李光宁”，密码为空，在“账套”下拉列表中选择“[001](default)聚杰乳业有限责任公司”，操作日期修改为 2016-01-01，如图 3.29 所示。

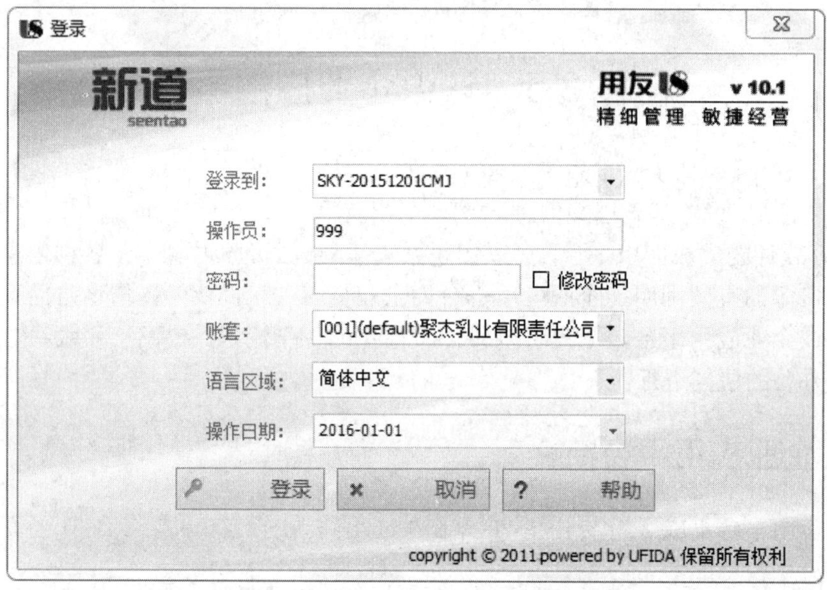

图 3.29 账套主管登录企业应用平台

(3) 单击“登录”按钮，进入企业应用平台。

提示：

- 输入完操作员和密码后，如果“账套”栏显示为空白，单击后提示“读取数据源出错：不存在的用户或已被注销”，则表示该用户不是此账套的操作员。应返回“系统管理”窗口中对操作员权限进行查看。
- 登录进行企业应用平台的操作日期必须在企业账套启用日期之后，否则系统会提示“不存在的年度”。

任务 3.6　基础档案的设置

3.6.1　设置基本信息

1. 系统启用

系统启用是指设定在用友 ERP-U8 V10.1 应用系统中各个子系统开始使用的日期。只有启用后的子系统才能进行登录和进行该系统的业务处理。系统启用有以下两种方法。

1)　在“系统管理”窗口中创建账套时启用系统

当用户创建一个新的账套完成后，系统弹出提示信息对话框，可以选择立即进行系统启用设置，详见 3.3.1 建立账套。

2)　在企业应用平台中启用系统

如果在建立账套时未设置系统启用，也可以在企业应用平台中进行设置。可以对已启用的系统在未使用的前提下取消该系统的启用。

系统启用后需重新登录企业应用平台，方可进行系统的使用。

案例 3.12　2016 年 1 月 1 日，由 001 账套的账套主管李光宁启用“固定资产”系统，启用日期为 2016 年 1 月 1 日；取消启用“固定资产”系统。

操作步骤：

(1)　执行“开始”→“所有程序”→“用友 U8 V10.1”→“企业应用平台”命令，打开“登录”对话框。

(2)　在“登录”对话框中，输入操作员 999 或“李光宁”，密码为空，单击“账套”下拉列表框，选择“[001](default)聚杰乳业有限责任公司”，操作日期修改为 2016-01-01，如图 3.30 所示。单击“登录”按钮，进入企业应用平台。企业应用平台界面如图 3.31 所示。

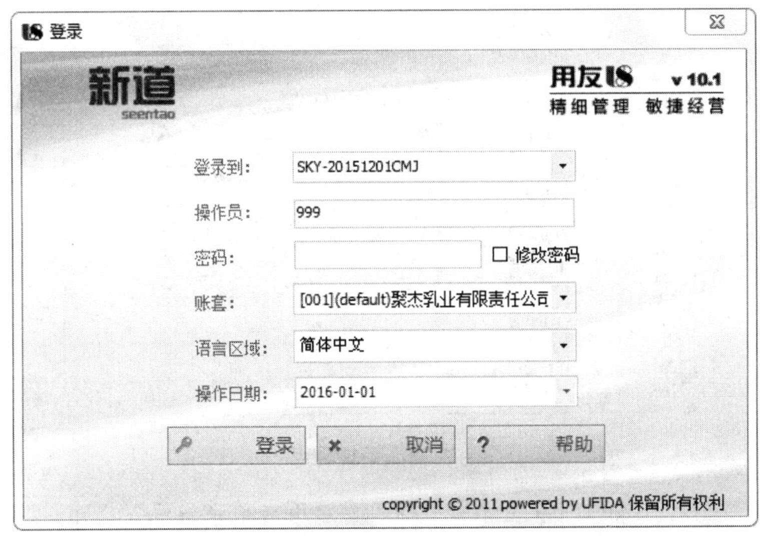

图 3.30　登录企业应用平台

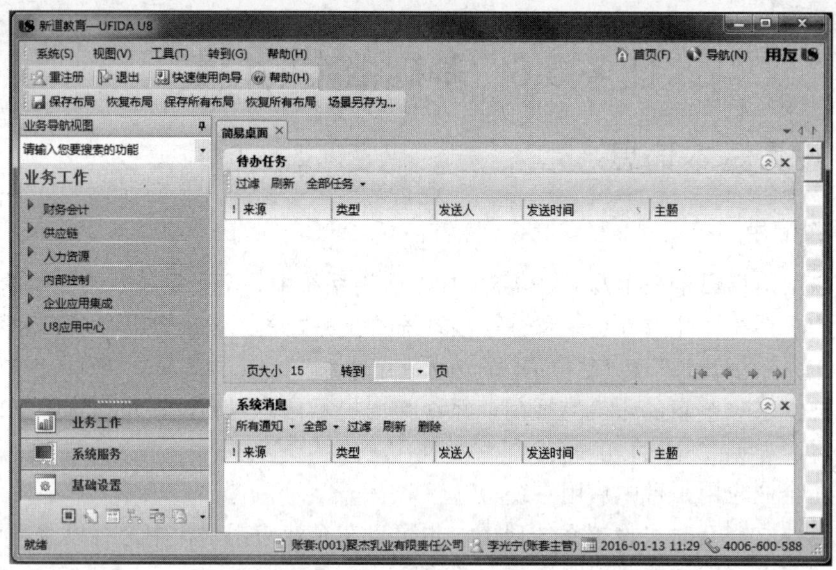

图 3.31　企业应用平台界面

(3) 在“基础设置”选项卡中，执行“基本信息”→“系统启用”命令，打开“系统启用”对话框。

(4) 选中“FA 固定资产”复选框，弹出“日历”对话框。

(5) 在“日历”对话框中选择“2016 年 1 月 1 日”，如图 3.32 所示。

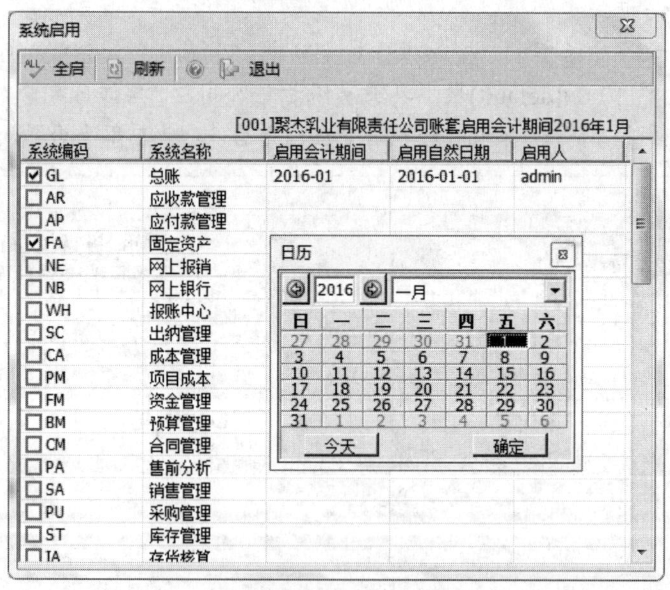

图 3.32　系统启用

(6) 单击“确定”按钮，系统弹出“确实要启用当前系统吗”提示信息，单击“是”按钮，完成“固定资产”系统的启用。

(7) 在打开“系统启用”对话框的前提下，取消选中“FA 固定资产”复选框，弹出“确实要注销当前系统吗”提示信息，单击“是”按钮，即可完成对“固定资产”系统的注销。

提示:

- 只有安装过的系统才能进行启用，只有启用过的系统才能登录。
- 各系统的启用日期必须大于或等于账套的启用时间。

2. 编码方案

编码方案主要用于设置编码级次的分级方式和各级编码长度，用友 ERP-U8 V10.1 应用系统中所有子系统均需要用到编码方案。在企业应用平台中，可以查看建账时设置的编码方案，也可以更改编码方案。如果在业务使用过程中需要修改编码方案，则需退出功能模块后再进行修改。

3. 数据精度

数据精度主要用于设置业务系统中一些特定数据的小数位长度。在企业应用平台中，可以查看建账时设置的数据精度，也可以更改数据精度。

3.6.2　管理部门档案

部门是指企业财务核算或业务管理相关的单元体，不一定与企业实际的职能部门相对应。部门档案用于设置部门基本信息，包括部门编码、名称、负责人和部门属性等。设置部门档案的作用在于：企业的收入、费用通常以部门为单位归集；职工薪资按部门统计；企业购置的固定资产按部门管理。

1. 增加部门档案

录入部门档案前，首先要根据企业组织结构确定编码方案，然后根据编码方案给各个部门编码。在录入部门档案时，必须先录入上级部门，再录入下级部门。删除部门时，先删除下级部门，再删除上级部门。部门编码和部门名称不能重复。

案例 3.13　设置聚杰乳业有限责任公司的部门档案(如表 3.3 所示)。

表 3.3　部门档案表

部门编码	部门名称	部门属性	部门编码	部门名称	部门属性
01	行政部	综合管理	02	生产部	生产部门
0101	办公室	综合管理	03	采购部	采购管理
0102	财务部	财务管理	04	销售部	销售管理
0103	人力资源部	人力管理	05	仓储部	仓储管理
0104	信息部	信息处理			

操作步骤:

(1) 在企业应用平台的“基础设置”选项卡中，执行“基础档案”→“机构人员”→“部门档案”命令，如图 3.33 所示，进入“部门档案”窗口。

(2) 单击“增加”按钮，录入“部门编码”为 01，“部门名称”为“行政部”，在“部门属性”下拉列表中选择“综合管理”，如图 3.34 所示。

(3) 单击“保存”按钮。以此方法依次录入其他部门档案。

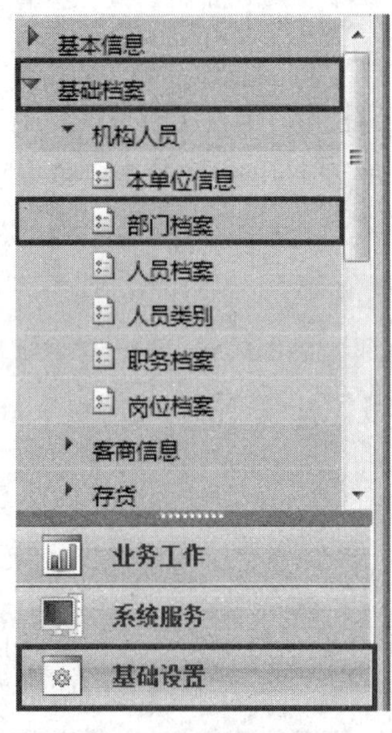

图 3.33　部门档案路径

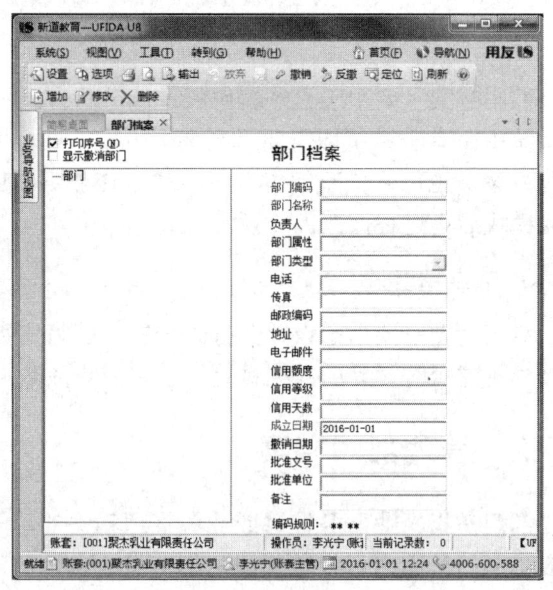

图 3.34　增加部门档案

提示:

- 部门编码方案必须符合建立账套时设定的部门编码。
- 部门负责人暂时不能填写，因为系统中还未设置“人员档案”。如果需要设置，在“人员档案”设置完毕后，再回到部门档案以修改的方式补充设置。

2. 修改部门档案

部门档案如果发生了变化，可以进行修改，如新增联系电话、地址等信息。部门编码不能修改，如要修改部门编码，则需删除部门后重新建立。

案例 3.14　修改办公室的联系电话为 3386001。

操作步骤:

(1) 在“部门档案”窗口左侧，将光标定位到要修改的部门“办公室”，单击“修改”按钮，此时部门档案处于修改状态，在“电话”处输入 3386001。

(2) 单击窗口上方的“保存”按钮，即可完成修改。

3. 删除部门档案

如果某个部门档案录入错误，可以对其进行删除。删除部门档案时，该部门不能有

职员。具体操作方法为：在“部门档案”窗口，单击左侧目录树中要删除的部门，背景显示蓝色表示选中，单击“删除”按钮X 删除，即可删除该部门。若部门被其他对象引用，则部门不能被删除。

4. 撤销部门档案

如果某个部门因为单位的机构调整被撤销了，可以对其进行撤销。撤销部门时，该部门不能有在职职工和未注销的职员。具体操作方法为：在“部门档案”窗口，单击左侧目录树中要撤销的部门，背景显示蓝色表示选中，单击“撤销”按钮 撤销，输入撤销日期，即可撤销该部门。

3.6.3　管理人员档案

这里的人员是指与企业业务活动有关的企业员工，如采购员、销售员等。设置人员档案的作用在于：按职员记录借款、还款情况，发放薪资；按职员统计销售业绩、追踪订单等。

设置人员档案前，需要先设置人员所属于的类别。人员类别是指对企业的人员进行分类设置的名称。一般按树形层次结构进行分类，系统预置正式工、合同工和实习生三类顶级类别，这三种类别为系统预置，不能删除，只能在此三种类别下自定义子类别。

案例 3.15　设置聚杰乳业有限责任公司的人员类别。

设置本企业的正式工分为三类：1011——管理人员；1012——经营人员；1013——生产人员。

操作步骤：

(1) 在“基础设置”选项卡中，执行“基础档案”→“机构人员”→“人员类别”命令，进入“人员类别”窗口，如图 3.35 所示。

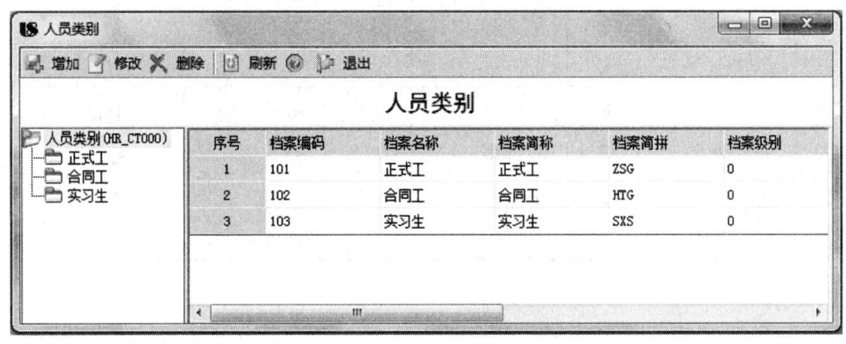

序号	档案编码	档案名称	档案简称	档案简拼	档案级别
1	101	正式工	正式工	ZSG	0
2	102	合同工	合同工	HTG	0
3	103	实习生	实习生	SXS	0

图 3.35　“人员类别”窗口

(2) 选中左侧的“正式工”，单击“增加”按钮，弹出“增加档案项”对话框，在“档案编码”文本框中输入 1011，在“档案名称”文本框中输入“管理人员”，如图 3.36 所示。

(3) 单击“确定”按钮。以此方法依次输入其他人员类别。

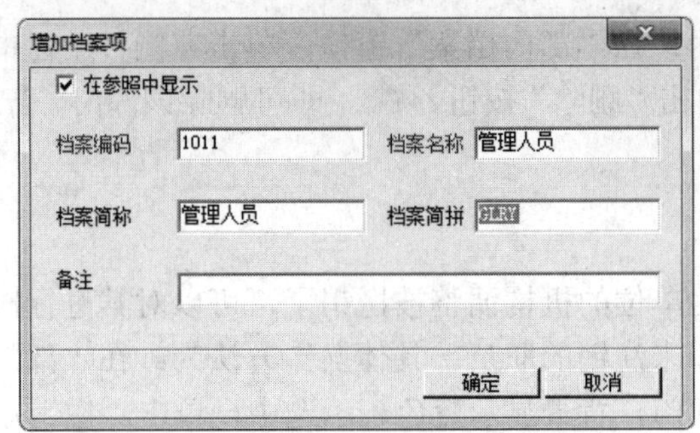

图 3.36　设置人员类别

案例 3.16　设置聚杰乳业有限责任公司的人员档案(如表 3.4 所示)。

表 3.4　人员档案表

人员编码	人员姓名	性别	行政部门	雇佣状态	人员类别	是否业务员	是否操作员
0101001	李刚	男	办公室	在职	管理人员	是	
0101002	张雪君	男	办公室	在职	管理人员	是	
0101003	高明	男	办公室	在职	管理人员	是	
0102001	李光宁	男	财务部	在职	管理人员	是	是
0102002	李婧	女	财务部	在职	管理人员	是	是
0102003	袁大伟	男	财务部	在职	管理人员	是	是
0103001	刘杰	男	人力资源部	在职	管理人员	是	是
0103002	刘洋	男	人力资源部	在职	管理人员	是	是
0104001	陈静敏	女	信息部	在职	管理人员	是	
0200001	曹颖	女	生产部	在职	生产人员	是	是
0200002	白展堂	男	生产部	在职	生产人员	是	
0300001	左林	男	采购部	在职	经营人员	是	是
0400001	孙东明	男	销售部	在职	经营人员	是	是
0500001	史艳	女	仓储部	在职	管理人员	是	是
0500002	郭芙蓉	女	仓储部	在职	管理人员	是	是

操作步骤：

(1) 在“基础设置”选项卡中，执行“基础档案”→“机构人员”→“人员档案”命令，进入“人员列表”窗口。

(2) 单击左侧窗口中“部门分类”下的“办公室”。

(3) 单击“增加”按钮，弹出“人员档案”窗口，选择“基本”选项卡，在“人员编码”文本框中输入 0101001，“人员姓名”文本框中输入李刚，“性别”下拉列表中选择“男”，“行政部门”下拉列表中选择“办公室”，“雇佣状态”下拉列表中选择“在

职”，“人员类别”下拉列表中选择“管理人员”。

选中“是否业务员”复选框，如图 3.37 所示。

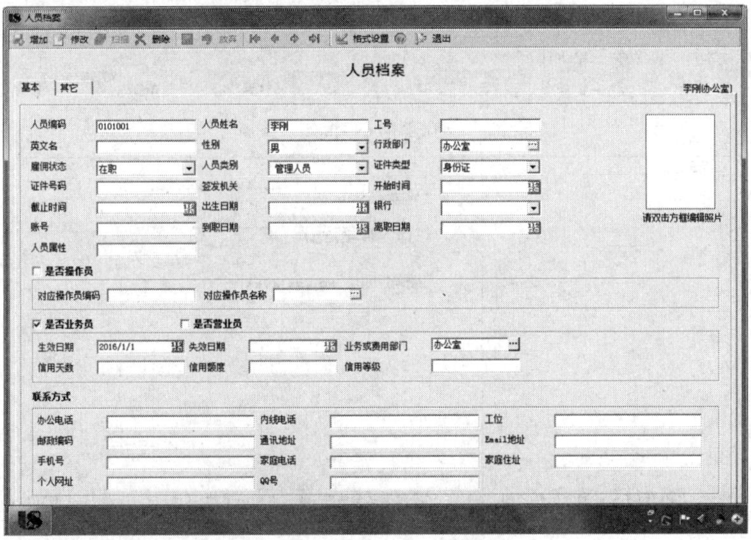

图 3.37　设置人员档案

(4) 单击上方的“保存”按钮即可。以此方法依次输入其他人员档案。

提示:

- 人员编码必须唯一。行政部门只能选择末级部门。如果行政部门选错，需要重新选择时，必须将错误的部门先删除，否则无法显示其他部门信息。
- 如果该员工需要在其他档案或其他单据的“业务员”项目中被参照，需要选中“是否业务员”复选框。

3.6.4　管理客商档案

1. 客户分类

企业可以从自身管理要求出发对客户进行相应的分类，以便于对客户档案数据进行管理和统计分析。操作员根据新建账套时的选项设置“客户是否分类”来判断是否进行客户分类的设置。如果选中“客户是否分类”复选框，则需先建分类再建档案；如果没有选中“客户是否分类”复选框，则系统默认客户分类为无分类，直接建立客户档案即可，此方法适用于客户数量少无须进行分类管理的情况。

案例 3.17　设置聚杰乳业有限责任公司的客户分类，标准如下：01，商超客户；02，区域经销商；03，零散经销商。

操作步骤：

(1) 在“基础设置”选项卡中，执行“基础档案”→“客商信息”→“客户分类”命令，进入“客户分类”窗口。

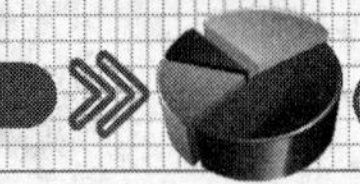

(2) 单击窗口上方的“增加”按钮，在“分类编码”文本框中输入01，在“分类名称”文本框中输入“商超客户”，如图3.38所示。

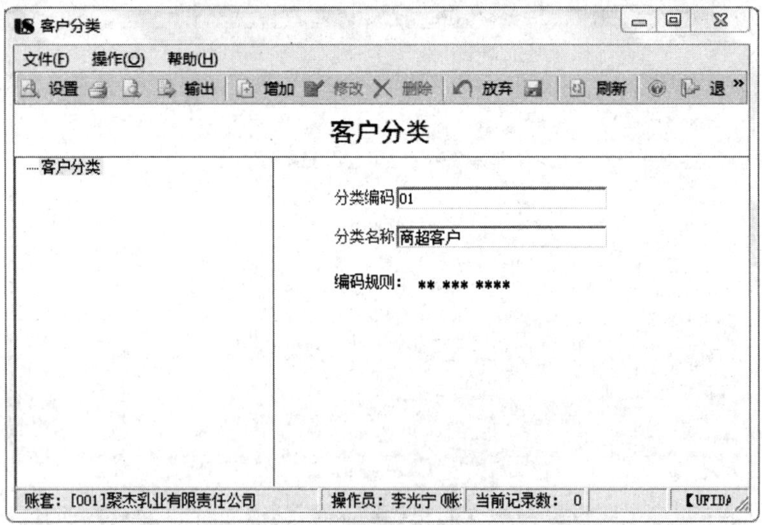

图 3.38 设置客户分类

(3) 单击“保存”按钮进行保存。以此方法依次输入其他客户分类。

2. 供应商分类

如果企业的供应商比较多，企业可以从自身管理要求出发对供应商进行相应的分类，以便于对业务数据的统计和分析。供应商分类的使用方法类似客户分类的使用方法。

案例 3.18 设置聚杰乳业有限责任公司供应商分类，标准如下：01，原料供应商；02，辅料供应商；98，保险及福利；99，其他供应商。

操作步骤：

(1) 在“基础设置”选项卡中，执行“基础档案”→“客商信息”→“供应商分类”命令，进入“供应商分类”窗口。

(2) 单击窗口上方的“增加”按钮，在“分类编码”文本框中输入01，在“分类名称”文本框中输入“原料供应商”，如图3.39所示。

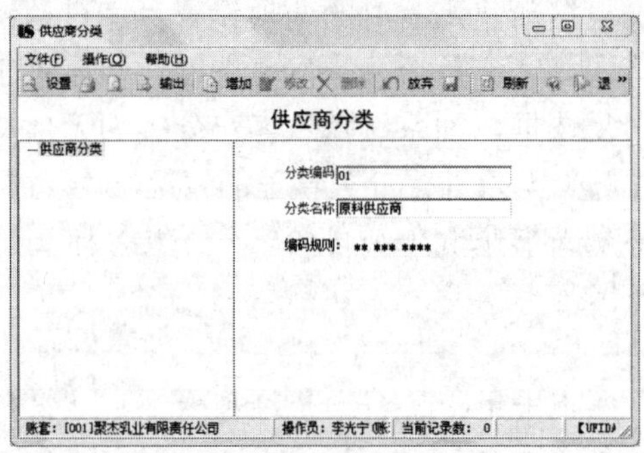

图 3.39 设置供应商分类

(3) 单击“保存”按钮进行保存。以此方法依次输入其他供应商分类。

3. 地区分类

企业可以根据自身管理的要求对客户、供应商的所属地区进行相应的分类，以便于对业务数据进行分析和统计。

案例 3.19 设置聚杰乳业有限责任公司的地区分类，标准如下：01，华东区域；02，华南区域；03，华中区域；04，华北区域；05，北方区域。

操作步骤：

(1) 在“基础设置”选项卡中，执行“基础档案”→“客商信息”→“地区分类”命令，打开“地区分类”窗口。

(2) 单击窗口上方的“增加”按钮，在“分类编码”文本框中输入 01，在“分类名称”文本框中输入“华东区域”，如图 3.40 所示。

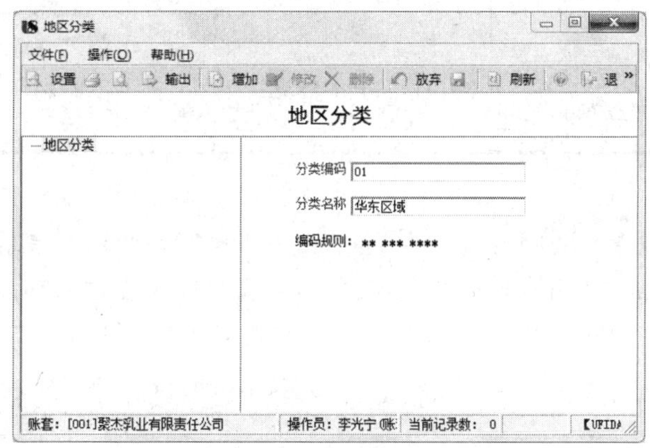

图 3.40　设置地区分类

(3) 单击“保存”按钮进行保存。以此方法依次输入其他地区分类。

4. 设置客户档案

客户是企业的产品或服务的销售对象。客户档案主要用于设置往来客户的档案信息，如客户编码、客户名称、客户简称和所属分类等。如果企业建账时要求对客户进行分类，建立客户分类后，就可以增加客户档案；如果建账时未对客户分类，可以直接增加客户档案。

案例 3.20 设置聚杰乳业有限责任公司的客户档案，客户档案资料如表 3.5 所示。

表 3.5　聚杰乳业有限责任公司客户档案

客户编码	客户名称	客户简称	所属分类	税　号	所属银行	开户银行	银行账号
01001	北京华联内蒙古分公司	北京华联	01	1101123456788	中国工商银行	工行钢铁路支行	6010123456781234

续表

客户编码	客户名称	客户简称	所属分类	税　号	所属银行	开户银行	银行账号
01002	内蒙古维多利集团	维多利	01	6222123456711234123	中国银行	呼和浩特新华大街支行	888966671112
02001	内蒙古康德商贸总经销	内蒙古康德	02	110471123456888	中国建设银行	建行内蒙古光华街支行	6047112345671234
02002	北京广发商贸总公司	北京总经销	02	11010012345678888	中国农业银行	农行北京上地支行	40100123456789999
03001	呼和浩特市联盛商贸公司	联盛商贸公司	03	3017112345678888	招商银行	招行呼和浩特新城支行	5047112345678888

操作步骤：

(1) 在“基础设置”选项卡中，执行“基础档案”→“客商信息”→“客户档案”命令，打开“客户档案”窗口，如图 3.41 所示。窗口分为左右两部分，左侧窗格显示已经设置的客户分类，单击选中某一客户分类，右侧窗格显示该分类下所有的客户列表。

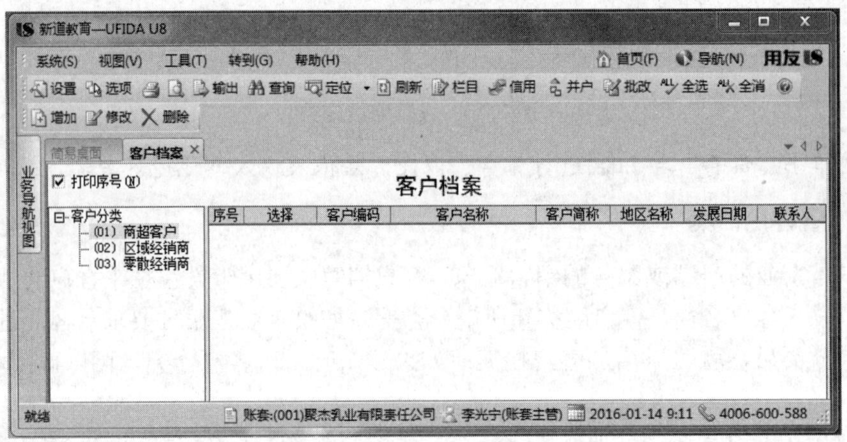

图 3.41　“客户档案”窗口

(2) 单击“增加”按钮，打开“增加客户档案”窗口。窗口中包括 4 个选项卡，即“基本”“联系”“信用”“其他”，用于对客户不同的属性分别归类记录。

(3) 选择“基本”选项卡，在“客户编码”文本框中输入 01001；在“客户名称”文本框中输入“北京华联内蒙古分公司”；在“客户简称”文本框中输入“北京华联”；在“所属分类”下拉列表框中选择“01-商超客户”，如图 3.42 所示。

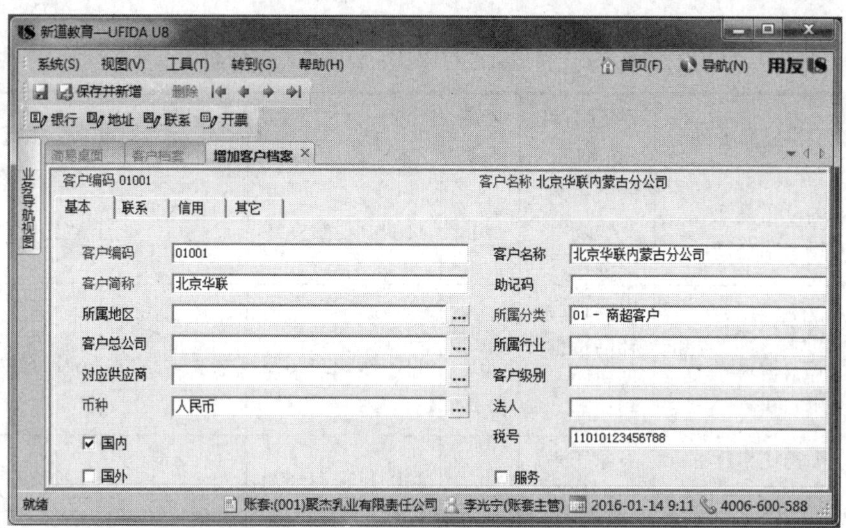

图 3.42　增加客户档案

(4) 选择"联系"选项卡，如果有"分管部门""专管业务员""电话"等信息，在此输入。

(5) 单击上方的"银行"按钮，弹出"客户银行档案"窗口，单击"增加"按钮，系统新增一行，在"所属银行"栏输入"中国工商银行"，在"开户银行"栏输入"工行钢铁路支行"，在"银行账号"栏输入6010123456781234，在"默认值"栏选择"是"，如图3.43所示，最后单击"保存"按钮进行保存。

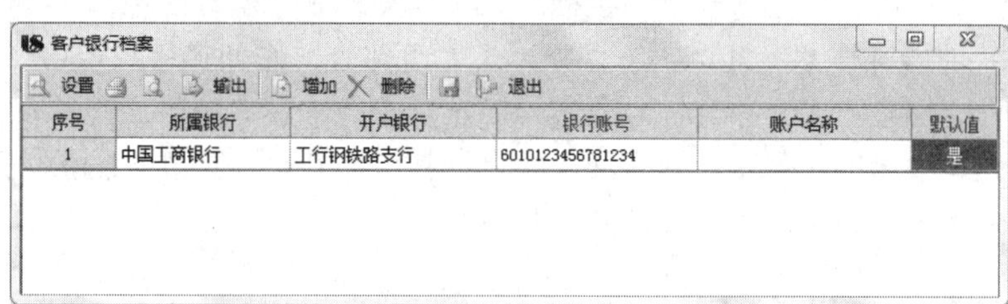

序号	所属银行	开户银行	银行账号	账户名称	默认值
1	中国工商银行	工行钢铁路支行	6010123456781234		是

图 3.43　设置客户银行档案

(6) 单击"退出"按钮，退出"客户银行档案"窗口，返回"增加客户档案"界面。

(7) 单击"保存"按钮进行保存。同理，依次输入其他客户档案。

5. 设置供应商档案

供应商为企业提供原材料和服务等。供应商档案主要用于设置往来供应商的档案信息，如供应商编码、供应商名称、供应商简称和所属分类等。如果企业建账时要求对供应商进行分类，建立供应商分类后，就可以增加供应商档案；如果建账时未对供应商分类，可以直接增加供应商档案。

案例 3.21　设置聚杰乳业有限责任公司的供应商档案，档案资料如表3.6所示。

表 3.6　聚杰乳业有限责任公司供应商档案

供应商编码	供应商名称	供应商简称	所属分类	税　号	开户银行	银行账号
01001	内蒙古澳亚牧场有限公司	内蒙古澳亚牧场有限公司	01	11047112345678	中行内蒙古分行	622212345671234
01002	内蒙古锡林浩特青城牧业有限公司	内蒙古锡林浩特青城牧业有限公司	01	11047912345678	中行内蒙古锡林浩特分行	622212345672234
02001	石家庄韦氏香精厂	石家庄韦氏香精厂	02	11031112345678	工行石家庄分行	622212345673234
9801	保险费	社会保险费	98	—	—	—
9802	公积金	公积金	98	—	—	—
99001	内蒙古电力公司	电业局	99	—	工行光明路支行	602112345675234
99002	中国自来水公司	自来水公司	99	—	工行新建西街支行	622212345675565

操作步骤：

(1) 在“基础设置”选项卡中，执行“基础档案”→“客商信息”→“供应商档案”命令，打开“供应商档案”窗口。窗口分为左右两部分，左侧窗格显示已经设置的供应商分类，单击选中某一客户分类，右侧窗格显示该分类下所有的供应商列表。

(2) 单击“增加”按钮，打开“增加供应商档案”窗口。按表 3.6 输入供应商信息。工作过程类似于客户档案录入，此处不再赘述。

3.6.5　管理财务档案

1. 设置外币及汇率

企业如果有外币核算业务，需要事先进行外币及汇率的设置。此后，在填制凭证时如果使用了外币核算的会计科目，系统会自动调用在此处设置的汇率，避免了用户输入汇率的工作量，同时也可以有效避免错误的发生。当汇率发生变化时，也应预先在此定义，否则，制单时不能正确录入汇率。

对于使用固定汇率作为记账汇率的用户，在填制每月的凭证前，应预先在此录入该月的记账汇率。记账汇率为月初汇率，否则在填制该月外币凭证时，将会出现汇率为零的错误。对于使用浮动汇率作为记账汇率的用户，在填制该天的凭证前，应预先在此录入该天的记账汇率。

案例 3.22　设置外币及汇率：币符 USD；币名美元；固定汇率 1∶6.5。

操作步骤：

(1) 在企业应用平台中，执行“基础档案”→“财务”→“外币设置”命令，打开“外币设置”对话框。

(2) 增加币种。在“外币设置”对话框中，单击“增加”按钮，然后在“币符”及“币名”文本框中分别输入 USD 和“美元”，单击“确认”按钮，将输入内容保存，如图 3.44 所示。

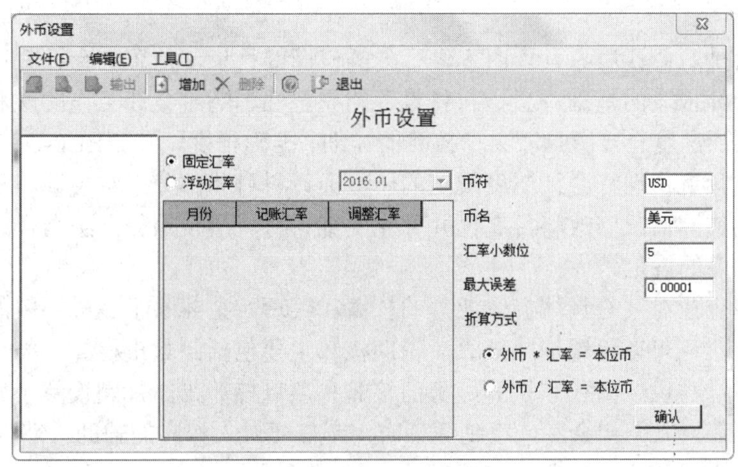

图 3.44　设置外币名称

(3) 输入汇率。在“外币设置”对话框中，选中左栏中的“美元”币种，选中“固定汇率”单选按钮，在“2016.01”行的“记账汇率”栏目中输入 6.5，如图 3.45 所示。

(4) 输入汇率后，将鼠标指针移动到其他位置，即可完成外币汇率的设置。

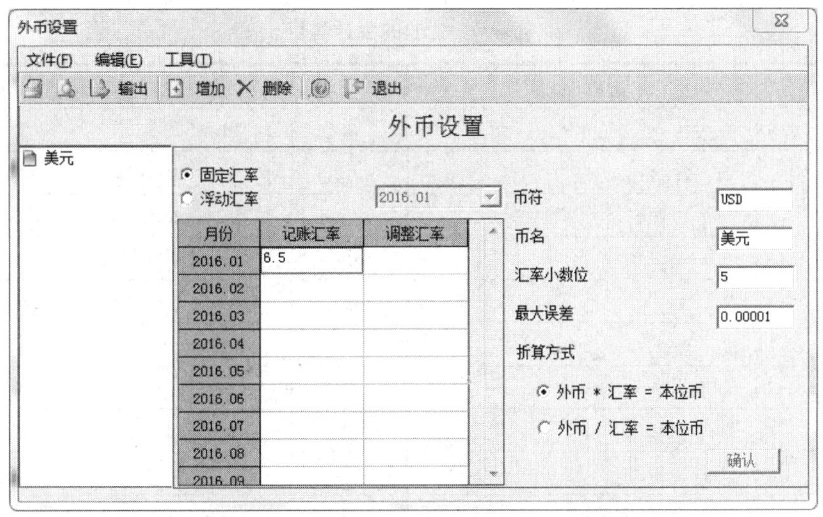

图 3.45　设置外币汇率

提示:

- 若删除外币，选中要删除的外币，单击“删除”按钮即可。
- 若外币已经使用过，则不可删除。
- 使用固定汇率的会计核算单位时，由于固定汇率为月初汇率，所以需要月末时对当月所做的外币凭证进行汇兑损益的调整，汇兑损益差额计入“财务费用”科目，调整汇率为月末汇率。

2. 设置会计科目

会计科目是对会计对象具体内容进行分类核算的目录，是填制会计凭证、登记会计账簿和编制会计报表的基础。会计科目设置的完整性影响着会计工作的顺利实施，会计科目设置的层次深度直接影响着会计核算的详细、准确程度。用友 ERP-U8 V10.1 根据不同的行业性质预置了现行会计制度规定的一级会计科目和部分二级会计科目，企业可以根据本单位的实际情况修改科目属性并补充明细科目。所采用的一级会计科目，必须符合国家会计制度的规定。

为了满足企业对某些具体会计业务的核算和管理，企业除了完成一般的总账、明细账核算设置外，还可以设置辅助核算。辅助核算主要包括：数量核算、外币核算、个人往来核算、客户与供应商往来核算、部门核算和项目核算等。凡是设置了辅助核算内容的会计科目，在录入期初余额或填制凭证时，都需要录入相应的辅助核算内容。

1) 增加会计科目

如果用户需建立的会计科目体系与所选行业标准的会计科目基本一致，则可以在建立账套时选择按行业性质预置的会计科目，这样在会计科目初始设置时只需对不同的会计科目进行修改或删除，对缺少的会计科目进行增加即可。

案例 3.23 设置本企业的会计科目(如表 3.7 所示)。

表 3.7 企业的会计科目

科目编码	科目名称	方 向	辅助核算
1001	库存现金	借	日记账
1002	银行存款	借	日记账、银行账
100201	工商银行	借	日记账、银行账
10020101	人民币	借	日记账、银行账
10020102	美元	借	日记账、银行账、外币核算
1121	应收票据	借	客户往来
1122	应收账款	借	客户往来
1123	预付账款	借	供应商往来
1221	其他应收款	借	
122101	其他应收单位款	借	客户往来
122102	其他应收个人款	借	个人往来

续表

科目编码	科目名称	方 向	辅助核算
1401	材料采购	借	
140101	液态奶	借	数量核算，吨
140102	果胶	借	数量核算，千克
140103	食用香精	借	数量核算，千克
140104	食用砂糖	借	数量核算，千克
1402	在途物资	借	
1403	原材料	借	
140301	液态奶	借	数量核算，吨
140302	果胶	借	数量核算，千克
140303	食用香精	借	数量核算，千克
140304	食用砂糖	借	数量核算，千克
1405	库存商品	借	
140501	特仑苏盒装牛奶	借	数量核算，箱
140502	牛奶干吃片	借	数量核算，盒
1406	发出商品	借	
140601	特仑苏盒装牛奶	借	数量核算，箱
140602	牛奶干吃片	借	数量核算，盒
1901	待处理财产损溢	借	
190101	待处理流动资产损溢	借	
190102	待处理固定资产损溢	借	
2001	短期借款	贷	
2201	应付票据	贷	供应商往来
2202	应付账款	贷	供应商往来
220201	一般应付款	贷	供应商往来
220202	暂估应付款	贷	供应商往来
2203	预收账款	贷	客户往来
2211	应付职工薪酬	贷	
221101	应付工资	贷	
221102	职工应付福利费	贷	
221103	代扣个人社保	贷	
22110301	社会保险费	贷	
22110302	住房公积金	贷	
221104	单位交纳社保	贷	
22110401	社会保险费	贷	

续表

科目编码	科目名称	方 向	辅助核算
22110402	住房公积金	贷	
221105	个人所得税	贷	
221106	职工教育经费	贷	
221107	工会经费	贷	
2221	应交税费	贷	
222101	应交增值税	贷	
22210101	进项税	贷	
22210102	已交税金	贷	
22210103	转出未交增值税	贷	
22210104	进项税额转出	贷	
22210105	销项税	贷	
222102	未交增值税	贷	
222103	应交消费税	贷	
222104	应交城市维护建设税	贷	
222105	应交个人所得税	贷	
222106	应交所得税	贷	
2231	应付利息	贷	
2232	应付股利	贷	
2241	其他应付款	贷	
224101	其他应付单位款	贷	供应商往来
224102	其他应付个人款	贷	个人往来
4101	盈余公积	贷	
410101	法定盈余公积	贷	
410102	任意盈余公积	贷	
4104	利润分配	贷	
410401	未分配利润	贷	
410402	提取法定盈余公积	贷	
410403	提取任意盈余公积	贷	
410404	应付普通股股利	贷	
5001	生产成本	借	项目核算
500101	直接材料	借	项目核算
500102	直接人工	借	项目核算
500103	制造费用	借	项目核算

续表

科目编码	科目名称	方　向	辅助核算
5101	制造费用	借	
510101	折旧费	借	
510102	工资	借	
510103	其他	借	
6001	主营业务收入	贷	
600101	特仑苏盒装牛奶	贷	数量核算，箱
600102	牛奶干吃片	贷	数量核算，盒
6401	主营业务成本	借	
640101	特仑苏盒装牛奶	借	数量核算，箱
640102	牛奶干吃片	借	数量核算，盒
6601	销售费用	借	
660101	广告费	借	
660108	销售折旧费	借	
660199	其他	借	
6602	管理费用	借	
660201	工资	借	
660202	福利费	借	
660203	差旅费	借	
660204	水电费	借	
660205	办公费	借	
660206	业务招待费	借	
660207	电话费	借	
660208	折旧费	借	
660209	社会保险费	借	
660210	住房公积金	借	
660299	其他	借	
6603	财务费用	借	
660301	利息收入	借	
660302	手续费	借	
660303	现金折扣	借	
660399	其他	借	

操作步骤：

(1) 在企业应用平台中，执行“基础设置”→“基础档案”→“财务”→“会计科目”命令，打开“会计科目”窗口。

(2) 单击“增加”按钮，打开“新增会计科目”对话框。

(3) 输入科目编码为 100201，科目名称为“工商银行”，选中“日记账”和“银行账”复选框，如图 3.46 所示。

(4) 单击“确定”按钮保存即可。

(5) 以同样的操作按表 3.7 提供的数据增加其他会计科目。

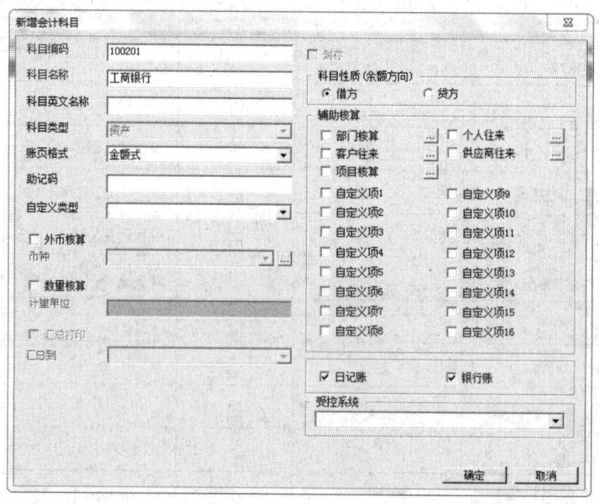

图 3.46 新增会计科目

提示:

- 增加会计科目时，必须遵循自上而下的原则，即先增加上级科目，再增加下级科目。
- 会计科目编码要符合编码规则，编码不能重复。
- 科目如果要进行数量核算，应选中“数量核算”复选框，并设置相应的计量单位。进行数量核算的会计科目在录入期初余额和使用该科目制单时，不仅要求录入金额，还需要录入物品的数量。

2) 修改会计科目

系统预置的科目没有指定科目的辅助核算内容，例如，现金科目未设置日记账核算、应收款科目未指定客户往来核算等，因此需要补充指定相关科目的辅助核算内容。我们可以通过修改功能对会计科目的一些项目进行修改，如科目名称、账页格式和辅助核算等。

案例 3.24 修改本企业的会计科目，将库存现金设置为日记账辅助核算。

操作步骤:

(1) 在企业应用平台中，执行“基础设置”→“基础档案”→“财务”→“会计科目”命令，打开“会计科目”窗口。

(2) 在“会计科目”窗口中选中“1001 库存现金”科目，单击窗口上方的“修改”按钮 修改，弹出“会计科目_修改”对话框，如图 3.47 所示。

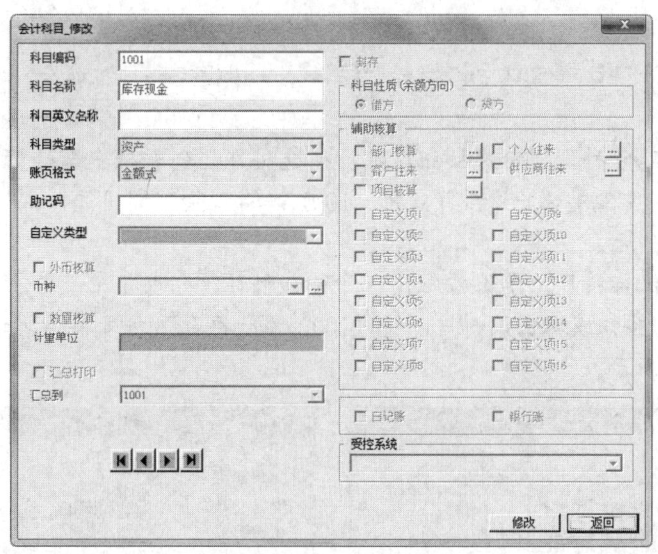

图 3.47　修改会计科目

(3) 在“会计科目_修改”对话框中，单击“修改”按钮，进入修改状态。

(4) 选择“日记账”辅助核算选项，然后单击“确定”按钮保存即可。

3) 删除会计科目

如果某些科目暂时不需要或者不适合企业科目体系的特点，可以将其删除。

案例 3.25　将聚杰乳业有限责任公司科目表中的“1201 应收代位追偿款”科目删除。

操作步骤：

(1) 在“会计科目”窗口中，选择要删除的“1201 应收代位追偿款”科目，执行“编辑”→“删除”命令，或者单击窗口上方的 删除 按钮，打开“删除记录”提示对话框，如图 3.48 所示。

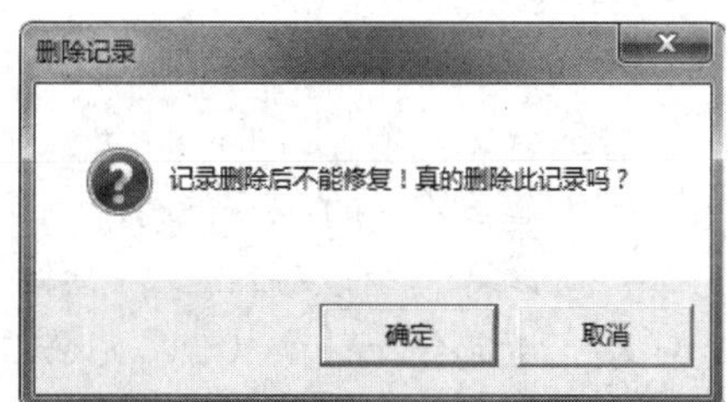

图 3.48　删除会计科目

(2) 单击“确定”按钮即可将该科目删除。

> *提示*：
> - 如果科目已经录入期初余额或已经填制凭证，则不能删除。
> - 被指定为现金、银行科目的会计科目不能删除，如想删除必须先取消指定。

4) 指定会计科目

指定会计科目是确定出纳的专管科目。被指定为现金、银行总账科目的会计科目在出纳功能中可以查询现金、银行日记账。对银行科目可以执行银行对账功能。一般情况下，现金科目要设为日记账，银行存款科目要设为银行账和日记账。

案例 3.26　指定库存现金(1001)为现金总账科目，银行存款(1002)为银行总账科目。

操作步骤：

(1) 在“会计科目”窗口中，执行“编辑”→“指定科目”命令，打开“指定科目”对话框。

(2) 选中“现金科目”单选按钮，在“待选科目”列表框中选择“1001 库存现金”科目，单击“>”按钮或双击该科目，将“1001 库存现金”科目添加到“已选科目”列表框中，如图 3.49 所示。

(3) 选中“银行科目”单选按钮，在“待选科目”列表框中选择“1002 银行存款”科目，单击“>”按钮或双击该科目，将“1002 银行存款”科目添加到“已选科目”列表框中，如图 3.50 所示。

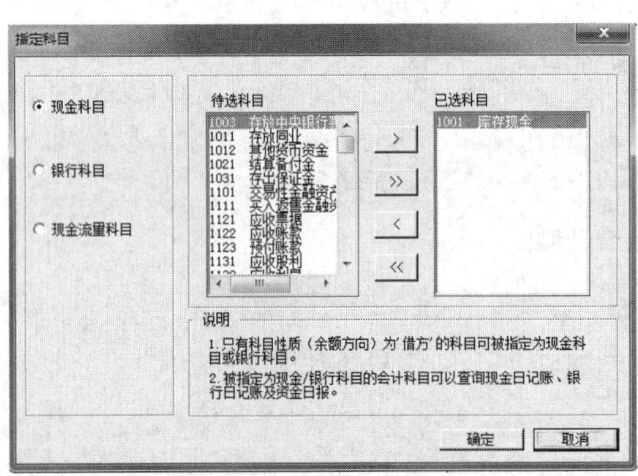

图 3.49 指定现金科目

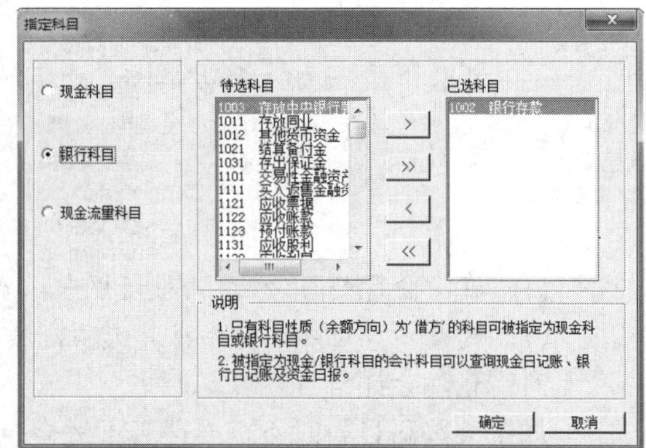

图 3.50 指定银行科目

提示:

- 如果多余的科目被选入“已选科目”列表框中，可选中多余科目，使用“<”按钮将科目移动到“待选科目”列表框中。
- 指定会计科目以后，不需要为其明细科目继续指定，明细科目会自动继承。
- 如果没有指定现金科目和银行科目，出纳不能在总账中对收款凭证和付款凭证进行签字。

3. 设置凭证类别

根据企业管理和核算要求，需要将会计凭证进行分类管理。系统提供了设置凭证类别的功能，以便于管理、记账和汇总。第一次使用总账系统，首先应该正确选择凭证的类别。用户可以根据本单位的实际需要进行选择。

常用的凭证分类方式有：①记账凭证；②收款、付款、转账凭证；③现金、银行、转账凭证；④现金收款、现金付款、银行收款、银行付款和转账凭证；⑤自定义凭证类别。

选择分类方式后，可以设置该类凭证的限制条件，以提高凭证处理的准确性。系统有七种限制类型可供选择。

(1) 借方必有：制单时，此类凭证借方至少有一个限制科目有发生额。

(2) 贷方必有：制单时，此类凭证贷方至少有一个限制科目有发生额。

(3) 凭证必有：制单时，此类凭证无论借方还是贷方，至少有一个限制科目有发生额。

(4) 凭证必无：制单时，此类凭证无论借方还是贷方，不可有一个限制科目有发生额。

(5) 无限制：制单时，此类凭证对科目没有任何限制。

(6) 借方必无：制单时，此类凭证借方没有任何一个限制科目有发生额。

(7) 贷方必无：制单时，此类凭证贷方没有任何一个限制科目有发生额。

选择以上设定条件后，在凭证录入保存时由系统自动进行检测，不符合条件的凭证将不能保存。

案例 3.27　设置企业的凭证类别，如表 3.8 所示。

表 3.8　凭证类别

类别字	凭证类别	限制类型	限制科目
收	收款凭证	借方必有	1001，10020101，10020102
付	付款凭证	贷方必有	1001，10020101，10020102
转	转账凭证	凭证必无	1001，10020101，10020102

操作步骤：

(1) 在企业应用平台，执行“基础设置”→“基础档案”→“财务”→“凭证类别”命令，打开“凭证类别预置”对话框。

(2) 在“凭证类别预置”对话框中选中“收款凭证 付款凭证 转账凭证”单选按钮，如图 3.51 所示。

(3) 单击“确定”按钮，打开“凭证类别”对话框。在“凭证类别”对话框中，单击“修改”按钮，依次将“收”“付”“转”三个类别的限制类型依次修改为“借方必有”“贷方必有”“凭证必无”，限制科目均输入“1001,10020101,10020102”，输入完毕后，鼠标指针移动到其他地方，结果如图 3.52 所示。

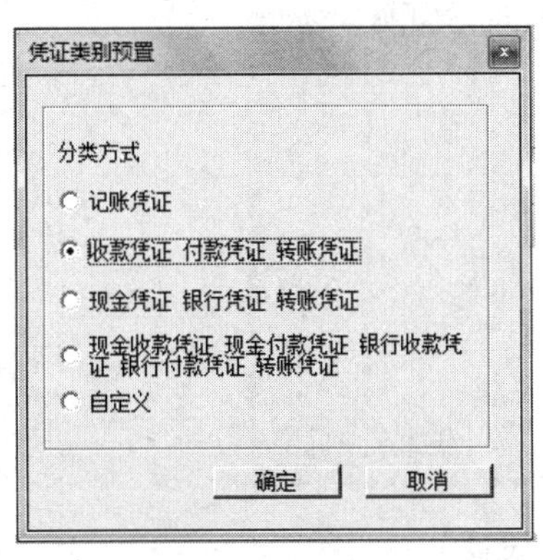

图 3.51　设置凭证类别

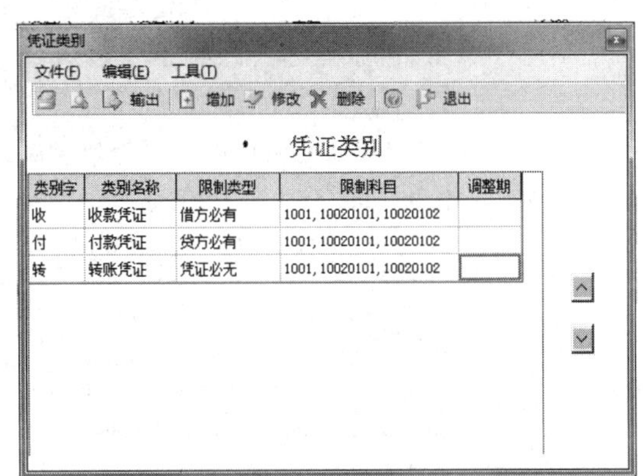

图 3.52　收付转记账凭证类别的设置

4. 设置项目目录

一个单位项目核算的种类可能多种多样，如生产成本、在建工程、项目研发，等等，为了满足企业的实际需要，可定义多类项目核算。

案例 3.28 设置项目大类：生产成本；核算科目：生产成本及其下级所有明细科目；项目分类：1—自行开发，2—委托加工；项目名称：1-101 特仑苏盒装，1-102 牛奶干吃片，所属分类码均为 1。

操作步骤：

(1) 在企业应用平台，执行“基础设置”→“基础档案”→“财务”→“项目目录”命令，打开“项目档案”窗口。

(2) 在“项目档案”窗口中，单击“增加”按钮，打开“项目大类定义_增加”对话框。

(3) 在“新项目大类名称”文本框中输入“生产成本”，选择新项目大类的属性为“普通项目”，如图 3.53 所示。

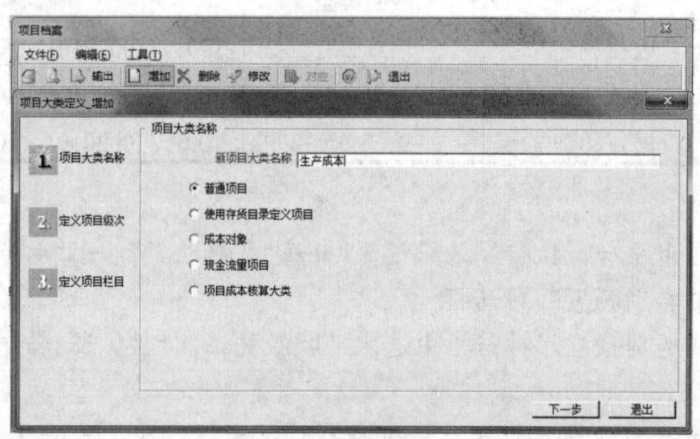

图 3.53 项目大类名称的设置

(4) 单击“下一步”按钮。

(5) 选择项目级次：一级“1 位”，单击“下一步”按钮，如图 3.54 所示。

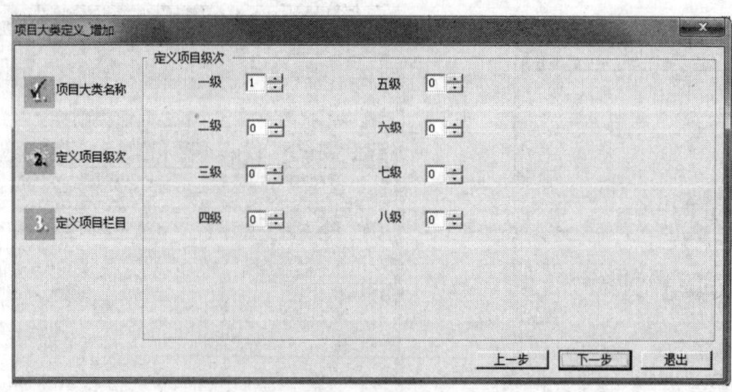

图 3.54 项目大类项目级次的设置

(6) 定义项目栏目。该对话框的内容采用系统默认设置，如图 3.55 所示。

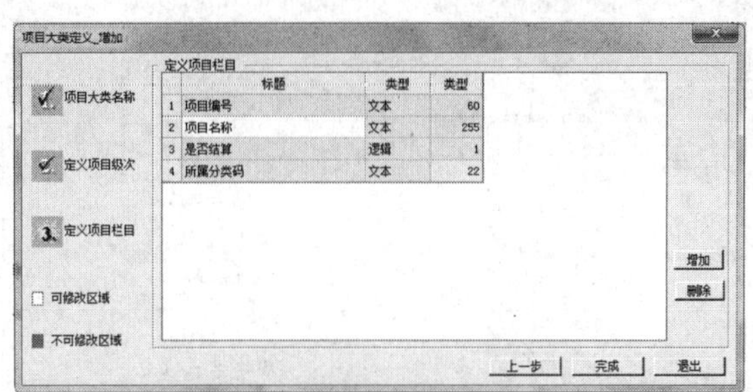

图 3.55　项目大类项目栏目

(7) 单击“完成”按钮，返回“项目档案”窗口。

(8) 从“项目大类”下拉列表中选择“生产成本”，切换到“核算科目”选项卡，单击“待选科目”列表框右侧的>或»按钮，使得生产成本下的所有明细科目由“待选科目”列表框移动到“已选科目”列表框中，如图 3.56 所示。

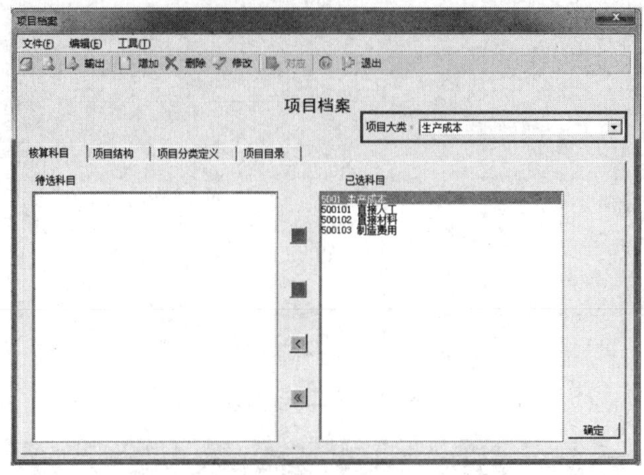

图 3.56　项目大类的核算科目设置

(9) 单击“确定”按钮保存。

(10) 选择“项目分类定义”选项卡，再单击窗口右下角的“增加”按钮，在“分类编码”文本框中输入 1、在“分类名称”文本框中输入“自行开发”，如图 3.57 所示。

(11) 单击右下角的“确定”按钮。同理，增加分类编码 2 和分类名称“委托加工”的项目分类。

(12) 选择“项目目录”选项卡，如图 3.58 所示，单击窗口右下角的“维护”按钮，打开“项目目录维护”窗口。单击“增加”按钮，输入项目编号为 101，项目名称为“特仑苏盒装”，所属分类码选择 1，所属分类名称为“自行开发”。

(13) 再次单击“增加”按钮，输入项目编号为 102，项目名称为“牛奶干吃片”，所属分类码选择 1，所属分类名称为“自行开发”，如图 3.59 所示。

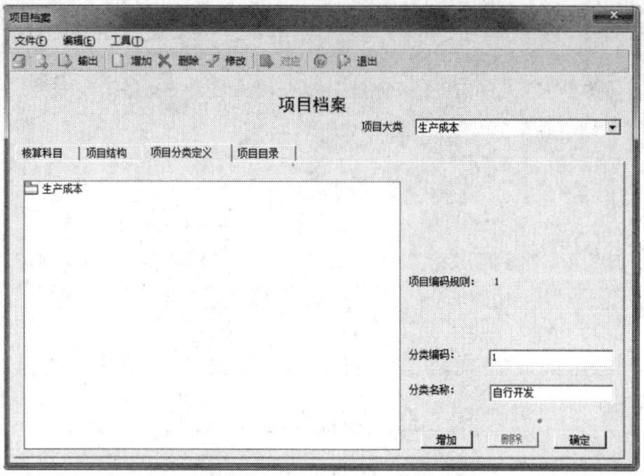

图 3.57　项目分类定义

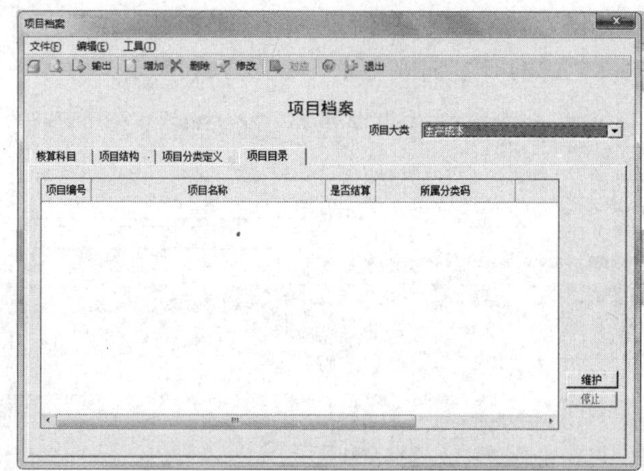

图 3.58　项目目录

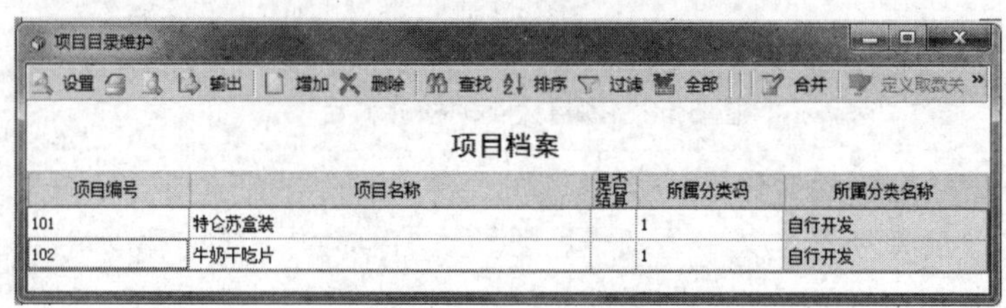

项目编号	项目名称	是否结算	所属分类码	所属分类名称
101	特仑苏盒装		1	自行开发
102	牛奶干吃片		1	自行开发

图 3.59　项目档案的录入

5. 设置结算方式

为便于管理和提高银行对账的效率，用友提供了设置银行结算方式的功能，用来建立和管理用户在经营活动中所涉及的结算方式。

结算方式的设置主要包括结算方式编码、结算方式名称和票据管理标志。结算方式编码要求编码值唯一，且符合编码规则；结算方式名称要根据企业实际情况进行输入，也不能重复；票据管理标志是为出纳对银行结算票据的管理而设置的功能，类似于手工

系统中的支票登记簿的管理方式。用户可以根据实际情况，选择该结算方式下是否要进行票据管理。对进行票据管理的结算方式，在填制付款凭证时，如果选择贷方分录为该结算方式，且总账选项选中“支票控制”，则在保存该付款凭证时，系统会提示对该支票进行票据登记。

案例 3.29　设置企业的银行结算方式，如表 3.9 所示。备份账套到“项目 3　基础设置”文件夹中。

表 3.9　聚杰乳业有限责任公司的银行结算方式

结算方式编码	结算方式名称	是否票据管理
1	现金	否
2	支票	否
201	现金支票	是
201	转账支票	是
3	汇票	否
301	商业承兑汇票	是
302	银行承兑汇票	是

操作步骤：

(1) 在企业应用平台，执行“基础设置”→“基础档案”→“收付结算”→“结算方式”命令，打开“结算方式”窗口。

(2) 单击工具栏上的“增加”按钮，在“结算方式编码”文本框中输入 1、在“结算方式名称”文本框中输入“现金”，如图 3.60 所示。单击“保存”按钮，保存设置。

(3) 重复步骤(2)，增加“支票”和“汇票”及其下属的结算方式，根据表 3.9 中信息确定是否进行票据管理，设置完毕后单击“保存”按钮。

(4) 备份账套到“项目 3　基础设置”文件夹中。

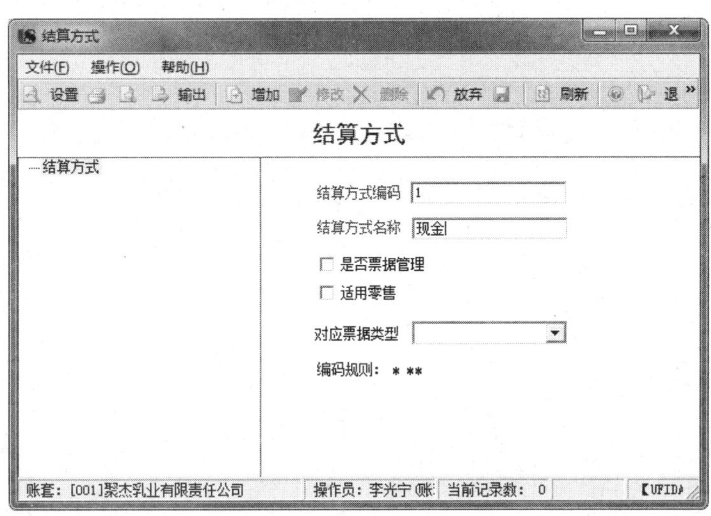

图 3.60　结算方式的设置

项 目 小 结

初始化是会计电算化工作的开始，初始化工作不到位，将给后续的会计电算化处理带来一定的困难，因此，在进行初始化工作时一定要保持前后逻辑的一致性。

账套中的很多参数不能进行修改，因此在建账时必须注意各个选项的参数设置。如果有错，修改账套时使用账套主管身份登录系统管理进行修改。

学生在学习该项目时，应掌握的基础知识如下：

(1) 建立账套时注意编码方案的设置；

(2) 掌握会计科目，注意辅助核算项的设置；

(3) 掌握凭证类别的判断，设置限制科目。

拓展闯关 1

1. 设置 001 账套的常用摘要为：01，提取现金；02，销售商品；03，采购原材料。

2. 设置本单位开户银行，开户银行信息如表 3.10 所示。

表 3.10　本单位开户银行信息

序　号	编　码	银行账号	开户银行	所属银行名称
1	01	622204712345	建行大学路支行	中国建设银行

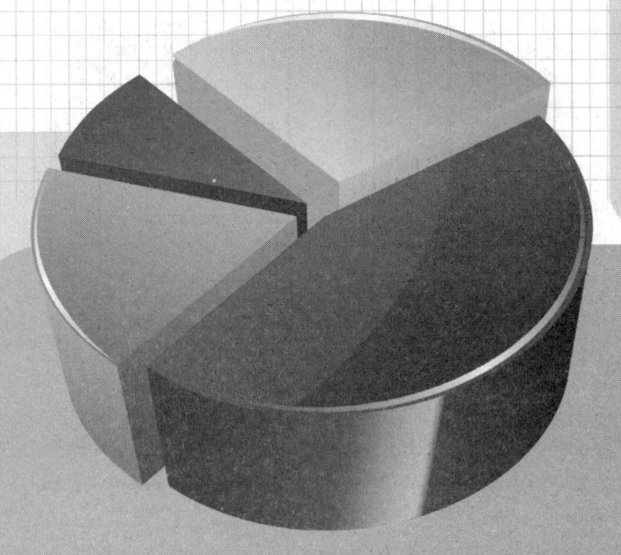

项目 4

总账管理系统

职业能力目标

总账管理系统是财务及企业管理软件的核心系统，适用于各行各业进行财务核算及管理工作。通过本项目的学习，学生能建立适当的会计科目体系，输入和处理各种记账凭证，完成记账、结账及对账工作，输出各种总分类账、日记账、明细账和有关辅助账。

典型工作任务

- 期初余额录入
- 填制凭证
- 修改、删除凭证
- 出纳管理
- 期末处理

知识架构

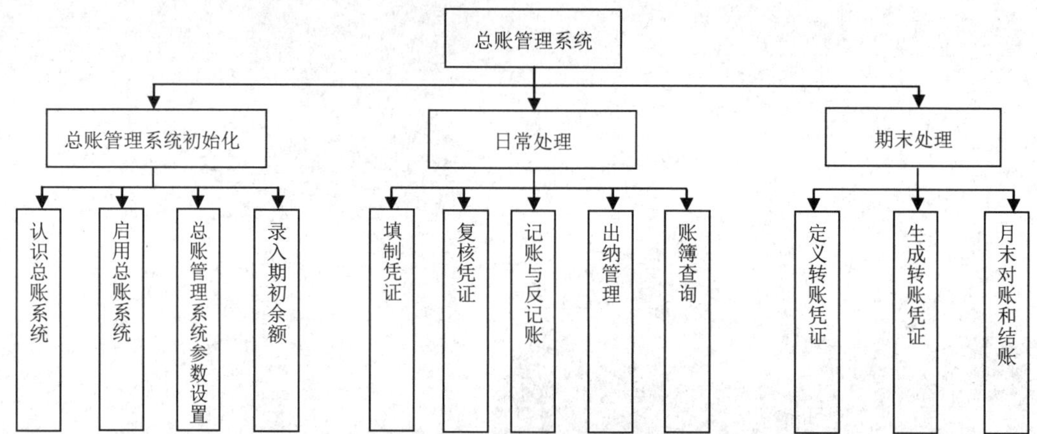

任务 4.1　认识总账管理系统

4.1.1　总账管理系统功能概述

总账管理系统是用友 ERP-U8 V10.1 的核心系统。它的主要功能包括凭证处理、账簿管理、出纳管理和期末转账等基本核算功能，并提供个人、部门、客户、供应商、项目核算和备查账等辅助管理功能。

(1) 初始设置：由用户根据本企业的需要建立账务应用环境，将系统处理变成适合本单位实际需要的专用系统。

(2) 凭证处理：通过严密的制单控制和审核机制，保证凭证的完整性和逻辑正确性。

(3) 账簿管理：系统可实现总账、明细账和凭证联查，也可查询客户、供应商、个人、部门、项目的总账和辅助账。

(4) 出纳管理：为出纳人员提供一个集成的办公环境，加强对现金及银行存款的查询和管理。

(5) 期末转账：完成月末转账定义和转账生成功能，进行期末试算平衡、对账和结账。

4.1.2　总账管理系统与其他子系统的关系

总账管理系统既可以独立运行，也可以和其他系统协同运行。总账管理系统是财务管理系统的一个基本子系统，它概况地反映了企业供产销等全部经济业务的综合信息，在财务管理系统中处于中枢地位。

总账管理系统接收薪资系统、固定资产系统、应收应付系统、资金管理和成本管理等系统生成的凭证，同时总账管理系统也向 UFO 报表系统、财务分析系统提供财务数据生成财务报表及其他财务分析表。总账管理系统和其他系统之间的数据传递关系如图 4.1 所示。

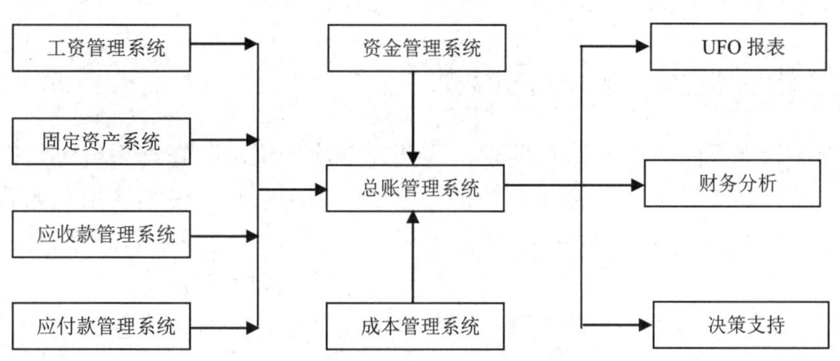

图 4.1　总账管理系统与其他系统的关系

任务 4.2　总账管理系统的初始化设置

4.2.1　启用总账管理系统

总账管理系统的启用日期不能在建立账套的日期之前。若总账中已经录入期初余额(包括辅助期初)，则不能修改总账的启用日期。不但总账中已经制单的月份不能修改总账的启用日期，其他系统中已经制单的月份也不能修改总账的启用日期。

总账的启用操作见项目 3，此处不再赘述。

4.2.2　总账管理系统的业务流程

总账管理系统的业务流程如图 4.2 所示。

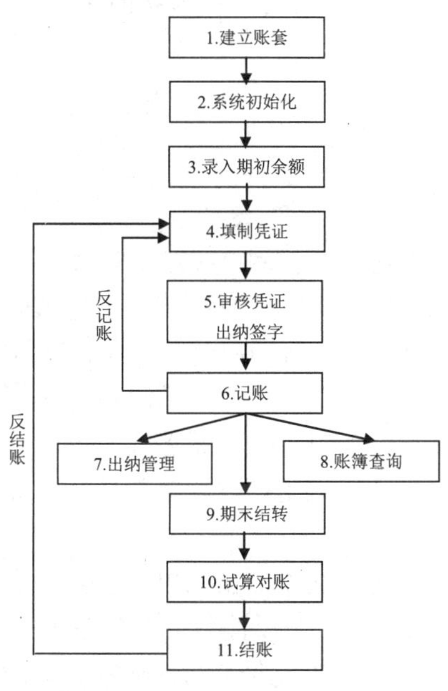

图 4.2　总账管理系统的业务流程

面向十二五高职高专会计专业规划教材

4.2.3 总账管理系统的启用参数

不同的企业有不同的会计核算要求，因此在首次启用总账管理系统时，需要根据本企业的具体核算要求确定总账管理系统核算要求的各种参数，使得通用总账管理系统适用于本单位的具体核算要求。总账管理系统的参数设置将决定总账管理系统的输入控制、处理方式、数据流向和输出格式等，部分设置执行后不能随意更改。

系统参数设置包括凭证参数设置、账簿格式设置、凭证打印设置、会计日历设置和其他设置等内容，如图 4.3 所示。

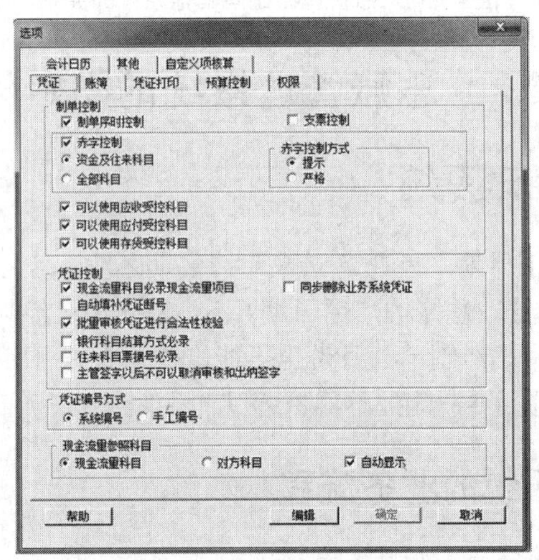

图 4.3　总账管理系统的参数

1. “凭证”选项卡

在“凭证”选项卡下包括“制单控制”“凭证控制”“凭证编号方式”和“现金流量参照科目”等项目。

1)　制单控制

制单控制主要设置在填制凭证时，系统应对哪些操作进行控制。

(1)　制单序时控制。此选项一般和“系统编号”选项联用，制单时凭证编号必须按照日期顺序排列。同一凭证类别下，日期在前的会计凭证号数也应当在前。

(2)　支票控制。如果选择了该选项，在制单时使用银行科目编制凭证时，系统会针对票据管理结算方式进行登记。如果录入支票号在支票登记簿中已存在，系统提供登记支票报销的功能，否则系统提供登记支票登记簿的功能。此选项和结算方式下的“是否票据管理”功能联合使用。

(3)　赤字控制。如果选择了该选项，在制单时，当“资金及往来科目”或“全部科目”的最新余额出现负数时，系统将予以提示，甚至在严格条件下不允许保存财务凭证。

(4)　可以使用应收/应付受控科目。若科目为应收款管理系统的受控科目，为了防止重复制单，只允许应收/应付系统使用应收/应付受控科目进行制单并传递到总账管理系

统，而总账管理系统不能使用受控科目进行制单。所以如果希望在总账中也能使用这些科目填制凭证，则应选择此项，此时应收/应付受控科目既可以在总账管理系统下进行制单，也可以在应收/应付系统下进行制单。需要注意的是：总账和其他业务系统使用了受控科目后，有可能引起应收系统与总账管理系统的对账不平。

(5) 可以使用存货受控科目。用法与可以使用应收/应付受控科目用法相同，此处不再赘述。

2) 凭证控制

(1) 现金流量科目必录现金流量项目。选择此项后，在录入凭证时，如果使用现金流量科目，则必须输入现金流量项目及金额。

(2) 同步删除业务系统凭证。选择此项后，业务系统删除凭证时，相应地将总账的凭证同步进行作废和删除。否则，只将总账凭证作废，不予删除。

3) 凭证编号方式

凭证编号方式有系统编号和手工编号两种方式。如果需要手工填补凭证编号，则应当修改凭证编号方式为“手工编号”。

4) 现金流量参照科目

现金流量参照科目用来设置现金流量录入界面的参照内容和方式。选中“现金流量科目”单选按钮时，系统只参照凭证中的现金流量科目；选中“对方科目”单选按钮时，系统只显示凭证中的非现金流量科目；选中“自动显示”复选框时，系统依据前两个选项将现金流量科目或对方科目自动显示在指定现金流量项目界面中，否则需要手工参照选择。

2. “账簿”选项卡

“账簿”选项卡主要设置了账簿在打印过程中的一些事项，如图 4.4 所示。

3. “凭证打印”选项卡

“凭证打印”选项卡如图 4.5 所示。

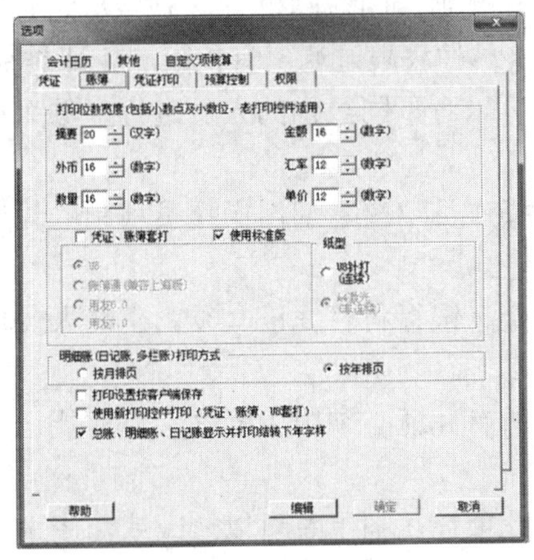

图 4.4　“账簿”选项卡

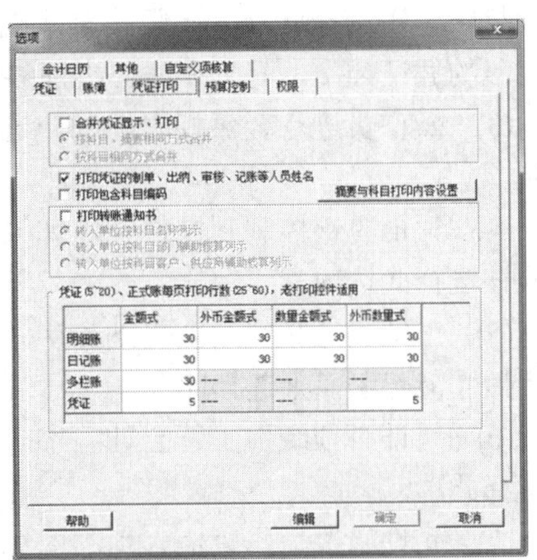

图 4.5　“凭证打印”选项卡

“合并凭证显示、打印”项表示在填制凭证、查询凭证、出纳签字和凭证审核时，以系统选项中的设置显示；在科目明细账显示或打印时，凭证按照“按科目、摘要相同方式合并”或“按科目相同方式合并”合并显示，并在明细账显示界面提供是否“合并显示”的选项。

4. “权限”选项卡

“权限”选项卡如图 4.6 所示。

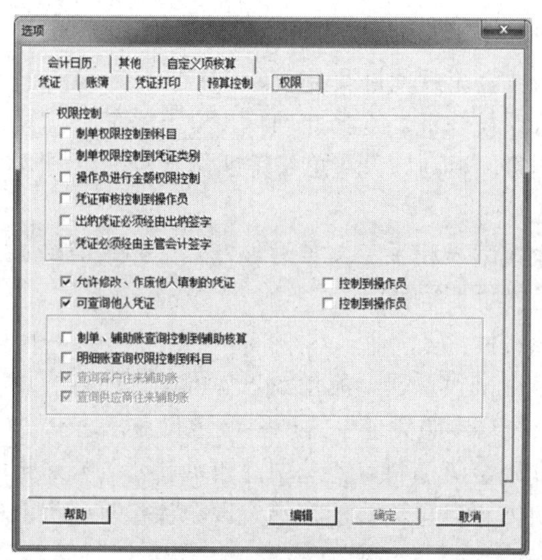

图 4.6　“权限”选项卡

(1) 制单权限控制到科目。需要在系统管理功能的“功能权限”中先设置科目权限，再选择此项，权限设置才能生效。在制单时选择此项，操作员只能使用具有相应制单权限的科目制单。

(2) 制单权限控制到凭证类别。需要在系统管理功能的“功能权限”中先设置凭证类别权限，再选择此项，权限设置才能生效。选择此项，则在制单时，只显示此操作员有权限的凭证类别。同时在凭证类别参照中，按人员的权限过滤出有权限的凭证类别。

(3) 操作员进行金额权限控制。选择此项，可以对不同级别的人员进行金额大小的控制。

(4) 凭证审核控制到操作员。如果只允许某操作员审核本部门操作员填制的凭证，则应该选择此选项。

(5) 出纳凭证必须经由出纳签字。若要求现金、银行科目凭证必须由出纳人员核对签字后才能记账，则选择此项。

(6) 凭证必须经由主管会计签字。如果要求所有凭证必须由主管签字后才能记账，则选择此项。

(7) 允许修改、作废他人填制的凭证。选择此项，在制单时可以修改或作废别人填制的凭证，否则不能修改或作废他人填制的凭证。

5. “会计日历”选项卡

单击“会计日历”标签，可查看各会计期间的起始日期与结束日期，以及启用会计年度和启用日期，如图 4.7 所示。还可以看到建账时的一些信息，如账套名称、单位名称、账套存放路径等信息。如果想要修改账套信息，则需要在系统管理中进行。

6. “其他”选项卡

其他选项卡主要设置外币核算方式和各种排序方式，如图 4.8 所示。

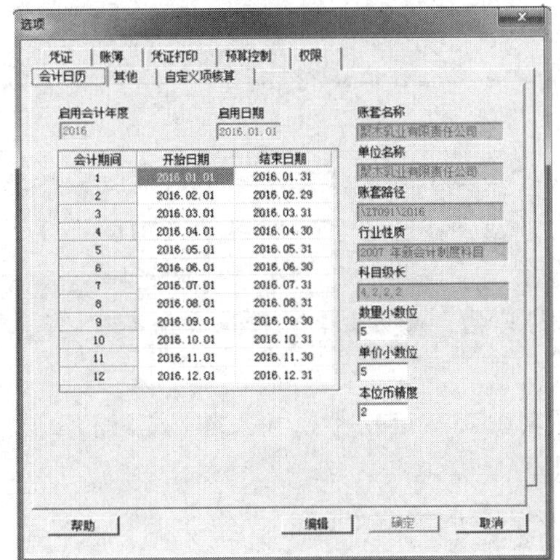

图 4.7　“会计日历”选项卡

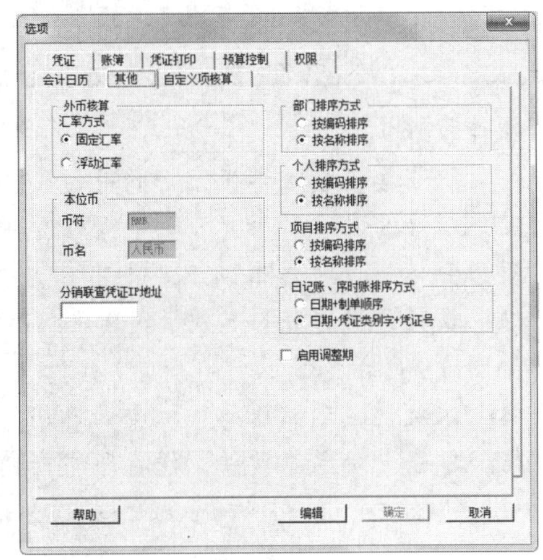

图 4.8　“其他”选项卡

(1) 外币核算。如果企业有外币业务，则应选择相应的汇率方式：固定汇率或浮动汇率。

(2) 本位币。在此处可输入核算的本位币的币符和币名。

7. “自定义项核算”选项卡

如果系统提供的个人、部门、项目、供应商和客户等辅助核算项不能满足需求时，可以在此处将某些自定义项设置为辅助核算。

案例 4.1　恢复项目 3：基础设置账套，以账套主管身份设置聚杰乳业有限责任公司的总账控制参数(如表 4.1 所示)。

表 4.1　总账控制参数

选项卡	参数设置
凭证	制单序时控制；赤字控制：资金往来科目；赤字控制方式：提示
	可以使用应收/应付/存货受控科目
	现金流量科目必录现金流量项目；批量审核凭证进行合法性校验
	凭证编号方式：系统编号
	现金流量参照科目：现金流量科目，自动显示

续表

选项卡	参数设置
账簿	使用标准版；总账、明细账、日记账显示并打印结转下年字样
凭证打印	打印凭证的制单、出纳、审核和记账等人员姓名
预算控制	专家财务评估；控制科目包含贷方科目；超出预算允许保存
权限	允许修改、作废他人填制的凭证；可查询他人凭证；出纳凭证必须经由出纳签字
会计日历	会计日历为 1 月 1 日到 12 月 31 日；数量小数位和单价小数位：5
其他	外币核算：固定汇率；部门、个人、项目按名称排序；日记账、序时账按日期+凭证类别字+凭证号排序

操作步骤：

(1) 以账套主管“李光宁”的身份登录系统管理平台，恢复项目 3 基础设置账套。

(2) 以账套主管“李光宁”的身份登录企业应用平台，登录日期为 2016-01-01。执行“财务会计”→“总账”→“设置”→“选项”命令，打开“选项”对话框。

(3) 切换到“凭证”选项卡，单击“编辑”按钮，按表 4.1 进行相应的设置，设置完毕后如图 4.9 所示。

(4) 依次切换到“账簿”“会计日历”“其他”等选项卡，按表 4.1 进行相应设置。

(5) 单击“确定”按钮，保存所进行的设置。

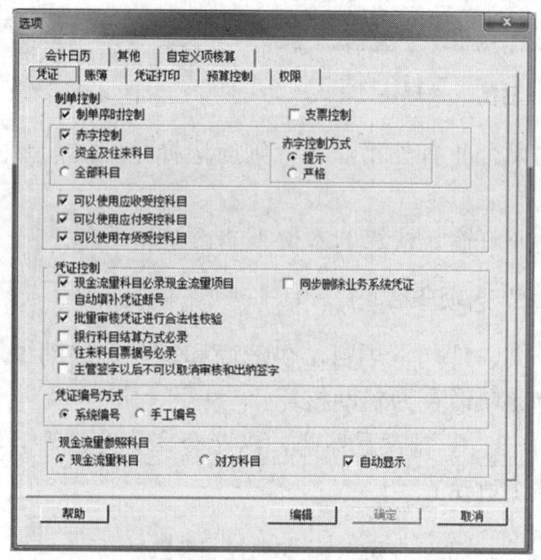

图 4.9　总账选项的设置

4.2.4　录入期初余额

为了保证新旧系统的数据能够有效衔接，保持账簿数据的连续性和完整性，在使用总账系统前，需要录入期初余额。

期初余额功能主要包括录入科目期初余额和核对期初余额，并进行试算平衡。

1. 录入期初余额

录入期初余额是指输入所有会计科目的当期期初余额，包括年初数和借贷方本年累计发生额。期初余额录入界面有三种颜色显示的会计科目，分别为白色、浅蓝色和浅黄色。白色显示的会计科目可以直接输入金额；浅蓝色显示的会计科目为上级科目，其金额不可直接输入，由所属的下级科目金额汇总而来；浅黄色显示的会计科目为具有辅助核算的会计科目，其金额也不可以直接输入，而需要进入相应的辅助核算输入界面才能录入金额。

(1) 直接输入金额的会计科目期初余额录入(含数量核算和外币核算的科目)：科目为末级科目，并且没有辅助核算，可直接在期初余额表的“期初余额”栏中输入期初余额。其金额栏显示颜色为白色。

案例 4.2 录入聚杰乳业有限责任公司 2016 年 1 月会计科目的期初余额，如表 4.2 所示。

表 4.2 2016 年 1 月期初余额表

科目名称	辅助核算	方 向	币别计量	期初余额
库存现金(1001)	日记	借		9 560
银行存款(1002)	日记银行	借		952 757
工商银行(100201)	日记银行	借		952 757
人民币(10020101)	日记银行	借		952 757
坏账准备(1231)		贷		800
材料采购(1401)		借		5 000
液态奶(140101)	数量核算	借		5 000
		借	吨	1
原材料(1403)		借		1 247 000
液态奶(140301)	数量核算	借		760 000
		借	吨	152
果胶(140302)	数量核算	借		220 000
		借	千克	2 750
食用香精(140303)	数量核算	借		212 000
		借	千克	424
食用砂糖(140304)	数量核算	借		55 000
		借	千克	11 000
材料成本差异(1404)		借		1 640
库存商品(1405)		借		1 050 000
特仑苏盒装牛奶(140501)	数量核算	借		600 000
		借	箱	20 000

续表

科目名称	辅助核算	方　向	币别计量	期初余额
牛奶干吃片(140502)	数量核算	借		450 000
		借	盒	75 000
固定资产(1601)		借		245 375
累计折旧(1602)		贷		54 932
无形资产(1701)		借		500 000
短期借款(2001)		贷		200 000
应付职工薪酬(2211)		贷		8 000
应付工资(221101)		贷		8 000
应交税费(2221)		贷		17 000
应交增值税(222101)		贷		17 000
进项税(22210101)		贷		-16 800
销项税(22210105)		贷		33 800
实收资本(4001)		贷		2 671 200
本年利润(4103)		贷		1 140 000
利润分配(4104)		贷		120 000
未分配利润(410401)		贷		120 000

操作步骤:

以账套主管“李光宁”的身份登录企业应用平台，登录日期为 2016-01-01。

① 执行“财务会计”→“总账”→“设置”→“期初余额”命令，打开“期初余额录入”窗口。

② 以“人民币(10020101)”为例，在“人民币”对应的“期初余额”栏输入 952757，则其上级科目“工商银行”和“银行存款”自动汇总，不需录入，如图 4.10 所示。

图 4.10　录入人民币的期初余额

③ 以“液态奶 140301”为例，在“液态奶”对应的“期初余额”栏输入 5000，在“液态奶”下一行“吨”的“期初余额”栏输入 1，如图 4.11 所示。

④ 同理，录入表 4.2 中其他会计科目的期初余额。

图 4.11　录入材料采购——液态奶的期初余额

提示:

如果会计科目有下级科目，则必须先录入下级科目的余额，上级科目的期初余额会自动汇总，不需要手工录入。

(2) 往来核算会计科目期初余额的录入：主要包括辅助核算为个人往来、客户往来、供应商往来核算的会计科目期初余额录入。如果科目已经录入期初余额但又要修改辅助核算项，则应先删除期初余额再去修改辅助核算项，否则会引起数据库数据的紊乱。

案例 4.3　录入聚杰乳业有限责任公司部分会计科目的期初余额，如表 4.3～表 4.6 所示。

表 4.3　往来核算会计科目的期初余额

科目名称	辅助核算	方　向	期初余额
应收账款 1122	客户往来	借	345 000
其他应收个人款 122102	个人往来	借	3 500
一般应付款 220201	供应商往来	贷	165 000

表 4.4　应收账款期初余额的明细信息

日　期	客　户	摘　要	方　向	金　额	年　度
2015-12-31	北京华联	上年结转	借	145 000	2016
2015-12-31	维多利	上年结转	借	200 000	2016

表 4.5　其他应收个人款期初余额的明细信息

日　期	部　门	个　人	摘　要	方　向	金　额	年　度
2015-12-31	信息部	陈静敏	上年结转	借	1 500	2016
2015-12-31	生产部	白展堂	上年结转	借	2 000	2016

表 4.6　一般应付款期初余额的明细信息

日　期	供应商	业务员	摘　要	方　向	金　额	年　度
2015-12-31	内蒙古澳亚牧场有限公司	左林	上年结转	贷	165 000	2016

操作步骤:

以账套主管“李光宁”的身份登录企业应用平台，登录日期为 2016-01-01。

① 执行“财务会计”→“总账”→“设置”→“期初余额”命令，打开“期初余额录入”窗口。

② 双击“应收账款”对应的“期初余额”栏，弹出“辅助期初余额”窗口，如图 4.12 所示，单击“往来明细”按钮，打开“期初往来明细”窗口。

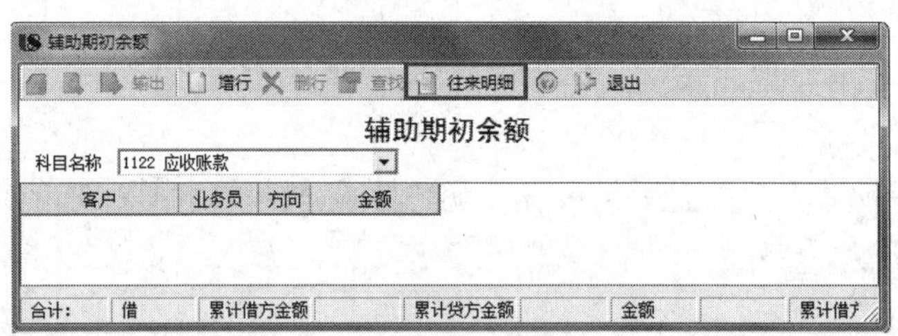

图 4.12 “辅助期初余额”窗口

③ 单击上方的“增行”按钮，在增加的一行中的“日期”栏内直接输入或选择 2015-12-31，在“客户”栏内直接输入或选择“北京华联”，在“摘要”栏内输入“上年结转”，在“金额”栏内输入 145 000。

④ 单击上方的“增行”按钮，根据表 4.4 中第二行的内容输入信息，如图 4.13 所示。

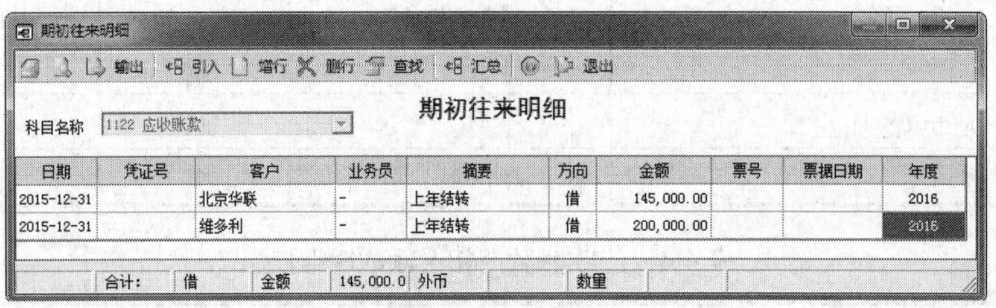

图 4.13 期初往来明细的录入

⑤ 单击上方的“汇总”按钮，进行该科目的期初余额汇总，系统弹出完成汇总的提示对话框，如图 4.14 所示。单击“确定”按钮，再单击“退出”按钮，返回“辅助期初余额”窗口，如图 4.15 所示。单击“退出”按钮，完成该科目期初余额的录入。

图 4.14 系统提示

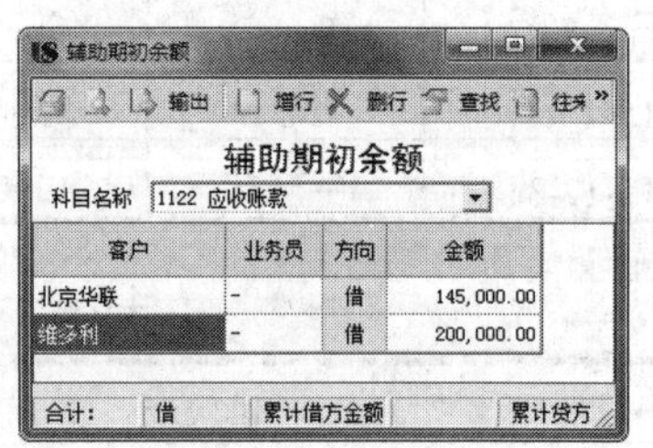

图 4.15 完成录入的辅助期初余额

⑥ 同理，输入科目“其他应收个人款122102”和“一般应付款220201”的期初余额。

(3) 项目辅助核算会计科目期初余额的录入：项目核算会计科目的期初余额录入时必须要录入相应的项目信息。

案例4.4 聚杰乳业有限责任公司2016年1月部分会计科目的期初余额如表4.7和表4.8所示。

表4.7 2016年1月期初余额表

科目名称	辅助核算	方　向	期初余额/元
生产成本5001	项目核算	借	17 100
直接材料500101	项目核算	借	4 000
直接人工500102	项目核算	借	10 000
制造费用500103	项目核算	借	3 100

表4.8 生产成本期初余额明细信息

科目名称	特仑苏盒装/元	牛奶干吃片/元	合计/元
直接材料500101	1 500	2 500	4 000
直接人工500102	4 000	6 000	10 000
制造费用500103	1 300	1 800	3 100
合计	8 600	10 300	17 100

操作步骤：

以账套主管“李光宁”的身份登录企业应用平台，登录日期为2016-01-01。

① 执行“财务会计”→“总账”→“设置”→“期初余额”命令，打开“期初余额录入”窗口。双击“直接材料”对应的“期初余额”栏，弹出“辅助期初余额”窗口。

② 单击上方的“增行”按钮，在新增一行中的“项目”栏中选择或输入“特仑苏盒装”，在“金额”栏内输入1500，如图4.16所示。

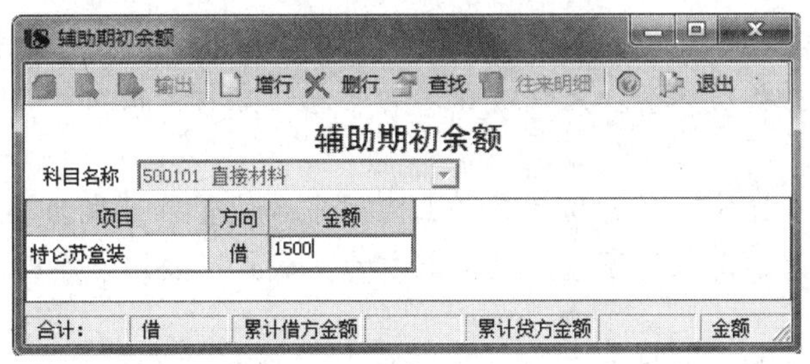

图4.16 项目核算辅助期初余额录入

③ 再次单击上方的“增行”按钮，在“项目”栏中选择或输入“牛奶干吃片”，在“金额”栏内输入2500。单击“退出”按钮，“直接材料”的期初余额录入完毕。

④ 同理，按照表 4.8 所给数据完成“直接人工”“制造费用”期初余额的录入工作。

提示:

- 有辅助核算的会计科目，必须使用辅助核算功能进行期初余额录入。
- 在录入期初余额时，如果不小心多输入了空白行，出现不能删除的情况，按 Esc 键退出。

2. 对账及试算平衡

对账的内容包括总账与上下级、总账与客户往来账、总账与供应商往来账、总账与个人往来账及辅助账与明细账的核对。

期初余额录入后，必须进行上下级科目间的试算平衡和一级科目余额试算平衡，以保证初始数据的正确性。试算过程由计算机系统自动进行。期初余额试算不平衡，第一个月的财务凭证不能进行记账操作。

案例 4.5 对聚杰乳业有限责任公司 001 账套的期初余额录入结果进行对账，并查看对账结果。

操作步骤:

以账套主管“李光宁”的身份登录企业应用平台，登录日期为 2016-01-01。

(1) 在“期初余额录入”窗口，单击上方的“对账”按钮，弹出“期初对账”对话框，如图 4.17 所示。

(2) 单击“开始”按钮，开始进行对账并显示对账过程，对账结果如图 4.18 所示。

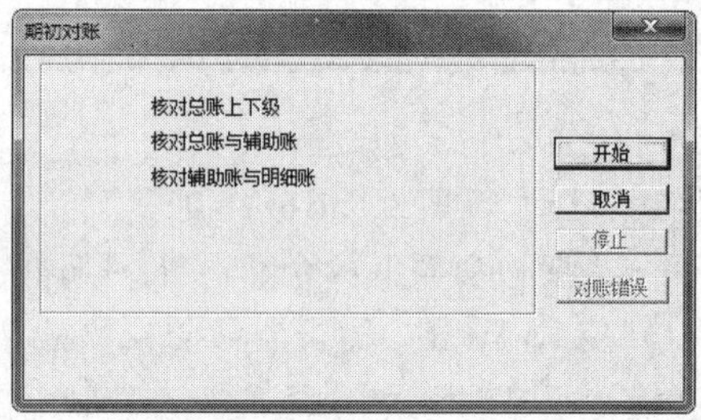

图 4.17 “期初对账”对话框

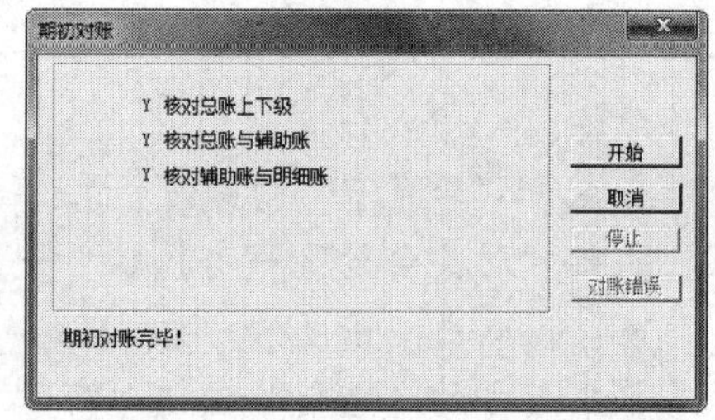

图 4.18 期初对账完毕

案例 4.6 对聚杰乳业有限责任公司 001 账套的期初余额录入结果进行试算平衡，查看试算平衡结果，并备份账套，文件夹命名为“总账期初余额”。

操作步骤:

以账套主管“李光宁”的身份登录企业应用平台，登录日期为 2016-01-01。

(1) 在“期初余额录入”窗口，单击上方的“试算”按钮，弹出“期初试算平衡表”对话框。

(2) 当显示“试算结果平衡”时，表明期初余额录入基本正确，否则需要进一步核对期初数据，如图 4.19 所示。

(3) 在计算机硬盘上建立文件夹“总账期初余额”，将账套备份到该文件夹中。

提示：

期初余额试算不平衡，不能记账，但是可以填制凭证；如果已经记账，则不能再录入或修改期初余额。

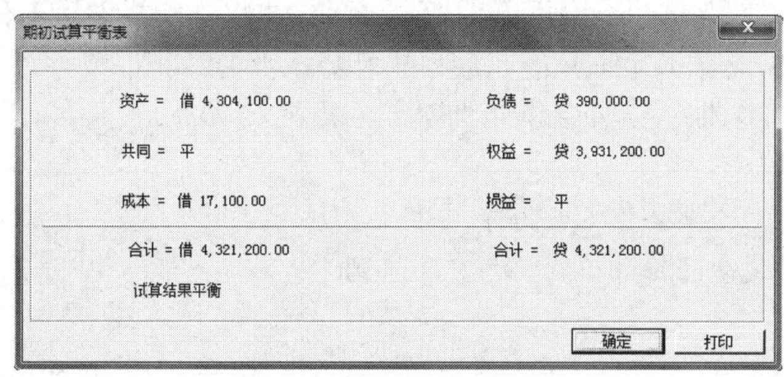

图 4.19 期初试算平衡表

任务 4.3 总账管理系统的凭证处理

初始化设置完成后，就可以开始进行日常账务处理了。凭证处理是日常账务处理中最频繁的工作，也是会计电算化账务处理系统中最基本的工作。

记账凭证是登记账簿的依据，是总账管理系统的唯一数据来源，所以凭证管理是总账管理系统最为核心的内容。凭证管理的内容主要包括填制凭证、作废及删除凭证、复核凭证和查询凭证等。

4.3.1 填制凭证

记账凭证是登记账簿的依据，在实行计算机处理账务后，电子账簿的准确与完整性完全依赖于记账凭证，因此，使用者要确保记账凭证输入的准确和完整。

记账凭证是总账系统处理的起点，也是所有查询数据最主要的一个来源，日常业务处理从填制凭证开始。

填制凭证需要注意以下几个方面的事项。

(1) 凭证类别。填制凭证时，可以直接选择凭证的类别。如果在设置凭证类别时设置了凭证的限制条件，那么必须符合条件的要求，否则系统提示出错。

(2) 凭证编号。如果是“系统编号”方式，系统会自动按照凭证类别进行编号；如果是“手工编号”方式，需要注意编号的连续性与唯一性。

(3) 凭证日期。填制凭证时，系统一般会选取登录系统时的业务日期，要注意凭证的序时控制。

(4) 附单据数。该记账凭证所附的原始单据数量。

(5) 摘要。指对经济业务的概况说明。输入摘要时，要言简意赅，既能说明经济业务的基本情况，又要方便查询，突出业务特性。

(6) 会计科目。填制凭证时，会计科目必须是末级科目。可以输入科目名称、科目编码和科目助记码。

(7) 金额。金额可以是正数或负数(负数以“-”号填列，以红字显示)，但是不能为零。凭证金额必须符合“有借必有贷，借贷必相等”的原则。

(8) 快捷键的使用。Enter 键用于切换选择各文本框；空格键用于分录借贷方切换；“=”键用于借贷方金额取平，只能在最后一行分录上使用。

案例 4.7 1 月 1 日，办公室李刚购买了 300 元的办公用品，以现金支付，附单据一张。

借：管理费用——办公费(660205) 300

贷：库存现金(1001) 300

操作步骤：

(1) 以“李婧”身份登录企业应用平台，登录日期为 2016-01-01。

(2) 在企业应用平台中，执行“财务会计”→“总账”→“凭证”→“填制凭证”命令，弹出“填制凭证”窗口。

(3) 单击按钮或按 F5 键，添加空白收款凭证，系统自动增加一张空白收款凭证。

(4) 在凭证左上角单击“凭证类型”列表框，如图 4.20 所示，选择凭证类别为“付付款凭证”，“制单日期”默认显示登录系统时间 2016-01-01，如需调整可在此处进行，并在“附单据数”文本框中输入 1。

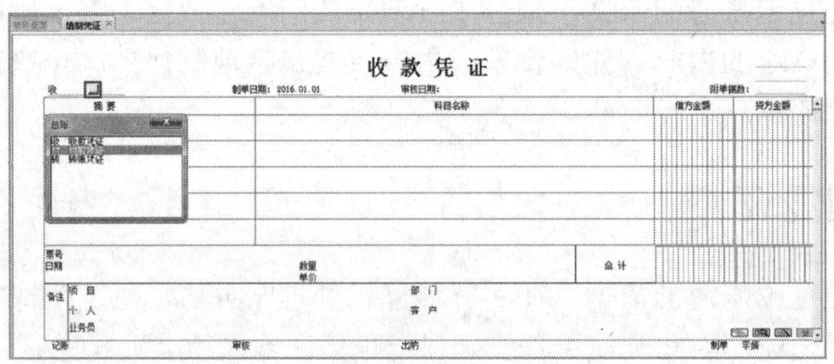

图 4.20 选择凭证类别

(5) 输入摘要“购买办公用品”，选择或输入借方科目名称 660205，输入“借方金额”为 300。按 Enter 键，摘要自动被带到下一行，选择或输入贷方科目名称 1001，输入贷方金额为 300，如图 4.21 所示。

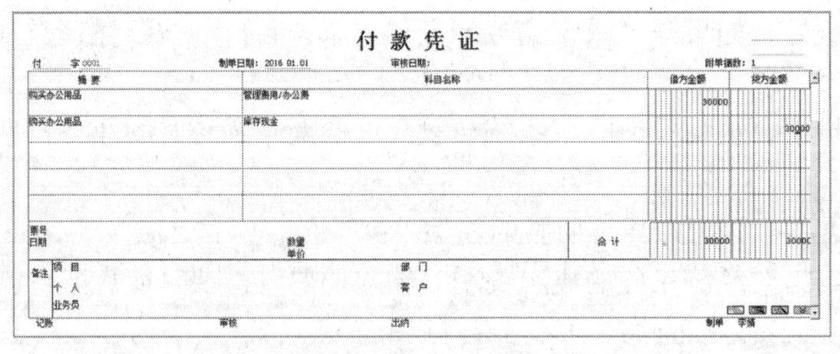

图 4.21 填制凭证

(6) 单击“保存”按钮，系统弹出“凭证已成功保存！”提示信息，然后单击“确定”按钮即可。

提示:

- 制单人的选择要看单位的财务分工。
- 如果选择了序时控制，凭证的日期应大于总账系统的启用日期，不能超过业务日期。
- 凭证保存以后，凭证的类别、凭证的编号都不能进行修改。
- 填制凭证时，不同行的摘要可以相同，也可以不相同，但是不能为空。
- 会计科目可以输入科目名称，也可以输入科目代码，但必须是末级科目。
- 金额不能为0，红字以“-”表示。
- 可以使用“=”键取当前借贷方金额的差额到当前光标位置。

案例 4.8　1月2日，财务部袁大伟从工商银行提取人民币现金1 000元，作为备用金，现金支票号XJ0101。

借：库存现金(1001)　　　　　　　　　　　　1 000

　　贷：银行存款——工商银行——人民币(10020101)　　　　1 000

操作步骤：

(1) 以“李婧”身份登录企业应用平台，登录日期为2016-01-02。

(2) 在企业应用平台中，执行“财务会计”→“总账”→“凭证”→“填制凭证”命令，弹出“填制凭证”窗口。

(3) 单击按钮或按F5键，添加空白收款凭证，系统自动增加一张空白收款凭证。

(4) 在凭证左上角单击“凭证类型”列表框，选择凭证类别为“付 付款凭证”，制单时间调整为2016-01-02。输入摘要“提取现金”，选择科目名称1001，输入“借方金额”为1000。按Enter键，摘要自动带到下一行。输入贷方科目名称10020101，单击贷方金额栏弹出“辅助项”对话框，选择“结算方式”为“现金支票　201”，输入“票号”为XJ0101，输入发生日期为2016-01-02，如图4.22所示。

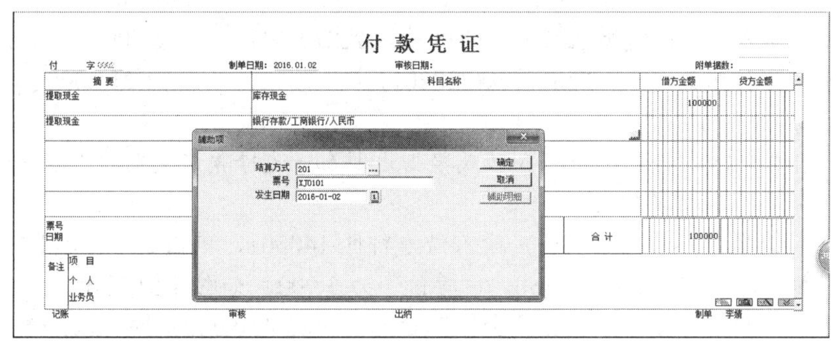

图4.22　结算方式辅助项

(5) 单击“确定”按钮，输入贷方金额1 000。单击“保存”按钮保存凭证，系统弹出“凭证已成功保存！”提示信息，然后单击“确定”按钮即可。

案例 4.9 1 月 3 日，采购部左林到财务部借款现金 3 000 元，理由为出差预借。

借：其他应收款——其他应收个人款(122102)　　3 000

　　贷：库存现金(1001)　　3 000

操作步骤：

(1) 以“李婧”的身份登录企业应用平台，登录日期为 2016-01-03。

(2) 在企业应用平台中，执行“财务会计”→“总账”→“凭证”→“填制凭证”命令，弹出“填制凭证”窗口。

(3) 单击按钮或按 F5 键，添加空白收款凭证，系统自动增加一张空白收款凭证。

(4) 在凭证左上角单击“凭证类型”列表框，选择凭证类别为“付 付款凭证”，制单时间调整为 2016-01-03。输入摘要“预借差旅费”，选择科目名称 122102，单击借方金额栏弹出“辅助项”对话框，“部门”选择“采购部”，“个人”选择“左林”，如图 4.23 所示。单击“确定”按钮，输入借方金额 3000。按 Enter 键，摘要自动带到下一行。输入贷方科目名称 1001，输入贷方金额 3000。

图 4.23　部门辅助项

(5) 单击“保存”按钮，系统弹出“凭证已成功保存！”提示信息，然后单击“确定”按钮即可。

案例 4.10 1 月 4 日，采购部左林从内蒙古澳亚牧场有限公司购入液态奶 150 吨，单价 3 000 元，货税款暂欠，商品已验收入库，适用税率 17%。

借：原材料——液态奶(140301)　　450 000

　　应交税费——应交增值税——进项税额(22210101)　　76 500

　　贷：应付账款——一般应付款(220201)　　1 215 000

操作步骤：

(1) 在“填制凭证”窗口，按 F5 键或单击按钮，选择凭证类别为“转 转账凭证”，将制单时间调整为 2016-01-04。

(2) 输入摘要“采购液态奶”，输入借方科目 140301，单击借方金额栏，弹出“辅助项”对话框，输入“数量”为 150，“单价”为 3 000，如图 4.24 所示。

(3) 单击“确定”按钮，“借方金额”栏自动出现 450 000。按 Enter 键，摘要自动带到下一行，输入借方科目 22210101，输入借方金额 7 6500。按 Enter 键，摘要自动带到下一行，输入贷方科目 220201，单击贷方金额弹出“辅助项”对话框，“供应商”选择“内蒙古澳亚牧场有限公司”，“业务员”选择“左林”，如图 4.25 所示，然后单击

“确定”按钮，输入贷方金额，保存凭证。

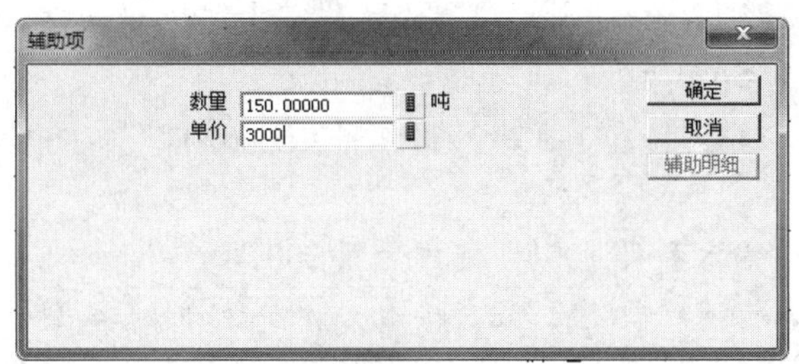

图 4.24　数量核算辅助项输入

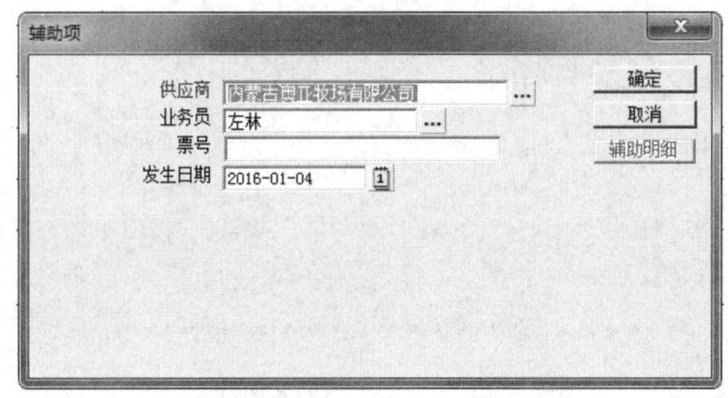

图 4.25　供应商往来辅助项输入

案例 4.11　1 月 5 日，采购部左林从石家庄韦氏香精厂购入香精 1 000 千克，单价 2 元，货税款以现金支票支付，票号 XJ0102，商品已验收入库，适用税率 17%。

借：原材料——香精(140303)　　　　2 000
　　应交税费——应交增值税——进项税额(22210101)　　　　340
　　贷：库存现金(1001)　　　　2 340

操作步骤：

(1) 在“填制凭证”窗口，按 F5 键或单击按钮，选择凭证类别为“付　付款凭证”，将制单时间调整为 2016-01-05。

(2) 输入摘要“采购香精”，输入借方科目 140303，单击借方金额栏，弹出“辅助项”对话框，输入“数量”为 1 000，“单价”为 2，单击“确定”按钮，“借方金额”栏自动计算得出 2 000。

(3) 按 Enter 键，摘要自动带到下一行，输入借方科目 22210101，输入“借方金额”为 340。按 Enter 键，摘要自动带到下一行，输入贷方科目 1001，单击贷方金额栏，直接按“=”键，系统自动计算贷方金额。

(4) 再次单击按钮，系统弹出“凭证已成功保存！”提示信息，然后单击“确定”按钮即可。

案例 4.12　1 月 15 日，采购部左林出差归来，报销差旅费 2800 元，交回现金 200 元。

借：管理费用——差旅费(660203)　　　　2800
　　库存现金(1001)　　　　200
　　贷：其他应收款——其他应收个人款(122102)　　　　3000

操作步骤:

(1) 在“填制凭证”窗口，按 F5 键或单击按钮，选择凭证类别为“收款凭证”，将制单时间调整为 2016-01-15。

(2) 输入摘要“报销差旅费”，输入借方科目 660203，单击借方金额栏，输入金额 2 800。

(3) 按 Enter 键，输入科目 1001，借方金额 200。

(4) 按 Enter 键，输入科目 122102，单击“贷方金额”栏，弹出“辅助项”对话框，设置“部门”为“采购部”、“个人”为“左林”、“发生日期”为 2016-01-15，如图 4.26 所示。

图 4.26　个人往来辅助项输入

(5) 单击“确定”按钮，在贷方金额栏内按“=”键，系统自动计算贷方金额。

(6) 单击按钮，系统弹出“凭证已成功保存！”提示信息，然后单击“确定”按钮即可。

案例 4.13　1 月 18 日，销售部孙东明收到北京华联公司转来一张转账支票，金额 60 000 元，用以偿还前欠货款，转账支票号 ZZ0121。

借：银行存款——(10020101)　　　　60 000

　　贷：应收账款(1122)　　　　60 000

操作步骤:

(1) 在“填制凭证”窗口，按 F5 键或单击按钮，选择凭证类别为“收　收款凭证”，将制单时间调整为 2016-01-18。

(2) 输入摘要“收到华联公司前欠款”，输入借方科目 10020101，单击借方金额栏，弹出结算方式“辅助项”对话框，输入的内容如图 4.27 所示。单击“确定”按钮，在“借方金额”栏内输入金额 60 000。

图 4.27　结算方式辅助项输入

面向十二五高职高专会计专业规划教材

(3) 按 Enter 键，输入科目 1122，单击贷方金额栏，弹出客户往来的“辅助项”对话框，输入的内容如图 4.28 所示，单击“确定”按钮后，在“贷方金额”栏内按“=”键。

(4) 单击按钮，系统弹出“凭证已成功保存！”提示信息，然后单击“确定”按钮即可。

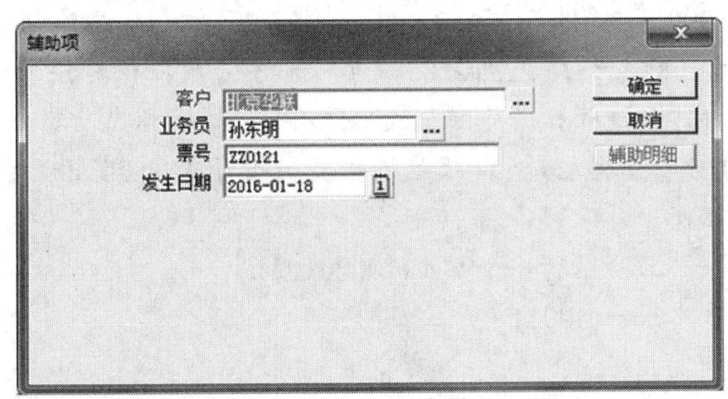

图 4.28　客户往来辅助项输入

案例 4.14　2016 年 1 月 20 日，销售部孙东明销售给内蒙古维多利集团特仑苏盒装牛奶 2 000 箱，单价 40 元，价税合计 93 600，已收到现金支票，票号 XJ0122。

借：银行存款——(10020101)　　93 600
　　贷：主营业务收入——特仑苏盒装牛奶(600101)　　80 000
　　　　应交税费——应交增值税——销项税(22210105)　　13 600

操作步骤：

(1) 在“填制凭证”窗口，按 F5 键或单击按钮，选择凭证类别为“收　收款凭证”，将制单时间调整为 2016-01-20。

(2) 输入摘要“销售商品”，输入借方科目 10020101，单击借方金额栏，弹出结算方式“辅助项”对话框，设置“结算方式”为 201，“票号”为 XJ0122，“发生日期”为 2016-01-20，单击“确定”按钮，在“借方金额”栏中输入 93 600。

(3) 按 Enter 键，输入科目 600101，按 Enter 键，弹出数量核算“辅助项”对话框，设置“数量”为 2000，“单价”为 40，单击“确定”按钮，按空格键，金额跳转到贷方。

(4) 按 Enter 键，输入科目 22210105，在“贷方金额”栏内按“=”键。

(5) 单击按钮，系统弹出“凭证已成功保存！”提示信息，然后单击“确定”按钮即可。

案例 4.15　2016 年 1 月 23 日，孙东明销售给北京广发商贸总公司牛奶干吃片 10 000 盒，单价 50 元，价税合计 585 000，货款尚未收到。

借：应收账款——(1122)　　585 000
　　贷：主营业务收入——牛奶干吃片(600101)　　500 000
　　　　应交税费——应交增值税——销项税(22210105)　　85 000

操作步骤：

(1) 在“填制凭证”窗口，按 F5 键或单击按钮，选择凭证类别为“转　转账凭证”，将制单时间调整为 2016-01-23。

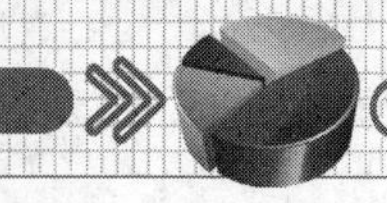

(2) 输入摘要“销售牛奶干吃片”，输入借方科目 1122，单击借方金额栏，弹出客户往来“辅助项”对话框，设置“客户”为“北京总经销”，“业务员”为“孙东明”，“发生日期”为 2016-01-23，单击“确定”按钮，在“借方金额”栏中输入 585 000。

(3) 按 Enter 键，输入科目 600102，按 Enter 键，弹出数量核算“辅助项”对话框，设置“数量”为 10 000，“单价”为 50，单击“确定”按钮，按空格键，输入贷方金额。

(4) 按 Enter 键，输入科目 22210105，在“贷方金额”栏内按“=”键。

(5) 单击按钮，系统弹出“凭证已成功保存！”提示信息，单击“确定”按钮即可。

案例 4.16 2016 年 1 月 24 日，收到风华公司投资资金 20 000 美元，汇率 1∶6.5，转账支票号为 ZZW010。

借：银行存款——工商银行——美元(10020102)　　　130 000

　　贷：实收资本——(4001)　　　130 000

操作步骤：

(1) 在“填制凭证”窗口，按 F5 键或单击按钮，选择凭证类别为“收　收款凭证”，将制单时间调整为 2016-01-24。

(2) 输入摘要“收到风华公司投资资金”，输入借方科目 10020102，弹出“辅助项”对话框，设置“结算方式”为“转账支票”，“票号”为 ZZW010，“发生日期”为 2016-01-24，在借方“外币”栏内输入 20 000，单击“借方金额”栏内自动计算出 130 000，如图 4.29 所示。

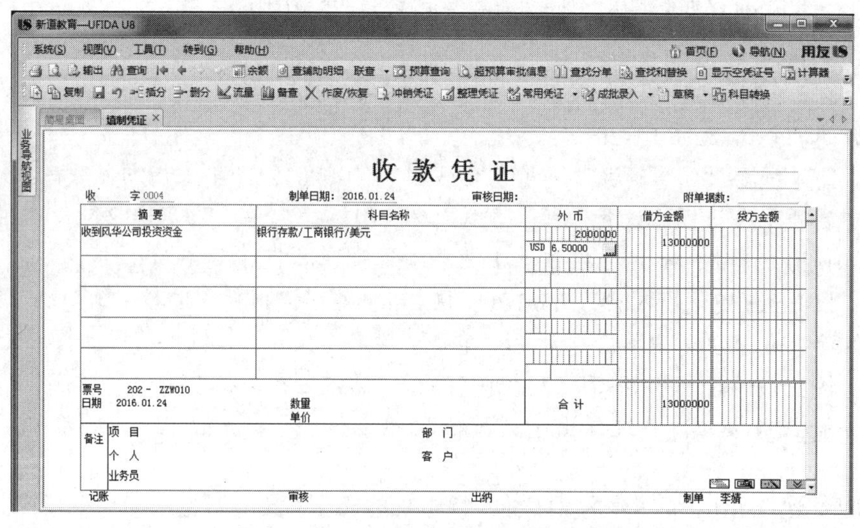

图 4.29 输入外币核算凭证

(3) 按 Enter 键，输入贷方科目 4001，在“贷方金额”栏内按“=”键输入 130 000。

(4) 单击按钮，系统弹出“凭证已成功保存！”提示信息，单击“确定”按钮即可。

案例 4.17 2016 年 1 月 25 日，办公室支付业务招待费 1 500 元，转账支票号 ZZ0416。

借：管理费用——业务招待费(660206)　　　1 500

面向十二五高职高专会计专业规划教材

贷：银行存款——工商银行——人民币(10020101)　　　　1 500

操作步骤：

(1) 在“填制凭证”窗口，按F5键或单击按钮，选择凭证类别为“付　付款凭证”，将制单时间调整为2016-01-25。

(2) 输入摘要“支付业务招待费”，输入借方科目660206，借方金额为1 500。

(3) 按Enter键，输入贷方科目10020101，弹出“辅助项”对话框，设置“结算方式”为“转账支票”，“票号”为ZZ0416，“发生日期”为2016-01-25，在“贷方金额”栏内按“=”键，输入1 500。

(4) 单击按钮，系统弹出“凭证已成功保存！”提示信息，单击“确定”按钮即可。

案例4.18　2016年1月26日，生产部领用食用香精100千克，单价500元，用于生产特仑苏牛奶。

借：生产成本——直接材料(500101)　　　　50 000

　　贷：原材料——食用香精(140303)　　　　50 000

操作步骤：

(1) 在“填制凭证”窗口，按F5键或单击按钮，选择凭证类别为“转　转账凭证”，将制单时间调整为2016-01-26。

(2) 输入摘要“领用材料”，输入借方科目500101，单击借方金额栏，弹出项目核算“辅助项”对话框，如图4.30所示，输入“项目名称”为“特仑苏盒装”。

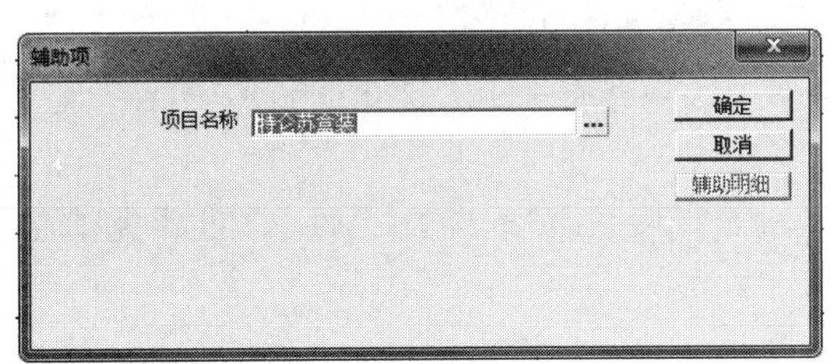

图4.30　项目辅助核算输入

(3) 单击“确定”按钮，输入借方金额50 000。

(4) 按Enter键，输入贷方科目140303，弹出数量核算“辅助项”对话框，设置“数量”为100，“单价”为500，单击“确定”按钮，按空格键，输入贷方金额。

(5) 单击“保存”按钮保存凭证。

案例4.19　2016年1月27日，以库存现金支付销售特仑苏牛奶产品的广告费500元。

借：销售费用——广告费(660101)　　　　500

　　贷：库存现金(1001)　　　　500

操作步骤：

(1) 在“填制凭证”窗口，按F5键或单击按钮，选择凭证类别为“付　付款凭证”，将制单时间调整为2016-01-27。

(2) 输入摘要“支付广告费”，输入借方科目660101，借方金额500。

(3) 按Enter键，输入贷方科目1001，按“=”键输入贷方金额500。

(4) 单击按钮，系统弹出“凭证已成功保存！”提示信息，单击“确定”按钮即可。

案例 4.20 2016 年 1 月 28 日，销售部孙东明向呼和浩特市联盛商贸公司销售牛奶干吃片 500 盒，单价 60 元，价税合计，货款尚未收到。

借：应收账款(1122)　　35 100

　　贷：主营业务收入(600102)　　30 000

　　　　应交税费——应交增值税——销项税(22210105)　　5 100

操作步骤：

(1) 在“填制凭证”窗口，按 F5 键或单击按钮，选择凭证类别为“转　转账凭证”，将制单时间调整为 2016-01-28。

(2) 输入摘要“销售牛奶干吃片”，输入借方科目 1122，单击借方金额栏，弹出客户往来“辅助项”对话框，设置“客户”为“联盛商贸公司”，“业务员”为“孙东明”，“发生日期”为“2016-01-28”，单击“确定”按钮，在“借方金额”栏中输入 35 100。

(3) 按 Enter 键，输入科目 600102，按 Enter 键，弹出数量核算“辅助项”对话框，设置“数量”为 500，“单价”为 60，单击“确定”按钮，按空格键，输入贷方金额 30 000。

(4) 按 Enter 键，输入科目 22210105，在“贷方金额”栏内按“=”键。

(5) 单击按钮，保存凭证。

案例 4.21 2016 年 1 月 29 日，用现金支票(XJ0129)支付水电费 4 000 元。

借：管理费用——水电费(660204)　　4 000

　　贷：银行存款——工商银行——人民币(10020101)　　4 000

操作步骤：

(1) 在“填制凭证”窗口，按 F5 键或单击按钮，选择凭证类别为“付　付款凭证”，将制单时间调整为 2016-01-29。

(2) 输入摘要“支付水电费”，输入借方科目 660204，输入借方金额 4 000。

(3) 按 Enter 键，输入贷方科目 10020101，弹出结算方式“辅助项”对话框，设置“结算方式”为 201，“票号”为 XJ0129，“发生日期”为 2016-01-29，单击“确定”按钮，在“贷方金额”栏内按“=”键输入贷方金额“4 000”。

(4) 单击按钮，保存凭证即可。

4.3.2 修改凭证

凭证填制过程中难免出现错误：对于未经审核的凭证，可以直接由填制凭证的人员修改；对于已经审核的凭证，必须先取消审核后进行修改。

修改凭证可以修改凭证的金额、科目及辅助项等。凭证的修改应该由具有凭证修改权限的操作人员进行。

凭证的修改有两种方式，分别是无痕迹修改和有痕迹修改。所谓无痕迹，即在修改过程中不留下任何曾经修改过的线索和痕迹。没有审核或已通过审核但尚未记账的凭证，可以进行无痕修改。若凭证已经审核，则取消审核后可以进行无痕修改。

所谓有痕迹修改，即在凭证修改过程中留下曾经修改的线索和痕迹。会计电算化系统通过保留错误凭证和更改凭证的方式留下线索。有痕迹修改凭证将在介绍反记账时详细讲解。

案例 4.22　发现 1 月 27 日填写的付款凭证有错，金额应为 800 元。

操作步骤:

(1) 在“填制凭证”窗口，单击 (上一张)按钮或 (下一张)按钮，找到要修改的 1 月 27 日的付款凭证。

(2) 将鼠标指针移动到“金额”栏内，将“借方金额”修改为 800，贷方金额录入“800”或直接按“=”键，单击“保存” 按钮，弹出现金流量修改窗口，将对应的现金金额修改为 800 即可。

案例 4.23　发现 1 月 28 日填写的转账凭证有错，客户应为内蒙古康德商贸总经销，而不是呼和浩特市联盛商贸公司，要求修改对应凭证。

操作步骤:

(1) 在“填制凭证”窗口，单击 (上一张)按钮或 (下一张)按钮，找到要修改的 1 月 28 日的转账凭证。

(2) 将鼠标指针移动到凭证的第一行的“科目名称”栏，选中 1122。鼠标指针移动到下方的“客户”栏位置，显示为笔头形状时，双击该图标，在弹出的“辅助项”对话框中，删除“联盛商贸公司”，输入“内蒙古康德商贸总经销”，单击“确定”按钮。

(3) 单击 按钮，保存凭证即可。

提示:

可以通过快捷键 Ctrl+S 调出“辅助项”对话框。具体操作方法是，单击对应科目，按 Ctrl+S 快捷键，即可弹出“辅助项”对话框。

4.3.3　作废及删除凭证

对于尚未审核和签字的凭证，如果不需要的话，可以直接将其作废。作废的凭证依然保留凭证的内容及编号，但是在凭证上面会显示 作废 字样。

作废凭证不能修改，不能审核，但是可以记账，否则月末无法结账。记账时，不会对作废凭证进行数据处理，其相当于一张空白凭证。

与作废凭证相对应，系统也提供对作废凭证的恢复功能，可单击 作废/恢复 按钮将已作废的凭证恢复成有效凭证。如果作废凭证没有保留的必要，则可以通过单击 整理凭证 按钮将凭证删除。

案例 4.24　发现 1 月 1 日采购的办公用品有质量问题，要求退货。删除该业务生成的付款凭证，并整理凭证断号。

操作步骤:

(1) 在“填制凭证”窗口，单击 (上一张)按钮或 (下一张)按钮，找到要修改的 1 月 28 日的转账凭证。

(2) 单击 作废/恢复 按钮，在凭证左上角显示“作废”字样，如图 4.31 所示。

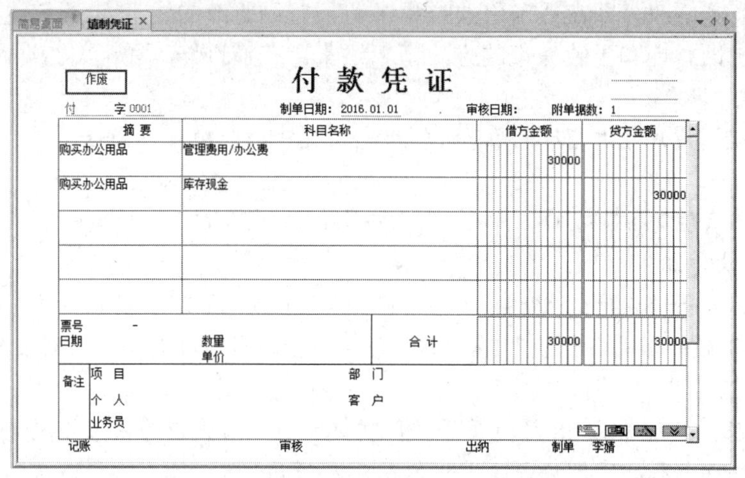

图 4.31 作废凭证

(3) 单击整理凭证按钮，弹出“凭证期间选择”对话框，在“请选择凭证期间”下拉列表中选择期间为 2016.01。

(4) 单击“确定”按钮，弹出“作废凭证表”对话框，在“删除”栏下双击打上 Y 标记，如图 4.32 所示。

(5) 单击“确定”按钮，系统弹出“是否还需要删除凭证断号”提示信息，单击“是”按钮，完成删除凭证的操作。

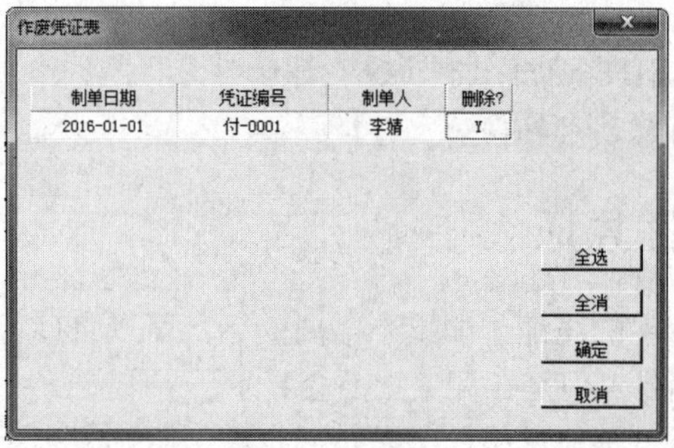

图 4.32 整理凭证

提示:

- 删除凭证在“填制凭证”窗口进行操作。
- 删除凭证分为两个步骤，第一步作废凭证，第二步整理凭证。

4.3.4 复核凭证

为了保证凭证的正确性，需要对记账凭证进行复核。凭证复核包括出纳签字和审核凭证。

1. 出纳签字

出纳签字是由出纳人员通过出纳签字功能对制单员填制的带有库存现金银行科目的凭证进行检查核对，主要核对出纳凭证的科目金额是否正确。如果凭证正确，则在凭证上签字；经审核发现该凭证有错或有异议，则不签字，由制单员修改后再核对签字。

由于出纳凭证涉及企业现金的收入与支出，出纳人员可以通过出纳签字功能对涉及库存现金或银行存款科目的凭证进行检查核对。进行出纳签字的另一个前提是在系统中“选项”对话框中选择“出纳凭证必须经由出纳签字”选项。否则，即使是出纳凭证，也可以不进行出纳签字。

出纳签字可以单张进行，也可以成批进行。

出纳签字前，必须在会计科目列表下选择“指定科目”功能指定现金科目和银行科目。

案例 4.25　2016 年 1 月 31 日，袁大伟对出纳凭证进行出纳签字。

操作步骤：

(1) 选择“系统”→“重注册”命令，打开“登录”对话框。

(2) 以“袁大伟(002)”的身份注册，进入总账管理系统。

(3) 选择“财务会计”→“总账”→“凭证”→“出纳签字”命令，打开“出纳签字”对话框。

(4) 输入查询条件：“凭证标志”选择“全部”，“月份”为 2016 年 1 月，如图 4.33 所示。

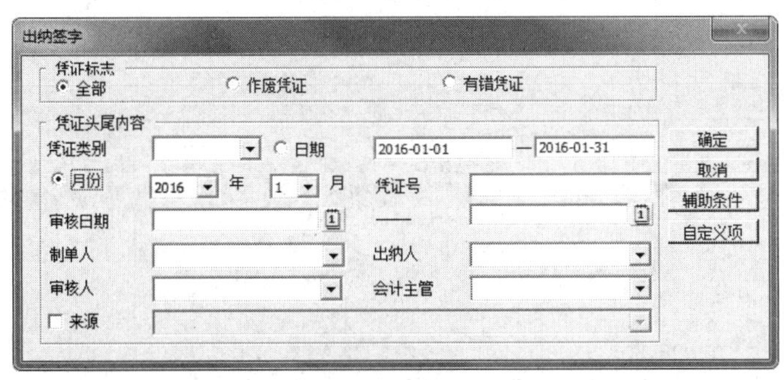

图 4.33　“出纳签字”对话框

(5) 单击“确定”按钮，打开“出纳签字列表”界面，如图 4.34 所示。

简易桌面　出纳签字列表

凭证共 10张　已签字 0张　未签字 10张　凭证号排序　制单日期排序

制单日期	凭证编号	摘要	借方金额合计	贷方金额合计	制单人	签字人	系统名	备注	审核日期	年度
2016-1-15	收 - 0001	报销差旅费	3,000.00	3,000.00	李婧					2016
2016-1-18	收 - 0002	收到华联公司前欠款	60,000.00	60,000.00	李婧					2016
2016-1-20	收 - 0003	销售商品	93,600.00	93,600.00	李婧					2016
2016-1-24	收 - 0004	收到风华公司投资资金	130,000.00	130,000.00	李婧					2016
2016-1-2	付 - 0002	提取现金	1,000.00	1,000.00	李婧					2016
2016-1-3	付 - 0003	预借差旅费	3,000.00	3,000.00	李婧					2016
2016-1-5	付 - 0004	采购香精	2,340.00	2,340.00	李婧					2016
2016-1-25	付 - 0005	支付业务招待费	1,500.00	1,500.00	李婧					2016
2016-1-27	付 - 0006	支付广告费	800.00	800.00	李婧					2016
2016-1-29	付 - 0007	支付水电费	40,000.00	40,000.00	李婧					2016

图 4.34　“出纳签字列表”界面

(6) 双击要签字的凭证，打开“出纳签字”界面。

(7) 单击“签字”按钮 签字，凭证底部的“出纳”处自动签上出纳人的姓名，如图 4.35 所示。

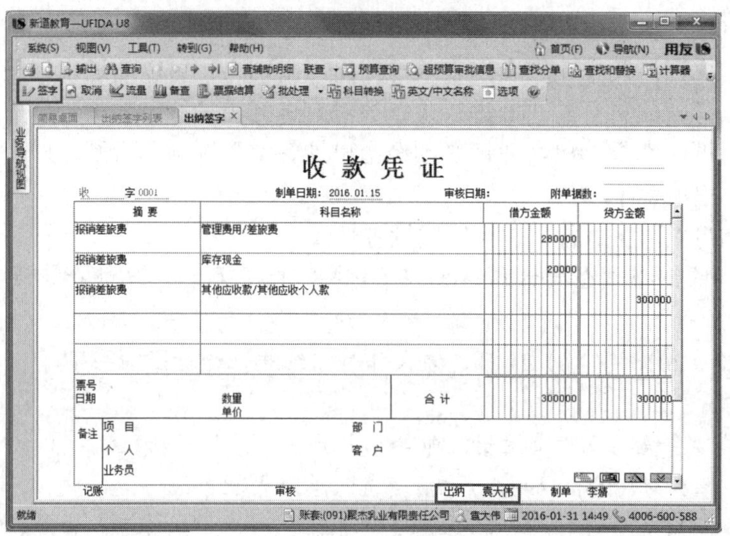

图 4.35 出纳已签字

(8) 在“出纳签字”界面上方，选择“批处理”→“成批出纳签字”，对所有凭证进行出纳签字。完成后，在“出纳签字列表”界面中，“签字人”栏都显示为“袁大伟”，如图 4.36 所示。

简易桌面 | 出纳签字列表

凭证共 10张　已签字 10张　未签字 0张　◉ 凭证号排序　○ 制单日期排序

制单日期	凭证编号	摘要	借方金额合计	贷方金额合计	制单人	签字人	系统名	备注	审核日期	年度
2016-1-15	收 - 0001	报销差旅费	3,000.00	3,000.00	李婧	袁大伟				2016
2016-1-18	收 - 0002	收到华联公司前欠款	60,000.00	60,000.00	李婧	袁大伟				2016
2016-1-20	收 - 0003	销售商品	93,600.00	93,600.00	李婧	袁大伟				2016
2016-1-24	收 - 0004	收到风华公司投资资金	130,000.00	130,000.00	李婧	袁大伟				2016
2016-1-2	付 - 0002	提取现金	1,000.00	1,000.00	李婧	袁大伟				2016
2016-1-3	付 - 0003	预借差旅费	3,000.00	3,000.00	李婧	袁大伟				2016
2016-1-5	付 - 0004	采购香精	2,340.00	2,340.00	李婧	袁大伟				2016
2016-1-25	付 - 0005	支付业务招待费	1,500.00	1,500.00	李婧	袁大伟				2016
2016-1-27	付 - 0006	支付广告费	800.00	800.00	李婧	袁大伟				2016
2016-1-29	付 - 0007	支付水电费	40,000.00	40,000.00	李婧	袁大伟				2016

图 4.36 完成出纳签字

(9) 单击“关闭”按钮退出。

提示:

- 出纳签字人和制单人可以是同一个人，也可以是不同的人。
- 在进行出纳签字之前，一般需要更换操作员。
- 涉及指定为现金科目和银行科目的凭证才需要出纳签字。
- 凭证一经签字，不能修改，也不能删除。只有取消出纳签字后，才可以修改和删除。

- 谁签字，谁取消。
- 如果在总账设置中没有选择“出纳凭证必须经由出纳签字”，可以不进行出纳签字操作。

2. 审核凭证

审核凭证是具有审核权限的操作员按照会计制度规定，对制单人填制的记账凭证进行合法性检查，其目的是防止错误及舞弊。审核的主要内容包括：记账凭证是否与原始凭证一致，经济业务是否正确，会计分录是否正确，记账凭证相关项目填写是否完整，等等。审核中如果发现错误或者有异议，可以交由凭证填制人员进行修改或作其他处理。

审核人和制单人不能为同一人。

案例 4.26　2016 年 1 月 31 日，对聚杰乳业有限责任公司 1 月份填制的所有凭证进行审核。

操作步骤：

(1) 以“李光宁”身份登录企业应用平台，登录时间为 2016-01-31。

(2) 执行“财务会计”→“总账”→“凭证”→“审核凭证”命令，打开“审核凭证”窗口。

(3) 输入查询条件：“凭证标志”选择“全部”，“月份”为 2016 年 1 月。

(4) 单击“确定”按钮，打开“凭证审核列表”界面，如图 4.37 所示。

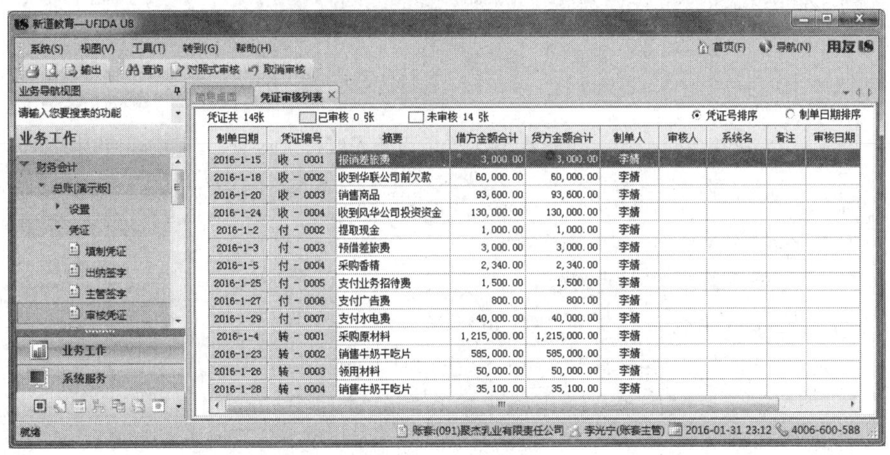

图 4.37　凭证审核列表

(5) 双击要审核的凭证，打开“审核凭证”界面。

(6) 检查要审核的凭证，确认无误后，单击“审核”按钮，凭证底部的“审核”处自动签上审核人的姓名，如图 4.38 所示。

(7) 在“审核凭证”界面上方，选择“批处理”→“成批审核凭证”命令，完成对所有凭证的审核。完成后，在“凭证审核列表”界面中，“审核人”栏都显示为“李光宁”，如图 4.39 所示。

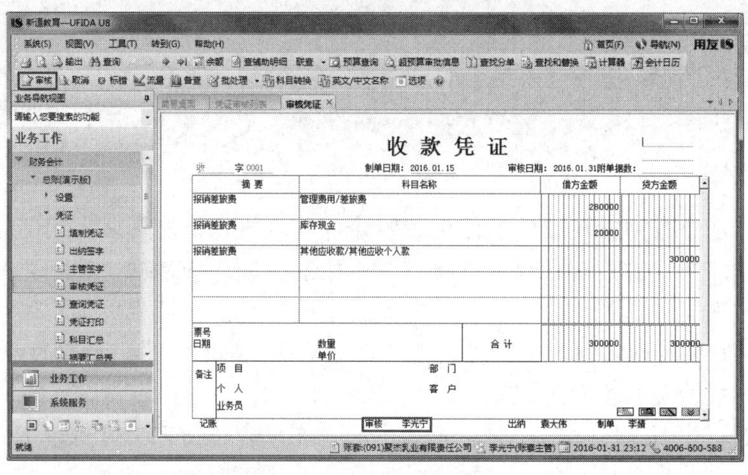

图 4.38　凭证审核

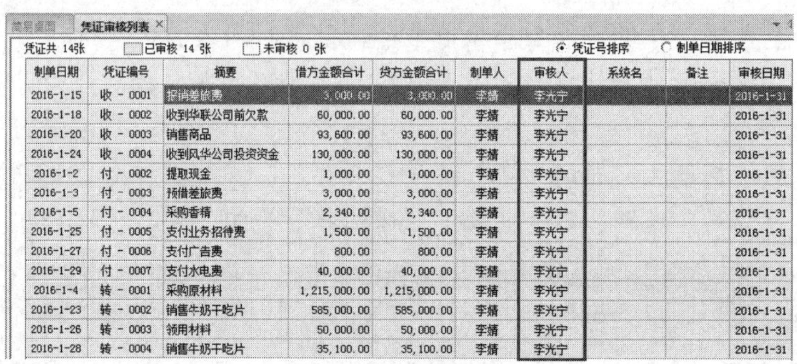

凭证共 14张　已审核 14 张　未审核 0 张　凭证号排序　制单日期排序

制单日期	凭证编号	摘要	借方金额合计	贷方金额合计	制单人	审核人	系统名	备注	审核日期
2016-1-15	收 - 0001	报销差旅费	3,000.00	3,000.00	李婧	李光宁			2016-1-31
2016-1-18	收 - 0002	收到华联公司前欠款	60,000.00	60,000.00	李婧	李光宁			2016-1-31
2016-1-20	收 - 0003	销售商品	93,600.00	93,600.00	李婧	李光宁			2016-1-31
2016-1-24	收 - 0004	收到风华公司投资资金	130,000.00	130,000.00	李婧	李光宁			2016-1-31
2016-1-2	付 - 0002	提取现金	1,000.00	1,000.00	李婧	李光宁			2016-1-31
2016-1-3	付 - 0003	预借差旅费	3,000.00	3,000.00	李婧	李光宁			2016-1-31
2016-1-5	付 - 0004	采购香精	2,340.00	2,340.00	李婧	李光宁			2016-1-31
2016-1-25	付 - 0005	支付业务招待费	1,500.00	1,500.00	李婧	李光宁			2016-1-31
2016-1-27	付 - 0006	支付广告费	800.00	800.00	李婧	李光宁			2016-1-31
2016-1-29	付 - 0007	支付水电费	40,000.00	40,000.00	李婧	李光宁			2016-1-31
2016-1-4	转 - 0001	采购原材料	1,215,000.00	1,215,000.00	李婧	李光宁			2016-1-31
2016-1-23	转 - 0002	销售牛奶干吃片	585,000.00	585,000.00	李婧	李光宁			2016-1-31
2016-1-26	转 - 0003	领用材料	50,000.00	50,000.00	李婧	李光宁			2016-1-31
2016-1-28	转 - 0004	销售牛奶干吃片	35,100.00	35,100.00	李婧	李光宁			2016-1-31

图 4.39　凭证审核完成

提示:

- 审核人和制单人不能是同一个人。
- 审核人必须具有审核权限。
- 作废凭证不能被审核，也不能被标错。
- 凭证一经审核，不能修改，也不能删除，只有取消审核签字后才可以修改和删除。谁审核凭证，相应的由谁来取消审核凭证。
- 作废的凭证在恢复为有效凭证后，可以审核。

4.3.5　记账与反记账

1. 记账

记账即登记会计账簿，它是以会计凭证为依据，将经济业务全面、系统、连续地记录到具有账户基本结构的账簿中去，是会计核算的主要方法之一。

在会计电算化系统中，记账是由计算机自动完成的，无须人工干预。

在记账时，需要注意以下四点：①如果期初余额试算不平衡，则不能记账；②如果

上月未结账，则本月不能记账；③如果凭证未审核，则本月不能记账；④如果选择了“出纳凭证必须经由出纳签字”选项，且凭证未签字，则本月不能记账。

如果在记账过程发生断电或其他原因造成记账中断，系统将自动调用“恢复记账前状态”功能，恢复系统数据，再重新记账。

案例 4.27 2016 年 1 月 31 日，李光宁对聚杰乳业有限责任公司 001 账套进行记账。

操作步骤:

(1) 以“李光宁”身份登录企业应用平台，登录时间为 2016-01-31。

(2) 执行“财务会计”→“总账”→“凭证”→“记账”命令，打开“记账”对话框。

(3) 选择要进行记账的凭证范围。例如，在收款凭证的“记账范围”栏中输入范围，或单击下面的“全选”按钮选择所有记账的凭证，如图 4.40 所示。

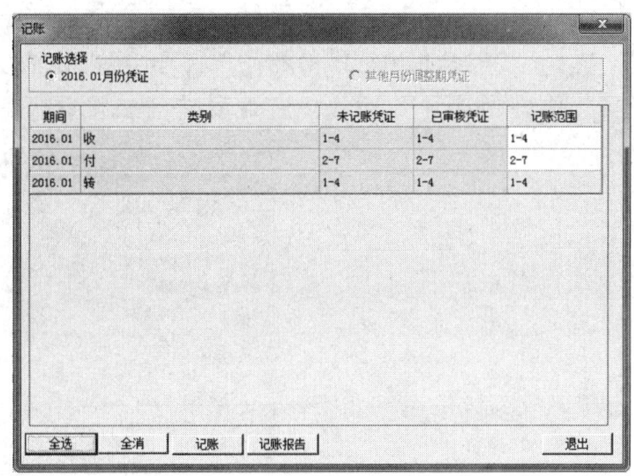

图 4.40 凭证记账

(4) 单击“记账”按钮，显示期初试算后的“期初试算平衡表”，详见任务 4.2。如果需要打印，可单击“打印”按钮，如果不打印，则单击“确定”按钮。

(5) 系统自动开始记账，弹出记账完毕窗口，单击“确定”按钮，完成记账。

(6) 单击“退出”按钮，退出“记账”对话框。

提示:

- 第一次进行记账时，如果期初余额试算不平衡，不能记账。
- 上月未记账，本月不能记账。
- 凭证没有审核，不能记账。记账范围应小于已审核范围。
- 作废的凭证无须审核，可直接记账。
- 记账过程发生断电或其他原因造成记账中断，系统将自动调用“恢复记账前状态”功能，恢复系统数据，再重新记账。

2. 反记账

如果记账后发现凭证有错需要修改，需要进行反记账。在期末对账状态下，按 Ctrl+H

快捷键，系统弹出“恢复记账前状态”对话框，继续执行“凭证”→“恢复记账前状态”功能即可。系统提供三种恢复记账前状态的方式：将系统恢复到最近一次记账前状态，将系统恢复到月初状态和选择凭证范围恢复记账。只有账套主管才能选择将数据恢复到月初状态。

案例 4.28 月末对聚杰乳业有限责任公司账套 1 月份所做凭证进行反记账，恢复到月初状态。

操作步骤:

(1) 以“李光宁”身份登录企业门户，登录时间为 2016-01-31。

(2) 执行“财务会计”→“总账”→“期末”→“对账”命令，进入“对账”对话框，选中“2016.01”，按 Ctrl+H 快捷键，弹出“恢复记账前状态功能已被激活”提示信息，如图 4.41 所示。单击“确定”按钮，单击“退出”按钮。

(3) 执行“总账”→“凭证”→“恢复记账前状态”命令，弹出“恢复记账前状态”对话框，“恢复方式”选择“2016 年 01 月初状态”，如图 4.42 所示。单击“确定”按钮，输入账套主管口令，单击“确定”按钮，完成取消凭证记账。

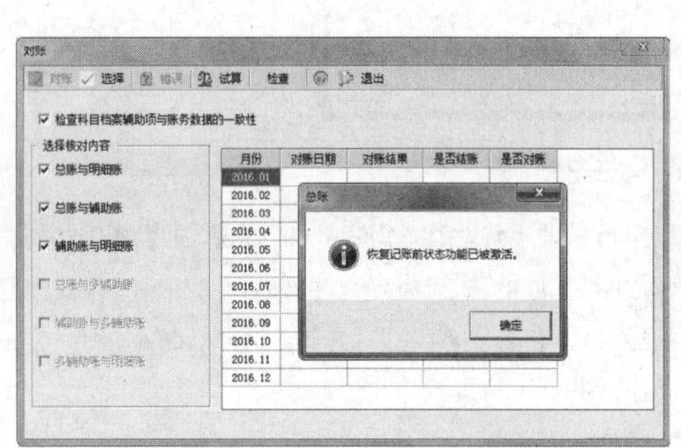

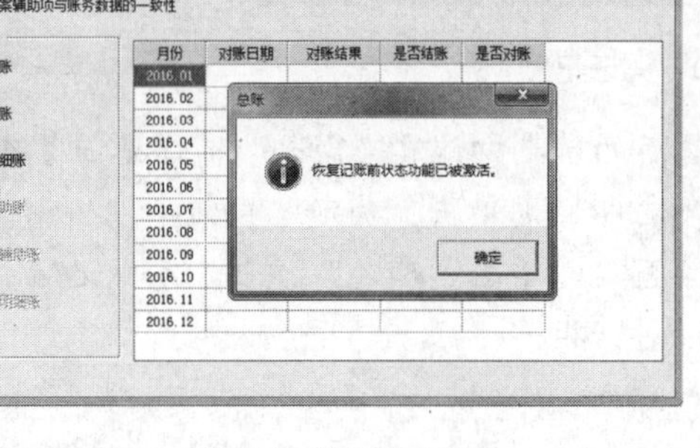

图 4.41 恢复记账前状态功能

图 4.42 恢复记账前状态

案例 4.29 取消记账后发现 1 月 2 日提取现金的金额不是 1000 元，而是 100 元。请采用无痕修改的方式修改该凭证，并对所有凭证记账。

操作步骤:

(1) 以“李光宁”身份登录企业门户，登录时间为 2016-01-31。

(2) 取消审核凭证。执行“总账”→“凭证”→“审核凭证”命令，打开“凭证审核”对话框，“凭证标志”选择“全部”，“月份”选择 2016 年 1 月，单击“确定”按钮进入“凭证查询列表”对话框，找到提取现金的凭证，双击该凭证进入“审核凭证”对话框，单击“取消”按钮 取消，完成凭证的取消审核，该凭证下方“审核人”处的

人员姓名消失。

(3) 取消出纳签字。重新注册系统，以“袁大伟”身份登录企业门户，登录时间为2016-01-31，完成该凭证的取消出纳签字操作。

(4) 修改凭证。重新注册系统，以“李婧”身份登录企业门户，对该凭证进行相应的修改。

(5) 凭证的审核、记账。再以002身份登录系统，对该凭证进行出纳签字；以999身份登录系统，对该凭证进行审核和记账操作。

凭证记账后发现有错误，若进行有痕迹的修改，有红字冲销法和补充登记法两种方式。红字冲销法是将错误凭证采用增加一张与原始凭证内容相同但金额为负数的红字凭证全额冲销。冲销凭证只能对已记账凭证进行冲销，执行“总账”→“凭证”→“填制凭证”→“冲销凭证”功能即可。若需要，再增加一张正确的“蓝字”凭证。

案例4.30　记账后发现1月28日的销售牛奶干吃片业务有误，应为50盒(0004号凭证)，请采用红字冲销法进行修改。

操作步骤：

(1) 以“李婧”身份登录企业应用平台，登录时间为2016-01-31，执行“总账”→“凭证”→“填制凭证”命令，进入“填制凭证”窗口。

(2) 单击“冲销凭证”按钮，打开“冲销凭证”对话框，依次输入月份、凭证类别和凭证号，如图4.43所示。

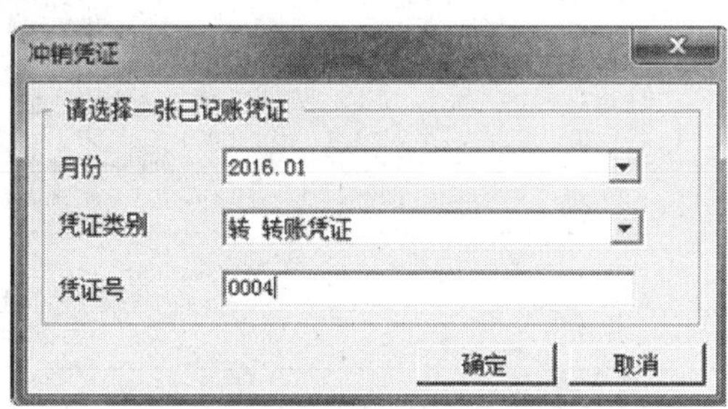

图4.43　“冲销凭证”对话框

(3) 单击“确定”按钮，系统自动生成一张红字冲销凭证，如图4.44所示。

(4) 单击保存按钮，保存该张红字冲销凭证。

(5) 单击增加按钮，填制一张正确的凭证，保存凭证，之后再审核并记账，如图4.45所示。

提示：

- 凭证没有出纳签字，也没有审核的时候，可以直接在“填制凭证”窗口进行修改，即无痕修改。
- 如果凭证已经记账，要进行无痕修改，需要取消记账，取消审核，取消出纳签字，然后在“填制凭证”窗口进行修改。
- 凭证记账后，可采用红字冲销法进行有痕修改。直接在“填制凭证”窗口单击冲销按钮进行冲销。

- 无论哪种方式修改凭证，修改完毕后都需要进行审核和记账。

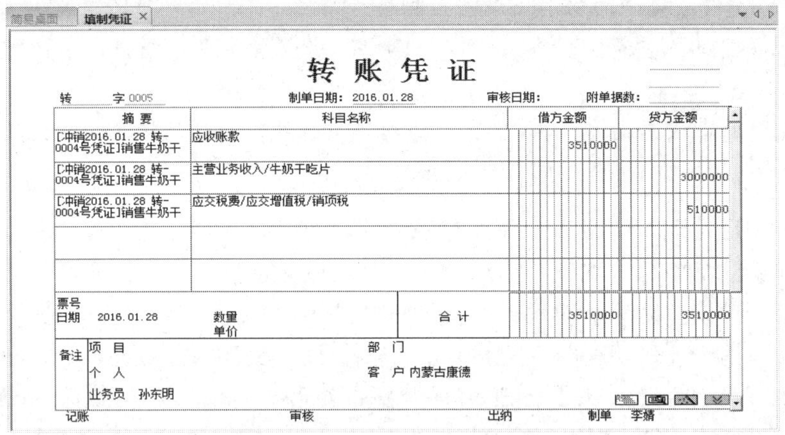

简易桌面　填制凭证

转账凭证

转　字 0005　　制单日期：2016.01.28　　审核日期：　　附单据数：

摘要	科目名称	借方金额	贷方金额
[冲销2016.01.28 转-0004号凭证]销售牛奶干	应收账款	3510000	
[冲销2016.01.28 转-0004号凭证]销售牛奶干	主营业务收入/牛奶干吃片		3000000
[冲销2016.01.28 转-0004号凭证]销售牛奶干	应交税费/应交增值税/销项税		510000
票号 日期 2016.01.28　数量 单价	合计	3510000	3510000

备注　项目　　部门

个人　　客户 内蒙古康德

业务员 孙东明

记账　　审核　　出纳　　制单 李婧

图 4.44　生成的红字冲销凭证

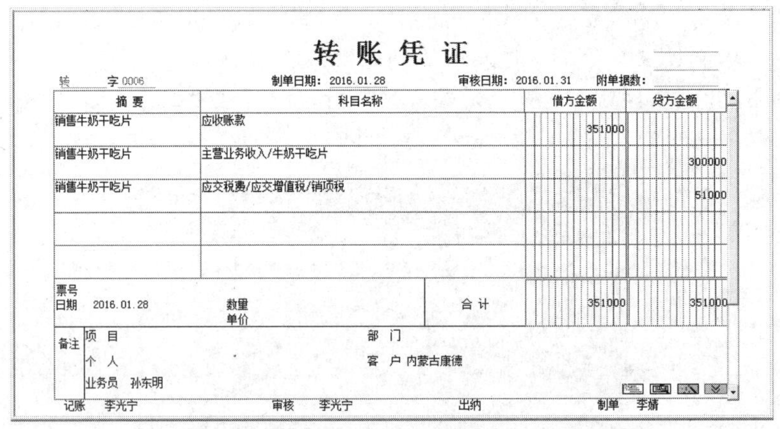

转账凭证

转　字 0006　　制单日期：2016.01.28　　审核日期：2016.01.31　　附单据数：

摘要	科目名称	借方金额	贷方金额
销售牛奶干吃片	应收账款	351000	
销售牛奶干吃片	主营业务收入/牛奶干吃片		300000
销售牛奶干吃片	应交税费/应交增值税/销项税		51000
票号 日期 2016.01.28　数量 单价	合计	351000	351000

备注　项目　　部门

个人　　客户 内蒙古康德

业务员 孙东明

记账 李光宁　　审核 李光宁　　出纳　　制单 李婧

图 4.45　补充登记的蓝字凭证(已审核记账)

面向十二五高职高专会计专业规划教材

4.3.6　查询凭证

通过查询凭证功能，可以对已记账和未记账的凭证进行查看，以便随时了解企业经济业务的发展情况。

案例 4.31　查询 1 月 1 日到 1 月 15 日的付款凭证；查询与库存现金有关的所有凭证；查询涉及左林的所有凭证；查询与北京华联内蒙古分公司的业务往来凭证。

操作步骤：

(1) 以“李光宁”身份登录企业应用平台，登录时间为 2016-01-31。执行“总账”→“凭证”→“查询凭证”命令，打开“凭证查询”对话框。

(2) “凭证类别”选择“付款凭证”，“日期”选择 2016-01-01——2016-01-31，单击“确定”按钮，弹出“查询凭证列表”对话框，双击对应凭证栏，即可查看凭证详细

信息。

(3) 进入“凭证查询”对话框，单击“辅助条件”按钮，弹出带辅助条件的“凭证查询”窗口，在“科目”文本框中输入 1001，如图 4.46 所示，单击“确定”按钮，即可查询到对应的凭证。

(4) 在带辅助条件“凭证查询”对话框的“凭证体内容”选项组中设置“个人”为“左林”，单击“确定”按钮，即可查询到所有与左林相关的凭证。

(5) 在带辅助条件“凭证查询”对话框的“凭证体内容”选项组中设置“客户”为“北京华联内蒙古分公司”，单击“确定”按钮，即可查询到所有与北京华联内蒙古分公司往来的凭证。

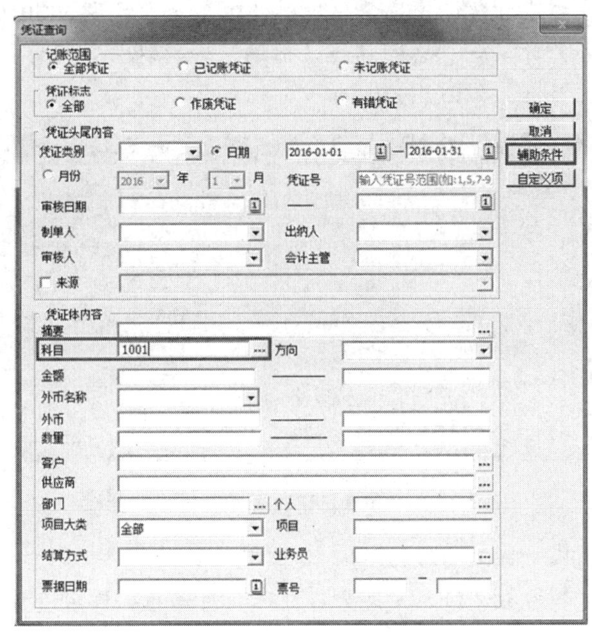

图 4.46　带辅助条件的“凭证查询”对话框

任务 4.4　总账管理系统出纳管理

现金、银行存款是企业的货币资金。对现金和银行存款的管理，关系到企业流动资产的使用状况，关系到企业日常经济业务的运行，对现金和银行存款的使用也必须要符合国家相关管理制度的规定。由于现金和银行存款资产的特殊性，管好、用好企业货币资金是现代企业管理的一项重要任务。企业单独设定“出纳”岗位一职对现金和银行存款资产进行管理。

出纳管理是出纳人员进行管理的一套工具，主要包括现金日记账、银行日记账的输出，资金日报表和支票登记簿的管理，以及银行对账功能。

4.4.1 日记账

日记账包括现金日记账和银行日记账。为了保证货币资金的安全性和正确性，现金科目(即银行存款科目)需要将每日增加的财务凭证进行汇总登记，计入现金日记账簿和银行日记账簿中。要想查看现金日记账和银行日记账，必须先在会计科目列表下执行“编辑”→“指定科目”命令，指定“1001 现金”为现金科目；“1002 银行存款”为银行存款科目，这样才可以查看现金日记账和银行日记账。

案例 4.32 查询聚杰乳业有限责任公司 2016 年 1 月份的现金日记账。

操作步骤:

(1) 以出纳“袁大伟”身份登录企业应用平台，登录日期为 2016-01-31。

(2) 执行“财务会计”→“总账”→“出纳”→“现金日记账”命令，打开“现金日记账查询条件”对话框，如图 4.47 所示。

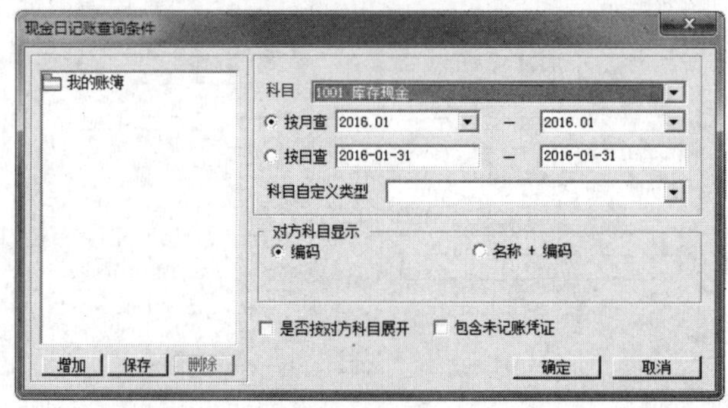

图 4.47 “现金日记账查询条件”对话框

(3) “科目”选择“1001 库存现金”，其他条件不变。

(4) 单击“确定”按钮，进入“现金日记账”对话框，即可查询 2016 年 1 月份的现金日记账。

4.4.2 资金日报表

资金日报表是反映现金、银行存款每日发生额及余额情况的报表，在企业财务管理中具有重要的作用。资金日报功能用于查询输出现金、银行存款科目某日的发生额及余额情况。

4.4.3 支票登记簿

为了加强企业的银行支票管理，出纳人员通常会建立支票登记簿，以便详细记录支票的领用人、领用日期、支票用途和报销情况。

只有在总账初始设置的“选项”对话框中设置了“支票控制”，并且在项目 3“结算方式”中已设置“票据管理”标志，在“会计科目”中已指定为银行账的科目才能使用

支票登记簿。

4.4.4　银行对账

银行对账是企业出纳人员的基本工作之一。企业的结算大部分通过银行进行结算，但是由于企业与银行的账务处理和入账时间不一致，往往导致双方账目不一致的情况，即所谓“未达账项”。为了能够准确把握企业银行存款的实际金额，防止记账发生错误，企业必须定期将银行存款日记账与银行出具的对账单进行核对，并编制银行存款余额调节表。

1. 银行对账期初的录入

在使用银行对账功能进行对账之前，必须在开始对账的月初先将银行存款日记账、银行出具的对账单未达账项输入到系统中。使用账务系统处理日常业务后，系统将自动形成银行日记账的未达账项。

在第一次利用总账管理系统进行银行对账前，应该输入银行启用日期时的银行对账期初数据，在开始使用银行对账之后一般不再使用。

银行对账不一定与总账管理系统同时启用，其启用日期可以晚于总账管理系统的启用日期。银行对账期初数录入后，应保证银行日记账的调整后余额等于银行对账单的调整余额，否则会影响以后的银行对账。

案例 4.33　聚杰乳业公司银行账的启用日期为 2016-01-01，中国工商银行人民币账户企业日记账调整前余额为 902 757 元，银行对账单调整前余额为 952 757 元，未达账项一笔，系银行已收企业未收款 50 000 元(2015 年 12 月 31 日，结算方式 202，借方)。

操作步骤：

(1) 以出纳“袁大伟”身份登录企业应用平台，登录日期为 2016-01-31。

(2) 执行“财务会计”→“总账”→“出纳”→“银行对账”→“银行对账期初录入”命令，打开“银行科目选择”对话框，如图 4.48 所示。

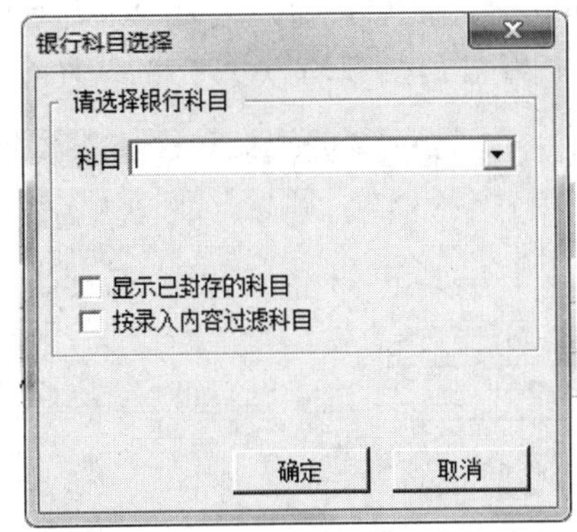

图 4.48　银行科目选择

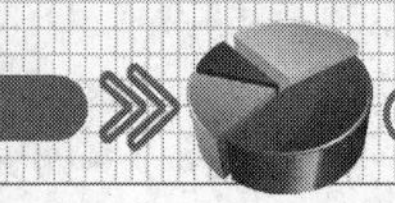

(3) 选择 10020101，单击“确定”按钮，进入“银行对账期初”对话框，如图 4.49 所示。

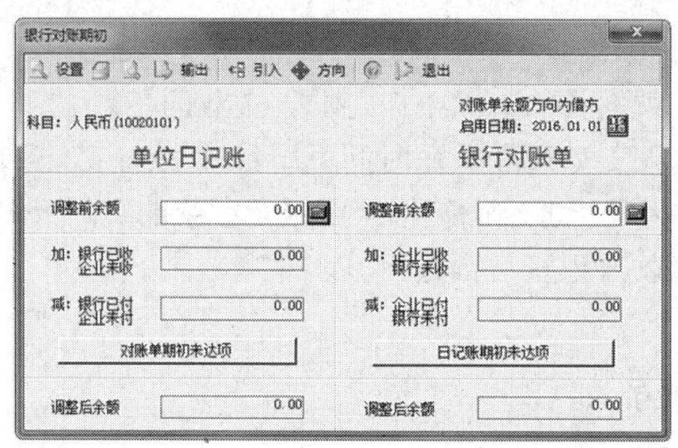

图 4.49 “银行对账期初”对话框

(4) 确定“启用日期”后，在“单位日记账”选项组的“调整前余额”文本框中输入 902 757.00，在“银行对账单”选项组的“调整前余额”文本框中输入 952 757.00。

(5) 单击“单位日记账”选项组的“对账单期初未达项”按钮，弹出“银行方期初”窗口，单击“增加”按钮，输入“日期”2015.12.31，“结算方式”为 202，“借方金额”为 50 000，如图 4.50 所示。

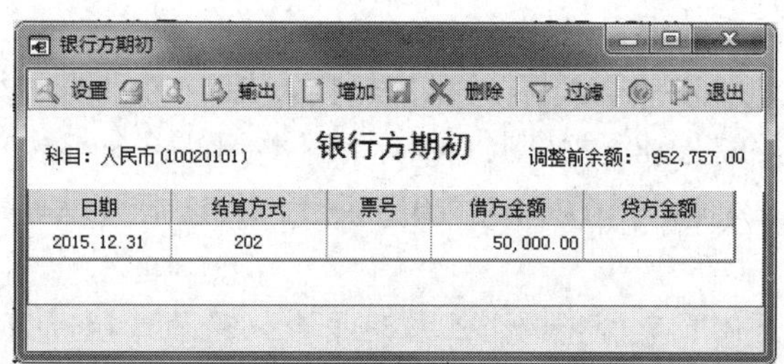

图 4.50 录入对账单期初余额未达项

(6) 单击按钮，再单击“退出”按钮，返回“银行对账期初”对话框，此时显示的单位日记账和银行对账单调整后的余额均为 952 757，即期初平衡了，如图 4.51 所示。

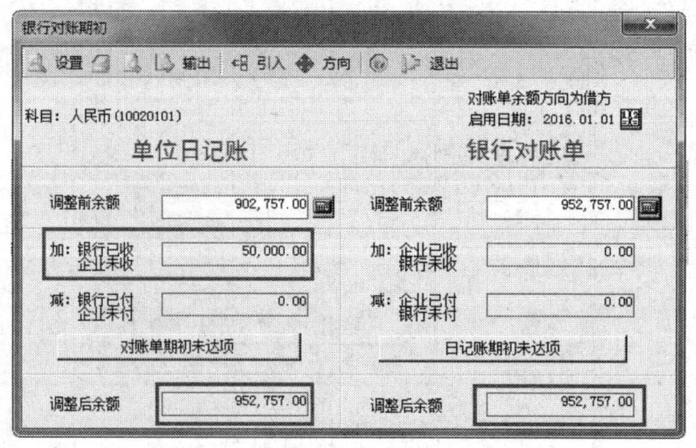

图 4.51 调整后的银行对账期初

2. 银行对账单的录入

要实现计算机自动进行银行对账，在每月月末对账前，必须将银行当月开出的银行对账单输入计算机，存入“对账单文件”。

银行对账单余额方向为借方时，借方发生表示银行存款增加，贷方发生表示银行存款减少；反之，借方发生表示银行存款减少，贷方发生表示银行存款增加。系统默认银行对账单余额方向为借方，单击“方向”按钮可调整银行对账单余额方向。已经进行过银行对账勾对的银行科目不能调整银行对账单余额方向。

案例 4.34　按表 4.9，输入 1 月份银行对账单，并输出为.xls 文件。

表 4.9　聚杰乳业有限公司 1 月份对账单

日　期	结算方式	票　号	借方金额	贷方金额
2016-01-02	201	XJ0101		100
2016-01-18	202	ZZ0121	60 000	
2016-01-20	201	XJ0122	93 600	
2016-01-24	202	ZZW010	130 000	
2016-01-25	202	ZZ0416		1 500
2016-01-29	201	XJ0129		40 000

操作步骤：

(1) 以出纳“袁大伟”身份登录企业应用平台，登录日期为 2016-01-31。

(2) 执行“财务会计”→“总账”→“出纳”→“银行对账”→“银行对账单”命令，打开“银行科目选择”对话框。

(3) 选择科目“人民币(10020101)”，月份为 2016.01—2016.01，单击“确定”按钮，打开“银行对账单”窗口。

(4) 单击“增加”按钮，输入银行对账单数据，再单击“保存”按钮，最终结果如图 4.52 所示。

银行对账单

科目：人民币(10020101)　　对账单账面余额:1,194,757.00

日期	结算方式	票号	借方金额	贷方金额	余额
2016.01.02	201	XJ0101		100.00	952,657.00
2016.01.18	202	ZZ0121	60,000.00		1,012,657.00
2016.01.20	201	XJ0122	93,600.00		1,106,257.00
2016.01.24	202	ZZW010	130,000.00		1,236,257.00
2016.01.25	202	ZZ0416		1,500.00	1,234,757.00
2016.01.29	201	XJ0129		40,000.00	1,194,757.00

□已勾对　□未勾对

图 4.52　录入银行对账单数据

(5) 单击上方的“输出”按钮，选择保存的类型为“.xls”，保存文件名称为“银行对账单”。

3. 银行对账过程

银行对账采用自动对账与手工对账相结合的方式。

自动对账是指系统根据设定的对账依据，将银行日记账与银行对账单进行自动核对和勾销。对于已核对两清的银行业务，系统将自动在银行日记账和银行对账单中都打上两清标志，视为已达账项，否则视为未达账项。

手工对账是对自动对账的补充。采用自动对账后，可能还有一些特殊的已达账项没有对上而被视为未达账项。为了保证对账的彻底性和正确性，在自动对账的基础上还要进行手工补对。

对账时，“方向相同，金额相同”为必选条件，其余为可选条件。

案例 4.35 出纳袁大伟进行 1 月份银行对账工作。

操作步骤:

(1) 以出纳“袁大伟”身份登录企业应用平台，登录日期为 2016-01-31。

(2) 执行“财务会计”→“总账”→“出纳”→“银行对账”→“银行对账”命令，打开“银行科目选择”对话框。

(3) 选择科目“人民币(10020101)”，月份为 2016.01—2016.01，单击“确定”按钮，打开“银行对账单”窗口。

(4) 单击左上角的“对账”按钮，打开“自动对账”对话框。

(5) 输入截止日期 2016-01-31，其他对账条件采用默认设置。

(6) 单击“确定”按钮，显示自动对账结果，如图 4.53 所示。

科目：10020101 (人民币)

单位日记账

票据日期	结算方式	票号	方向	金额	两清	凭证号数	摘
2016.01.18	202	ZZ0121	借	60,000.00	○	收-0002	收到华
2016.01.20	201	XJ0122	借	93,600.00	○	收-0003	销售商
2016.01.02	201	XJ0101	贷	100.00	○	付-0002	提取现
2016.01.25	202	ZZ0416	贷	1,500.00	○	付-0005	支付让
2016.01.29	201	XJ0129	贷	40,000.00	○	付-0007	支付水

银行对账单

日期	结算方式	票号	方向	金额	两清	对账序号
2016.01.02	201	XJ0101	贷	100.00	○	2016082200001
2016.01.18	202	ZZ0121	借	60,000.00	○	2016082200004
2016.01.20	201	XJ0122	借	93,600.00	○	2016082200002
2016.01.24	202	ZZW010	借	130,000.00		
2016.01.25	202	ZZ0416	贷	1,500.00	○	2016082200005
2016.01.29	201	XJ0129	贷	40,000.00	○	2016082200003

图 4.53 银行对账

提示:

- 手工对账的标志是 Y，以区别自动对账。
- 对账条件中的方向、金额是必选条件，对账截止日期可以输入也可以不输入。

4. 余额调节表查询

对账完成后，系统自动整理汇总未达账项和已达账项，生成银行存款余额调节表。

案例 4.36 1 月 31 日，查询聚杰乳业有限责任公司的银行存款余额调节表。

操作步骤:

(1) 以出纳“袁大伟”身份登录企业应用平台，登录日期为 2016-01-31。

(2) 执行“财务会计”→“总账”→“出纳”→“银行对账”→“余额调节表查询”

命令，弹出“银行存款余额调节表”窗口。

(3) 单击上方的“查看”按钮，弹出可查看的详细的银行存款余额调节表。

(4) 单击“退出”按钮退出查询。

任务 4.5　总账管理系统账簿查询

企业发生的经济业务，经过制单、审核、记账等操作后，就形成了正式的会计账簿，对发生的经济业务进行查询、统计分析等操作时，都可以通过账簿管理来完成。

账簿查询提供未记账凭证的模拟记账功能，这使企业能随时了解各科目的最新余额和明细情况，使部门、项目信息反映及时，费用控制更加可靠。

使用电算化系统查询账簿的优势在于：第一，在查询账簿时，也可以包含未记账凭证；第二，各种账簿都可以对各级科目进行查询；第三，可以进行账表联查，如查询总账时可以联查明细账，而查询明细账时可以联查凭证。

查询各账簿时，系统提供了“包含未记账凭证”选项：如果没有勾选此选项，查询结果只包含已审核已记账凭证；如果勾选此选项，查询结果则包含未记账凭证。

4.5.1　科目账

账簿查询过程中，可以按照科目分别在总账、明细账等账簿中进行查询。

1. 总账

总账查询主要包括查询各总账科目的年初余额、各月发生额和月末余额，以及所有二级至六级明细科目的年初余额、各月发生额和月末余额。查询总账时，标题显示为“所查询科目的一级科目名称+总账”。

案例 4.37　1 月 31 日，李光宁查询聚杰乳业有限责任公司 2016 年 1 月份“2202 应付账款”的总账。

操作步骤：

(1) 以账套主管“李光宁”的身份登录企业应用平台，登录日期为 2016-01-31。

(2) 执行“财务会计”→“总账”→“账表”→“科目账”→“总账”命令，打开“总账查询条件”对话框，如图 4.54 所示。

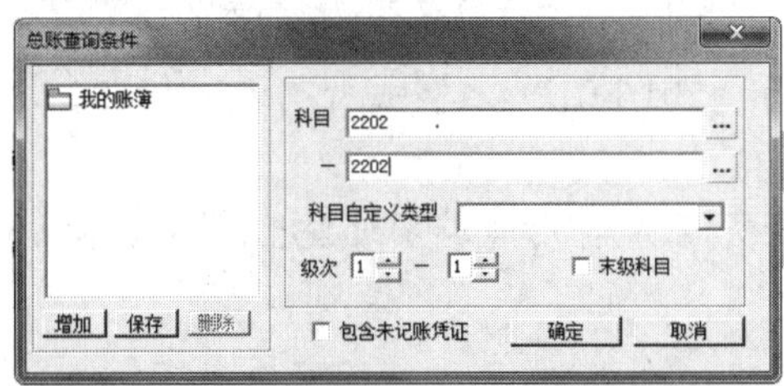

图 4.54　“总账查询条件”对话框

(3) 输入查询条件 2202 后单击“确定”按钮，打开“应付账款总账”对话框，

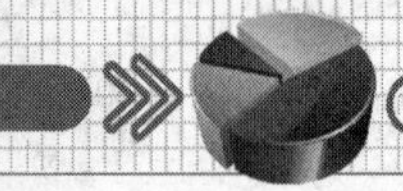

如图 4.55 所示。

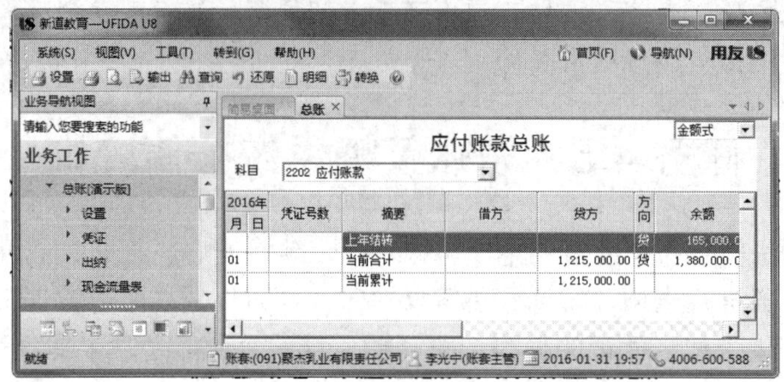

图 4.55 “应付账款总账”对话框

2. 科目发生额及余额表

科目发生额及余额表用于查询统计各级科目的本期发生额、累计发生额和余额等。余额表是手工编制资产负债表的主要报表。

案例 4.38 1 月 31 日，李光宁查询聚杰乳业有限责任公司 2016 年 1 月份科目余额表情况。

操作步骤：

(1) 以账套主管“李光宁”的身份登录企业应用平台，登录日期为 2016-01-31。

(2) 执行“财务会计”→“总账”→“账表”→“科目账”→“余额表”命令，打开“发生额及余额查询条件”对话框，如图 4.56 所示。

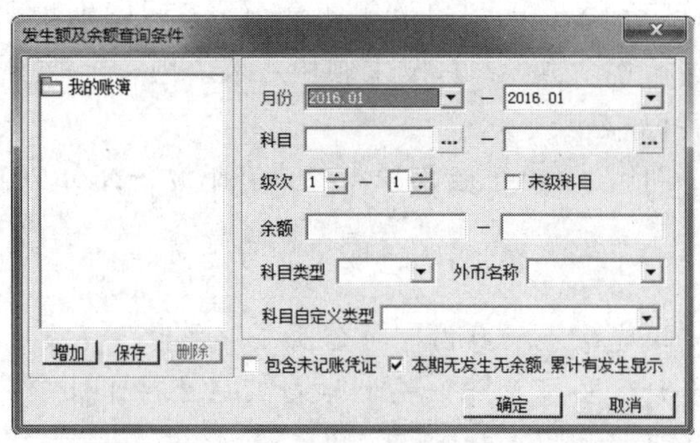

图 4.56 “发生额及余额查询条件”对话框

(3) 系统默认月份为“2016-01”，单击“确定”按钮，打开“发生额及余额表”对话框。

(4) 单击“累计”按钮，系统自动增加累计发生(借方、贷方)两列数据，然后单击“关闭”按钮退出。

3. 明细账

明细账查询是指在需要时查询各级明细科目的发生额及余额情况，以及按任意条件

组合查询明细核算资料，主要用于查询明细科目的期初余额、各月发生额合计和月末余额等。明细账查询与总账查询的操作步骤基本相同，可以按照“总账—明细账—凭证”顺序进行穿透式查询。

案例 4.39　1 月 31 日，李光宁查询聚杰乳业有限责任公司“1122 应收账款”的明细账情况。

操作步骤：

(1) 以账套主管“李光宁”的身份登录企业应用平台，登录日期为 2016-01-31。

(2) 执行“财务会计”→“总账”→“账表”→“科目账”→“明细账”命令，打开“明细账查询条件”对话框，如图 4.57 所示。

(3) 在“科目”文本框中输入科目 1122，单击“确定”按钮，打开“应收账款明细账”窗口，即可查看应收账款的明细账目。

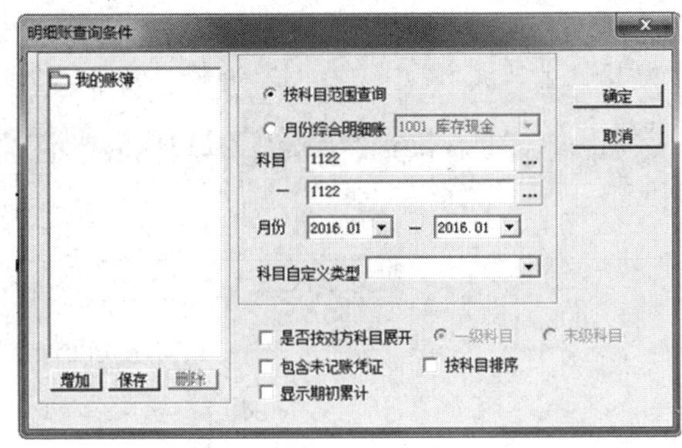

图 4.57　“明细账查询条件”对话框

4.5.2　辅助账

用友 ERP-U8 V10.1 除了提供查询科目账以外，还提供了辅助账的查询和管理功能。辅助账的查询和管理功能主要包括部门辅助账、个人往来辅助账、项目辅助账、客户往来辅助账和供应商往来辅助账。

1. 部门辅助账

部门核算主要是为了考核部门收支的发生情况，及时地反映和控制部门费用的支出。企业应对各部门的收支情况进行分析，便于部门考核。

2. 个人往来辅助账

个人核算主要进行个人借款、还款管理工作，及时地控制个人借款，完成清欠工作。个人核算可以提供个人往来明细账、催款单、余额表和账龄分析报告等功能。

3. 项目辅助账

项目核算用于收入、成本和在建工程等业务的核算，以项目为中心为使用者提供各项目的成本、费用、收入和往来等汇总与明细信息，以及项目计划执行报告等。

4. 客户往来辅助账

客户往来辅助账可以用来查询企业应收账款科目的余额情况，也可用来查明某一客户在某时间段的企业往来两清情况，进行欠款追缴等。

5. 供应商往来辅助账

供应商往来辅助账可以用来查询企业应付账款科目的余额情况、供应商与企业的往来两清情况，查询某一供应商在某一时间段的往来业务数据等。

案例 4.40 1 月 31 日，李光宁查询“特仑苏盒装”项目明细账。

操作步骤:

(1) 以账套主管“李光宁”的身份登录企业应用平台，登录日期为 2016-01-31。

(2) 执行“财务会计”→“总账”→“账表”→“项目辅助账”→“项目明细账”命令，打开“项目明细账条件”对话框。

(3) “项目大类”选择“生产成本”，“项目”选择“特仑苏盒装”，如图 4.58 所示。

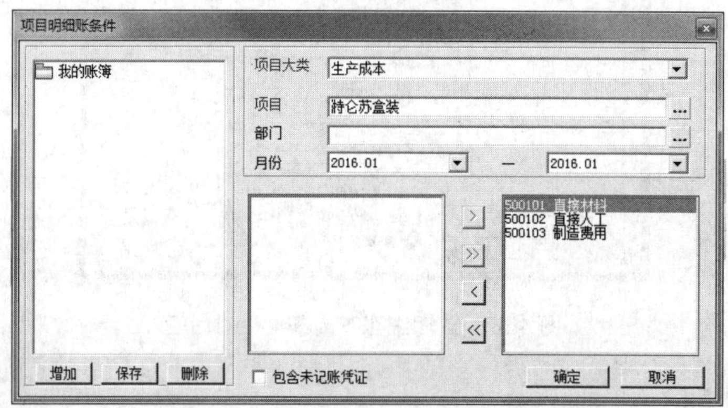

图 4.58 “项目明细账条件”对话框

(4) 单击“确定”按钮，显示项目明细账。

任务 4.6　总账管理系统期末处理

期末业务是会计部门在每个会计期末都需要完成的特定业务，这些业务处理起来比较复杂。在财务系统中，主要通过计算机进行自动处理。

期末业务处理主要包括各种成本费用的结转、汇兑损益的结转、期间损益结转和各类账户试算平衡、对账、结转等工作。

4.6.1　定义转账凭证

1. 自定义结转

自动转账凭证的设置包括两种情况：一是会计软件设计者根据会计法规和会计制度

预先在软件中设置了某些转账业务的结转过程、计算方法，甚至包含了金额来源，用户只需按照会计软件的提示，输入有关条件便能自动生成转账凭证，如计提折旧、结转损益等；二是由用户按照会计软件提供的自动转账凭证定义功能，逐一输入转账凭证要素，确定金额计算公式，生成自动转账凭证格式。

自定义转账功能可以完成的转账业务主要有：费用分配的结转，如分摊工资，分摊制造费用等；税金计算的结转，如增值税；以及提取各项费用的结转，如提取福利费、工会经费等。

利用自定义转账功能实现自动结转，首先需要定义凭证模板。定义凭证模板时，需要确定凭证的类别、摘要、借贷会计科目及其金额。其中，金额的设置是重点。因为各个月的金额不尽相同，需要使用财务函数从账套中提取数据。

案例 4.41　按短期借款期末余额的 0.3%计提短期借款利息。

借：财务费用——利息收入(660301)QM(2001，月)*0.003

　　贷：应付利息(2231)JG( )

操作步骤：

(1) 以“李婧”的身份登录企业应用平台，登录日期为 2016-01-31。

(2) 执行“财务会计”→“总账”→“期末”→“转账定义”→“自定义转账”命令，打开“自定义转账设置”窗口，如图 4.59 所示。

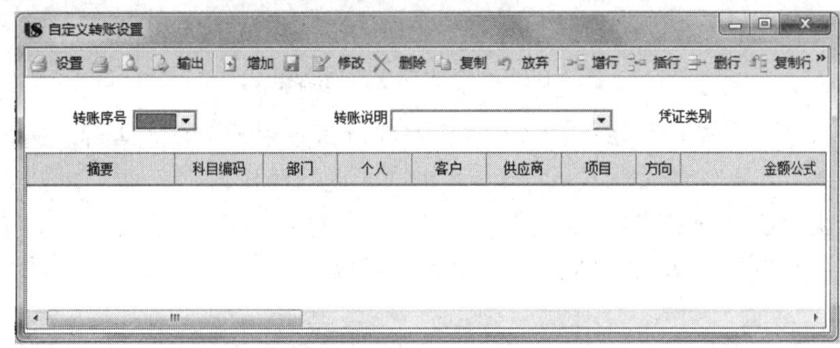

图 4.59　自定义转账设置窗口

(3) 单击“增加”按钮，打开“转账目录”对话框。

(4) 设置“转账序号”为 0001，“转账说明”为“计提短期借款利息”，选择“凭证类别”为“转 转账凭证”，如图 4.60 所示。

(5) 单击“确定”按钮，继续定义转账凭证分录信息。

(6) 单击“增行”按钮，确定分录的借方信息。选择科目编码 660301、方向“借”，在“金额公式”栏单击按钮，打开“公式向导”对话框，如图 4.61 所示。选择“期末余额 QM()”，单击“下一步”按钮打开“公式向导”→“公式说明”对话框。

(7) 科目选择为 2001，方向“贷”，选择“公式说明”对话框左下角的“继续输入公式”复选框，运算符选择“*(乘)”，如图 4.62 所示。

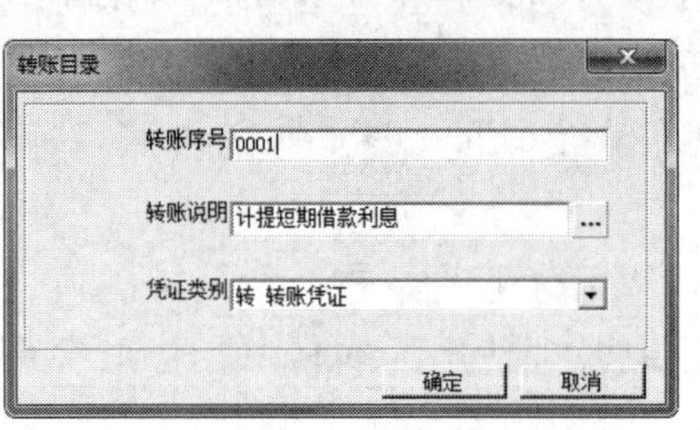

图 4.60 “转账目录”对话框

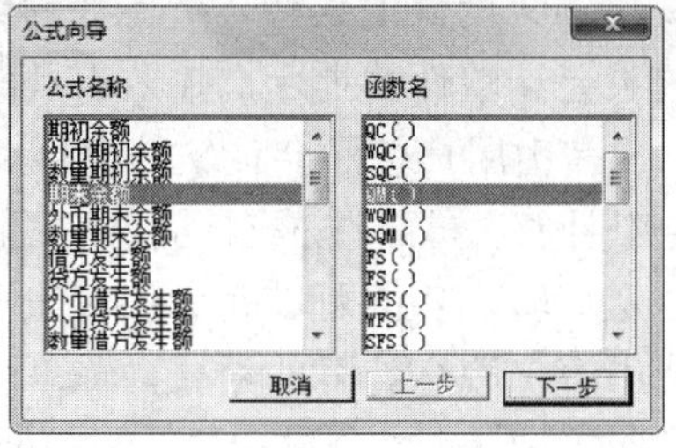

图 4.61 “公式向导”对话框(1)

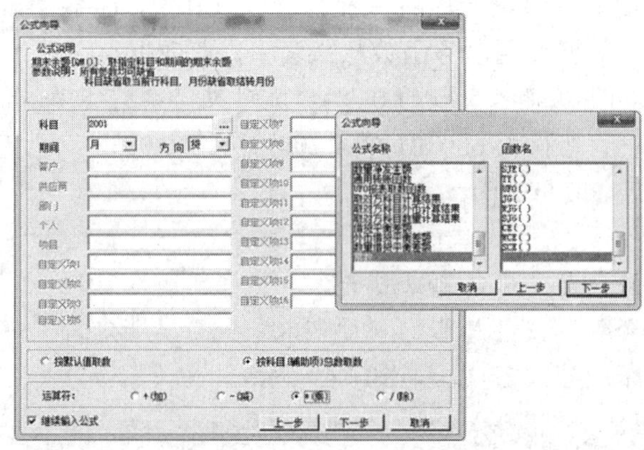

图 4.62 “公式向导”对话框(2)

(8) 单击“下一步”按钮，在“公式向导”对话框中，“公式名称”选择“常数”，单击“下一步”按钮，输入常数 0.003，单击“完成”按钮。

(9) 再次单击增行按钮，输入贷方科目信息。选择科目编码 2231，方向“贷”，输入金额公式“JG( )”，如图 4.63 所示，单击按钮。

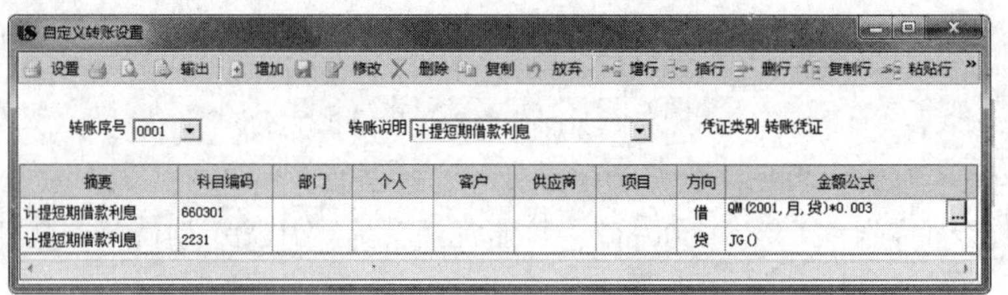

摘要	科目编码	部门	个人	客户	供应商	项目	方向	金额公式
计提短期借款利息	660301						借	QM(2001,月,贷)*0.003
计提短期借款利息	2231						贷	JG()

图 4.63 计提短期借款利息的自定义转账设置

提示:

- 自定义结转前，所有凭证都需审核、记账。
- 金额公式设置有两种方法：一是使用公式向导；二是直接输入。
- 金额公式中的所有标点符号必须为英文格式，否则系统提示错误。
- 定义自定义结转凭证时，有权限的操作员都可以进行操作；生成凭证时，一般由制单人员完成。

2. 对应结转

对应结转就是对两个科目进行一一对应结转。对应结转的科目可以是非末级科目，但是其下级科目的科目结构必须一致(即具有相同的明细科目)；如果有辅助核算，则两个科目的辅助账类也必须一一对应。一个转出科目可以按照结转系数的设定对应多个转入科目。

案例 4.42　根据以下资料，设置对应结转分录。

(1) 结转进项税额：

借：应交税费——未交增值税(222102)

　　贷：应交税费——应交增值税——进项税(22210101)

(2) 结转销项税额：

借：应交税费——应交增值税——销项税(22210105)

　　贷：应交税费——未交增值税(222102)

操作步骤：

(1) 以“李婧”身份登录企业应用平台，登录日期为 2016-01-31。

(2) 执行“财务会计”→“总账”→“期末”→“转账定义”→“对应结转”命令，打开“对应结转设置”窗口，如图 4.64 所示。

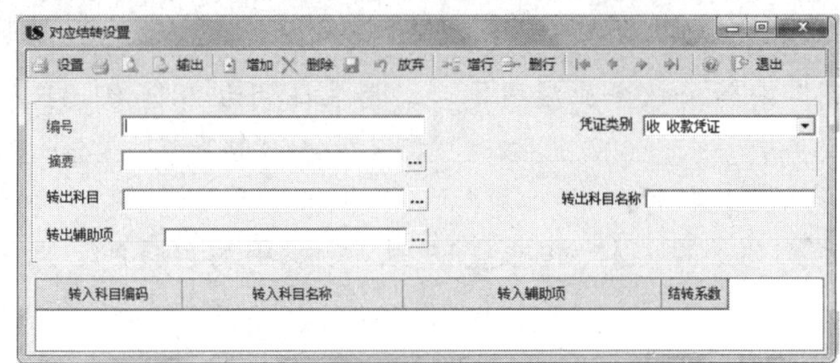

图 4.64　对应结转设置

(3) 设置“编号”为 0001，凭证类别选择“转　转账凭证”，输入摘要为“结转进项税额”。在“转出科目”列表框中选择 22210101。

(4) 单击工具栏上的“增行”按钮，在“转入科目编码”列表框中选择 222102。

(5) 设置“结转系数”为 1.00，如图 4.65 所示。

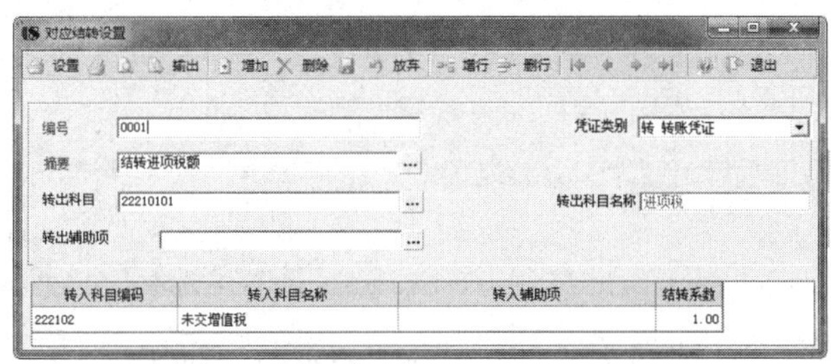

图 4.65　结转进项税额的转账设置

(6) 单击“保存”按钮。

(7) 单击“增加”按钮，继续定义结转销项税额的转账设置，完成后如图 4.66 所示。

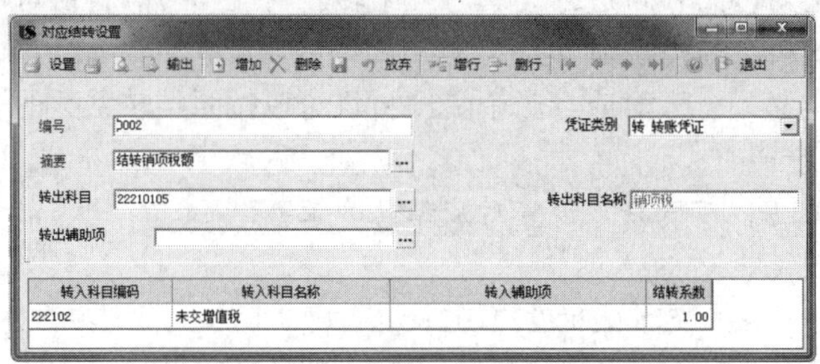

图 4.66　结转销项税额的转账设置

3. 期间损益结转

期间损益结转就是将损益类科目的本期余额全部自动转入本年利润科目，系统自动生成转账凭证，用以反映企业在一个会计期间实现的利润或亏损额。

结转损益必须是在其他结转业务均已完成并登记入账的情况下才可进行，否则，有可能因为损益事项的处理不完整而影响核算结果的正确性。

案例 4.43　定义结转聚杰乳业有限责任公司 1 月份的期间损益的凭证。

操作步骤：

(1) 以“李婧”身份登录企业应用平台，登录日期为 2016-01-31。

(2) 执行“财务会计”→“总账”→“期末”→“转账定义”→“期间损益”命令，打开“期间损益结转设置”对话框。

(3) “凭证类别”选择“转 转账凭证”，“本年利润科目”为 4103，如图 4.67 所示。

图 4.67　“期间损益结转设置”对话框

(4) 单击“确定”按钮，完成期间损益结转的定义。

4.6.2 生成转账凭证

在完成自动转账凭证的设置后，每个月的月末只要执行转账凭证生成的功能，就可以快速生成记账凭证，生成的记账凭证将自动追加到未记账凭证中。在生成自定义转账凭证之前，必须先将所有未记账的凭证进行记账，包括以前生成的自动转账凭证，否则，生成的转账凭证数据可能有误。生成转账凭证包括自定义转账凭证、对应结转凭证、期间损益结转凭证，等等。

1. 生成自定义转账凭证

自定义转账凭证是企业根据自己的业务需要所采用的转账方式，因此，在生成凭证时必须注意业务发生的先后次序，否则计算金额容易出错。

已经定义好的自定义转账凭证，年度内可以根据需要多次生成，但是每个月只需要结转一次即可。自定义生成的凭证仍需审核和记账。

案例 4.44 生成聚杰乳业有限责任公司 1 月份的自定义结转凭证。

操作步骤:

(1) 以“李光宁”身份登录企业应用平台，登录时间为 2016-01-31，执行“总账”→“凭证”→“记账”命令，检查所有凭证是否都记账，若有未记账凭证，进行记账。

(2) 以“李婧”身份登录企业应用平台，登录时间为 2016-01-31。在总账管理系统中，执行“期末”→“转账生成”命令，弹出“转账生成”对话框。在左侧的转账类型中选择“自定义转账”，单击上方的“全选”按钮或在右侧的窗格中双击已自定义转账目录行的“是否结转”栏，使其栏内显示为 Y，如图 4.68 所示。

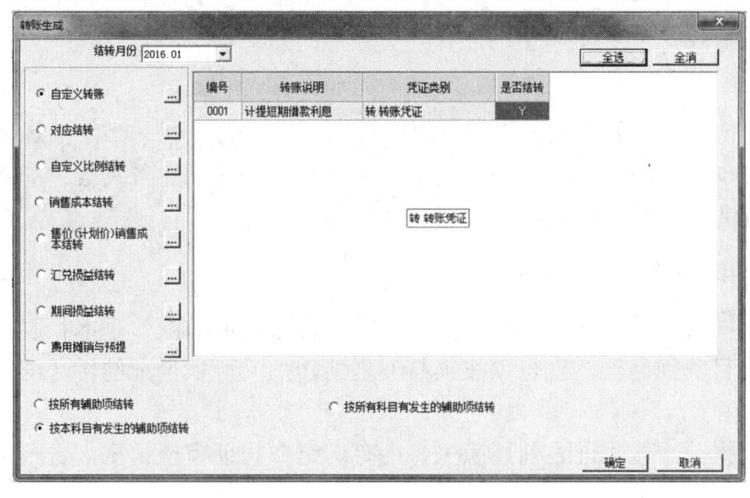

图 4.68 生成自定义转账凭证

(3) 单击“确定”按钮，弹出生成的转账凭证，如图 4.69 所示，单击按钮，保存凭证。

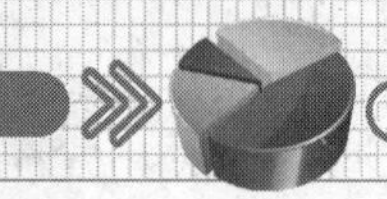

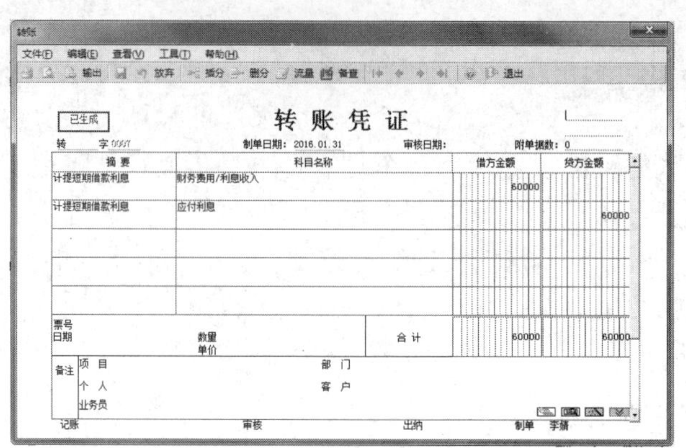

图 4.69　保存自定义转账凭证

2. 生成对应结转凭证

生成对应结转凭证的操作与生成自定义转账凭证的操作基本相同。结转时应按照企业的实际情况安排好结转顺序，逐一生成。

案例 4.45　生成聚杰乳业有限责任公司 1 月份的对应结转凭证。

操作步骤:

(1) 以“李婧”身份登录企业应用平台，登录时间为 2016-01-31。在总账管理系统中，执行“期末”→“转账生成”命令，弹出“转账生成”对话框。在左侧的转账类型中选择“对应结转”，单击上方的“全选”按钮，选中前面定义好的两张对应转账凭证，单击“确定”按钮，弹出“2016.01 月或之前月有未记账凭证，是否继续结转”提示信息，单击“是”按钮。

(2) 弹出生成的转账凭证，单击按钮。保存第一张凭证后，再单击“下张凭证”按钮，再次单击按钮保存凭证。

提示:

由于未记账凭证就是前面生成的自定义结转凭证，该凭证和本次生成的凭证没有关联关系，故可以不必记账，也不会影响生成的对应结转凭证的正确性。如果前后凭证有关联关系，则必须记账后再生成。

3. 生成期间损益结转凭证

生成期间损益结转凭证的操作与生成自定义转账凭证的操作基本相同。期间损益结转既可以按科目分别结转，也可以按损益类型结转，又可以全部结转。结转方式按实际情况自行选择。

生成期间损益结转凭证之前，应先将所有未记账凭证审核记账，否则生成的凭证数据可能有误。

案例 4.46　生成聚杰乳业有限责任公司 1 月份的期间损益凭证，并对所有凭证审核、记账。

操作步骤:

(1) 以“李光宁”的身份登录企业应用平台，登录时间为 2016-01-31。对所有凭证

进行审核、记账。

(2) 以“李婧”的身份登录企业应用平台，登录时间为 2016-01-31。在总账管理系统中，执行“期末”→“转账生成”命令，弹出“转账生成”对话框。在左侧的转账类型中选择“期间损益结转”，单击上方的“全选”按钮，再单击下方的“确定”按钮。

(3) 弹出转账凭证，选择凭证类别为“转 转账凭证”，单击按钮保存凭证。

(4) 以“李光宁”的身份登录企业应用平台，对所有凭证进行审核、记账。

提示:

- 转账凭证生成的工作应在月末进行。如果有多种转账凭证形式，应注意转账凭证的生成顺序。
- 由于生成的凭证类型均为转账凭证，所以生成的凭证不需要出纳签字，审核后即可记账。

4.6.3　月末对账和结账

1. 对账

一般来说，只要记账凭证录入正确，计算机自动记账后，各种账簿都应该是正确的、平衡的。但是由于非法操作或计算机病毒等原因可能会造成数据破坏，因而引起账账不符，为了保证账证相符、账账相符，用户经常会进行对账。对账工作至少一个月一次，一般可在月末进行。结账时，一般系统会自动进行对账和试算平衡。一个月可以进行多次记账、多次对账、一次结账。

案例 4.47　进行聚杰乳业有限责任公司 1 月份对账工作。

操作步骤:

(1) 以“李光宁”的身份登录企业应用平台，登录时间为 2016-01-31。

(2) 在总账系统中，执行“总账”→“期末”→“对账”命令，打开“对账”对话框。

(3) 将鼠标指针定位到要进行对账的月份“2016.01”，单击左上角的“选择”按钮。

(4) 单击左上角的“对账”按钮，开始自动对账，并显示对账结果，如图 4.70 所示。

图 4.70　“对账”对话框

(5) 单击“试算”按钮，可以对各科目类别余额进行试算平衡，结果如图 4.71 所示。

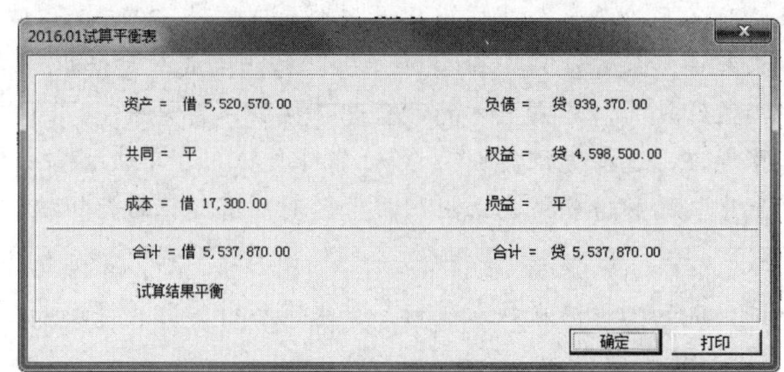

图 4.71 试算平衡结果

2. 结账

在会计电算化系统中，结账后当月不能再填制凭证，并终止各账户的记账工作。同时，系统会自动计算当月各账户发生额合计及余额，并将其转入下月月初。本月结账时，系统会进行下列检查工作。

(1) 检查本月业务是否全部记账，有未记账凭证时不能结账。

(2) 检查上月是否已结账，若上月未结账，则本月不能结账。实际上，上月未结账的话，本月也不能记账，只能填制凭证、复核凭证。

(3) 核对总账与明细账、总账和辅助账，账账不符不能结账。

(4) 对科目余额进行试算，试算不平衡不能结账。

(5) 检查损益类账户是否已结转至本年利润。

(6) 当与软件各子系统集成应用时，总账管理系统必须在其他各子系统均结账后才能结账。

案例 4.48 进行聚杰乳业有限责任公司 1 月份结账工作。

操作步骤:

(1) 以“李光宁”的身份登录企业应用平台，登录时间为 2016-01-31。

(2) 在总账管理系统中，执行“总账”→“期末”→“结账”命令，打开“结账”对话框。

(3) 单击要进行结账的月份“2016.01”，单击“下一步”按钮。

(4) 单击“对账”按钮，系统对要结账的月份进行账账核对。

(5) 单击“下一步”按钮，系统显示“2016 年 01 月工作报告”。

(6) 查看工作报告后，单击“下一步”按钮，单击“结账”按钮。若符合结账要求，系统将进行结账，否则将不予结账。

3. 反结账

结账后，如果出现非法操作或计算机病毒等原因造成数据被破坏的情况，可使用反结账功能，取消结账。

在“结账——开始结账”对话框中，选择要反结账的月份，按 Ctrl+Shift+F6 快捷键，

即可取消结账。

取消结账只能由账套主管进行操作。

案例 4.49　取消聚杰乳业有限责任公司 1 月份结账工作，并备份账套。

操作步骤：

(1) 以“李光宁”的身份登录企业应用平台，登录时间为 2016-01-31。

(2) 在总账管理系统中，执行“总账”→“期末”→“结账”命令，打开“结账”对话框。

(3) 单击要进行结账的月份“2016.01”，按 Ctrl+Shift+F6 快捷键，弹出“确认口令”对话框，输入账套主管口令。

(4) 单击“确定”按钮，在“结账”对话框中“2016.01”月后的“是否结转”栏内取消显示 Y，单击“取消”按钮，完成取消结账。

(5) 以系统管理员 admin 身份登录系统管理平台，对聚杰乳业有限责任公司 001 账套备份。

项 目 小 结

总账管理系统是电算化管理系统中的核心模块，其他各个系统生成的凭证都要传递到总账管理系统中进行审核、记账。

学生在学习该项目时应掌握的基础知识如下：

(1) 熟练掌握期初余额的录入并进行试算平衡；

(2) 掌握凭证的填制、修改、作废；

(3) 掌握凭证的审核、记账和反记账；

(4) 掌握总账期末处理。

拓展闯关 2

以“李婧”身份登录企业应用平台，填制如下业务凭证。

(1) 1 月 4 日，销售部孙东明购买了 500 元的办公用品，以银行存款支付，附单据一张。

(2) 1 月 10 日，销售部孙东明收到北京华联公司转来一张转账支票，金额 100 000 元，用以偿还以前欠款，转账支票号 ZZH0110。

(3) 1 月 12 日，采购部左林从内蒙古澳亚牧场有限公司购入液态奶 50 吨，单价 2800 元，货税款暂欠，商品已验收入库，适用税率 17%。

(4) 1 月 6 日，生产车间领用材料 1000 元，车间一般性耗用 800 元，行政部门耗用 200 元。

(5) 自定义转账设置，结转企业所得税，假设税率为 25%。

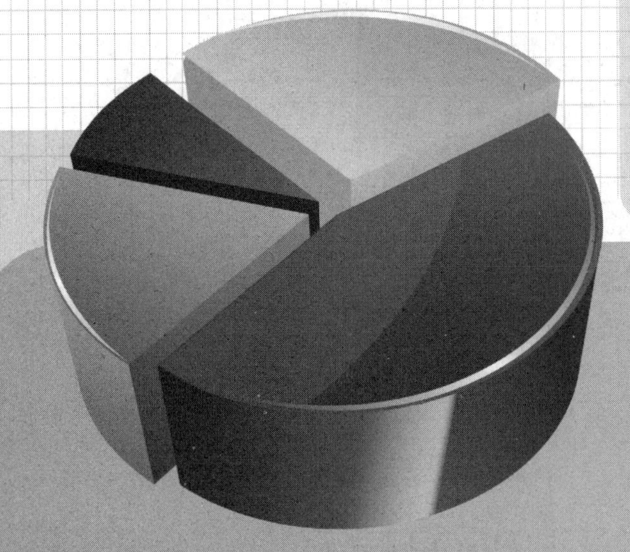

项目 5 UFO 报表系统

职业能力目标

UFO 报表具有强大的报表编制和数据处理功能。通过本项目的学习，学生不仅能够编制自定义报表、资产负债表、利润表和现金流量表等，还可以编制大型集团公司的合并报表。

典型工作任务

- 利用模板编制资产负债表
- 利用模板编制利润表

知识架构

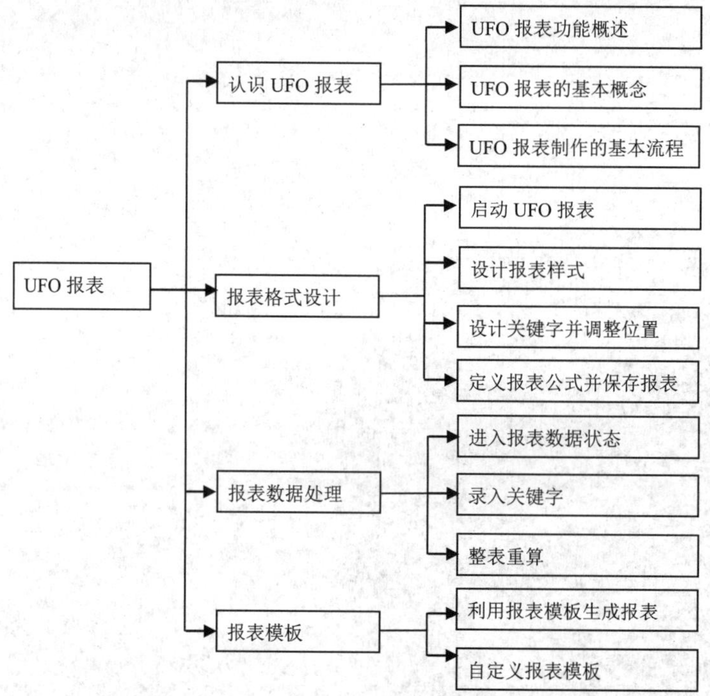

任务 5.1　认识 UFO 报表

5.1.1　UFO 报表功能概述

UFO 报表系统在用友 ERP-U8 V10.1 中独立于总账系统，可单独登录使用，也可和其他系统结合在一起使用。UFO 报表和其他子系统间存在完善的接口，具有强大的报表编制和数据处理功能，可以利用函数从其他子系统中抽取财务或业务数据。UFO 报表系统既可以编制各种对外报表，也可以编制内部报表，还可以进行集团公司之间财务报表的合并。

UFO 报表系统的主要功能包含以下几个方面。

1. 文件管理

文件管理功能对报表文件进行创建、保存和备份管理；提供对多种文件格式的转换，包括.txt 文件、.mdb 文件、.dbf 文件和.xlsx 文件等；支持多个窗口同时显示和处理的功能；提供财务数据的导入、导出功能，可以和其他财务软件交换数据。

2. 报表格式管理

报表格式管理提供了丰富的报表格式设计功能，如设置组合单元、画表格线(包括斜线)、调整行高和列宽、设置字体和颜色等，可以制作各种要求的报表。

3. 数据处理

报表系统以固定的格式管理大量不同的表页，能够将多达 99 999 张具有相同格式的报表统一在一个报表文件中管理，而且可以在每张表页间建立有机联系。报表系统同时还提供排序、审核、舍位平衡和汇总功能；提供绝对单元公式和相对单元公式，可以方便、快速地定义计算公式；提供丰富的函数，可以从财务、薪资、固定资产、采购、销售和库存等子系统中提取数据，生成财务报表。

4. 图表功能

利用图表混排可以将制作的报表以图形方式进行表示，能够制作包括直方图、立体图、折线图和圆饼图在内的 10 种分析图表。

5. 二次开发功能

UFO 报表系统提供批命令和自定义菜单，自动记录命令窗口中输入的多个命令，可将有规律的操作编制成批命令文件，开发出适合企业需要的专业系统。

5.1.2　UFO 报表的基本概念

1. 格式状态和数据状态

UFO 报表系统将含有数据的报表分为两大部分来处理，即报表格式设计工作与报表数据处理工作。报表格式设计工作与报表数据处理工作是在不同的状态下进行的。

1)　格式状态

在格式状态下设计报表的格式，如表尺寸、行高和列宽、单元属性、单元风格、组合单元和关键字的定义等。报表的三类公式，即单元公式、审核公式和舍位平衡公式也在格式状态下定义。在格式状态下所做的操作对本报表包含的所有表页都发生作用。在格式状态下所看到的是报表的格式，报表的数据全部隐藏，该状态下不能进行数据的录入、计算等操作。

2)　数据状态

在数据状态下管理报表的数据，如录入关键字、输入或生成报表数据、增加或删除表页、审核、舍位平衡、制作图表、汇总和合并报表等。在数据状态下看到的是报表的全部内容，包括格式和数据，但在该状态下不能修改报表的格式。

统一报表文件具有相同的格式，每一张表页具有不同的报表数据。

2. 单元、组合单元和区域

1)　单元

单元是组成报表的最小单元，单元名称由所在行、列标识，行号用数字 1~9999 表示，列标用字母 A~IU 表示。例如， B6 表示第 2 列第 6 行的单元格。单元的类型分为三种：数值单元、字符单元和表样单元。在创建新表时，所有单元的类型默认为数值。

2) 组合单元

组合单元由相邻的两个或更多的单元组成，这些单元必须是同一种单元类型(表样、数值、字符)，财务报表在处理报表时将组合单元视为一个单元。组合单元的名称可以用区域的名称或区域中的单元名称来表示。例如，把 B2 到 B3 定义为一个组合单元，这个组合单元可以用 B2、B3 或 B2：B3 表示。组合单元也可以定义公式。

3) 区域

区域由一张表页上的一组单元组成，自起点单元至终点单元是一个完整的长方形矩阵。在财务报表中，区域是二维的，最大的区域是一个二维表的所有单元(整个表页)，最小的区域是一个单元。

3. 表页

一个 UFO 报表最多可容纳 99 999 张表页，每一张表页是由许多单元组成的，一个报表中的所有表页具有相同的格式，但其中的数据不同，系统用关键字的不同来区分统一报表文件下的不同表页。例如，1~12 月份的资产负债表具有相同的格式、不同的数据，其中月份为关键字。表页在报表中的序号在表页下方以标签的形式出现，称为“页标”。页标用“第 1 页”~“第 99 999 页”表示，表页名称不可以修改。

4. 二维表和三维表

确定某一数据位置的要素称为“维”。在一张有方格的纸上填写一个数，这个数的位置可通过行和列(二维)来描述。

如果将一张有方格的纸称为表，那么这个表就是二维表，通过行(横轴)和列(纵轴)可以找到这个二维表中任何位置的数据。如果将多个相同的二维表叠在一起，找到某一个数据的要素需增加一个，即表页号(*Z* 轴)，这一叠表称为一个三维表。

5. 固定区和可变区

1) 固定区

固定区域，即组成一个区域的行数和列数的数量是固定的数目，一旦设定好以后，在固定区域内其单元总数是不变的。

2) 可变区

可变区是屏幕显示一个区域的行数或列数是不固定的数字，可变区的最大行数或最大列数是在格式设计中设定的。在一个报表中只能设置一个可变区，或是行可变区，或是列可变区。行可变区是指可变区中的行数是可变的；列可变区是指可变区中的列数是可变的。设置可变区后，屏幕只显示可变区的第一行或第一列，其他可变行列隐藏在表体内。在以后的数据操作中，可变行列数随着个人的需要而增减。有可变区的报表称为可变表；没有可变区的报表称为固定表。

6. 单元属性

单元属性包括单元类型、对齐方式和字体颜色等。单元类型有数值单元、字符单元和表样单元。

1) 数值单元

数值单元是报表的数据，在数据状态下输入，可以直接输入，也可以由公式运算生成。建立一个新表时，所有单元的类型默认为数值。数值单元中可以选择逗号、百分号、货币符号及小数位数等。

2) 字符单元

在格式状态下输入字符单元。字符单元的内容可以是汉字、字母、数字及各种键盘可输入的符号等组成的字符串。一个单元中最多可输入 63 个字符或 31 个汉字。字符单元的内容可以直接输入，也可以由单元公式生成。添加字符单元前需先在格式状态下设置该单元属性为字符单元。

3) 表样单元

表样单元是报表的格式，是定义一个没有数据的空表所需要的所有文字、符号或数字。一旦单元被定义为表样，那么在其中输入的内容对所有表页都有效。表样在格式状态下输入和修改，在数据状态下不允许修改。表样单元对所有表页都有效。

7. 关键字

关键字是游离于单元之外的特殊数据单元，可以唯一标识一个表页，用于在大量表页中快速选择表页。在格式状态下，可以对关键字进行设置、取消。在数据状态下录入关键字的值。在格式状态和数据状态下，均可以对关键字的位置进行设置。

UFO 报表提供了 6 种关键字，关键字的显示位置在格式状态下设置，其值则在数据状态下录入，每个报表可以定义多个关键字。

(1) 单位名称：字符型(最多 28 个字符)，为该报表表页编制单位的名称。

(2) 单位编号：字符型(最多 10 个字符)，为该报表表页编制单位的编号。

(3) 年：数字型(1980—2099)，为该报表表页反映的年度。

(4) 季：数字型(1～4)，为该报表表页反映的季度。

(5) 月：数字型(1～12)，为该报表表页反映的月份。

(6) 日：数字型(1～31)，为该报表表页反映的日期。

除此之外，UFO 有自定义关键字的功能，可以用于业务函数中。

5.1.3 UFO 报表编制的基本流程

用户在 UFO 报表系统中制作报表时，可以自定义报表，也可以根据系统内置的报表模板生成报表，具体流程如图 5.1 所示。

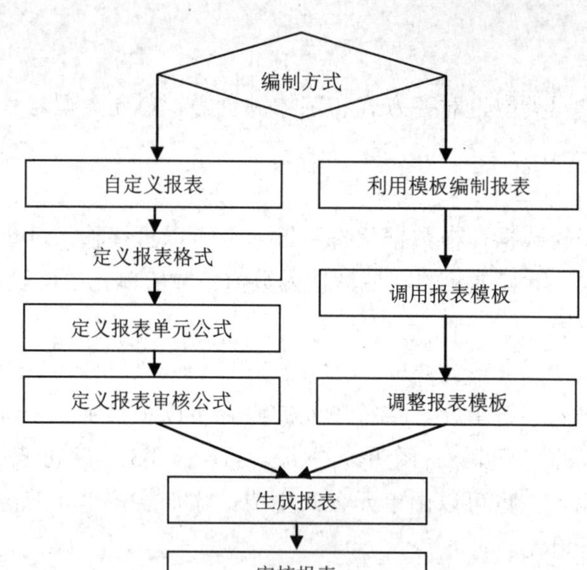

图 5.1　UFO 报表编制的基本流程

任务 5.2　报表格式设计

UFO 报表格式的设计包括多项内容，主要是对报表的行数、列数、标题、表头、表体、表尾、单元格属性和风格等进行定义，这些是报表外观、结构和数据录入属性的决定性环节。

5.2.1　启动 UFO 报表

使用 UFO 报表处理会计报表之前，应首先启动 UFO 报表系统，并建立一张空白的报表，然后在这张报表的基础上设计报表的格式。

案例 5.1　恢复项目 4 总账的账套，启动 UFO 报表，并新建一张空白表。

操作步骤:

(1) 以账套主管“李光宁”的身份登录系统管理平台，恢复项目 4 总账账套。

(2) 以账套主管“李光宁”的身份登录企业应用平台，选择账套“001”，登录日期为 2016-01-31。

(3) 进入 U10.1 企业应用平台，在业务工作栏中执行“财务会计”→“UFO 报表”命令并双击，启动 UFO 报表，如图 5.2 所示。

(4) 执行“文件”→“新建”命令或单击左上角的“新建空白表”图标🗋，新建报表，如图 5.3 所示。

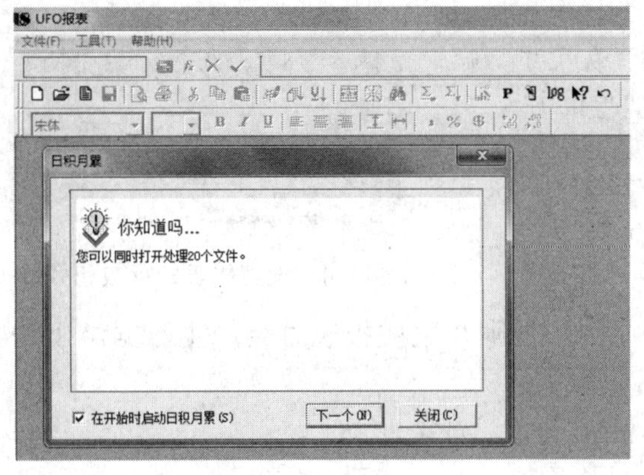

图 5.2　启动报表

图 5.3　创建空白报表

5.2.2　设计报表样式

报表表样具体包括格式线、标题、表头、表体和表尾等内容。通过报表的表样，可以确定整张报表的大小和外观。

会计报表表样具体设置的主要内容包括：报表大小、表格线、标题、表日期、表头、表尾和表体固定栏目的内容、单元属性、定义显示风格以及定义组合单元等。

在定义报表时，报表状态栏应为格式状态。报表表样定义完成后，在格式状态下可以查看和修改表样，在数据状态下只能查看，不能修改。

1. 设置报表尺寸

设置报表尺寸是指设置报表的行数和列数。设置前可事先根据所要定义的报表大小计算该表所需的行数和列数，然后再设置。

案例 5.2　设计如表 5.1 所示的货币资金表。

表 5.1　货币资金表

单位：元

项　目	行　次	期初数	期末数
库存现金	1		
银行存款	2		
合计	3		
			制表人

操作步骤：

(1) 启动 UFO 报表，并新建一张空白表。

(2) 确认报表处于格式状态。执行“格式”→“数据”命令，使报表处于“格式”

状态。

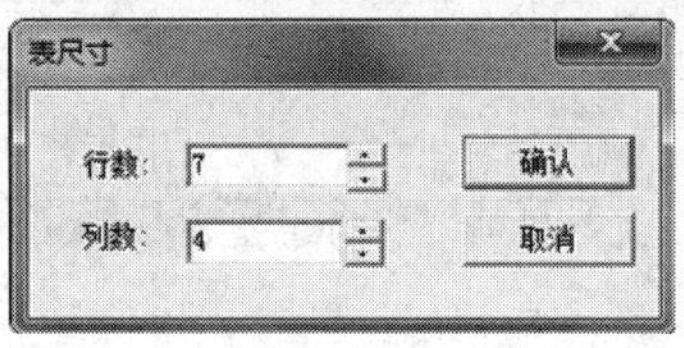

图 5.4　设置报表的行数和列数

(3) 设置行数和列数。执行“格式”→“表尺寸”命令，在“表尺寸”对话框中，在“行数”微调框中输入 7，在“列数”微调框中输入 4，如图 5.4 所示。

(4) 单击“确认”按钮。

2. 定义行高和列宽

设置列宽以能够放下本栏最宽数据为原则，否则在生成报表时会产生数据溢出的错误。

案例 5.3　定义表 5.1 中标题行(第一行)行高为 8，列宽为 35。

操作步骤：

(1) 选中需要调整的单元所在的第一行。

(2) 执行“格式”→“行高”命令，打开“行高”对话框，在“行高”微调框中输入 8，如图 5.5 所示，单击“确认”按钮。

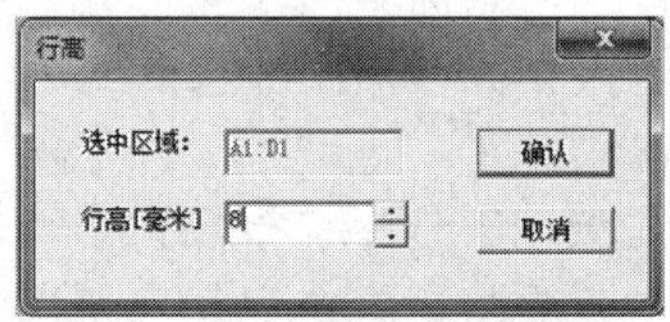

图 5.5　设置报表的行高

(3) 选中全部列，执行“格式”→“列宽”命令，打开“列宽”对话框，在“列宽”微调框中输入 35，然后单击“确认”按钮。

3. 输入表体项目内容

表体项目主要包括表头、表体项目、表尾项目(关键字值除外)等。在格式状态下定义的单元内容自动默认为表样型，定义为表样型的单元在数据状态下不允许修改和删除。

案例 5.4　输入如表 5.1 所示的表内文字，包括表头、表体和表尾(关键字值除外)。

操作步骤：

(1) 在 A1 单元中输入“货币资金表”后按 Enter 键。

(2) 按表 5.1 中的内容在相应单元中输入信息，完成后如图 5.6 所示。

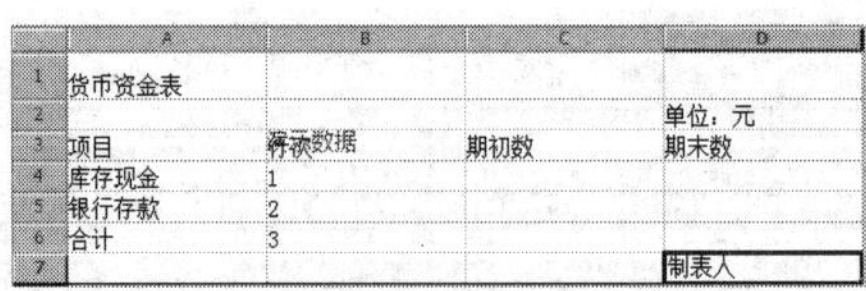

图 5.6　输入表内文字

提示：

- 报表项目是指报表的文字内容，主要包括表头的内容、表体项目和表尾项目等，不包括关键字。

● 日期一般不作为文字内容输入，而是需要设置关键字。

4. 定义组合单元

把几个单元作为一个单元来使用，组合单元实际上就是一个大的单元，所有针对单元的操作对组合单元均有效。

案例 5.5 承接前例，将 A1 到 D1 的单元组合在一起。

操作步骤：

(1) 选择需要组合的区域 A1:D1。

(2) 执行“格式”→“组合单元”命令或右击，在弹出的快捷菜单中选择“组合单元”命令，打开“组合单元”对话框，如图 5.7 所示。

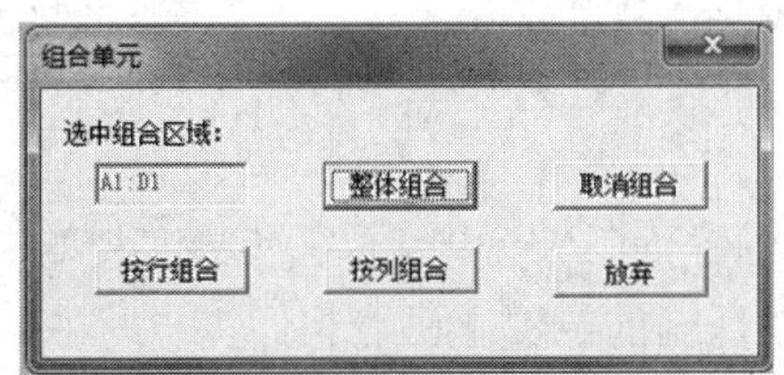

图 5.7 “组合单元”对话框

(3) 组合方式选择“整体组合”或“按行组合”，即可合并成一个单元。

5. 设置单元属性

设置单元属性主要包括设置单元类型、数据格式、对齐方式、字形、字体、字号及颜色、边框样式等内容。其中，最重要的是单元类型的设置。

新建的报表，所有单元类型均默认为数值型，格式状态下输入的内容均默认为表样单元。字符单元和数值单元输入后只对本表页有效，表样单元输入以后对所有的表页有效。

案例 5.6 承接前例，按以下要求设置表 5.1 中项目的格式。

标题：“货币资金表”设置为黑体、粗体、14 号、水平居中、垂直居中。

表头：设置“单位：元”为“斜体”。

表体：表体中文字设置为宋体、12 号、水平居中、垂直居中。

表尾：“制表人：”设置为宋体、10 号、水平右对齐、垂直居中。

操作步骤：

(1) 选中标题所在的组合单元 A1，执行“格式”→“单元属性”命令或右击，在弹出的快捷菜单中选择“单元属性”命令，打开“单元格属性”对话框。

(2) 切换到“字体图案”选项卡，“字体”设置为“黑体”、“字型”设置为“粗体”，“字号”设置为 14，如图 5.8 所示。

(3) 切换到“对齐”选项卡，水平方向与垂直方向均设置为“居中”，如图 5.9 所示。单击“确定”按钮。

(4) 同理，设置表头、表体、表尾的字体及对齐方式。

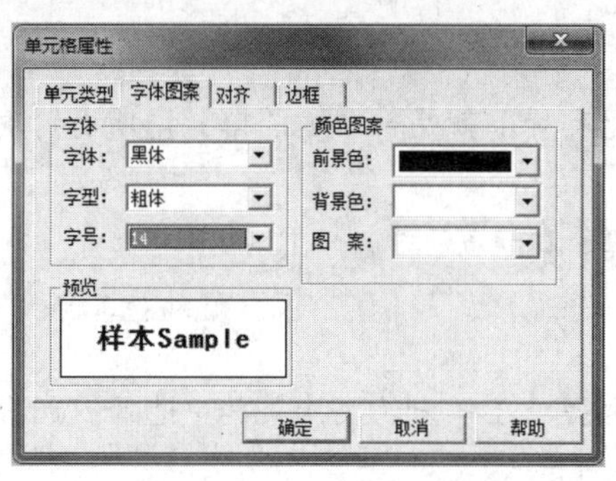

图 5.8 设置字体格式

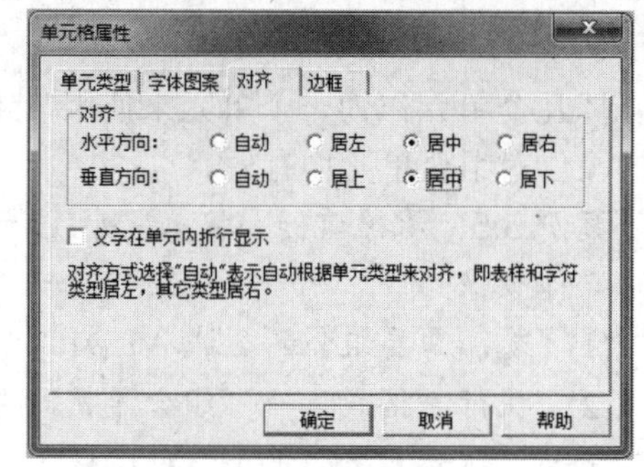

图 5.9 设置对齐方式

6. 画表格线

报表的尺寸设置完之后，在报表输出时，该报表是没有任何表格线的，为了满足查询和打印的需要，还需要在适当的位置上画表格线。

案例 5.7 承接前例，在 A3 至 D6 区域画表格线。

操作步骤：

(1) 选中报表需要画线的区域 A3：D6，执行“格式”→“区域画线”命令，打开“区域画线”对话框，如图 5.10 所示。

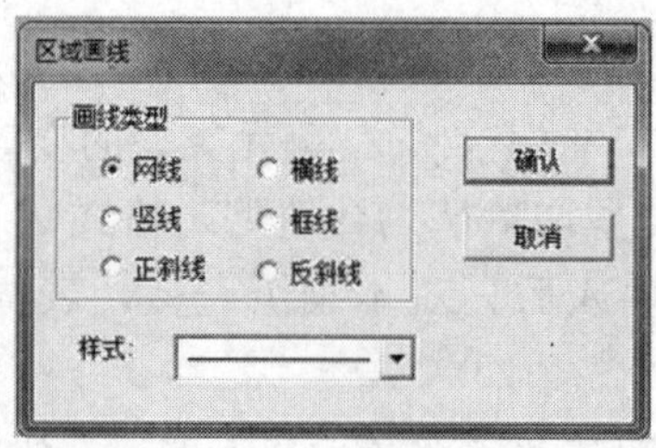

图 5.10 “区域画线”对话框

(2) 选中“网线”单选按钮，单击“确认”按钮，将所选区域画上表格线。

5.2.3 设置关键字并调整位置

定义关键字主要包括设置关键字和调整关键字在表页上的位置。关键字主要有六种：单位名称、单位编号、年、季、月、日，另外还包括一个自定义关键字。用户可以根据实际需要任意设置相应的关键字。

一个关键字在一张 UFO 报表中只能定义一次，即同表中不能有重复的关键字。关键字在格式状态下设置，关键字的值则在数据状态下录入。

关键字位置是指关键字在某单元或组合单元中的起始位置。同一个单元或组合单元的关键字定义完成以后可能会重叠在一起，所以需要对关键字的位置进行调整。

调整关键字的位置必须输入关键字的相对偏移量。偏移量为负数值表示向左移，正

数值表示向右移。

案例 5.8　承接前例，在 A2 单元格中设置关键字“单位名称”，在 C2 单元格中设置关键字“年”“月”“日”，其中“年”关键字偏移量为-60，“月”关键字偏移量为-30。

操作步骤：

(1) 选中需要输入关键字的 A2 单元格，执行“数据”→“关键字”→“设置”命令，打开“设置关键字”对话框。

(2) 选中“单位名称”单选按钮，如图 5.11 所示，单击“确定”按钮。

(3) 同理，在 C2 单元格中设置“年”“月”“日”关键字。

(4) 执行“数据”→“关键字”→“偏移”命令，打开“定义关键字偏移”对话框。

(5) 在需要调整位置的关键字后面输入偏移量。设置“年”为-60，“月”为-30，如图 5.12 所示。

(6) 单击“确定”按钮。

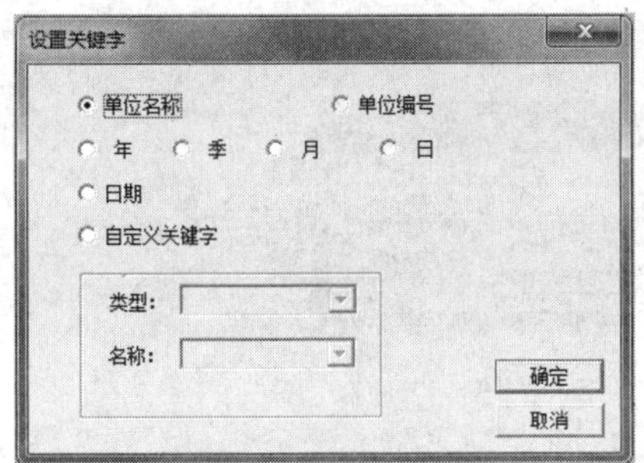

图 5.11　“设置关键字”对话框

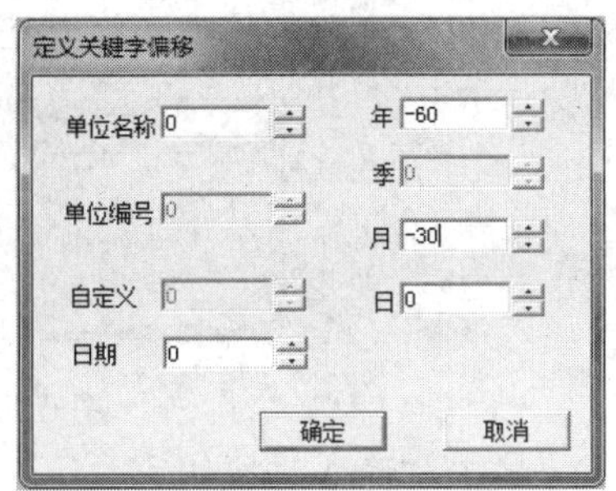

图 5.12　“定义关键字偏移”对话框

提示：

- 每个报表可以定义多个关键字。
- 如果要取消关键字，则执行“数据”→“关键字”→“取消”命令。
- 关键字偏移量的单位是像素。

5.2.4　定义报表公式

会计报表的变动单元内容会随编制单位和时间的不同而不同，但其获取数据的来源和计算方法是相对稳定的。报表管理系统依据这一特点设计了“定义计算公式”的功能，为定义报表变动单元的计算公式提供了条件，从而使报表管理系统能够自动、及时、准确地编制会计报表。

报表公式是指报表或报表数据单元的计算规则，主要包括单元公式、审核公式和舍位平衡公式等。

1. 单元公式

单元公式是指为报表数据单元进行赋值的公式，单元公式的作用是从账簿、凭证、本表或其他报表等处调用运算所需要的数据，并填入相应的报表单元中。它既可以将数据单元赋值为数值，也可以赋值为字符。

单元公式一般由目标单元、运算符、函数和运算符序列组成。其中，目标单元是指用行号、列号表示的用于放置运算结果的单元；运算符序列是指采集数据并进行运算处理的次序。报表系统提供了一整套从各种数据文件(包括机内凭证、账簿和报表，也包括机内其他数据资源)采集数据的函数。企业可以根据实际情况，合理地调用不同的相关函数。

常用的报表数据一般来源于总账系统或报表系统本身，取自于报表的数据又可以分为从本表取数和从其他报表的表页取数。

案例 5.9 承接前例，定义 C6 单元公式为“库存现金”与“银行存款”期初数的合计数，D6 单元公式为“库存现金”与“银行存款”期末数的合计数。

操作步骤:

(1) 选中需要定义公式的 C6 单元格，即“期初数”的合计单元，执行“数据”→“编辑公式”→“单元公式”命令，打开“定义公式”对话框。

(2) 在“定义公式”对话框内直接输入“c4+c5”，如图 5.13 所示。

图 5.13 “定义公式”对话框

(3) 单击“确认”按钮。

(4) 同理，定义 D6 单元公式为“D4+D5”。

提示:

- 期初余额试算不平衡，不能记账，但是可以填制凭证；如果已经记账，则不能再录入或修改期初余额。单元公式中涉及的符号均为英文半角字符，字母不分大小写。
- 选择单元格，单击 UFO 报表窗口中常用工具栏上的 fx 按钮或按“=”键，都可打开“定义公式”对话框。

账务取数是会计报表数据的主要来源，账务取数函数架起了 UFO 报表系统和总账等其他系统之间进行数据传递的桥梁。账务取数函数可实现 UFO 报表系统从账簿、凭证中采集各种会计数据生成报表，实现账表一体化的目的。

账务取数公式的函数表达式往往要使用多种取数函数，每个函数中还要说明诸如科目编码、会计期间、发生额或余额、方向和账套号等参数。其基本格式为:

函数名("科目编码"，会计期间，"方向"，"账套号"，"会计年度"，"编码 1"，"编码 2")

其中，“科目编码”也可以是科目名称，且必须用双引号括起来。“会计期间”可以是“年”“季”“月”等变量，也可以是具体数字表示年、季、月。“方向”即“借”或“贷”，可以省略。“账套号”为数字，系统默认为第一账套。“会计年度”即数据

取数的年度，可以省略；“编码 1”、“编码 2”和科目编码的核算账类有关，可以取科目的辅助账，如职员编码、项目编码等，如无辅助核算则省略。

常用的用友财务函数主要有四个，如表 5.2 所示。

表 5.2 常用用友账务函数

总账函数名称	金额式函数	数量式函数
期初函数	QC()	SQC()
期末函数	QM()	SQM()
发生函数	FS()	SFS()
累计发生函数	LFS()	SLFS()

案例 5.10 承接前例，定义 D5 单元公式，即“银行存款”期末数。同理定义 C4、C5 与 D4 单元公式。

操作步骤：

(1) 选中被定义的 D5 单元格，即“银行存款”期末数，按“=”键，打开“定义公式”对话框。

(2) 单击“函数向导”按钮，打开“函数向导”对话框。

(3) 在“函数分类”列表框中选择“用友财务函数”选项，在“函数名”列表框中选择“期末(QM)”选项，如图 5.14 所示。

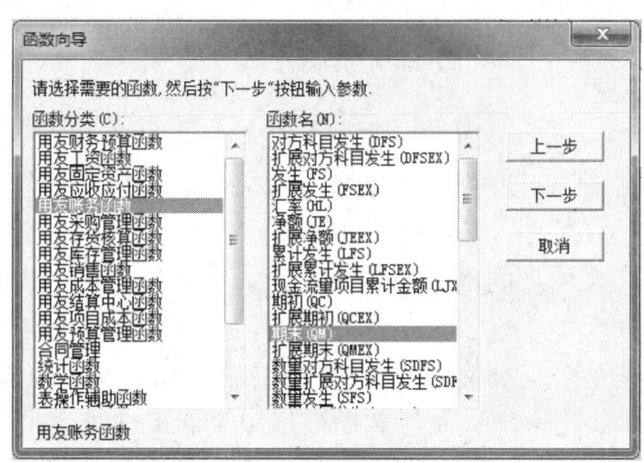

图 5.14 “函数向导”对话框

(4) 单击“下一步”按钮，打开“用友财务函数”对话框。单击“参照”按钮，打开“财务函数”对话框，将“科目”设置为 1002，其余各项均采用默认值，如图 5.15 所示。

(5) 单击“确定”按钮，返回“用友财务函数”对话框，单击“确定”按钮，返回“定义公式”对话框，最后单击“确认”按钮。

(6) 同理输入 C4、C5 与 D4 单元公式，完成后如图 5.16 所示。

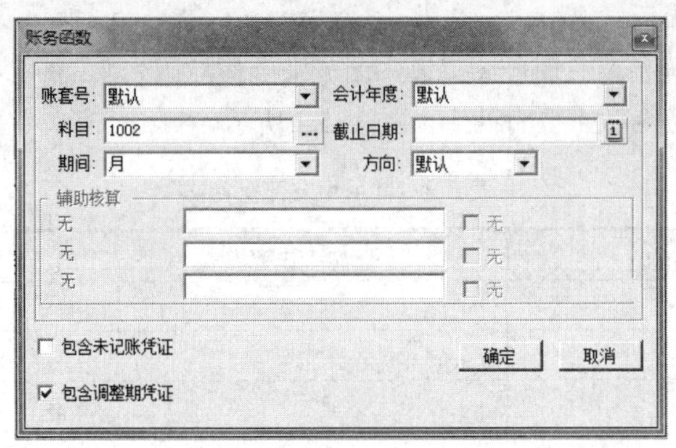

图 5.15 “财务函数”对话框

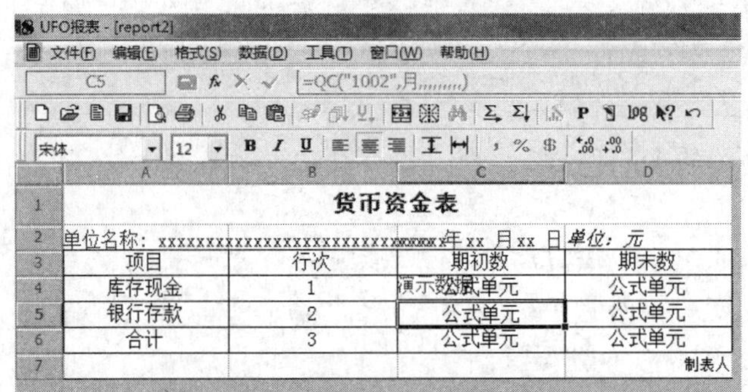

图 5.16 公式定义完成

2. 审核公式

报表中的各个数据之间一般都存在某种勾稽关系，利用这种勾稽关系可以定义审核公式，进一步检验报表编制的结果是否正确。审核公式可以验证表页中数据的勾稽关系，也可以验证同表中不同表页之间的数据勾稽关系，还可以验证不同报表之间的数据勾稽关系。

审核公式由验证关系公式和提示信息组成。定义报表审核公式，首先要分析报表中各单元之间的关系，以确定审核关系，然后根据确定的审核关系定义审核公式。

审核公式的格式为：<算术或单元表达式><逻辑运算符><算术或单元表达式>MESS“<提示信息>”。例如，B37=E37MESS“期末资产合计不等于期末负债和股东权益合计!”。此审核公式的含义为：资产合计期末余额=权益期末余额合计，否则返回“期末资产合计不等于期末负债和股东权益合计”。

3. 舍位平衡公式

在报表汇总时，各个报表的数据计量单位有可能不统一，这时需要将报表的数据进行位数转换，将报表的数据单位由个位转换为百位、千位或万位。例如，将“元”单位转换为“千元”或“万元”单位，这种操作为进位操作。进位操作以后的数据平衡关系重新调整，使舍位后的数据符合指定的平衡公式。这种用于报表数据舍位及重新调整报

表舍位之后平衡关系的公式称之为舍位平衡公式。

定义舍位平衡公式需要指明要舍位的表名、舍位范围以及舍位位数，并且必须输入平衡公式。

案例 5.11 承接前例，将货币资金表的期初数、期末数由元进位到千元，定义该报表的舍位平衡公式。

操作步骤:

(1) 执行“数据”→“编辑公式”→“舍位平衡”命令，打开“舍位平衡公式”对话框。

(2) 在“舍位表名”文本框中输入swb，在“舍位范围”文本框中输入“c4：d6”，在“舍位位数”文本框中输入3，在“平衡公式”列表框中输入“c6=c4+c5，d6=d4+d5”，如图5.17所示。

(3) 单击“完成”按钮。

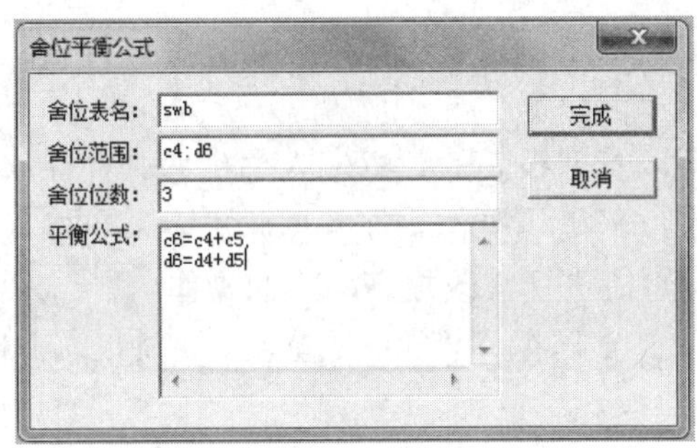

图5.17 “舍位平衡公式”对话框

提示:

- 舍位平衡的效果，可以在数据状态下执行“数据”→“舍位平衡”命令进行查看。
- 每个公式一行，各公式之间用逗号“，”隔开，逗号用半角状态，最后一条公式不用写逗号，否则公式无法单击。
- 舍位公式只能使用“+”“-”符号，不能使用其他运算符及函数。
- 等号左边只能为一个单元(不带页号和表名)。

5.2.5 保存报表

报表格式设置完成以后切记要及时将报表格式保存下来，方便以后随时调用。

案例 5.12 保存报表，设置表名为“货币资金表”。

操作步骤:

(1) 执行“文件”→“保存”命令。如果是第一次保存，则打开“另存为”对话框。

(2) 选择保存文件夹的目录，输入报表文件名“货币资金表”，设置保存类型为“*.rep”，最后单击“保存”按钮。

提示:

- 建立报表后，如果没有保存就退出，系统会弹出“是否保存报表？”提示信息，以防止错误操作。
- “.rep”为用友报表文件专用扩展名，也可以保存为其他格式，如.txt 文件、.mdb 文件或.xlsx 文件等。

任务 5.3　报表数据处理

报表的数据处理需要将报表状态切换到数据状态。在数据状态下，可以手工录入数据、审核公式，查看报表格式和数据。

5.3.1　进入报表数据状态

报表中的各类公式定义好之后，就可以输入数据并进行处理了。报表数据处理必须在数据状态下进行。

在报表数据状态下可以管理报表的数据输入与生成，在此状态下还可以执行增加或删除表页、审核公式、舍位平衡等操作。在数据状态下，可以显示报表的全部内容，包括报表的格式和数据，但不能进行修改报表格式的操作。

案例 5.13　打开案例 5.12 保存的“货币资金表”，将报表由格式状态变为数据状态。

操作步骤:

(1) 启用 UFO 报表系统，执行“文件”→“打开”命令。

(2) 选择存放报表格式文件夹中的报表文件“货币资金表.rep”，然后单击“打开”按钮。

(3) 在报表底部左下角，将“格式”/“数据”按钮的状态切换为“数据”状态，如图 5.18 所示。

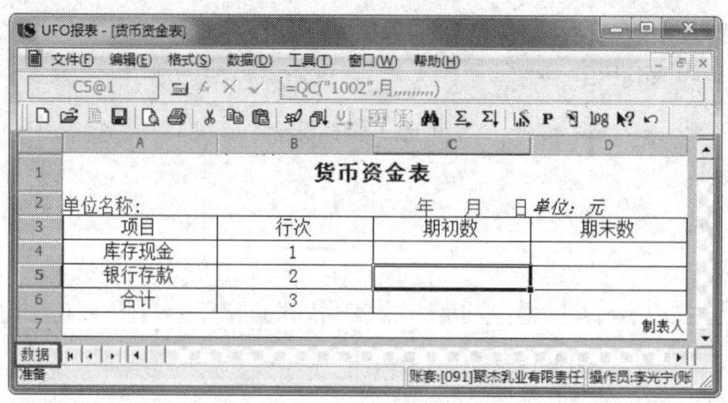

图 5.18　报表数据状态

5.3.2　录入关键字

生成的会计报表一般都与单位名称和日期有着密切联系，在定义报表结构时，可以

定义“单位名称”“年”“月”“日”为报表的关键字，在数据状态下输入已定义好关键字的值，从而实现报表生成具体数据的目的。

案例 5.14 输入关键字“单位名称”值为“聚杰乳业有限责任公司”，“年、月、日”关键字值为“2016年1月31日”。

操作步骤：

(1) 切换报表状态为数据状态，执行“数据”→“关键字”→“录入”命令，打开“录入关键字”对话框。

(2) 在“单位名称”文本框中输入“聚杰乳业有限责任公司”，“年”文本框中输入2016，“月”文本框中输入1，“日”文本框中输入31，如图5.19所示。

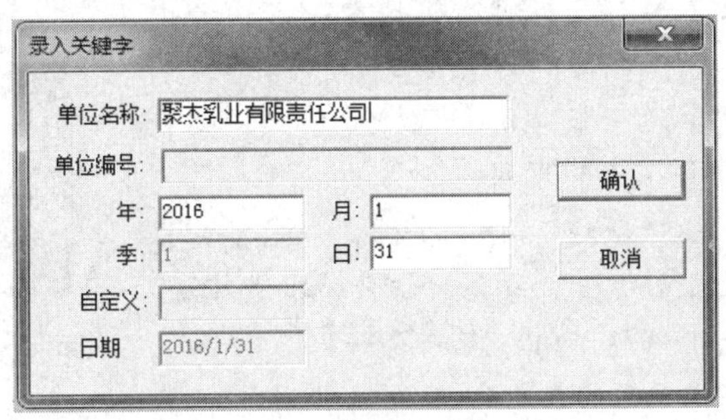

图5.19 “录入关键字”对话框

(3) 单击“确认”按钮，系统弹出“是否重算第1页？”提示信息。

(4) 单击“否”按钮，系统不计算1月份数据，以后可利用“表页重算”或“整表重算”功能生成1月份数据；单击“是”按钮，系统会自动根据单元公式计算1月份数据，如图5.20所示。

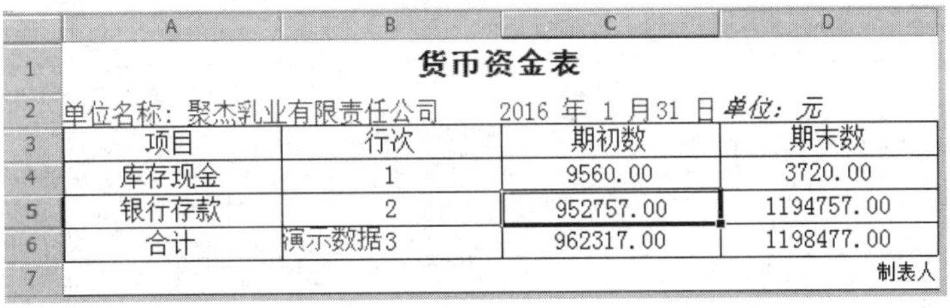

	A	B	C	D
1	货币资金表			
2	单位名称：聚杰乳业有限责任公司		2016 年 1 月31 日	单位：元
3	项目	行次	期初数	期末数
4	库存现金	1	9560.00	3720.00
5	银行存款	2	952757.00	1194757.00
6	合计	演示数据3	962317.00	1198477.00
7				制表人

图5.20 生成货币资金表数据

5.3.3 整表重算

财务人员可以在编制报表时反复使用已经设置的报表公式，并且在不同的会计期间可以生成不同结果的报表。而同一报表结构在同一会计日期内多次进行报表生成得到的结果是相同的。如果子报表生成时系统提示公式有误，则必须修改报表格式或公式，修改完毕后，重新进行报表计算，才能得到按新结构生成的会计报表。

任务 5.4　报 表 模 板

5.4.1　利用报表模板生成报表

在财务报表系统中，除了自定义报表之外，系统还提供了多个行业的标准财务报表模板，财务人员可以根据需要通过财务报表模板建立一种标准财务报表。使用报表模板生成财务报表的步骤一般为：①调用模板；②修改报表格式、公式；③录入关键字，生成报表数据。

案例 5.15　利用报表模板生成资产负债表。

操作步骤:

(1) 以账套主管“李光宁”身份登录企业门户，双击“UFO 报表”，进入财务报表管理窗口。

(2) 执行“文件”→“新建”命令，新建一张空白报表。执行“格式”→“报表模板”命令，打开“报表模板”对话框，“您所在的行业”选择“2007 年新会计制度科目”，“财务报表”选择“资产负债表”，如图 5.21 所示。

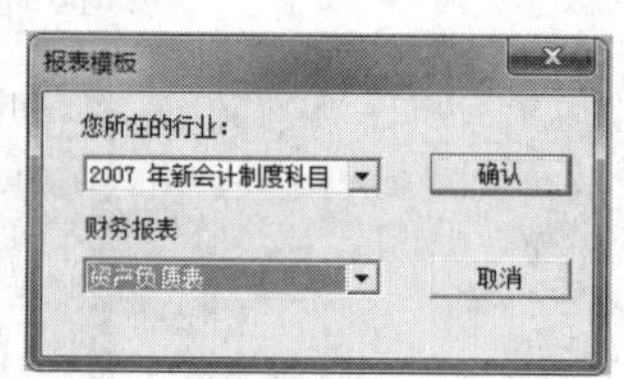

图 5.21　“报表模板”对话框

(3) 单击“确认”按钮，系统弹出“模板格式将覆盖本表格式！是否继续？”提示信息，单击“确定”按钮，生成资产负债表的格式。

(4) 单击报表左下角的“数据”/“格式”按钮，将报表切换为“数据”状态，执行“数据”→“关键字”→“录入”命令，输入关键字“2016 年 1 月 31 日”，生成报表数据，如图 5.22 所示。

资产负债表

会企01表

编制单位:　　2016 年　　1 月　　31 日　　单位:元

资　产	行次	期末余额	年初余额	负债和所有者权益（或股东权益）	行次	期末余额	年初余额
流动资产:				流动负债:			
货币资金	1	1,198,477.00	962,317.00	短期借款	32	200,000.00	200,000.00
交易性金融资产	2			交易性金融负债	33		
应收票据	3			应付票据	34		
应收账款	4	872,710.00	344,200.00	应付账款	35	1,380,000.00	165,000.00
预付款项	5			预收款项	36		
应收利息	6			应付职工薪酬	37	8,000.00	8,000.00
应收股利	7			应交税费	38	-649,230.00	17,000.00
其他应收款	8	3,500.00	3,500.00	应付利息	39	600.00	
存货	9	2,772,740.00	2,320,740.00	应付股利	40		
一年内到期的非流动资产	10			其他应付款	41		
其他流动资产	11			一年内到期的非流动负债	42		
流动资产合计	12	4,847,427.00	3,630,757.00	其他流动负债	43		
非流动资产:				流动负债合计	44	939,370.00	390,000.00
可供出售金融资产	13			非流动负债:			
持有至到期投资	14			长期借款	45		
长期应收款	15			应付债券	46		
长期股权投资	16			长期应付款	47		
投资性房地产	17			专项应付款	48		

图 5.22　资产负债表

如果“资产期初数”与“负债和所有者权益期初数”不相等，“资产期末数”与“负债和所有者权益期末数”也不相等，即生成的资产负债表不平衡。

切换报表为“格式”状态，单击“存货”的年初数单元格 C15，在公式末尾加上“+QC(“5001”，全年，，，年，，)+QC(“5101”，全年，，，年，，)”，如图 5.23 所示，单击“确认”按钮。

图 5.23 修改资产负债表中期初数公式

同理，依次在“存货”的期末数单元格 D15 的单元公式中添加“+QM(“5201”，全年，，，年，，)+QM(“5001”，全年，，，年，，)+QM(“5101”，全年，，，年，，)”，在“未分配利润”的期初数单元格 G37、期末数单元格 H37 的单元公式中分别添加“+QC(“4104”，全年，，，年，，)”“+QM(“4104”，全年，，，年，，)”。

(5) 切换报表为“数据”状态，并全表重算，显示资产负债表已经平衡。

(6) 执行“文件”→“另存为”命令，保存文件名为“资产负债表”到指定文件夹。

提示:

- 生成资产负债表是行业性质的选择需要，应与建账时所选行业性质一致，否则生成的数据有可能是不正确的。
- 由于企业的实际情况不同以及 UFO 报表模板的局限，在实际操作中利用模板来生成资产负债表经常会出现不平衡的情况，一般可以通过调整会计科目“存货”和“未分配利润”单元格的公式调整平衡。

5.4.2 自定义报表模板

财务人员也可以将自己所需要的、经常使用的特殊报表设计好格式和公式后定义为报表模板，加入系统提供的模板库内，方便以后使用。

案例 5.16 将前面自定义的“货币资金表”定义：为行业性质为“2007 年新会计制度科目”，名称为“货币资金表”的报表模板。

操作步骤：

(1) 进入 UFO 报表，新建一张空白表。

(2) 执行“格式”→“自定义模板”命令，打开“自定义模板”对话框，“行业名”选择“2007 年新会计制度科目”，如图 5.24 所示。

(3) 单击“下一步”按钮，在弹出的模板名对话框中，单击“增加”按钮，弹出“添加模板”对话框，“查找范围”设置为保存货币资金表的磁盘位置，并选中“货币资金表”报表，如图 5.25 所示。

(4) 单击“添加”按钮，返回模板名对话框，单击“完成”按钮。执行“格式”→“报表模板”命令，设置“行业名”为“2007 年新会计制度科目”，可以查看到在财务报表的模板中多了“货币资金表”模板。

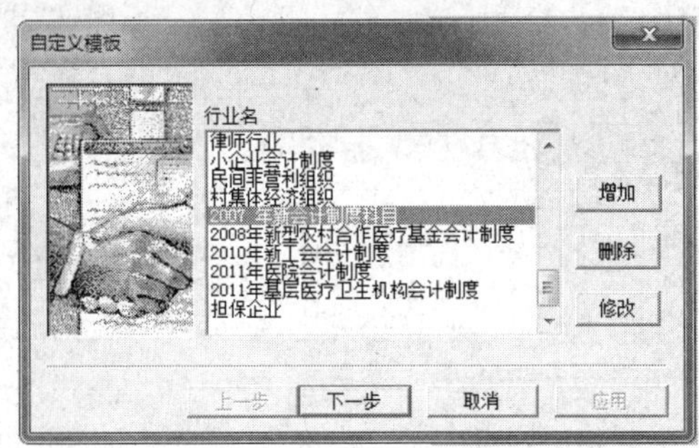

图 5.24 “自定义模板”对话框

图 5.25 “添加模板”对话框

项 目 小 结

UFO 报表是进行财务分析的重要工具。通过系统预置的报表模板可以生成常用的资产负债表、现金流量表和利润表等。在报表中可以反映企业的经营状况，辅助企业进行决策。

学生在学习该项目时应掌握如下基础知识：

(1) 掌握格式状态和数据状态的区别；

(2) 掌握关键字的录入；

(3) 掌握利用报表模板生成常用报表；

(4) 掌握报表中公式的应用。

拓展闯关 3

1. 利用“2007 年新会计制度科目”的“利润表”模板，生成聚杰乳业有限责任公司 2016 年 1 月份的利润表。

2. 利用“2007 年新会计制度科目”的“现金流量表”模板，生成聚杰乳业有限责任公司 2016 年 1 月份的现金流量表。

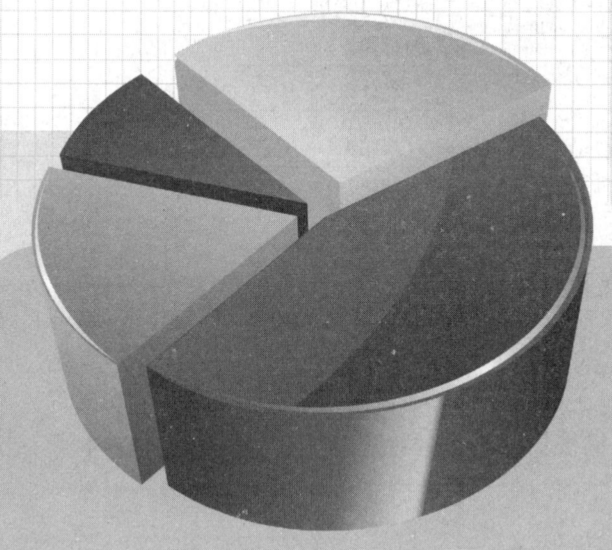

项目 6 薪资管理系统

职业能力目标

了解薪资管理的功能，理解薪资管理与其他系统的关系，掌握薪资管理的操作流程；掌握薪资管理初始化内容和薪资管理初始化的操作方法；掌握职工工资及其所得税计算、日常数据处理以及薪资管理的期末处理操作。

典型工作任务

- 认识薪资管理系统
- 薪资管理系统的初始化设置
- 薪资管理系统的日常业务处理
- 薪资管理系统的期末业务处理
- 薪资管理系统的统计分析

知识架构

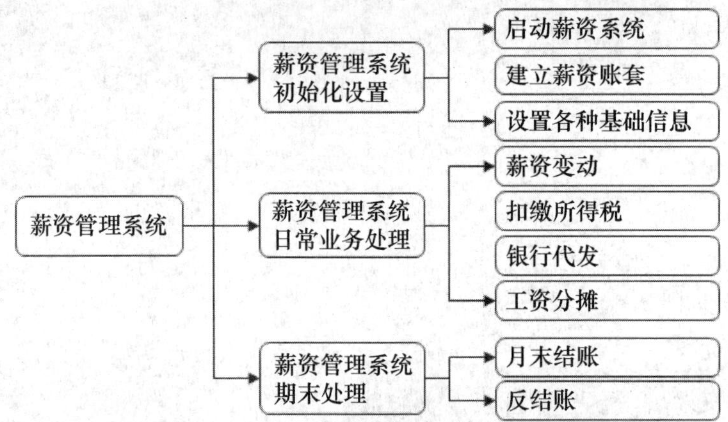

任务 6.1　认识薪资管理系统

薪资管理是每个单位财务部门最基本的业务之一，不仅关系到每个职工的切身利益，也是影响产品成本的重要因素。手工进行工资核算，需要占用财务人员大量的精力和时间，并且容易出错，采用计算机进行工资核算可以有效地提高工资核算的准确性和及时性。

6.1.1　薪资管理系统功能概述

薪资系统适用于各类企业、行政事业单位等各个行业，它主要提供了简单、方便的工资核算和发放功能，以及强大的工资分析和管理功能，并提供了企业存在多种工资类型的解决方案。薪资管理系统的主要功能包括以下三个方面。

1. 初始设置

尽管各个单位的工资核算有很多共性，但也存在一些差异。通过薪资系统的初始化设置，可以根据企业需要建立工资账套数据，设置薪资系统运行所需要的各项基本信息，如工资项目、人员类别和人员档案等，为工资数据的日常处理建立应用环境。

2. 工资业务处理

薪资管理系统管理企业所有人员的工资数据，对员工增减、工资数据的变动进行处理；可以按照税率表自动计算个人所得税、结合工资发放形式进行扣零设置或向代发工资的银行传输工资数据；可以自动计算、汇总工资数据并进行数据的统计和分析；支持计件工资核算模式；自动完成工资分摊和相关费用计提，并可以直接生成凭证传递到总账系统；提供对不同工资类别数据的汇总。

3. 工资报表管理及统计分析

工资核算的结果最终通过报表和凭证体现。系统提供了各种工资表、汇总表、明细表、统计表和分析表等，并且提供了凭证查询和自定义报表查询功能。齐全的工资报表形式、简便的工资资料查询方式，满足了企业多层次、多角度查询的需要。

6.1.2　薪资管理系统与其他系统的关系

薪资管理系统与系统管理共享基础数据；薪资管理系统将工资分摊的结果生成转账凭证，传递到总账管理系统。薪资管理系统可以向成本管理系统传送人员的人工费用，成本管理系统向薪资管理系统提供计件工资的计算标准。报表系统可以从薪资管理系统取得数据，进行加工分析。薪资管理系统与其他系统的关系如图 6.1 所示。

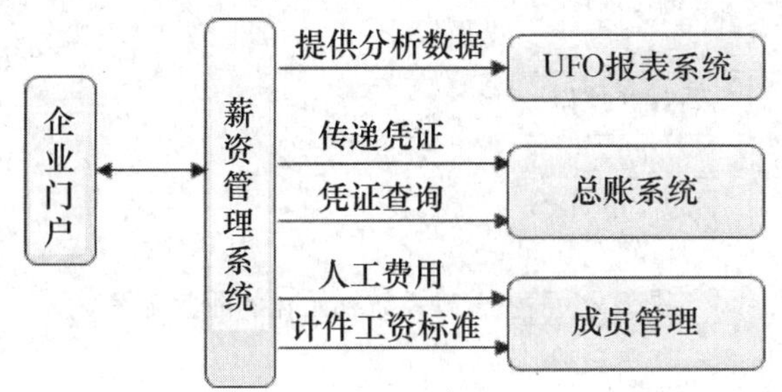

图 6.1　薪资管理系统与其他系统之间的关系

任务 6.2　薪资管理系统的初始化设置

使用计算机进行工资核算之前，需要进行工资系统的初始设置，以建立工资系统的应用环境。在进行初始化设置之前，应进行必要的数据准备，例如，规划企业职工的编码规则、进行人员类别的划分，整理好要设置的工资项目及核算方法，并准备好部门档案、人员档案和基本工资数据等基本信息。

不同企业管理模式不同，工资核算也存在不同的核算模式。为此，用友 U8 薪资管理系统提供了两种应用方案：单类别工资核算和多类别工资核算。

如果企业中所有员工的工资发放项目相同、工资计算方法也相同，那么可以对全部员工进行统一工资核算，对应地选用系统提供的单工资类别应用方案。

如果企业存在下列情况之一，则需要选用系统提供的多工资类别应用方案。

(1)　企业中存在不同类别的人员，不同类别的人员工资类别发放项目不同、计算公式也不相同，但需要进行统一工资核算管理。例如，企业需要分别对在职人员、退休人员、离职人员进行工资核算；或者企业需要将临时职工同正式职工区别开来，分别进行核算等情况。

(2)　企业每月进行多次工资发放，月末需要进行统一核算。例如，企业采用周薪制，或工资和奖金分次发放。

(3) 企业在不同地区设有分支机构，而工资核算由总部统一管理。

(4) 工资发放时使用多种货币，如人民币、美元等。

薪资管理系统初始化的业务流程如图 6.2 所示。

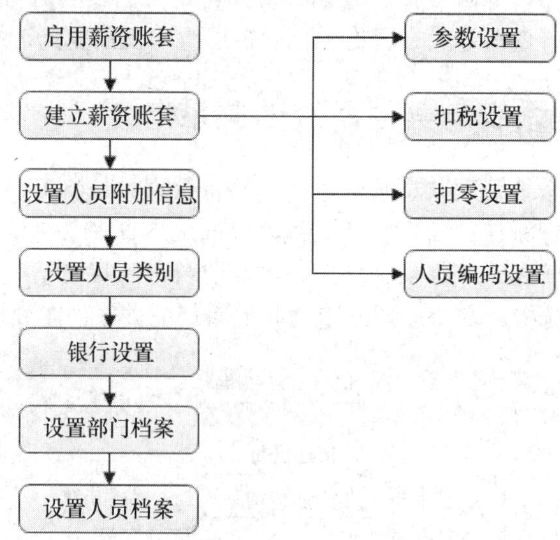

图 6.2 薪资管理系统初始化的业务流程

6.2.1 启动薪资系统

需要启用薪资管理系统，才能建立薪资账套。

案例 6.1 启用薪资管理系统，启用日期为 2016 年 1 月 1 日。

操作步骤：

(1) 以系统管理员 admin 的身份进入系统管理，恢复“总账期初余额”账套。

(2) 以“李光宁”的身份登录企业应用平台，登录时间为“2016-1-1”。

(3) 在“基础设置”界面，执行“基础设置”→“基础信息”→“系统启用”命令，打开“系统启用”对话框，启用“薪资管理”系统，选择启用时间为“2016-01-01”。

6.2.2 建立工资账套

计算机处理工资程序基本类似于手工处理，只不过需要用户先进行薪资系统的初始化设置，如部门、人员类别、工资项目、公式、个人工资数据、个人所得税设置、银行代发设置以及各种表样的定义等，每月只需要对有变动的地方进行修改，系统即可进行自动计算，汇总生成各种报表。薪资管理的系统初始设置包括建立工资账套和基础信息设置两部分。

工资账套与系统管理中的账套是不同的概念：系统管理中的账套是针对整个核算系统的，而工资账套是针对薪资管理系统的。要建立工资账套，前提是系统管理中首先建立本单位的核算账套。建立工资账套时可以根据建账向导分四步进行，即参数设置、扣

税设置、扣零设置和人员编码。

案例 6.2　建立工资账套的参数：“所需处理的工资类别个数”为“多个”；“扣税设置”为“从工资中代扣个人所得税”；不扣零。

操作步骤：

(1) 以账套主管身份进入用友主窗口，执行“业务工作”→“人力资源”→“薪资管理”命令，打开“建立工资套”对话框。

(2) 在“参数设置”界面中，设置本账套所需处理的工资类别个数为“多个”，默认币别名称为“人民币 RMB”，如图 6.3 所示。单击“下一步”按钮。

(3) 在“扣税设置”界面中，选中“是否从工资中代扣个人所得税”复选框，如图 6.4 所示。单击“下一步”按钮。

(4) 在“扣零设置”界面中，不做选择。

(5) 单击“下一步”按钮，弹出的窗口中，单击“完成”按钮，完成工作账套的建立。

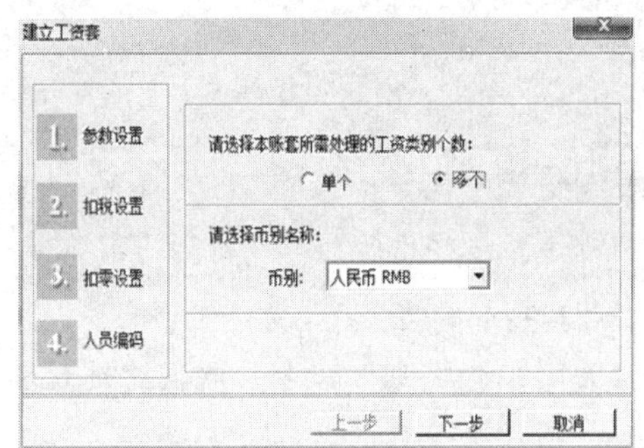

图 6.3　薪资类别个数设置

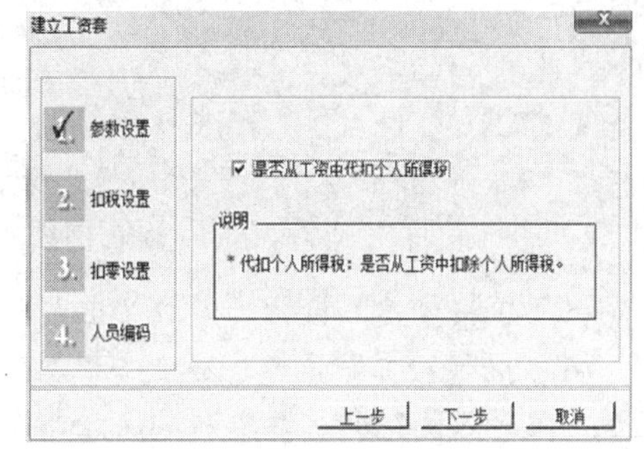

图 6.4　代扣个人所得税设置

6.2.3　设置工资类别

工资类别是指在一套工资账中，根据不同情况而设置的工资数据管理类别。对于多类别的工资账套必须先设置好具体的工资类别才能进行工资管理核算。

1. 新建工资类别

案例 6.3　分别设置“正式人员”和“临时人员”的工资类别。其中，“正式人员”所在部门为所有部门；“临时人员”只属于生产部。

操作步骤：

(1) 以“李光宁”的身份登录企业应用平台，登录时间为 2016-01-01。

(2) 执行“工资管理”→“工资类别”→“新建工资类别”命令，打开“新建工资类别”对话框，如图 6.5 所示。

(3) 输入工资类别名称为“正式人员”，单击“下一步”按钮，打开部门设置对话框，如图 6.6 所示，选择除生产部之外的其他所有部门，并选择行政部的下级部门。

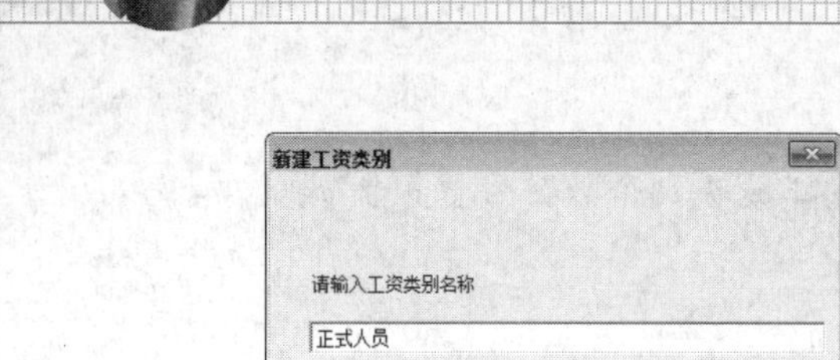

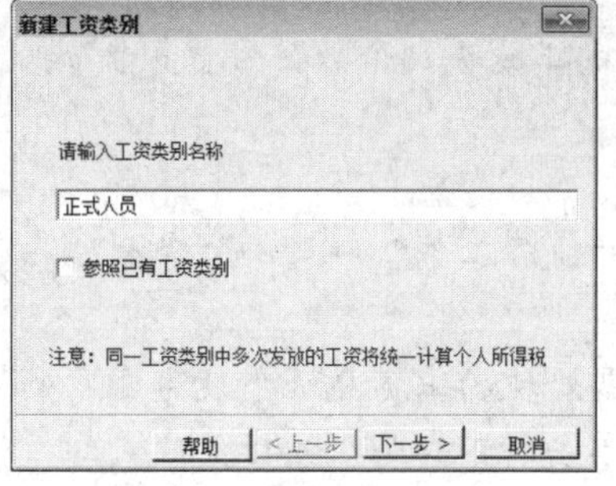

图 6.5　新建薪资类别名称

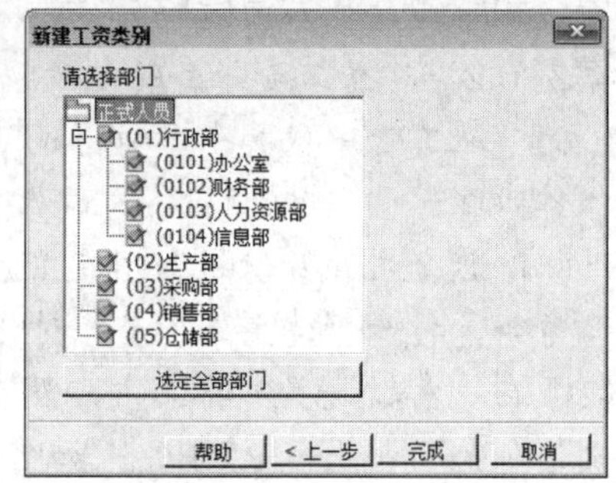

图 6.6　选择部门

(4) 单击“完成”按钮。系统弹出如图 6.7 所示的提示对话框。

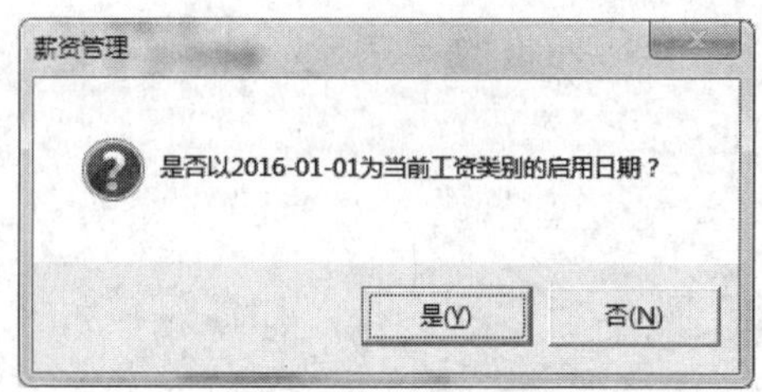

图 6.7　提示对话框

(5) 单击“是”按钮，完成“正式人员”工资类别的建立。

(6) 执行“工资管理”→“工资类别”→“关闭工资类别”命令，再同上述过程，设置“临时人员”的工资类别，注意部门只有生产部。

2. 打开、关闭工资类别

在打开工资类别的情况下，“工资类别”菜单下显示“打开工资类别”和“关闭工资类别”两个选项。单击“关闭工资类别”后，“工资类别”菜单下显示“新建工资类别”“打开工资类别”和“删除工资类别”三个选项。

3. 删除工资类别

如果某个工资类别建立错误，不再需要使用，可以删除工资类别。只有主管才有权删除工资类别，且工资类别删除后不可再恢复。

在关闭工资类别的情况下，选择“工资类别”→“删除工资类别”命令，打开“删除工资类别”对话框，在工资类别列表中单击所选工资类别后，单击“确认”按钮即可删除。

6.2.4　设置人员附加信息

此项设置可增加人员信息，丰富人员档案的内容，以便于对人员进行更加有效的管理。例如，增加设置人员的性别、民族和婚否等附加信息。

案例 6.4 在人员档案中增加“性别”和“职称”两项附加信息。

操作步骤:

(1) 执行“工资管理”→“设置”→“人员附加信息设置”命令，打开“人员附加信息设置”对话框。

(2) 单击“增加”按钮，在“信息名称”文本框内输入“性别”；单击“增加”按钮，在“信息名称”文本框内输入“职称”，如图 6.8 所示。

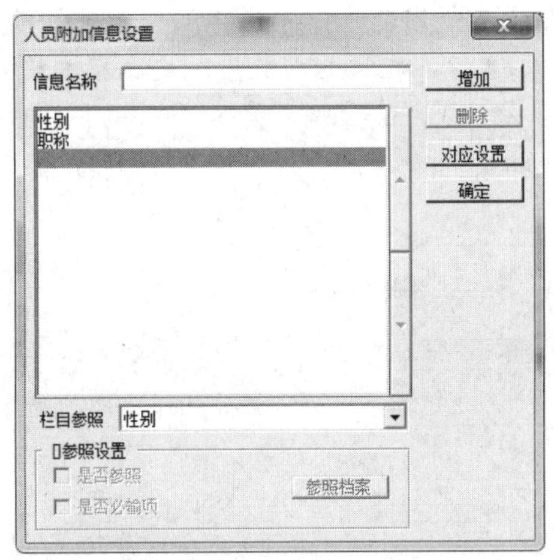

图 6.8 人员附加信息的设置

(3) 单击“确定”按钮。

6.2.5 设置人员类别

工资是成本的重要组成部分，从账务处理的角度，不同性质的人员其工资费用应分别计入不同的会计账户。例如，生产工人的工资计入“生产成本”，车间正式人员的工资计入“制造费用”，办公室正式人员的工资计入“管理费用”等。为了使计算机自动进行工资费用的分配，需要正确地划分人员类别，以便企业按人员类别进行工资数据的汇总计算。人员类别与工资费用的分配、分摊有关。

人员类别设置方法参见“项目 3 系统管理与初始化”中的有关内容。

6.2.6 设置银行名称

由银行代发工资的企业应进行银行名称设置。发放工资的银行可按需要设置多个，这是因为同一工资类别中的人员可能在不同的地点工作，需在不同的银行代发工资；或者不同的工资类别由不同的银行代发工资。这些情况均需设置相对应的银行名称。在设置代发银行名称时还需要对银行账号进行设置和管理，以便正常地完成银行代发工资的工作。

设置银行名称需要选择“基础档案”→“收付结算”命令进行设置。

案例 6.5 设置本企业发工资的银行编码为 0101，银行名称为“中国工商银行呼和浩特大学路支行”；企业账号长度为 11。

操作步骤:

(1) 执行“基础档案”→“收付结算”→“银行档案”命令，打开“银行档案”对话框。

(2) 单击“增加”按钮，弹出“增加银行档案”对话框。在“银行编码”文本框内输入 0101，“银行名称”文本框内输入“中国工商银行呼和浩特大学路支行”，“企业账号规则”选择“定长”复选框，在“账号长度”文本框内输入 11，如图 6.9 所示。

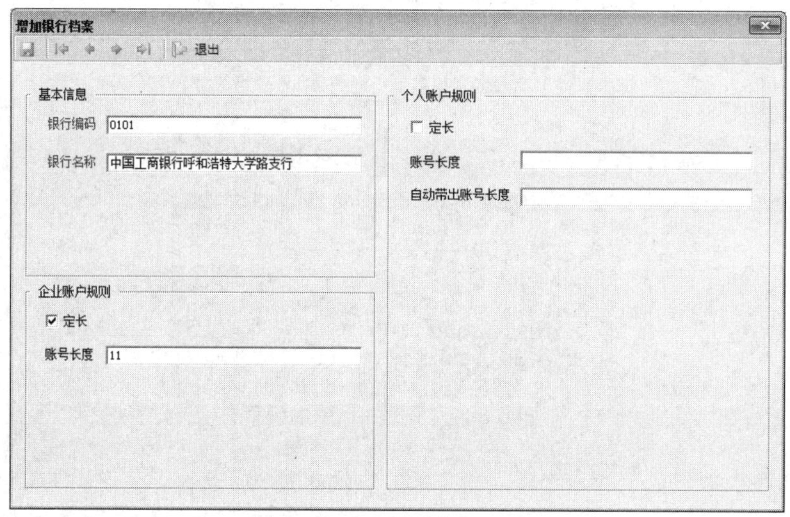

图 6.9 增加银行档案

(3) 单击“保存”按钮，然后单击“退出”按钮即可关闭“增加银行档案”对话框。

6.2.7 设置人员档案

人员档案的设置用于登记工资发放人员的姓名、职工编号、所在部门和人员类别等信息。此外，员工的增减变动也必须在本功能中处理。人员档案的操作是针对某个工资类别的，在工资账套是多类别的情况下，应先打开相应的工资类别，再录入该工资类别下的人员档案。

薪资管理系统下的人员档案的增加参照基础设置下的人员档案数据。企业增加人员档案时，应先在基础档案设置下增加人员档案，再在薪资系统下参照基础档案中的人员档案信息进行录入。

案例 6.6 在“正式人员”类别下设置人员档案，如表 6.1 所示；在“临时人员”类别下设置人员档案，如表 6.2 所示。

表 6.1　“正式人员”类别的人员档案

人员编码	人员姓名	行政部门	账　号	是否中方人员	是否计税
0101001	李刚	办公室	2016007000001	是	是
0101002	张雪君	办公室	2016007000002	是	是
0101003	高明	办公室	2016007000003	是	是
0102001	李光宁	财务部	2016007000004	是	是
0102002	李婧	财务部	2016007000005	是	是
0102003	袁大伟	财务部	2016007000006	是	是
0103001	刘杰	人力资源部	2016007000007	是	是
0103002	刘洋	人力资源部	2016007000008	是	是
0104001	陈静敏	信息部	2016007000009	是	是
0200001	曹颖	生产部	2016007000010	是	是
0200002	白展堂	生产部	2016007000011	是	是
0300001	左林	采购部	2016007000012	是	是
0400001	孙东明	销售部	2016007000013	是	是
0500001	史艳	仓储部	2016007000014	是	是
0500002	郭芙蓉	仓储部	2016007000015	是	是
0500003	李四平	仓储部	2016007000016	是	是

表 6.2　“临时人员”类别的人员档案

人员编码	人员姓名	行政部门	账　号	是否中方人员	是否计税
0200003	郭襄	生产部	2016007000017	是	是
0200004	李大嘴	生产部	2016007000018	是	是
0200005	吕秀才	生产部	2016007000019	是	是

操作步骤：

(1) 以“李光宁”的身份登录企业应用平台，登录时间为“2016-01-01”。

(2) 执行“工资管理”→“工资类别”→“打开工资类别”命令，弹出“打开工资类别”对话框，如图 6.10 所示，选择“正式人员”工资类别，单击“确定”按钮。

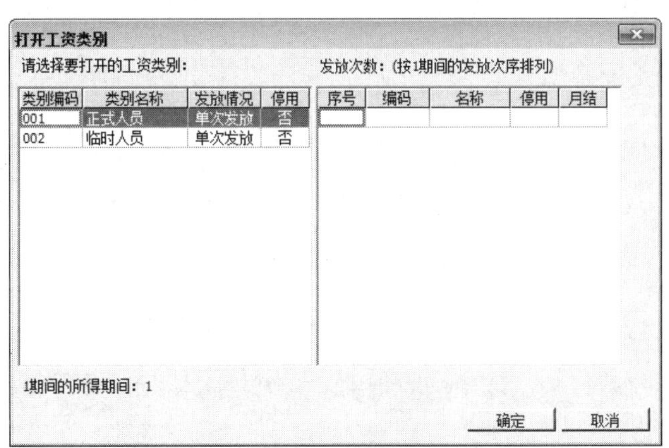

图 6.10　【打开工资类别】对话框

(3) 执行“工资管理”→“设置”→“人员档案”命令，打开“人员档案”窗口。单击“批增”按钮，打开“人员批量增加”对话框。

(4) 按表 6.1 内数据要求，选中需要批量导入的人员档案，单击“确定”按钮返回，如图 6.11 所示。

人员档案

总人数：15

选择	薪资部门名称	工号	人员编号	人员姓名	人员类别	账号	中方人员	是否计税	工资停发	核算计件工资	现金发放	进入日期	离开日
	办公室		0101001	李刚	管理人员		是	是	否	否	否		
	办公室		0101002	张雪君	管理人员		是	是	否	否	否		
	办公室		0101003	高明	管理人员		是	是	否	否	否		
	财务部		0102001	李光宁	管理人员		是	是	否	否	否		
	财务部		0102002	李婧	管理人员		是	是	否	否	否		
	财务部		0102003	袁大伟	管理人员		是	是	否	否	否		
	人力资源部		0103001	刘杰	管理人员		是	是	否	否	否		
	人力资源部		0103002	刘洋	管理人员		是	是	否	否	否		
	信息部		0104001	陈静敏	管理人员		是	是	否	否	否		
	生产部		0200001	曹颖	生产人员		是	是	否	否	否		
	生产部		0200002	白展堂	生产人员		是	是	否	否	否		
	采购部		0300001	左林	经营人员		是	是	否	否	否		
	销售部		0400001	孙东明	经营人员		是	是	否	否	否		
	仓储部		0500001	史艳	管理人员		是	是	否	否	否		
	仓储部		0500002	郭芙蓉	管理人员		是	是	否	否	否		

图 6.11 “人员档案”窗口

(5) 在“人员档案”对话框，执行“基础档案”→“机构人员”→“人员档案”命令，录入 0500003 李四平的档案信息。

(6) 执行“工资管理”→“设置”→“人员档案”命令，打开“人员档案”窗口。单击“增加”按钮，打开“人员档案明细”对话框，如图 6.12 所示。

(7) 单击“人员姓名”文本框旁边的按钮，打开“人员选入”对话框，选中李四平信息，单击“确定”按钮，再单击“人员档案明细”对话框中的“确定”按钮。

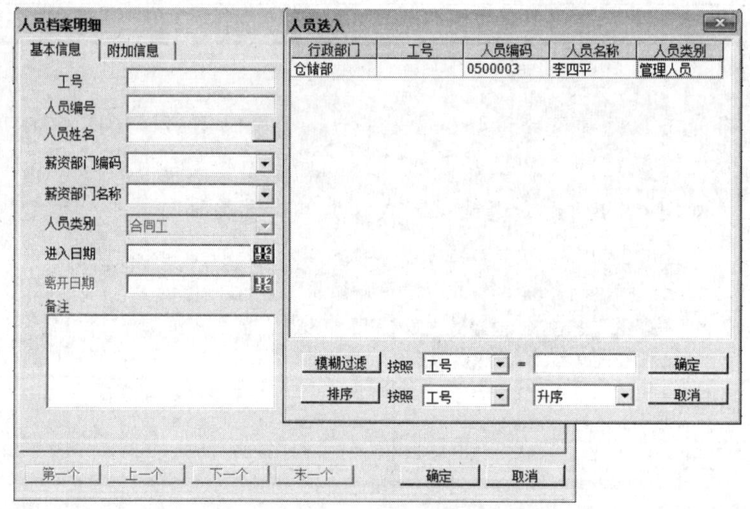

图 6.12 “人员档案明细”对话框

(8) 按表 6.1 内的信息修改李刚的档案，补充输入银行账号等相关信息，如图 6.13 所示。

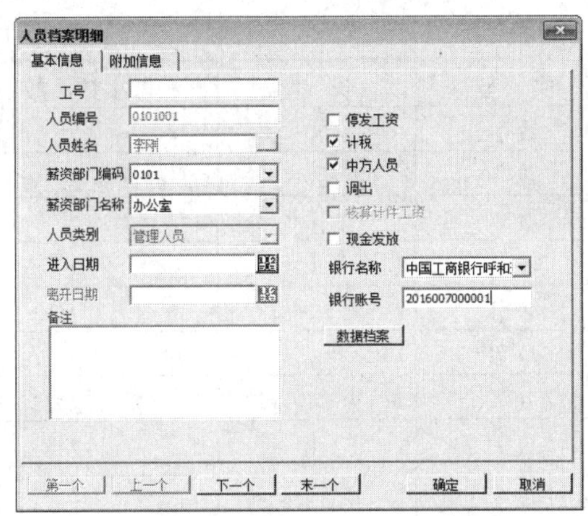

图 6.13　修改人员档案信息

(9) 单击“确定”按钮，系统弹出“写入该人员档案信息吗？”提示信息，单击“确定”按钮，依次修改正式人员类别下的其他人员档案。

(10) 执行“工资管理”→“工资类别”→“打开工资类别”命令，打开“打开工资类别”对话框，选择“临时人员”工资类别，单击“确定”按钮。

(11) 同理，输入“临时人员”类别下人员档案的相关信息。

6.2.8　设置工作项目及计算公式

系统初始设置的工资项目包括本单位各种工资类别所需要的全部工作项目。由于存在不同的工资类别，使得工资的发放项目不同，计算公式也不同，所以应对某个指定的工资类别所需的工资项目进行设置，并定义此工资类别的工资项目的计算公式。

工资项目设置即定义工资项目的名称、类型、宽度、小数位和增减项等。系统中有一些固定项目不能被删除或重命名。系统预置的工资项目的类型、长度、小数位数和增减项等不可更改。其他工资项目可以根据实际情况定义或参照增加，如奖金、病假扣款和加班费等。

工资项目中凡是应当汇总归集在“应发合计”的项目增减项应设置为“增项”，如奖金、补助等；工资项目中凡是应当汇总归集在“扣款合计”的项目增减项应设置为“减项”。

1. 设置公共的工资项目

案例 6.7　设置聚杰乳业有限公司的工资项目，如表 6.3 所示。

表 6.3　聚杰乳业有限公司的工资项目表

项目名称	类　型	长　度	小数位数	增减项
基本工资	数字	8	2	增项
岗位工资	数字	8	2	增项

续表

项目名称	类型	长度	小数位数	增减项
奖金	数字	8	2	增项
副食补助	数字	8	2	增项
应发合计	数字	10	2	增项
缺勤天数	数字	8	2	其他
缺勤扣款	数字	8	2	减项
养老保险	数字	8	2	减项
罚款	数字	8	2	减项
代扣税	数字	10	2	减项
扣税合计	数字	10	2	减项
实发合计	数字	10	2	增项

操作步骤:

(1) 执行“工资管理”→“工资类别”→“关闭工资类别”命令，弹出“已关闭工资类别”对话框，单击“确定”按钮。

(2) 执行“工资管理”→“设置”→“工资项目设置”命令，打开“工资项目设置”对话框，如图 6.14 所示。

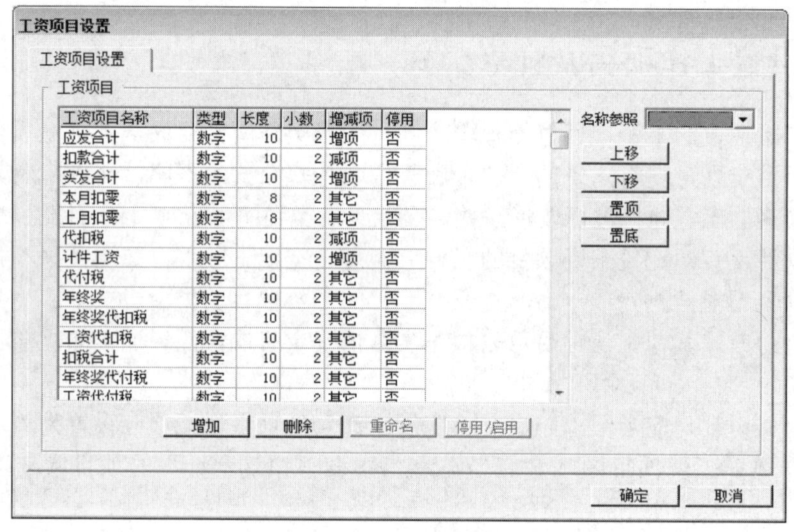

图 6.14 “工资项目设置”对话框

(3) 单击“增加”按钮，在“工资项目”列表中增加一空行，单击“名称参照”下拉列表框右侧的下拉按钮，在下拉列表中选择“基本工资”选项，“类型”调整为“数字”，长度 8 位，小数位 2 位，增减项为“增项”，完成“基本工资”项目增加。

(4) 单击“增加”按钮，在“工资项目”列表中增加一空行，在空行的“工资项目名称”栏中输入“岗位工资”，“类型”调整为“数字”，长度 8 位，小数位 2 位，增减项为“增项”。

(5) 同理增加表 6.3 中其他工资项目，并按表 6.3 调整工资项目的顺序。

(6) 单击“确定”按钮，保存所设置的工资项目使用。

2. 设置工资类别的工资项目

案例 6.8 设置“正式人员”类别的工资项目及顺序为：基本工资、岗位工资、奖金、副食补助、应发合计、缺勤天数、缺勤扣款、养老保险、代扣税、扣款合计、实发合计；设置“临时人员”类别的工资项目及顺序为：基本工资、奖金、应发合计、罚款、代扣税、扣款合计、实发合计。

操作步骤：

(1) 执行“工资管理”→“工资类别”→“打开工资类别”命令，弹出“打开工资类别”对话框，选择正式人员，单击“确定”按钮。

(2) 执行“工资管理”→“设置”→“工资项目设置”命令，打开“工资项目设置”对话框。

(3) 单击“增加”按钮，在“工资项目”列表中增加一空行，单击“名称参照”下拉列表框右侧的下拉按钮，在下拉列表中选择“基本工资”选项。同理依次增加其他工资项目。设置完成后通过选择对应的工资项目，单击“上移”“下移”按钮调整顺序，完成后如图 6.15 所示。

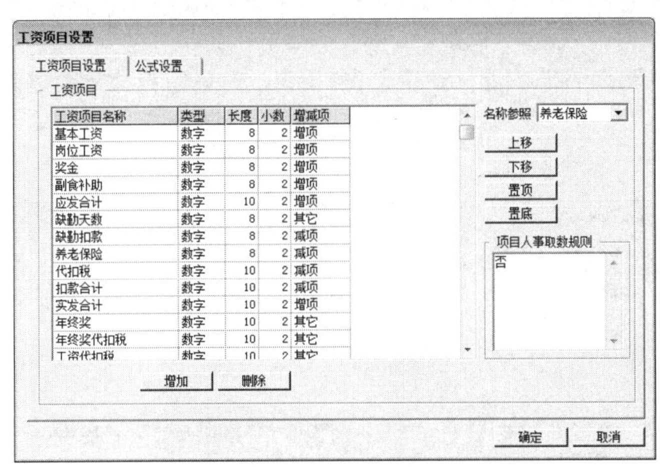

工资项目名称	类型	长度	小数	增减项
基本工资	数字	8	2	增项
岗位工资	数字	8	2	增项
奖金	数字	8	2	增项
副食补助	数字	8	2	增项
应发合计	数字	10	2	增项
缺勤天数	数字	8	2	其它
缺勤扣款	数字	8	2	减项
养老保险	数字	8	2	减项
代扣税	数字	10	2	减项
扣款合计	数字	10	2	减项
实发合计	数字	10	2	增项
年终奖	数字	10	2	其它
年终奖代扣税	数字	10	2	其它
工资代扣税	数字	10	2	其它

图 6.15　“工资项目设置”对话框

(4) 执行“工资管理”→“工资类别”→“打开工资类别”命令，打开“打开工资类别”对话框，选择临时人员，单击“确定”按钮，同理，根据要求设置临时人员类别的工资项目。

3. 设置计算公式

系统固定的工资项目“应发合计”“扣款合计”和“实发合计”等的计算公式，系统会根据工资项目设置的增减项自动给出，用户只能增加、修改或删除其他工资项目计算公式。设置计算公式是定义某些工资项目的计算公式及工资项目之间的运算关系。例如，缺勤扣款=日扣款额×缺勤天数。运用公式可直观地表达工资项目的实际运算过程，并灵活地进行工资计算处理。定义公式可通过选择工资项目、运算符、关系符、函数等组合完成。

定义工资项目计算公式要符合逻辑——系统将对公式进行合法性检查，不符合逻辑的公式，系统将会给出错误提示。

案例 6.9 设置“正式人员”类别下的工资项目公式如下：

缺勤扣款=缺勤天数×50

养老保险=(基本工资+奖励工资)×0.05

副食补助=IFF(人员类别=“管理人员”，600，400)

操作步骤：

(1) 执行“工资管理”→“工资类别”→“打开工资类别”命令，弹出“打开工资类别”对话框，选择正式人员，单击“确定”按钮。

(2) 执行“工资管理”→“设置”→“工资项目设置”命令，在打开的对话框中切换到“公式设置”选项卡。

(3) 在“工资项目”选项组中单击“增加”按钮，增加一空行。然后在打开的下拉列表中选择“缺勤扣款”选项。

(4) 在“公式输入参照”选项组中选择“工资项目”下拉列表框中的“缺勤天数”选项，在“缺勤扣款公式定义”选项组的文本框中即显示“缺勤天数”文本。

(5) 在“公式输入参照”选项组中单击*按钮，“缺勤扣款公式定义”选项组中的文本框即显示“*”，在“*”后面输入数字 50，如图 6.16 所示。然后单击“公式确认”按钮。同理，输入养老保险公式。

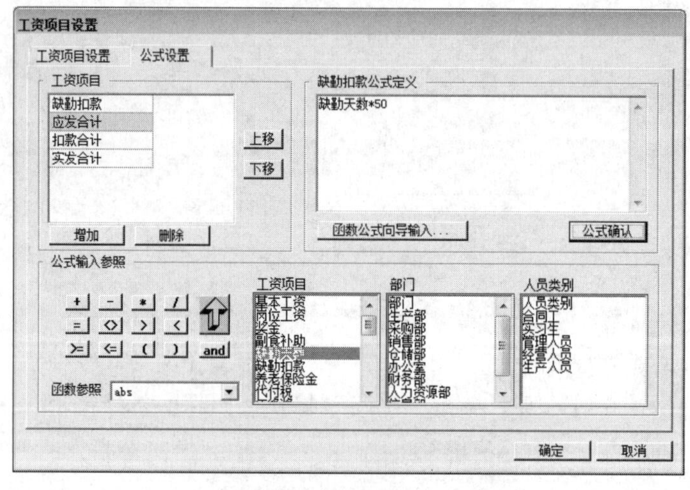

图 6.16 缺勤扣款公式的设置

(6) 单击“增加”按钮，在“工资项目”选项组的列表框中增加一空行。然后在打开的下拉列表中选择“副食补助”选项。

(7) 单击“函数公式向导输入”按钮，打开“函数向导——步骤之 1”对话框。在“函

数名”列表框中选择 iff 选项，如图 6.17 所示。

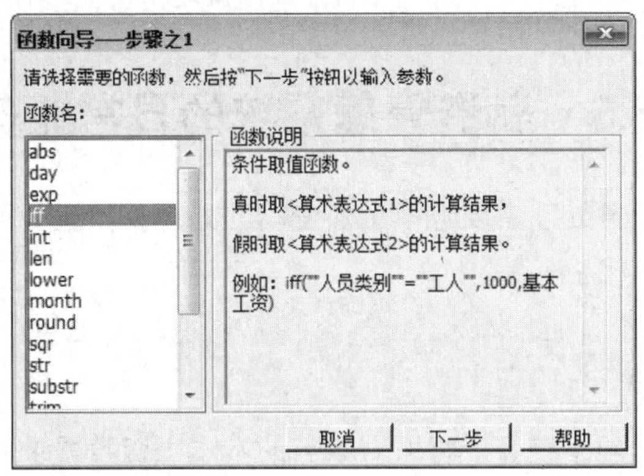

图 6.17　“函数向导——步骤之 1”对话框

(8) 单击“下一步”按钮，打开“函数向导——步骤之 2”对话框，如图 6.18 所示。单击“逻辑表达式”文本框右侧的“参照”按钮，打开“参照”对话框。在“参照列表”下拉列表框中选择“人员类别”选项，在下面的列表框中选择“管理人员”选项，如图 6.19 所示。单击“确定”按钮。

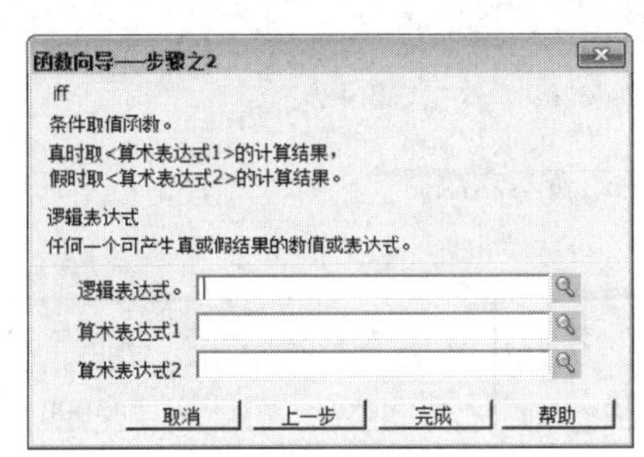

图 6.18　“函数向导——步骤之 2”对话框

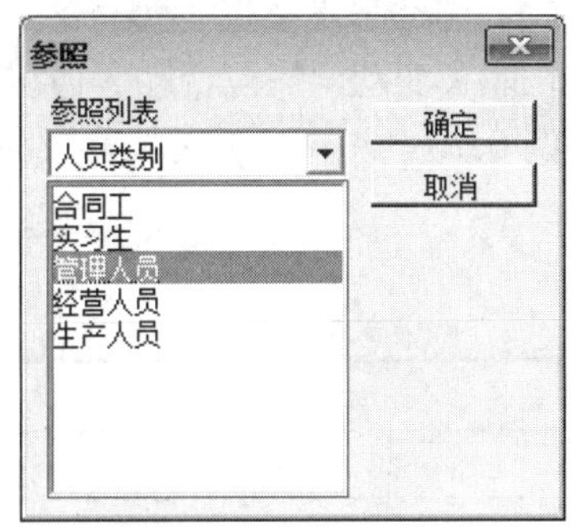

图 6.19　“参照”对话框

(9) 在“算术表达式 1”文本框中输入 600，在“算术表达式 2”文本框中输入 400，如图 6.20 所示，单击“完成”按钮，返回“公式设置”选项卡中。

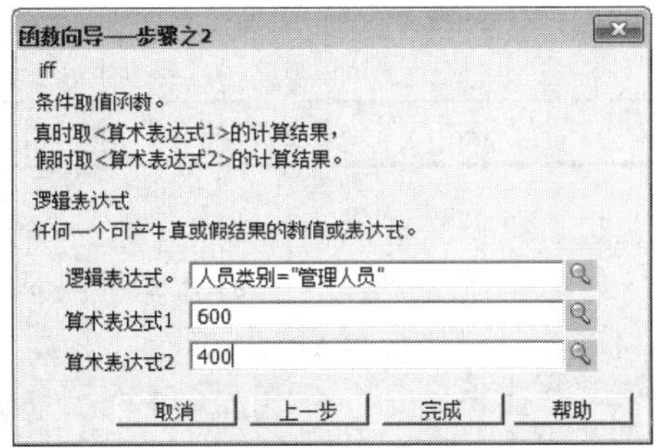

图 6.20　“函数向导——步骤之 2”对话框

(10) 单击“公式确认”按钮，检验公式是否符合语法。单击右下角的“确定”按钮，保存公式，关闭公式设置对话框。

任务 6.3 薪资管理系统的日常业务处理

薪资业务的日常业务处理主要包括工资变动的处理、扣缴所得税的处理和工资分摊的账务处理等。

6.3.1 工资变动

第一次使用薪资管理系统必须将所有人员的基本工资数据录入计算机，每月发生的工资数据变动也在此进行调整，如平常事假及病假扣发、奖金录入等。在工资变动处理前需要先设置好工资项目及计算公式。

1. 录入工资基本数据

薪资管理系统在初次使用时需要录入所有职工没有进行过公式定义的工资项目数据，也就是每月相对固定不变的工资项目数据，如基本工资、岗位工资、补贴等，这部分数据我们称为基本数据。每月的工资基本数据，在系统投入使用时一次输入，长期使用，只在职务变动、岗位变动等情况下才进行修改。

案例 6.10 录入“正式人员”类别的工资基本数据，如表 6.4 所示。

表 6.4 “正式人员”类别的工资基本数据

单位：元

姓　名	基本工资	岗位工资	姓　名	基本工资	岗位工资
李刚	5500	3500	陈静敏	5200	3000
张雪君	4000	2500	曹颖	3700	5200
高明	3800	2200	白展堂	3600	5000
李光宁	5000	3300	左林	3200	5100
李婧	4600	2800	孙东明	3000	5000
袁大伟	4200	2600	史艳	4600	3000
刘杰	4700	2700	郭芙蓉	4500	3200
刘洋	4500	2500	李四平	4300	3100

操作步骤：

(1) 选择“工资管理”→“工资类别”→“打开工资类别”命令，在弹出的对话框中选择打开“正式人员”工资类别，然后单击右下角的“确定”按钮。

(2) 选择“业务处理”→“工资变动”命令，打开“工资变动”窗口。

(3) 按表 6.4 录入数据，单击上方的“计算”按钮，系统就会按照已定义好的公式自动计算相关工资项目的数据，如图 6.21 所示。

替换 定位 过滤 计算 汇总 编辑 锁定 全选 全消

工资变动

工资变动

过滤器 所有项目　　定位器

选择	工号	人员编号	姓名	部门	人员类别	基本工资	岗位工资	奖金	伙食补贴	应发合计	缺勤天数	缺勤扣款	养老保险	代扣税	扣款合计	实发合计
		0101001	李刚	办公室	管理人员	5,500.00	3,500.00		600.00	9,600.00			450.00	575.00	1,025.00	8,575.00
		0101002	张雪君	办公室	管理人员	4,000.00	2,500.00		600.00	7,100.00			325.00	222.50	547.50	6,552.50
		0101003	高明	办公室	管理人员	3,800.00	2,200.00		600.00	6,600.00			300.00	175.00	475.00	6,125.00
		0102001	李元宁	财务部	管理人员	5,000.00	3,300.00		600.00	8,900.00			415.00	442.00	857.00	8,043.00
		0102002	李倩	财务部	管理人员	4,600.00	2,800.00		600.00	8,000.00			370.00	308.00	678.00	7,322.00
		0102003	袁大伟	财务部	管理人员	4,200.00	2,600.00		600.00	7,400.00			340.00	251.00	591.00	6,809.00
		0103001	刘杰	人力资源部	管理人员	4,700.00	2,700.00		600.00	8,000.00			370.00	308.00	678.00	7,322.00
		0103002	刘洋	人力资源部	管理人员	4,500.00	2,500.00		600.00	7,600.00			350.00	270.00	620.00	6,980.00
		0104001	陈静敏	信息部	管理人员	5,200.00	3,000.00		600.00	8,800.00			410.00	423.00	833.00	7,967.00
		0200001	曹颖	生产部	生产人员	3,700.00	5,200.00		400.00	9,300.00			445.00	516.00	961.00	8,339.00
		0200002	白展堂	生产部	生产人员	3,600.00	5,000.00		400.00	9,000.00			430.00	459.00	889.00	8,111.00
		0300001	左林	采购部	经营人员	3,200.00	5,100.00		400.00	8,700.00			415.00	402.00	817.00	7,883.00
		0400001	孙东明	销售部	经营人员	3,000.00	5,000.00		400.00	8,400.00			400.00	345.00	745.00	7,655.00
		0500001	史艳	仓储部	管理人员	4,600.00	3,000.00		600.00	8,200.00			380.00	327.00	707.00	7,493.00
		0500002	郭芙蓉	仓储部	管理人员	4,500.00	3,200.00		600.00	8,300.00			385.00	336.50	721.50	7,578.50
		0500004	李四平	仓储部	管理人员	4,300.00	3,100.00		600.00	8,000.00			370.00	308.00	678.00	7,322.00
合计						68,400.00	54,700.00		800.00	131,900.00			6,155.00	5,668.00	11,823.00	120,077.00

图 6.21　录入工资基本数据

2. 录入本月工资变动数据

有一部分工资数据在每月是变化的，称为工资变动数据，如请假天数、奖金和罚款等。变动数据主要是在每月工资计算出来前录入，需根据员工或部门的考勤、业绩、调转等确定。职工调入、调出本单位时，其基本工资数据可以录入或删除。职工在单位内部不同部门之间进行调动时可以通过修改职工所在部门编码直接实现调动。

进入“工资变动”界面后，会显示所有人员的工资项目供查看。财务人员可以直接在列表中修改数据，也可以通过以下方法加快录入。

(1) 使用过滤功能过滤工资项。如果只需对某些项目进行录入，可使用项目过滤器功能，选择某些项目进行录入。

(2) 按指定条件快速定位某工资项目数据。如果需录入某个指定部门或人员的数据，可单击“定位”按钮，使用部门、人员定位功能让系统自动定位到需要的部门或人员上，然后录入。

(3) 使用替换功能替换某工资项目数据。如果要对同一工资项目做统一变动，可采用数据替换功能。例如，部门为销售人员统一增加 200 元奖金，这时可使用数据替换功能。

(4) 使用筛选功能录入某工资项目数据。如果需按某些条件筛选符合条件的人员进行录入，如选择人员类别为管理人员进行录入，可使用数据筛选功能。

案例 6.11　本月“正式人员”工资类别的工资情况如下。

(1) 考勤情况：高明缺勤 2 天，袁大伟缺勤 1 天。

(2) 发放奖金情况：因上月财务部加班多次，每人增加岗位工资 500 元。

操作步骤：

(1) 选择“工资管理”→“业务处理”→“工资变动”命令，打开“工资变动”对话框。录入高明和袁大伟的缺勤天数数据。

(2) 单击上面的“全选”按钮，再单击“替换”按钮，打开“工资项数据替换”对话框。在“将工资项目”下拉列表框中选择“岗位工资”选项，在“替换成”文本框中输入“岗位工资+500”，替换条件选择“部门=(0102)财务部”，如图 6.22 所示。

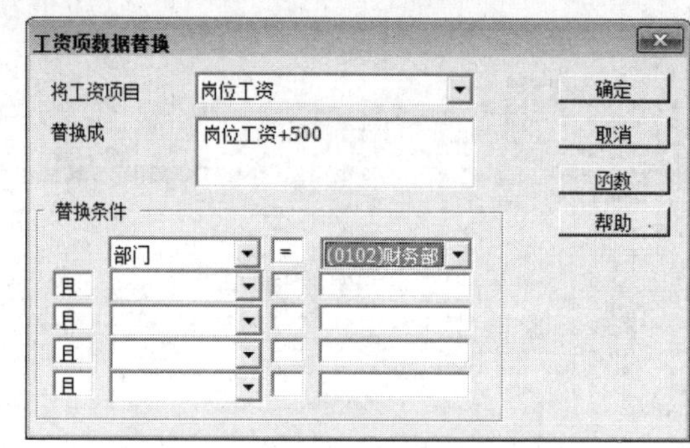

图 6.22　“工资项数据替换”对话框

(3) 单击“确定”按钮，弹出“数据替换后将不可恢复，是否替换”提示信息，单击“是”按钮，弹出“X 条记录被替换，是否重新计算”提示信息，单击“是”按钮。

(4) 单击“汇总”按钮，对工资进行计算汇总，然后关闭“工资变动”对话框。

案例 6.12　1 月 31 日，“临时人员”工资类别的工资情况如表 6.5 所示，根据该表计算临时人员工资。

表 6.5　临时人员的工资情况

单位：元

人员姓名	基本工资	奖　金	罚　款
郭襄	3200	2000	—
李大嘴	3100	1500	300
吕秀才	3000	1000	—

操作步骤：

(1) 执行“工资管理”→“工资类别”→“打开工资类别”命令，在弹出的对话框中选择“临时人员”工资类别。

(2) 执行“工资管理”→“业务处理”→“工资变动”命令，打开“工资变动”对话框，录入表 6.5 所示的数据。

(3) 单击“计算”与“汇总”按钮，对工资进行计算汇总，然后关闭“工资变动”对话框。

6.3.2　扣缴所得税

税法规定，凡支付个人应纳税所得的单位或个人都是个人所得税的扣缴义务人。因此，单位在向职工支付工资时，应依法计算并代扣代缴个人所得税。用友 ERP-U8 V10.1 系统具备个人所得税的计算功能，用户只需自定义纳税基数和所得税税率，系统就会自动计算个人所得税。

2011 年个人所得税法修订，规定工资、薪金所得，以每月收入额减除费用 3500 元后

的余额为应纳税所得额，适用超额累进税率，税率为 3%～45%，修改后的个人所得税法于 2011 年 9 月 1 日起施行。

6.3.3　银行代发

银行代发即由银行代为发放企业职工个人工资。目前，许多企业都通过其开户银行为职工办理了发放工资的储蓄账户卡或存折，每月企业之间通过银行将职工工资划入职工的相应账户中，这种做法既减轻了财务部门发放工资的工作量，又有效避免了财务人员去银行大额提取现金的风险，同时提高了员工个人工资的保密程度。

案例 6.13　设置通过中国工商银行呼和浩特大学路支行代发“正式人员”类别工资，栏目名称、数据类型及长度等均为默认，单位编号为 1234934325，录入日期 2016-01-31。

操作步骤：

(1) 执行“工资管理”→“工资类别”→“打开工资类别”命令，在弹出的对话框中选择 “正式人员”工资类别，单击右下角的“确定”按钮。

(2) 执行“业务处理”→“银行代发”命令，弹出“请选择部门范围”对话框，将所有部门选中，单击“确定”按钮，进入“银行代发”界面。

(3) 单击左上角的“格式”按钮或右击，在弹出的快捷菜单中选择“格式”命令，弹出“银行文件格式设置”对话框，在“银行模板”下拉列表框中选择，在弹出的快捷菜单中“中国工商银行呼和浩特大学路支行”，如图 6.23 所示。

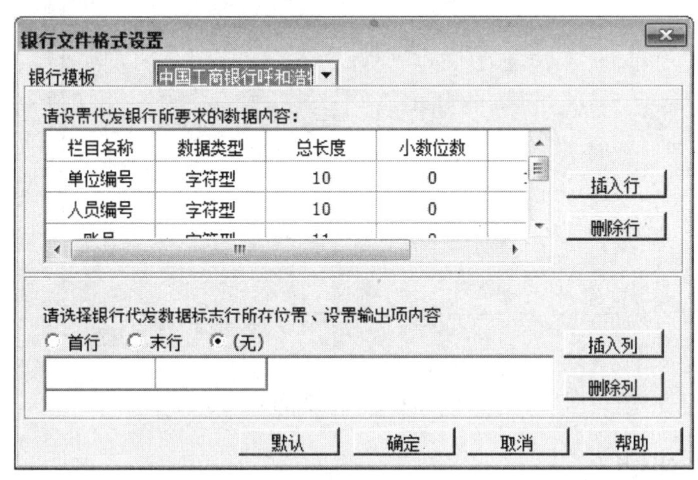

图 6.23　“银行文件格式设置”对话框

(4) 在“单位编号”对应的数据来源栏中输入 1234934325，在“录入日期”对应的数据来源栏中输入 20160131，单击“确定”按钮，系统即将设置保存，并生成银行代发一览表，如图 6.24 所示。

(5) 单击上方的“方式”按钮，可在弹出的对话框中设置银行代发文件的输出格式，如图 6.25 所示。

(6) 单击“确定”按钮，弹出“确认当前文件设置格式”提示对话框，单击“是”

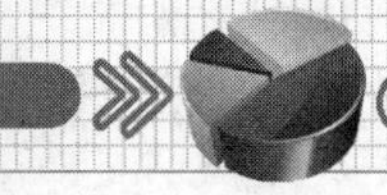

按钮，银行代发文件输出格式设置完成。单击上方的“传输”按钮可进行银行文件的输出。

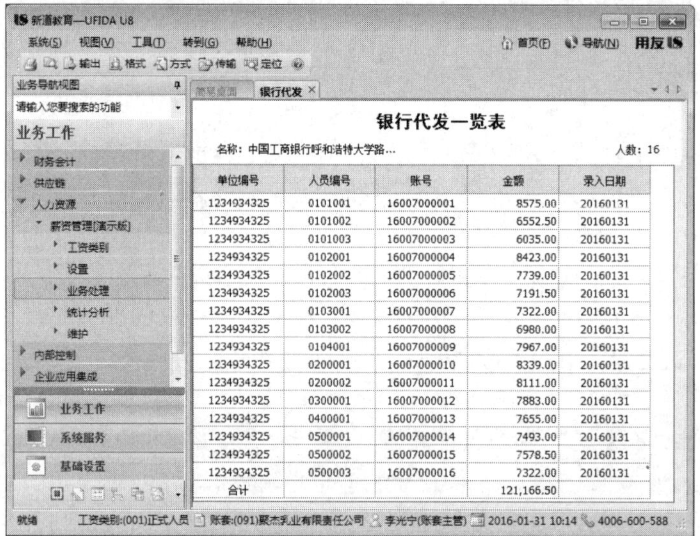

单位编号	人员编号	账号	金额	录入日期
1234934325	0101001	16007000001	8575.00	20160131
1234934325	0101002	16007000002	6552.50	20160131
1234934325	0101003	16007000003	6035.00	20160131
1234934325	0102001	16007000004	8423.00	20160131
1234934325	0102002	16007000005	7739.00	20160131
1234934325	0102003	16007000006	7191.50	20160131
1234934325	0103001	16007000007	7322.00	20160131
1234934325	0103002	16007000008	6980.00	20160131
1234934325	0104001	16007000009	7967.00	20160131
1234934325	0200001	16007000010	8339.00	20160131
1234934325	0200002	16007000011	8111.00	20160131
1234934325	0300001	16007000012	7883.00	20160131
1234934325	0400001	16007000013	7655.00	20160131
1234934325	0500001	16007000014	7493.00	20160131
1234934325	0500002	16007000015	7578.50	20160131
1234934325	0500003	16007000016	7322.00	20160131
合计			121,166.50	

图 6.24　银行代发一览表

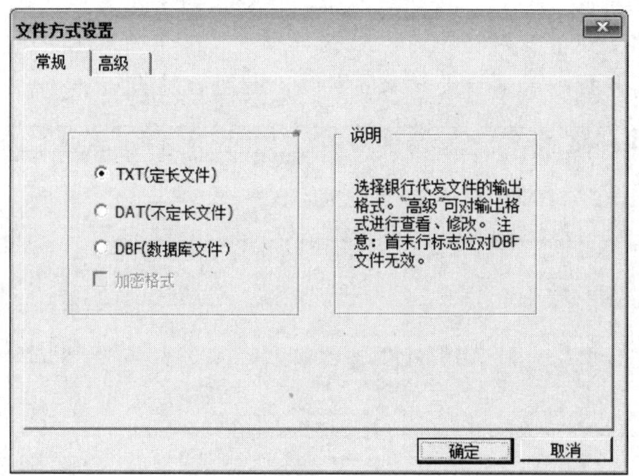

图 6.25　银行代发文件方式的设置

6.3.4　工资分摊

工资分摊是指对当月发生的工资费用进行工资总额的计算、分配及各种经费的计提并制作自动转账凭证。财务部门根据工资费用分配表，将工资费用根据用途进行分配并编制转账会计凭证，供总账系统记账处理之用。

首次使用工资分摊功能，应先进行工资分摊设置。所有与工资有关的费用及基金均需建立相应的分摊类型名称及分摊比例，如应付工资、应付福利费、职工教育经费和工会经费等。

工资分摊设置好后，每月系统会根据当月的工资数据自动生成相应的工资凭证，传递到总账管理系统。

案例 6.14　设置“正式人员”类别的工资分摊类型为“应付工资”和“应付福利费”；“临时人员”类别的工资分摊类型为“应付工资”。应付工资总额等于工资项目“实发合计”，“应付工资”分摊类型的分摊计提比例为 100%，“应付福利费”分摊类型的分摊计提比例为 14%。工资分摊的设置内容如表 6.6 所示。

表 6.6　工资分摊的类型

部门 \ 工资分摊		应付工资		应付福利费	
		借方科目	贷方科目	借方科目	贷方科目
办公室、财务部、人力资源部、信息部、仓储部	管理人员	660201	221101	660202	221101
采购部、销售部	经营人员	660199	221101	660199	221101
生产部	生产人员	500102	221101	500102	221101

操作步骤：

(1)　进入“正式人员”工资类别，选择“工资管理”→“业务处理”→“工资分摊”命令，打开“工资分摊”对话框。

(2)　单击“工资分摊设置”按钮，打开“分摊类型设置”对话框，如图 6.26 所示。

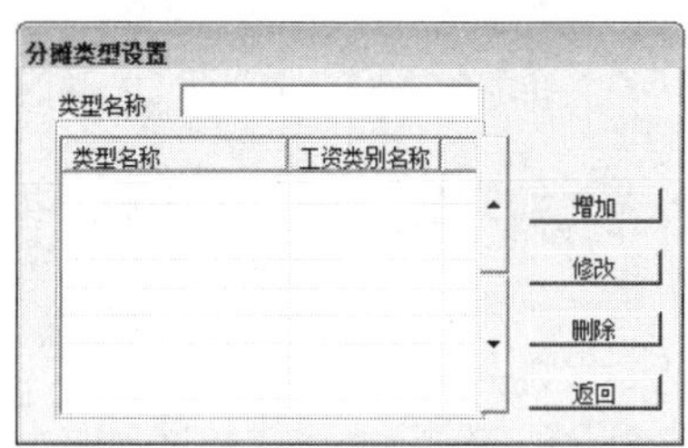

图 6.26　“分摊类型设置”对话框

(3)　单击“增加”按钮，打开“分摊计提比例设置”对话框。设置计提类型名称为“应付工资”，默认分摊计提比例为 100%，单击“下一步”按钮，打开“分摊构成设置”对话框。

(4)　按表 6.6 所示的内容进行设置，设置完成后如图 6.27 所示。单击“完成”按钮，返回“分摊类型设置”对话框。

(5)　继续设置应付福利费分摊计提项目。单击“增加”按钮，在“分摊计提比例设置”对话框中设置需要计提费用类型名称为“应付福利费”，比例为 14%，如图 6.28 所示。

(6)　单击“下一步”按钮，在“分摊构成设置”对话框中，同图 6.27 一样输入对应科目及项目名称，设置完成后的界面如图 6.29 所示。

(7)　单击“返回”按钮，关闭“工资分摊”对话框。

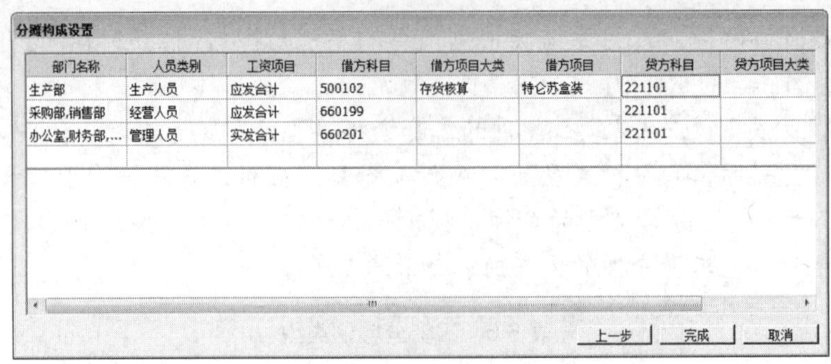

图 6.27 “分摊构成设置”对话框

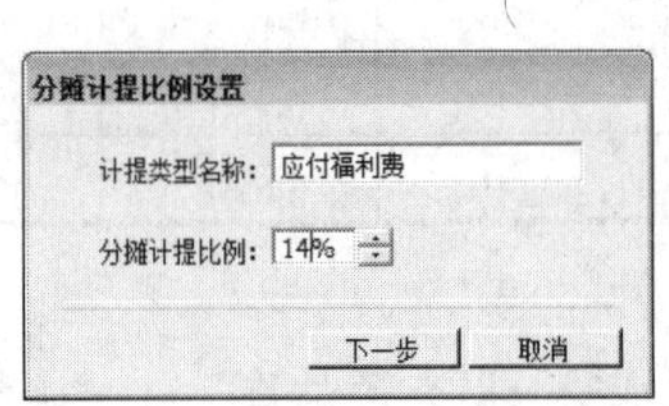

图 6.28 “分摊计提比例设置”对话框

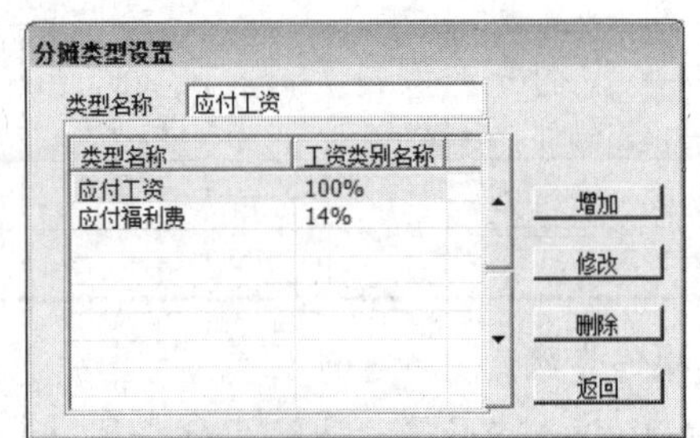

图 6.29 分摊类型设置完成

(8) 同理，进入“临时人员”工资类别，设置“应付工资”计提类型。

案例 6.15 生成上例的工资分摊凭证。

操作步骤:

(1) 进入“正式人员”工资类别，执行“工资管理”→“业务处理”→“工资分摊”命令，打开“工资分摊”对话框。

(2) 设置“计提会计月份”为“2016-01”，“计提费用类型”设置为“应付工资”，核算部门为“办公室”“财务部”“采购部”“销售部”“生产部”“仓储部”，并选中“明细到工资项目”复选框，如图 6.30 所示。单击“确定”按钮，打开“应付工资一览表”窗口。

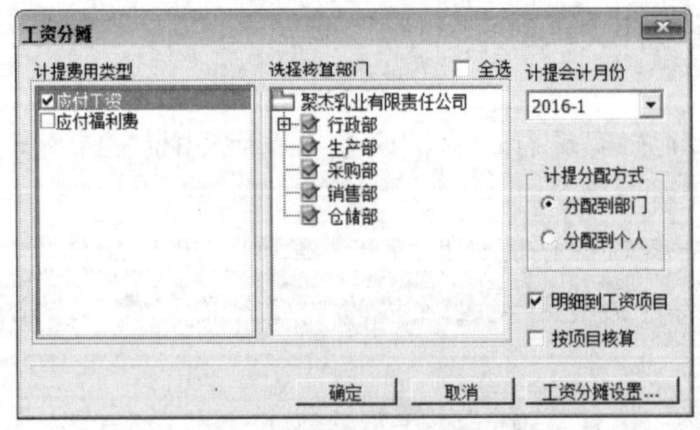

图 6.30 工资分摊计提费用选择

(3) 选中“合并科目相同、辅助项相同的分录”复选框，如图 6.31 所示。

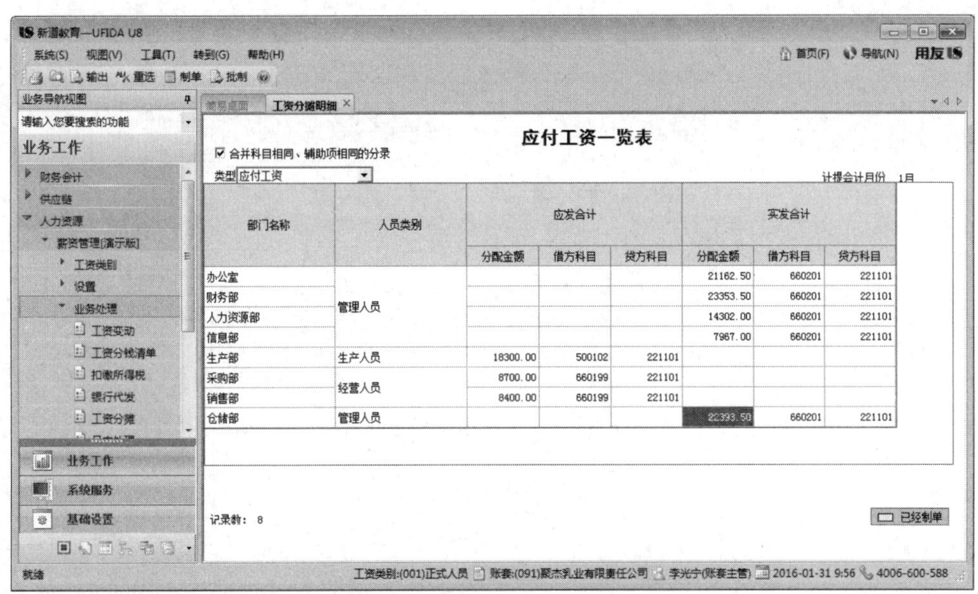

应付工资一览表

☑ 合并科目相同、辅助项相同的分录

类型 应付工资　　　　计提会计月份 1月

部门名称	人员类别	应发合计			实发合计		
		分配金额	借方科目	贷方科目	分配金额	借方科目	贷方科目
办公室	管理人员				21162.50	660201	221101
财务部					23353.50	660201	221101
人力资源部					14302.00	660201	221101
信息部					7967.00	660201	221101
生产部	生产人员	18300.00	500102	221101			
采购部	经营人员	8700.00	660199	221101			
销售部		8400.00	660199	221101			
仓储部	管理人员				22393.50	660201	221101

记录数：8

图 6.31　“应付工资一览表”窗口

(4) 单击“制单”按钮，打开填制凭证窗口。设置凭证类别为“转 转账凭证”，制单日期为 2016-01-31，输入核算科目“500102 生产成本——直接人工”，项目“特仑苏盒装”，然后单击“保存”按钮。凭证左上角出现“已生成”标志，代表该凭证已传递到总账管理系统，如图 6.32 所示。

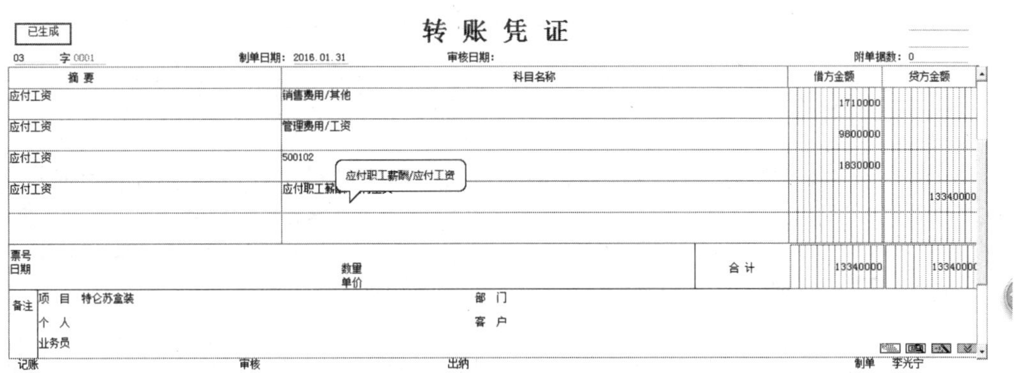

已生成

转 账 凭 证

03　字 0001　　制单日期：2016.01.31　　审核日期：　　附单据数：0

摘 要	科目名称	借方金额	贷方金额
应付工资	销售费用/其他	1710000	
应付工资	管理费用/工资	9800000	
应付工资	500102	1830000	
应付工资	应付职工薪酬/应付工资		13340000
票号 日期	数量 单价　合 计	13340000	13340000

备注　项 目 特仑苏盒装　部 门　个 人　客 户　业务员

记账　审核　出纳　制单 李光宁

图 6.32　计提应付工资凭证

(5) 关闭填制凭证窗口。同理。生成应付福利费凭证，如图 6.33 所示。

(6) 进入“临时人员”工资类别，生成该类别人员应付工资凭证，如图 6.34 所示。

转 账 凭 证

03 字　　制单日期：2016.01.31　　审核日期：　　附单据数：0

摘要	科目名称	借方金额	贷方金额
应付福利费	销售费用/其他	239400	
应付福利费	管理费用/工资	1372000	
应付福利费	[illegible]	256200	
应付福利费	应付职工薪酬/应付工资		1867600
票号 日期	数量 单价 合计	1867600	186760

备注　项　目　特仑苏盒装　　部　门

个　人　　客　户

业务员

记账　　审核　　出纳　　制单　李光宁

图 6.33　计提应付福利费凭证

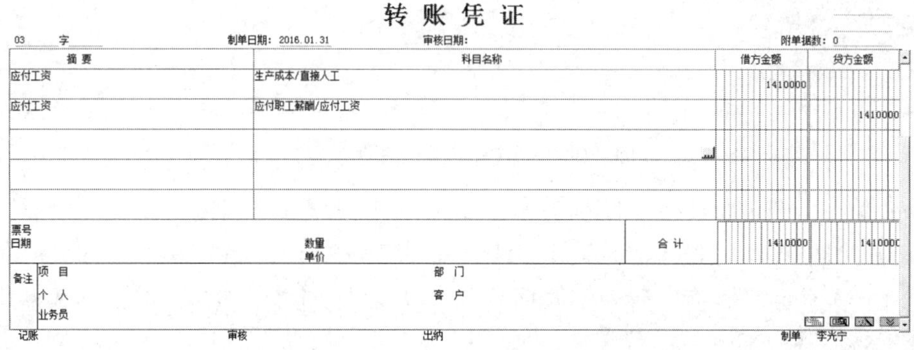

转 账 凭 证

03 字　　制单日期：2016.01.31　　审核日期：　　附单据数：0

摘要	科目名称	借方金额	贷方金额
应付工资	生产成本/直接人工	1410000	
应付工资	应付职工薪酬/应付工资		1410000
票号 日期	数量 单价 合计	1410000	1410000

备注　项　目　　部　门

个　人　　客　户

业务员

记账　　审核　　出纳　　制单　李光宁

图 6.34　“临时人员”计提应付工资凭证

任务 6.4　薪资管理系统的期末业务处理

月末处理是将当月数据经过处理后转至下月。月末处理主要包括月末结转本月数据和年末结转本年数据。

6.4.1　月转结账

每月工资数据处理完毕后均可进行月末处理。由于在工资项目中，有的项目是变动的，即每月的数据均不相同，所以在每月工资处理时，均需将其数据清零，而后输入当月的数据，此类项目即为清零项目。

月末结账后，不能再对当月数据进行修改和变动。如需对已结账月份的数据进行修改，则需对已结账月份恢复结账。

案例 6.16　对账套进行 1 月份期末处理。月末处理是进行清零处理。

操作步骤：

(1) 进入“正式人员”工资类别。

(2) 执行“工资管理”→“业务处理”→“月末处理”命令，打开“月末处理”对

话框，如图 6.35 所示。

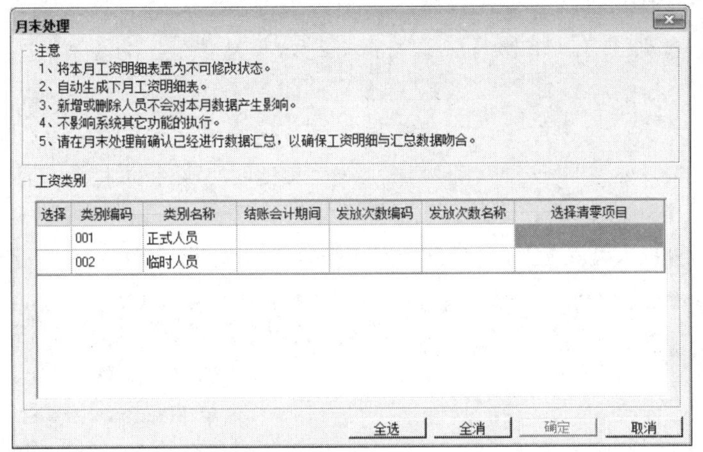

图 6.35　“月末处理”对话框

(3) 单击“正式人员”对应的“选择清零项目”，在弹出的对话框的“请选择清零项目”列表框中分别选择“奖金”“缺勤扣款”和“缺勤天数”，并分别单击“>”按钮，将所选项目移动到右侧的列表框中，如图 6.36 所示，同理将“临时人员”的“奖金”和“罚款”清零。

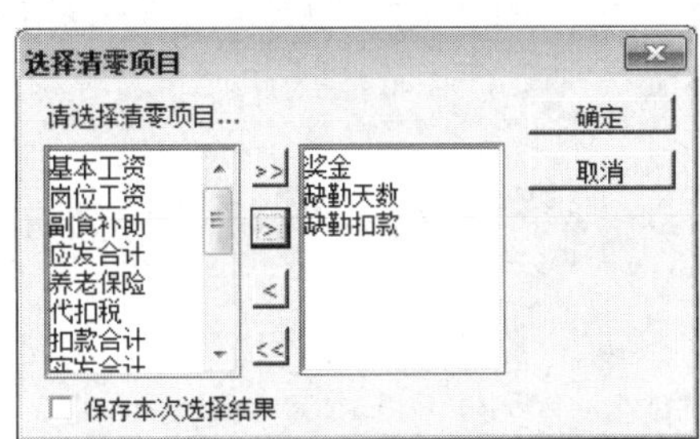

图 6.36　“选择清零项目”对话框

(4) 将“正式人员”和“临时人员”都选中，单击“确定”按钮，系统弹出“是否确定月结，所选清零项目将清零？”提示信息。单击“是”按钮。

6.4.2　年末结账

年末结转即将本年的工资数据结转到下年。在数据结转前应首先建立新年度账，然后在系统管理中选择“年度账”→“结转上年数据”命令，即可将工资数据经过处理后结转至本年。

6.4.3　反结转

在薪资管理系统结转后，如果发现本月工资数据有错误或者还有一些业务需要在已结账的当月进行账务处理，此时需要对工资数据进行反结账，取消已结转标记。取消结账时应以下月会计时间进行登录，恢复上月工资数据。

案例 6.17 对聚杰乳业有限责任公司账套进行反结账。

操作步骤:

(1) 以“李光宁”的身份登录企业应用平台，登录时间为 2016-02-01。

(2) 执行“工资管理”→“业务处理”→“反结账”命令，打开“反结账”对话框，如图 6.37 所示。

(3) 选择“011 正式人员”，单击“确定”按钮，弹出如图 6.38 所示的对话框。

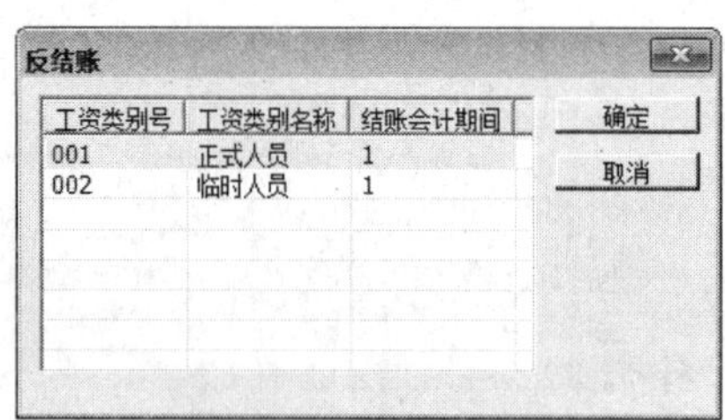

图 6.37 选择工资类别

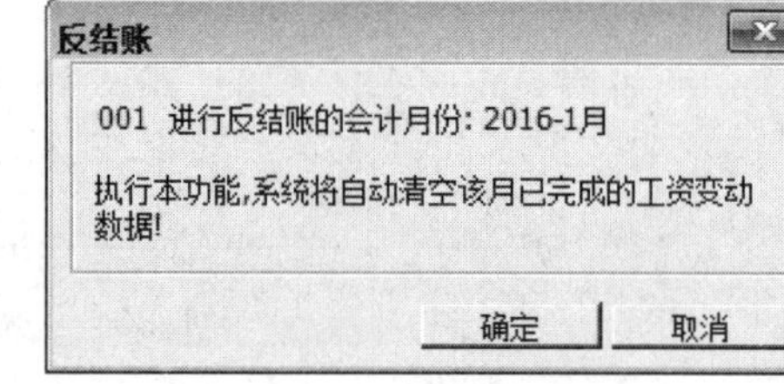

图 6.38 执行反结账

(4) 单击“确定”按钮，弹出“反结账已完成”提示信息，单击“确定”按钮，完成“正式人员”类别的反结账。

(5) 同理，执行“工资管理”→“业务处理”→“反结账”命令，打开“反结账”对话框，对“临时人员”工资类别进行反结账操作。

任务 6.5 薪资管理系统的统计分析

工资业务处理完成后，相关工资报表数据同时生成，这是手工处理与计算机的不同之处。系统提供了多种形式的报表反映工资核算的结果，报表的格式是工资项目按照一定的格式由系统设定，如果对报表提供的固定格式不满意，系统提供修改表、新建表的功能。

6.5.1 我的账表

我的账表的主要功能是对工资系统中所有的报表进行管理，有工资表和工资分析表两种报表类型。如果系统提供的报表不能满足企业的需要，用户还可以启用自定义报表功能，新增账表夹和设置自定义报表。

6.5.2 工资表查询

工资表主要用于本月工资的发放和统计，本功能主要完成查询和打印各种工资表的工作。工资表包括一些由系统提供的工资发放签名表、工资发放条、工资卡以及部门工资汇总表等。

1. 工资发放签名表

工资发放签名表即工资发放清单或工资发放签名表，一个职工一行。

系统可以查询当月工资发放签名表，也可以查询其他各月的工作发放签名表；可以查询选定的所有部门的工资发放签名表，也可以查询某一部门的工资发放签名表。系统提供树形结构形式，可自由选择。工资发放签名表按部门分页打印。

2. 工资发放条

工资发放条是发放工资时交给职工的工资项目清单。

为满足用户在发放工资中，利用多层复印纸印制的密封工资袋来发放工资的打印需要，系统提供用户自定义工资发放打印信息和工资项目打印位置格式的功能，提供固化表头和打印区域范围的“工资套打”格式。

打印工资条如果一行打印不下，自动进行压缩，若还打印不下，自动进行拆行打印。

3. 工资卡

工资卡及工资台账，按每人一张设立卡片，工资卡片反映每位员工各月的各项工作情况、月平均工资及全年的工资合计。

4. 部门工资汇总表

部门工资汇总表提供按单位进行工资汇总的查询。

该功能可以选择部门级次，可以查询当月部门工资汇总表，也可以查询其他各月的部门工资汇总表。

5. 人员类别工资汇总表

人员类别工资汇总表提供按人员类别进行工资汇总的查询。

该表可以查询当月人员类别工资汇总表，也可以查询其他各月的人员类别工资汇总表。

6. 部门条件汇总表

由用户指定条件生成按部门汇总的工资汇总表。

7. 条件明细表

按用户指定条件查询工资明细数据并输出符合条件的所有人员的工资明细情况。

8. 条件统计表

按用户指定条件生成的工资统计表，用于统计某些工资项目的总和情况。

9. 工资变动明细表

该表用于选定工资项目的本月与上月个人工资的数据核对。

在使用时可通过月份下拉列表框选择要核对数据的终止月，系统自动将终止月与其上一月的数据比较结果显示出来，以供用户进行核对。工资变动明细表不能修改和删除。

工资变动明细表显示方式有：比较式、差额式和比较差额式。用户可在下拉列表框中选择显示方式。

10. 工资变动汇总表

该表用于本月与上月工资汇总数据的核对，其他内容与工资变动明细表类似。

在不选择任何工资项目的情况下，工资变动汇总表表现为：由于现有人员的调动、工资停发等或本月新增人员的工资发放造成的本月与上月部门工资不一致的变动情况。

案例 6.18 查询“正式人员”类别的部门工资汇总表。

操作步骤：

(1) 执行“工资管理”→“工资类别”→“打开工资类别”命令，在弹出的对话框中选择“正式人员”工资类别。

(2) 执行“统计分析”→“账表”→“工资表”命令，打开“工资表”对话框，如图 6.39 所示。

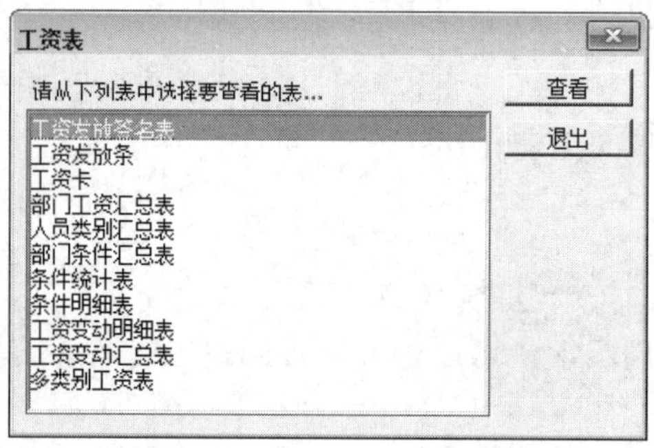

图 6.39 “工资表”对话框

(3) 选择“部门工资汇总表”选项，单击“查看”按钮，在弹出的对话框中选择所有部门，单击“确定”按钮，即可打开如图 6.40 所示的结果。

部门工资汇总表

输出 设置 级次 退出

部门工资汇总表

2016 年 1 月

会计月份 一月

部门	人数	基本工资	岗位工资	奖金	副食补助	应发合计	缺勤天数	缺勤扣款	养老保险	代扣税
行政部	9	41,500.00	26,600.00		5,400.00	73,500.00	3.00	150.00	3,405.00	3,160.00
办公室	3	13,300.00	8,200.00		1,800.00	23,300.00	2.00	100.00	1,075.00	962.50
财务部	3	13,800.00	10,200.00		1,800.00	25,800.00	1.00	50.00	1,200.00	1,196.50
人力资源部	2	9,200.00	5,200.00		1,200.00	15,600.00			720.00	578.00
信息部	1	5,200.00	3,000.00		600.00	8,800.00			410.00	423.00
生产部	2	7,300.00	10,200.00		800.00	18,300.00			875.00	975.00
采购部	1	3,200.00	5,100.00		400.00	8,700.00			415.00	402.00
销售部	1	3,000.00	5,000.00		400.00	8,400.00			400.00	345.00
仓储部	3	13,400.00	9,300.00		1,800.00	24,500.00			1,135.00	971.50
合计	16	68,400.00	56,200.00		8,800.00	133,400.00	3.00	150.00	6,230.00	5,853.50

部门	扣款合计	实发合计	代付税	年终奖	年终奖代扣税	工资代扣税	扣税合计	年终奖代付税	工资代付
行政部	6,715.00	66,785.00				3,160.00	3,160.00		
办公室	2,137.50	21,162.50				962.50	962.50		
财务部	2,446.50	23,353.50				1,196.50	1,196.50		
人力资源部	1,298.00	14,302.00				578.00	578.00		
信息部	833.00	7,967.00				423.00	423.00		
生产部	1,850.00	16,450.00				975.00	975.00		
采购部	817.00	7,883.00				402.00	402.00		
销售部	745.00	7,655.00				345.00	345.00		
仓储部	2,106.50	22,393.50				971.50	971.50		
合计	12,233.50	121,166.50				5,853.50	5,853.50		

图 6.40 部门工资汇总表

(4) 单击“退出”按钮，返回即可。

6.5.3　工资分析表

工资分析表是以工资数据为基础，对部门、人员类别的工资数据进行分析和比较，产生各种分析表，供决策人员使用。工作分析表包括：分部门各月工资构成分析表、分类统计表、工资项目分析、工资增长情况、部门工资项目构成分析表以及员工工资项目统计表。

对于工资项目分析，系统仅提供单一部门项目分析表。用户在分析界面的部门列表框中，选择某一部门，可查看该部门的工资项目分析表。

对于员工工资汇总表，系统仅提供对单一工资项目和单一部门进行员工工资汇总分析。对于分部门各月工资构成分析表，系统提供对单一工资项目进行工资构成分析。在查询分析界面，可单击“查询”按钮，重新设定分析条件。

6.5.4　凭证查询

工资核算的结果以转账凭证的形式传输到总账系统，在总账系统中可进行查询、审核、记账等操作，不能修改、删除。薪资管理系统中的凭证查询功能提供对工资系统所生成凭证的删除、冲销。

案例 6.19　月末，查询工资系统中“正式人员”类别生成凭证，并尝试如何删除凭证、冲销凭证。

操作步骤：

(1) 执行“统计分析”→“凭证查询”命令，打开“凭证查询”窗口，如图 6.41 所示。

凭证查询

删除　冲销　单据　凭证　修改　退出

业务日期	业务类型	业务号	制单人	凭证日期	凭证号	标志
2016-01-31	应付工资	1	李光宁	2016-01-31	03-1	未审核
2016-01-31	应付福利费	2	李光宁	2016-01-31	03-2	未审核

图 6.41　“凭证查询”窗口

(2) 输入所要查询的起始月份和终止月份，显示查询期间凭证列表。

(3) 选择一张凭证，单击“删除”按钮可删除标识为“未审核”的凭证。实质是在总账中将凭证打上“作废”标记，如果想从数据库中删除，还需在总账中执行凭证整理处理。

(4) 单击“冲销”按钮，则可对当前标识为“记账”的凭证进行红字冲销操作，自动生成与原始凭证相同的红字凭证。

(5) 单击“单据”按钮，显示生成凭证的原始凭证。

(6) 单击“凭证”按钮，显示单张凭证界面。

项 目 小 结

薪资管理系统可以建立工资核算账套，进行工资核算，工资发放，工资费用分摊，工资统计、分析和个人所得税核算等。与总账系统联合使用，可以将工资凭证传递到总账中；与成本系统联合使用，可以为成本系统提供人员的费用。同时对于薪资的档案和调整过程进行及时准确的反映。准确掌握薪资的变动趋势，及时发现部门、项目的薪资变化趋势。

学生在学习该项目时应掌握以下基础知识：

(1) 掌握工资系统的初始化设置；

(2) 掌握工资系统的日常业务处理；

(3) 掌握工资账表数据的查询。

拓展闯关 4

1. 恢复“总账期初余额”账套，并启用工资系统，启用时间为 2016 年 1 月 1 日。

2. 设置如下业务控制参数。

工资类别个数：1 个；核算币种：人民币 RMB；实行代扣个人所得税，不进行扣零处理；人员编码长度：5 位。

3. 设置人员档案及类别(参照表 6.1“正式人员”类别的人员档案)。

4. 设置工资项目及公式。

(1) 工资项目如下：

项目名称及类型	长度	小数位数	工资增减项
基本工资 N	10	2	增项
岗位工资 N	10	2	增项
奖金 N	10	2	增项
交通补助 N	10	2	增项
应发合计 N	10	2	增项
病假扣款 N	8	2	减项
事假扣款 N	8	2	减项
个人养老保险 N	8	2	减项

代扣税N	8	2	减项
扣款合计N	8	2	减项
实发合计N	10	2	增项
日工资N	8	2	其他
事假天数	8	0	其他
病假天数N	8	0	其他
计税基数N	10	2	其他
养老保险扣款基数N	10	2	其他
工龄N	3	0	其他

(2) 计算公式如下：

岗位工资为

IFF(人员类别="企业管理人员", 750, IFF(人员类别="辅助车间人员", 650 700))

奖金：IFF(人员类别="企业管理人员", 120, 150)

交通补助：IFF(人员类别="销售人员", 150, 100)

计税基数：基本工资+岗位工资+奖金+交通补助-病假扣款-事假扣款

日工资：(基本工资+岗位工资+奖金)/21

病假扣款：IFF(工龄>=10，日工资×病假天数×0.2, IFF(工龄>=5 and 工龄<=10, 日工资×病假天数×0.3, 日工资×病假天数×0.5))

事假扣款：事假天数×日工资

养老保险扣款基数：基本工资+岗位工资+奖金

个人养老保险：养老保险扣款基数×0.06

5. 录入 2016 年 1 月有关的薪资数据，并计算出来。

单位：元

姓　名	基本工资	岗位工资	奖　金	姓　名	基本工资	岗位工资	奖　金
李刚	5500	3500	500	陈静敏	5200	3000	500
张雪君	4000	2500	500	曹颖	3700	5200	500
高明	3800	2200	500	白展堂	3600	5000	500
李光宁	5000	3300	800	左林	3200	5100	800
李婧	4600	2800	500	孙东明	3000	5000	500
袁大伟	4200	2600	600	史艳	4600	3000	600
刘杰	4700	2700	500	郭芙蓉	4500	3200	500
刘洋	4500	2500	500	李四平	4300	3100	500

6. 工资分摊均指企业负担的部分。

分摊计提月份：1 月。核算部门：行政科(厂办、财务室、总务)、总装车间、辅助车间、销售组和供应组。

计算公式：

应付薪酬总额=计税基数×100%

职工福利费=计税基数×14%

企业养老保险金=养老保险扣款基数×20%

部门 \ 工资分摊		应付工资		职工福利费		职工福利费	
		借方科目	贷方科目	借方科目	贷方科目	借方科目	贷方科目
办公室、财务部、人力资源部、信息部、仓储部	管理人员	660201	221101	660202	221101	660202	221101
采购部、销售部	经营人员	660199	221101	660199	221101	660199	221101
生产部	生产人员	500102	221101	500102	221101	500102	221101

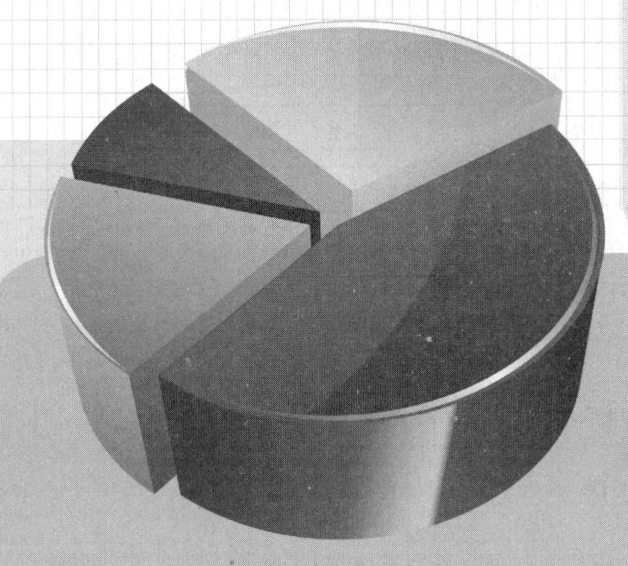

项目 7

应收款管理系统

职业能力目标

通过本项目的学习，使学生了解应收款管理系统单独启用时的业务操作，掌握应收款管理系统的初始化设置和日常业务处理流程。了解应收款管理系统和其他子系统之间的联系，掌握应收款管理系统的月末处理。

典型工作任务

- 应收款管理系统的初始设置和期初余额录入
- 应收单据录入
- 收款单录入
- 转账处理
- 期末处理

知识架构

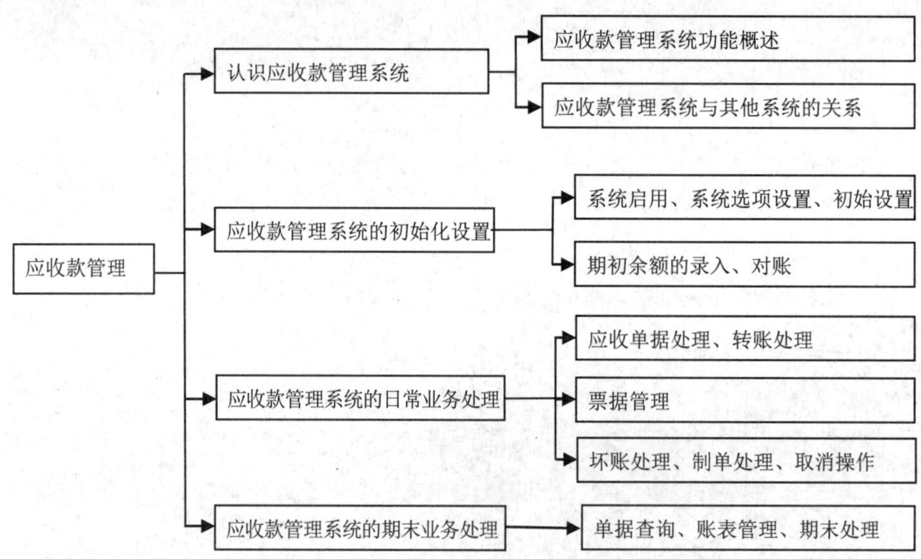

任务 7.1　认识应收款管理系统

7.1.1　应收款管理系统功能概述

应收款管理系统主要用于实现企业与客户之间业务往来账款的核算与管理。企业在生产经营活动中发生的收款业务和应收业务，可以通过销售发票、其他应收单、收款单及票据的录入来对企业的往来账款进行综合管理。系统提供了账龄分析、欠款分析和坏账分析等报表管理功能，方便处理应收账款的收回、转账、冲销和坏账处理等业务，可以更好地管理企业的应收账款，提高资金的利用效率，减少坏账的发生。

7.1.2　应收款管理系统与其他系统的关系

与应收款管理系统相关的系统有销售管理系统、总账系统、应付管理系统和 UFO 报表等系统，系统之间均有接口，可以进行数据的传递，具体联系如图 7.1 所示。

本章项目主要介绍的是单独启用应收款管理系统和总账系统下的应收款管理系统的使用方法，在后面的章节中会介绍同时启用销售管理、总账管理和应收款管理系统下的应收款管理系统时的不同使用方法。因此，本章节的内容均为不启用销售管理系统情况下的应收款管理系统的知识讲解。

根据对客户往来款项核算和管理程度的不同，系统提供了应收账款核算模型“详细核算”和“简单核算”两种应用方案以供选择。方案的选择直接关系到应收款管理系统下功能菜单的启用和数据的传递，所以在应收款管理系统初始化时就应对方案进行确定，必须慎重选择。

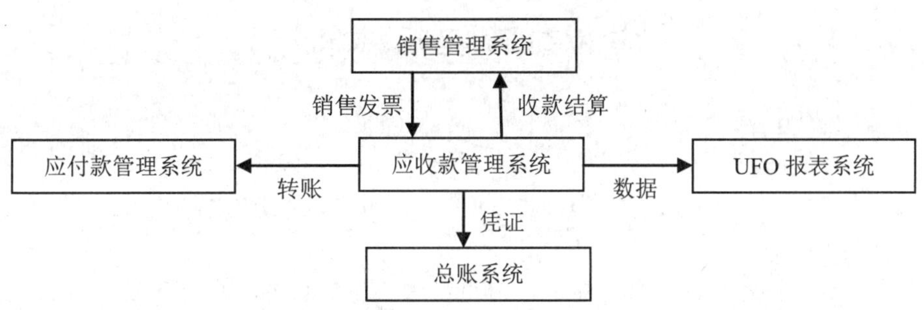

图 7.1　应收款管理系统与其他系统的关系

如果企业的销售业务以及应收款的核算与管理业务比较复杂，或者企业需要追踪每一笔业务的应收款、收款及欠款情况，那么应当选择“详细核算”方案。该方案能够帮助企业了解每一位客户每笔业务详细的应收情况、收款情况和应收余额，进行账龄分析，加强客户往来款项的管理，提高资金的利用率。

如果企业的销售业务及应收款核算比较简单，或者现销业务很多，那么选择“简单核算”方案即可满足企业需求。该方案着重于对客户的往来款项进行查询和分析。

“详细核算”下应收款管理系统的业务处理流程，如图 7.2 所示。

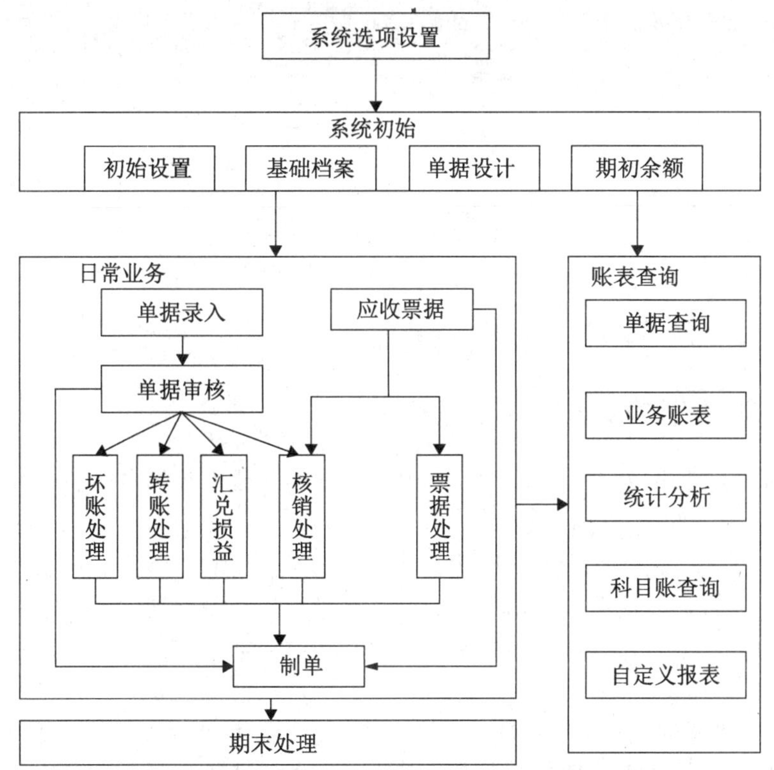

图 7.2　“详细核算”下应收款管理系统的业务处理流程

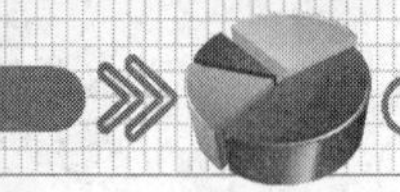

任务 7.2　应收款管理系统的初始化设置

7.2.1　系统启用

应收款管理系统可以在新建账套时立即启用，也可以在建立完账套后打开企业应用平台下再进行启用。

案例 7.1　恢复总账期初余额账套，启用应收款管理系统，启用日期为 2016-01-01。

操作步骤：

(1) 以系统管理员 admin 的身份登录系统管理，恢复总账期初余额账套。

(2) 以账套主管的身份登录企业应用平台，执行“基本信息”→“系统启用”命令，选择“应收款管理”，启用日期为 2016-01-01，如图 7.3 所示。

图 7.3　应收款管理系统的启用

提示：

除总账和应收款管理系统外，其他系统不要启用。

7.2.2　系统选项设置

系统选项设置是用来进行应收款管理系统参数的配置，系统参数的设置关系到整个账套的使用效果和财务管理要求。

在实际使用应收款管理系统处理业务前，应根据企业的具体要求，在“选项”中进行相关参数的设置，以便系统根据所设定的选项进行相应的处理。部分选项在系统使用后不能进行修改，故选择时应该慎重选取。账套参数包括：常规、凭证、权限与预警、核销设置。

案例 7.2　设置如下参数：坏账处理方式为“应收余额百分比法”“自动计算现金折扣”“应收票据直接生成收款单”“月结前全部生成凭证”“预收冲应收生成凭证”和“单据审核后立即制单”。

操作步骤：

(1) 以账套主管“李光宁”的身份登录企业应用平台，登录时间为 2016-01-01。

(2) 执行“财务会计”→“应收款管理”→“设置”→“选项”命令，打开“账套参数设置”对话框。

(3) 单击“编辑”按钮，切换到“常规”选项卡，在“坏账处理方式”下拉列表框中选择“应收余额百分比法”，选中“自动计算现金折扣”“应收票据直接生成收款单”复选框，如图 7.4 所示。切换到“凭证”选项卡，选中“月结前全部生成凭证”“预收冲应收生成凭证”“单据审核后立即制单”复选框，如图 7.5 所示。

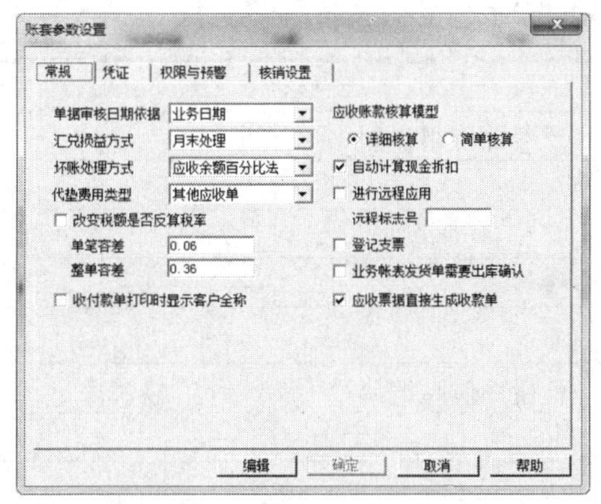

图 7.4　常规选项的设置

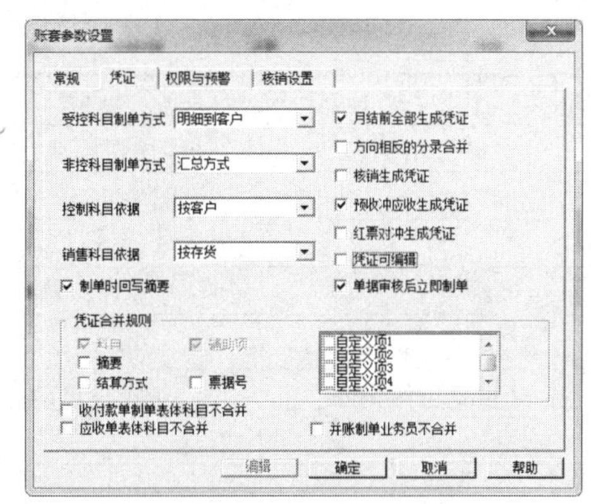

图 7.5　凭证选项的设置

7.2.3　初始设置

初始设置是账套进行应收业务处理前应进行的基础设置，包括系统科目设置、存货档案设置、单据设置以及坏账设置等。只有按照企业的实际业务情况进行正确的初始设置后才能开始进行应收款系统的日常业务处理，所以此项内容非常重要。

1. 基础档案的设置

和应收款管理模块相关的基础档案主要包括：计量单位、存货分类、存货档案、银行设置和付款条件等。

1)　计量单位组及计量单位的设置

计量单位组是对计量单位的分类管理，设置计量单位之前必须先设置计量单位组。计量单位组分为无换算、浮动换算和固定换算三种。浮动换算和固定换算计量单位组中需设置一个主计量单位，一个或多个辅计量单位，主辅计量单位间需设置换算率。无换算计量单位组没有主辅计量单位之分，不需设置换算率，只需录入各个计量单位即可。

(1) 无换算计量单位组。该组下可建立多个计量单位，每个计量单位都是主计量单位，彼此之间没有换算关系，独立存在，如“个”“台”“件”“吨”等。

(2) 浮动换算率。设置浮动换算率时，可以选择的计量单位组中只能包含一个主计量单位和一个辅计量单位，换算率是浮动的，可以录入也可以不录入。

(3) 固定换算率。固定换算率下可以设置一个主计量单位和多个辅计量单位。辅计量单位的换算率各不相同且不能为空。例如，“克”为主计量单位，“斤”和“公斤”为辅计量单位，它们之间的换算关系是：1 斤=500 克，1 公斤=1000 克(500，1000 为辅计量单位“斤”和“公斤”的换算率)。

(4) 如果要在单据中同时显示主辅计量单位对应的个数，则需要在单据格式设置中选择表体项目“件数”，则单据行中(如销售专用发票)显示的“数量”栏目为主计量单位数目，“件数”栏目为辅计量单位数目。

案例 7.3 设置如表 7.1 所示的计量单位组和计量单位。

表 7.1 计量单位组和计量单位

计量单位组			
计量单位组编码	**计量单位组名称**	**计量单位组类别**	
1	无换算关系	无换算率	
2	牛奶单位	固定换算率	
3	奶片单位	固定换算率	
计量单位			
计量单位编码	**计量单位名称**	**计量单位组编码**	**换算率**
101	千克	1	
102	吨	1	
103	公里	1	
201	箱(主计量单位)	2	1
202	盒	2	0.125
301	盒(主计量单位)	3	1
302	片	3	0.1

操作步骤：

以账套主管“李光宁”的身份登录企业应用平台，登录日期为 2016-01-01。

(1) 设置计量单位组。执行“基础设置”→“基础档案”→“存货”→“计量单位”命令，单击“分组”按钮增加计量单位组。单击“增加”按钮，弹出计量单位组设置窗口，如图 7.6 所示，分别输入计量单位组编码(1、2、3)、计量单位组名称(无换算关系、牛奶单位、奶片单位)、类别(无换算率、固定换算率、固定换算率)。

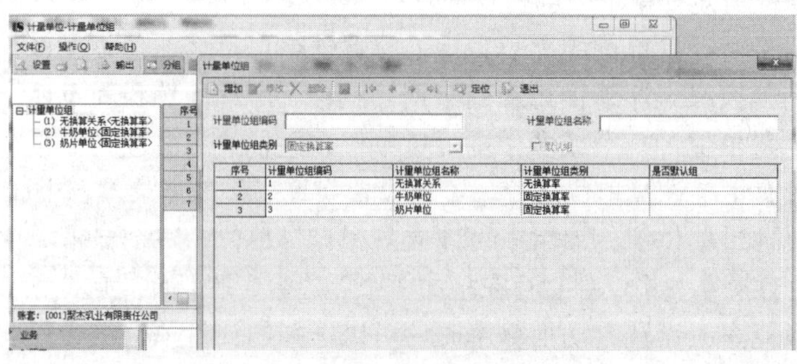

图 7.6 计量单位组的设置

(2) 设置无换算计量单位。单击“1 无换算关系”计量单位组，单击 “单位”按钮，弹出计量单位设置窗口。单击“增加”按钮，分别在“计量单位编码”“计量单位名称”“计量单位组编码”文本框内输入“101”“千克”“1”，其余为系统默认设置，单击“保存”按钮即可。以此方法依次输入“102 吨”“103 公里”，最终结果如图 7.7 所示。

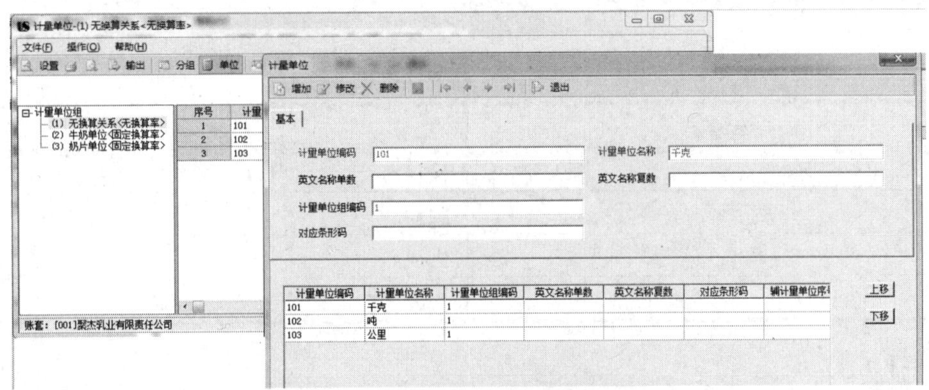

图 7.7　无换算关系计量单位设置

(3) 设置固定换算计量单位。单击“2 牛奶单位”计量单位组，单击“单位”按钮，弹出计量单位设置窗口。单击“增加”按钮，在“计量单位编码”“计量单位名称”“计量单位组编码”文本框内依次输入“201”“箱”“2”，选中“主计量单位标志”复选框，单击“保存”按钮；单击“增加”按钮，在“计量单位编码”“计量单位名称”文本框内依次输入“202”“盒”，取消选中“主计量单位标志”复选框，换算率录入 0.125，单击“保存”按钮，最终结果如图 7.8 所示。以此方法增加“3 奶片单位”计量单位组下的计量单位“盒”“片”。

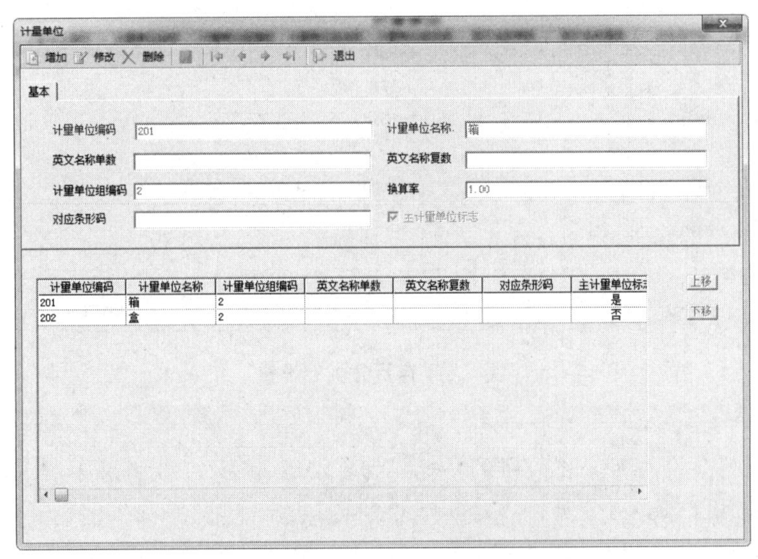

图 7.8　固定换算关系计量单位的设置

2) 存货分类的设置

存货分类是对存货档案的分类管理。存货分类最多可分 8 级，编码总长不能超过 30 位，每级级长可自定义。只有在新建账套时选择“存货进行分类”选项，才可以对存货进行分类设置，增加完存货分类后再建立存货档案，否则直接建立存货档案即可。

案例 7.4 建立如表 7.2 所示的企业存货分类。

表 7.2 存货分类

分类编码	分类名称
01	原材料
02	辅料
03	产成品
04	应税劳务

操作步骤：

以账套主管“李光宁”的身份登录企业应用平台，登录日期为 2016-01-01。

(1) 执行“基础设置”→“基础档案”→“存货”→“存货分类”命令，打开“存货分类”窗口。单击“增加”按钮，在“分类编码”“分类名称”文本框内依次输入“01”“原材料”，单击“保存”按钮即可。

(2) 再次单击“增加”按钮，依次以此方法输入“02 辅料”“03 产成品”“04 应税劳务”，最终结果如图 7.9 所示。

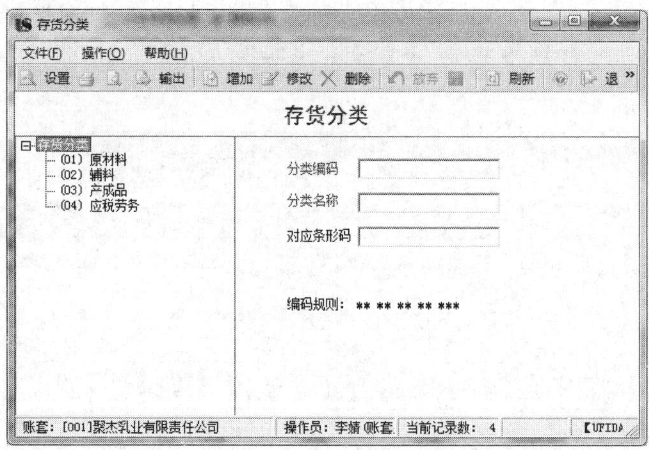

图 7.9 存货分类的设置

提示：

- 建立存货分类时，应按照编码规则的要求进行输入，且编码和名称不可以重复。
- 先建立上级存货分类，再建立下级分类。

3) 存货档案的设置

存货档案主要用于设置企业在生产经营中使用到的各种存货信息，以便于对这些存

货进行资料管理、库存管理和数据分析。存货包括产成品、在产品、包装物和应税劳务(劳务、运输费和装卸费等)等。存货档案应建立在存货分类的末级下。

案例 7.5　建立如表 7.3 所示的企业存货档案。

表 7.3　存货档案

存货编码	存货名称	存货分类	计量单位组	主计量单位	存货属性
01001	液态奶	01 原材料	1 无换算关系	102 吨	内销、外销、外购、生产耗用
02001	果胶	02 辅料	1 无换算关系	101 千克	内销、外销、外购、生产耗用
02002	食用香精	02 辅料	1 无换算关系	101 千克	内销、外销、外购、生产耗用
02003	食用砂糖	02 辅料	1 无换算关系	101 千克	内销、外销、外购、生产耗用
03001	特仑苏盒装	03 产成品	2 牛奶单位	201 箱	内销、外销、自制、在制
03002	牛奶干吃片	03 产成品	3 奶片单位	201 箱	内销、外销、自制、在制
04001	运费	04 应税劳务	1 无换算关系	103 公里	应税劳务、外购、销售

操作步骤:

以账套主管“李光宁”的身份登录企业应用平台，登录日期为 2016-01-01。

(1) 执行“基础设置”→“基础档案”→“存货”→“存货档案”命令，打开“存货档案”窗口，选中左侧“01 原材料”存货分类后，单击工具栏的“增加”按钮，在此存货分类下输入：存货编码为“01001”、存货名称为“液态奶”，存货分类为“01 原材料”、计量单位组为“1 无换算关系”、主计量单位为“102 吨”、存货属性选择为“内销、外销、外购、生产耗用”，如图 7.10 所示，录入完毕后单击“保存”或“保存后新增”按钮均可完成录入。

(2) 以此方法，按照表 7.3 的信息继续录入后续存货。

图 7.10　存货档案的设置

4) 本单位开户银行的设置

开户银行是指企业在收付结算中对应的开户银行。开户银行会在发票和票据单中自动带出，主要包括开户银行编码、开户银行名称和银行账号等。本功能应在启用应收款管理系统后才能进行设置。

案例 7.6 设置本企业的开户银行，如表 7.4 所示。

表 7.4 开户银行的设置

编　码	银行账号	账户名称	币　种	开户银行	所属银行编码
01	213475696223	内蒙古聚杰乳业有限公司	人民币	中国工商银行呼和浩特支行	01 中国工商银行

操作步骤：

(1) 以账套主管“李光宁”的身份登录企业应用平台，登录日期为 2016-01-01。

(2) 执行“基础设置”→“基础档案”→“财务”→“收付结算”→“本单位开户银行”命令，单击“增加”按钮，录入编码 01、银行账号 213475696223，账户名称“内蒙古聚杰乳业有限公司”、币种“人民币”、开户银行“中国工商银行呼和浩特支行”、所属银行编码“01-中国工商银行”，如图 7.11 所示，输入完毕后单击“保存”按钮即可。

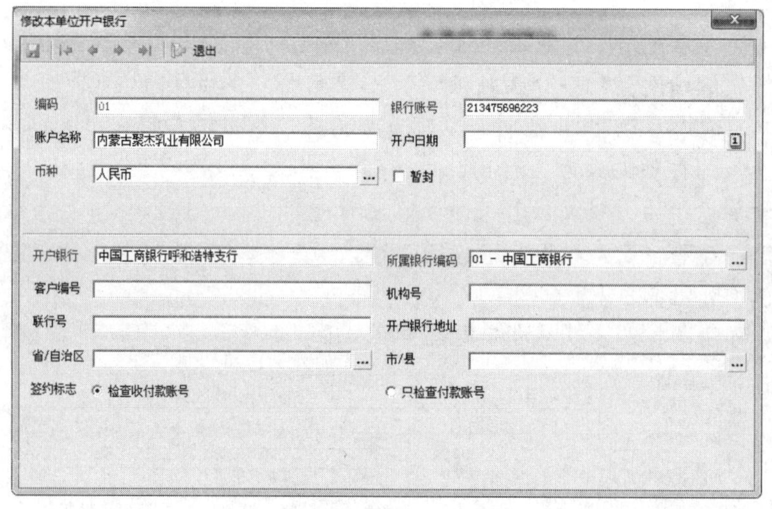

图 7.11 本单位开户银行的设置

5) 付款条件的设置

付款条件，也叫作现金折扣，指企业为鼓励客户积极还款而允诺的在一定期限内给予规定的折扣优待。通常表示为“5/10，2/20，*n*/30”，即客户在 10 天内偿还贷款可享受 5%的折扣，在 20 天内偿还贷款可享受 2%的折扣，在 30 天内偿还货款则需全款支付；在 30 天后偿还贷款，则不仅需要全额付款，还可能支付延期付款利息，影响客户的信用等级。

付款条件主要在采购订单、销售订单、销售发票、采购结算、销售结算、客户目录

和供应商目录中引用。付款条件最多支持 4 个时间段的折扣。销售发票中如果进行了付款条件的录入，则收款后核销时系统会自动检查收款时间和发票时间的间隔，然后找到该优惠天数对应的优惠率，自动计算现金折扣计入“财务费用”科目中，也可以和收款业务一起合并生成相应凭证。

案例 7.7　设置付款条件为“5/10，2/20，*n*/30”。

操作步骤：

(1) 以账套主管“李光宁”的身份登录企业应用平台，登录日期为 2016-01-01。

(2) 执行“基础设置”→“基础档案”→“收付结算”→“付款条件”命令，打开“付款条件”设置窗口。在“付款条件编码”栏输入 01；在“信用天数”栏输入 30；在“优惠天数 1”栏输入 10；在“优惠率 1”栏输入 5；在“优惠天数 2”栏输入 20；在“优惠率 2”栏输入 2；在“优惠天数 3”栏输入 30；在“优惠率 3”栏输入 0 或不输入数值，如图 7.12 所示，单击“保存”按钮即可完成录入。

提示：

- 付款条件一旦被引用，不能进行修改、删除操作。
- 信用天数越长优惠率越低。

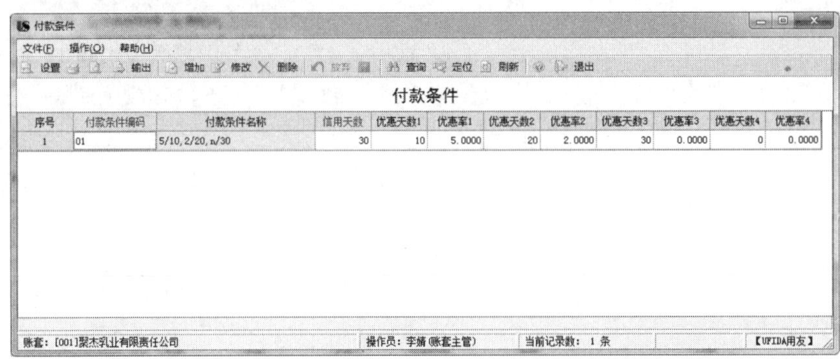

图 7.12　付款条件的设置

2. 应收款管理的设置

应收款管理设置是在应收款管理系统下的基础设置，主要包括基本科目设置、控制科目设置、产品科目设置、结算方式科目设置、坏账准备设置和账龄设置等。

1)　设置科目

(1) 基本科目的设置。用户可以定义应收系统凭证制单所需的基本科目。若用户未在单据中指定科目，且控制科目和产品科目中没有明细科目的设置，则系统制单时依据制单规则，取基本科目设置中的科目设置。

(2) 控制科目的设置。进行应收科目和预收科目的设置，可以按照客户明细设置对应的应收科目和预收科目。若控制科目没有输入，则系统取基本科目设置中的应收科目和预收科目，所有客户均对应一个应收科目或预收科目。

(3) 结算方式科目设置。结算方式科目设置是对不同的结算方式进行相对应的科目和币种的设置。对于现结的发票及收付款单，若单据上添加了科目，则制单时取单据上的科目。若无，则系统依据单据上的结算方式查找对应的结算科目，系统制单时按照结算方式科目设置中的设置自动带出，若为输入，则需要用户手工输入凭证科目。

(4) 产品科目设置。可以设置不同产品对应的收入科目、税金科目和销售退回科目。例如，设置产成品对应“主营业务收入”，材料对应“其他业务收入”。若产品科目没有输入，则系统取基本科目设置中的收入科目、税金科目。

案例 7.8 设置应收科目为 1122，预收科目为 2203，现金折扣科目为 660303，商业承兑科目为 1121，银行承兑科目 1121，票据利息科目 660301，票据费用科目 660399；按照表 7.5 设置产品科目；设置结算方式科目：现金——人民币，1001；现金支票——人民币，10020101；转账支票——人民币，10020101。

表 7.5 产品科目

类别编码	类别名称	销售收入科目	应交增值税科目
01	原材料	6051	22210105
02	辅料	6051	22210105
03	产成品	600101	22210105

操作步骤：

以账套主管“李光宁”的身份登录企业应用平台，登录日期为 2016-01-01。

(1) 执行“财务会计”→“应收款管理”→“设置”→“初始设置”→“设置科目”→“基本科目设置”命令，打开基本科目设置窗口，单击“增加”按钮，录入应收科目为“1122 应收账款”，预收科目为“2203 预收账款”，现金折扣科目为“660303 财务费用—现金折扣”，商业承兑科目为“1121 应收票据”，银行承兑科目“1121 应收票据”，票据利息科目“660301 财务费用—利息收入”，票据费用科目“660399 财务费用—其他”，如图 7.13 所示。

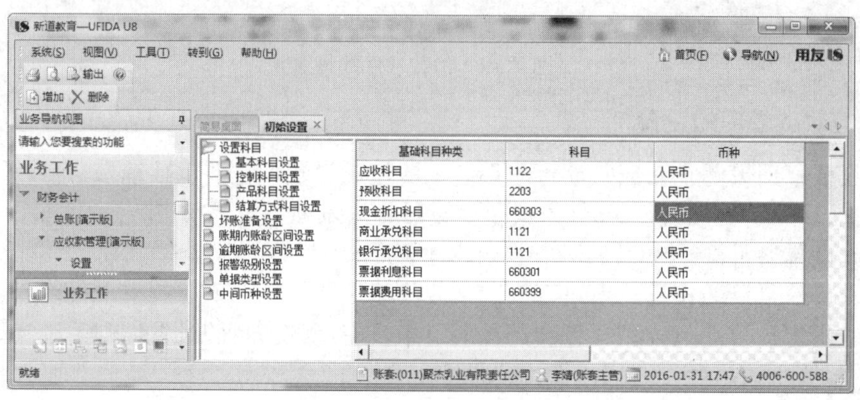

图 7.13 基本科目的设置

(2) 执行“财务会计”→“应收款管理”→“设置”→“初始设置”→“设置科目”→“产品科目设置”命令，打开产品科目设置窗口，按照表 7.5 的信息录入产品的销售收入科目和税金科目，如图 7.14 所示。

(3) 执行“财务会计”→“应收款管理”→“设置”→“初始设置”→“设置科目”

面向十二五高职高专会计专业规划教材

→“结算方式科目设置”命令，打开结算方式科目设置窗口，单击“增加”按钮，在结算方式栏中录入“1 现金 ”，币种栏中录入“人民币”，科目栏中录入“1001”。以此方法录入现金支票——人民币、10020101；转账支票——人民币，10020101，如图 7.15 所示。

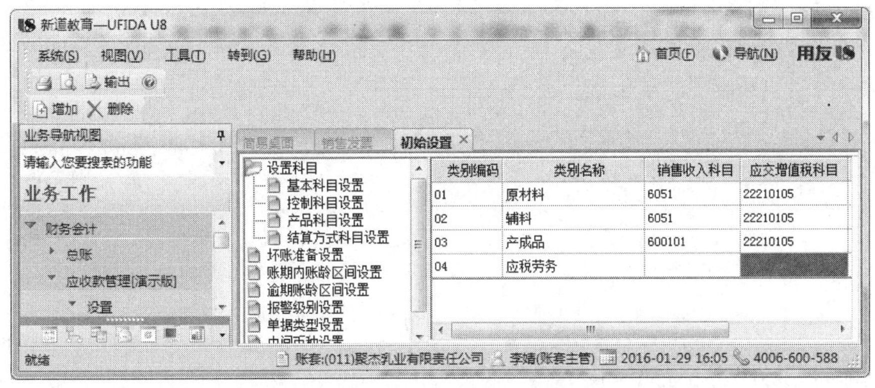

图 7.14　产品科目的设置

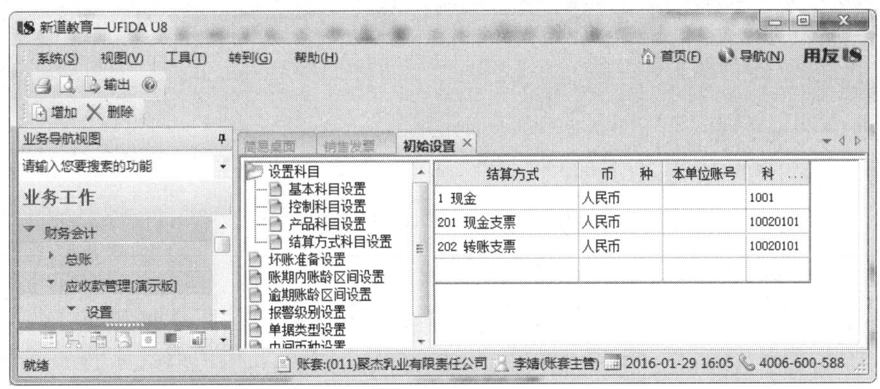

图 7.15　结算方式科目的设置

提示:

在会计科目列表中修改 1122 应收账款科目，2203 预收账款科目均为客户往来辅助核算，且受控系统为应收系统。

2)　坏账准备的设置

坏账准备设置是指用户定义应收款管理系统内的坏账计提比率、设置坏账准备期初余额的功能。企业应在期末针对不包含应收票据的应收款项计提坏账准备，其基本方法有销售收入百分比法、期末应收账款余额百分比法、应收账款账龄分析法和直接转销法等。用户可以在应收选项下设置坏账处理方式。需要注意的是，系统一旦进行了坏账处理操作，坏账处理方式就不能修改只能查询。本书只介绍使用较广泛的应收余额百分比法。

案例 7.9　设置坏账准备计提比例为 0.5%；坏账准备期初余额为 800；坏账准备科目

"1231 坏账准备"；对方科目为"6701 资产减值损失"。

操作步骤:

(1) 以账套主管"李光宁"的身份登录企业应用平台，登录日期为 2016-01-01，打开应收款管理系统。

(2) 执行"财务会计"→"应收款管理"→"设置"→"初始设置"→"坏账准备设置"命令，打开坏账准备设置窗口，按案例 7.9 的信息录入相关数据，如图 7.16 所示，单击"确定"按钮即可完成录入。

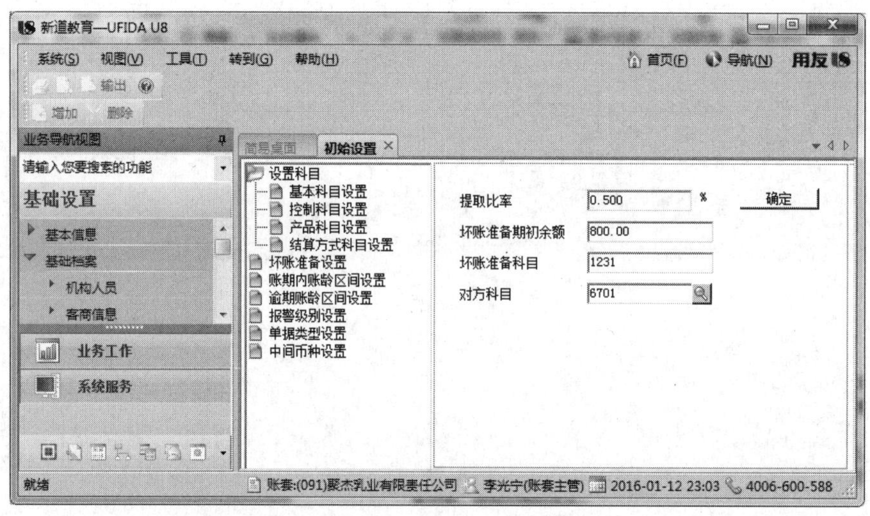

图 7.16 坏账准备的设置

3) 账期内账龄区间及逾期账龄区间的设置

(1) 账期内账龄区间设置是指用户定义账期内应收账款或收款时间间隔的功能，它的作用是便于用户根据定义的账款时间间隔进行账期内应收账款或收款的账龄查询和账龄分析，清楚了解一定期间内所发生的应收款、收款情况。

(2) 逾期账龄区间设置是指用户定义逾期应收账款或收款时间间隔的功能，它的作用是便于用户进行逾期应收账款或收款的账龄查询和账龄分析，更好地管理应收账款，提高资金效率，降低坏账的发生。

案例 7.10 设置账龄区间和逾期账龄区间：序号-01、起止天数 0～30、总天数 30 天；序号-02、起止天数 31～60、总天数 60 天；序号-03、起止天数 61～90、总天数 90 天；序号-04、起止天数 91 以上、总天数为空。

操作步骤:

以账套主管"李光宁"的身份登录企业应用平台，登录日期为 2016-01-01，打开应收款管理系统。

(1) 执行"财务会计"→"应收款管理"→"设置"→"初始设置"→"账期内账龄区间设置"命令，打开账期内账龄区间设置窗口，单击"增加"按钮，在序号 01 行录入总天数为 30 后，按 Enter 键继续录入总天数 60、90，最后一行的总天数为空，如图 7.17

所示。

(2) 执行“财务会计”→“应收款管理”→“设置”→“初始设置”→“逾期账龄区间设置”命令，打开逾期账龄区间设置窗口，录入相关数据，如图 7.18 所示。

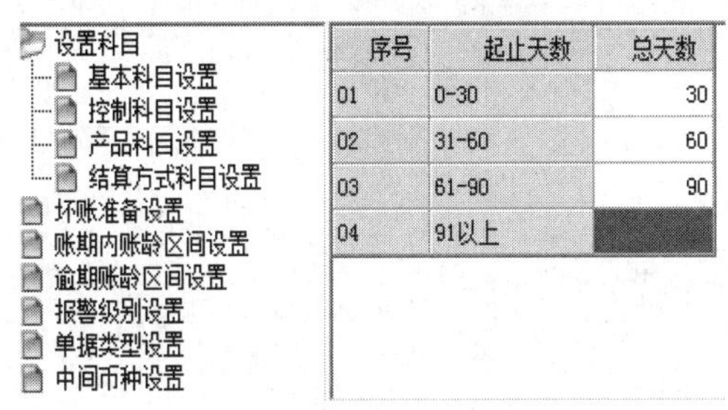

图 7.17　账期内账龄区间的设置

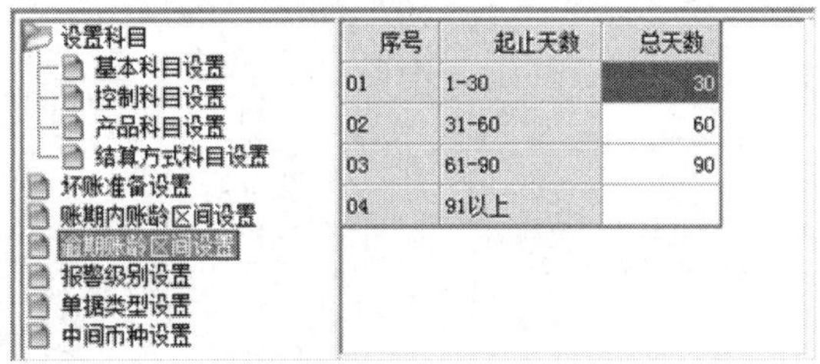

图 7.18　逾期账龄区间的设置

4) 单据格式与单据编号的设置

(1) 单据格式设置。此功能可以对各系统的主要单据的显示和打印格式进行设计，通过对表头或者表体项目的增加、删除及修改，来自定义出符合企业应用实际需要的个性化单据格式。

(2) 单据编号设置。根据企业业务中使用的各种单据的不同要求，用户可以自己设置单据的编码生成原则。单据编号可以选择“完全手工编号”“手工改动，重号时自动重取”和“按收发标志流水”三种，用户可自己选择相应规则。

案例 7.11　增加销售专用发票表体“件数”项目，取消必输项，设置销售专用发票编号为“手工改动，重号时自动重取”。将此账套进行备份，名称为“案例 7.11 备份”。

操作步骤：

以账套主管“李光宁”的身份登录企业应用平台，登录日期为 2016-01-01。

(1) 执行“基础设置”→“单据设置”→“单据格式设置”命令，打开单据格式设置窗口，在左侧的“单据类型”栏内，执行“销售管理”→“销售专用发票”→“显示”→“销售专用发票显示模板”命令，如图 7.19 所示。

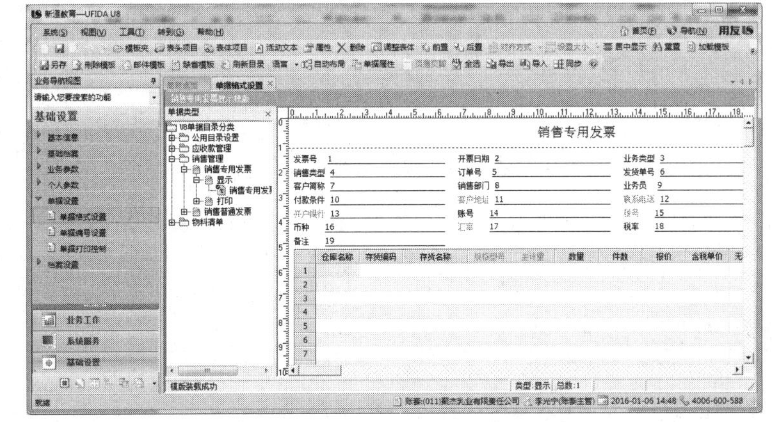

图 7.19　单据格式的设置

(2) 在右侧的销售专用发票显示界面中，在表体处右击，打开表体项目，如图 7.20 所示。选择“项目名称”列表框中的“件数”选项。取消选中“必输”复选框，单击“确定”按钮，然后再单击“保存”按钮即可保存修改后的单据格式。

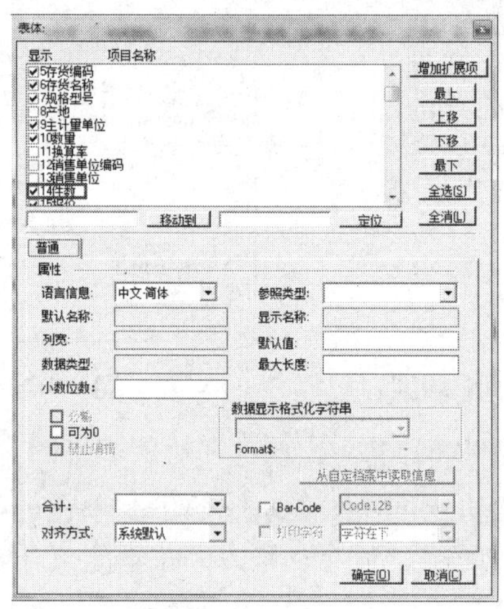

图 7.20 单据格式表体项目的设置

(3) 执行“基础设置”→“单据设置”→“单据编号设置”命令，打开单据编号设置窗口，切换到“编号设置”选项卡，在左侧的“单据类型”栏内，执行“销售管理”→“销售专用发票”命令，如图 7.21 所示。

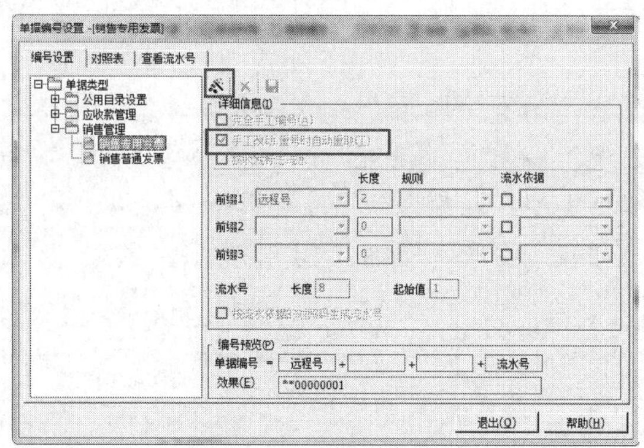

图 7.21 单据编号的设置

(4) 单击按钮，选中“手工改动，重号时自动重取”复选框后单击“保存”按钮即可。

7.2.4 期初余额

1. 期初余额的录入

通过期初余额功能，用户可将正式启用账套前的所有应收业务手工结算的期末数据

录入系统，作为电算化账的期初数据，这样既保证了数据的连续性，又保证了数据的完整性。初次使用本系统时，要将上期期末处理完的数据全部录入系统，以便于手工账和电算化账的完整过渡。

案例 7.12　按照表 7.6 信息录入 2016 年 1 月 1 日应收账款科目(1122)的期初余额。

表 7.6　应收账款科目(1122)期初余额录入

票据类型 ：销售专用发票

开票日期	客　户	销售部门	摘要	货物名称	数量/盒	含税单价/(元/盒)	金额/元
2015-12-31	北京华联内蒙古分公司	销售部	销售商品	牛奶干吃片	14 500	10	145000

票据类型：销售普通发票

开票日期	客　户	销售部门	摘要	货物名称	数量/盒	含税单价/(元/盒)	金额/元
2015-12-31	内蒙古维多利集团	销售部	销售商品	特仑苏盒装	3 800	50	190 000

票据类型：其他应收单

开票日期	客　户	销售部门	摘要	科目	金额/元
2015-12-31	内蒙古维多利集团	销售部	代垫运费	1 122	10 000

操作步骤：

以账套主管“李光宁”的身份登录企业应用平台，登录日期为 2016-01-01。

(1) 执行“财务会计”→“应收款管理”→“设置”→“期初余额”命令，打开期初余额设置窗口，单击“增加”按钮，选择单据名称为“销售发票”，单据类型为“销售专用发票”，方向为“正向”后，单击“确定”按钮，如图 7.22 所示。

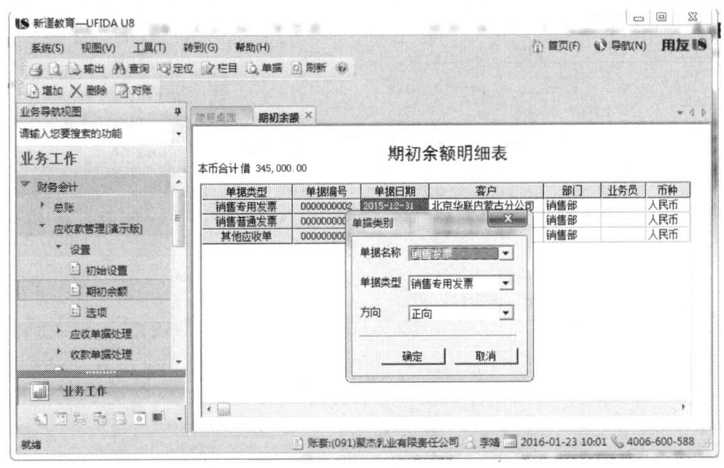

图 7.22　销售专用发票类别的选择

(2) 在销售专用发票录入界面，单击“增加”按钮，录入表 7.6 信息后单击“保存”按钮即可，如图 7.23 所示。

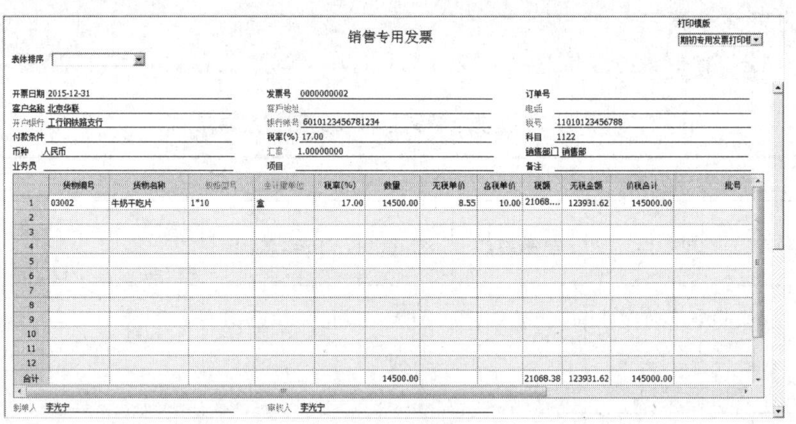

图 7.23 销售专用发票期初的录入

(3) 执行“财务会计”→“应收款管理”→“设置”→“期初余额”命令，打开期初余额设置窗口，单击“增加”按钮。选择“单据名称”为“销售发票”，单据类型为“销售普通发票”，方向为“正向”后，单击“确定”按钮，如图 7.24 所示。

图 7.24 销售普通发票类别的选择

(4) 在销售普通发票录入界面，单击“增加”按钮，选择客户为“内蒙古维多利集团”，部门为“销售部”，税率录入 3。在表体行录入存货编码、数量、含税单价等，需要注意的是一定要将表体税率也修改为 3，单击“保存”按钮即可，如图 7.25 所示。

图 7.25 销售普通发票期初的录入

(5) 执行“财务会计”→“应收款管理”→“设置”→“期初余额”命令，打开期初余额设置窗口，单击“增加”按钮，选择单据名称为“应收单”，单据类型为“其他

应收单”，方向为“正向”后，单击“确定”按钮。在应收单录入界面，单击“增加”按钮，选择客户为“内蒙古维多利集团”，部门为“销售部”，金额为 10 000，摘要为“代垫运费”，单击“保存”按钮即可，如图 7.26 所示。

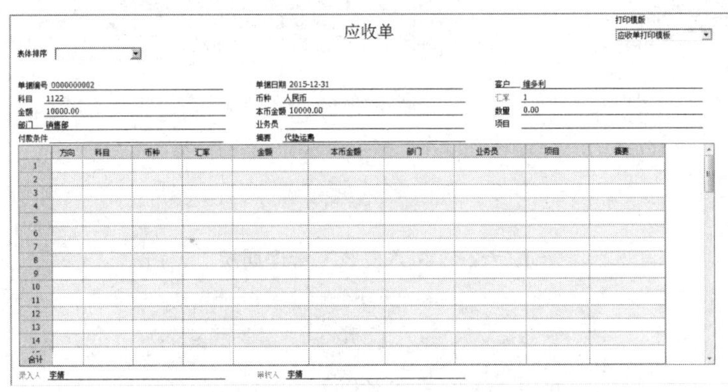

图 7.26　其他应收单期初的录入

(6) 期初余额录入完毕后，在期初余额录入界面单击“刷新”按钮即可显示所录单据列表。

> *提示*:
>
> 如图 7.22 所示，“单据类别”对话框下显示的方向，选择“正向”代表蓝字发票，选择“负向”代表红字发票。

2. 期初余额的对账

当应收款管理系统和总账管理系统一同启用时，应收款管理系统的期初余额可以与总账系统的期初余额进行对账，以检查期初余额的录入正确与否。在对账前，需要在总账中引入应收款管理系统的期初余额后进行对账，也可以在总账中直接录入后进行对账。如果应收款管理系统和总账系统不在同一个月启用，则不需要在应收款管理系统录入期初余额，可以直接对账。

案例 7.13　接案例 7.12，录入应收账款科目(1122)期初余额后，将期初引入到总账系统，并进行对账。

操作步骤：

以账套主管“李光宁”的身份登录企业应用平台，登录日期为 2016-01-01。

(1) 执行“总账”→“设置”→“期初余额”命令，进入总账期初余额界面，双击“应收账款”科目期初余额列，弹出辅助期初余额界面。

(2) 单击“往来明细”按钮，弹出“期初往来明细”窗口，单击左上方“引入”按钮。如果在总账中已经录入了期初余额，用户可以选择覆盖已有数据进行引入。如果总账中没有录入期初余额，用户可直接引入应收款管理模块下的期初余额，如图 7.27 所示。

(3) 期初引入后，单击“汇总”按钮，汇总后如图 7.28 所示。

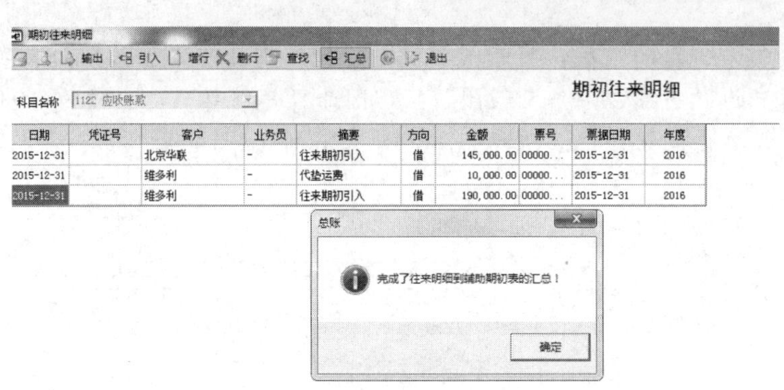

图 7.27　引入应收款管理期初

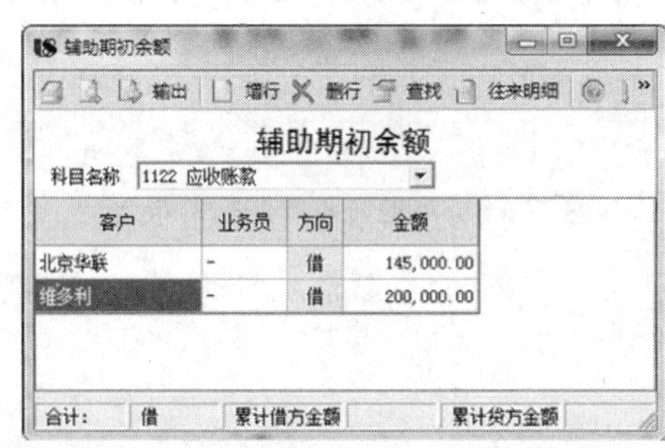

图 7.28　期初余额汇总

(4) 执行“应收款管理”→“设置”→“期初余额”命令，在弹出的窗口中单击“对账”按钮，进入“期初对账”窗口。查看应收款管理系统与总账管理系统的期初余额是否平衡，如图 7.29 和图 7.30 所示。

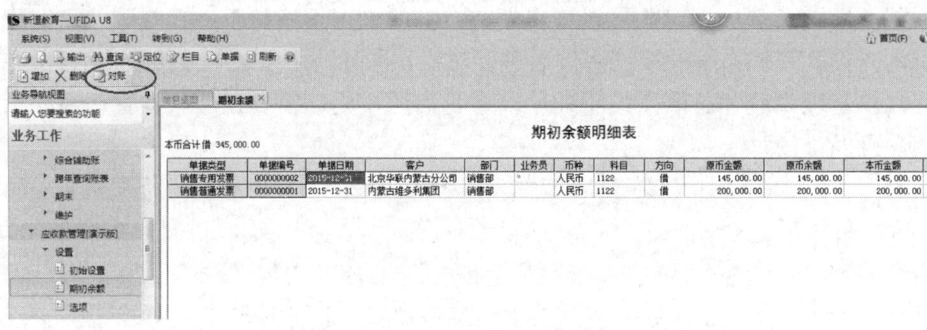

图 7.29　期初余额明细表

科目		应收期初		总账期初		差额	
编号	名称	原币	本币	原币	本币	原币	本币
1121	应收票据	0.00	0.00	0.00	0.00	0.00	0.00
1122	应收账款	345,000.00	345,000.00	345,000.00	345,000.00	0.00	0.00
2203	预收账款	0.00	0.00	0.00	0.00	0.00	0.00
	合计		345,000.00		345,000.00		0.00

图 7.30　期初对账

面向十二五高职高专会计专业规划教材

提示:
期初余额对账后其差额为零。

任务 7.3　应收款管理系统的日常业务处理

日常业务处理是应收款管理系统的重要组成部分，是经常性的应收业务处理工作。日常业务主要完成企业日常的应收款入账，收款业务的录入、收款业务核销、应收并账及坏账处理，及时记录应收业务、收款业务的发生，为查询和分析往来业务提供完整、准确的资料，加强对往来款项的监督管理，提高工作效率和资金的利用，降低坏账的发生。

7.3.1　应收单据的处理

应收单据包含销售专用发票、销售普通发票和其他应收单三种。销售发票是最常用的应收单据。如果应收款管理系统与销售管理系统同时使用，销售发票和代垫费用在销售管理系统中录入，在应收款系统中可以对这些单据进行审核、查询、制单、核销等操作。如果应收款管理系统没有和销售管理系统同时启用，那么销售发票只能在应收款管理系统中录入并审核，继而制单。其他应收单不管是否启用销售管理系统，均在应收款管理系统中录入。

1. 单据处理

销售发票与应收单是应收账款日常核算的原始单据。销售发票是指销售业务中的各类普通发票和专用发票。应收单是销售业务产生的应收单据，如发票产生的应收单据，代垫费用单产生的应收单据。

如果同时使用应收款管理系统和销售管理系统，则销售发票和代垫费用产生的单据由销售系统录入、复核后自动传递到应收款管理系统，在应收款管理系统中可以对这些单据进行查询、核销、制单。如果没有使用销售系统，则各类发票和应收单均应在应收款管理系统中录入并审核。在应收款管理系统中需要录入的单据仅限于应收单。

1)　销售发票的录入

案例 7.14　1 月 2 日，销售部售给内蒙古维多利集团特仑苏盒装 100 箱，含税单价 40 元/盒，税率为 3%，开出销售普通发票，货已发出。

操作步骤:

以会计主管“李婧”的身份登录企业应用平台，登录日期为 2016-01-02。

(1)　执行“财务会计”→“应收款管理”→“应收单据处理”→“应收单据录入”命令，单击“增加”按钮，选择单据名称为“销售发票”，单据类型为“销售普通发票”，方向为“正向”，如图 7.31 所示。单击“确定”按钮即可。

(2)　打开销售普通发票录入界面，单击“增加”按钮，输入单据日期为 2016-01-02，销售类型为“普通销售”，客户简称为“维多利”，销售部门为“销售部”，税率修改为 3%；单击表体，仓库名称为空，输入存货编码为 03001，存货名称为“特仑苏盒装”，数量为 100，税率为 3%，含税单价为“40 元”，单击“保存”按钮，并单击“审核”按钮，如图 7.32 所示。

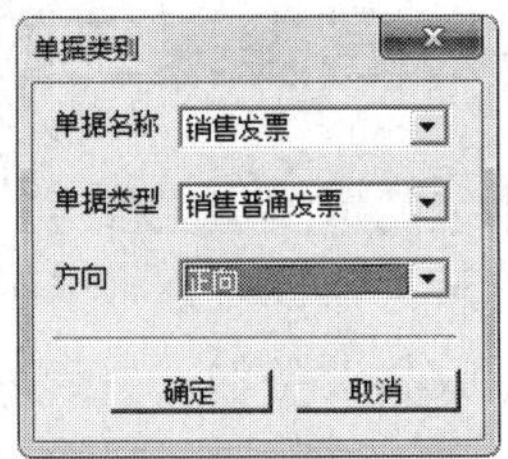

图 7.31 “单据类别”对话框

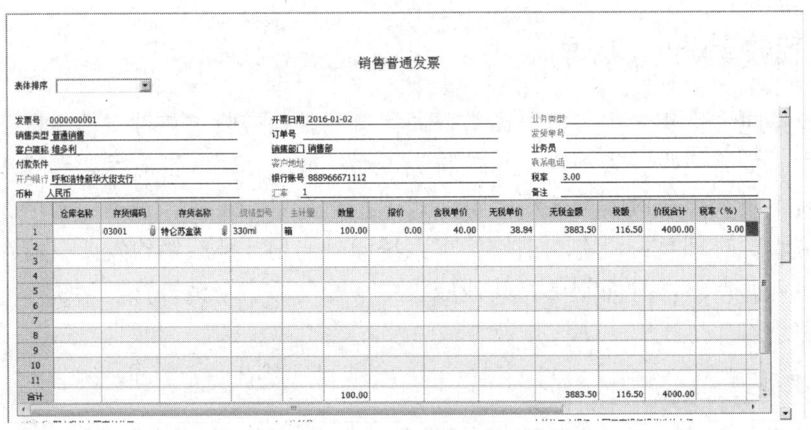

图 7.32 销售普通发票的录入

(3) 单击“审核”按钮后，系统弹出“是否立即制单？”提示信息，单击“是”按钮，系统自动生成凭证，修改凭证日期为 2016.01.02，凭证类别为“03 转账凭证”，单击“保存”按钮即可，如图 7.33 所示。

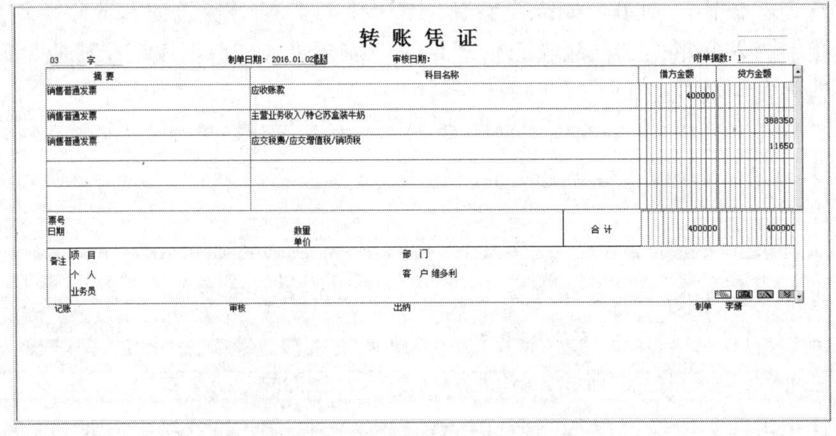

图 7.33 发票审核后生成的凭证

案例 7.15　1 月 4 日，销售部售给北京华联牛奶干吃片 5000 盒，含税单价 11 元/盒，税率 17%，开出销售专用发票，货已发出。

操作步骤：

以会计主管“李婧”的身份登录企业应用平台，登录日期为 2016-01-04。

(1) 执行“财务会计”→“应收款管理”→“应收单据处理”→“应收单据录入”命令，单击“增加”按钮，选择单据名称为“销售发票”，单据类型为“销售专用发票”，方向为“正向”，单击“确定”按钮。

(2) 打开销售专用发票录入界面，单击“增加”按钮，输入单据日期为 2016-01-04、销售类型为“普通销售”，客户简称为“北京华联”、销售部门为“销售部”、税率为“17%”；单击表体，仓库名称为空，输入“存货编码”为 03002，“存货名称”为“牛奶干吃片”，数量为 5000，含税单价为 11，如图 7.34 所示，单击“保存”按钮并单击“审核”按钮。

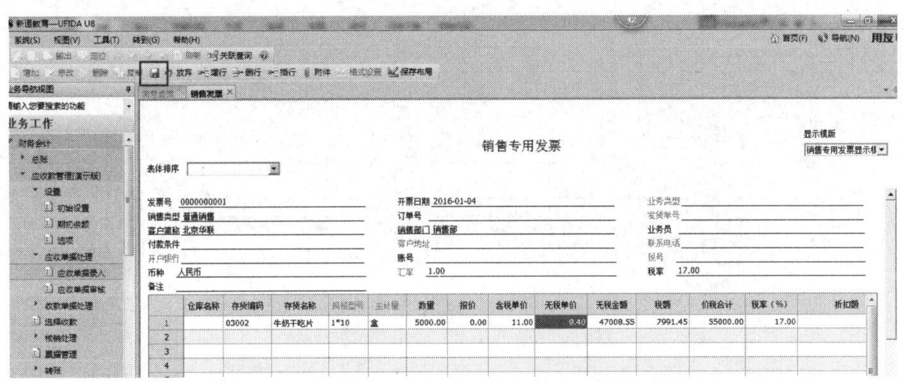

图 7.34　销售专用发票的录入

(3) 单击“审核”按钮后，系统弹出“是否立即制单？”提示信息，单击“是”按钮，系统自动生成凭证，如图 7.32 所示。修改凭证日期为 2016.01.04，凭证类别为“03 转账凭证”，单击“保存”按钮即可，如图 7.35 所示。

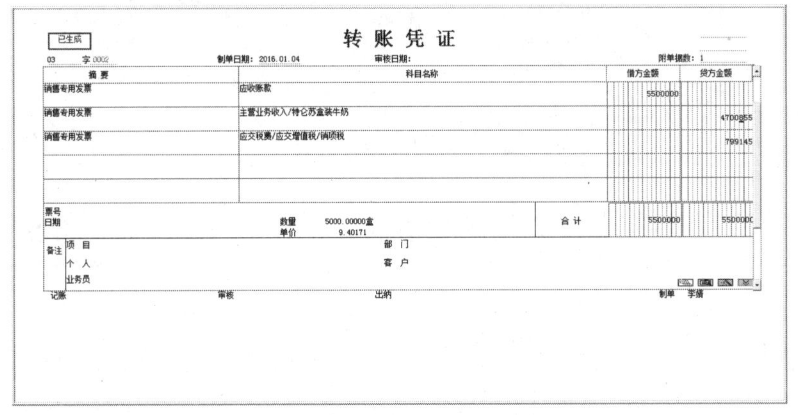

图 7.35　销售专用发票凭证的生成

2) 应收单的录入

案例 7.16 接上案例 7.15，1 月 4 日，销售部以现金方式替北京华联代垫运费 200 元。

操作步骤：

以会计主管“李婧”的身份登录企业应用平台，登录日期为 2016-01-04。

(1) 执行“财务会计”→“应收款管理”→“应收单据处理”→“应收单据录入”命令，单击“增加”按钮，选择单据名称为“应收单”，单据类型为“其他应收单”，方向为“正向”，单击“确定”按钮。

(2) 在应收单录入界面下单击“增加”按钮，修改单据日期为 2016-01-04，客户名称为“北京华联”，科目为 1122，金额为 200；单击表体，在表体行的“科目”列输入“1001 现金”，如图 7.36 所示。

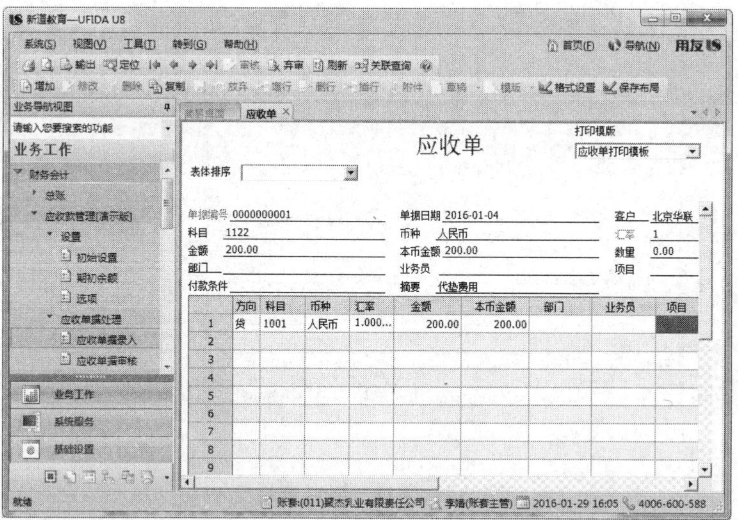

图 7.36 应收单的录入

(3) 单击“保存”按钮然后单击“审核”按钮，系统自动生成凭证，如图 7.37 所示。

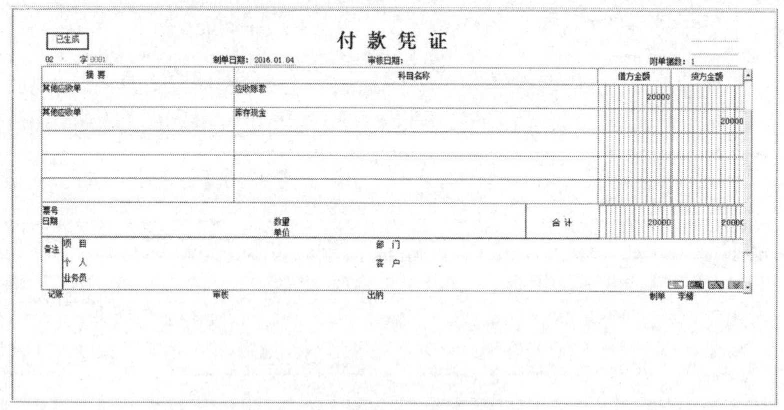

图 7.37 代垫费用凭证的生成

2. 单据结算

单据结算的功能包括录入收款单、预收单；对发票及应收单进行收款核销，即将发票形成的应收账款和收款单进行匹配，表明款项的结清；形成预收款并核销预收款；处理待付款等。

收款单是收到款项而录入的单据，包括应收收款单、预收收款单和其他应收收款单。核销就是确定收款单与原始发票、应收单之间对应关系的操作，即需要指明每一次收款是收的哪几笔销售业务的款项。

1) 收款单的录入

案例 7.17　1 月 5 日，收到内蒙古维多利集团交来的转账支票一张，金额 4000 元，支票号 ZZ001，用于支付前欠货款。

操作步骤：

以会计主管“李婧”的身份登录企业应用平台，登录日期为 2016-01-05。

(1) 执行“财务会计”→“应收款管理”→“收款单据处理”→“收款单据录入”命令，打开“收付款单录入”窗口。

(2) 单击“增加”按钮，修改单据日期为 2016-01-05，客户简称为“维多利”，结算方式为“202 转账支票”，金额为 4000，票据号为 ZZ001。

(3) 单击表体，“款项类型”选择“应收款”，其余为系统默认设置，如图 7.38 所示。单击“保存”按钮，然后单击“审核”按钮，系统自动生成凭证，如图 7.39 所示。

(4) 在收款单录入界面(图 7.38 所示)单击屏幕右上角的“核销”按钮，选择“自动核销”。在“核销条件”文本框中直接单击“确定”按钮，显示待核销单据列表。在销售发票列表行中输入本次结算金额 4000 元，单击“保存”按钮即可完成收款单与发票的核销，如图 7.40 所示。

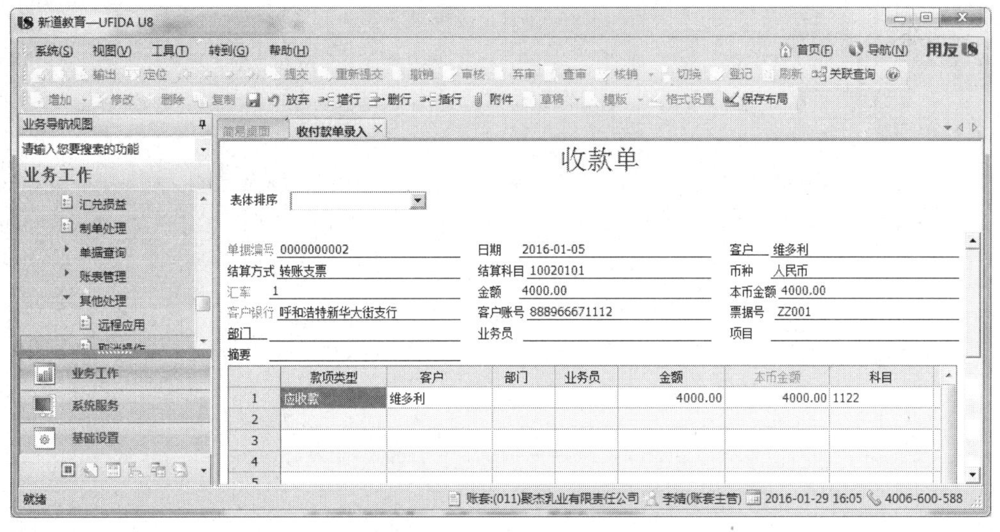

图 7.38　收款单的录入

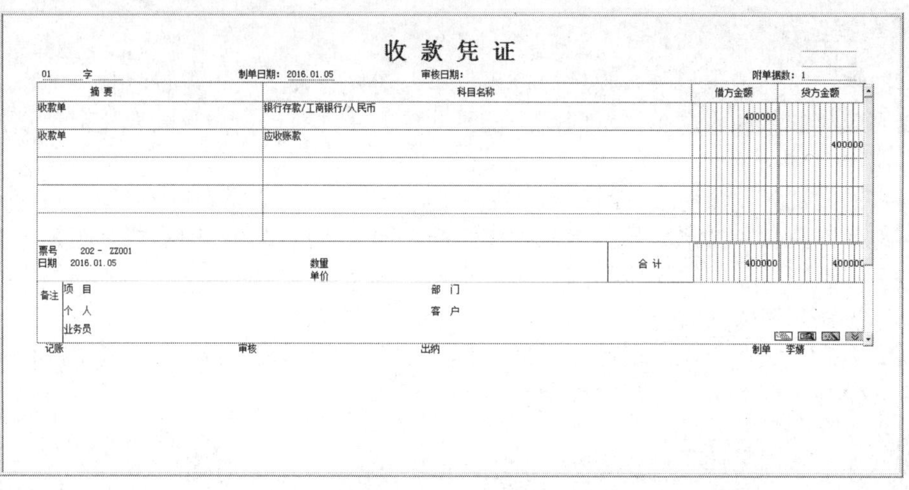

图 7.39　收款凭证

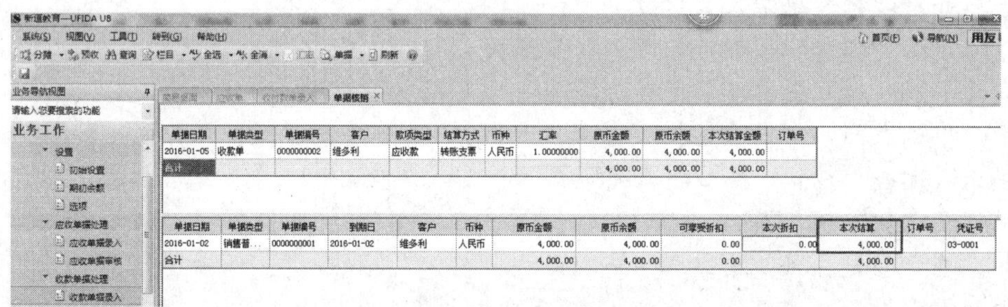

图 7.40　收款单核销

提示:

- 一般情况下，核销操作不生成凭证。用户也可以在应收款管理的“选项”中选择参数“核销生成凭证”，核销后可以在“应收款管理”→“制单处理”下选择核销生成凭证。
- 如果核销操作错误，用户可以执行“应收款管理”→“其他处理”→“取消操作”命令，在“客户”下拉列表框中选择“维多利”，在“操作类型”下拉列表框中选择“核销”，如图 7.41 所示。

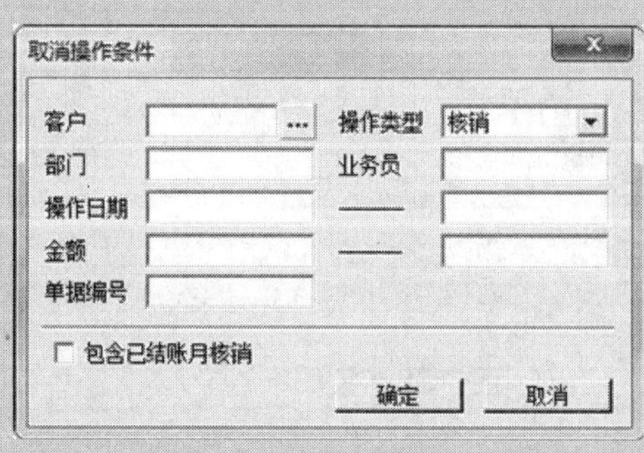

图 7.41　取消核销

- 在“取消操作”窗口下，单击已核销待取消单据，单击“OK 确认”按钮，即可取消核销操作，如图 7.42 所示。
- 收款单录入后要立即进行核销，否则会影响客户的应收款项余额，继而影响客户坏账准备金额的计提。

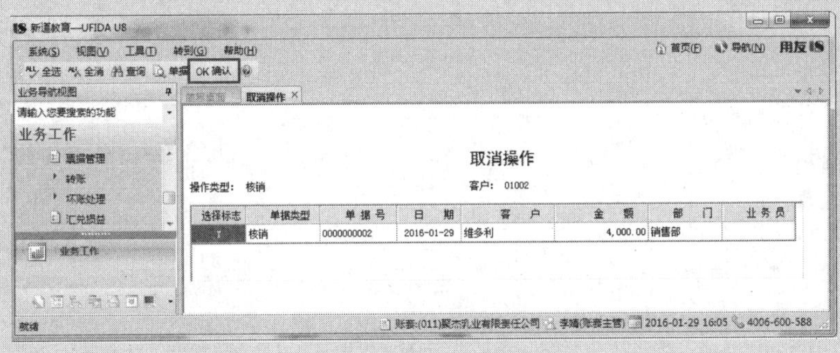

图 7.42　删除核销单

2)　预收单的录入

案例 7.18　2016 年 1 月 7 日，收到北京华联交来的转账支票一张，金额 60 000 元，支票号 ZZ002，用于支付前欠货款及代垫运费，剩余款项转为预收账款。

操作步骤：

以会计主管“李婧”的身份登录企业应用平台，登录日期为 2016-01-07。

(1) 执行“财务会计”→“应收款管理”→“收款单据处理”→“收款单据录入”命令，打开“收付款单录入”窗口。

(2) 单击“增加”按钮，修改单据日期为 2016-01-07，客户为“北京华联”，结算方式为“202 转账支票”，金额为 60 000 元，票据号为 ZZ002。

(3) 双击表体，款项类型选择“应收款”，金额为 55200 元，科目为 1122。第二行的款项类型选择“预收款”，金额为 4 800 元，科目为 2203，单击“保存”按钮，如图 7.43 所示。单击“审核”按钮，系统自动生成凭证，如图 7.44 所示。

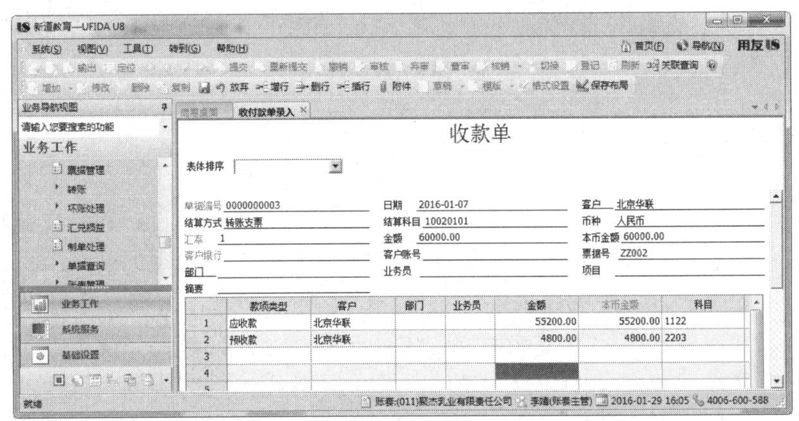

图 7.43　录入收款单

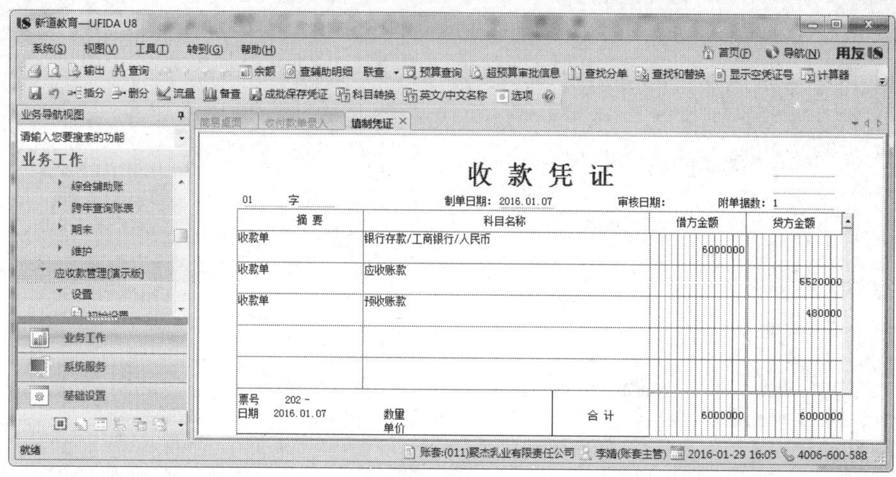

图 7.44　收款凭证

(4) 在收付款单录入界面(图 7.43 所示)单击屏幕右上角的“核销”按钮，选择“自动核销”。在“核销条件”文本框中直接单击“确定”按钮，显示待核销单据列表。在其他应收单的“本次结算”文本框录入金额 200，销售专用发票的“本次结算”中输入金额 55 000 元，单击“保存”按钮即可完成收款单与发票的核销，如图 7.45 所示。

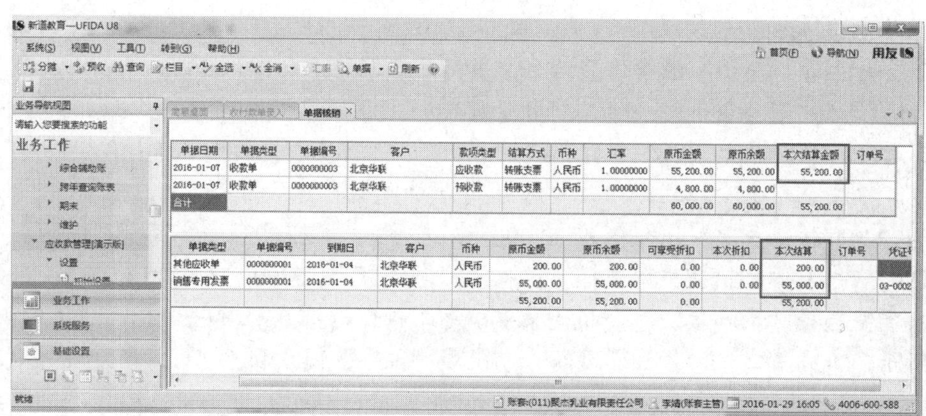

图 7.45　收款核销

7.3.2　转账处理

在日常业务中，企业经常会发生客户之间挂错账，或者用客户的预收款项冲抵客户的应收款项，或者红蓝票据的对冲等情况，这都属于应收款管理的转账业务。转账处理用来满足用户应收账款调整的需要。针对不同的业务类型进行调整，分为以下几种。

(1) 应收冲应收。将应收账款、预收账款在客商之间或部门之间或业务员之间进行转入、转出，实现应收业务的调整，解决应收款业务在不同客商间入错户或合并户或同一客户下不同部门、业务员的并账问题。转账之后，一个客户的应收款减少而另一个客户的应收款增加。

(2) 预收冲应收。开发票之前收到客户的订金款项叫作预收款。某客户有预收款时，可以用客户的预收款冲抵其账户下的应收款。可以一张预收款冲抵部分应收款，也可以一张预收款冲抵多张应收款。如果预收款足够冲抵应收款项时，那么预收款项有剩余；如果预收款不足冲抵应收款时，预收款项全部使用完，应收款项有剩余。转账之后，该客户的预收账款和应收账款一同减少。

(3) 应收冲应付。某单位既是客户又是供应商，则可能发生应收冲应付的情况。转账之后，该往来单位的应收账款和应付账款余额同时减少。

(4) 红票对冲。当客户发生退货时，用红字发票对冲蓝字发票。

1. 应收冲应收

案例 7.19 2016 月 1 月 11 日，将北京华联 2015 年 12 月 31 日的应收账款科目期初余额 145 000 元转给内蒙古维多利集团。

操作步骤：

以会计主管"李婧"的身份登录企业应用平台，登录日期为 2016-01-11。

(1) 执行"财务会计"→"应收款管理"→"转账"→"应收冲应收"命令，打开"应收冲应收"窗口。

(2) 转入客户选择"内蒙古维多利集团"，客户选择"北京华联"，单击屏幕左上角的"查询"按钮，系统会列示出 11 日之前北京华联所有未核销的应收款项，如图 7.46 所示。

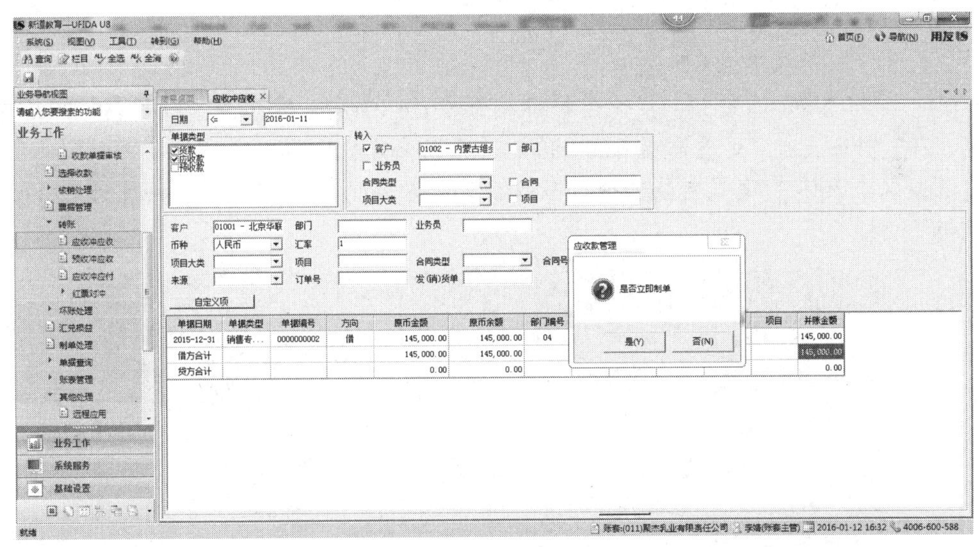

图 7.46 "应收冲应收"窗口

(3) 选择 2015 年 12 月 31 日的期初销售发票，在并账金额栏中输入 145 000，单击"保存"按钮，弹出"是否立即制单"提示信息，单击"是"按钮，选择凭证类别为"转账凭证"，制单日期为 2016-01-11，单击"保存"按钮保存凭证，如图 7.47 所示。

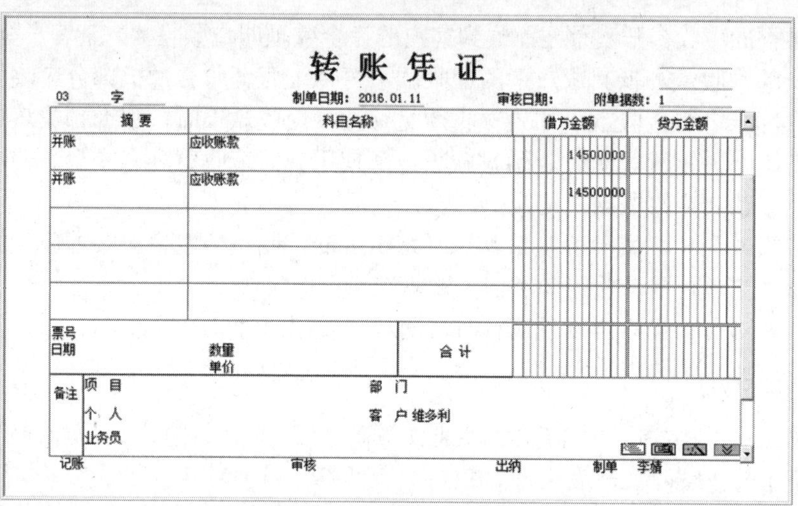

图 7.47　应收冲应收凭证的生成

2. 预收冲应收

案例 7.20　1 月 12 日，收到内蒙古维多利集团交来的转账支票一张，金额 100 000 元，支票号 ZZ003，冲抵其期初应收款项。

操作步骤：

以会计主管“李婧”的身份登录企业应用平台，登录日期为 2016-01-12。

(1) 执行“财务会计”→“应收款管理”→“收款单据处理”→“收款单据录入”命令，打开“收付款单录入”窗口。

(2) 单击“增加”按钮，修改单据日期为 2016-01-12，客户为“维多利”，结算方式为“202 转账支票”，金额为 100 000 元，票据号为 ZZ003。

(3) 双击表体，款项类型选择“预收款”，金额为 100 000 元，科目为 2203，如图 7.48 所示。

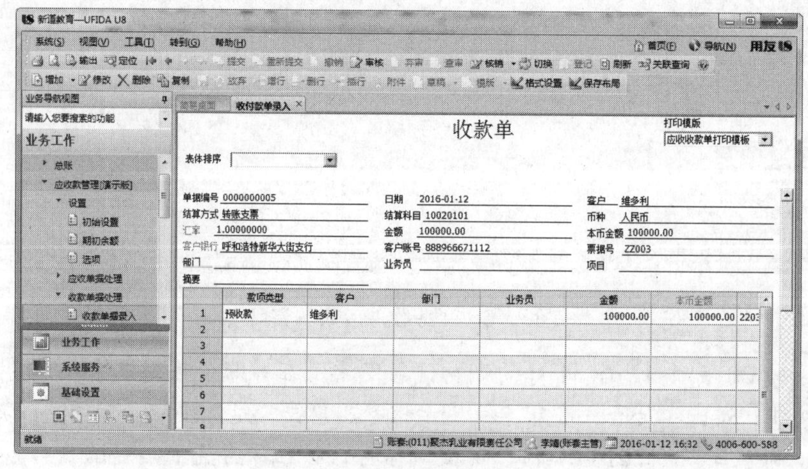

图 7.48　预收款单的录入

(4) 单击“审核”按钮开始审核收款单，系统自动生成凭证，如图 7.49 所示。

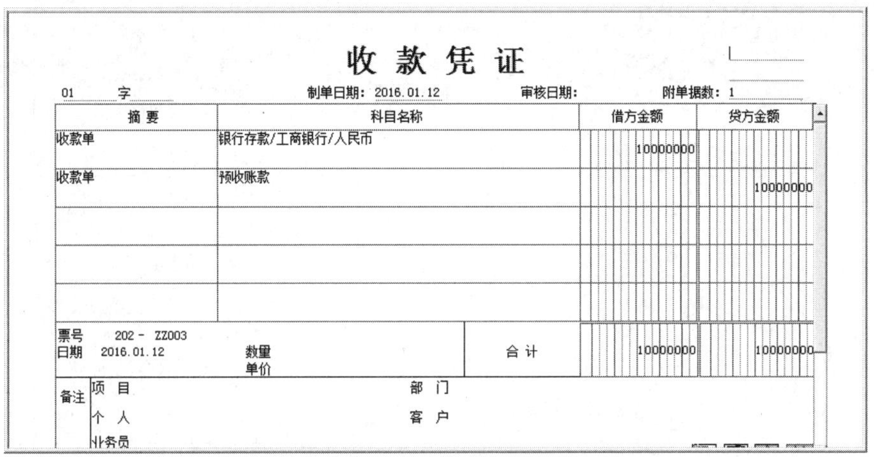

收 款 凭 证

01　字　　制单日期：2016.01.12　　审核日期：　　附单据数：1

摘要	科目名称	借方金额	贷方金额
收款单	银行存款/工商银行/人民币	10000000	
收款单	预收账款		10000000
票号 202 - ZZ003 日期 2016.01.12	数量 单价　　合计	10000000	10000000

备注　项目　　部门

个人　　客户

业务员

图 7.49　预收款凭证的生成

(5) 执行“财务会计”→“应收款管理”→“转账”→“预收冲应收”命令，打开“预收冲应收”窗口。

(6) 在“预收款”选项卡下选择客户为“维多利”，单击右侧“过滤”按钮，系统列示出 1 月 12 日之前尚未核销的预收款单 100 000 元，在右侧转账金额栏内输入 100 000 元，如图 7.50 所示。

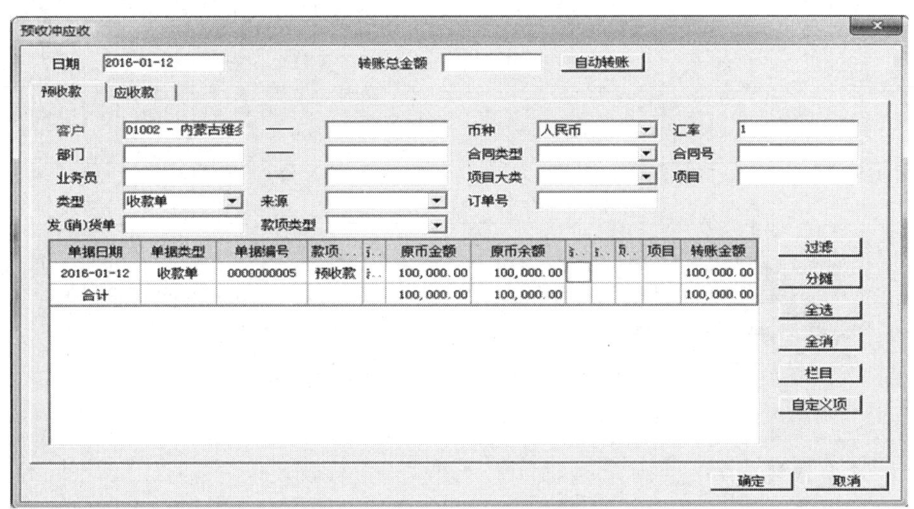

图 7.50　预收冲应收的转账处理

(7) 打开“应收款”选项卡，单击右侧“过滤”按钮，系统列示出 1 月 12 日之前尚未全部核销的应收单，在第一行转账金额栏输入 100 000 元，如图 7.51 所示。

(8) 单击“确定”按钮，选择立即生成凭证，修改凭证类别为“转账凭证”，日期为 2016-01-12，单击“保存”按钮保存凭证，如图 7.52 所示。

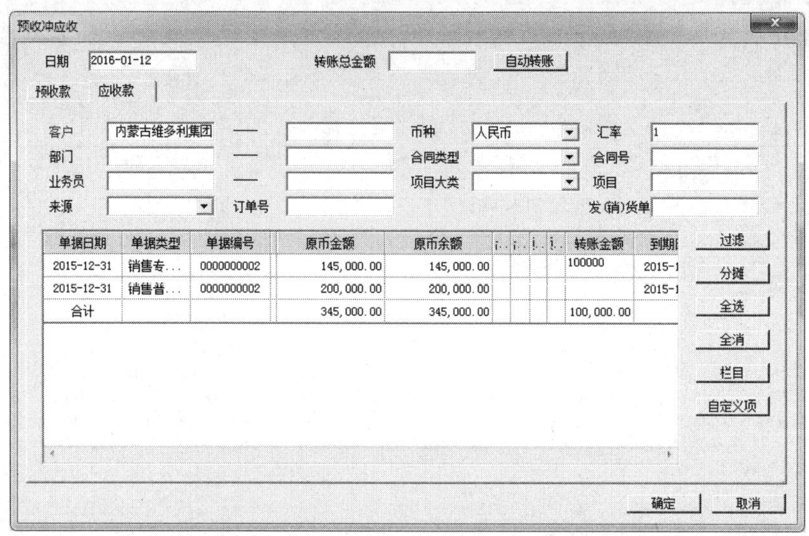

图 7.51　预收冲应收的转账处理

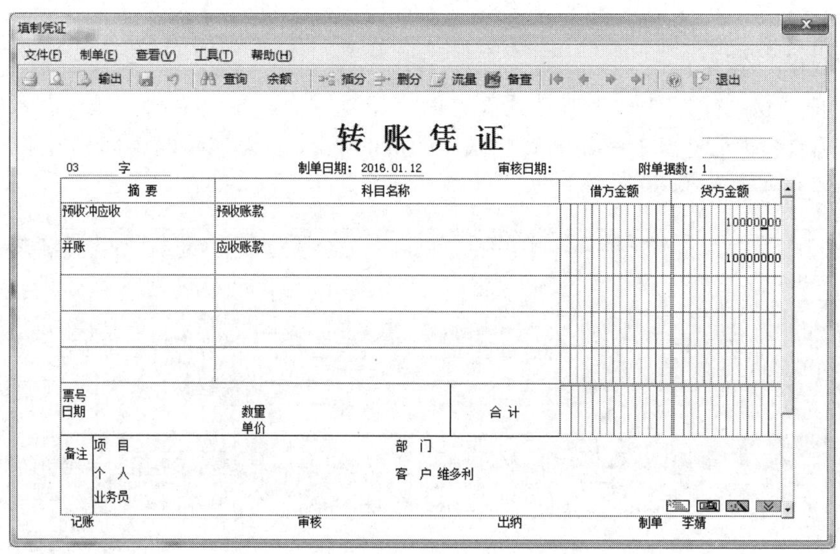

图 7.52　预收冲应收凭证的生成

提示:

- 没有销售业务发生时，收到的客户款项作为预收款进行处理。
- 订金属于预收款。

7.3.3　票据管理

在实际业务中，企业收到客户支付的货款，可能不是以现金、支票形式支付，而是用银行承兑汇票或商业承兑汇票支付，在这种情况下，财务人员应将收到的票据录入系统中作为收款单进行处理，并与客户的销售发票进行核销，减少应收账款金额。应收票

据可以进行贴现、背书等处理。

1. 票据增加

企业在收到客户交来的票据时，需及时将票据信息录入到应收款管理系统中。收到票据相当于收到一张收款单，票据录入后，需要使用“收款单审核”命令审核该票据，以便生成凭证并与应收单据进行核销。票据生成的收款单不能在收款单列表下删除，只能在票据管理下进行删除。

案例 7.21　2016 年 1 月 14 日，收到内蒙古维多利集团签发并承兑的商业承兑汇票一张(票据编号 SYHP001)，面值 45 000 元，到期日为 2016 年 4 月 14 日。核销该客户期初剩余 45 000 元应收账款余额。

操作步骤:

以会计主管“李婧”的身份登录企业应用平台，登录日期为 2016-01-14。

(1) 执行“财务会计”→“应收款管理”→“票据管理”命令，单击“确定”按钮后打开票据管理窗口，如图 7.53 所示。

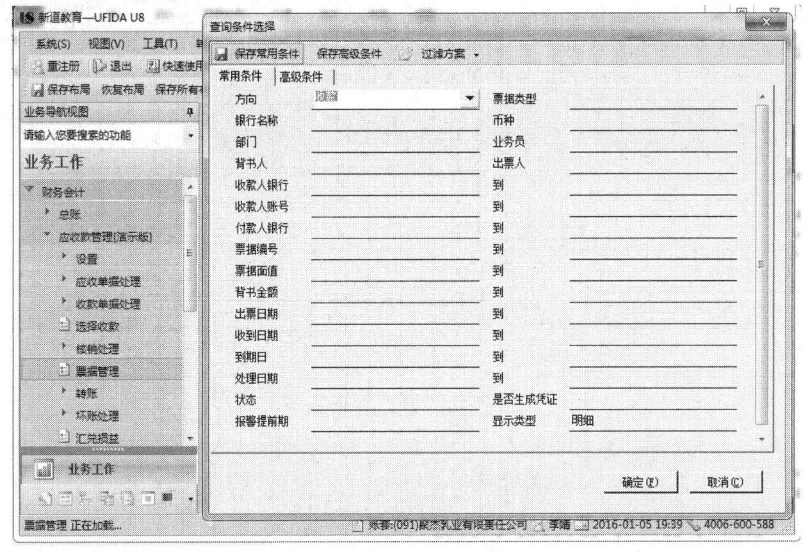

图 7.53　票据管理界面

(2) 单击“增加”按钮，选择票据类型和结算方式均为“商业承兑汇票”，票据编号为 SYHP001，出票人为“内蒙古维多利集团”，收到日期和出票日期均为 2016-01-14，到期日为 2016-04-14，金额为 45 000 元，单击“保存”按钮，如图 7.54 所示。

(3) 执行“财务会计”→“应收款管理”→“收款单据处理”→“收款单据审核”命令，打开“收款单过滤条件”窗口。单击“确定”按钮，双击打开收款单，在收款单窗口单击“审核”按钮，生成凭证，如图 7.55 所示。

(4) 执行“财务会计”→“应收款管理”→“核销处理”→“手工核销”命令，打开“单据核销”窗口，选择客户为“维多利”，单击“确定”按钮。在销售专用发票列输入本次结算 45 000 元，单击“保存”按钮即可，如图 7.56 所示。

图 7.54　票据的录入

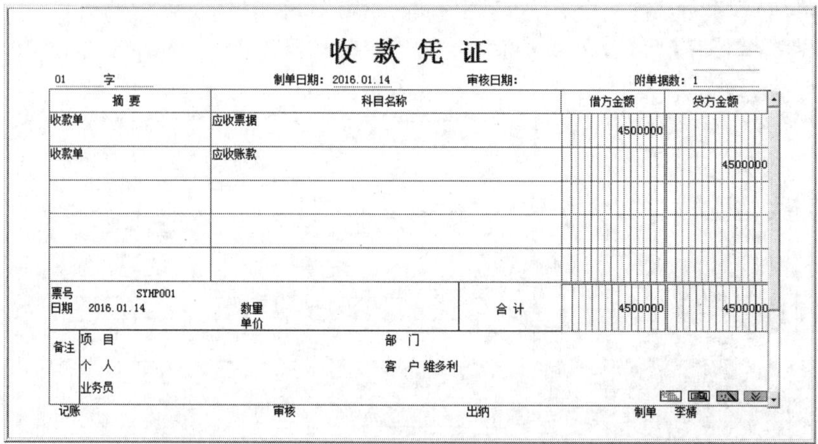

图 7.55　票据凭证生成

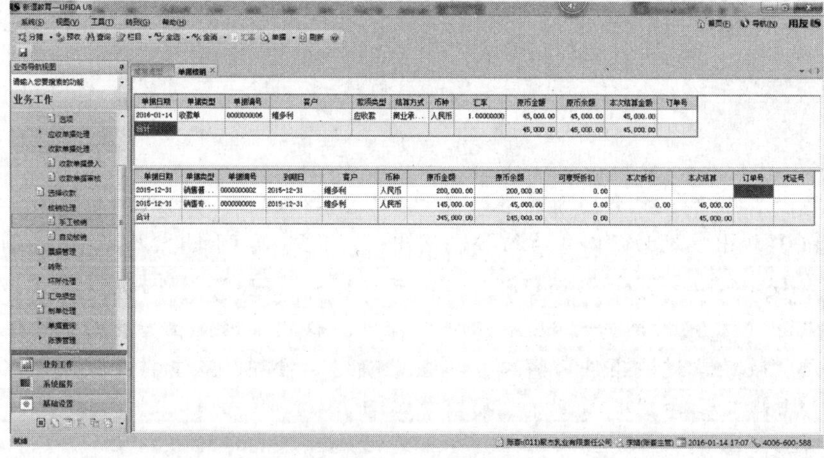

图 7.56　票据核销

2. 票据贴现

票据贴现是指持票人因急需资金，将未到期的承兑汇票背书转让给银行，贴给银行一定利息后收取剩余票款的业务活动。

无息票据贴现利息=票面原值×(年贴现利率÷360)×贴现时间(贴现日与到期日的天数，如果异地贴现要+3 天)；

带息票据贴现利息=票面到期值×(年贴现利率÷360)×贴现时间(贴现日与到期日的天数，如果异地贴现要+3 天)；

票面到期指=票面原值×(1+票面利率×票据期限(月)÷12)

案例 7.22　2016 年 1 月 25 日，将上述票据贴现，贴现率为 5%。

操作步骤：

以会计主管“李婧”的身份登录企业应用平台，登录日期为 2016-01-25。

(1) 执行“财务会计”→“应收款管理”→“票据管理”命令，双击打开上述票据，单击“贴现”按钮，打开“票据贴现”对话框，贴现方式选择“同城”，输入贴现率 5，贴现日期为 2016-01-25，结算科目为 10020101，系统自动计算贴现利息和贴现净额，单击“确定”按钮，如图 7.57 所示。

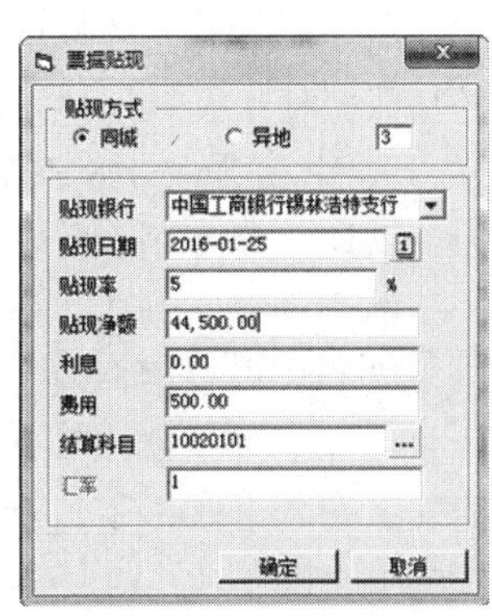

图 7.57　票据贴现处理

(2) 系统弹出“是否立即制单？”提示信息，单击“确定”按钮，系统自动生成贴现处理凭证，如图 7.58 所示。

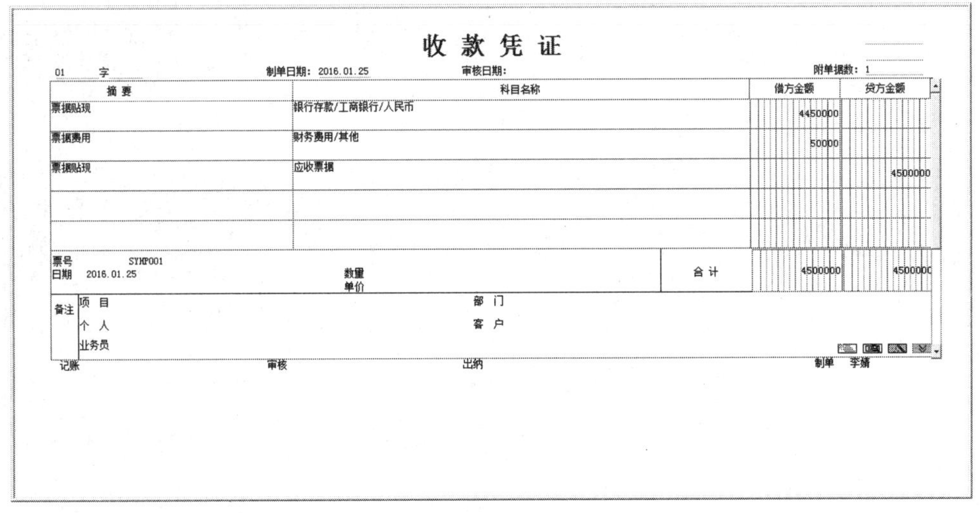

收 款 凭 证

01 字　　制单日期：2016.01.25　　审核日期：　　附单据数：1

摘要	科目名称	借方金额	贷方金额
票据贴现	银行存款/工商银行/人民币	4450000	
票据费用	财务费用/其他	50000	
票据贴现	应收票据		4500000
票号 STHP001 日期 2016.01.25	数量 单价 合计	4500000	4500000

备注　项目　　部门
　　　个人　　客户
　　　业务员

记账　　审核　　出纳　　制单 李婧

图 7.58　票据贴现处理凭证

7.3.4　坏账处理

坏账是指企业无法收回或收回的可能性极小的应收款项。由于发生坏账而产生的损失，称为坏账损失。在企业实际经营业务中，经常发生客户因经营不善而导致无法偿还其所欠债务、客户恶意拖欠债务或因产品质量发生纠纷等而导致无法收回货款的情况。企业财务人员需要在期末分析各项应收款项可收回性，并预计可能产生的坏账损失。对预计可能发生的坏账损失，计提坏账准备。

坏账处理的作用是系统自动计提应收款的坏账准备，当坏账发生时即可进行坏账核销，当被核销坏账又收回时，可进行坏账收回处理。坏账处理包含坏账发生、坏账收回和坏账计提三部分。

1. 坏账发生

对于确实无法收回的应收账款应进行坏账发生处理。用户可以确定一定期间内发生的坏账，便于及时用坏账准备进行冲销，避免应收款长期呆滞的现象。

案例 7.23 2016 年 1 月 28 日，确认内蒙古维多利集团期初的 10 000 元代垫运费款无法收回，作为坏账处理。

操作步骤：

以会计主管“李婧”的身份登录企业应用平台，登录日期为 2016-01-28。

执行“财务会计”→“应收款管理”→“坏账处理”→“坏账发生”命令，打开坏账发生窗口，选择客户为“内蒙古维多利集团”，单击“确定”按钮，如图 7.59 所示。在其他应收单的本次坏账发生金额栏内输入 10 000 元，单击“OK 确认”按钮，生成坏账发生单据明细，如图 7.60 所示。选择立即制单，修改凭证类别为“转账凭证”，日期为 2016-01-28，单击“保存”按钮，生成坏账发生凭证，如图 7.61 所示。

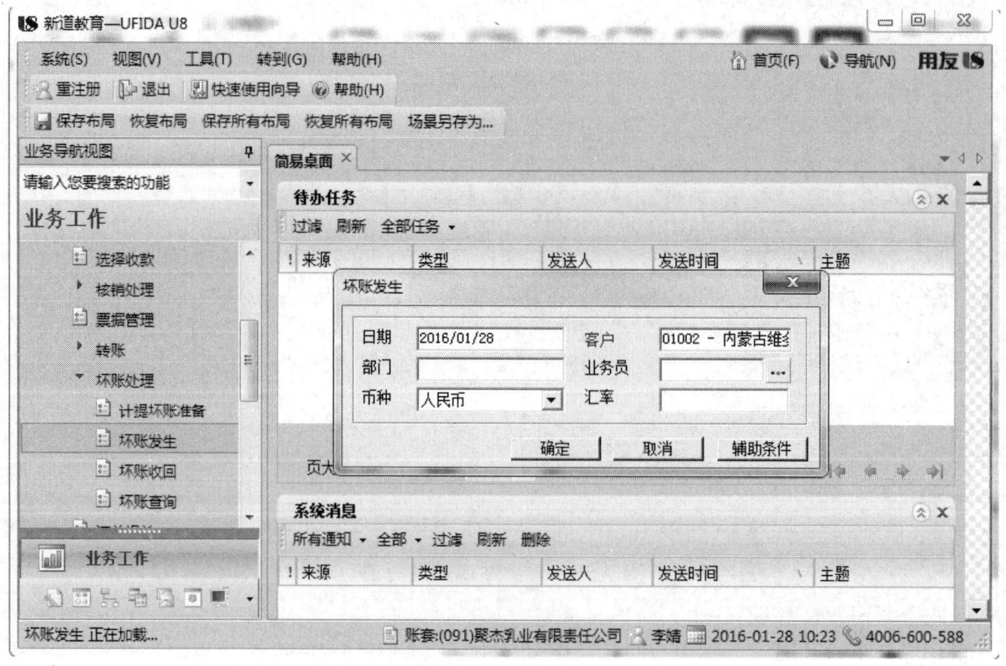

图 7.59　坏账发生界面

坏账发生单据明细

单据类型	单据编号	单据日期	合同号	合同名称	到 期 日	余　额	部　门	业 务 员	本次发生坏账金额
销售普通发票	0000000002	2015-12-31			2015-12-31	190,000.00	销售部		
其他应收单	0000000002	2015-12-31			2015-12-31	10,000.00	销售部		10000
合　计						200,000.00			10,000.00

图 7.60　坏账发生处理

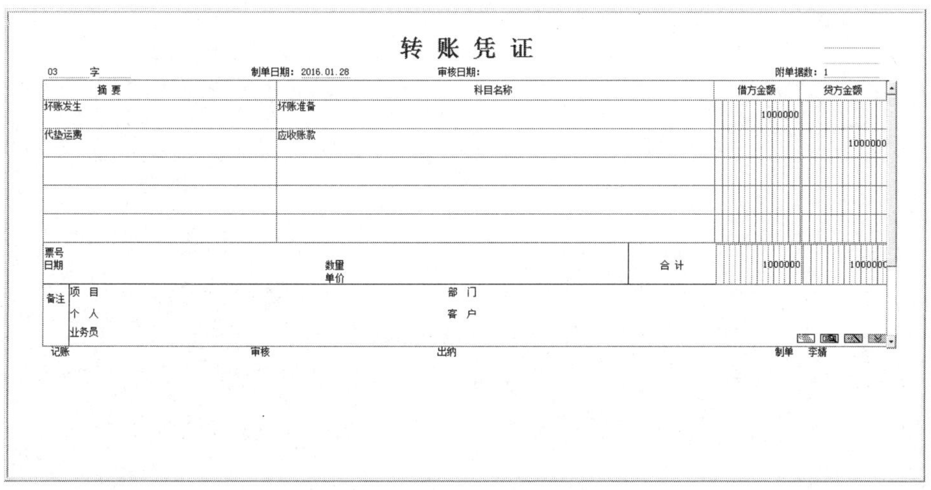

转 账 凭 证

03　字　制单日期：2016.01.28　审核日期：　附单据数：1

摘 要	科目名称	借方金额	贷方金额
坏账发生	坏账准备	1000000	
代垫运费	应收账款		1000000
票号 日期	数量 单价 合 计	1000000	1000000

备注　项 目　部 门
个 人　客 户
业务员

记账　审核　出纳　制单　李婧

图 7.61　坏账发生凭证的生成

2. 坏账收回

对已确定为坏账后又被收回的应收款，可以利用“坏账收回”功能进行业务处理。坏账收回时，应先录入收款单，但该张收款单不能进行审核，否则无法进行坏账收回处理。

案例 7.24　2016 年 1 月 31 日收到内蒙古维多利集团以转账支票支付的代垫运费 10 000 元，支票号为 ZZ004，做坏账收回处理，并生成凭证。

操作步骤：

以会计主管“李婧”的身份登录企业应用平台，登录日期为 2016-01-31。

(1) 执行“财务会计”→“应收款管理”→“收款单据处理”→“收款单录入”命令，打开收款单录入窗口，录入收款金额为 10 000 元，不做审核。

(2) 执行“财务会计”→“应收款管理”→“坏账处理”→“坏账收回”命令，打开“坏账收回”对话框，录入客户为“内蒙古维多利集团”，在结算单号栏选择对应金额的收款单，如图 7.62 所示。

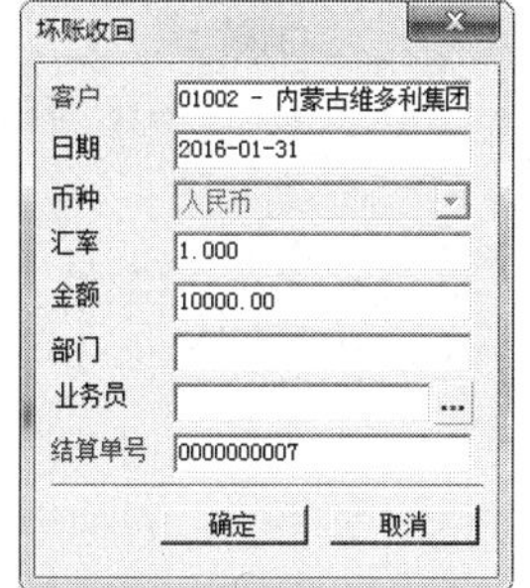

坏账收回

客户　01002 - 内蒙古维多利集团
日期　2016-01-31
币种　人民币
汇率　1.000
金额　10000.00
部门
业务员
结算单号　0000000007

确定　取消

图 7.62　“坏账收回”对话框

(3) 单击“确定”按钮，选择立即制单，生成的凭证如图 7.63 所示。

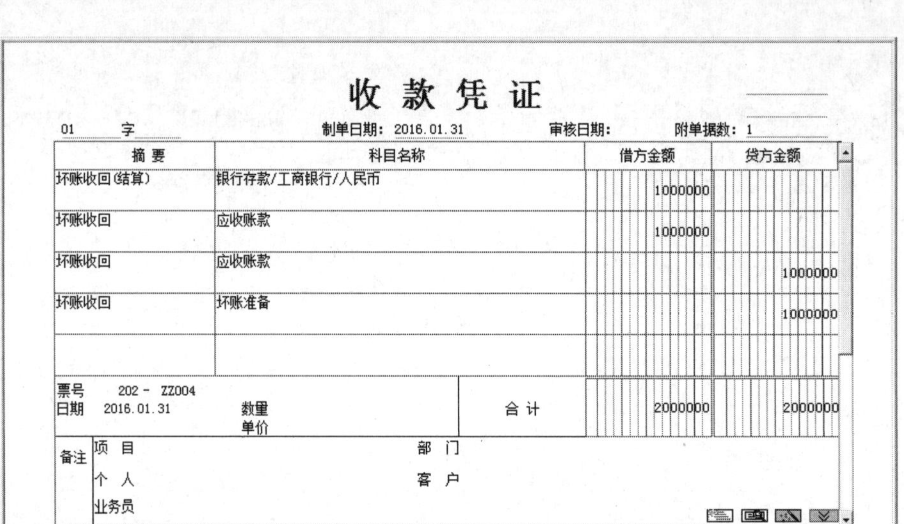

收 款 凭 证

01 字　制单日期：2016.01.31　审核日期：　附单据数：1

摘要	科目名称	借方金额	贷方金额
坏账收回(结算)	银行存款/工商银行/人民币	1000000	
坏账收回	应收账款	1000000	
坏账收回	应收账款		1000000
坏账收回	坏账准备		1000000
票号 202 - ZZ004 日期 2016.01.31 数量 单价	合计	2000000	2000000

备注　项目　部门　个人　客户　业务员

记账　审核　出纳　制单 李婧

图 7.63　坏账收回凭证

提示:

坏账收回时，录入的收款单不能进行审核，否则无法进行坏账收回处理。

3. 坏账计提

企业应于期末分析各项应收款项的可回收性，并预计可能产生的坏账损失。对预计可能发生的坏账损失，应计提坏账准备，计提的方法由企业自行确定。

坏账处理的方法有直接转销法和备抵法两种，备抵法包括应收余额百分比法、销售余额百分比法和账龄分析法三种。因为直接转销法是当坏账发生时直接计入当期损益，没有将各个会计期间发生的坏账损失与应收账款联系起来，影响收入和费用的正确配比，不符合会计核算的稳健性原则，所以，直接转销法适用于商业信用较少，坏账损失风险小的企业。企业通常使用备抵法当中的应收余额百分比法进行坏账计提，本书也是以此方法为例进行讲解。

案例 7.25　2016 年 1 月 31 日计提坏账准备，暂不制单。

操作步骤：

以会计主管“李婧”的身份登录企业应用平台，登录日期为 2016-01-31。

(1) 执行“财务会计”→“应收款管理”→“坏账处理”→“计提坏账准备”命令，打开“应收账款百分比法”窗口。

(2) 单击“OK 确认”按钮，选择不立即制单，如图 7.64 所示。

应收账款总额	计提比率	坏账准备	坏账准备余额	本次计提
185,200.00	0.500%	926.00	800.00	126.00

图 7.64　坏账计提

提示:

- 计提坏账时显示的应收账款总额默认值为本会计年度最后一天的所有未结算完的发票和应收单余额之和减去预收款数额。用户可以在“财务会计”→“应收款管理”→“账表管理”→“业务账表”→“业务明细账”中查询。
- 如果本期坏账准备大于上期坏账准备余额，则本次计提数为两者差额，且金额为蓝字，否则为红字。

7.3.5　制单处理

应收款管理系统在各个业务处理过程都提供了实时制单的功能，同时也提供了一个统一制单的平台，制单处理可以快速、成批地生成凭证，并可依据规则进行合并制单等处理。

案例 7.26　2016 年 1 月 31 日，将上述计提坏账准备业务进行制单处理。

操作步骤：

以会计主管“李婧”的身份登录企业应用平台，登录日期为 2016-01-31。

(1) 执行“财务会计”→“应收款管理”→“制单处理”命令，选择“坏账处理制单”复选框，如图 7.65 所示。

图 7.65　坏账处理制单

(2) 单击“确定”按钮，双击选择计提坏账准备单据，单击“制单”按钮，修改凭证类别为“转账凭证”，日期为 2016-01-31，单击“保存”按钮，如图 7.66 所示。

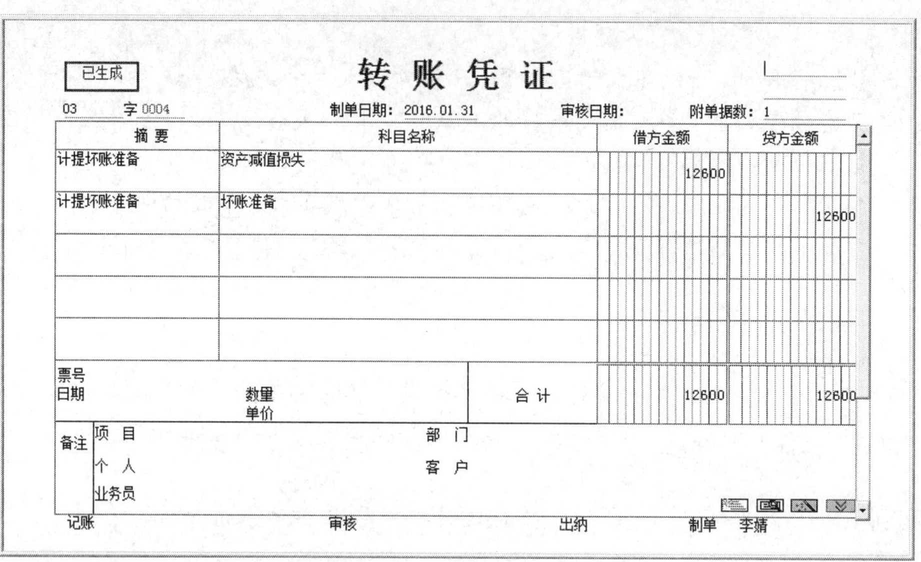

图 7.66　制单处理

提示:

如果需要对多张单据合并制单，可以同时选择多张单据，单击“合并”按钮，即可将多张单据合并生成一张凭证。

7.3.6　取消操作

如果对原始单据进行了核销、转账等操作，发现操作错误，可利用“取消操作”功能将其恢复到操作前的状态，以便进行修改。取消操作可以取消核销、选择收款、坏账处理、票据管理、转账等业务。如果已经生成凭证，必须先删除凭证后，再执行“财务会计”→“应收款管理”→“其他处理”→“取消操作”命令，如图 7.67 所示。取消操作必须先选择客户，再选择操作类型。

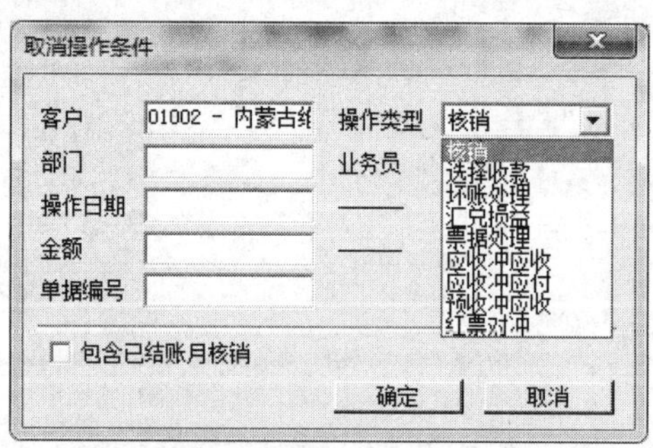

图 7.67　取消操作条件的设置

任务 7.4　应收款管理系统的期末业务处理

7.4.1　单据查询

应收系统提供对发票、应收单、结算单、凭证等的查询。在查询列表中，系统提供自定义显示栏目、排序等功能。在进行单据查询时，若启用客户、部门数据权限控制时，则在查询单据时只能查询有权限的单据。

1. 凭证查询与删除

应收款管理系统生成的凭证会自动传递到总账，在总账系统中对其进行审核和记账操作，此类凭证叫作外部凭证。对应收款系统生成的外部凭证的查询、修改和删除要在应收款管理系统中进行操作，而对外部凭证的审核、出纳签字、记账要在总账系统中进行。

案例 7.27　2016 年 1 月 31 日，查询“内蒙古维多利集团”保存的凭证。

操作步骤：

以会计主管“李婧”的身份登录企业应用平台，登录日期为 2016-01-31。

(1) 执行“财务会计”→“应收款管理”→“单据查询”→“凭证查询”命令，打开凭证查询对话框，单击“确定”按钮即可查询日期段内的所有凭证。

(2) 如果要删除凭证，则先选择好待删除凭证后单击“删除”按钮即可。

提示：

- 一张凭证删除后，它所对应的原始单据可以重新制单。
- 如果出现操作失误，可以执行“取消操作”，以此取消核销、坏账处理等操作。
- 只有未审核、未经出纳签字的凭证才能删除。
- 外部凭证删除后，在总账系统中显示为作废凭证，若要彻底删除，还需对该凭证进行整理。

2. 一般单据查询

案例 7.28　2016 年 1 月 31 日，查询发票、应收单和付款单。

操作步骤：

以会计主管“李婧”的身份登录企业应用平台，登录日期为 2016-01-31。

执行“财务会计”→“应收款管理”→“单据查询”→“发票查询”/“应收单查询”/“收付款单查询”命令，即可查询发票、应收单和付款单。

7.4.2　期末处理

1. 月末结账

如果当月业务已全部处理完毕，则需执行“月末结账”。只有当月结账后才可以开始下月工作。在执行了月末结账功能后，该月将不能进行任何处理。

案例 7.29 2016 年 1 月 31 日，对应收款管理系统进行月末处理。

操作步骤:

以会计主管“李婧”的身份登录企业应用平台，登录日期为 2016-01-31。

(1) 执行“财务会计”→“应收款管理”→“期末处理”→“月末结账”命令，打开“月末处理”对话框。

(2) 双击选择 1 月份，结账标识显示为“Y”，单击“下一步”按钮。

(3) 系统提示各类单据全部制单完毕，单击“完成”按钮，然后再单击“确定”按钮即可，如图 7.68 所示。

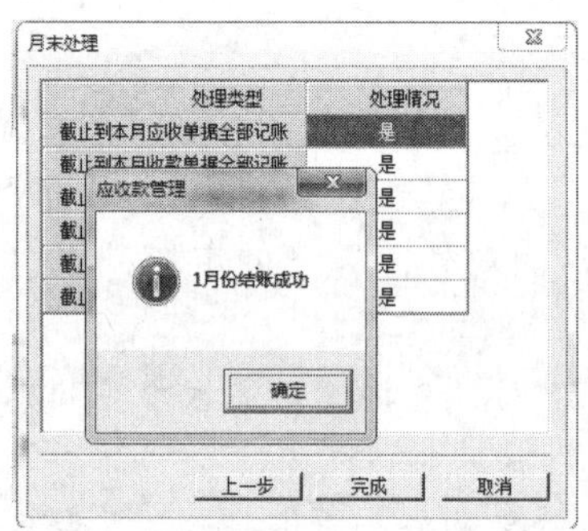

图 7.68 “月末处理”对话框

提示:

- 进行月末处理时，一次只能选择一个月进行结账。
- 前一个月没有结账，本月不能结账。
- 如果选项中选择单据日期审核，则应收单据在结账前需全部进行审核。
- 如果选择“月末全部制单”选项，月末处理前则需把所有业务生成凭证，否则不能结账。
- 如果总账已经结账，则需先取消总账的月末结账，再取消应收款管理系统的月末结账。

2. 取消结账

在执行了月末结账功能后，发现该月还有需要修改的单据，可以执行取消结账处理。

案例 7.30 2016 年 1 月 31 日，对应收款管理系统取消月末结账。

操作步骤:

以会计主管“李婧”的身份登录企业应用平台，登录日期为 2016-01-31。

(1) 执行“财务会计”→“应收款管理”→“期末处理”→“取消月结”命令，打开“取消结账”对话框。

(2) 单击 1 月份，结账标识显示为“已结账”，单击“确定”按钮即可，如图 7.69 所示。

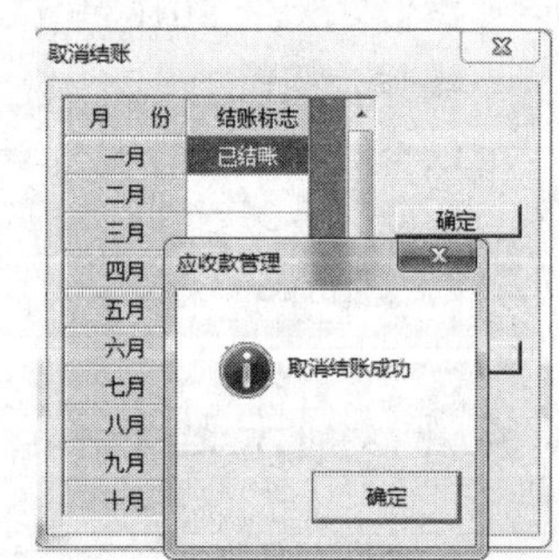

图 7.69 “取消结账”对话框

项 目 小 结

应收款管理系统主要用于核算和管理客户往来款项。如果企业的应收款核算管理内容比较复杂，除了对客户进行收款外，还要追踪每一笔业务的应收款、收款以及应收款核销情况、客户的信用管理、坏账的计提和发生等，或者需要将应收款核算到产品级，那么必须要使用本系统进行处理。在该方案下，所有的客户往来凭证全部由应收款管理系统生成，最终汇总到总账系统下进行报表生成与数据分析。

学生在学习该项目时应掌握如下基础知识。

(1) 熟练进行应收款管理系统的初始化设置，包括科目的初始设置、期初余额的录入和坏账准备设置等。

(2) 手工录入其他应收单、销售发票、收款单和预收单等基本单据，并生成相应的凭证，收款单和应收单应月末前进行核销处理，否则会影响坏账准备的计提。

(3) 熟悉应收款管理系统的转账处理，理解应收冲应收、预收冲应收、应收冲应付和红票对冲的含义，并生成正确的财务凭证。

(4) 学生应熟练掌握坏账的计提、坏账发生和坏账收回的操作，并学会生成正确的财务凭证。

(5) 可以对应收系统生成的财务凭证进行修改、删除、审核和记账的操作。

拓展闯关 5

1. 恢复总账期初余额账套。

2. 应收款管理系统的初始化设置。

1) 控制参数的设置

控制参数	参数设置
坏账处理方式	应收余额百分比
是否自动计算现金折扣	是

2) 科目的设置

科目类别	设置方式
基本科目设置	应收科目： 预收科目： 销售收入科目： 税金科目： 商业承兑科目： 银行承兑科目： 现金折扣科目： 坏账入账科目：

续表

科目类别	设置方式
控制科目设置	所有客户的控制科目： 应收科目：　　　预收科目：
结算方式科目	现金——人民币，1001 现金支票——人民币，100201 转账支票——人民币，100201

3) 坏账准备的设置

控制参数	参数设置
提取比例	0.5%
坏账准备期初余额	800
坏账准备科目	1231
对方科目	6701

4) 账期内账龄区间及逾期账龄区间的设置

序号	起止天数	总天数
01	0～30	30
02	31～60	60
03	61～90	90
04	91 以上	

5) 计量单位组的设置

计量单位组编号	计量单位组名称	计量单位组类别
1	无换算关系	无换算率
2	牛奶单位	固定换算率
3	奶片单位	固定换算率

6) 计量单位的设置

计量单位编号	计量单位名称	计量单位类别
101	千克	无换算关系
102	吨	无换算关系
103	公里	无换算关系
201	箱	牛奶单位
202	盒	牛奶单位
301	盒	奶片单位
302	片	奶片单位

7) 存货分类的设置

分类编码	分类名称
01	原材料
02	辅料
03	产成品
04	应税劳务

8) 存货档案的设置

存货编码	存货名称	存货分类	主计量单位	存货属性	税率/%	参考成本/元	参考售价/元
01001	液态奶	01 原材料	102 吨	内销、外销、外购、生产耗用	17	5 000	6 500
02001	果胶	02 辅料	101 千克	内销、外销、外购、生产耗用	17	80	100
02002	食用香精	02 辅料	101 千克	内销、外销、外购、生产耗用	17	500	550
02003	食用砂糖	02 辅料	101 千克	内销、外销、外购、生产耗用	17	5	8
03001	特仑苏盒装	03 产成品	201 箱	内销、外销、自制、在制	17	30	40
03002	牛奶干吃片	03 产成品	301 盒	内销、外销、自制、在制	17	6	11
04001	运费	04 应税劳务	103 公里	应税劳务、外购、销售	11		

9) 期初余额的设置

会计科目：应收账款(1122) 余额 345 000

票据类型 ：销售专用发票

开票日期	客　户	销售部门	摘要	货物名称	数量/盒	含税单价/(元/盒)	金额/元
2015-12-31	北京华联内蒙古分公司	销售部	销售商品	牛奶干吃片	14 500	10	145 000

票据类型：销售普通发票

开票日期	客　户	销售部门	摘要	货物名称	数量/盒	含税单价/(元/盒)	金额/元
2015-12-31	内蒙古维多利集团	销售部	销售商品	特仑苏盒装	3 800	50	190 000

票据类型：其他应收单

开票日期	客　户	销售部门	摘　要	科　目	金　额
2015-12-31	内蒙古维多利集团	销售部	代垫运费	1122	10 000

10) 开户银行的设置

编　码	银行账号	账户名称	币　种	开户银行	所属银行编码
01	213475696223	内蒙古聚杰乳业有限公司	人民币	中国工商银行呼和浩特支行	01 中国工商银行

3. 日常业务处理

(1) 1 月 3 日，销售部售给北京华联公司牛奶干吃片 1000 盒，含税单价 11 元/盒，开出普通发票，税率 3%，货已发出。

(2) 1 月 4 日，销售部售给内蒙古维多利集团特仑苏盒装 500 盒，含税单价 40 元/盒，开出专用发票，税率 17%，货已发出，同时代垫运费 150 元。

(3) 1 月 6 日，收到北京华联交来转账支票一张，金额 11 000 元，支票号 ZZ001，用以归还前欠货款，进行核销处理。

(4) 1 月 10 日，收到内蒙古维多利集团的转账支票一张，金额 30 000 元，支票号 ZZ002，用以支付 1 月 4 日的货款和代垫费用并核销，剩余款项转为预收账款。

(5) 1 月 13 日，财务部收到北京华联交来的商业承兑汇票一张，金额为 145 000 元，票据号 SYHP001，开出日期和收到日期均为 1 月 13 日，到期日为 4 月 13 日，用以支付期初欠款，进行核销处理。

(6) 1 月 20 日，用内蒙古维多利集团的预收款冲抵部分期初所欠货款，并制单。

(7) 1 月 25 日，和内蒙古维多利集团商榷，期初所欠代垫费用 10 000 元确实无法收回，进行坏账处理。

(8) 1 月 31 日，计提坏账准备。

4. 期末处理

应收款管理系统月末结账。

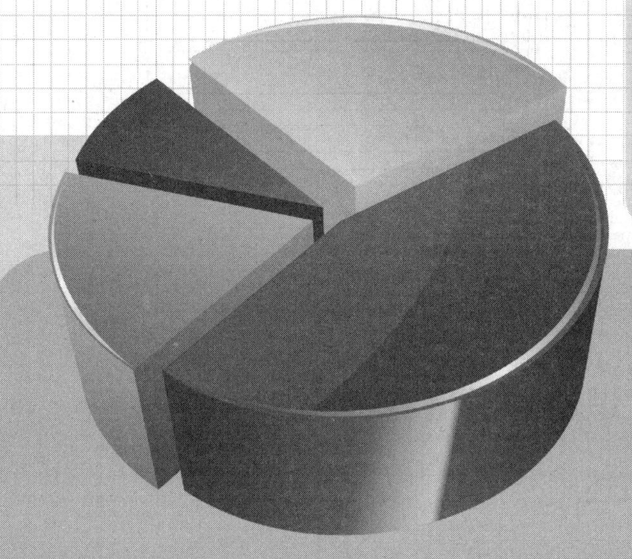

项目 8 应付款管理系统

职业能力目标

通过本项目的学习，使学生了解应付款管理系统单独启用时的业务操作，掌握应付款管理系统的初始化设置和日常业务处理流程；了解应收付款管理系统和其他子系统之间的联系，掌握应付款管理系统的月末处理。

典型工作任务

- 应付款管理系统的初始化
- 应付款管理系统的日常业务处理
- 应付款管理系统的期末处理

知识架构

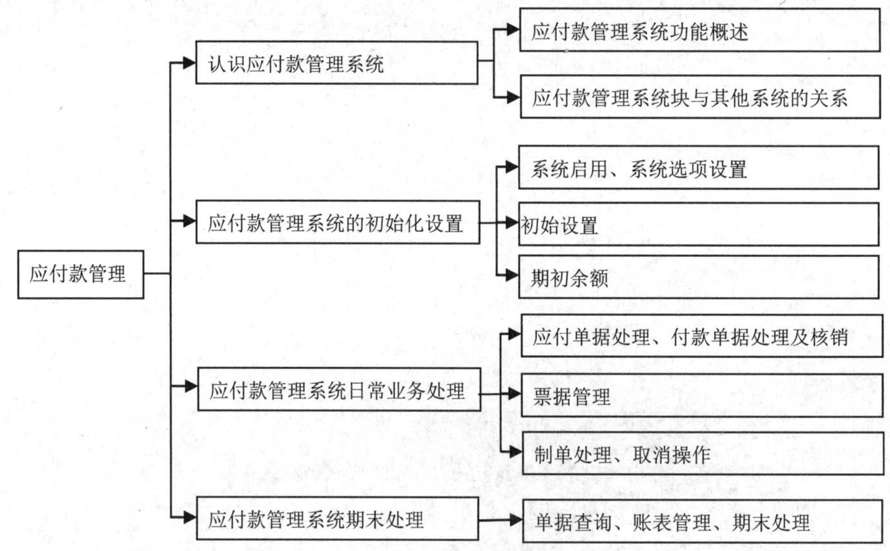

任务 8.1　认识应付款管理系统

8.1.1　应付款管理系统功能概述

应付款管理主要实现企业与供应商之间业务往来账款的核算与管理。该系统以采购发票、其他应付单和付款单等原始单据为依据，记录采购业务所形成的往来款项，处理应付款的偿还、转账等情况，同时提供票据处理功能。

8.1.2　应付款管理系统与其他系统的关系

与应付款管理系统相关的系统有采购管理系统、应收款管理系统、总账系统和 UFO 报表等系统，系统之间均有接口，可以进行数据的传递，具体联系如图 8.1 所示。

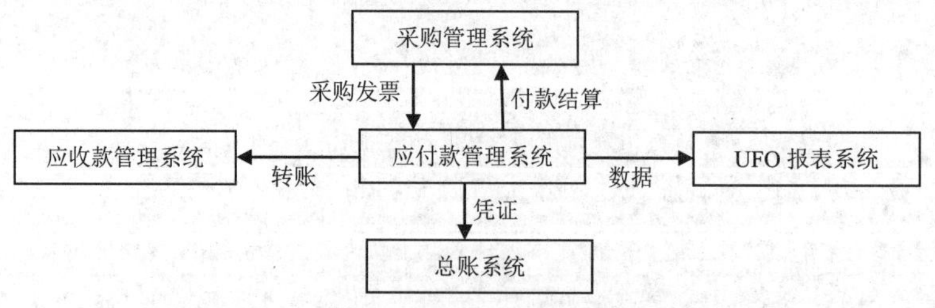

图 8.1　应付款管理与其他系统的关系

本项目主要介绍单独启用应付款管理系统和总账系统下的应付款管理系统的使用方法。在后面的章节中会介绍同时启用采购管理、总账管理和应付款管理系统下的使用方法。所以本章节的内容均为不启用采购管理系统情况下的应付款管理系统的知识讲解。

根据企业对供应商往来款核算和管理程度的不同，系统提供了以下两种应用方案。

(1) “详细核算”应用方案。“详细核算”应用方案适用于采购业务及应付账款业务繁多，或者需要追踪每一笔业务的应付款及付款情况，或者需要将应付款核算到产品一级的使用单位选用。

“详细核算”应用方案能够详细了解每笔业务的应付情况、付款情况及余额情况，并进行账龄分析。

(2) “简单核算”应用方案。“简单核算”应用方案在总账系统中使用应付管理功能对应付款项进行核算和管理。“简单核算”应用方案适用于采购业务及应付款核算业务并不十分复杂，或者现结业务比较多的使用单位选用。

本项目采用“详细核算”应用方案，如图 8.2 所示。

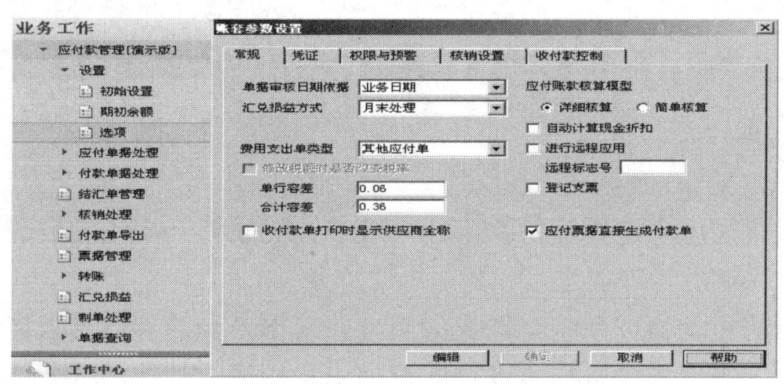

图 8.2　核算方案的设置

“详细核算”下应付款管理系统的业务处理流程，如图 8.3 所示。

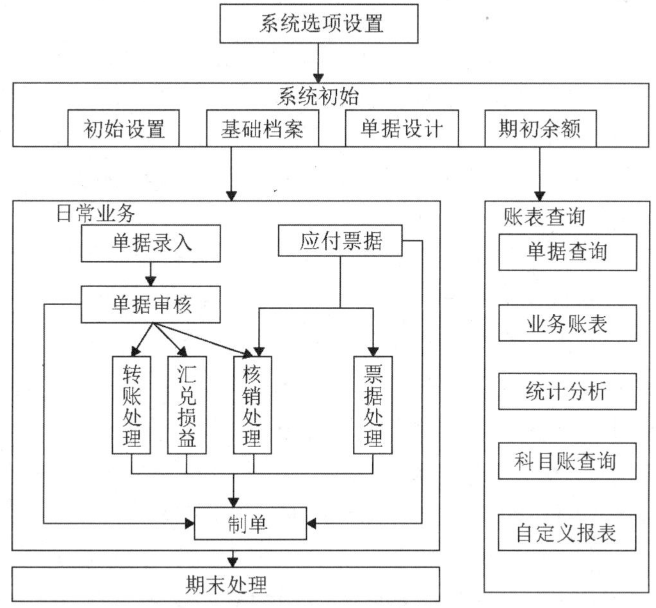

图 8.3　“详细核算”下应付款管理系统的业务处理流程

任务 8.2　应付款管理系统的初始化设置

8.2.1　系统启用

应付管理系统可以在新建账套时立即启用，也可以在建立完账套后打开企业应用平台下再进行启用。

案例 8.1　恢复案例 7.11 备份账套，启用应付款管理系统，启用日期为 2016-01-01。

操作步骤：

(1) 以系统管理员 admin 的身份登录系统管理，恢复案例 7.11 备份账套。

(2) 以账套主管“李光宁”的身份登录企业应用平台，执行“基本信息”→“系统启用”命令，单击选择“应付款管理”，启用日期为 2016-01-01。

8.2.2　系统选项设置

系统选项设置是用来进行应付款管理系统参数的配置，系统参数的设置关系到整个账套的使用效果和财务管理要求。

在实际使用应付款管理系统处理业务前，应根据企业的具体要求在“选项”中进行相关参数的设置，以便系统根据所设定的选项进行相应的处理。部分选项在系统使用后不能进行修改，故选择时应该慎重选取。账套参数包括：常规、凭证、权限与预警。

8.2.3　初始设置

初始化是手工记账和计算机记账的交接过程。在启动应付款管理系统后，进行正常的应付业务处理前，根据企业核算要求和实际业务情况进行有关的设置。

(1) 基本科目设置。用户可以定义应付系统凭证制单所需的基本科目。若用户未在单据中指定科目，且控制科目和产品科目中没有明细科目的设置，则系统制单时依据制单规则，取基本科目设置中的科目设置。

(2) 控制科目设置。进行应付科目和预付科目的设置，可以按照供应商明细设置对应的应付科目和预付科目。若控制科目没有输入，则系统取基本科目设置中的应付科目和预付科目，所有供应商均对应一个应付科目或预付科目。

案例 8.2　基本科目设置应付科目为 220201，预付科目为 1123，商业承兑科目为 2201，银行承兑科目为 2201，税金科目为 22210101；控制科目中设置所有供应商应付科目为 220201，预付科目为 220201；设置结算方式科目：现金——人民币，1001；现金支票——人民币，10020101；转账支票——人民币，10020101。

操作步骤：

以账套主管“李光宁”的身份登录企业应用平台，登录日期为 2016-01-01。

(1) 执行“财务会计”→“应付款管理”→“设置”→“初始设置”→“设置科目”→“基本科目设置”命令，打开“基本科目设置”窗口，单击“增加”按钮，录入应付

科目为 220201，预付科目为 1123，商业承兑科目为 2201，银行承兑科目为 2201，现金折扣科目为 660303，如图 8.4 所示。

- 设置科目
  - 基本科目设置
  - 控制科目设置
  - 产品科目设置
  - 结算方式科目设置
- 账期内账龄区间设置
- 逾期账龄区间设置
- 报警级别设置
- 单据类型设置
- 中间币种设置

基础科目种类	科目	币种
应付科目	220201	人民币
预付科目	1123	人民币
商业承兑科目	2201	人民币
银行承兑科目	2201	人民币
现金折扣科目	660303	人民币
税金科目	22210101	人民币

图 8.4　基本科目的设置

(2) 执行“财务会计”→“应付款管理”→“设置”→“初始设置”→“设置科目”→“控制科目设置”命令，打开“控制科目设置”窗口，录入应付科目为 220201，预付科目为 1123，如图 8.5 所示。

- 设置科目
  - 基本科目设置
  - 控制科目设置
  - 产品科目设置
  - 结算方式科目设置
- 账期内账龄区间设置
- 逾期账龄区间设置
- 报警级别设置
- 单据类型设置
- 中间币种设置

供应商编码	供应商简称	应付科目	预付科目
01001	内蒙古爽亚牧场有限...	220201	1123
01002	内蒙古锡林浩特青城...	220201	1123
02001	石家庄韦氏香精厂	220201	1123
9801	社会保险费	220201	1123
9802	公积金	220201	1123
99001	电业局	220201	1123
99002	自来水公司	220201	1123

图 8.5　控制科目的设置

(3) 执行“财务会计”→“应付款管理”→“设置”→“初始设置”→“设置科目”→“结算方式科目设置”命令，打开结算方式科目设置窗口，单击“增加”按钮，在结算方式栏中录入“1 现金 ”，币种栏中录入“人民币”，科目栏中录入 1001。以此方法录入现金支票——人民币，10020101；转账支票——人民币，10020101，如图 8.6 所示。

- 设置科目
  - 基本科目设置
  - 控制科目设置
  - 产品科目设置
  - 结算方式科目设置
- 账期内账龄区间设置
- 逾期账龄区间设置
- 报警级别设置
- 单据类型设置
- 中间币种设置

结算方式	币　种	本单位账号	科 ...
1 现金	人民币		1001
201 现金支票	人民币		10020101
202 转账支票	人民币		10020101

图 8.6　结算方式科目的设置

8.2.4 期初余额

1. 期初余额的录入

通过期初余额功能，用户可将正式启用账套前的所有应付业务的手工结算的期末数据录入系统，作为电算化账的期初数据，这样既保证了数据的连续性，又保证了数据的完整性。初次使用本系统时，要将上期期末处理完的数据全部录入系统，以便于手工账和电算化账的完整过渡。

案例 8.3 按表 8.1 所示的信息录入应付账款的期初余额。

表 8.1 应付账款期初余额

票据类型：其他应付单

日 期	供 应 商	采购部门	摘 要	科 目	金额/元
2015-12-31	内蒙古澳亚牧场有限公司	采购部	购买原材料	220201	165 000

操作步骤:

以账套主管“李光宁”的身份登录企业应用平台，登录日期为 2016-01-01。

(1) 执行“财务会计”→“应付款管理”→“设置”→“期初余额”命令，打开期初余额窗口，单击“增加”按钮，选择单据名称为“应付单”，单据类型为“其他应付单”，方向为“正向”，单击“确定”按钮。

(2) 在应付单录入界面，单击“增加”按钮，录入表 8.1 所示信息后单击“保存”按钮即可，如图 8.7 所示。

应付单

表体排序

单据编号 0000000002　单据日期 2015-12-31　供应商 内蒙古澳亚牧场有限公司

科目 220201　币种 人民币　汇率 1

金额 165000.00　本币金额 165000.00　数量 0.00

部门 采购部　业务员　项目

付款条件　摘要 购买原材料

	方向	科目	币种	汇率	金额	本币金额	部门	业务员	项目	摘要
1										
2										
3										
4										
5										

图 8.7 应付单的录入

(3) 期初余额录入完毕后，在期初余额录入界面单击“刷新”按钮即可显示所录单据列表。

2. 期初余额的对账

当应付款管理系统和总账管理系统一起启用时，应付款管理系统的期初余额可以与

总账系统的期初余额进行对账，以检查期初余额的录入正确与否。在对账前，需要在总账中引入应付款管理系统的期初余额后进行对账，也可以在总账中直接录入后进行对账。如果应付款管理系统和总账系统不在同一个月启用，则不需要在应付款管理系统录入期初余额，可以直接对账。

案例 8.4　接案例 8.3，录入应付账款科目期初余额后，将期初引入到总账系统，并进行对账。

操作步骤：

以账套主管“李光宁”的身份登录企业应用平台，登录日期为 2016-01-01。

(1) 执行“总账”→“设置”→“期初余额”命令，进入总账期初余额界面，双击“应付账款—一般应付款”科目期初余额列，弹出“辅助期初余额”界面。

(2) 单击“往来明细”按钮，弹出“期初往来明细”窗口，单击左上方“引入”按钮。如果在总账中已经录入了期初余额，用户可以并选择覆盖已有数据进行引入。如果总账中没有录入期初余额，用户可以直接引入应付款管理模块下的期初余额，如图 8.8 所示。

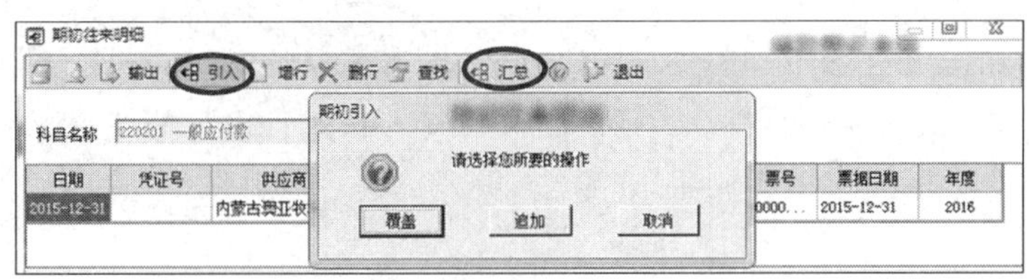

图 8.8　引入应付款管理期初余额

(3) 期初引入后，单击“汇总”按钮，完成汇总。

(4) 执行“应付账款”→“设置”→“期初余额”命令，在弹出的“期初余额”窗口中，单击“对账”按钮，进入“期初对账”窗口。查看应付款管理系统与总账管理系统的期初余额是否平衡，如图 8.9 和图 8.10 所示。

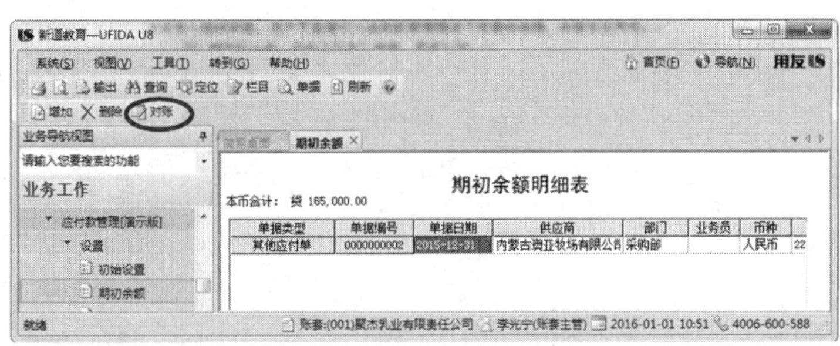

图 8.9　期初余额明细表

科目		应付期初		总账期初		差额	
编号	名称	原币	本币	原币	本币	原币	本币
1123	预付账款	0.00	0.00	0.00	0.00	0.00	0.00
2201	应付票据	0.00	0.00	0.00	0.00	0.00	0.00
220201	一般应付款	165,000.00	165,000.00	165,000.00	165,000.00	0.00	0.00
220202	暂估应付款	0.00	0.00	0.00	0.00	0.00	0.00
	合计		165,000.00		165,000.00		0.00

图 8.10　对账结果

任务 8.3 应付款管理系统的日常业务处理

应付账款是企业应购买原材料、商品和接受劳务供应等应支付给供应商的款项。应付管理系统主要提供用户对应付款的管理，包括应付款的形成及偿还情况。应付业务来源于采购业务，企业在实际业务中，因采购业务付款方式、付款时点的不同而产生不同的会计处理。

8.3.1 应付单据处理

应付单据包含采购专用发票、采购普通发票和其他付收单三种。采购发票是最常用的应付单据。如果应付款管理系统与采购管理系统集成使用，这些票据在采购管理系统中录入，在应付款系统中可以对这些单据进行审核、查询、制单、核销等操作。如果应付款管理系统没有和采购管理系统同时启用，那么单据只能在应付款管理系统中录入并审核，继而制单。

案例 8.5 2016 年 1 月 2 日，采购部向内蒙古澳亚牧场有限公司购买液态奶 10 吨，无税单价 5000 元/吨，税率为 17%，货物已收到，货款未付，收到增值税专用发票一张，票号 CG1601。录入采购发票并制单。

操作步骤：

以会计主管“李婧”的身份登录企业应用平台，登录日期为 2016-01-02。

(1) 执行“财务会计”→“应付款管理”→“应付单据处理”→“应付单据录入”命令，打开“应付单据录入”窗口，单击“增加”按钮，选择单据名称为“采购发票”，单据类型为“采购专用发票”，方向为“正向”，单击“确定”按钮，进入“专用发票”录入界面。

(2) 在“专用发票”录入界面，单击“增加”按钮，输入单据日期为 2016-01-02，采购类型为“普通采购”，供应商为“内蒙古澳亚牧场有限公司”，部门名称为“采购部”；双击表体，输入存货编码为 01001，存货名称为“液态奶”，数量为 10，原币单价为 5000 元，单击“保存”按钮，然后单击“审核”按钮，如图 8.11 所示。

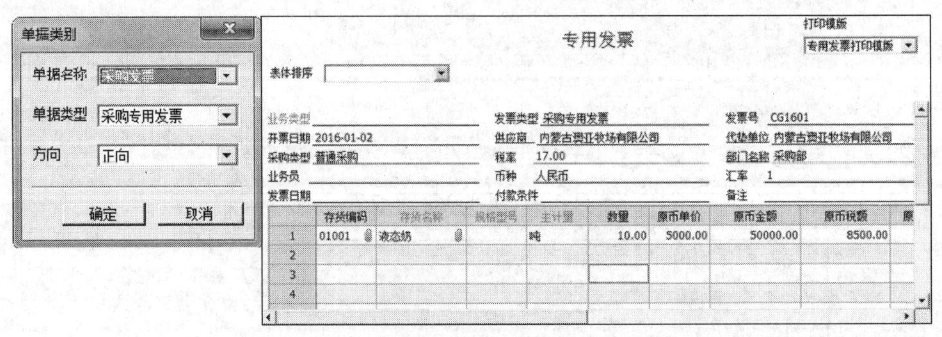

图 8.11 发票的录入

(3) 单击“审核”按钮后，系统弹出“是否立即制单？”提示信息，单击“是”按钮，系统自动生成凭证，修改凭证日期为 2016.01.02，凭证类别为“03 转账凭证”，将第一条分录的科目设置为 140101，单击“保存”按钮即可，如图 8.12 所示。

转 账 凭 证

03 字　　制单日期：2016.01.02　　审核日期：　　附单据数：1

摘 要	科目名称	借方金额	贷方金额
采购专用发票	材料采购/液态奶	5000000	
采购专用发票	应交税费/应交增值税/进项税	850000	
采购专用发票	应付账款/一般应付款		5850000
票号 日期　数量 10.00000吨 单价 5000.00000	合 计	5850000	5850000

图 8.12　发票审核后生成的凭证

8.3.2　付款单据处理及核销

付款单据处理主要是对结算单据进行处理，包括付款单的录入和审核。应付款管理系统的付款单是用来记录企业所付供应商款项，款项性质包括应付款、预付款和其他费用等。其中，应付款、预付款性质的付款单将与发票、应付单进行核销勾对。

核销处理是将已付款与应付款进行核销，建立付款与应付款的核销记录，加强往来款项管理。核销处理可以在付款单录入后直接单击“核销”按钮进行核销，也可通过“核销处理”功能进行处理，包括自动核销和手工核销两种方式。

案例 8.6　2016 年 1 月 4 日，向内蒙古澳亚牧场有限公司开出转账支票一张(票号 ZPZ001)，用于支付 1 月 2 日所欠 58 500 元货款。录入付款单，审核制单并核销。

操作步骤：

以会计主管“李婧”的身份登录企业应用平台，登录日期为 2016-01-04。

(1) 执行“财务会计”→“应付款管理”→“付款单据处理”→“付款单据录入”命令，打开“付款单据录入”窗口。

(2) 单击“增加”按钮，修改单据日期为 2016-01-04，供应商为“内蒙古澳亚牧场有限公司”，结算方式为“202 转账支票”，金额为 58 500 元，票据号为 ZPZ001。

(3) 双击表体，款项类型选择“应付款”，其余为系统默认设置，如图 8.13 所示。单击“保存”按钮，然后单击“审核”按钮，系统自动生成凭证，如图 8.14 所示。

(4) 关闭“凭证”窗口及“付款单”窗口，执行“财务会计”→“应付款管理”→“核销处理”→“手工核销”命令，在“核销条件”中选择供应商“内蒙古澳亚牧场有限公司”，单击“确定”按钮，显示待核销单据列表。输入本次结算金额 58 500 元，单击“保存”按钮即可完成核销，如图 8.15 所示。

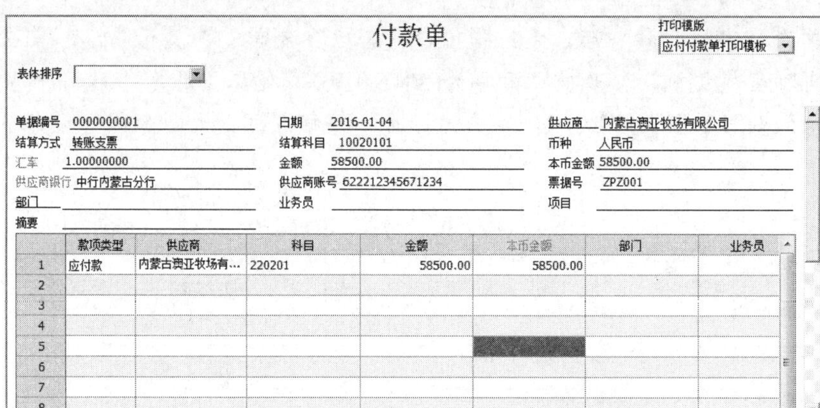

付款单

打印模版 应付付款单打印模板

表体排序

单据编号 0000000001　日期 2016-01-04　供应商 内蒙古澳亚牧场有限公司

结算方式 转账支票　结算科目 10020101　币种 人民币

汇率 1.00000000　金额 58500.00　本币金额 58500.00

供应商银行 中行内蒙古分行　供应商账号 622212345671234　票据号 ZPZ001

部门　业务员　项目

摘要

	款项类型	供应商	科目	金额	本币金额	部门	业务员
1	应付款	内蒙古澳亚牧场有…	220201	58500.00	58500.00		
2							
3							
4							
5							
6							
7							
8							

图 8.13　付款单的录入

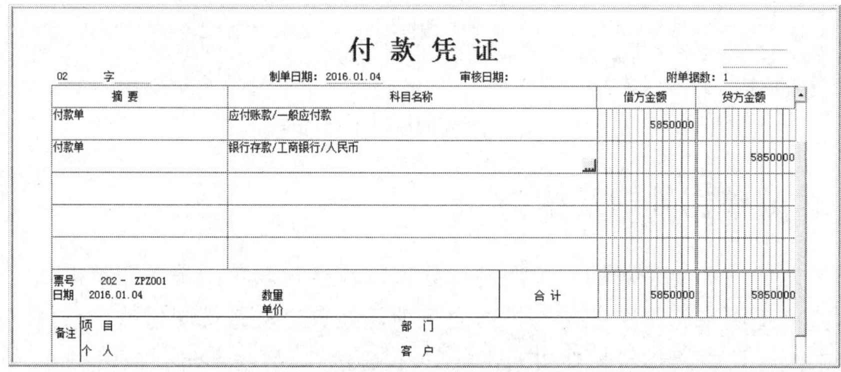

付 款 凭 证

02 字　制单日期：2016.01.04　审核日期：　附单据数：1

摘要	科目名称	借方金额	贷方金额
付款单	应付账款/一般应付款	5850000	
付款单	银行存款/工商银行/人民币		5850000
票号 202 - ZPZ001 日期 2016.01.04	数量 单价　合计	5850000	5850000

备注　项目　部门

个人　客户

图 8.14　付款凭证

单据日期	单据类型	单据编号	供应商	款项…	结算方式	币种	汇率	原币金额	原币余额	本次结算	订单号
2016-01-04	付款单	0000000001	内蒙古澳亚牧场有限…	应付款	转账支票	人民币	1.00000000	58,500.00	58,500.00	58,500.00	
合计								58,500.00	58,500.00	58,500.00	

单据日期	单据类型	单据编号	到期日	供应商	币种	原币金额	原币余额	可享受折扣	本次折扣	本次结算	订单号	凭证号
2016-01-02	采购专…	CG1601	2016-01-02	内蒙古澳亚牧场有限…	人民币	58,500.00	58,500.00	0.00	0.00	58,500.00		03-0001
2015-12-31	其他应付单	0000000002	2015-12-31	内蒙古澳亚牧场有限…	人民币	165,000.00	165,000.00	0.00				
合计						223,500.00	223,500.00	0.00		58,500.00		

图 8.15　核销

提示:

- 一般情况下核销操作不生成凭证。用户也可以在应付款管理的“选项”中选择参数“核销生成凭证”，核销后可以在“应付款管理”→“制单处理”下选择核销生成凭证;
- 如果核销操作错误，用户可以执行“应付款管理”→“其他处理”→“取消操作”命令，录入供应商“内蒙古澳亚牧场有限公司”，操作类型为“核销”，如图 8.16 所示。

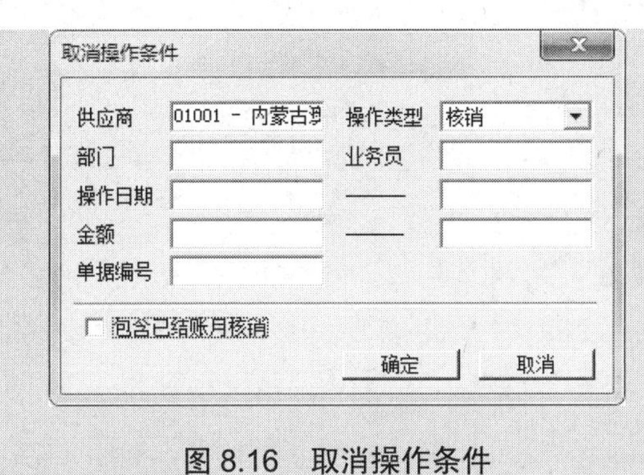

图 8.16 取消操作条件

- 在“取消操作”窗口下，单击已核销待取消单据，单击“OK 确认”按钮，即可取消核销操作，如图 8.17 所示。

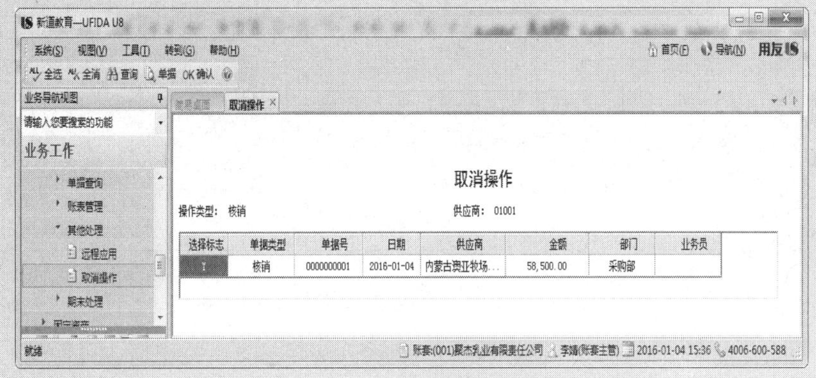

图 8.17 删除核销单据

8.3.3 转账处理

转账处理包括应付冲应付、应付冲应收、预付冲应付及红票对冲等业务。

应付冲应付是指将一家供应商的应付款转移到另一家供应商中。通过“应付转应付”功能将应付业务在供应商之间或部门之间或业务员之间进行转入转出，实现应付业务的调整，解决应付业务在不同供应商间入错户或合并户或同一供应商下不同部门间或不同业务员间的并账问题。在应付冲应付中，每一笔应付款的转账金额不能大于其余额，而且每次只能选择一个转入单位。

应付冲应收：用某供应商的应付款冲抵某客户的应收款项。

预付冲应付：处理供应商预付款、红字预付款与该供应商应付欠款和红字应付款之间的转账核销业务。

红票对冲：对某供应商的红字发票与蓝字发票进行冲抵。

案例 8.7 2016 年 1 月 6 日，采购部向内蒙古澳亚牧场有限公司购买液态奶 2 吨，无税单价 5000 元/吨，税率为 17%，开出转账支票(票号 ZPZ002)用于支付定金 8000 元。

操作步骤:

以会计主管“李婧”的身份登录企业应用平台，登录日期为 2016-01-6。

(1) 执行“财务会计”→“应付款管理”→“付款单据处理”→“付款单据录入”命令，打开“付款单据录入”窗口。

(2) 单击“增加”按钮，修改单据日期为 2016-01-06，供应商为“内蒙古澳亚牧场有限公司”，结算方式为“202 转账支票”，金额为 8000 元，票据号为 ZPZ002。

(3) 双击表体，款项类型选择“预付款”，金额为 8000 元，科目为 1123，如图 8.18 所示。

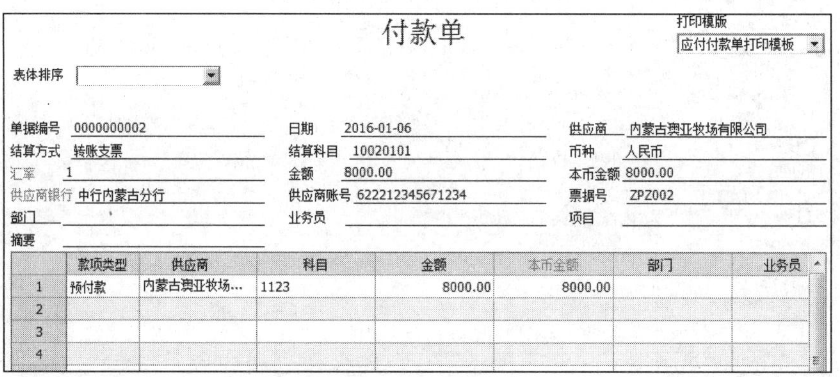

图 8.18 预付款的录入

(4) 单击“审核”按钮，审核收款单，系统自动生成凭证，如图 8.19 所示。

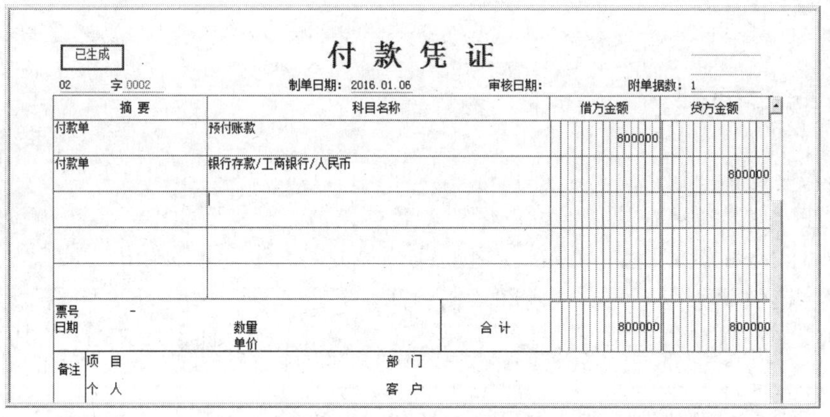

图 8.19 预付凭证的生成

案例 8.8 2016 年 1 月 10 日，货物已收到，货款未付，收到增值税专用发票一张，票号 CG1602。录入采购发票审核并制单，将预付订金 8000 元冲销应付货款。

操作步骤:

以会计主管“李婧”的身份登录企业应用平台，登录日期为 2016-01-10。

(1) 执行“财务会计”→“应付款管理”→“应付单据处理”→“应付单据录入”命令，打开“应付付单据录入”窗口，输入采购发票信息，如图 8.20 所示。

(2) 单击“审核”按钮，审核该单据，系统自动生成凭证，如图 8.21 所示。

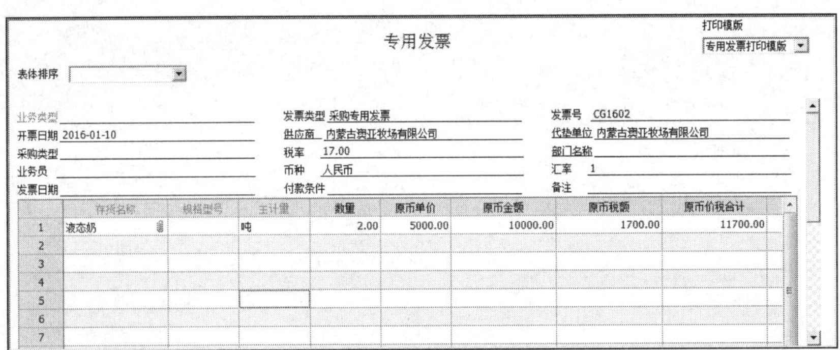

图 8.20　发票的录入

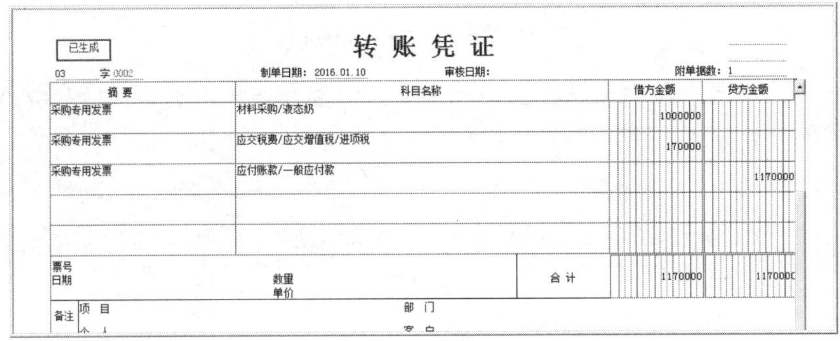

图 8.21　凭证的生成

(3) 执行“财务会计”→“应付款管理”→“转账”→“预付冲应付”命令，打开“预付冲应付”对话框，在“预付款”选项卡下选择供应商为“内蒙古澳亚牧场有限公司”，单击右侧“过滤”按钮，系统列示出 12 日之前尚未核销的预付款单 8000 元，在右侧转账金额栏内输入 8000 元，如图 8.22 所示。

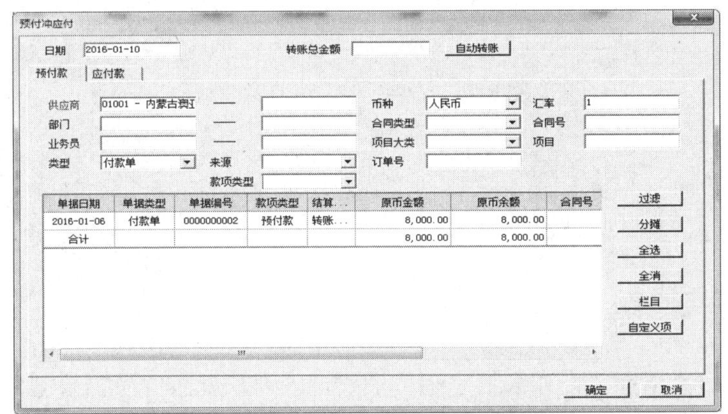

图 8.22　预付冲应付的转账处理(1)

(4) 打开“应付款”选项卡，单击右侧“过滤”按钮，系统列示出 12 日之前尚未全部核销的应付单，在第一行转账金额栏输入 8000 元，如图 8.23 所示。

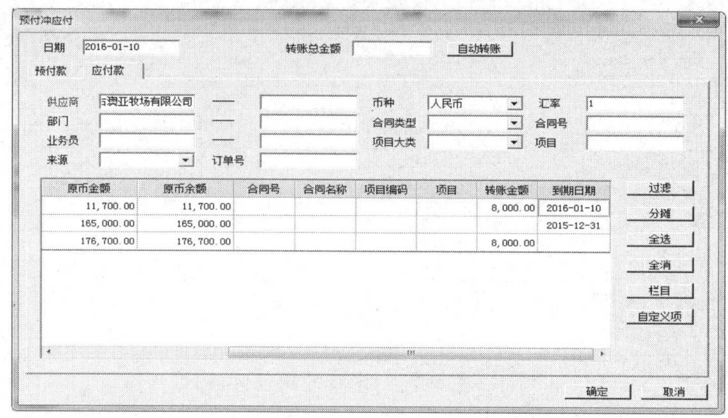

图 8.23　预付冲应付转账处理(2)

(5) 单击“确定”按钮，选择立即生成凭证，修改凭证类别为“转账凭证”，日期为 2016.01.10，单击“保存”按钮，生成的凭证如图 8.24 所示。

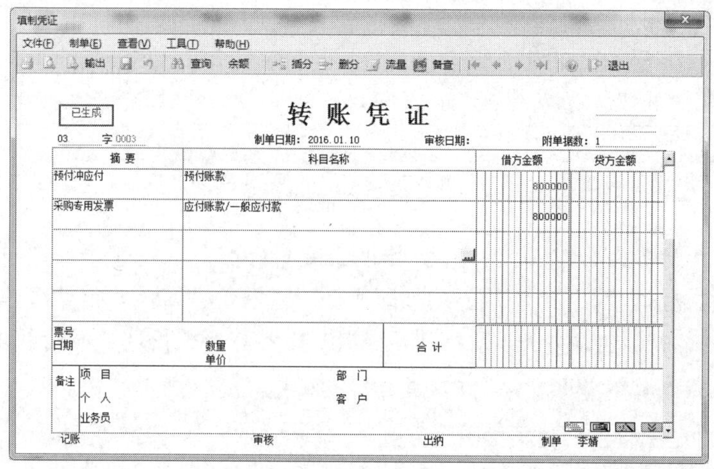

图 8.24　预付冲应付凭证的生成

提示：

- 没有采购业务发生时，支付给供应商的款项作为预付款进行处理。
- 采购订金属于预付款。

8.3.4　票据管理

票据管理主要记录票据详细信息和记录票据处理情况。“票据管理”功能完成商业承兑汇票和银行承兑汇票的处理，包括开具、结算、贴现、转出和计息等处理。

案例 8.9　2016 年 1 月 14 日，向内蒙古澳亚牧场有限公司签发并承兑商业承兑汇票一张(票据编号 SYHP00X)，面值 165 000 元，到期日为 2016 年 4 月 14 日，用于支付

欠款。

操作步骤：

以会计主管“李婧”的身份登录企业应用平台，登录日期为 2016-01-14。

(1) 执行“财务会计”→“应付款管理”→“票据管理”命令，在弹出的窗口中单击“确定”按钮后打开“票据管理”窗口。

(2) 单击“增加”按钮，选择票据类型和结算方式均为“商业承兑汇票”，票据编号为 SYHP00X，出票人为“聚杰乳业有限责任公司”，收款人为“内蒙古澳亚牧场有限公司”，收到日期和出票日期均为 2016-01-14，到期日为 2016-04-14，金额为 165 000 元，单击“保存”按钮，如图 8.25 所示。

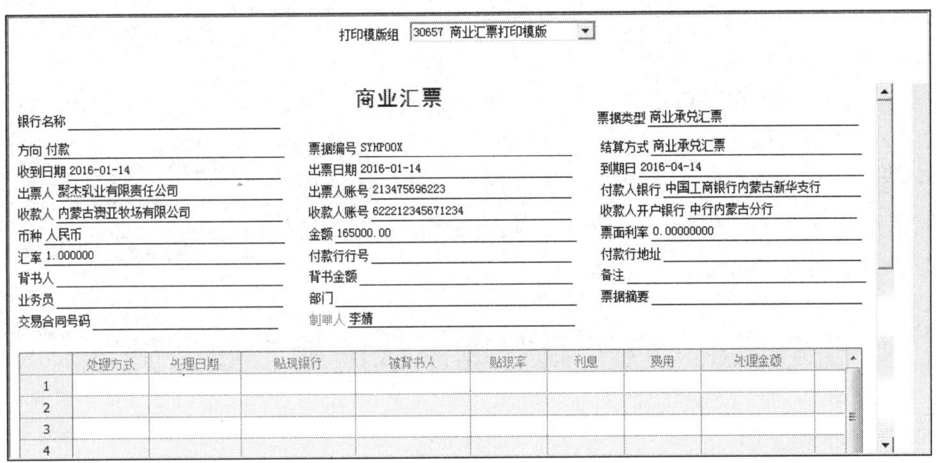

图 8.25　票据的录入

(3) 执行“财务会计”→“应付款管理”→“付款单据处理”→“付款单据审核”命令，打开“付款单过滤条件”窗口。单击“确定”按钮，双击打开收款单，在收款单窗口单击“审核”按钮，生成的凭证如图 8.26 所示。

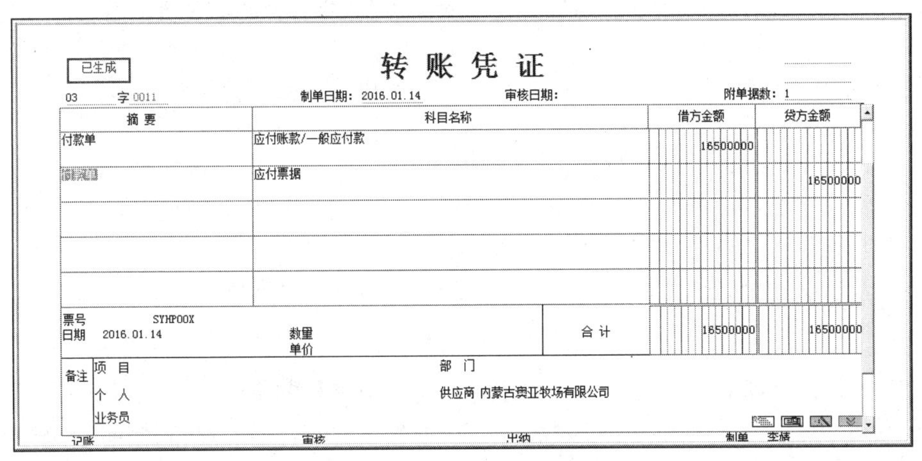

图 8.26　生成的凭证

(4) 执行“财务会计”→“应付款管理”→“核销处理”→“手工核销”命令，选择相应单据进行核销处理。

8.3.5 制单处理

应付款管理系统在各个业务处理过程都提供了实时制单的功能，同时也提供了一个统一制单的平台，制单处理可以快速、成批地生成凭证，并可依据规则进行合并制单等处理。

8.3.6 取消操作

如果对原始单据进行了核销、转账等操作，发现操作错误，可利用“取消操作”功能将其恢复到操作前的状态，以便进行修改。取消操作可以取消核销、选择付款、汇兑损益、票据处理、转账等业务。如果已经生成凭证，必须先删除凭证后，再执行“财务会计”→“应付款管理”→“其他处理”→“取消操作”命令，如图 8.27 所示。取消操作必须先选择客户，再选择操作类型。

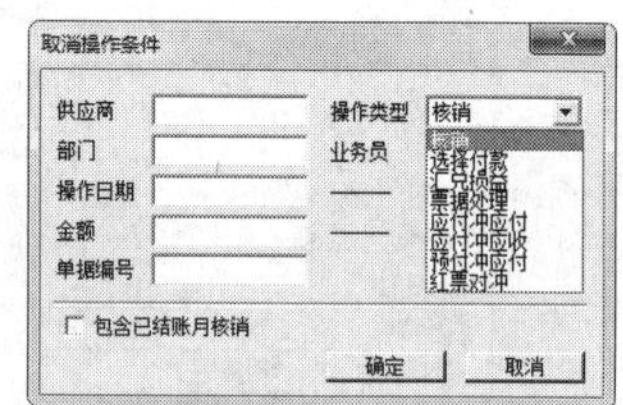

图 8.27 取消操作

任务 8.4 应付款管理系统的期末业务处理

8.4.1 单据查询

应付系统提供对发票、应付、结算单、凭证等的查询。在查询列表中，系统提供自定义显示栏目、排序等功能。在进行单据查询时，若启用供应商、部门数据权限控制时，则在查询单据时只能查询有权限的单据。

应付款管理系统生成的凭证会自动传递到总账，在总账系统中对其进行审核和记账操作，此类凭证叫作外部凭证。对凭证的查询、修改和删除要在应付款管理系统中进行操作。

案例 8.10 2016 年 1 月 31 日，查询应付款管理系统生成的转账凭证。

操作步骤:

以会计主管“李婧”的身份登录企业应用平台，登录日期为 2016-01-31。

(1) 执行“财务会计”→“应付款管理”→“单据查询”→“凭证查询”命令，单击“确定”按钮即可查询日期段内的所有凭证。

(2) 如果要删除凭证，则先选择好待删除凭证后单击“删除”按钮即可。

提示:

- 一张凭证删除后，它所对应的原始单据可以重新制单。
- 如果出现操作失误，可以执行“取消操作”命令，以此取消核销、坏账处理等操作。
- 只有未审核、未经出纳签字的凭证才能删除。

8.4.2 账表查询

案例 8.11 2016 年 1 月 31 日，查询应付款管理系统的科目明细账和科目余额表。

操作步骤：

以会计主管“李婧”的身份登录企业应用平台，登录日期为 2016-01-31。

(1) 执行“财务会计”→“应付款管理”→“账表管理”→“科目账查询”→“科目明细账”命令，打开“供应商往来科目明细账”对话框，如图 8.28 所示。

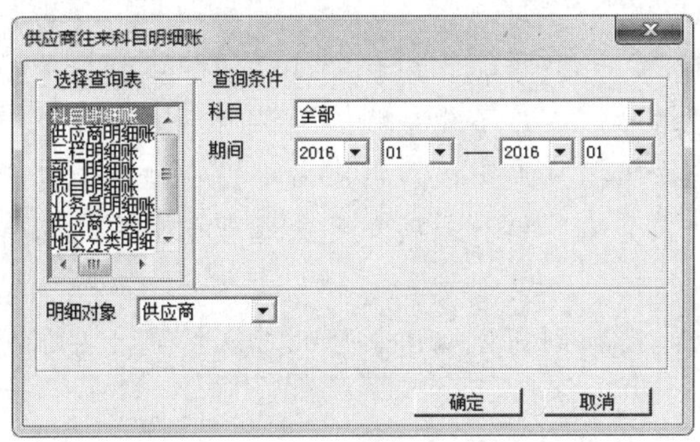

图 8.28 “供应商往来科目明细账”对话框

(2) 单击“确定”按钮，弹出查询结果，如图 8.29 所示。同理，查询科目余额表。

科目明细账

科目 全部　　金额式　　期间：2016.01-201...

年	月	日	凭证号	科目 编号	科目 名称	供应商 编号	供应商 名称	摘要	借方 本币	贷方 本币	方向	余额 本币
2016	01	14	03-0011	2201	应付票据	01001	内蒙古赛亚牧场有限公司	付款单		165,000.00	贷	165,000.00
2016	01			2201	应付票据	01001	内蒙古赛亚牧场有限公司	本月合计		165,000.00	贷	165,000.00
2016	01			2201	应付票据	01001	内蒙古赛亚牧场有限公司	本年累计		165,000.00	贷	165,000.00
				2201	应付票据			合 计		165,000.00	贷	165,000.00
				2201	应付票据			累 计		165,000.00	贷	165,000.00
				220201	一般应付款	01001	内蒙古赛亚牧场有限公司	期初余额			贷	165,000.00
2016	01	08	03-0001	220201	一般应付款	01001	内蒙古赛亚牧场有限公司	采购专用发票		585,000.00	贷	750,000.00
2016	01	09	02-0001	220201	一般应付款	01001	内蒙古赛亚牧场有限公司	付款单	585,000.00		贷	165,000.00
2016	01	14	03-0011	220201	一般应付款	01001	内蒙古赛亚牧场有限公司	付款单	165,000.00		平	
2016	01			220201	一般应付款	01001	内蒙古赛亚牧场有限公司	本月合计	750,000.00	585,000.00	平	
2016	01			220201	一般应付款	01001	内蒙古赛亚牧场有限公司	本年累计	750,000.00	585,000.00	平	
2016	01	10	03-0004	220201	一般应付款	01002	内蒙古锡林浩特青城牧业	采购专用发票		292,500.00	贷	292,500.00
2016	01	10	03-0005	220201	一般应付款	01002	内蒙古锡林浩特青城牧业	运费发票		2,000.00	贷	294,500.00
2016	01			220201	一般应付款	01002	内蒙古锡林浩特青城牧业	本月合计		294,500.00	贷	294,500.00
2016	01			220201	一般应付款	01002	内蒙古锡林浩特青城牧业	本年累计		294,500.00	贷	294,500.00
2016	01	12	03-0009	220201	一般应付款	02001	石家庄韦氏香精厂	采购专用发票		28,372.50	贷	28,372.50
2016	01			220201	一般应付款	02001	石家庄韦氏香精厂	本月合计		28,372.50	贷	28,372.50
2016	01			220201	一般应付款	02001	石家庄韦氏香精厂	本年累计		28,372.50	贷	28,372.50
				220201	一般应付款			合 计	750,000.00	907,872.50	贷	322,872.50
				220201	一般应付款			累 计	750,000.00	907,872.50	贷	322,872.50
2016	01	11	03-0008	220202	暂估应付款	01002	内蒙古锡林浩特青城牧业	采购入库单		150,000.00	贷	150,000.00
2016	01			220202	暂估应付款	01002	内蒙古锡林浩特青城牧业	本月合计		150,000.00	贷	150,000.00
2016	01			220202	暂估应付款	01002	内蒙古锡林浩特青城牧业	本年累计		150,000.00	贷	150,000.00
2016	01	31	03-0007	220202	暂估应付款	02001	石家庄韦氏香精厂	红字回冲单		-24,000.00	借	24,000.00
2016	01			220202	暂估应付款	02001	石家庄韦氏香精厂	本月合计		-24,000.00	借	24,000.00
2016	01			220202	暂估应付款	02001	石家庄韦氏香精厂	本年累计		-24,000.00	借	24,000.00
				220202	暂估应付款			合 计		126,000.00	贷	126,000.00
				220202	暂估应付款			累 计		126,000.00	贷	126,000.00
								合 计	750,000.00	1,198,872.50	贷	613,872.50

图 8.29 科目明细账

8.4.3 期末处理

1. 月末结账

如果当月业务已全部处理完毕，则需执行“月末结账”。只有当月结账后，才可以开始下月工作。在执行了月末结账功能后，该月将不能进行任何处理。

案例 8.12 2016 年 1 月 31 日，对应付款管理系统进行月末处理。

操作步骤：

以会计主管“李婧”的身份登录企业应用平台，登录日期为 2016-01-31。

(1) 执行“财务会计”→“应付款管理”→“期末处理”→“月末结账”命令，打开月末处理窗口。

(2) 双击选择 1 月份，结账标识显示为“Y”，单击“下一步”按钮。

(3) 系统提示各类单据全部制单完毕，依次单击“完成”“确定”按钮即可。

提示：

- 进行月末处理时，一次只能选择一个月进行结账。
- 前一个月没有结账，本月不能结账。
- 如果选项中选择单据日期审核，则应付单据在结账前需全部进行审核。
- 如果选择“月末全部制单”选项，月末处理前则需把所有业务生成凭证，否则不能结账。
- 如果总账已经结账，则需先取消总账的月末结账，再取消应付款管理系统的月末结账。

2. 取消结账

在执行了月末结账功能后，发现该月还有需要修改的单据，可以执行取消结账处理。

案例 8.13 2016 年 1 月 31 日，对应付款管理系统取消月末结账。

操作步骤：

以会计主管“李婧”的身份登录企业应用平台，登录日期为 2016-01-31。

(1) 执行“财务会计”→“应付款管理”→“期末处理”→“取消月结”命令，打开“取消月结”窗口。

(2) 选择 1 月份，结账标识显示为“已结账”，单击“确定”按钮完成取消结账。

项目小结

本项目主要介绍了单独启用应付款管理系统的供应商往来款项的核算，包括应付款系统的初始设置、日常业务处理和期末处理等业务。

在学习该项目时应掌握如下基础知识。

(1) 熟练进行应付款管理系统的初始化，包括科目的初始设置、期初余额的录入等。

(2) 手工录入其他付单、采购发票、付款单和预付单等基本单据并生成相应的凭证，付款单和应付单应在月末前进行核销处理。

(3) 熟悉应付款管理系统的转账处理，并生成正确的财务凭证。

(4) 可以对应付系统生成的财务凭证进行修改、删除、审核和记账操作。

拓展闯关 6

1. 2016 年 1 月 10 日，采购部向内蒙古澳亚牧场有限公司购买液态奶 5 吨，无税单价 5000 元/吨，税率为 17%，货物已收到，货款未付，收到增值税专用发票一张，票号 CG16010。录入采购发票并制单。

2. 2016 年 1 月 11 日，向内蒙古澳亚牧场有限公司开出转账支票一张(票号 ZPZ0010)，用于支付 1 月 10 日所欠的 29 250 元货款。录入付款单，审核制单并核销。

3. 2016 年 1 月 12 日，采购部向内蒙古澳亚牧场有限公司购买液态奶 10 吨，无税单价 5000 元/吨，税率为 17%，开出转账支票(票号 ZPZ002)用于支付定金 10 000 元。

4. 2016 年 1 月 13 日，收到内蒙古澳亚牧场有限公司(购买液态奶 10 吨，无税单价 5000 元/吨，税率为 17%)开具的专用发票一张(CG16011)，录入采购发票并制单。

5. 2016 年 1 月 14 日，向内蒙古澳亚牧场有限公司用转账支票(票号 ZPZ0011)支付货款 48 500 元，填制付款单并制单核销。

6. 将预付内蒙古澳亚牧场有限公司的 10 000 元定金冲销应付款。

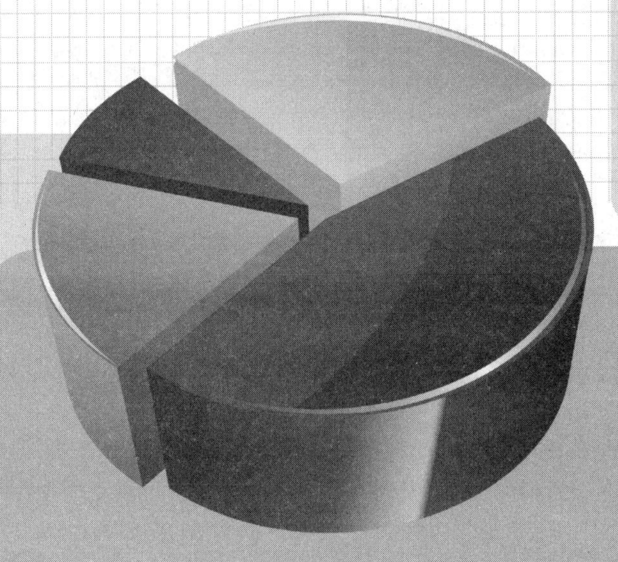

项目 9 固定资产管理系统

职业能力目标

了解固定资产管理系统的作用，理解固定资产管理系统的基本功能，了解固定资产系统与其他系统的关系，熟悉固定资产管理系统的工作流程。

典型工作任务

- 认识固定资产管理系统
- 固定资产管理系统的初始化设置
- 固定资产管理系统的日常业务处理处理
- 固定资产管理系统的期末业务处理
- 固定资产管理系统的统计分析

知识结构

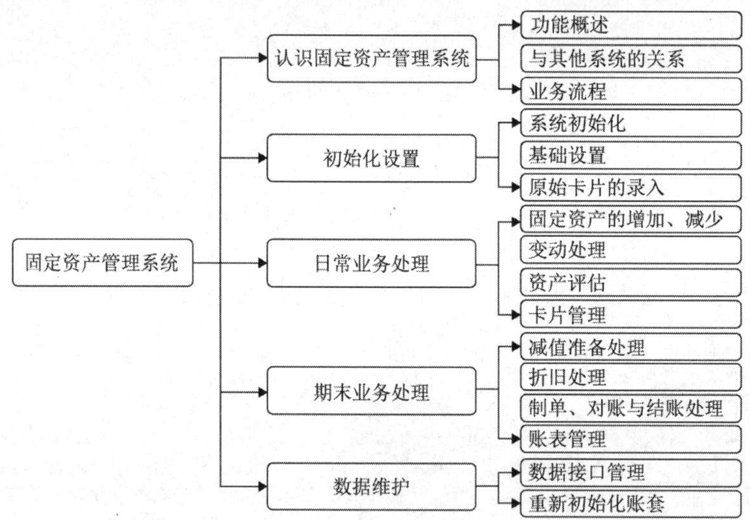

任务 9.1　认识固定资产管理系统

固定资产是指使用年限超过一年的建筑物、机器、设备和运输工具等。“固定”是相对于“流动”而言，流动资产的价值在一个生产周期内全部进行转移消耗，而固定资产的价值能够在若干生产周期内连续发挥作用，其价值随着固定资产的使用逐渐进行转移和消耗，这部分价值以折旧的形式转移到生产的产品中，构成产品成本的一部分。

固定资产管理系统是企业管理中的一个重要组成部分，固定资产具有价值高、使用周期长、使用地点分散、管理难度大等特点。用友 ERP-U8 V10.1 管理软件中的固定资产管理系统主要完成企业固定资产的初始化操作、日常业务处理和月末处理操作。

9.1.1　固定资产管理系统功能概述

固定资产管理系统的作用是完成企业固定资产日常业务的核算和管理，编制固定资产卡片，按月反映固定资产的增加、减少、原值变化及其他变动，并输出相应的增减变动明细账，保证企业固定资产的安全完整并充分发挥其能效；同时，按月自动计提折旧，生成折旧分配凭证，保证再生产的资金来源和正确统计产品的生产成本。此外，还可以输出与“固定资产”相关的报表和账簿，以分析固定资产的利用效果。本系统主要功能体现在以下几个方面。

1. 固定资产管理系统的初始设置

运行固定资产管理系统并打开该账套后，要进行必要的系统初始化设置工作，具体包括：系统初始化、部门设置、固定资产类别设置、使用状况定义、增减方式定义、折旧方法定义、卡片项目定义和卡片样式定义等，这些均是系统顺利运转的基础。

2. 固定资产卡片管理

固定资产管理在企业中分为两部分：一是固定资产卡片及台账管理；二是固定资产的会计核算处理。考虑到这两方面的使用习惯和管理的科学性，系统首先提供了卡片管理的功能。在用友 ERP-U8 V10.1 应用系统中，主要从卡片、变动单及资产评估三方面来实现卡片管理。卡片中主要实现录入原始卡片、卡片修改、卡片删除、资产增加及资产减少等功能，不仅实现了固定资产的文字资料管理，而且还实现了固定资产的图片管理；"变动单"中实现固定资产变动的各项管理；此外，还单独列示"资产评估"，来完成评估数据和成果的管理。

3. 固定资产折旧管理

固定资产管理系统自动计提折旧，形成折旧清单和折旧分配表，并按分配表自动制作记账凭证，并传送到账务系统，同时在本系统中可修改、删除和查询凭证。对折旧进行分配时，可以在单部分或多部门之间进行分配。

4. 固定资产月末对账、结账

月末，按照系统初始设置的账务系统接口，自动与账务系统进行对账，并根据对账结果和初始设置决定是否结账。

5. 固定资产账表查询

通过"我的账表"对系统所能提供的全部账表进行管理，资产管理部门可随时查询分析表、统计表、账簿和折旧表，提高资产管理效率。

另外，系统还能提供固定资产的多种自定义功能，可自定义折旧方法、汇总分配周期、卡片项目等；为适应行政事业单位固定资产管理的需要，提供整套账不提折旧功能。

9.1.2　固定资产管理系统与其他系统的关系

固定资产管理系统中资产的变动、计提折旧等数据变动都要生成凭证，将数据通过记账凭证传递到总账系统中，并可通过对账功能检查固定资产账簿与总账之间是否平衡，并可对凭证进行修改、作废、删除及查询。固定资产管理系统可以为成本核算系统提供计提折旧相关的数据依据。UFO 报表系统中可通过取数函数提取固定资产系统的数据。固定资产管理系统与其他系统的主要关系如图 9.1 所示。

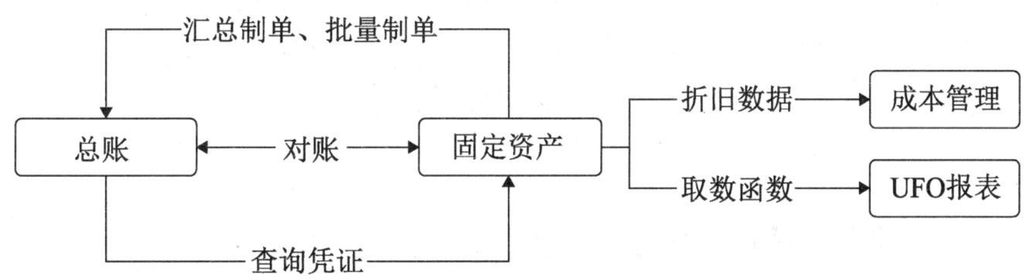

图 9.1　固定资产管理系统与其他系统的关系

9.1.3 固定资产管理系统的业务流程

固定资产管理系统的业务流程大致如图 9.2 所示。

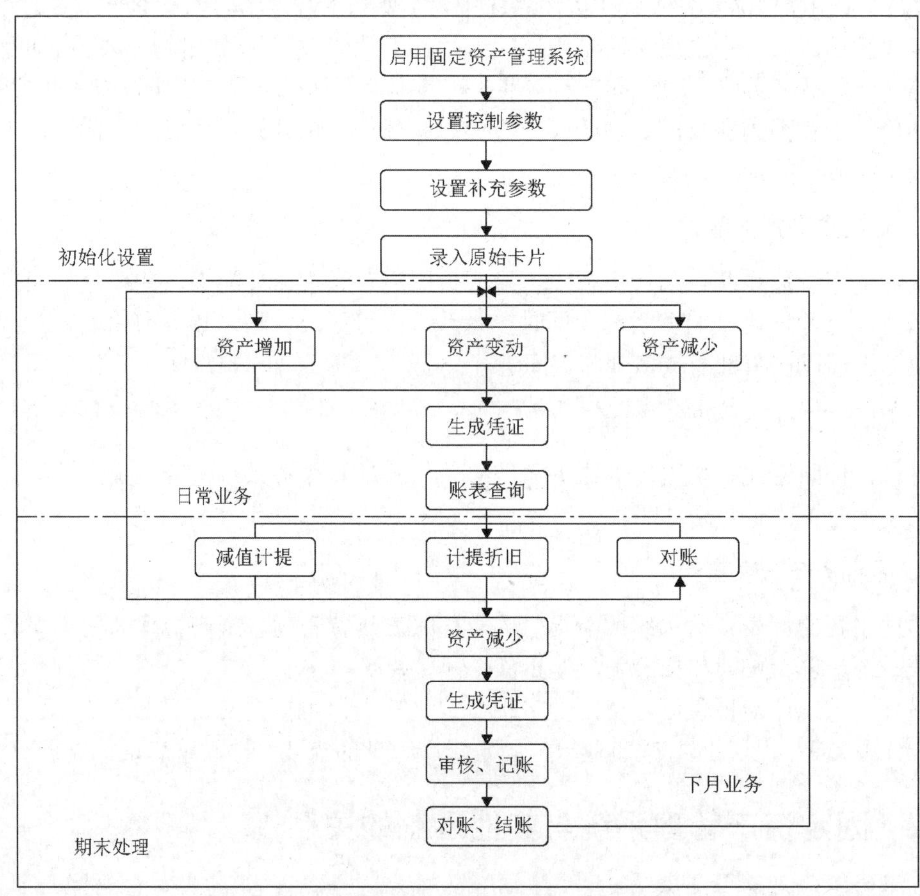

图 9.2 固定资产管理系统的业务流程图

任务 9.2 固定资产管理系统的初始化设置

按照现行会计制度规定，行政事业单位的所有资产不计提折旧，而企业单位资产需要计提折旧。故初始化时操作者应根据本企业性质确定本账套是否计提折旧，即选定本单位折旧应用方案。若确定本账套不计提折旧，则该账套内的折旧与有关的所有功能无法操作。

9.2.1 固定资产管理系统的初始化

系统初始化是使用固定资产管理系统管理资产的首要操作，是根据企业的具体情况，

建立一个适合企业需要的固定资产账套的过程。要设置的内容主要包括：约定及说明、启用月份、折旧信息、编码方式、账务接口和完成设置六部分。系统初始化之前应首先启用固定资产管理系统。

案例 9.1　恢复“总账期初余额”账套，启用固定资产管理系统，启用日期为 2016-01-01，并按表 9.1 所示进行系统初始化。

表 9.1　固定资产管理系统的控制参数

控制参数	参数设置
约定与说明	我同意
启用月份	2016-01
折旧信息	本账计提折旧： 折旧方法：平均年限法(一)； 折旧汇总分配周期：1 个月； 当(月初已计提月份=可使用月份-1)时，将剩余折旧全部提足
编码方式	资产类别编码方式：2-1-1-2； 固定资产编码方式：按“类别编码+部门编码+序号”自动编码；卡片序号长度为：5
账务接口补充参数	与账务系统进行对账； 对账科目： 固定资产对账科目：固定资产(1601)； 累计折旧对账科目：累计折旧(1602)； 业务发生后立即制单； 月末结账前一定要完成制单登账业务； 固定资产默认入账科目：固定资产(1601)； 累计折旧默认入账科目：累计折旧(1602)； 减值准备默认入账科目：固定资产减值准备(1603)

操作步骤：

(1)　执行“基础设置”→“基本信息”→“系统启用”命令，打开“系统启用”界面。

(2)　选中“FA 固定资产”复选框，弹出“日历”对话框，设置固定资产管理系统启用日期为 2016-01-01。

(3)　单击“财务会计—固定资产”按钮，系统弹出“这是第一次打开此账套，还未进行过初始化，是否进行初始化？”提示信息，如图 9.3 所示。

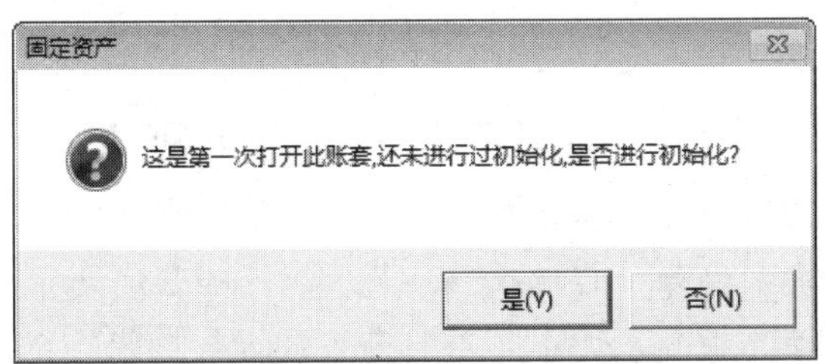

图 9.3　打开固定资产管理系统进行初始化设置

(4) 单击“是”按钮，进入固定资产管理系统“初始化账套向导”对话框，选中“我同意”单选按钮，并单击“下一步”按钮，如图 9.4 所示。

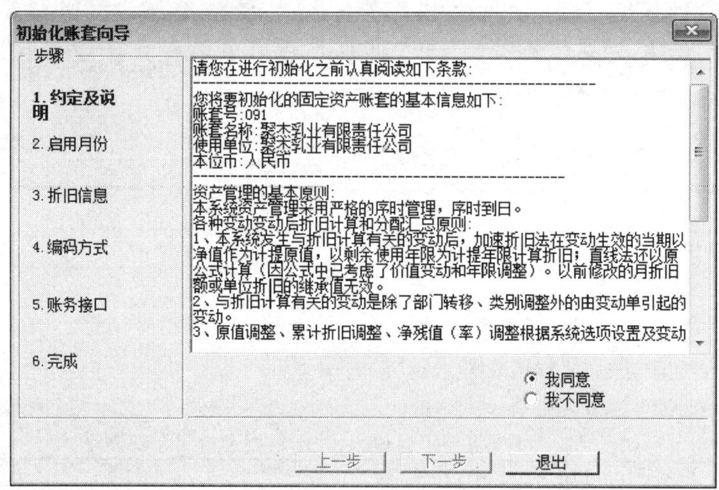

图 9.4 “初始化账套向导｜步骤 1.约定及说明”

(5) 弹出的“账套启用月份”默认选择 2016.01，单击“下一步”按钮。

(6) 选中“本账套计提折旧”复选框，选择主要折旧方法为“平均年限法(一)”；折旧的汇总分配周期为 1 个月，如图 9.5 所示。

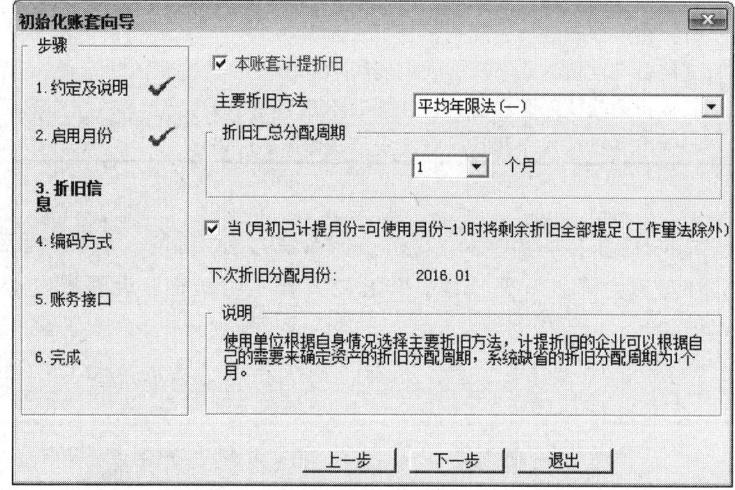

图 9.5 “初始化账套向导｜步骤 3.折旧信息”

(7) 单击“下一步”按钮，资产类别编码方式设置为“2-1-1-2:”；固定资产编码方式选择“自动编码：类别编号+部门编号+序号”，序号长度设置为 5。

(8) 单击“下一步”按钮，选中“与账套系统进行对账”复选框，设置固定资产对账科目为“固定资产(1601)”，累计折旧对账科目为“累计折旧(1602)”，如图 9.6 所示。

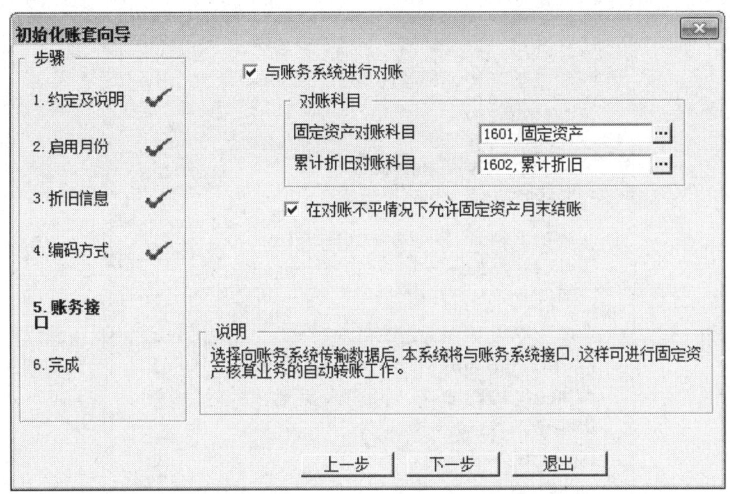

图 9.6　“初始化账套向导 | 步骤 5.账务接口”

(9) 单击“下一步”按钮，显示已经进行了账套信息的基本设置工作，如图 9.7 所示。

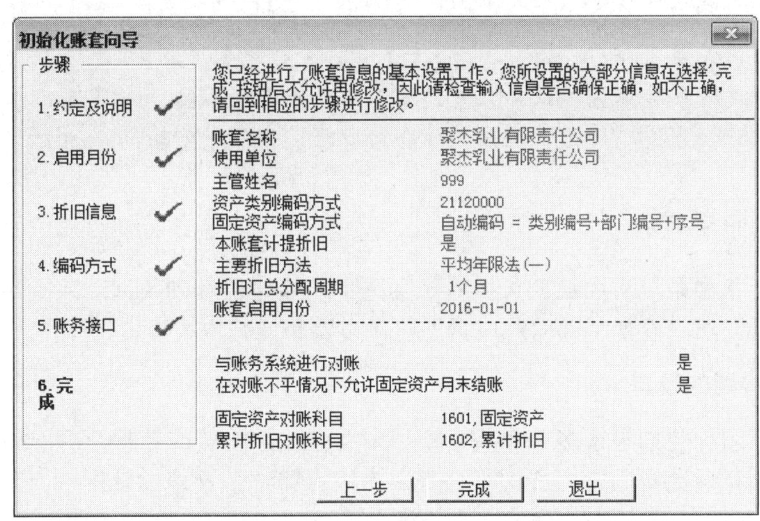

图 9.7　“初始化账套向导 | 步骤 6.完成”

(10) 单击“完成”按钮。弹出“已经完成了新账套的所有设置工作，是否确定所设置的信息完成正确并保存对新账套的所有设置？”提示信息，单击“是”按钮，弹出“已经成功初始化本固定资产账套”提示信息，单击“确定”按钮。

(11) 补充参数的设置。执行“固定资产”→“设置”→“选项”命令，打开“选项”对话框，单击“编码”按钮，在“与账务系统接口”选项卡中设置补充参数。设置“[固定资产]缺省入账科目”为“固定资产(1601)”；“[累计折旧]缺省入账科目”为“累计折旧(1602)”；“[减值准备]缺省入账科目”为“固定资产减值准备(1603)”，如图 9.8 所示。

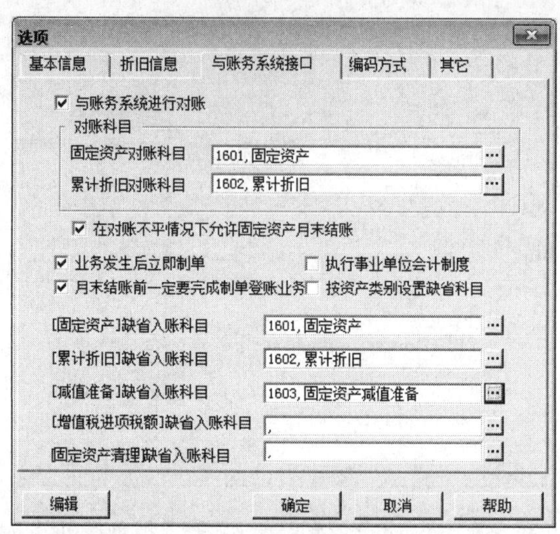

图 9.8　补充参数的设置

提示:

- 初始化设置完成后，部分参数不能修改，所以要慎重。
- 如果发现参数设置错误，只能通过固定资产管理系统“工具”→“重新初始化账套”功能进行修改，但该操作会清空对该子账套所做的一切工作。

9.2.2　基础设置

固定资产管理系统启用后就可以对账套进行初始化的基础数据录入操作，主要包括资产类别设置、部门设置、部门对应折旧科目设置和增减方式设置等操作。

1. 资产类别的设置

固定资产的种类如果很多或者规格不一，要强化固定资产管理及时准确做好固定资产核算，必须科学地对固定资产进行分类，为核算和统计管理提供依据。企业可根据自身的实际情况确定一个较为合理的资产分类方法。

案例 9.2　设置资产类别如表 9.2 所示。

表 9.2　资产类别

编　码	类别名称	净残值率/%	计量单位	计提属性
01	交通运输设备	4		正常计提
011	经营用设备	4		正常计提
012	非经营用设备	4		正常计提
02	电子设备	4		正常计提
021	经营用设备	4	台	正常计提
022	非经营用设备	4	台	正常计提

操作步骤:

(1) 执行“业务工作”→“财务会计”→“固定资产”→“设置”→“资产类别”命令，进入“固定资产分类编码表”窗口，单击“增加”按钮。

(2) 输入类别编码为 01，类别名称为“交通运输设备”，净残值率为 4%，选择折旧方法为“平均年限法(一)”，如图 9.9 所示。单击“保存”按钮即可。同理，录入表 9.2 中 02 资产类别并保存。

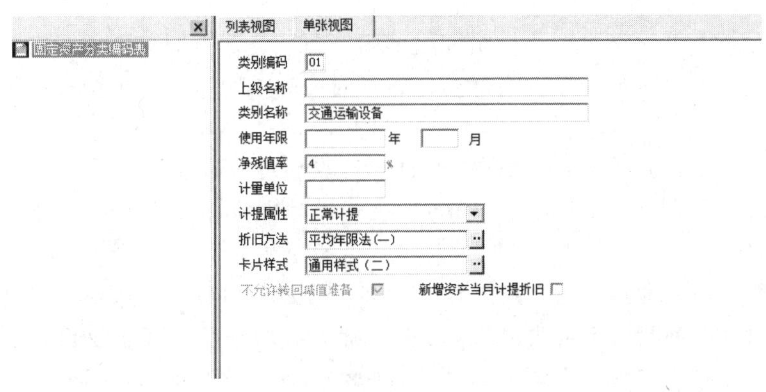

图 9.9　增加固定资产类别一级分类

(3) 在一级分类基础上设置二级分类。在右侧选中“01 交通运输设备”，再单击“增加”按钮，输入类别编码为 011，如图 9.10 所示。单击“保存”按钮即可。同理，录入表 9.2 中 012、021、022 资产类别。

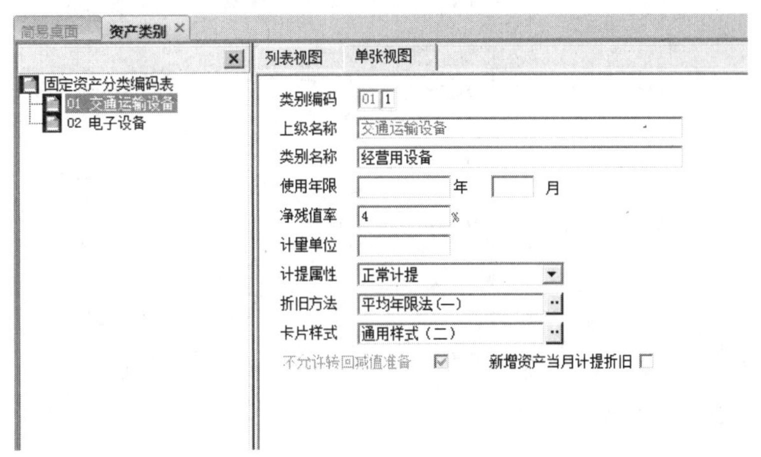

图 9.10　增加固定资产类别二级分类

提示:

- 资产类别编号不能重复，同一级类别名称不能相同。
- 类别编码、名称、计提属性、卡片样式不能为空。
- 已经使用过的类别不能设置新下级类别。
- 增加资产类别时要遵循自上而下的原则。

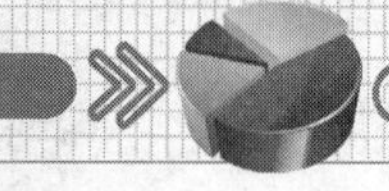

2. 部门对应折旧科目的设置

对应折旧科目是指折旧费用的入账科目。资产计提折旧后必须把折旧数据归入成本或费用科目，根据不同企业的具体情况，有按部门归集的，也有按类别归集的。

一般情况下，当按部门归集折旧费用时，某一个部门内的资产折旧费用将归集到一个比较固定的科目，部门折旧科目的设置就是给每个部门选择一个折旧科目，这样在录入卡片时，该科目自动添入卡片中，不必一个一个输入。

因本系统录入卡片时只能选择明细级部门，所以设置折旧科目也只有对明细级部门设置才有意义。如果对某一个上级部门设置了对应的折旧科目，下级部门继承上级部门的设置。

案例 9.3 设置行政部、采购部、仓储部对应的折旧科目为：管理费用/折旧费；销售部对应的折旧科目为：销售费用/折旧费；生产部对应的折旧科目为：制造费用/折旧费。

操作步骤：

(1) 执行“固定资产”→“设置”→“部门对应折旧科目”命令，在打开的窗口中选择部门为“行政部”，单击“修改”按钮，选择折旧科目为“660208，管理费用/折旧费”，单击“保存”按钮，系统弹出“是否将生产部的所有下级部门的折旧科目替换为折旧费”提示信息，如果单击“是”按钮，请在成功保存后单击“刷新查看”按钮。

(2) 执行“固定资产”→“设置”→“部门对应折旧科目”命令，在打开的窗口中选择部门为“生产部”，单击“修改”按钮，按要求设置部门对应折旧科目为“510101，制造费用/折旧费用”，然后单击“保存”按钮。

(3) 同理，完成其他部门折旧科目的设置，设置后如图 9.11 所示。

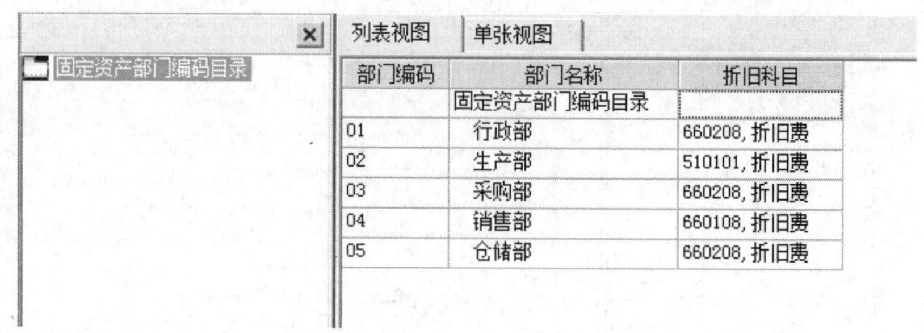

部门编码	部门名称	折旧科目
	固定资产部门编码目录	
01	行政部	660208, 折旧费
02	生产部	510101, 折旧费
03	采购部	660208, 折旧费
04	销售部	660108, 折旧费
05	仓储部	660208, 折旧费

图 9.11 固定资产部门对应折旧科目设置后的界面

3. 增减方式的设置

增减方式包括增加方式和减少方式两类。资产增加或减少方式用以确定资产计价和处理的原则。此外，明确资产的增加或减少方式可以做到对固定资产增减的汇总管理的心中有数。系统内置的增加方式有：直接购买、投资者投入、捐赠、盘盈、在建工程转入以及融资租入六种。减少方式有：出售、盘亏、投资转出、捐赠转出、报废、毁损以及融资租出七种。用友 ERP-U8 V10.1 应用系统中固定资产的增减方式可以设置两级，用户可以根据需要自行增加或减少。

用户可以根据企业实际情况为资产增减方式设置对应入账科目，以便生成凭证时自动带入默认科目。例如，投资者投入增加资产时该科目可设置为“实收资本”，该科目默认在贷方；资产减少时，该科目可设置为“固定资产清理”，该科目默认在借方。

案例 9.4　设置增加方式“直接购入”对应入账科目为“银行存款/工商存款/人民币(10020101)；减少方式　“毁损”对应入账科目为“固定资产清理”(1606)。

操作步骤：

(1) 执行“固定资产”→“设置”→“增减方式”命令，选择“增加方式→直接购入”，单击“修改”按钮，按要求设置对应入账科目为“10020101，银行存款/工行存款/人民币”，然后单击“保存”按钮。

(2) 同理，将“减少方式—损毁”入账科目设置为“1606，固定资产清理”。设置后如图 9.12 所示。

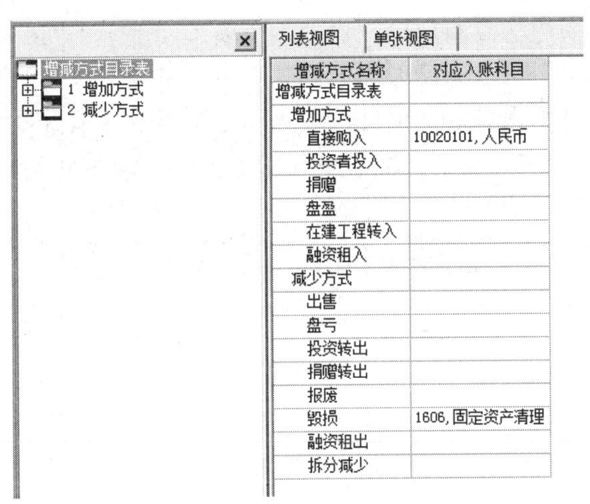

增减方式名称	对应入账科目
增减方式目录表	
增加方式	
直接购入	10020101, 人民币
投资者投入	
捐赠	
盘盈	
在建工程转入	
融资租入	
减少方式	
出售	
盘亏	
投资转出	
捐赠转出	
报废	
毁损	1606, 固定资产清理
融资租出	
拆分减少	

图 9.12　固定资产增减方式对应入账科目

提示：

- 系统内置的增减方式中“盘盈、盘亏、毁损”不能修改和删除，因为本系统提供的报表中有固定资产盘盈、盘亏报告表。
- 非明细级增减方式不能删除；已使用的增减方式不能删除。
- 生产凭证时，如果入账科目发生了变化，可以及时修改。

4. 使用状况的设置

从固定资产核算和管理的要求出发，需要明确资产的使用状况，一方面可以正确地计算和计提折旧，另一方面便于统计固定资产的使用情况，提高资产的利用效率。不同使用状况下的固定资产管理方法不同，折旧的计提也不同。主要的使用状况有：在用、季节性停用、经营性出租、大修理停用、不需要以及未使用等。

用友 ERP-U8 V10.1 中的固定资产管理系统提供了基本的使用情况，分为两级，不可修改或删除，可以在此基础上定义新的使用状况。只能有“使用中”“未使用”“不需要”三种一级使用状况，不能增加、修改、删除。可以在一级使用状况下增加二级使用状况。

5. 折旧方法的设置

折旧方法的设置是系统自动计算折旧的基础。系统提供了六种常用的折旧方法：不提折旧、平均年限法(一)和(二)、工作量法、年数总和法以及双倍余额递减法，并列出了它们的折旧计算公式。这几种方法是系统内置的折旧方法，只能选用，不能删除和修改。这几种方法如果不能满足需要，系统也提供了折旧方法的自定义功能，可以定义适合本企业折旧方法的名称和计算公式。

6. 卡片项目的设置

卡片项目是资产卡片上要显示的用来记录资产信息的栏目，如原值、资产名称、使用年限、折旧方法等均是卡片最基本的项目。用友 ERP-U8 V10.1 应用系统的固定资产子系统提供了一些常用卡片必需的项目，称为系统项目。由于不同的行业或单位，固定资产卡片的项目不尽相同，可以通过卡片项目定义中的增加、修改、删除功能来定义所需要的项目，定义的项目称为自定义项目，这两部分构成卡片项目目录。在定义卡片样式时，把这些项目选择到样式中，可得到个性化的卡片样式。例如，在卡片样式中增加“数量”“税额”“供应商”等项目。

案例 9.5 增加卡片项目“制造厂商”，数据类型为“字符型”，“字符数”为“20”。

操作步骤:

(1) 在固定资产子系统下，执行“卡片”→“卡片项目”命令，打开“卡片项目”窗口。

(2) 单击“增加”按钮，在“名称”文本框中输入“生产厂商”；在“数据类型”下拉列表框中选择“字符型”；“字符数”定义为 15，如图 9.13 所示。

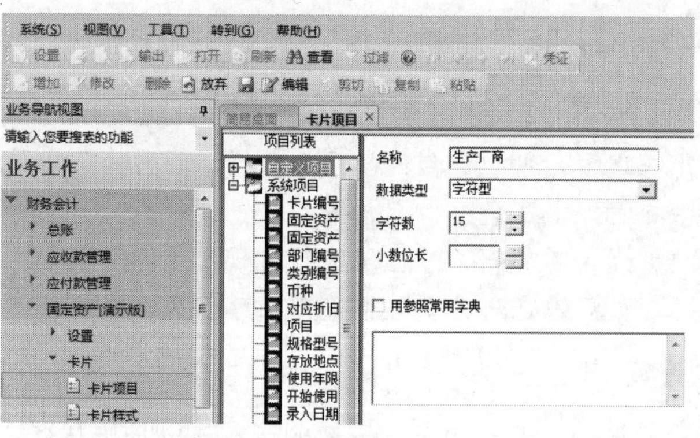

图 9.13 自定义卡片项目

7. 卡片样式的设置

卡片样式是指卡片的整个外观，包括格式(是否有表格线、对齐形式、字体大小和字形等)、包含的项目和项目的位置。不同的企业或资产，由于管理的内容和侧重点不同，固定资产卡片的样式不尽相同，系统提示卡片样式定义功能，增大灵活性。系统提供的

卡片样式为通用样式。

卡片样式定义比较复杂，尤其是有很多系统项目在样式上是不能缺少的，否则无法正确计算折旧，因此、定义一个新的卡片样式一般是在通用卡片样式的基础上修改得到的。

案例 9.6　建立一个卡片样式为“聚杰乳业卡片样式”，选择“通用样式”样式，在“开始使用日期”项目后增加一行，在该位置添加“生产厂商 ”项目。

操作步骤：

(1) 在固定资产子系统中，执行“卡片”→“卡片样式”命令，进入“卡片样式”窗口，如图 9.14 所示，可以对卡片样式进行定义、修改以及删除操作。

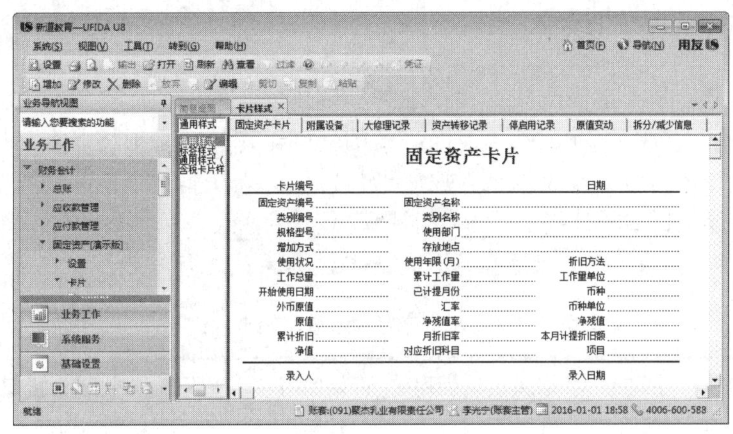

图 9.14　“卡片样式”窗口

(2) 新增卡片样式，选中“通用样式”，在“卡片样式”界面中，单击“开始使用日期”项目栏，单击上方的“插入行”按钮，则在“开始使用日期”项目栏上方增加一空行。

(3) 双击左上角的自定义项目，选中“制造厂商”项目，鼠标左键一直按下，拖拽该项目到“开始使用日期”项目栏上方的空行位置。将上方的“通用样式 1”修改为“聚杰乳业卡片样式”，如图 9.15 所示 。

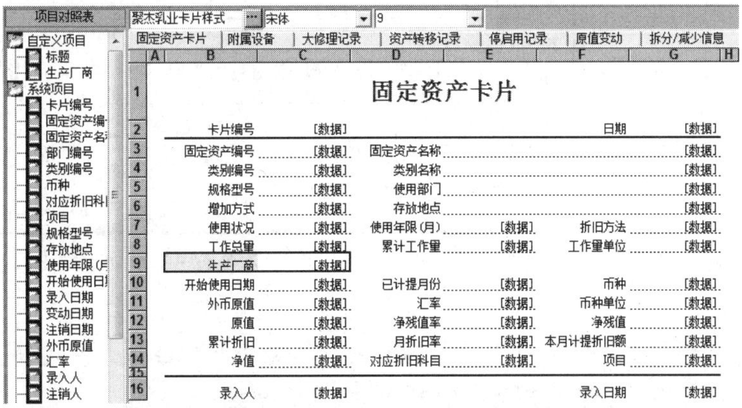

图 9.15　新建的卡片样式

(4) 单击“保存”按钮或右击菜单的“保存”按钮，即完成该样式的定义。

提示:

- 定义卡片样式时，可将系统项目或自定义项目移入或移出，调整固定资产卡片样式内容；可对卡片项目的行高、列宽进行调整；可对卡片显示出的文字的字形、字体、格式，在单元格中的位置进行设置。
- 卡片样式会影响已使用该样式录入的卡片。已使用(类别设置中已使用，或已使用该样式录入卡片)的样式不允许删除。

9.2.3 原始卡片的录入

固定资产卡片是固定资产核算和管理的基础依据，为保持历史资料的连续性，在使用固定资产系统进行核算前，除了前面必要的基础工作外，必须将账套启用日期之前的数据录入系统。任何时候都可以录入原始卡片，但必须在第一个期间结账前。账套启用的第一个月进行了折旧的计提后，原始卡片数据不能修改。

案例 9.7 按照表 9.3 录入原始卡片，并与总账系统进行对账。

表 9.3 固定资产管理系统原始卡片信息

固定资产名称	类别编号	所在部门	增加方式	可使用年限	开始使用日期	原值/元	累计折旧/元	对应折旧科目名称
汽车	012	财务部	直接购入	8	2013-02-01	200 000.00	44 000.00	管理费用/折旧费
服务器	022	信息部	直接购入	5	2013-06-01	12 000.00	5760.00	管理费用/折旧费
复印机	022	办公室	直接购入	5	2014-02-01	3500.00	1232.00	管理费用/折旧费
打印机	022	人力资源部	直接购入	5	2014-08-10	1875.00	420.00	管理费用/折旧费
空调	021	生产部	直接购入	10	2013-11-01	8000.00	1600.00	制造费用/折旧费
包装机	021	生产部	直接购入	5	2015-06-01	20 000.00	1920.00	制造费用/折旧费
合计						245 375.00	54 932.00	

注：净残值率为4%，使用状况均为“1001，在用”，折旧方法均采用“平均年限法(一)”。

操作步骤：

(1) 执行“固定资产”→“卡片”→“录入原始卡片”命令，进入“固定资产类别档案”界面，选择固定资产类别为“012，非经营用设备”，单击“确定”按钮，进入固定资产卡片录入界面。

(2) 录入固定资产名称为“汽车”；单击“使用部门”按钮，选择“单部门使用”，单击“确定”按钮，在部门基本参照界面中双击选择“财务部”；双击“增加方式”按钮，选择“直接购入”，双击“使用状况”，选择“1001，在用”；录入“使用年限(月)”为 96；录入“开始使用日期”为 2013-02-01；录入“原值”为 200 000.00；录入“累计折旧”为 44 000.00，如图 9.16 所示。

固定资产卡片

卡片编号	00001			日期	2016-01-01
固定资产编号	012010200001	固定资产名称			汽车
类别编号	012	类别名称	非经营用设备	资产组名称	
规格型号		使用部门			财务部
增加方式	直接购入	存放地点			
使用状况	在用	使用年限(月)	96	折旧方法	平均年限法(一)
开始使用日期	2013-02-01	已计提月份	34	币种	人民币
原值	200000.00	净残值率	4%	净残值	8000.00
累计折旧	44000.00	月折旧率	0.01	本月计提折旧额	2000.00
净值	156000.00	对应折旧科目	660208，折旧费	项目	
录入人	李光宁			录入日期	2016-01-01

图 9.16　录入原始卡片

(3) 单击“保存”按钮，系统弹出“数据保存成功！”提示信息，单击“确定”按钮。

(4) 同理，完成其他固定资产原始卡片的录入。

(5) 执行“处理”→“对账”命令，系统将固定资产管理系统录入的明细资料数据汇总并与财务处理系统核对，显示与财务对账结果，单击“确定”按钮返回。对账结果如图 9.17 所示。

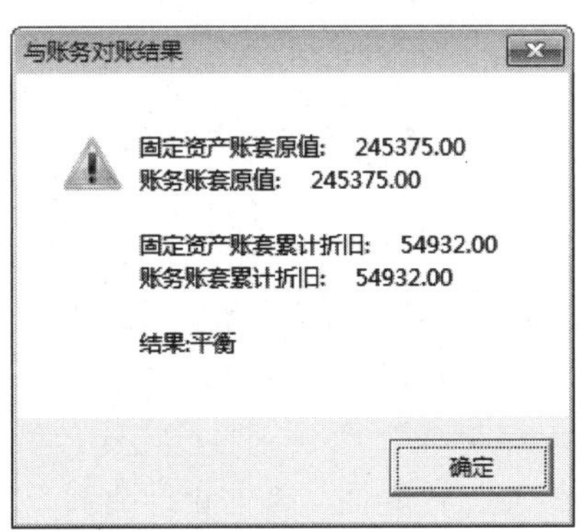

图 9.17　“与账务对账结果”对话框

提示:

- 卡片编号：系统根据初始化时定义的编码方案自动设定，不能修改，如果删除一张卡片，又不为最后一张卡片时，系统将保留空号。
- 使用年限(月)的单位默认为月，需要将年限换算成月。
- 已计提月份：系统提示将根据开始使用日期自动算出，也可以进行修改，可将使用日期停用等不计提折旧的月份扣除。

- 月折旧率、月折旧额是在录入有关计算折旧的项目后，系统会自动计算并显示，可与手工计算值比较，核对正确与否。
- 当资产为多个部门使用时，原值、累计折旧等数据可以在多部门间按设置的比例分摊。
- 单个资产对应多个使用部门时，卡片上的对应折旧科目处不需输入，只能按使用部门选择时的设置确定。
- 栏目中的项目指的是资产所服务或从属的项目，为企业按项目辅助核算归集费用或成本提供方便。

任务 9.3　固定资产管理系统的日常业务处理

日常业务处理主要完成固定资产的核算和管理工作，包括固定资产增减、资产变动处理、资产评估处理、凭证处理以及卡片管理等业务。

9.3.1　固定资产的增加、减少

当企业由于各种原因增加或减少其固定资产时，就需要根据固定资产的增减变动记录更新固定资产卡片文件，以保证折旧计算的正确性。

1. 固定资产的增加

企业通过购买或其他方式取得固定资产时要进行固定资产增加的处理，填制新的固定资产卡片。新卡片录入的第一个月不计提折旧，如果新增加的固定资产是已使用的旧设备，那么该设备已计提的累计折旧、累计工作量和计提折旧的时间等必须准确填列。

当月新增固定资产的开始使用时间一定要大于账套启用时间。

案例 9.8　2016 年 1 月 9 日，信息部新购买扫描仪一台，价值 2500 元，净残值率 4%，预计使用年限 5 年。

操作步骤：

(1) 调整总账系统选项参数，取消“制单序时控制”，重新登录企业应用平台。以会计主管“李婧”的身份登录企业应用平台，登录日期选择 2016-01-31。

(2) 执行“业务工作”→“财务会计”→“固定资产”→“卡片”→“资产增加”命令，进入“固定资产类别档案”对话框，选中资产类别为“022，非经营用设备”，单击“确定”按钮，进入“固定资产卡片”窗口。

(3) 录入固定资产名称为“扫描仪”；双击“部门名称”后弹出“本资产部门使用方式”提示信息，选择“单部门使用”选项，单击“确定”按钮，打开“部门基本参照”对话框，选择“0104，信息部”；双击“增加方式”，选择“101，直接购入”；双击“使用状况”，选择“1001，在用”；录入使用年限(月)为 60 月；录入“开始使用日期”为 2016-01-09；录入“原值”为 2500。

(4) 单击“保存”按钮，弹出“填制凭证”窗口。选择凭证类别为“付　付款凭证”；修改凭证日期为 “2016-01-09”；单击“保存”按钮，生成的凭证如图 9.18 所示。单击“退出”按钮后，弹出“固定资产：数据保存成功！”提示信息，单击“确定”按钮。

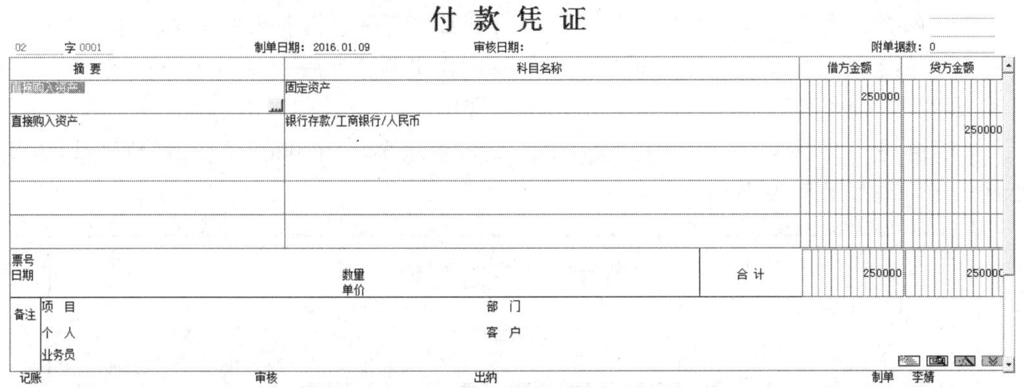

图 9.18　资产增加后生成的凭证

提示：

- 新增卡片第一个月不计提折旧，累计折旧额为空或 0。
- 固定资产原值必须录入卡片，录入月初价值，否则会出现计算错误。
- 卡片输入完成后，也可以不立即制单，月末可通过“批量制单”生成凭证。

2. 固定资产的减少

固定资产的减少是指资产在使用过程中，由于出售、报废、盘亏等原因而从企业退出的状况。固定资产减少时需要作固定资产的减少处理，输入固定资产减少记录，说明减少的方式和原因等。

减少的固定资产当月仍然要计提折旧，只有当固定资产计提本期折旧后，才可以使用资产减少功能，否则只能撤销减少之后才能重新计提折旧。

9.3.2　固定资产的变动处理

固定资产卡片上的某种项目变动，这种变动要求留下的原始凭证称为“变动单”。资产变动包括：原值变动、部门转移、使用状况变动、使用年限变动、折旧方法调整、净残值(率)调整、工作总量调整、累计折旧调整和资产类别调整。其他项目，如名称、编号、自定义项目等的变动直接在卡片上进行，但变动单业务系统设置只能在录入卡片的以后月份进行。

1. 原值变动

固定资产的原值变动包括固定资产的原值增加和固定资产原值减少的两部分。固定资产原始价值发生变化时，应调整固定资产原值。例如，设备改良或增加部分附属设备时，要增加固定资产原始价值；将固定价值的一部分拆除，需要减少固定资产的原始价值。固定资产的原值变动是通过变动单来完成的。

案例 9.9 2016 年 1 月 10 日，财务部的汽车添置新配件，花费 10 000 元，以工商存款支付，现金支票号 XJ0202。

操作步骤：

(1) 以会计主管“李婧”的身份注册登录企业应用平台，登录时间为 2016-01-10。

(2) 执行“业务工作”→“财务会计”→“固定资产”→“卡片”→“变动单”→“原值增加”命令，进入“固定资产变动单”窗口。

(3) 选择卡片编号为“00001，汽车”，输入增加金额 10 000，输入变动原因为“添置新配件”，如图 9.19 所示。

固定资产变动单

— 原值增加 —

变动单编号	00001			变动日期	2016-01-10
卡片编号	00001	资产编号	012010200001	开始使用日期	2013-02-01
资产名称			汽车	规格型号	
增加金额	10000.00	币种	人民币	汇率	1
变动的净残值率	4%	变动的净残值			400.00
变动前原值	200000.00	变动后原值			210000.00
变动前净残值	8000.00	变动后净残值			8400.00
变动原因	添置新配件				
				经手人	李婧

图 9.19 固定资产变动单的填制

(4) 单击“保存”按钮，进入“填制凭证”窗口。设置凭证类别为“付 付款凭证”，制单日期为 2016.01.10，输入贷方科目为 100201，单击“保存”按钮，生成的凭证如图 9.20 所示。

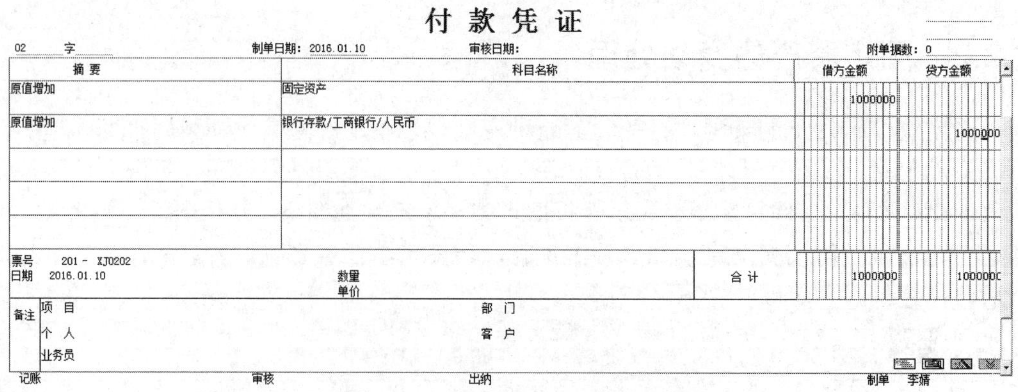

付 款 凭 证

02 字　　制单日期：2016.01.10　　审核日期：　　附单据数：0

摘要	科目名称	借方金额	贷方金额
原值增加	固定资产	1000000	
原值增加	银行存款/工商银行/人民币		1000000
票号 201 - XJ0202 日期 2016.01.10	数量 单价　　合计	1000000	1000000

备注　项目　　部门
　　　个人　　客户
　　　业务员

记账　　审核　　出纳　　制单 李婧

图 9.20 固定资产原值增加后生成的凭证

(5) 单击“退出”按钮后弹出“数据保存成功”提示信息，单击“确定”按钮。

提示:

- 系统对已有所变动的资产，要求录入相应变动单来记录资产调整结果。
- 变动单保存后不能修改，只有当月可删除重做。
- 必须保证变动后的净值大于变动后的净残值。

2. 部门转移

固定资产使用部门不同，折旧对应的会计科目可能也不相同。因此，在固定资产使用过程中，因内部调配而发生的部门变动应及时处理，否则将无法对各部门的折旧进行正确计提。部门变动的方法是通过填制变动单来完成。当月折旧按调整结果计提。

案例 9.10 2016 年 1 月 20 日，人力资源部的打印机转移到信息部，原因为内部调拨。

操作步骤:

(1) 执行“业务工作”→“财务会计”→“固定资产”→“卡片”→“变动单”→“部门转移”命令，进入“固定资产变动单”窗口。

(2) 选择卡片编号为“00004，传真机”；双击“变动后部门”后，在弹出的“本资产部门使用方式”中选择“单部门使用”，选中“0104，信息部”，单击“确定”按钮。录入变动原因为“内部调拨”，如图 9.21 所示。

固定资产变动单

— 部门转移 —

变动单编号	00002			变动日期	2016-01-20
卡片编号	00004	资产编号	022010300001	开始使用日期	2014-08-10
资产名称	打印机			规格型号	
变动前部门	人力资源部	变动后部门	信息部		
存放地点		新存放地点			
变动原因	内部调拨				
				经手人	李婧

图 9.21 固定资产变动——部门转移

(3) 单击“保存”按钮，系统弹出“数据保存成功！部门已改变，请检查对应折旧科目是否正确！”提示信息，单击“确定”按钮。

3. 折旧方法调整

固定资产折旧方法一经确定，一年内通常不再变动。当遇到特殊情况确实需要调整改变的，也可以改变固定资产折旧方法。折旧方法改变了的固定资产，当月就应按变动后的折旧方法计提折旧。

4. 使用年限

资产在使用过程中，使用年限可能由于资产的重估、大修等原因而调整。进行使用年限调整的资产在调整的当月就按调整后的使用年限计提折旧。

5. 使用状况调整

资产的使用状况分为在用、未使用和不需用等种类。在资产在使用过程中，可能会由于某种原因使得资产的使用状态发生变化，这种变化会影响到设备折旧的计算，因此应及时调整。

需要特别注意的是，一项固定资产一个月内最多只能变动一次，并且只能变动一项内容，如果需要变动多项内容，就必须通过资产减少，之后再进行资产增加来进行处理，并且变动只能在计提折旧之前进行。

如果变动处理错误，可以通过删除变动单和变动凭证来进行恢复。

9.3.3 资产评估

企业在经营中，可能会根据业务需要或国家要求需要对部分资产或全部资产进行评估和重估，而固定资产评估是资产评估重要组成部分。用友 ERP-U8 V10.1 应用系统提示对固定资产进行评估的功能，包括对原值、累计折旧、使用年限、净残值率、折旧方法和工作总量等进行评估。

案例 9.11 2016 年 1 月 25 日，对汽车进行资产评估，评估结果为原值 200 000 元，累计折旧 45 000 元。评估差异计入“管理费用/折旧费”科目。

操作步骤：

(1) 执行“固定资产”→“卡片”→“资产评估”命令，打开“资产评估”窗口。

(2) 单击“增加”按钮，打开“评估资产选择”对话框。

(3) 选择要评估的项目，这里选中“原值”和“累计折旧”复选框，如图 9.22 所示。

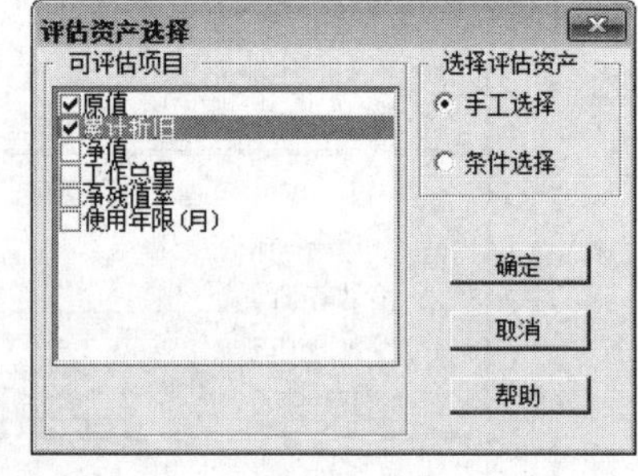

图 9.22 “资产评估选择”对话框

(4) 单击“确定”按钮。在“资产评估”窗口中选择要评估资产“汽车”卡片，录入评估后原值 200 000，录入评估后累计折旧为 45 000，如图 9.23 所示。

卡片编号	固定资...	固定资...	评估状态	评估前原值	评估后原值	评估前累计折旧	评估后累计折旧	评估前净值	评估后净值
00001	012010...	汽车	Y	210,000.00	200,000.00	44,000.00	45,000.00	166,000.00	155,000.00

图 9.23 录入评估后数据

(5) 单击“保存”按钮，弹出“是否确认要进行资产评估？”提示信息，单击“是”按钮，进入“填制凭证”窗口。

(6) 选择凭证类别为“转　转账凭证”，修改凭证日期为 2016.01.25；在凭证窗口中，分录空白科目选择“660208，管理费用/折旧费”，弹出的部门核算中选择“0102，财务部”，如图 9.24 所示。

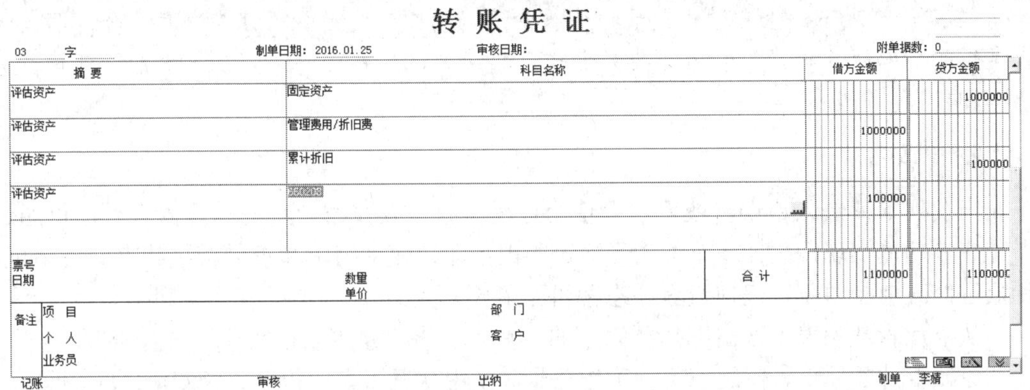

转 账 凭 证

03　字　　制单日期：2016.01.25　　审核日期：　　附单据数：0

摘 要	科目名称	借方金额	贷方金额
评估资产	固定资产		1000000
评估资产	管理费用/折旧费	1000000	
评估资产	累计折旧		100000
评估资产	660208	100000	
票号 日期	数量 单价 合 计	1100000	1100000

备注　项 目　　部 门
个 人　　客 户
业务员

记账　　审核　　出纳　　制单　李婧

图 9.24　资产评估——生产凭证

(7) 单击“保存”按钮，生成凭证。单击“退出”按钮，弹出“数据保存成功”提示信息，单击“确定”按钮。

9.3.4　固定资产卡片管理

卡片管理是对固定资产管理系统中所有卡片进行综合管理的功能操作，通过卡片管理可完成卡片修改、卡片修改、卡片打印和卡片查询等。

1. 查询固定资产卡片

在日常的固定资产管理中，经常需要查看某项固定资产。系统提示了按资产类别、部门查询和自定义查询三种方式。

案例 9.12　查询财务部所拥有的固定资产情况。

操作步骤：

(1) 执行“卡片”→“卡片管理”命令，打开“查询条件选择—卡片管理”对话框，将“开始使用日期”所对应文本框中的日期选择取消，单击“确定”按钮，打开“卡片管理”窗口，如图 9.25 所示。

简易桌面　卡片管理

按部门查询

固定资产部门编码目录
- 01 行政部
- 02 生产部
- 03 采购部
- 04 销售部
- 05 仓储部

在役资产

卡片编号	开始使用日期	使用年限(月)	原值	固定资产编号	净残值率	录入人	累计折旧
00001	2013.02.01	96	200,000.00	0120102000(	0.04	李婧	45,000.00
00002	2013.06.01	60	12,000.00	0220104000(	0.04	李婧	5,760.00
00003	2014.02.01	60	3,500.00	0220101000(	0.04	李婧	1,232.00
00004	2014.08.10	60	1,875.00	0220103000(	0.04	李婧	420.00
00005	2013.11.01	120	8,000.00	0210200001	0.04	李婧	1,600.00
00006	2015.06.01	60	20,000.00	0210200002	0.04	李婧	1,920.00
00007	2016.01.11	60	2,500.00	0220104000(	0.04	李婧	0.00
合计：(共计			247,875.00				55,932.00

图 9.25　“卡片管理”窗口

(2) 在“卡片管理”窗口中，单击左上角的下拉箭头，选择“按部门查询”，然后在部门列表中，单击选择“财务部”，右侧显示属于该“财务部”的固定资产列表。

提示:

在默认情况下，查看的是属于“在役资产”的固定资产；还可以查看某个部门或资产类别的“以减少资产”和“以拆分资产”的情况，只需要单击“在役资产”下拉箭头选择即可。

2. 修改名片

当发现卡片录入错误，或资产在使用过程中有必要修改卡片的一些内容时，可通过卡片修改功能实现，这种修改称为无痕迹修改，即在变动清单和查看历史状态时不体现，无痕迹修改前的内容在任何查看状态都再不能再看到。

从卡片管理列表中双击选择要修改的卡片，单击“修改”按钮即可进行修改。

原始卡片的原值、使用部门、工作总量、使用状况，累计折旧、净残值(率)、折旧方法、使用年限和资产类别在没有做变动单或评估单情况下，在录入当月可无痕迹修改；如果做过变动单，只有删除变动单才能无痕迹修改；若各项目在做过一次月末结账后，只能通过变动单或评估单调整，不能通过卡片修改功能改变。

通过资产增加录入系统的卡片，在没有制作凭证和变动单、评估单情况下，录入当月可无痕迹修改。如果做过变动单，只有删除变动单才能无痕迹修改。如果已制作凭证，要修改原值或累计折旧必须删除凭证后，才能无痕迹修改。

固定资产卡片的原值、使用部门、使用状况、折旧方法和累计折旧等项目未在结账前及时进行修改，就只能通过固定资产变动单来完成，这时做的修改就是有痕迹修改。

3. 删除卡片

固定资产卡片的删除，是指把卡片资产彻底从系统内清除掉，不是固定资产的清理或减少。删除卡片需要注意以下几个方面。

(1) 当月录入的卡片错误，可以删除。

(2) 通过“资产减少”功能减少的固定资产卡片资料，满足会计档案保管期的要求后，认为确实有必要删除时，可以将其从系统中彻底清除。

(3) 卡片做过一次月末结账后不能删除。

(4) 做过变动单或评估单的卡片删除时，先删除相关的变动单或评估单。

(5) 对已经生成凭证的固定资产卡片资料必须先删除相应凭证，然后才能删除卡片。

任务 9.4 固定资产系统的期末业务处理

9.4.1 减值准备处理

企业应当在期末或至少每年年度终了对固定资产逐项进行检查，如果由于市场价值

持续下跌，或技术陈旧等原因导致其可回收金额低于账面价值的，应当将可回收金额低于账面价值的差额作为固定资产减值准备。固定资产减值准备必须按单项资产计提。

1. 计提减值准备

案例 9.13　2016 年 1 月 31 日，经核查，由于技术进步，发现 2013 年购入的服务器低于其账面价值 1000 元，计提减值准备。

操作步骤：

(1) 执行“业务工作”→“财务会计”→“固定资产”→“卡片”→“变动单”→“计提减值准备”命令，进入“固定资产变动单”窗口，选择卡片编号为“00002，服务器”。

(2) 单击“确定”按钮。输入减值准备金额为 1000，变动原因为“技术进步”，如图 9.26 所示。

固定资产变动单

—计提减值准备—

变动单编号	00003			变动日期	2016-01-31
卡片编号	00002	资产编号	022010400001	开始使用日期	2013-06-01
资产名称			服务器	规格型号	
减值准备金额	1000.00	币种	人民币	汇率	1
原值	12000.00	累计折旧			5760.00
累计减值准备金额	1000.00	累计转回准备金额			0.00
可回收市值	5240.00				
变动原因	技术进步				
				经手人	李婧

图 9.26　计提减值准备

(3) 单击“保存”按钮，进入“填制凭证”窗口。

(4) 选择凭证类别为“转　转账凭证”，输入制单日期，选择第一条分录科目为“管理费用/折旧费”，录入核算部门为“0104，信息部”，单击“保存”按钮，如图 9.27 所示。

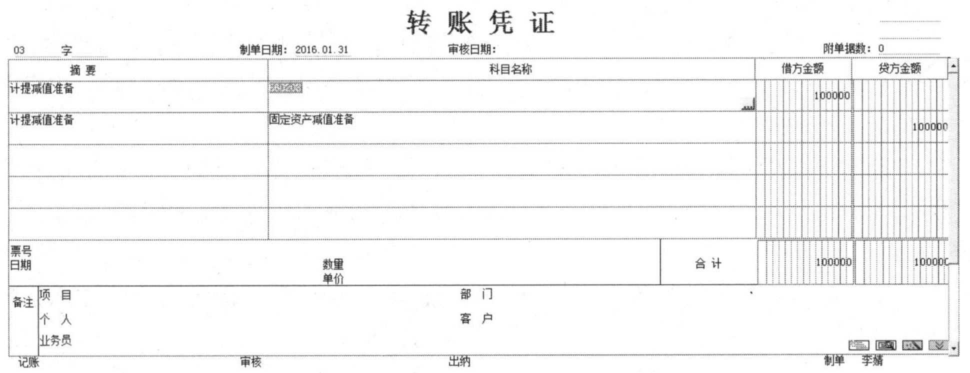

转 账 凭 证

03　字　　制单日期：2016.01.31　　审核日期：　　附单据数：0

摘要	科目名称	借方金额	贷方金额
计提减值准备	[illegible]	100000	
计提减值准备	固定资产减值准备		100000
票号 日期　数量 单价	合计	100000	100000

备注　项目　部门

个人　客户

业务员

记账　审核　出纳　制单　李婧

图 9.27　生成计提减值准备凭证

2. 转回减值处理

我国旧会计准则相关规定：已计提减值准备的固定资产价值又得以恢复，应在原已计提的减值准备范围内转回。2006 年出台的《新企业会计准则第 8 号——资产减值》则作了重大变动：“固定资产减值准备一经确认，在以后会计期间不得转回。”即在新会计准则下，不允许做“转回减值准备”处理。

9.4.2 折旧处理

折旧处理是固定资产管理系统的主要功能之一，主要包括折旧的计提与分配。根据相应的固定资产卡片资料，在每个会计期间对各项固定资产计提折旧，并自动生成记账凭证，自动完成记账，自动登记固定资产卡片中的累计折旧。固定资产计提折旧的主要来源是固定资产卡片。

1. 计提折旧

根据固定资产卡片中的基本资料，系统自动计算折旧，自动生成折旧分配表，根据折旧分配表编制转账凭证，将本期折旧费登记入账。

2. 折旧分配

计提折旧工作完成后进行折旧分配形成折旧费用，生成折旧清单。固定资产的使用部门不同，其折旧费用分配的去向也不同，折旧费用与资产使用部门间的对应关系主要是通过部门对应折旧科目来实现。系统根据折旧清单及部门对应折旧科目生成折旧分配表，而折旧分配表是将累计折旧分配到成本与费用中的重要依据，也是编制转账凭证将折旧数据传到总账的重要依据。

3.折旧处理需注意的问题

在固定资产管理系统中进行折旧处理时一般需要注意以下几点。

(1) 在一个会计期间内可以多次计提折旧，只是将计提折旧累加到月初的累计折旧中，不会重复计算。计提折旧后又对账套进行了影响折旧计算功能分配的操作时，必须重新计提折旧，以保证折旧计算的正确性。

(2) 如果上一次计提的折旧已经制单但尚未记账，必须删除该凭证；如果已经记账，必须冲销凭证，重新计提折旧，如果自定义的折旧方法月折旧率或月折旧额出现负数，系统会自动终止计提。

(3) 折旧分配表包括部门折旧分配表和类别折旧分配表两种类型。部门折旧分配表中的部门可以不等同于使用部门，使用部门必须是明细部门，而部门折旧分配表中的部门指汇总使用的部门，因此要计提折旧后分配折旧费用时做出选择。

(4) 当企业中有固定资产按工作量法计提折旧时，在计提折旧之前，需输入该固定资产当期的工作量，为系统提供计算折旧所需要的信息。

案例 9.14　2016 年 1 月 31 日，计提本月折旧，暂不生成凭证。

操作步骤：

(1) 执行“固定资产”→“处理”→“计提本月折旧”命令，弹出“是否要查看折旧清单？”提示信息，单击“是”按钮。

(2) 系统弹出“本操作将计提本月折旧，并花费一定时间，是否要继续？”提示信息，单击“是”按钮。

(3) 弹出“折旧清单[2016.01]”窗口，可查看折旧清单，如图 9.28 所示。

折旧清单 [2016.01]

退出

2016.01(登录)(最新)

按部门查询

固定资产部门编码目录
01 行政部
02 生产部
03 采购部
04 销售部
05 仓储部

卡片编号	资产编号	资产名称	原值	计提原值	本月计提折旧额	累计折旧	本年计提折旧	减值准备	净值	净残值	折旧率	单位折旧	本月工作量	累计工作量	规格型号
00001	0120102000	汽车	000.00	200,000.00	2,000.00	47,000.00	2,000.00	0.00	000.00	8,000.00	0.0100		0.000	0.000	
00002	0220104000	服务器	000.00	12,000.00	192.00	5,952.00	192.00	1,000.00	048.00	480.00	0.0160		0.000	0.000	
00003	0220101000	复印机	500.00	3,500.00	56.00	1,288.00	56.00	0.00	212.00	140.00	0.0160		0.000	0.000	
00004	0220103000	打印机	875.00	1,875.00	30.00	450.00	30.00	0.00	425.00	75.00	0.0160		0.000	0.000	
00005	0210200001	空调	000.00	8,000.00	64.00	1,664.00	64.00	0.00	336.00	320.00	0.0080		0.000	0.000	
00006	0210200002	包装机	000.00	20,000.00	320.00	2,240.00	320.00	0.00	760.00	800.00	0.0160		0.000	0.000	
合计			375.00	245,375.00	2,662.00	58,594.00	2,662.00	1,000.00	781.00	9,815.00			0.000	0.000	

图 9.28　固定资产折旧清单

(4) 单击“退出”按钮，进入“折旧分配表”窗口，如图 9.29 所示。

简易桌面　折旧分配表

◉ 按部门分配　○ 按类别分配　部门分配条件...

01 (2016.01-->2016.01)

部门编号	部门名称	项目编号	项目名称	科目编号	科目名称	折　旧　额
0101	办公室			660208	折旧费	56.00
0102	财务部			660208	折旧费	2,000.00
0104	信息部			660208	折旧费	222.00
02	生产部			510101	折旧费	384.00
合计						2,662.00

图 9.29　固定资产折旧分配表

(5) 单击“退出”按钮，返回“折旧分配表”，单击“退出”按钮，系统弹出“固定资产：计提折旧完成！”提示信息，单击“确定”按钮。

提示：
用友 U8 系统，资产减少必须在折旧计提之后才能处理。

案例 9.15　2016 年 1 月 31 日，生产部毁损空调一台。

操作步骤：

(1) 执行“固定资产”→“卡片”→“资产减少”命令，进入“资产减少”窗口。

(2) 单击“卡片编号”右侧按钮，弹出“固定资产卡片档案”窗口，选中“000005，空调”，如图 9.30 所示，单击“确定”按钮。

(3) 单击“增加”按钮。

(4) 选择减少方式为“毁损”，单击“确定”按钮，返回“资产减少”窗口。

(5) 单击“确定”按钮，进入“填制凭证”窗口，设置凭证类别为“转　转账凭证”，

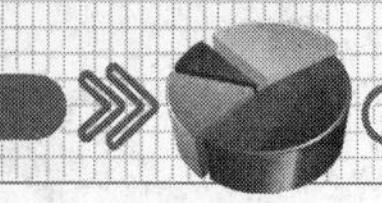

如图 9.31 所示。

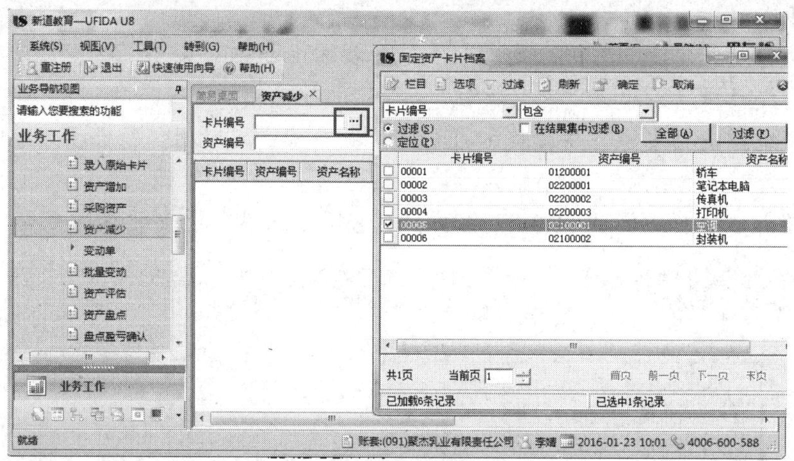

图 9.30　减少资产卡片的选择

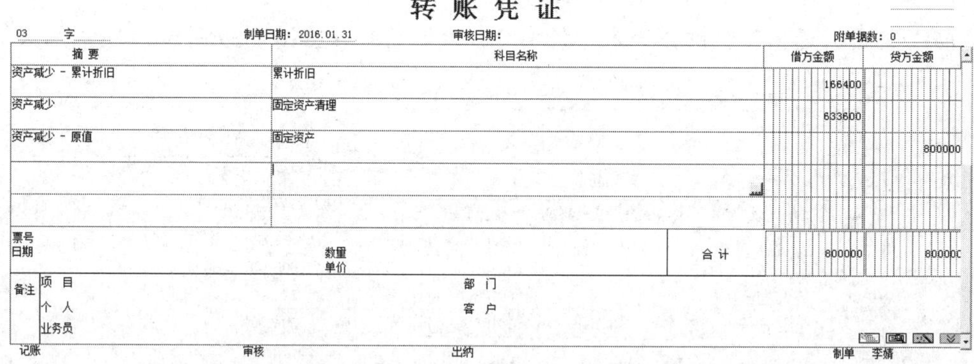
转 账 凭 证

03 字　制单日期：2016.01.31　审核日期：　附单据数：0

摘要	科目名称	借方金额	贷方金额
资产减少 - 累计折旧	累计折旧	166400	
资产减少	固定资产清理	633600	
资产减少 - 原值	固定资产		800000
票号 日期	数量 单价 合计	800000	800000

备注　项目　部门　个人　客户　业务员

记账　审核　出纳　制单　李靖

图 9.31　固定资产减少凭证的生成

提示:

- 只有当账套开始本月计提折旧后才可以使用资产减少功能，否则减少资产只有通过符合条件的资产挑选出来后进行批量减少操作。
- 对于误减少的资产，可以使用系统提供的纠错功能来恢复。只有当月减少的资产才可以恢复。
- 如果资产减少操作已制作凭证，必须删除凭证后才可以恢复。
- 只要卡片未被删除，就可以通过卡片管理中“已减少资产”来查看减少的资产。

9.4.3　制单、对账与结账处理

1. 批量制单

若系统初始化时没有选中“业务发生后立即制单”，或者在业务操作中如果没有保存凭证，系统提示了批量制单功能，可以在月末结账前批量完成制单登账业务。

案例 9.16 查询本月固定资产系统是否还有未制单的业务，若有，进行制单。

操作步骤：

(1) 执行“业务工作”→“财务会计”→“固定资产”→“处理”→“批量制单”命令，弹出“批量制单”窗口，显示本期发生变动且没有制单的业务。

(2) 选择没有制单的凭证(折旧计提)，选择“制单选择”选项卡，在列表中选中需要制单的记录，使“选择”一栏中显示“Y”标记。

(3) 选择“制单设置”选项卡，可根据实际情况或需要选择科目，如图 9.32 所示。

简易桌面 | 批量制单 ×

制单选择 | 制单设置 凭证类别 01 收款凭证 合并号 01 折旧计提

☑ 方向相同时合并分录 ☑ 借方合并 ☑ 贷方合并 ☑ 方向相反时合并分录

序号	业务日期:	业务类型	业务描述	业务号	方向	发生额	科目
1	2016-01-31	折旧计提	折旧计提	01	借	56.00	660208 折旧费
2	2016-01-31	折旧计提	折旧计提	01	借	2,000.00	660208 折旧费
3	2016-01-31	折旧计提	折旧计提	01	借	222.00	660208 折旧费
4	2016-01-31	折旧计提	折旧计提	01	借	384.00	510101 折旧费
5	2016-01-31	折旧计提	折旧计提	01	贷	2,662.00	1602 累计折旧

图 9.32 “批量制单”窗口

(4) 单击“制单”按钮，系统将依据制单设置进行批量制单，弹出“填制凭证”窗口，修改相关选项，保存凭证，如图 9.33 所示。

转 账 凭 证

03 制单日期：2016.01.31 审核日期： 附单据数：0

摘要	科目名称	借方金额	贷方金额
计提第[1]期间折旧	制造费用/折旧费	38400	
计提第[1]期间折旧	管理费用/折旧费	227800	
计提第[1]期间折旧	累计折旧		266200
票号 日期 数量 单价	合计	266200	266200

备注 项目 部门 个人 客户 业务员

记账 审核 出纳 制单 李娟

图 9.33 折旧计提凭证

提示：

用户可进行汇总制单，合并号相同的记录可汇总制成一张凭证。

2. 查询、修改、删除凭证

固定资产系统所填制的凭证传递到总账系统，在总账系统中只能对外部凭证进行审核和记账。如果需要删除凭证，则需在固定资产管理系统的“处理”→“凭证查询”下找到该凭证进行删除。删除凭证时此凭证不能被审核、记账。

修改凭证时，能修改的内容仅限于摘要，用户自行增加的凭证分录、系统默认的折旧科目；而系统默认的分录的金额是与原始单据相关的，不能修改。

3. 对账

固定资产系统和总账系统之间存在着数据的自动传输关系，这种传输是通过记账凭证来完成的。对账是将固定资产管理系统中记录的固定资产和累计折旧数额与总账管理系统中固定资产和累计折旧科目数值核对，验证是否一致，寻找产生差异的可能原因。对账任何时候都可以进行，系统在执行固定资产系统月末结转时自动进行，自动给出对账结果。

案例 9.17 2016 年 1 月 31 日，进行本月固定资产系统与总账系统对账。

操作步骤:

(1) 以出纳“袁大伟”的身份登录总账，进行出纳签字。

(2) 以账套主管“李光宁”的身份登录总账，进行审核、记账。

(3) 执行“业务工作”→“固定资产”→“处理”→“对账”命令。

(4) 系统弹出 “与财务对账结果”提示信息，如图 9.34 所示，单击“确定”按钮。

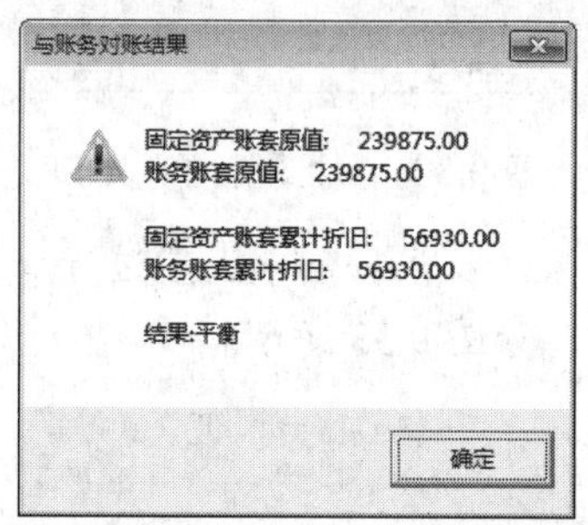

图 9.34 “与账务对账结果”对话框

提示:

- 固定资产系统生成的凭证传递到总账系统，需要审核、记账完毕后，固定资产系统与总账系统进行对账，才可能平衡。
- 在初始化设置中，选中“与账务系统对账”复选框，可随时调用对账功能对两个系统进行审查。
- 系统在执行月末结账前将自动对账一次。
- 在“选项”设置中选中“在对账不平情况下允许固定资产月末结账”复选框，则允许在对账不平情况下直接进行月末结账。

4. 结账

完成了当月全部制单业务后，可以进行每月一次的结账，结账后当月的数据不能修改。结账后，当月数据如有错误，必须在“恢复结账前状态”的功能下进行反结账，才能进行相应的修改。同时，需要注意以下几个方面。

(1) 固定资产计提折旧是固定资产系统的主要功能，每期末必须按折旧周期设置计提完折旧，才能结账。

(2) 系统中有相关原始凭证要生成记账凭证，将数据传输给账务系统后才能结账。

(3) 系统在执行月末结账时会自动对账一次，如果对账不平，需根据初始化时是否

选中“在对账不平情况下允许固定资产月末结账”复选框来判断是否可以进行结账处理。

案例 9.18　对聚杰乳业有限公司的 1 月份固定资产系统账进行备份，备份账套文件夹为“固定资产”，并进行结账与反结账。

操作步骤：

(1) 以系统管理员 admin 的身份登录系统管理平台，备份账套到指定文件夹。

(2) 执行“业务工作”→“财务会计”→“固定资产”→“处理”→“月末结账”命令，打开“月末结账”对话框。

(3) 单击“开始结账”按钮，系统弹出“月末结账成功完成！”提示信息。

(4) 执行“固定资产”→“处理”→“恢复月末结账前状态”命令，系统弹出“此操作将恢复月末结转前状态，并将花费一定时间！是否继续？”提示信息，单击“是”按钮。

(5) 系统弹出“成功恢复到月末结账前状态”提示信息，单击“确定”按钮。

提示：

- 月末结账前一定要进行数据备份，否则数据一旦丢失，将造成无法挽回的后果。
- 本月不做月末结账，系统不允许处理下月业务。
- 本月结账后，所有数据将不能再进行修改，不允许在进行本月其他业务。

9.4.4 账表管理

固定资产管理过程中，需要及时掌握资产的统计、汇总和其他各方面的信息，用友 ERP-U8 V10.1 系统根据对系统的日常操作，自动提供这些信息，以账和表的形式提供给财务人员和资产管理人员。系统提供的账表主要分为四类：账簿、折旧表、统计表和分析表，用户可以根据使用需要，查询具体的每类账表。

案例 9.19　查询部门折旧计提汇总表。

操作步骤：

(1) 执行“业务工作”→“固定资产”→“账表”→“我的账表”命令，进入“报表”窗口。

(2) 执行“折旧表”→“(部门)折旧计提汇总表”命令，弹出“条件”对话框，选择期间为 2016-01，部门级次为 1-2。

(3) 单击“确认”按钮，进入“(部门)折旧计提汇总表”窗口，如图 9.35 所示。

(部门)折旧计提汇总表

使用单位:聚杰乳业有限责任公司　　期间:2016.01---2016.01

部门级次1---2

部门名称	计提原值	折旧额
行政部(01)	217,375.00	2,278.00
办公室(0101)	3,500.00	56.00
财务部(0102)	200,000.00	2,000.00
信息部(0104)	13,875.00	222.00
生产部(02)	28,000.00	384.00
合计	245,375.00	2,662.00

图 9.35　“(部门)折旧计提汇总表”窗口

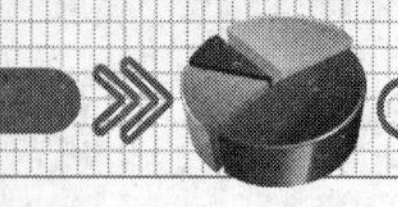

任务 9.5　固定资产的数据维护

如果在使用本系统之前已经建立了固定资产核算系统，此功能可以将已有的资产卡片数据导入本系统，以减少手工录入卡片的工作量，提高工作效率。具体功能如下。

(1) 导入卡片时，如果数据源为非用友 ERP-U8 V10.1 数据库，可将文本文件、Dbase 文件和“.mdb”文件三种类型的源文件导入系统。

(2) 导入卡片时，如果数据源为用友 ERP-U8 V10.1 数据库，可导入“.mdb”文件和 SQL Server 文件。

(3) 卡片引入实现分两步，即数据导入(导入临时表)和写入系统。数据导入后可以查看已经导入临时表的数据内容；写入系统表是将导入临时表的数据写入系统当前账套。此处提供固定资产卡片的引入功能。

9.5.1　数据接口管理

数据接口管理主要包括新增、修改、删除、数据导入、写入系统、查看数据和查看报告等操作。执行“业务工作”→“财务工作”→“固定资产”→“维护”→“数据接口管理”命令，弹出“数据接口管理”窗口，进行相关操作。

9.5.2　重新初始化账套

系统在运行过程中发现错误很多或太乱，无法或不想通过“选项”纠错，可选择通过“重新初始化账套”功能将该账套内容全部清空，然后重新建立子账套并进行初始化设置。

提示:

- 若已生成账务凭证，不能执行“重新执行初始化账套”功能。
- 执行重新初始化账套，会删除对固定资产子账套所做的所有操作，所以要慎重执行该功能。

项 目 小 结

固定资产管理及核算是企业财务核算的重要组成部分，固定资产管理系统主要实现固定资产卡片建立和管理、固定资产的增减变动管理、固定资产计提折旧、计算净值，还可实现对固定资产总值、累计折旧数据的动态管理，协助设备管理部门做好固定资产实体的各项指标的管理、分析工作。

学生在学习这一章节内容时，应当熟练掌握固定资产原始卡片和新增卡片的录入方法，掌握折旧的计提过程和折旧清单的查看及折旧凭证的生成方法。对于特殊固定资产业务，如资产的减少、评估、变动等，学生要按照企业现行会计准则进行处理，着重理解特殊固定资产业务会计处理对应的会计分录。

拓展闯关 7

1. 参数设置

按平均年限法(一)计提折旧，折旧分配周期为 1 个月；类别编码方式为 2112，固定资产编码方式：按“类别编码+部门编码+序号”自动编码，卡片序号长度为 3；要求与账务系统进行对账，固定资产对应科目：“固定资产 1601”，累计折旧对应科目：1602。勾选业务发生后立即制单，月末结账前一定要完成制单记账业务；已注销的卡片 5 年后删除，固定资产默认入账科目：1601，累计折旧默认入账科目：1602；当(月初已计提月份=可使用月份-1)时要求将剩余折旧全部提足。

2. 资产类别

资产类别表

编　码	类别名称	净残值率/%	单　位	计提属性
01	房屋及建筑物	4		总计提
011	房屋	4		总计提
012	构筑物	4		总计提
02	通用设备	4		正常计提
021	生产用设备	4		正常计提
022	非生产用设备	4		正常计提
03	交通运输设备	4		正常计提
031	生产用运输设备	4	辆	正常计提
032	非生产用运输设备	4	辆	正常计提
04	电子设备及其他通信设备	4		正常计提
041	生产用设备	4	台	正常计提
042	非生成用设备	4	台	正常计提

3. 部门及对应折旧科目

行政部、采购部、仓储部对应折旧科目为：管理费用/折旧费；销售部对应折旧科目为：销售费用/折旧费；生产部对应折旧科目为：制造费用/折旧费。

4. 增减方式设置

默认系统提供常用的增减方式。

5. 原始卡片如下表所示。

固定资产名称	类别编号	所在部门	增加方式	使用年限	开始使用日期	原值/元	累计折旧/元
办公楼	011	行政部	在建工程转入	30	2005-03-01	1 500 000	522 450
厂房	011	生产部	在建工程转入	30	2005-03-01	1 200 000	417 960

续表

固定资产名称	类别编号	所在部门	增加方式	使用年限	开始使用日期	原值/元	累计折旧/元
厂房	011	生产部	在建工程转入	30	2005-03-01	500 000	174 150
车床	021	生产部	直接购入	10	2013-03-01	80 000	21 120
铣床	021	生产部	直接购入	10	2013-03-01	180 000	47 520
刨床	021	生产部	直接购入	10	2013-03-01	20 000	5 280
钳工平台	021	生产部	直接购入	10	2013-03-01	70 000	18 480
专用量具	021	生产部	直接购入	10	2013-01-01	15 000	1 320
磨床	021	生产部	直接购入	10	2013-03-01	50 000	13 200
吊床	021	生产部	直接购入	10	2013-03-01	100 000	26 400
原料库	011	仓储部	在建工程转入	30	2005-03-01	100 000	34 830
成品库	011	仓储部	在建工程转入	30	2005-03-01	250 000	87 075
汽车	032	行政部	直接购入	10	2015-03-01	250 000	18 000
复印机	042	财务部	直接购入	6	2015-10-01	12 000	320
微机	042	财务部	直接购入	6	2015-10-01	6 000	160
合计						4 333 000	1 388 265

注：净残值率均为 4%，使用状况为“在用”，折旧方法均采用平均年限法(一)，卡片项目与样式采用软件的标准设定。

6. 2016 年 1 月 5 日，生产部购入生产用运输卡车一辆，原值 170 000 元，使用年限 10 年，净值率为 4%，已投入使用，采用平均年限法计提折旧。(使用“资产增加”功能)

7. 2016 年 1 月 17 日，出售生产部不需要用的磨床一台，原值 50 000，已提折旧 13 200 元，收到价款 40 000 元。(使用“资产减少”功能)

8. 2016 年 1 月 31 日，计提本月固定资产折旧。

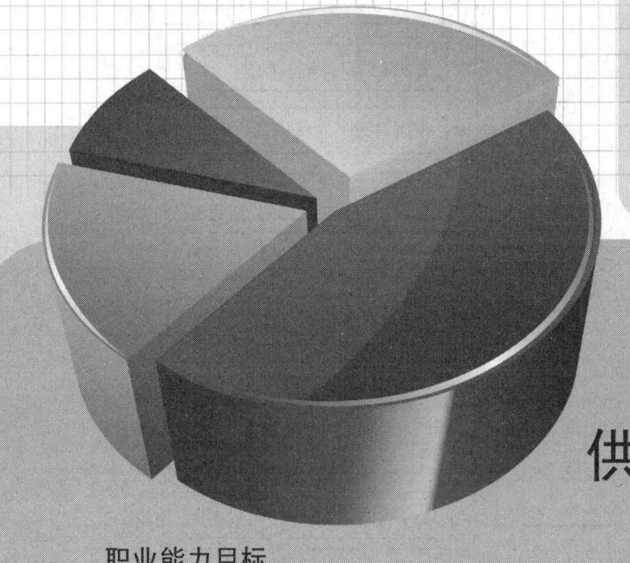

项目 10 供应链管理的初始化

职业能力目标

供应链管理系统是用友 ERP-U8 V10.1 管理软件的重要组成部分，它突破了会计核算软件单一财务管理的局限，主要解决从财务管理到企业财务业务一体化全面管理的问题，实现了物流、资金流、信息流的统一和集成。通过本项目的学习，使学生掌握供应链系统的初始化设置方法，了解存货科目和对方科目的选择直接关系到存货核算中凭证分录的生成，不同的收发类别的业务单据在记账后将对应生成不同的凭证分录，掌握采购期初、销售期初、库存期初、存货期初的含义和相应设置方法。

典型工作任务

- 存货分类与存货档案的设置
- 计量单位的设置
- 基础科目设置
- 采购管理系统和销售管理系统、存货核算系统和库存管理系统的初始化设置

知识架构

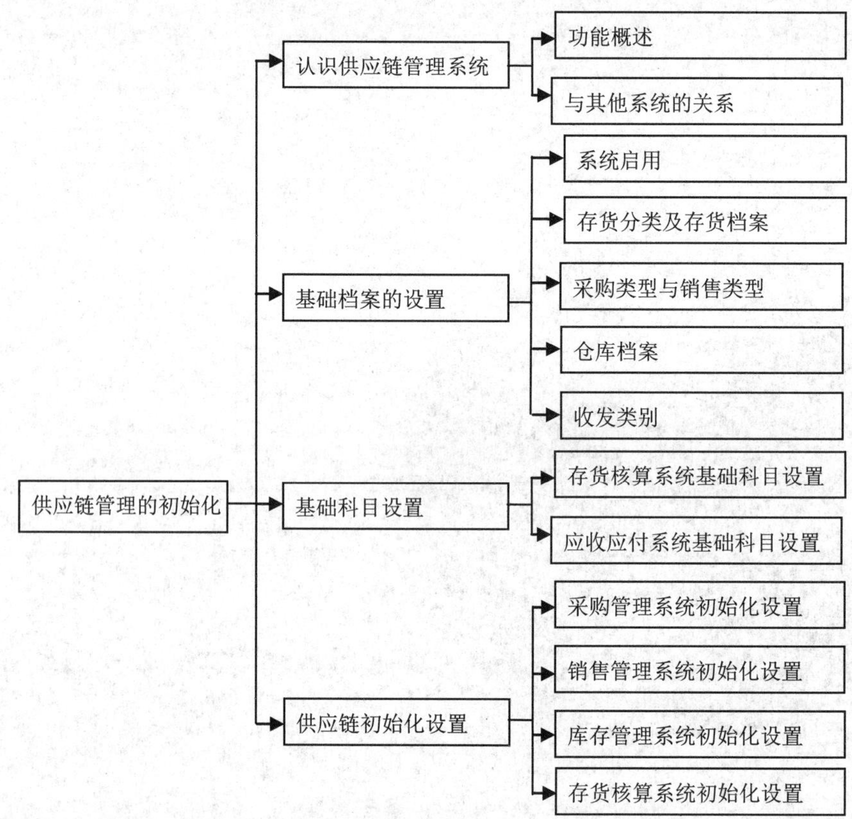

任务 10.1 认识供应链管理系统

10.1.1 供应链管理系统功能概述

供应链管理(Supply Chain Management，SCM)是指为了达到企业资源的最优配置，从采购原材料开始，到在制品的生产及产成品的制造与完工入库，最后由销售网络将产品送到消费者手中的一个链接供应商、制造商、分销商、零售商及最终用户的功能网链结构。供应链管理系统正是基于协同供应链管理的思想，配合供应链中各实体的业务需求，使操作流程和信息系统紧密配合，做到各环节无缝链接，形成物流、信息流、单证流、商流和资金流五流合一的管理系统。

10.1.2 供应链管理系统与其他系统的关系

供应链管理系统包含的子系统有销售管理系统、采购管理系统、库存管理系统和存货核算管理系统四大部分。与供应链管理系统相关的系统包含总账系统、应收应付系统和固定资产系统等，系统之间均有接口，可以进行数据的传递，具体联系如图 10.1 所示。

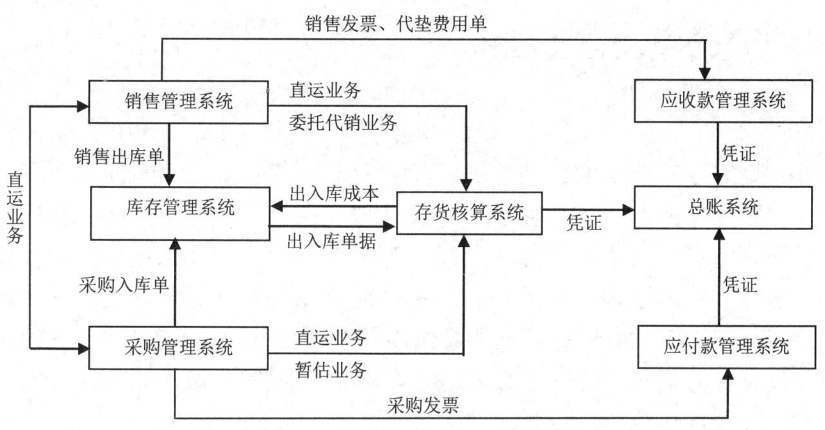

图 10.1　供应链管理与其他系统的关系

任务 10.2　基础档案的设置

10.2.1　系统启用

供应链管理系统可以在新建账套时立即启用，也可以在建立完账套后打开企业应用平台下再进行启用。

案例 10.1　恢复总账期初余额账套，启用应收款管理系统、应付款管理系统、采购管理系统、销售管理系统、库存管理系统和存货核算系统，启用日期均为 2016-01-01。

操作步骤：

(1) 以系统管理员 admin 的身份登录系统管理，恢复总账期初余额账套。

(2) 以账套主管“李光宁”的身份登录企业应用平台，执行“基本信息”→“系统启用”命令，单击选择相应系统，启用日期为 2016-01-01，如图 10.2 所示。

系统编码	系统名称	启用会计期间	启用自然日期	启用人
☑AR	应收款管理	2016-01	2016-01-01	admin
☑AP	应付款管理	2016-01	2016-01-01	李光宁
□FA	固定资产			
□NE	网上报销			
□NB	网上银行			
□WH	报账中心			
□SC	出纳管理			
□CA	成本管理			
□PM	项目成本			
□FM	资金管理			
□BM	预算管理			
□CM	合同管理			
□PA	售前分析			
☑SA	销售管理	2016-01	2016-01-01	李光宁
☑PU	采购管理	2016-01	2016-01-01	李光宁
☑ST	库存管理	2016-01	2016-01-07	李光宁
☑IA	存货核算	2016-01	2016-01-01	李光宁
□OM	委外管理			

图 10.2　供应链相关系统的启用

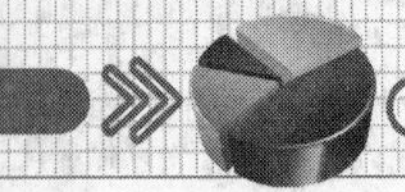

10.2.2 存货分类及存货档案

1. 存货分类

存货分类是对存货档案的分类管理。如果企业存货较多，为了便于对存货的查找和编辑，需要按照一定的方式进行存货的分类管理。存货分类是指按照存货固有的特性或属性将存货划分为不同的类别，便于分类核算与统计。例如，工业企业可以将存货划分为原材料、辅料、包装物和产成品等；商业企业可以将存货划分为商品和应税劳务等。存货分类最多可分 8 级，编码总长不能超过 30 位，每级级长可自定义。只有在新建账套时选择“存货进行分类”选项才可以对存货进行分类设置，增加完存货分类后再建立存货档案，否则直接建立存货档案即可。

案例 10.2 建立如表 10.1 所示的企业存货分类。

表 10.1 存货分类

分类编码	分类名称
01	原材料
02	辅料
03	产成品
04	应税劳务

操作步骤：

以账套主管“李光宁”的身份登录企业应用平台，登录日期为 2016-01-01。

(1) 执行“基础设置”→“基础档案”→“存货”→“存货分类”命令，打开“存货分类”窗口，单击“增加”按钮，在“分类编码”文本框中输入 01，在“分类名称”文本框中输入“原材料”，单击“保存”按钮即可。

(2) 再次单击“增加”按钮，以此方法依次输入“02 辅料”“03 产成品”“04 应税劳务”，如图 10.3 所示。

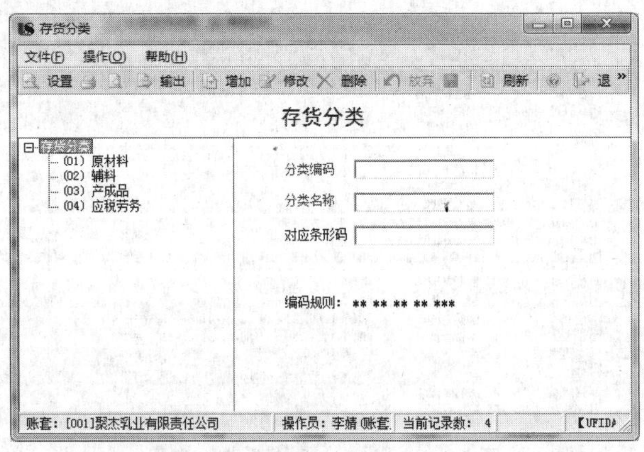

图 10.3 存货分类的设置

提示:

- 建立存货分类时，应按照编码规则的要求进行输入，且编码和名称不可以重复。
- 先建立上级存货分类，再建立下级分类。
- 在企业日常购销业务中，经常会发生一些劳务费用，如运输费、装卸费等，这些费用也是构成企业存货成本的一个重要组成部分，并且它们可以拥有不同于一般存货的税率。为了能够正确反映和核算这些劳务费用，一般我们在存货分类中单独设置一类，如“应税劳务”或“劳务费用”。

2. 计量单位

企业中存货种类繁多，不同的存货存在不同的计量单位。有些存货采购计量单位、销售计量单位、成本计量单位和库存计量单位可能是一致的也可能不一致。例如，医药行业的采购计量单位是“箱”，销售计量单位是“盒”或者“片”，这时就要建立不同的计量单位组和计量单位。

10.2.3　仓库档案

存货一般是存放在仓库中进行保管的。对存货进行核算管理必须建立仓库档案。在存货核算系统的选项中可以选择存货的核算方式为“按仓库”“按部门”和“按存货”三种。如果选择按仓库核算，则按仓库设置计价方式，并且每个仓库单独核算出库成本；如果是按部门核算，则按仓库中的所属部门设置计价方式，并且相同所属部门的各仓库统一核算出库成本；如果按存货核算，则按用户在存货档案中设置的计价方式进行核算，此选项一旦进行了存货期初的记账后将不能进行修改。

案例 10.3　建立如表 10.2 所示企业的仓库档案。

表 10.2　仓库档案

仓库编码	仓库名称	计价方式
1	原材料库房	移动平均法
2	辅料库房	移动平均法
3	产成品库房	移动平均法

操作步骤:

以账套主管“李光宁”的身份登录企业应用平台，登录日期为 2016-01-01。

(1) 执行“基础设置”→“基础档案”→“业务”→“仓库档案”命令，打开“仓库档案”窗口。

(2) 单击“增加”按钮，打开增加仓库档案对话框。输入“仓库编码”为 1，“仓库名称”为“原材料库房”，“计价方式”选择“移动平均法”，“仓库属性”选择“普通仓”，如图 10.4 所示。

(3) 单击“保存”按钮即可。

(4) 以此方法依次增加后续仓库。

图 10.4　增加仓库档案

提示:

- 仓库属性包含“普通仓”“现场仓”和“委外仓”三种。系统默认为“普通仓”，“普通仓”用于正常的材料、产品、商品的出入库、盘点的管理；“现场仓”用于生产过程的材料、半成品和成品的管理；“委外仓”用于管理发给委外商的材料的管理。
- 如果该仓库进行货位管理，则要选择“货位管理”选项。
- 如果选择“资产仓”选项，则该仓库只能存放存货属性为“资产”的存货。该选项和“代管仓”“记入成本”和“参与 MRP 运算”三个选项互斥。如果采购固定资产，则固定资产的入库仓库应为“资产仓”。

10.2.4　收发类别

收发类别是用来表示存货的出入库类型，是为了用户对材料的出入库情况进行分类汇总统计而设置的，用户可以根据各单位的实际需要自由灵活地进行设置。设置收发类别有两个作用：一是统计不同类型的出入库情况，二是设置对方科目，在生成凭证时可以自动带出类别对应的会计科目。

案例 10.4　建立的企业收发类别，如表 10.3 所示。

表 10.3　收发类别

类别编码	类别名称	收发标志
1	入库	收
11	采购入库	收
12	产成品入库	收
13	盘盈入库	收

续表

类别编码	类别名称	收发标志
2	出库	发
21	销售出库	发
22	材料领用出库	发
23	盘亏出库	发

操作步骤：

以账套主管“李光宁”的身份登录企业应用平台，登录日期为 2016-01-01。

(1) 执行“基础设置”→“基础档案”→“业务”→“收发类别”命令，打开“收发类别”窗口。

(2) 单击“增加”按钮，输入“收发类别编码”为 1、“收发类别名称”为“入库”、“收发标志”选择“收”；再单击“增加”按钮，输入“收发类别编码”为 11，“收发类别名称”为“采购入库”，收发标志选择“收”，如图 10.5 所示。

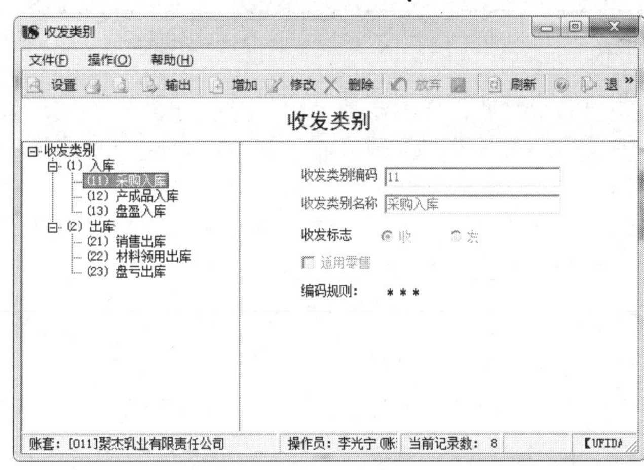

图 10.5　增加收发类别

(3) 单击“保存”按钮。

(4) 以此方法依次增加后续收发类别。

提示：

- 收发类别最多可分三级，最大位数 5 位，同时必须逐级定义，即定义下级编码之前必须先定义上级编码。
- 收发类别名称最大位数为 12 位，用户必须输入。相同级次且上级级次相同的类别名称不可以相同。

10.2.5　采购类型与销售类型

定义采购类型和销售类型能够按照采购、销售类型对采购、销售业务数据进行统计和分析。采购类型和销售类型均不分级次，根据企业需要自行设立。例如，可分为从国外购进、国内纯购进、批量购进和指定采购等内容，主要是出于管理和报表分析的目的进行的设置。

案例 10.5 建立企业的采购类型和销售类型，如表 10.4 所示。

表 10.4 采购和销售类型

采购类型			
采购类型编码	**采购类型名称**	**入库类别**	**是否默认值**
1	普通采购	采购入库	是
2	国外采购	采购入库	否
销售类型			
销售类型编码	**销售类型名称**	**出库类别**	**是否默认值**
1	普通销售	销售出库	是
2	外贸出口	销售出口	否

操作步骤：

以账套主管“李光宁”的身份登录企业应用平台，登录日期为 2016-01-01。

(1) 执行“基础设置”→“基础档案”→“业务”→“采购类型”命令，打开“采购类型”窗口。

(2) 单击“增加”按钮，输入“采购类型编码”为 1，“采购类型名称”为“普通采购”，“入库类别”为“采购入库”，“是否默认值”为“是”；单击“增加”按钮，输入“采购类型编码”为 2，“采购类型名称”为“国外采购”，“入库类别”为“采购入库”，“是否默认值”为“否”，如图 10.6 所示。

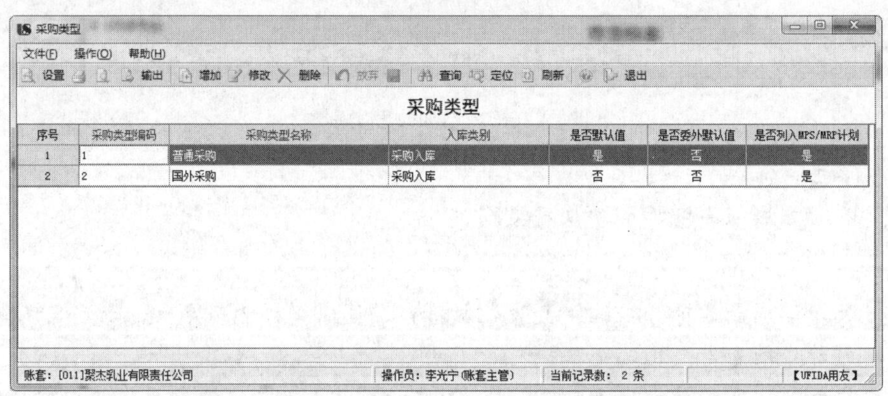

图 10.6 增加采购类型

(3) 单击“保存”按钮。

(4) 执行“基础设置”→“基础档案”→“业务”→“销售类型”命令，打开“销售类型”窗口。

(5) 单击“增加”按钮，输入“销售类型编码”为 1，“销售类型名称”为“普通销售”，“出库类别”为“销售出库”，“是否默认值”为“是”；单击“增加”按钮，输入“销售类型编码”为 2，“销售类型名称”为“外贸出口”，“出库类别”为“销售出库”，“是否默认值”为“否”，如图 10.7 所示。

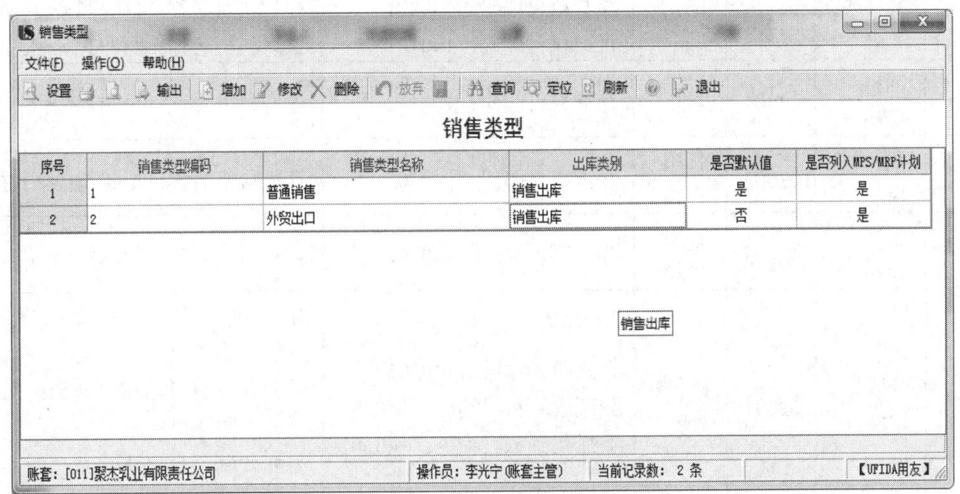

图 10.7　增加销售类型

(6) 单击“保存”按钮。

任务 10.3　基础科目的设置

10.3.1　存货核算系统基础科目的设置

此功能用于设置存货核算系统中生成凭证所需要的各种存货科目、差异科目、分期收款发出商品科目、委托代销科目、运费科目、税金科目、结算方式科目和对方科目等。因此，用户在制单之前应先在存货核算系统中将存货科目设置正确、完整，否则系统生成凭证时无法自动带出科目。

存货科目：包含生成凭证所需的各种存货科目、差异科目、分期收款发出商品科目、委托代销科目，系统制单生成凭证时会自动带出相应的会计科目。

对方科目：用于设置生成凭证需要的存货对方科目(不同收发类别有不同的存货对方科目)，即设置各种不同业务行为所对应的会计科目。

入库业务制单时，借方取存货科目，贷方取对方科目；出库业务制单时，借方取对方科目，贷方取存货科目。

1. 存货科目的设置

案例 10.6　按表 10.5 所示，进行存货科目的设置。

表 10.5　存货科目

仓库编码	仓库名称	存货编码	存货名称	科目编码	科目名称
1	原材料库房	01001	液态奶	存货科目编码：140301 直运科目编码：140101	存货科目名称：原材料/液态奶 直运科目名称：材料采购/液态奶
2	辅料库房	02001	果胶	存货科目编码：140302	存货科目名称：原材料/果胶
2	辅料库房	02002	食用香精	存货科目编码：140303	存货科目名称：原材料/食用香精
2	辅料库房	02003	食用砂糖	存货科目编码：140304	存货科目名称：原材料/食用砂糖
3	产成品库房	03001	特仑苏盒装	存货科目编码：140501 分期收款科目编码：140601 委托代销科目编码：140601	存货科目名称：库存商品/特仑苏盒装牛奶 分期收款科目名称：发出商品/特仑苏盒装牛奶 委托代销科目名称：发出商品/特仑苏盒装牛奶
3	产成品库房	03002	牛奶干吃片	存货科目编码：140502 分期收款科目编码：140602 委托代销科目编码：140602	存货科目名称：库存商品/牛奶干吃片 分期收款科目名称：发出商品/牛奶干吃片 委托代销科目名称：发出商品/牛奶干吃片

操作步骤：

以账套主管“李光宁”的身份登录企业应用平台，登录日期为 2016-01-01。

(1) 执行“供应链”→“存货核算”→“初始设置”→“科目设置”→“存货科目”命令，打开“存货科目”窗口。

(2) 单击“增加”按钮，输入“仓库编码”为 1，“存货编码”为 01001，“存货科目编码”为 140301，“直运科目编码”为 140101。

(3) 单击“保存”按钮后，按此方法继续增加后续存货，如图 10.8 所示。

存货科目

仓库编码	仓库名称	存...	存...	存货编码	存货名称	存货科目编码	存货科目名称	差异科目...	差异科目...	分期收款...	分期收款发...	委托代销...	委托代销发...	直运科目编码	直运科目名称
1	原材料库房			01001	液态奶	140301	液态奶							140101	液态奶
2	辅料库房			02001	果胶	140302	果胶								
2	辅料库房			02002	食用香精	140303	食用香精								
2	辅料库房			02003	食用砂糖	140304	食用砂糖								
3	产成品库房			03001	特仑苏盒装	140501	特仑苏盒装牛奶			140601	特仑苏盒装牛奶	140601	特仑苏盒装牛奶		
3	产成品库房			03002	牛奶干吃片	140502	牛奶干吃片			140602	牛奶干吃片	140602	牛奶干吃片		

图 10.8　“存货科目”窗口

提示:

- 存货分类和存货编码不能同时选择。
- 计划价核算时要设置差异科目。
- 同一仓库的同一存货分类或同一存货不可以重复设置。

2. 对方科目的设置

案例 10.7　按表 10.6 所示，进行存货核算的对方科目设置。

表 10.6　对方科目

收发类别编码	收发类别名称	存货编码	存货名称	科目编码	科目名称
11	采购入库	01001	液态奶	对方科目编码：140101 暂估科目编码：220202	对方科目名称：材料采购/液态奶 暂估科目名称：应付账款/暂估应付款
		02001	果胶	对方科目编码：140102 暂估科目编码：220202	对方科目名称：材料采购/果胶 暂估科目名称：应付账款/暂估应付款
		02002	食用香精	对方科目编码：140103 暂估科目编码：220202	对方科目名称：材料采购/食用香精 暂估科目名称：应付账款/暂估应付款
		02003	食用砂糖	对方科目编码：140104 暂估科目编码：220202	对方科目名称：材料采购/食用砂糖 暂估科目名称：应付账款/暂估应付款
12	产成品入库			对方科目编码：500101	对方科目名称：生产成本/直接材料
21	销售出库	03001	特仑苏盒装	对方科目编码：640101	对方科目名称：主营业务成本/特仑苏盒装牛奶
		03002	牛奶干吃片	对方科目编码：640102	对方科目名称：主营业务成本/牛奶干吃片
22	材料领用出库			对方科目编码：500101	对方科目名称：生产成本/直接材料

操作步骤:

以账套主管“李光宁”的身份登录企业应用平台，登录日期为 2016-01-01。

(1) 执行“供应链”→“存货核算”→“初始设置”→“科目设置”→“对方科目”命令，打开“对方科目”窗口。

(2) 单击“增加”按钮，输入“收发类别编码”为 11，“存货编码”为 01001，“对方科目编码”为 140101，“暂估科目编码”为 220202。

(3) 单击“保存”按钮，按此方法继续增加后续存货，如图 10.9 所示。

对方科目

输出 增加 插行 删除 栏目 定位 退出

对方科目

收发类别编码	收发类别名称	存货分类编码	存货分类名称	存货编码	存货名称	部门编码	部门...	项...	项...	项目...	项...	对方科目编码	对方科目名称	暂估科目编码	暂估科目名称
11	采购入库	01	原材料	01001	液态奶							140101	液态奶	220202	暂估应付款
11	采购入库	02	辅料	02001	果胶							140102	果胶	220202	暂估应付款
11	采购入库	02	辅料	02002	食用香精							140103	食用香精	220202	暂估应付款
11	采购入库	02	辅料	02003	食用砂糖							140104	食用砂糖	220202	暂估应付款
12	产成品入库											500101	直接材料		
21	销售出库	03	产成品	03001	特仑苏盒装							640101	特仑苏盒装牛奶		
21	销售出库	03	产成品	03002	牛奶干吃片							640102	牛奶干吃片		
22	材料领用出库											500101	直接材料		

图 10.9 “对方科目”窗口

10.3.2 应收应付系统基础科目的设置

1. 应收款管理系统基础科目的设置

案例 10.8

(1) 设置应收款管理系统的控制参数：坏账处理方式为“应收余额百分比法”“自动计算现金折扣”“应收票据直接生成收款单”“月结前全部生成凭证”“单据审核后立即制单”“预收冲应收生成凭证”。

(2) 设置应收科目为 1122，预收科目为 2203，现金折扣科目为 660303，商业承兑科目为 1121，银行承兑科目为 1121，票据利息科目为 660301，票据费用科目为 660399；按照表 7.5 所示设置产品科目：设置结算方式科目：现金——人民币，1001；现金支票——人民币，100201；转账支票——人民币，100201。

(3) 设置坏账准备计提比例为 0.5%；坏账准备期初余额为 800；坏账准备科目为“1231 坏账准备”；对方科目为“6701 资产减值损失”。

操作步骤：

以账套主管“李光宁”的身份登录企业应用平台，登录日期为 2016-01-01。

(1) 操作过程见案例 7.2。

(2) 操作过程见案例 7.8。

(3) 操作过程见案例 7.9。

2. 应付款管理系统基础科目的设置

用户可以在此定义应付款管理系统下的基础科目，如应付科目、预付科目、税金科目等。

3. 其他设置

1) 数据权限的设置

数据权限是为了控制企业内部人员数据保密功能而设置的，数据权限分为记录级权限和字段级权限。配置数据权限前要先定义好功能权限后方可进行。配置数据权限要以账套主管的身份登录系统进行设置。设置时应先进行“数据权限控制设置”后再进行“数据权限分配”。

案例 10.9 设置操作员“左林”“孙东明”对所有科目、部门、工资权限及仓库均

有使用权限，设置李婧对所有用户具有使用权。

操作步骤：

以账套主管“李光宁”的身份登录企业应用平台，登录日期为 2016-01-01。

(1) 执行“系统服务”→“权限”→“数据权限控制设置”命令，打开“数据权限控制设置”窗口。

(2) 选中“部门”“仓库”“科目”和“工资权限”复选框，单击“确定”按钮，如图 10.10 所示。

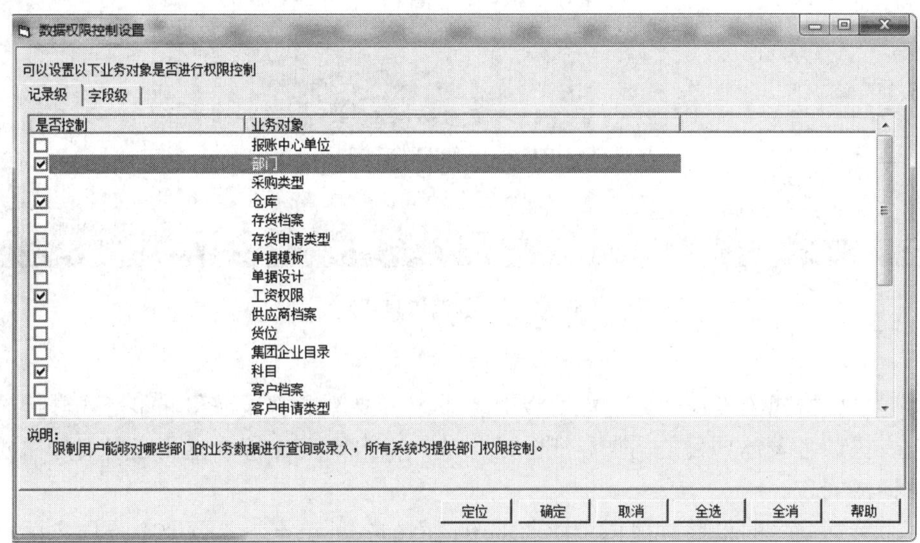

图 10.10　“数据权限控制设置”窗口

(3) 执行“系统服务”→“权限”→“数据权限分配”命令，打开“权限浏览”窗口。

(4) 从用户及角色列表框中选择用户“左林”，从记录选项卡下的“业务对象”下拉列表中选择“科目”选项。

(5) 单击“授权”按钮，打开“记录权限设置”对话框。

(6) 将所有科目从“禁用”列表框中选入“可用”列表框，选中“查账”和“制单”复选框，单击“保存”按钮，系统弹出“保存成功”提示信息，如图 10.11 所示。

(7) 同理，再设置“部门”“工资权限”和“仓库”记录级权限。

(8) 同理，设置用户孙东明、李婧的权限。

提示：

账套主管拥有账套的所有权限，不能进行数据权限的设置。

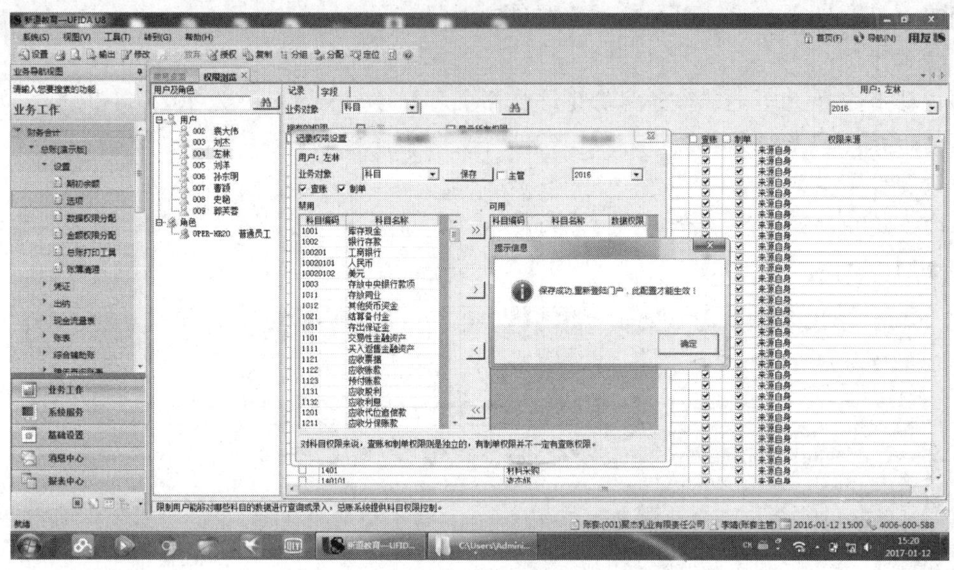

图 10.11　数据权限分配

2)　单据格式的设计和单据编号的设置

(1)　单据格式的设计。此功能可以对各系统主要单据的显示和打印格式进行设计，通过对表头或者表体项目的增加、删除及修改，来自定义出符合企业应用实际需要的个性化单据格式。

(2)　单据编号的设置。根据企业业务中使用的各种单据的不同要求，用户可以自己设置单据的编码生成原则。单据编号可以选择“完全手工编号”“手工改动，重号时自动重取”和“按收发标志流水”三种，用户可自己选择相应规则。

案例 10.10　增加销售订单表体“预完工日期”项目，取消必输项，设置销售专用发票和销售普通法发票编号为“手工改动，重号时自动重取”。

操作步骤：

以账套主管“李光宁”的身份登录企业应用平台，登录日期为 2016-01-01。

(1)　执行“基础设置”→“单据设置”→“单据格式设置”命令，打开“单据格式设置”窗口，在左侧的“单据类型”栏内，执行“销售管理”→“销售订单”→“显示”→“销售订单显示模板”命令。

(2)　在右侧的销售订单显示界面中，在表体处右击，打开表体项目。在“项目名称”列表框中选中“预完工日期”复选框。取消选中文本框下面的“必输”复选框，单击“确定”按钮即可，如图 10.12 所示。再单击“保存”按钮即可保存单据格式设计。

(3)　执行“基础设置”→“单据设置”→“单据编号设置”命令，打开“单据编号设置”对话框，在左侧的“单据类型”栏内，执行“销售管理”→“销售专用发票”命令。

(4)　单击“”按钮，选中“手工改动，重号时自动重取”复选框后单击“保存”按钮即可，如图 10.13 所示。

(5) 同理，设置销售普通发票的编号为“手工改动，重号时自动重取”。

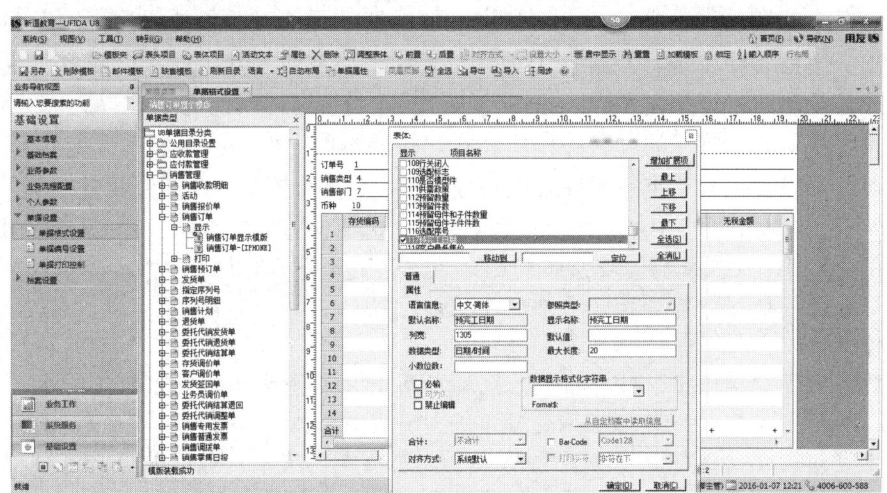

图 10.12　单据格式的设置

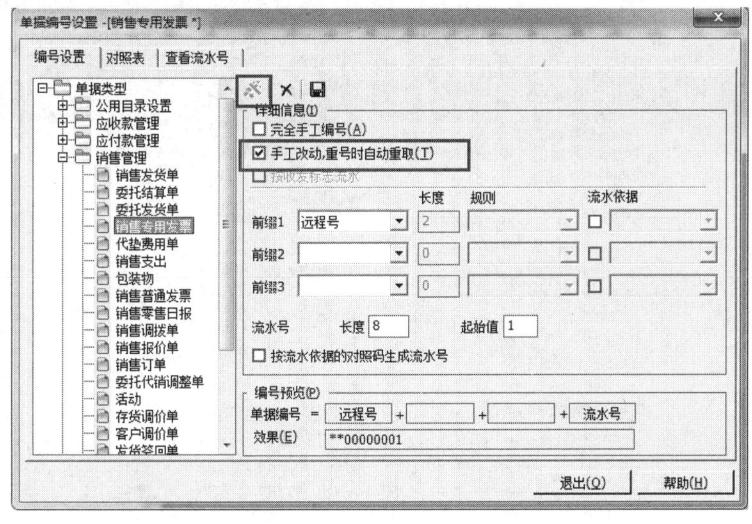

图 10.13　单据编号的设置

任务 10.4　初始化设置

10.4.1　采购管理系统的初始化设置

采购管理系统期初始化设置包括设置采购管理系统业务处理所需要的采购参数、基础信息及采购期初数据和期初记账操作。

1. 采购管理的选项设置

系统选项也称系统参数、业务处理控制参数，是指在企业业务处理过程中所使用的各种控制参数，系统参数的设置将决定用户使用系统的业务流程、业务模式和数据流向。

用户在进行选项设置之前，一定要详细了解选项开关对业务处理流程的影响，并结合企业的实际业务需要进行设置。由于有些选项在日常业务开始后不能随意更改，用户最好在业务开始前进行全盘考虑，尤其一些对其他系统有影响的选项设置更要考虑清楚。该选项设置将对采购管理的所有操作员和客户端的操作生效，故要慎重设定或修改。

采购选项设置包含“业务及权限控制”“公共及参照控制”“其他业务控制”和“预算控制”四个选项卡。其中“业务及权限选项” 选项卡是重点，学生应着重理解并掌握。

案例 10.11 设置采购管理系统的选项为“普通业务必有订单”“允许超订单到货及入库”“允许超计划订货”和“允许超请购订货”。

操作步骤：

以账套主管“李光宁”的身份登录企业应用平台，登录日期为 2016-01-01。

(1) 执行“供应链”→“采购管理”→“设置”→“采购选项”命令，打开采购系统选项设置对话框，选择“业务及权限控制”选项卡，选中“普通业务必有订单”“允许超订单到货及入库”“允许超计划订货”和“允许超请购订货”复选框。

(2) 单击“确定”按钮，如图 10.14 所示。

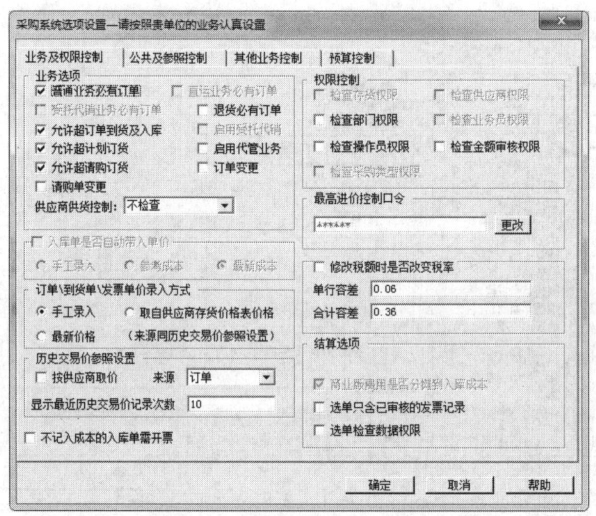

图 10.14　采购管理的选项设置

提示：

- 选中“普通业务必有订单”复选框时，表明必须先有采购订单才能有采购到货单、采购发票和采购入库单，否则可直接录入采购到货单、发票和入库单。
- 选中“允许超订单到货及入库”复选框时，表明可超订单数量入库和到货，但不能超过订单数量入库上限，即订单数量×(1+入库超额上限)，入库上限在存货档案中的“控制”选项卡中设置。
- 选中“允许超请购订货”复选框时，表明参照请购单生成的采购订单的累计订货量可以大于请购单数量，但不能超过请购单数量入库上限，即请购单数量×(1+请购超额上限)。

2. 采购期初数据的录入

采购期初数据包括期初暂估入库和期初在途存货。

(1) 期初暂估入库是指将要启用采购管理系统时，若没有取得供货单位的采购发票，即货到票未到的情况下，由于采购成本不确定，此时要对已入库的原材料成本单价进行暂估入账。录入期初暂估入库单的方法就是指，在尚未进行采购记账时而在采购管理系统中录入的期初采购入库单。

(2) 期初在途存货是指将要启用采购管理系统时，若已取得供货单位的采购发票，但货物没有入库，则不能进行采购结算，又叫作票到货未到。录入期初在途存货的方法是指，在尚未进行采购记账时而在采购管理系统中录入的期初采购发票。

案例 10.12　进行采购期初货到票未到数据的录入：2015 年 12 月 10 日，收到石家庄韦氏香精厂提供的食用香精 50 公斤，因至今尚未收到发票，故暂估单价 480 元/公斤，商品已入辅料仓库，入库类别为“采购入库”。

操作步骤：

以采购主管“左林”的身份登录企业应用平台，登录日期为 2016-01-01。

(1) 执行“供应链”→“采购管理”→“采购入库”→“采购入库单”命令，打开“期初采购入库单”窗口。

(2) 单击“增加”按钮，输入入库日期为 2015-12-10，选择仓库为“辅料库房”，供货单位为“石家庄韦氏香精厂”，入库类别为“采购入库”，部门为“采购部”，采购类型为“普通采购”。

(3) 输入“存货编码”为 02002，“数量”为 50，“本币单价”为 480，如图 10.15 所示。

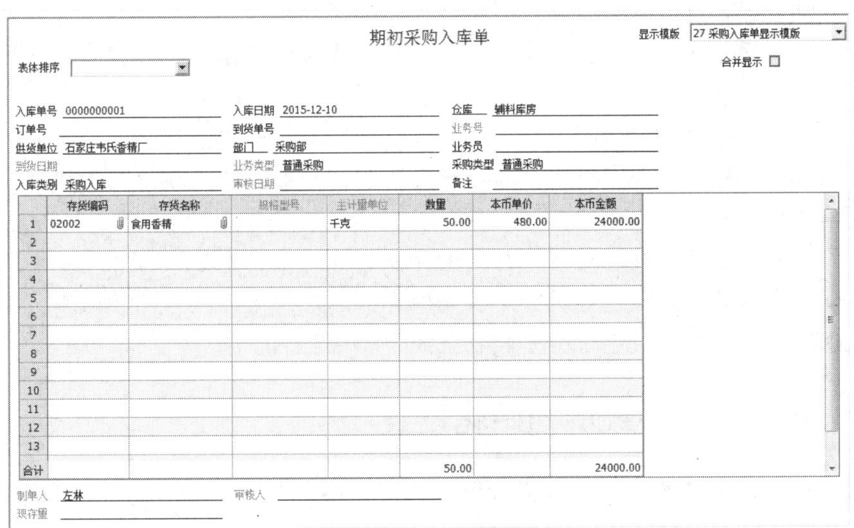

期初采购入库单

显示模版　27 采购入库单显示模版

表体排序

合并显示 □

入库单号　0000000001　入库日期　2015-12-10　仓库　辅料库房

订单号　到货单号　业务号

供货单位　石家庄韦氏香精厂　部门　采购部　业务员

到货日期　业务类型　普通采购　采购类型　普通采购

入库类别　采购入库　审核日期　备注

	存货编码	存货名称	规格型号	主计量单位	数量	本币单价	本币金额
1	02002	食用香精		千克	50.00	480.00	24000.00
2							
3							
4							
5							
6							
7							
8							
9							
10							
11							
12							
13							
合计					50.00		24000.00

制单人　左林　审核人

现存量

图 10.15　期初采购入库单的录入

3. 采购期初记账

采购期初记账是指将采购期初数据记入有关采购账中。期初记账后，期初数据不能增加、修改，除非取消期初记账。期初记账后输入的入库单、发票都是启用月份及以后月份的单据，在“月末结账”功能中记入有关采购账。只有进行采购期初记账后才能进行采购的日常业务处理和库存、存货的期初数据记账以及存货核算管理系统下的“财务核算”功能。

案例 10.13 进行采购管理系统的期初记账。

操作步骤：

以采购主管“左林”的身份登录企业应用平台，登录日期为 2016-01-01。

(1) 执行“供应链”→“采购管理”→“设置”→“采购期初记账”命令，打开“期初记账”窗口，如图 10.16 所示。

(2) 单击“记账”按钮，系统弹出“期初记账完毕！”提示信息，单击“确定”按钮，完成期初记账。

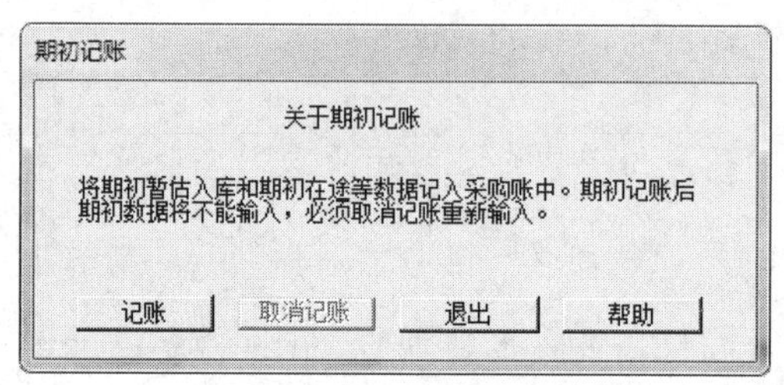

图 10.16 采购期初记账

提示：

- 采购管理系统如果不执行期初记账将无法进行日常业务处理。因此，即使没有期初数据，也要执行期初记账操作。
- 采购管理系统如果不执行期初记账操作，库存管理系统和存货管理系统都不能进行期初记账。
- 如果要取消期初记账，则需执行“供应链”→“采购管理”→“设置”→“采购期初记账”命令，单击“取消记账”按钮即可。但以下情况不可以执行“取消记账”。

  ① 采购管理系统已进行了月末结账。

  ② 采购管理系统已经进行了采购结算。

  ③ 存货核算系统已进行了期初记账。

10.4.2 销售管理系统的初始化设置

销售管理系统的初始化设置包括设置销售管理系统业务处理所需要的销售参数、基础信息及销售期初数据的录入等操作。

1. 销售管理选项的设置

系统选项也称系统参数、业务处理控制参数，是指在企业业务处理过程中所使用的各种控制参数，系统参数的设置将决定用户使用系统的业务流程、业务模式和数据流向。

用户在进行选项设置之前，一定要详细了解选项开关对业务处理流程的影响，并结合企业的实际业务需要进行设置。由于有些选项在日常业务开始后不能随意更改，用户最好在业务开始前进行全盘考虑，尤其一些对其他系统有影响的选项设置更要考虑清楚。该选项设置将对销售管理的所有操作员和客户端的操作生效，故要慎重设定或修改。

销售选项包含“业务控制”“其他控制”“信用控制”“可用量控制”和“价格管理”五个选项卡。其中“业务控制”选项卡是重点，学生应着重理解并掌握。

案例 10.14　设置销售管理系统的选项为“有委托代销业务”“有分期收款业务”“有直运销售业务”“销售生成出库单”和“普通销售必有订单”，取消选中“报价含税”选项。

操作步骤：

以销售主管“孙东明”的身份登录企业应用平台，登录日期为 2016-01-01。

(1) 执行“供应链”→“销售管理”→“设置”→“销售选项”命令，打开“销售选项”对话框。

(2) 选中“有委托代销业务”“有分期收款业务”“有直运销售业务”“销售生成出库单”和“普通销售必有订单”复选框。

(3) 取消选中“报价含税”复选框。

(4) 单击“确定”按钮，如图 10.17 所示。

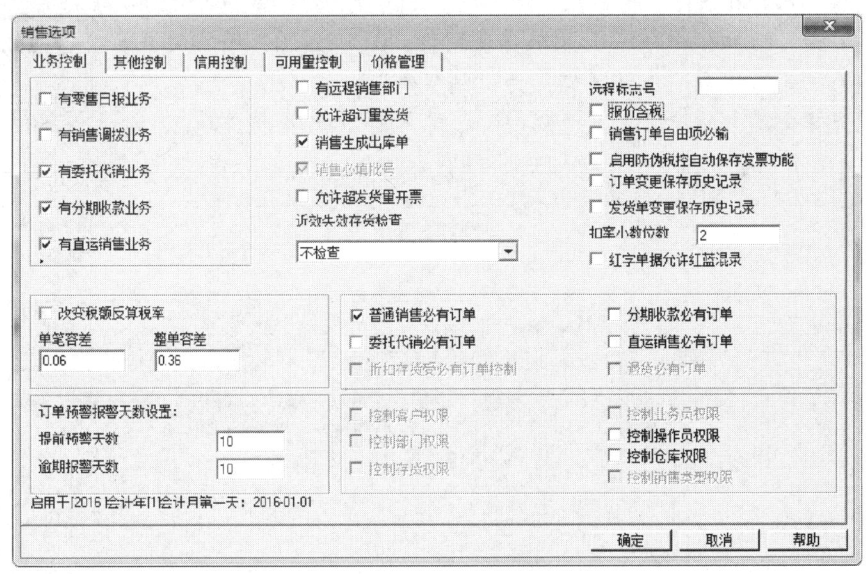

图 10.17　销售选项的设置

提示：

- 选中“有委托代销业务”复选框时，系统会增加“委托代销”菜单项，企业可以进行委托代销发货、委托代销结算业务。
- 选中“有分期收款业务”复选框时，填制销售单据时可选择分期收款的业务类型，否则不可用。

- 选中“有直运销售业务”复选框时，填制销售单据时可选择直运销售的业务类型，否则不可用。
- 选中“销售生成出库单” 复选框时，则由销售管理系统生成出库单，并传到库存管理系统和存货核算系统，库存管理系统不可修改出库数量，即一次发货一次全部出库。如果不选中，销售出库单由库存管理系统参照生单生成销售出库单，可以修改本次出库数量，即一次发货多次出库。

2. 销售管理的初始化设置

销售管理系统的期初数据是指在启用销售管理系统之前尚未处理完成的数据。销售期初数据包括本期之前已经发货、出库，尚未开发票的销售业务；也包括已开票，但尚未发货的销售业务。

案例 10.15 进行销售系统期初数据的录入：2015 年 12 月 28 日，销售部向北京华联出售牛奶干吃片 50 盒，报价(不含税价)为 11 元/盒，由产成品库发货，尚未开具销售发票。

操作步骤:

以销售主管“孙东明”的身份登录企业应用平台，登录日期为 2016-01-01。

(1) 执行“供应链”→“销售管理”→“设置”→“期初录入”→“期初发货单”命令，打开“期初发货单”窗口。

(2) 单击“增加”按钮，输入发货日期为 2015-12-28，销售类型为“普通销售”，客户简称为“北京华联”，销售部门为“销售部”。

(3) 选择仓库名称为“产成品库房”，输入存货编码为 03002，数量为 50，报价为 11，如图 10.18 所示。

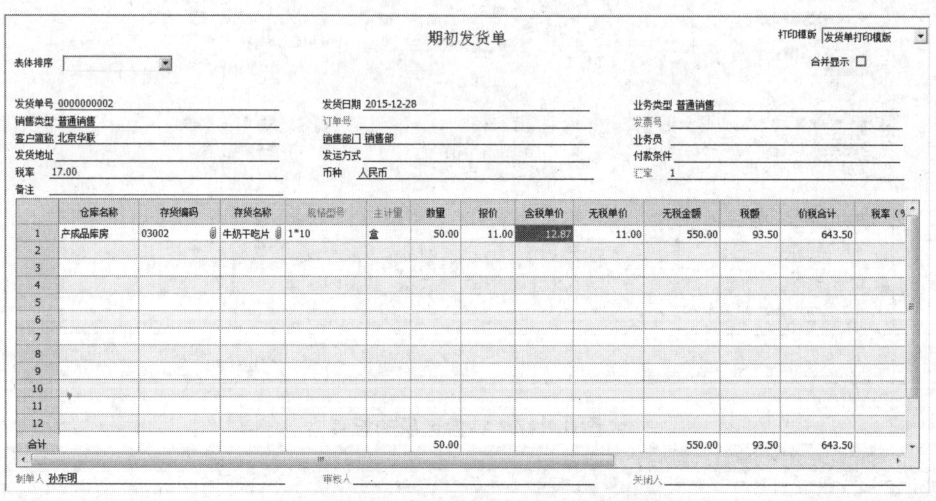

期初发货单

打印模版 发货单打印模版

表体排序

合并显示 □

发货单号 0000000002　发货日期 2015-12-28　业务类型 普通销售
销售类型 普通销售　订单号　发票号
客户简称 北京华联　销售部门 销售部　业务员
发货地址　发运方式　付款条件
税率 17.00　币种 人民币　汇率 1
备注

	仓库名称	存货编码	存货名称	规格型号	主计量	数量	报价	含税单价	无税单价	无税金额	税额	价税合计	税率（%
1	产成品库房	03002	牛奶干吃片	1*10	盒	50.00	11.00	12.87	11.00	550.00	93.50	643.50	
2													
3													
4													
5													
6													
7													
8													
9													
10													
11													
12													
合计						50.00				550.00	93.50	643.50	

制单人 孙东明　审核人　关闭人

图 10.18　期初发货单的录入

(4) 单击“保存”按钮，然后单击“审核”按钮即可。

10.4.3　存货核算系统的初始化设置

存货核算系统的期初数据是指启用存货核算系统时的存货状态，包括存货存放仓库、存货名称、数量和成本单价等内容。

1. 存货核算选项设置

系统选项也称系统参数、业务处理控制参数，是指在企业业务处理过程中所使用的各种控制参数，系统参数的设置将决定用户使用系统的业务流程、业务模式和数据流向。

用户在进行选项设置之前，一定要详细了解选项开关对业务处理流程的影响，并结合企业的实际业务需要进行设置。由于有些选项在日常业务开始后不能随意更改，用户最好在业务开始前进行全盘考虑，尤其一些对其他系统有影响的选项设置更要考虑清楚。该选项设置将对采购管理的所有操作员和客户端的操作生效，故要慎重设定或修改。

存货核算选项设置包含“核算方式”“控制方式”和“最高最低控制”三个选项卡。

案例 10.16　设置存货核算系统的选项为“核算方式—按仓库核算”“销售成本核算方式—销售发票”“暂估方式—月初回冲”和“委托代销成本核算方式—按发出商品核算”。

操作步骤:

以会计主管“李婧”的身份登录企业应用平台，登录日期为 2016-01-01。

(1) 执行“供应链”→“存货核算”→“初始设置”→“选项”→“选项录入”命令，打开“选项录入”对话框。

(2) 选择“核算方式”选项卡，选中“核算方式”为“按仓库核算”，选中“销售成本核算方式”为“销售发票”，选中“暂估方式”为“月初回冲”，选中“委托代销成本核算方式”为“按发出商品核算”，如图 10.19 所示。

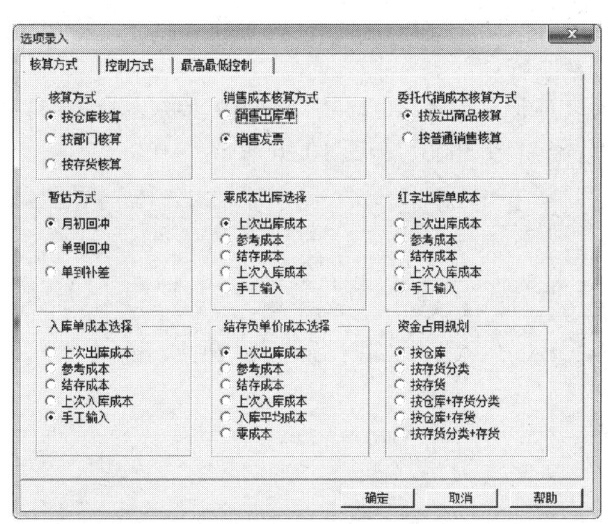

图 10.19　存货核算选项的设置

(3) 单击“确定”按钮，保存选项设置。

2. 存货核算期初余额的录入

期初余额录入功能用于管理系统启用前各存货的期初结存情况。存货核算系统的期初余额和库存管理系统的期初余额可以分开录入。存货核算的期初余额不光要录入正确的结存数量，更要录入正确的成本单价。如果存货核算系统和总账系统同一时间启用，则存货核算系统中的结存金额要和总账系统中“原材料”“库存商品”等科目的期初金额一致。

库存系统和存货系统的期初数据分别录入处理，库存和存货核算就可分别先后启用，即允许先启存货再启库存或先启库存再启存货，从而库存的期初数据可与存货核算的期初数据也可以不一致，方便企业的供应链管理需求。如果库存管理系统和存货核算系统同时启用，要求两系统的期初金额要一致，系统提供了两边互相取数和对账的功能。

案例 10.17 按照表 10.7 所示，录入存货期初余额数据并期初记账。

表 10.7 存货期初余额

仓　库	存货编码	存货名称	计量单位	数　量	单　价	金　额
原材料库房	01001	液态奶	吨	152	5000	760 000
辅料库房	02001	果胶	千克	2750	80	220 000
辅料库房	02002	食用香精	千克	424	500	212 000
辅料库房	02003	食用砂糖	千克	11 000	5	55 000
产成品库房	03001	特仑苏盒装	箱	20 000	30	600 000
产成品库房	03002	牛奶干吃片	盒	75 000	6	450 000

操作步骤：

以会计主管“李婧”的身份登录企业应用平台，登录日期为 2016-01-01。

(1) 执行“供应链”→“存货核算”→“初始设置”→“期初数据”→“期初余额”命令，打开“期初余额”窗口。

(2) 选择仓库为“原材料库房”，单击“增加”按钮，输入“存货编码”为 01001，“数量”为 152，“单价”为 5000，如图 10.20 所示。

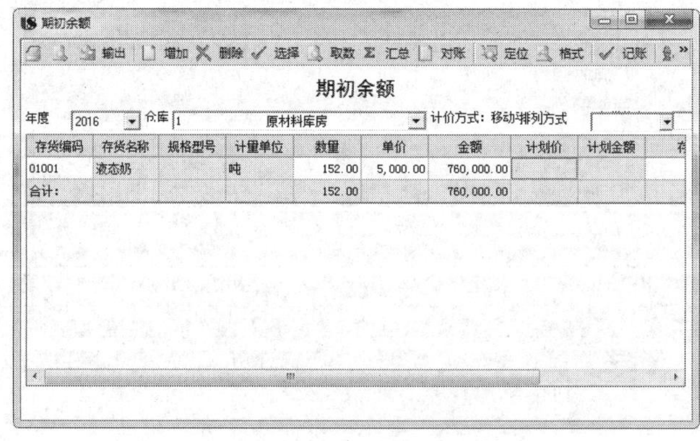

图 10.20 存货期初余额的设置

提示:

- 各个仓库存货的期初余额既可以在库存管理系统中录入，也可以在存货核算系统中录入。因涉及总账对账，在不需要用批次管理和保质期管理的情况下，建议在存货核算系统中录入，仓库系统的期初数据从存货核算中取数，如果需要进行批次管理和保质期管理，就需要在库存录入期初数据。
- 两系统提供自动取数功能，无论先在哪个系统中录入期初数据，均可取数到对方系统。
- 如果采购管理系统没有进行期初记账，则存货核算系统也不能期初记账。

10.4.4 库存管理系统的初始化设置

库存管理系统初始化是指正式使用系统前需要进行的初始设置，包括库存管理选项的设置、期初结存数量的录入、对账等。

1. 库存管理选项的设置

系统选项也称系统参数、业务处理控制参数，是指在企业业务处理过程中所使用的各种控制参数，系统参数的设置将决定用户使用系统的业务流程、业务模式和数据流向。

用户在进行选项设置之前，一定要详细了解选项开关对业务处理流程的影响，并结合企业的实际业务需要进行设置。由于有些选项在日常业务开始后不能随意更改，用户最好在业务开始前进行全盘考虑，尤其一些对其他系统有影响的选项设置更要考虑清楚。该选项设置将对采购管理的所有操作员和客户端的操作生效，故要慎重设定或修改。

库存管理选项包含“通用设置”“专用设置”“预计可用量控制”“预计可用量设置”和“其他设置”五个选项卡，其中“通用设置”选项卡是重点，学生应着重理解和掌握。

案例 10.18 设置库存管理系统的选项为“有无委托代销业务”“采购入库审核时改现存量”“销售出库审核时改现存量”“审核时检查货位”和“记账后允许取消审核”。

操作步骤:

以仓库主管“史艳”的身份登录企业应用平台，登录日期为2016-01-01。

(1) 执行“供应链”→“库存管理”→“初始设置”→“选项”命令，打开“库存选项设置”对话框。

(2) 选择“通用设置”选项卡，选中“有无委托代销业务”“采购入库审核时改现存量”“销售出库审核时改现存量”“审核时检查货位”和“记账后允许取消审核”复选框，如图10.21所示。

(3) 单击“确定”按钮，然后单击“保存”按钮，保存选项设置。

提示:

选中“采购入库审核时改现存量”“销售出库审核时改现存量”复选框，是指现存量修改的开关是在审核相应单据后才进行修改。如果不选中此复选框，则现存量的修改是在保存单据后即可修改。

图 10.21　库存管理系统选项设置

2. 库存管理期初余额的录入及对账

期初结存用于录入使用库存管理前各仓库各存货的期初结存情况。启用库存管理系统前要对各仓库进行实地盘点，确定结存商品名称及数量，然后录入库存管理系统中作为期初结存。

如果库存管理系统和存货核算系统同时启用，则库存管理系统的期初结存可以从存货核算系统中取数，而后进行对账。

库存期初录入完成后一定要进行“批量审核”，确保录入的每一行存货都进行了审核。否则，系统认为没有存货数据，不能进行出库。

案例 10.19　参照表 10.7 所示，录入库存管理期初数据，批审并与存货对账。

操作步骤：

以仓库主管“史艳”的身份登录企业应用平台，登录日期为 2016-01-01。

(1) 执行“供应链”→“库存管理”→“初始设置”→“期初结存”命令，打开“库存期初数据录入”窗口。

(2) 选择仓库为“辅料库房”，单击“修改”按钮，再单击“取数”按钮，系统自动从已录入期初数据的存货核算系统中取数，然后单击“保存”按钮。

(3) 录入完毕后单击“批审”按钮，系统弹出“批量审核完成”提示信息。

(4) 单击“确定”按钮，同理，通过取数方式输入其他仓库存货期初数据。

(5) 录入完成后，单击“对账”按钮，核对库存管理系统和存货核算系统的期初数

据是否一致，若一致，系统弹出“对账成功！”提示信息，如图 10.22 所示。

(6) 单击“确定”按钮返回。

提示:

- 录入完存货期初结存后一定要执行“批审”操作。“审核”按钮一次只能审核一条记录，而“批审”按钮一次可以同时审核该仓库包含的所有存货。
- 如果存货的“审核人”为空，则该存货不能录入销售发货单、发票和出库单，因此，期初结存录入后一定要进行“批审”操作。

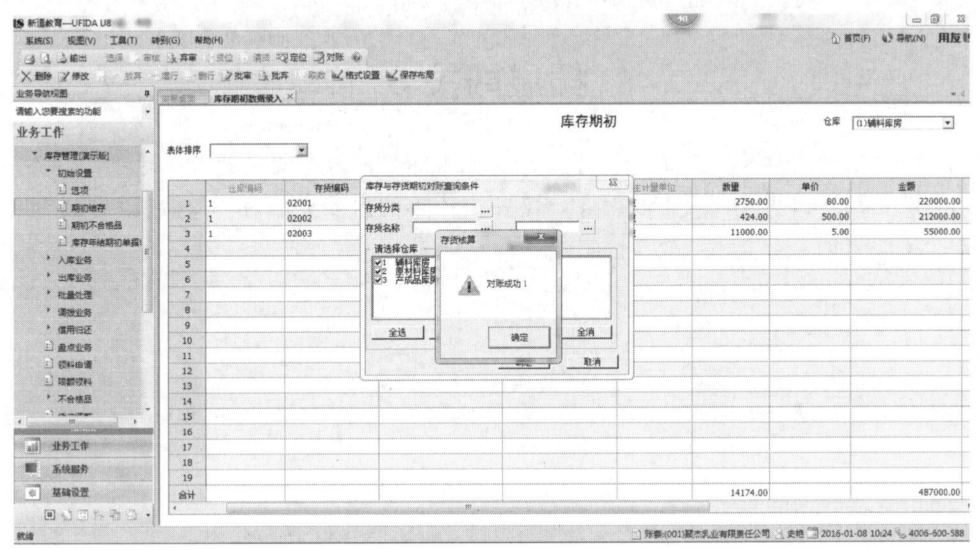

图 10.22　库存管理系统的期初录入及对账

案例 10.20　备份账套，命名为“供应链初始化账套”。

操作步骤：

略。

项 目 小 结

供应链系统初始化主要用于进行采购系统、销售系统、库存系统、存货核算系统的初始设置，包括选项设置、科目设置和期初余额录入。

选项的设置关系到各系统启用后的功能使用、单据生成方式以及成本核算控制等。因此，用户在进行选项设置之前，一定要详细了解选项开关对业务处理流程的影响，并结合企业的实际业务需要进行设置。由于有些选项在日常业务开始后不能随意更改，用户最好在业务开始前进行全盘考虑，尤其一些对其他系统有影响的选项设置更要考虑清楚。该选项设置将对采购管理的所有操作员和客户端的操作生效，故要慎重设定或修改。

期初余额的录入是初始化设置中非常重要的一个环节。只有正确录入期初余额，才能实现手工和电算化账的无缝衔接，完整过渡。期初余额的录入既包括期初单据的录入也包括期初数量和成本单价的录入。用户一定要正确整理期初数据，查明实务账的结存情况，然后准确录入到系统中。在盘点过程中，如果发现账实不符，则要查明原因，进行财务处理，而后再录入系统中。

学生在学习该项目时应掌握如下基础知识。

(1) 掌握各系统选项设置的操作方法，理解重要选项参数的含义，会根据企业具体情况设置相应选项。

(2) 熟练掌握各系统期初单据或期初结存数据的录入方法。库存期初和存货期初要对账成功，库存期初录入后一定要进行批审操作。

拓展闯关 8

1. 设置采购入库单、产成品入库单、其他入库单的入库类别为“必输项”。
2. 设置销售出库单、材料出库单、其他出库单的出库类别为“必输项”。

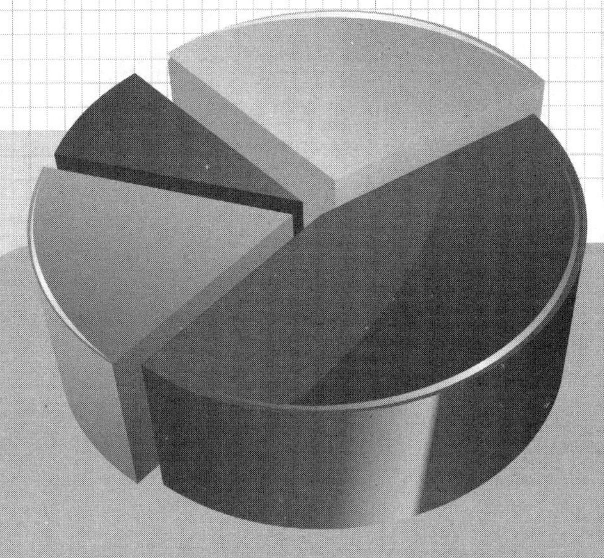

项目 11 采购管理系统

职业能力目标

了解采购管理任务、采购类型和业务模式，理解采购管理与其他系统的数据传递关系；掌握采购管理日常采购的处理方式，掌握特殊采购业务的处理方式。

典型工作任务

- 普通采购业务、现付业务
- 采购运费处理
- 采购退货业务
- 暂估业务

知识架构

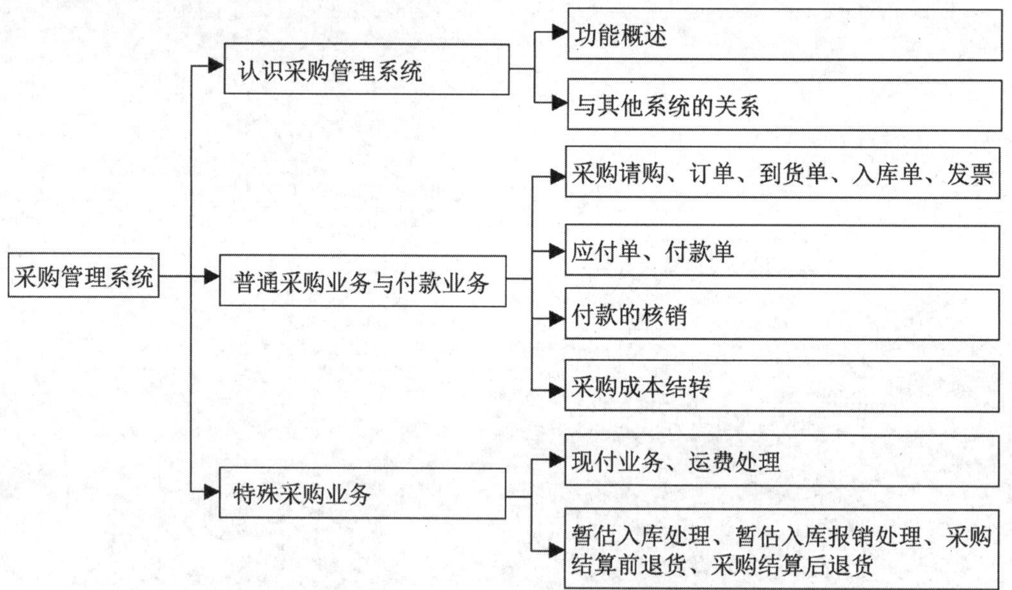

任务 11.1　认识采购管理系统

11.1.1　采购管理系统功能概述

采购管理系统是用友 ERP-U8 V10.1 供应链的一个子系统，其主要功能包括采购系统初始设置、采购业务处理、采购账簿及采购分析几个方面。

11.1.2　采购管理系统与其他系统的关系

采购管理系统与应付款管理系统、库存管理系统、销售管理系统和存货核算系统均有接口，具体关系如图 11.1 所示。

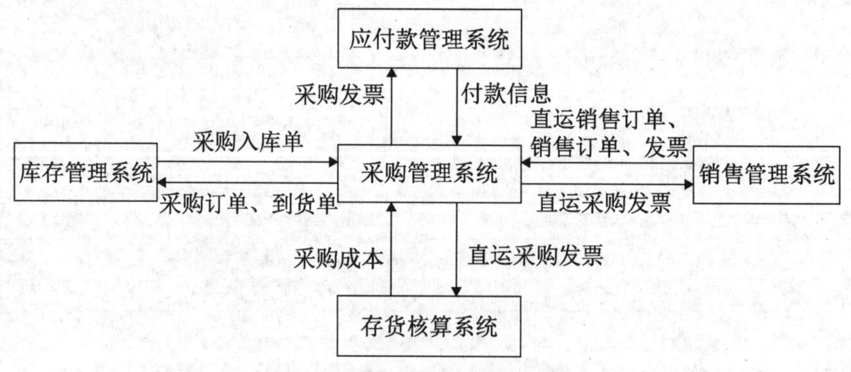

图 11.1　采购管理与其他系统的关系

任务 11.2　普通采购与付款业务

普通采购业务适合大多数企业的日常采购业务，提供采购请购、采购订货、采购入库、采购发票、采购成本核算以及采购付款全过程的管理。

1. 采购请购

采购请购是指企业内部各部门向采购部门递交采购申请，或采购部门汇总企业内部采购需求列出采购清单。请购业务是采购业务的起点，可以根据审核后的采购请购单生成采购订单。在采购业务中，请购环节可以省略。

案例 11.1　2016 年 1 月 5 日，业务员左林向内蒙古澳亚牧场有限公司询问液态奶的价格(5000 元/吨)，评估后认为价格合理，随即向公司上级主管提出请购要求，请购数量为 100 吨，需求日期为 2016 年 1 月 8 日。业务员据此填制请购单。

操作步骤：

(1) 以采购人员“左林”的身份登录企业应用平台，登录日期为 2016-01-05。

(2) 执行“供应链”→“采购管理”→“请购”→“请购单”命令，打开“采购请购单”录入窗口。

(3) 单击“增加”按钮，输入日期为 2016-01-05，请购部门为“采购部”，请购人员为“左林”。选择存货编码为 01001，输入数量 100，本币单价 5000，需求日期为 2016-01-08，供应商为“内蒙古澳亚牧场有限公司”，如图 11.2 所示。

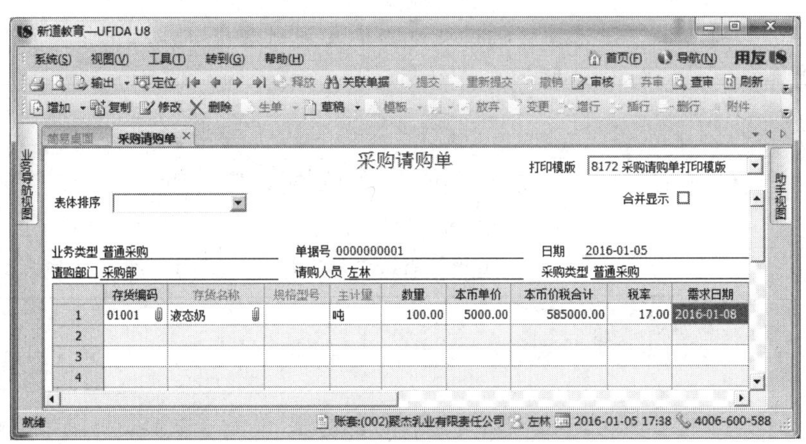

图 11.2　“采购请购单”录入窗口

2. 采购订货

案例 11.2　2016 年 1 月 6 日，上级主管同意向内蒙古澳亚牧场有限公司订购液态奶 100 吨，单价为 5000 元，要求到货日期为 2016 年 01 月 08 日。

操作步骤：

(1) 以采购人员“左林”的身份登录企业应用平台，登录日期为 2016-01-06。

(2) 执行“供应链”→“采购管理”→“采购订货”→“采购订单”命令，打开“采购订单”窗口。

(3) 单击“增加”按钮，单击“生单”下拉列表框，选择“请购单”选项，打开采购请购单过滤条件对话框，如图 11.3 所示。

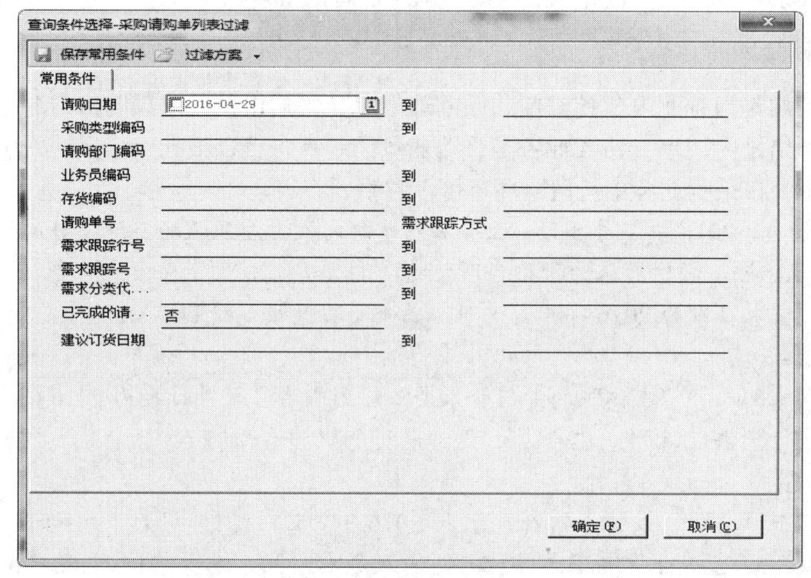

图 11.3 请购单过滤窗口

(4) 单击“确定”按钮进入订单拷贝请购单表头列表窗口，双击需要参照的采购请购单的“选择”栏，如图 11.4 所示。

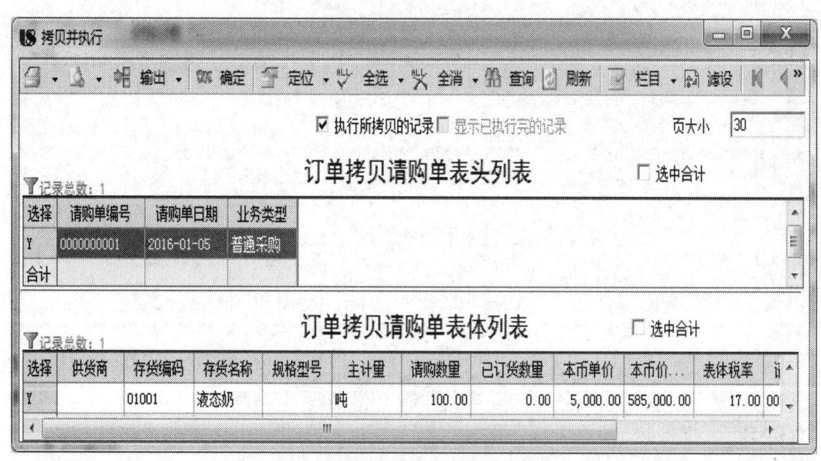

选择	请购单编号	请购单日期	业务类型
Y	0000000001	2016-01-05	普通采购
合计			

选择	供货商	存货编码	存货名称	规格型号	主计量	请购数量	已订货数量	本币单价	本币价...	表体税率	订
Y		01001	液态奶		吨	100.00	0.00	5,000.00	585,000.00	17.00	00

图 11.4 订单拷贝请购单表头列表窗口

(5) 单击“确定”按钮，将请购单的相关信息带入采购订单，修改订单日期为 2016-01-06，如图 11.5 所示。

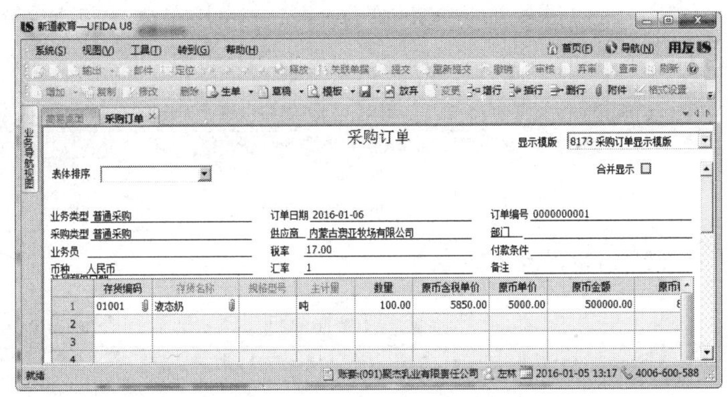

图 11.5　“采购订单”窗口

(6) 单击“保存”按钮，然后单击“审核”按钮，最后单击“退出”按钮。

3. 采购到货处理

采购到货是采购订货和采购入库的中间环节，一般由采购业务员根据供方通知或送货单填写，确定对方所送货物、数量和价格等信息，以到货单的形式传递到仓库作为保管员收货的依据。在采购业务流程中，到货处理可选可不选。

案例 11.3　2016 年 1 月 8 日，收到所订购的液态奶 100 吨，填制到货单。

操作步骤:

(1) 以采购人员“左林”的身份登录企业应用平台，登录日期为 2016-01-08。

(2) 执行“供应链”→“采购管理”→“采购到货”→“到货单”命令，打开“到货单”录入窗口。

(3) 单击“增加”按钮，单击“生单”下拉列表框，选择“采购订单”选项，打开采购订单列表过滤对话框，如图 11.6 所示。

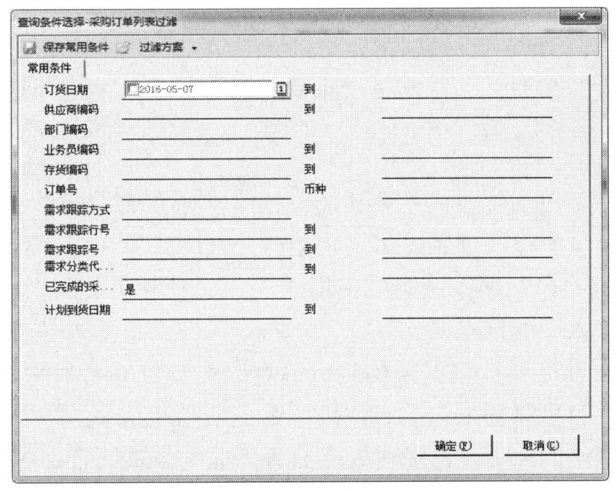

图 11.6　采购订单列表过滤对话框

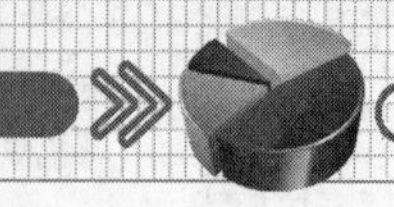

(4) 单击“确定”按钮进入到货单拷贝订单表头列表窗口，双击需要参照的订单的“选择”栏，如图 11.7 所示。

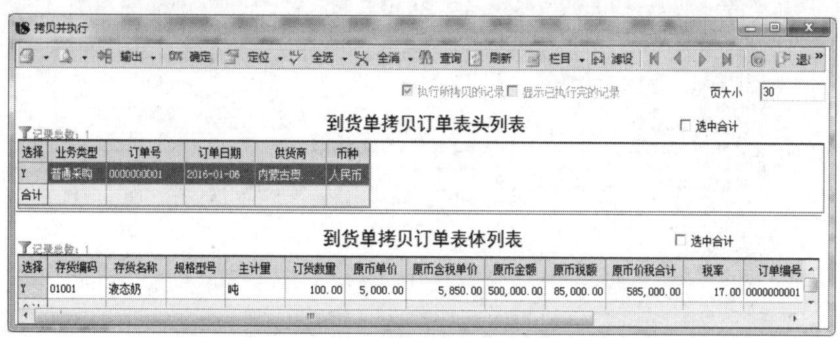

图 11.7 到货单拷贝订单表头列表窗口

(5) 单击“确定”按钮，将请购订单的相关信息带入到货单，修改日期为 2016-01-08，部门为“采购部”，如图 11.8 所示。

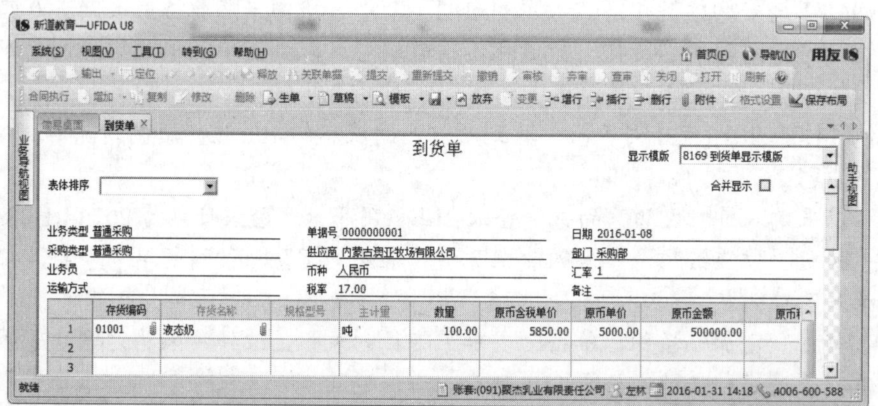

图 11.8 “到货单”窗口

(6) 单击“保存”按钮，然后单击“审核”按钮，最后单击“退出”按钮。

4. 采购入库

采购入库是指将供应商提供的物料检验(也可以免检)确定合格后，放入指定仓库的业务。当采购管理系统与库存管理系统集成使用时，入库业务在库存管理系统中进行处理。当采购管理系统不与库存管理系统集成使用时，入库业务在采购管理系统中进行处理。在采购业务流程中，入库处理是必需的。

采购入库单是仓库管理员根据采购到货签收的实收数量填制的入库单据。采购入库单既可以直接填制，也可以拷贝采购订单或采购到货单生成。

按货物和发票到达的先后，将采购入库业务划分为单货同行、货到票未到(暂估入库)和票到货未到(在途存货)三种类型，不同的业务类型相应的处理方式有所不同。

在此，重点介绍单货同行业务。当采购管理、库存管理、存货核算、应付款管理和

总账集成使用时，单货同行的采购业务流程(省略请购、订货、到货的可选环节)如图 11.9 所示。

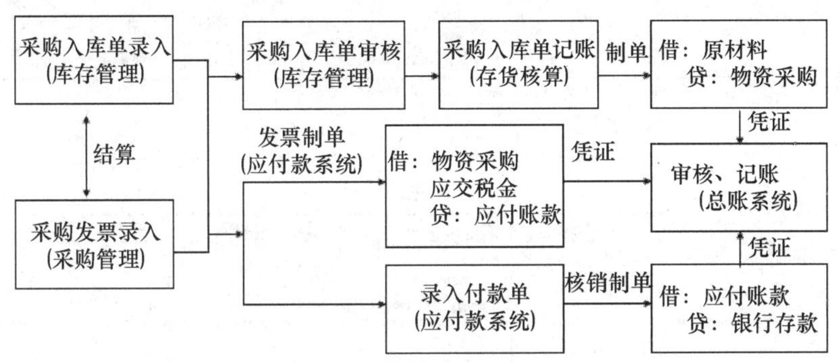

图 11.9 单货同行的采购业务流程

案例 11.4 2016 年 1 月 8 日，将所收到的货物验收入原材料库房，填制采购入库单。

操作步骤：

(1) 以采购人员“左林”的身份登录企业应用平台，登录日期为 2016-01-08。

(2) 执行“供应链”→“库存管理”→“入库业务”→“采购入库单”命令，打开“采购入库单”录入窗口。

(3) 单击“生单”下拉列表框，选择“采购到货单(蓝字)”选项，打开采购到货单过滤对话框，如图 11.10 所示。

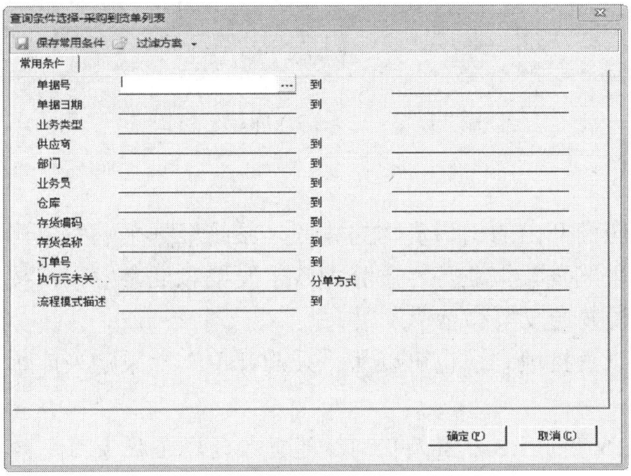

查询条件选择-采购到货单列表

保存常用条件 过滤方案

常用条件

单据号 到
单据日期 到
业务类型
供应商 到
部门 到
业务员 到
仓库 到
存货编码 到
存货名称 到
订单号 到
执行完未关... 分单方式
流程模式描述 到

确定(E) 取消(C)

图 11.10 采购到货单过滤对话框

(4) 单击“确定”按钮，进入“到货单生单列表”窗口，双击需要参照的到货单的“选择”栏，如图 11.11 所示。

(5) 单击“确定”按钮，将到货单的相关信息带入采购入库单，修改入库日期为 2016-01-08，仓库为“原材料库房”，如图 11.12 所示。

(6) 单击“保存”按钮，然后单击“审核”按钮，最后单击“退出”按钮。

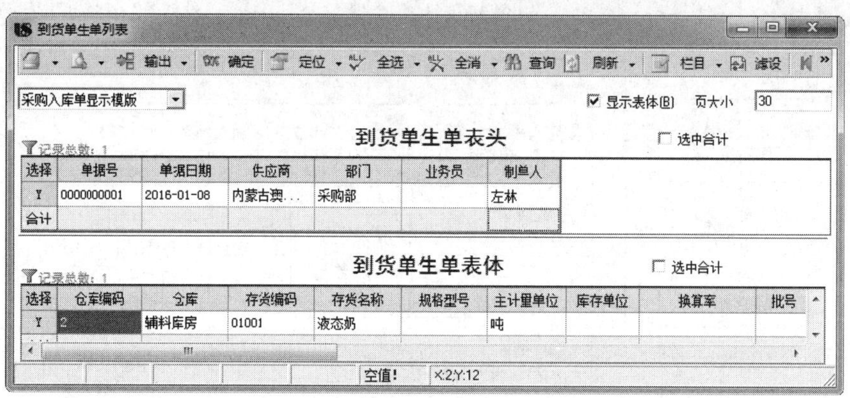

图 11.11　“到货单生单列表”窗口

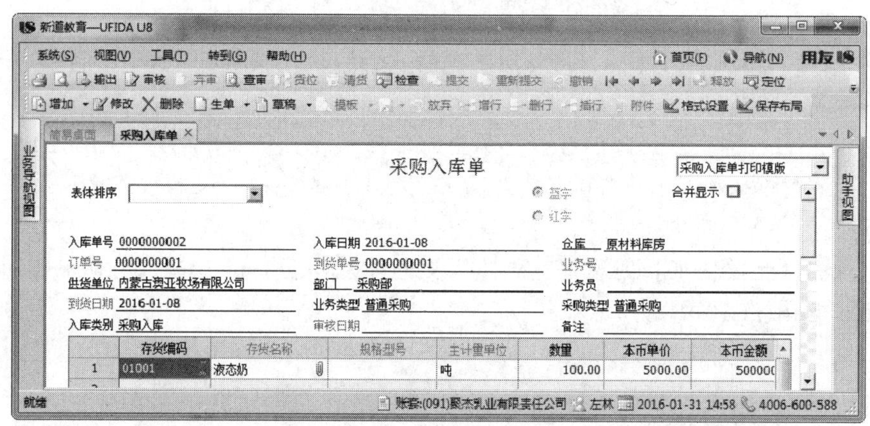

图 11.12　“采购入库单”窗口

5. 采购发票

采购发票是供应商开出的出售货物的凭证，系统根据采购发票确定采购成本，并据以登记应付账款。采购发票按业务性质分为蓝字发票和红字发票；按发票类型分为增值税专用发票、增值税普通发票和运费发票。

采购发票既可以直接填制，也可以从“采购订单”“采购入库单” 或其他的 “采购发票”拷贝生成。

案例 11.5　2016 年 1 月 8 日当天收到该笔货物的增值税专用发票一张，发票号 8001。

操作步骤：

(1) 以采购人员“左林”的身份登录企业应用平台，登录日期为 2016-01-08。

(2) 执行“供应链”→“采购管理”→“采购发票”→“专用采购发票”命令，打开“专用发票”录入窗口。

(3) 单击“增加”按钮，单击“生单”下拉列表框，选择“入库单”选项，打开采购入库单列表过滤对话框，如图 11.13 所示。

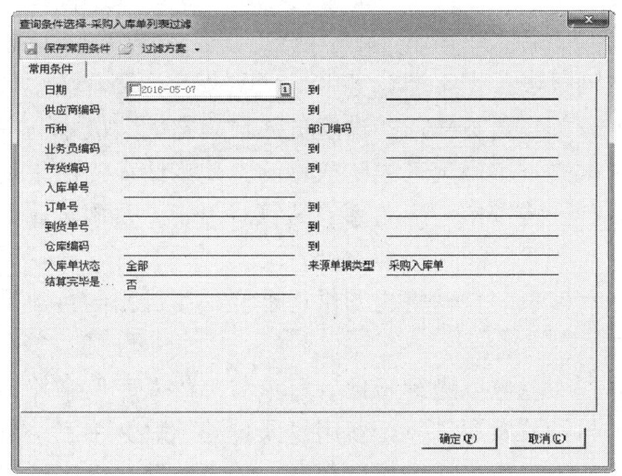

图 11.13　采购入库单列表过滤对话框

(4) 单击“确定”按钮，进入发票拷贝入库单列表窗口，双击需要参照的入库单的“选择”栏，如图 11.14 所示。

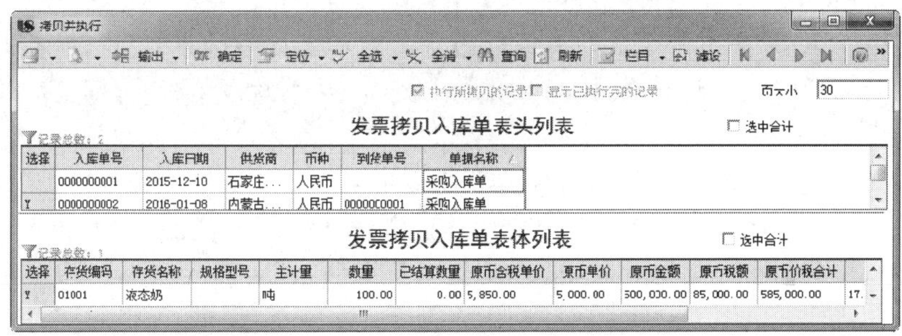

图 11.14　发票拷贝入库单列表窗口

(5) 单击“确定”按钮，将入库单的相关信息带入“专用发票”窗口，修改开票日期为 2016-01-08，发票号为 8001，如图 11.15 所示。

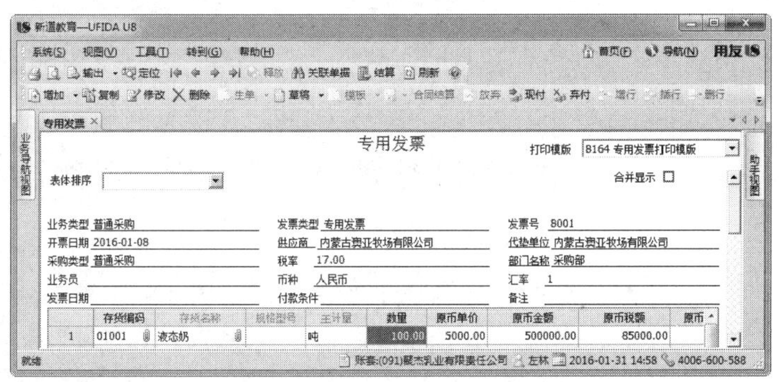

图 11.15　“专用发票”窗口

(6) 单击“保存”按钮，然后单击“退出”按钮。

面向十二五高职高专会计专业规划教材

6. 采购结算、应付款确认和采购成本确认

采购结算也称采购报账，在手工业务中，采购业务员拿着经主管领导审批过的采购发票和仓库确定的入库单到财务部门，由财务人员确定采购成本。在本系统中采购结算是针对采购入库单，根据发票确定其采购成本的。采购结算的结果是生成采购结算单，它是记载采购入库单与采购发票对应关系的结算对照表。采购结算分为自动结算和手工结算两种方式。

自动结算是由计算机系统自动将相同供货单位、存货相同且数量相等的采购入库单和采购发票进行结算。

使用“手工结算”功能可以进行正数入库单与负数入库单结算、正数发票与负数发票结算、正数入库单与正数发票结算，费用发票单独结算。手工结算时可以结算入库单中部分货物，未结算的货物可以在今后取得发票后再结算。手工结算可以同时对多张入库单和多张发票进行报账结算。手工结算还支持到下级单位采购，付款给其上级主管单位的结算，支持三角债结算，即支持甲单位的发票可以结算乙单位的货物。

如果费用发票在货物发票已经结算后才收到，为了将该笔费用计入对应存货的采购成本，需要采用费用发票单独结算的方式。

案例 11.6 2016 年 1 月 8 日，业务部门将采购发票交给财务部门，财务部门确认此业务所涉及的应付账款，材料会计记材料明细账，确认采购成本。

操作步骤:

(1) 以采购人员“左林”的身份登录企业应用平台，登录日期为 2016-01-08。

(2) 执行“供应链”→“采购管理”→“采购结算”→“手工结算”命令，打开“手工结算”窗口，如图 11.16 所示。

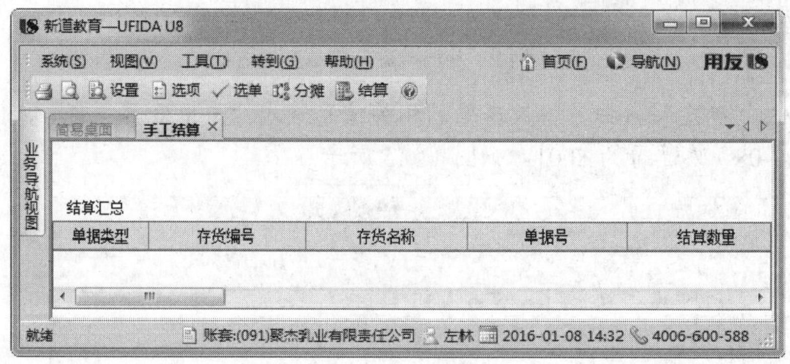

图 11.16 “手工结算”窗口

(3) 单击“选单”按钮，打开“结算选单”窗口，如图 11.17 所示。

(4) 单击“查询”按钮，打开“查询条件选择”对话框，如图 11.18 所示。

(5) 单击“确定”按钮，上方显示采购专用发票，下方显示采购入库单，如图 11.19 所示。

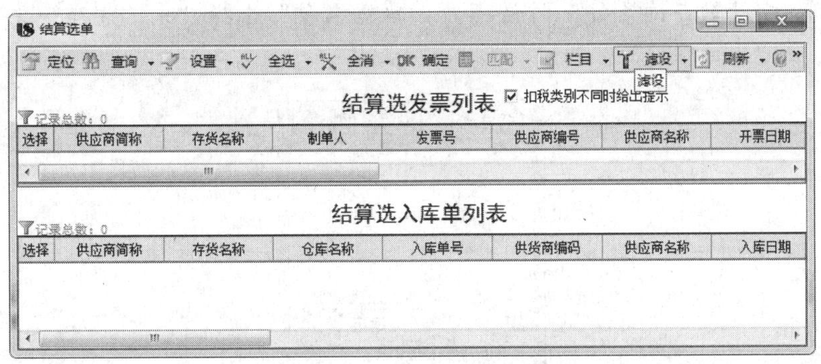

图 11.17　“结算选单”窗口(1)

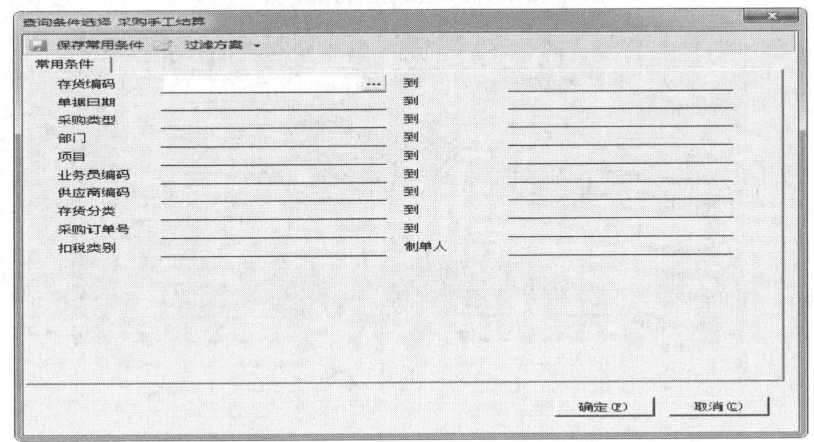

图 11.18　“查询条件选择”对话框

图 11.19　“结算选单”窗口(2)

(6) 单击“确定”按钮，返回“手工结算”窗口。单击“结算”按钮，系统弹出“完成结算！”提示信息，如图 11.20 所示。

(7) 以会计主管“李婧”的身份登录企业应用平台，登录日期为 2016-01-08。

(8) 执行“财务会计”→“应付款管理”→“应付单据处理”→“应付单据审核”

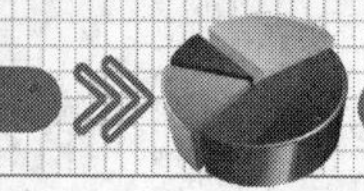

命令，进入“应付单查询条件”对话框，“单据名称”选择“采购发票”，如图 11.21 所示。

图 11.20　完成结算对话框

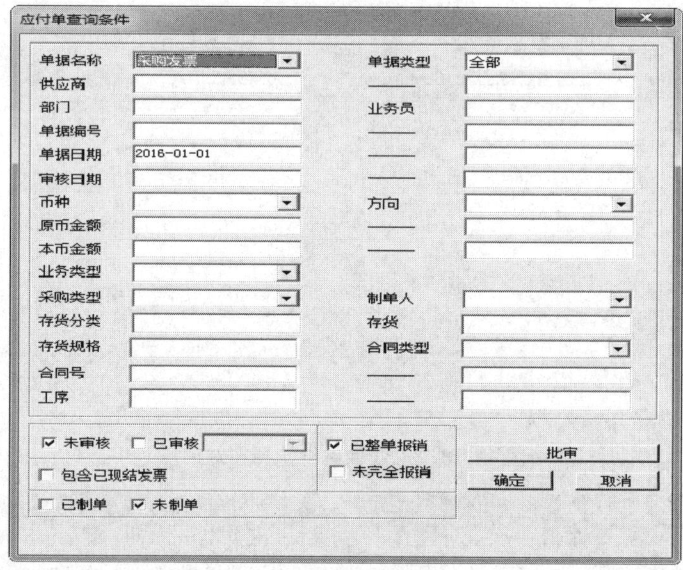

图 11.21　“应付单查询条件”对话框

(9) 单击“确定”按钮，进入“单据处理”窗口，选择要审核的单据，如图 11.22 所示。

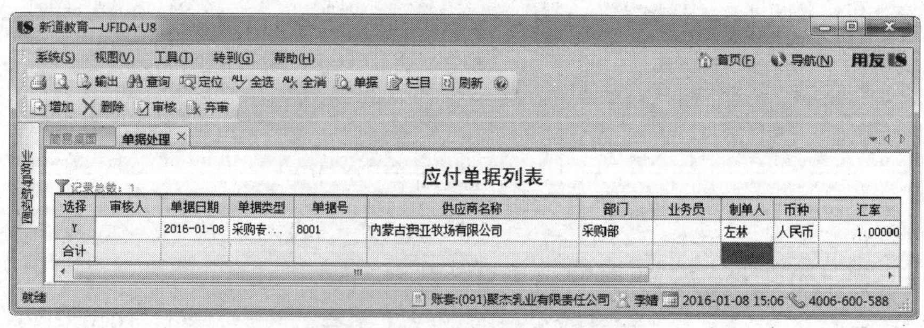

图 11.22　“单据处理”窗口

(10) 单击“审核”按钮，弹出如图 11.23 所示的提示框，单击“确定”按钮完成审核。

(11) 执行“财务会计”→“应付款管理”→“制单处理”命令，进入“制单查询”对话框，如图 11.24 所示。

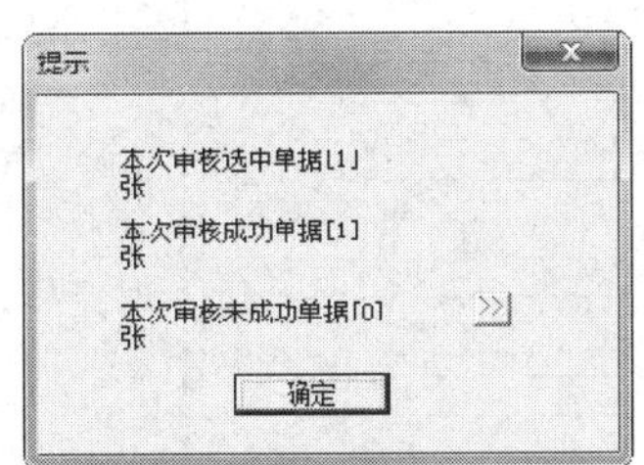

图 11.23　审核提示对话框

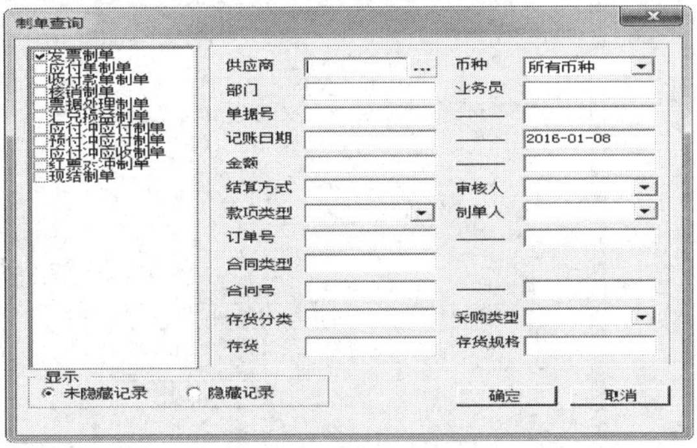

图 11.24　“制单查询”对话框

(12) 单击“确定”按钮，进入“制单”窗口。凭证类别设置为“转账凭证”，并选择要制单的单据，如图 11.25 所示。

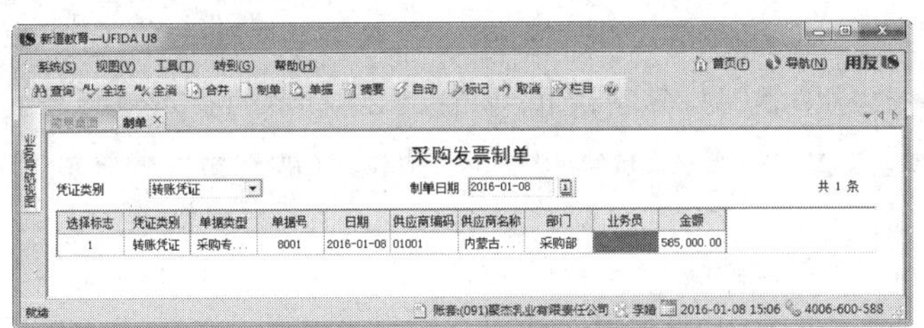

图 11.25　“制单”窗口

(13) 单击“制单”按钮，进入“填制凭证”窗口。单击“保存”按钮保存凭证，凭证传递到总账，如图 11.26 所示。

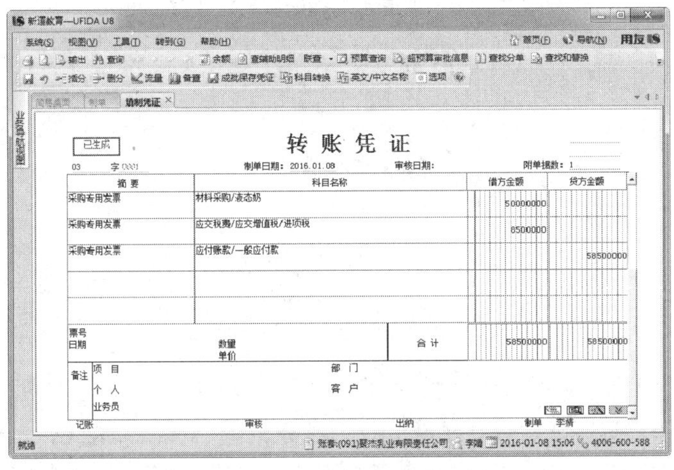

图 11.26　生成的转账凭证

(14) 执行“供应链”→“存货核算”→“业务核算”→“正常单据记账”命令，进入“查询条件选择”对话框，如图 11.27 所示。

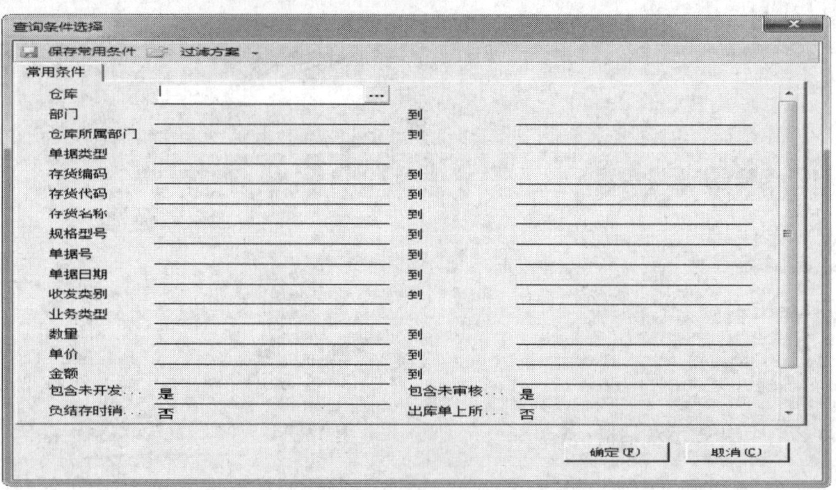

图 11.27 “查询条件选择”对话框

(15) 单击“确定”按钮，进入“正常单据记账列表”窗口，选择要记账的单据，如图 11.28 所示。单击“记账”按钮，弹出如图 11.29 所示的提示对话框。

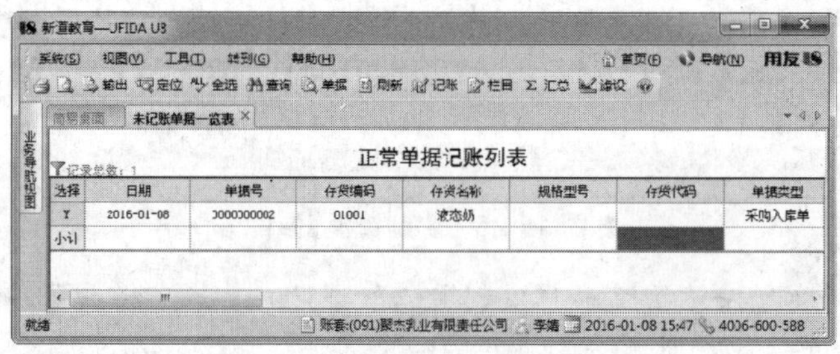

图 11.28 “正常单据记账列表”窗口

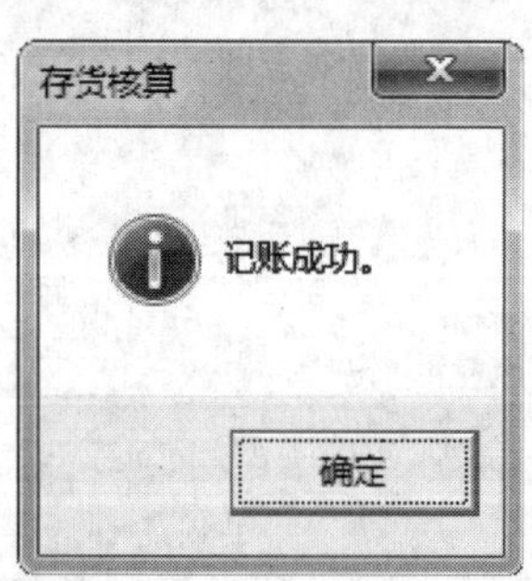

图 11.29 记账成功提示对话框

(16) 执行“供应链”→“存货核算”→“财务核算”→“生成凭证”命令，进入“生成凭证”窗口，设置凭证类别为“03 转账凭证”，如图 11.30 所示。

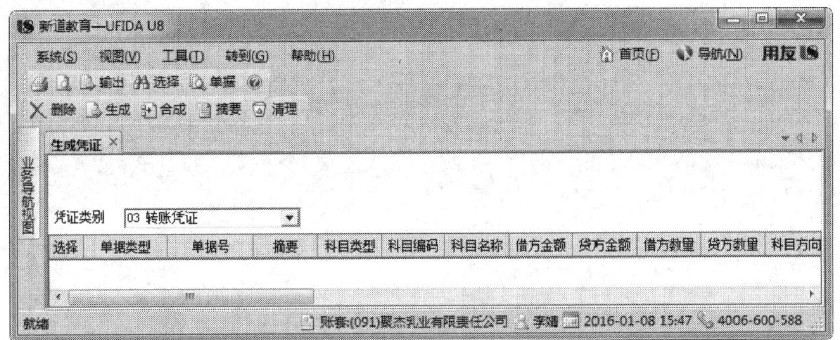

图 11.30　“生成凭证”窗口

(17) 单击“选择”按钮，进入“查询条件”对话框，选中“采购入库单(报销记账)”复选框，如图 11.31 所示。

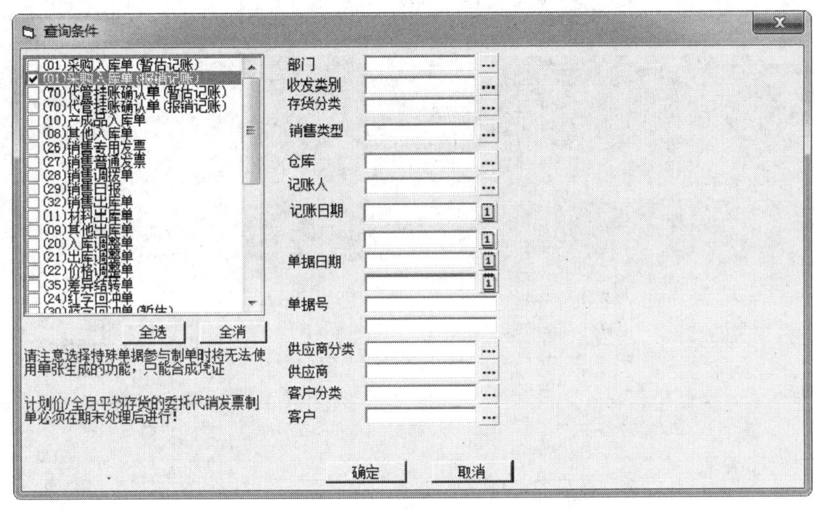

图 11.31　“查询条件”对话框

(18) 单击“确定”按钮，进入“选择单据”窗口，选择要制单的入库单，如图 11.32 所示。

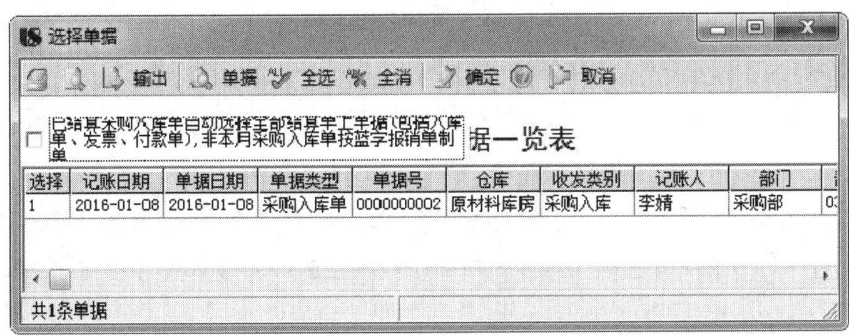

图 11.32　“选择单据”窗口

(19) 单击“确定”按钮，进入“生成凭证”窗口，如图 11.33 所示。

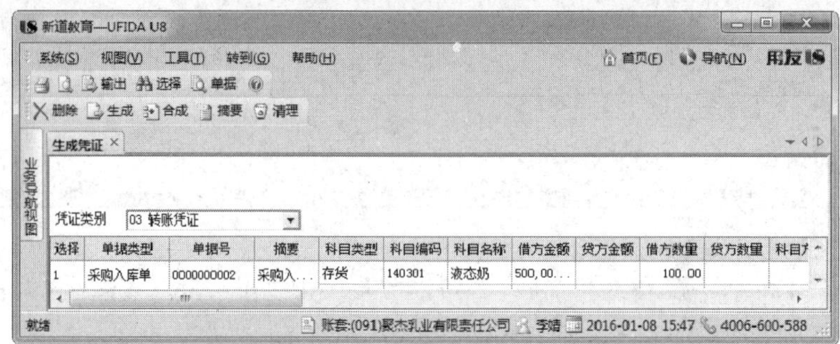

图 11.33 “生成凭证”窗口

(20) 单击“生成”按钮，进入“凭证”窗口，单击“保存”按钮，凭证传递到总账，如图 11.34 所示。

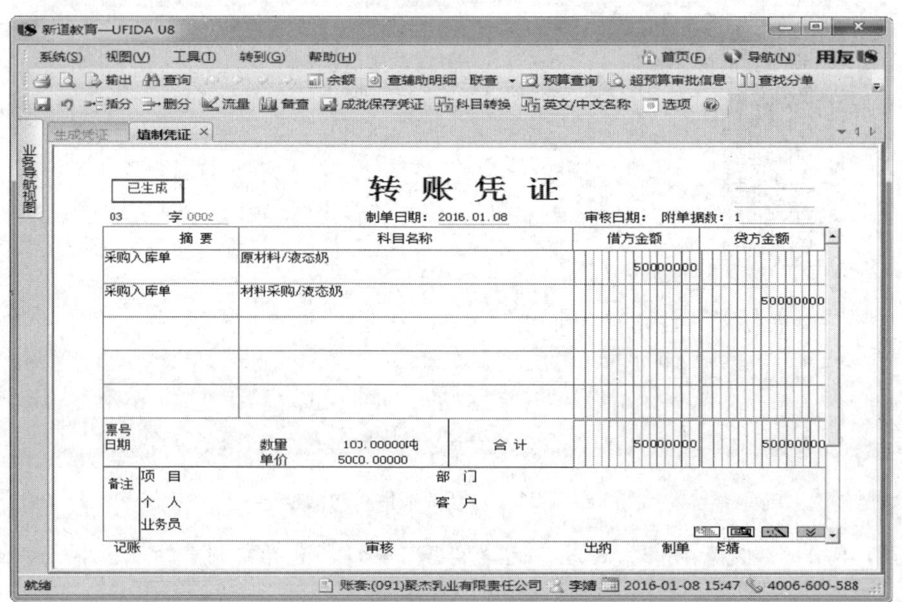

图 11.34 生成的转账凭证

案例 11.7 2016 年 1 月 9 日，财务部门开出转账支票一张，支票号 CGZF1，付清采购货款。

操作步骤:

(1) 以会计主管“李婧”的身份登录企业应用平台，登录日期为 2016-01-09。

(2) 打开“财务会计”→“应付款管理”→“付款单据处理”→“付款单据录入”命令，打开“收付款单录入”窗口，单击“增加”按钮，设置结算方式为“转账支票”，供应商为“内蒙古澳亚牧场有限公司”，金额为 585 000，结算科目为 10020101，票据号为 CGZF1，单击“保存”按钮，如图 11.35 所示。

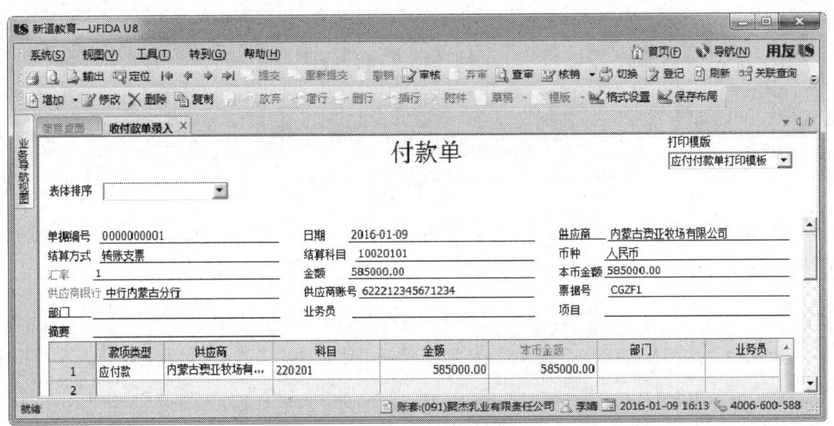

图 11.35　“收付款单录入”窗口

(3) 单击“审核”按钮，系统弹出“是否立即制单？”提示信息，单击“是”按钮，打开“填制凭证”窗口，设置凭证类别为 “付款凭证”，单击“保存”按钮，凭证传递到总账，如图 11.36 所示。

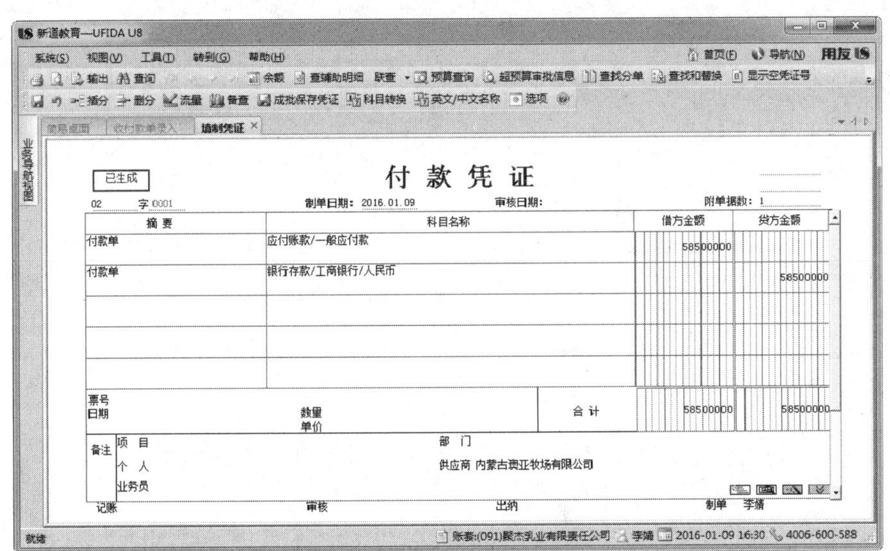

图 11.36　“填制凭证”窗口

任务 11.3　特殊采购业务

11.3.1　采购现付业务

采购现付是指当采购业务发生时，立即付款，由供货单位开具发票。采购现付的业务流程如图 11.37 所示。

图 11.37　采购现付的业务流程

案例 11.8　2016 年 1 月 9 日，向石家庄韦氏香精厂购买果胶 300 千克，单价为 100 元/千克，验收入辅料库房。同时收到专用发票一张，票号为 85011，立即以转账支票形式(支票号 Z011)支付货款。记材料明细账，确认采购成本，进行付款处理。

操作步骤：

(1) 以采购人员“左林”的身份登录企业应用平台，登录日期为 2016-01-09。

(2) 执行“供应链”→“库存管理”→“入库业务”→“采购入库单”命令，打开“采购入库单”录入窗口，录入该笔业务的入库单并审核，如图 11.38 所示。

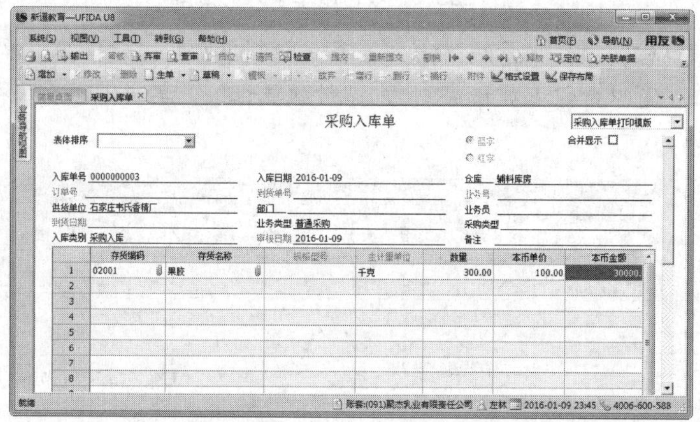

图 11.38　“采购入库单”窗口

(3) 执行“供应链”→“采购管理”→“采购发票”→“专用采购发票”命令，打开“专用发票”窗口，参照入库单生单，如图 11.39 所示。

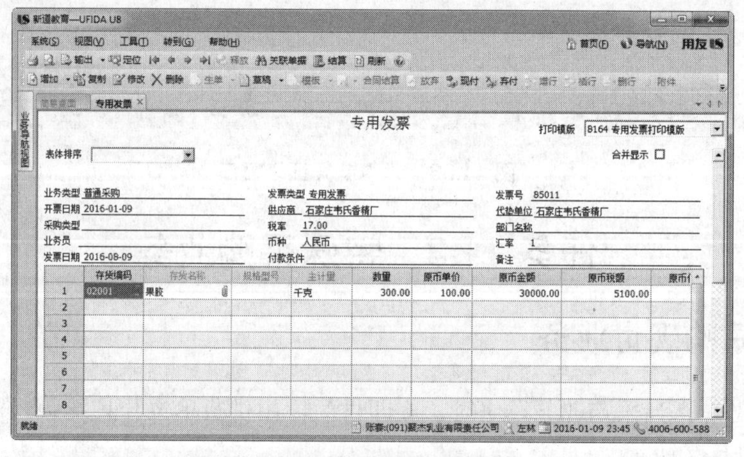

图 11.39　“专用发票”窗口

(4) 执行工具栏中的“现付”命令，弹出“采购现付”对话框，选择结算方式为“202-转账支票”，录入金额 35 100，票号 Z011，如图 11.40 所示。单击“确定”按钮，左上角显示“已现付”。执行工具栏中的“结算”命令，显示“已结算”，如图 11.41 所示。

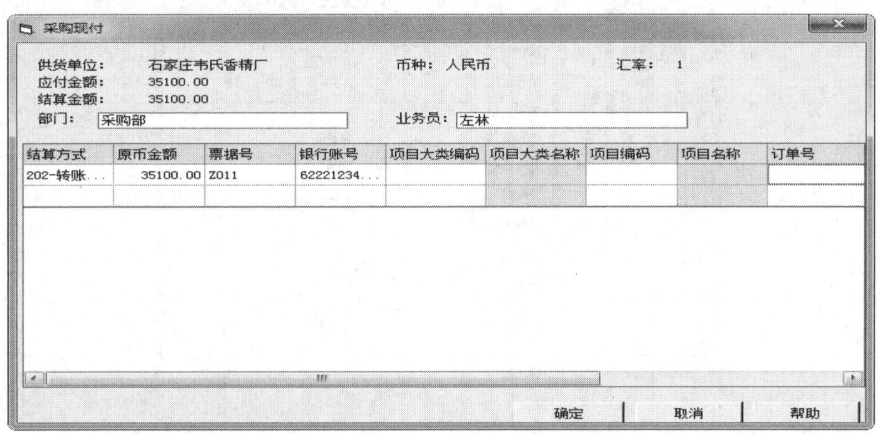

图 11.40　“采购现付”对话框

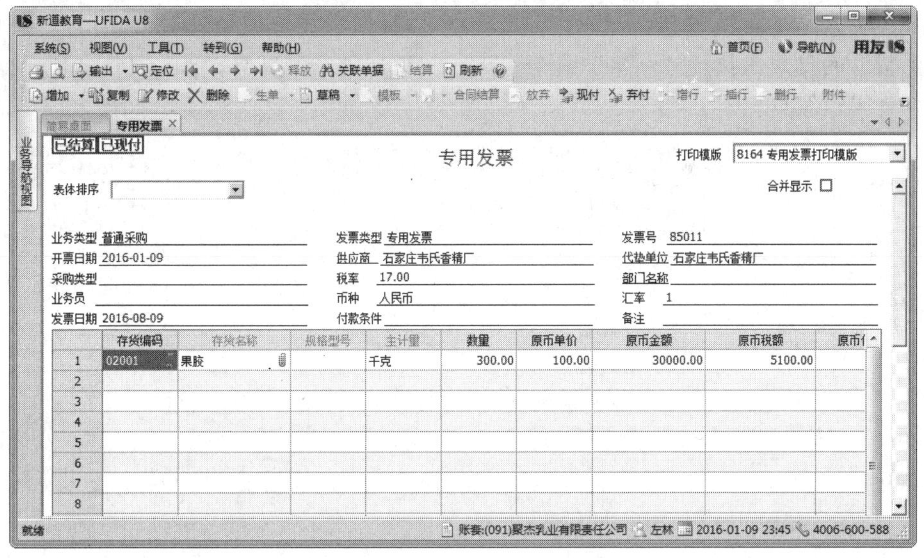

图 11.41　完成采购现付业务

(5) 以会计主管“李婧”的身份登录企业应用平台，登录日期为 2016-01-09。执行“应付款管理”→“应付单据处理”→“应付单据审核”命令，打开“应付单查询条件”窗口，单据名称选择“采购发票”，供应商选择“石家庄韦氏香精厂”，选中左下角“包含已现结发票”复选框，单击“确定”按钮，进入“单据处理”窗口。

(6) 选择需要审核的单据，单击“审核”按钮，系统弹出“审核成功”提示信息，单击“确定”按钮返回后退出。

(7) 执行“制单处理”命令，打开“制单查询”对话框，选中“现结制单”复选框，选择供应商为“石家庄韦氏香精厂”，如图 11.42 所示。

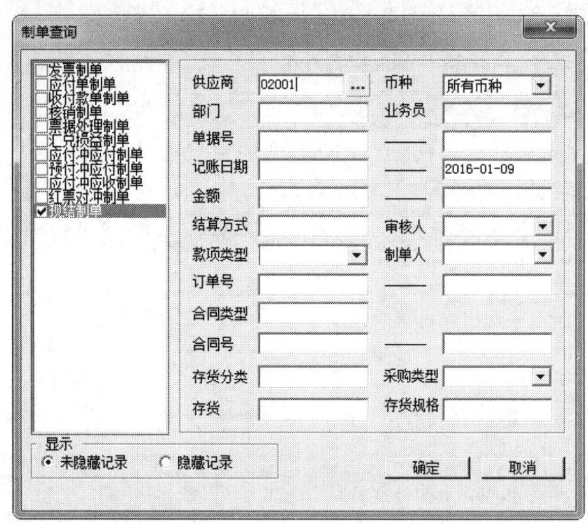

图 11.42 “制单查询”对话框

(8) 单击“确定”按钮，进入“现结制单”窗口，凭证类别设置为“付款凭证”，选择要制单的记录，执行“制单”命令，进入“填制凭证”窗口，如图 11.43 所示。保存凭证后关闭该窗口。

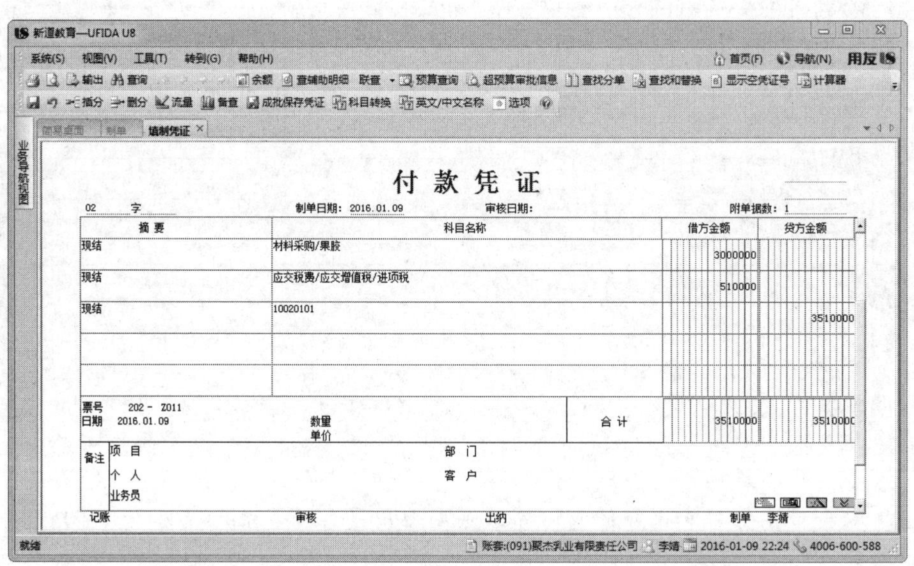

图 11.43 生成的凭证

(9) 执行“供应链”→“存货核算”→“业务核算”→“正常单据记账”命令，进入“查询条件选择”窗口，单击“确定”按钮，进入“正常单据记账列表”窗口，选择要记账的记录，单击“记账”按钮，系统弹出“记账成功”提示信息。

(10) 执行“供应链”→“存货核算”→“财务核算”→“生成凭证”命令，生成如图 11.44 所示的凭证。

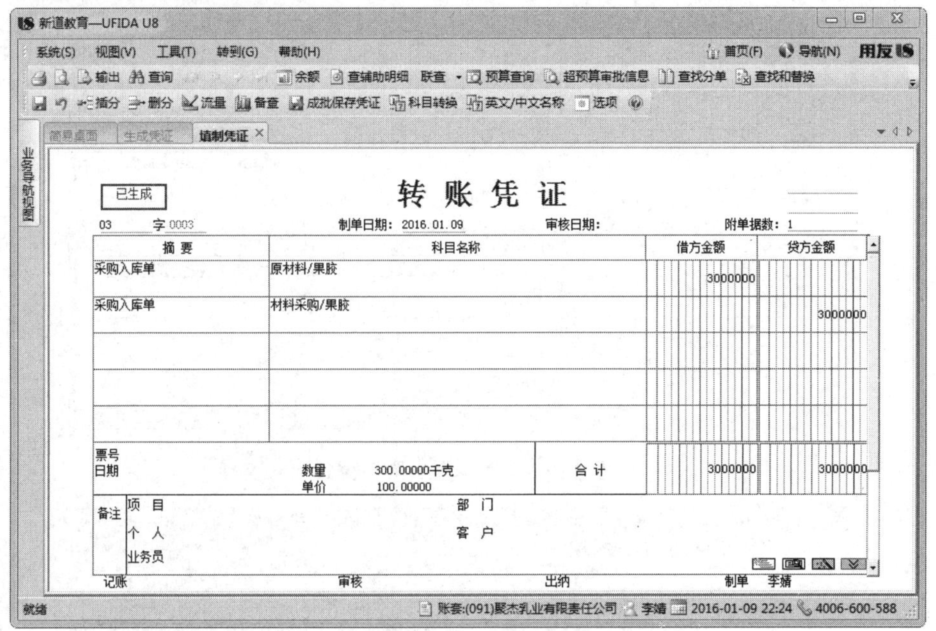

图 11.44　生成凭证

11.3.2　采购运费处理

案例 11.9　2016 年 1 月 10 日，向内蒙古锡林浩特青城牧业有限公司购买液态奶 50 吨，单价为 5000 元/吨，验收入原料库房。同时收到专用发票一张，票号为 85012。另外，在采购的过程中，发生了一笔运输费 2000 元，税率为 7%，收到相应的运费发票一张，票号为 5678。确认采购成本及应付账款，记材料明细账。

操作步骤：

(1) 以采购人员“左林”的身份登录企业应用平台，登录日期为 2016-01-10。执行“供应链”→“库存管理”→“入库业务”→“采购入库单”命令，打开“采购入库单”窗口，录入该笔业务的采购入库单，并审核。

(2) 执行“供应链”→“采购管理”→“采购发票”→“专用采购发票”命令，打开“专用发票”窗口，参照入库单生单生成采购专用发票，如图 11.45 所示。

(3) 执行“供应链”→“采购管理”→“采购发票”→“运费发票”命令，打开“运费发票”录入窗口，录入该笔业务的运费发票，如图 11.46 所示。

(4) 执行“供应链”→“采购管理”→“采购结算”→“手工结算”命令，进入“手工结算”窗口，单击“选单”按钮，进入“结算选单”窗口，单击“查询”按钮，进入“查询条件选择—采购手工结算”窗口，存货选择“液态奶”，单击“确定”按钮返回“结算选单”窗口，选择该笔业务的采购发票、运费发票和入库单，如图 11.47 所示，单击“确定”按钮，进入“手工结算”窗口，如图 11.48 所示，单击工具栏上的“分摊”按钮，完成运费分摊。单击工具栏上的“结算”按钮完成结算。

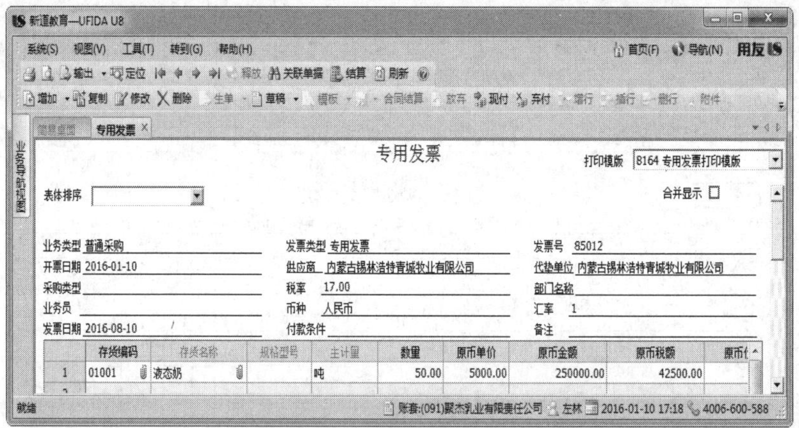

图 11.45 “专用发票”窗口

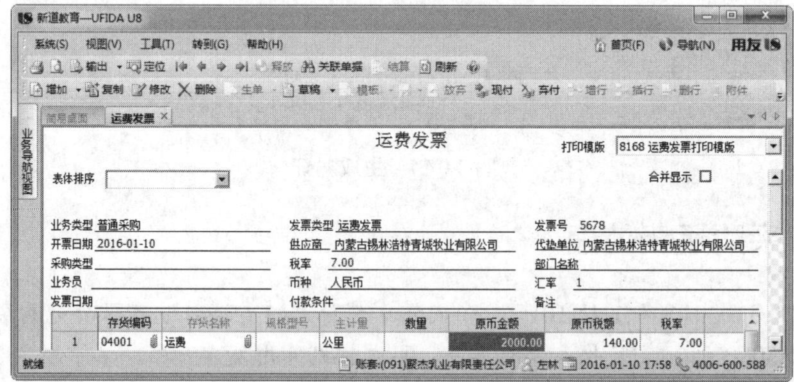

图 11.46 “运费发票”窗口

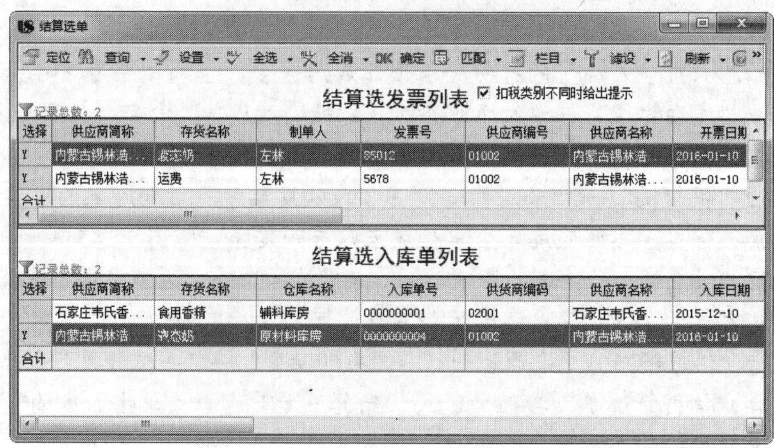

图 11.47 “结算选单”窗口

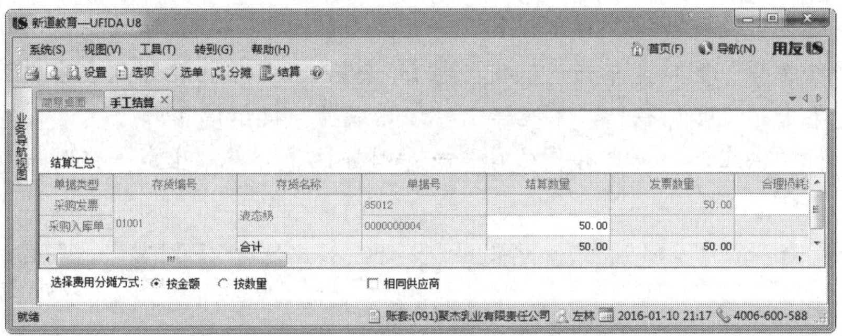

图 11.48　“手工结算”窗口

(5) 以会计主管“李婧”的身份登录企业应用平台，日期为 2016-01-10，完成该笔业务的应付单据审核、制单，生成确认应付款的凭证，如图 11.49 和图 11.50 所示。

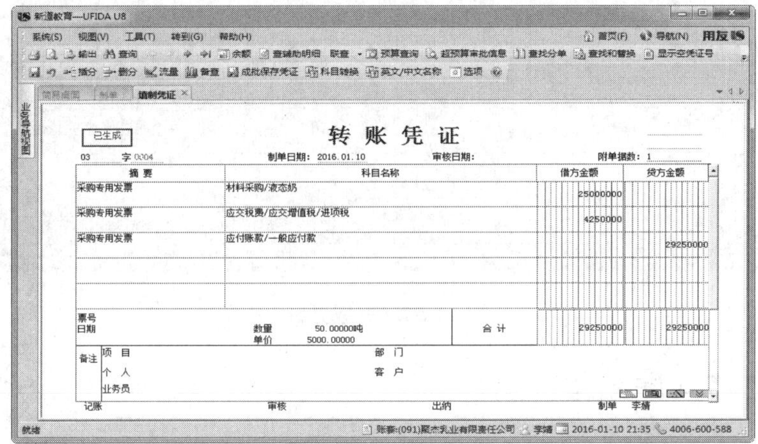

图 11.49　生成的凭证(1)

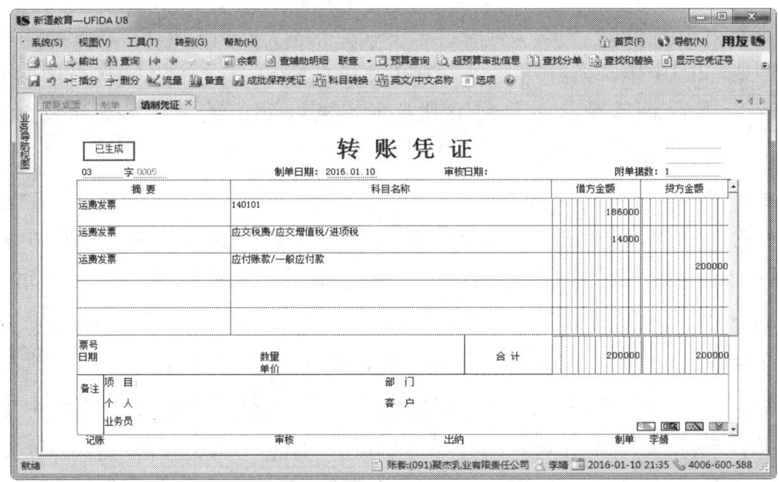

图 11.50　生成的凭证(2)

(6) 执行“供应链”→“存货核算”→“业务核算”→“正常单据记账”命令，进入“查询条件选择”窗口，单击“确定”按钮，进入正常单据记账列表窗口，选择要记账的记录，单击“记账”按钮，系统弹出“记账成功”提示信息。

(7) 执行“供应链”→“存货核算”→“财务核算”→“生成凭证”命令，生成如图 11.51 所示的凭证。

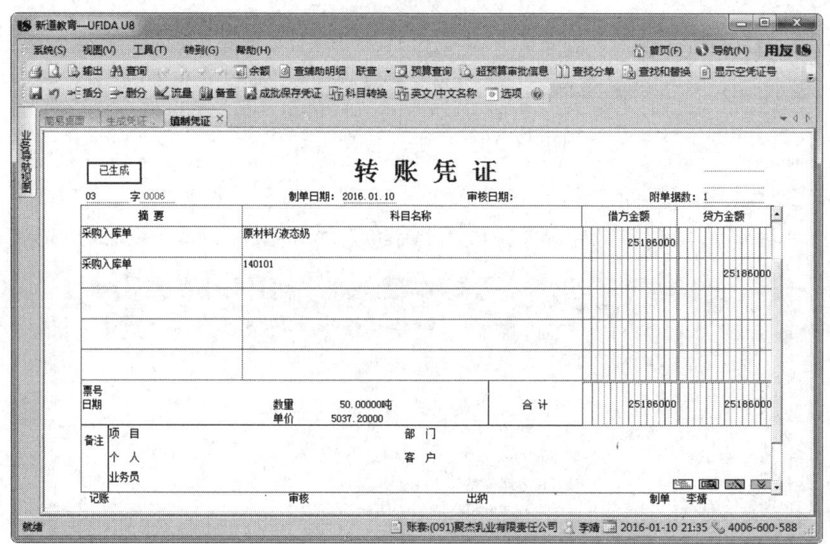

图 11.51 生成凭证

11.3.3 暂估入库处理

暂估是指本月存货已经入库，但采购发票尚未收到，不能确定存货的入库成本，月底时为了正确核算企业的库存成本，需要将这部分存货暂估入账，形成暂估凭证。对暂估业务，系统提供了三种不同的处理方法，即月初回冲、单到回冲和单到补差。

案例 11.10 2016 年 1 月 11 日，收到向内蒙古锡林浩特青城牧业有限公司购买的液态奶 30 吨，验收入原料库房，由于到了月底发票未收到，故确认该批货物的暂估成本为 5000 元/吨，并进行暂估记账处理。

操作步骤:

(1) 以采购人员“左林”的身份登录企业应用平台，登录日期为 2016-01-11，执行“供应链”→“库存管理”→“入库业务”→“采购入库单”命令，录入该笔业务的采购入库单(单价无须录入)，并审核。

(2) 以“李婧”的身份登录企业应用平台，登录日期为 2016-01-11。执行“供应链”→“存货核算”→“业务核算”→“暂估成本录入”命令，打开“暂估成本录入”窗口，录入单价 5000，单击“保存”按钮，如图 11.52 所示。

(3) 执行“供应链”→“存货核算”→“业务核算”→“正常单据记账”命令，进行记账操作。

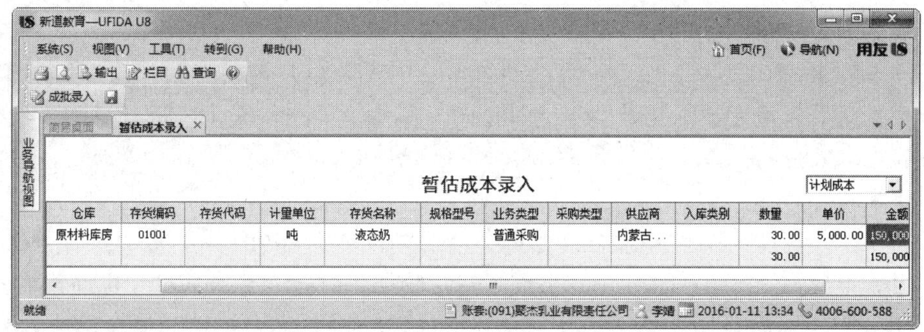

图 11.52　“暂估成本录入”窗口

(4) 执行“供应链”→“财务核算”→“生成凭证”命令，进入“生成凭证”窗口，执行工具栏“选择”命令，在弹出的窗口中选择“采购入库单(暂估记账)”，单击“确定”按钮返回，选择相应单据，单击“确定”按钮，手工选择贷方科目“220202 应付账款/暂估应付款”，记录后生成如图 11.53 所示的凭证。

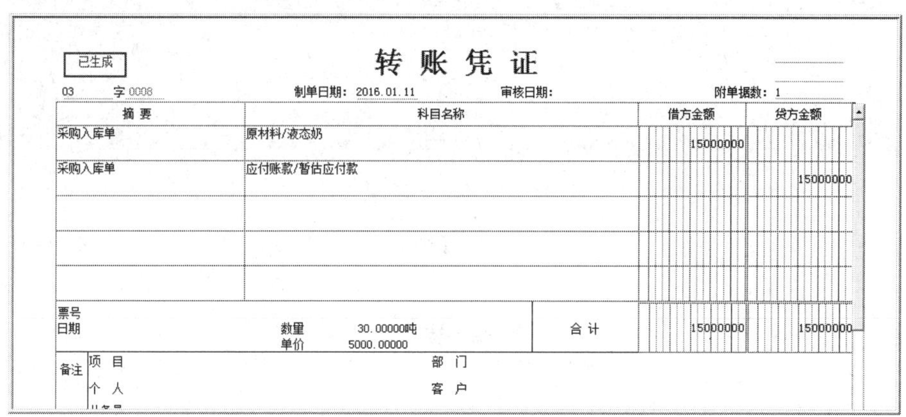

图 11.53　生成暂估凭证

11.3.4　暂估入库报销处理

对暂估业务，系统提供了三种不同的处理方法，即月初回冲、单到回冲和单到补差。我们采用月初回冲法进行暂估入库报销处理。

月初回冲法的做法如下。

(1) 本月月底填写暂估单价，记存货明细账，生成暂估凭证。

(2) 进入下月后，存货核算系统自动生成与暂估入库单完全相同的“红字回冲单”，并登记相应的存货明细账，冲回存货明细账中上月的暂估入库。对“红字回冲单”制单，冲回上月的暂估凭证。

(3) 收到采购发票后，录入采购发票，对采购入库单和采购发票作采购结算。结算完毕后，进入存货核算系统，执行“暂估处理”功能，进行暂估处理后，系统根据发票自动生成一张“蓝字回冲单”，其上的金额为发票上的报销金额。同时登记存货明细账，使库存增加。对“蓝字回冲单”制单，生成采购入库凭证。

案例 11.11 2016 年 1 月 12 日，收到石家庄韦氏香精厂提供的上月已验收入库的 50 千克食用香精的专用发票一张，票号为 48210，发票单价为 485 元。进行暂估报销处理，确认采购成本及应付账款。

操作步骤：

(1) 以“李婧”的身份登录企业应用平台，登录日期为 2016-01-12，执行“供应链”→“存货核算”→“财务核算”→“生成凭证”命令，打开“生成凭证”窗口，单击“选择”按钮，打开查询条件窗口，选择“红字回冲单”，单击“确定”按钮，选择相应单据，如图 11.54 所示。

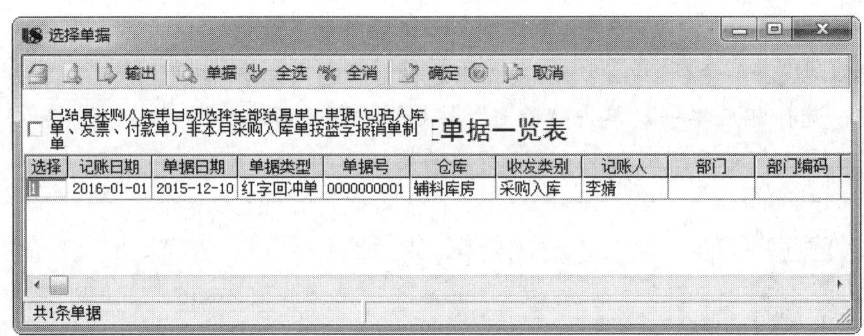

选择	记账日期	单据日期	单据类型	单据号	仓库	收发类别	记账人	部门	部门编码
1	2016-01-01	2015-12-10	红字回冲单	0000000001	辅料库房	采购入库	李婧		

图 11.54　制单选择单据

(2) 单击“确定”按钮，然后单击“生成”按钮，生成的凭证如图 11.55 所示。

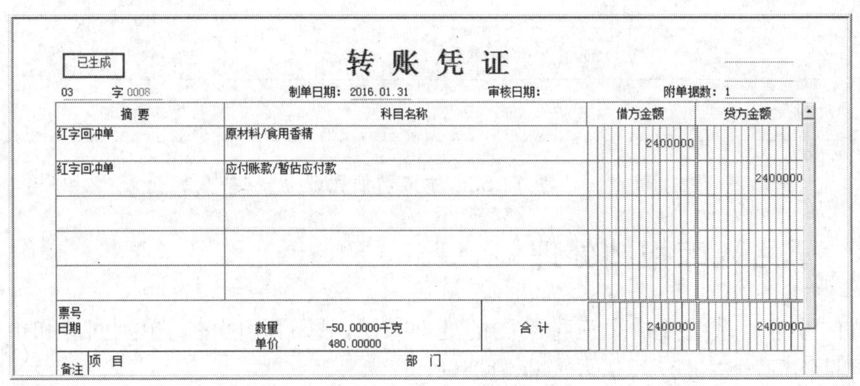

摘 要	科目名称	借方金额	贷方金额
红字回冲单	原材料/食用香精	2400000	
红字回冲单	应付账款/暂估应付款		2400000
票号 日期	数量 -50.00000千克 单价 480.00000 合 计	2400000	2400000
备注 项 目	部 门		

图 11.55　红字回冲凭证

(3) 以“左林”的身份登录企业应用平台，登录日期为 2016-01-12，执行“供应链”→“采购管理”→“采购发票”→“专用采购发票”命令，录入本业务采购发票，如图 11.56 所示。

(4) 发票与入库单进行结算。

(5) 以“李婧”的身份登录企业应用平台，登录日期为 2016-01-12，执行“供应链”→“存货核算”→“业务核算”→“结算成本处理”命令，打开“暂估处理查询”对话框，

如图 11.57 所示，选中“辅料库房”复选框，单击“确定”按钮，进入“结算成本处理”窗口，选择相应单据，如图 11.58 所示。单击“暂估”按钮完成处理。

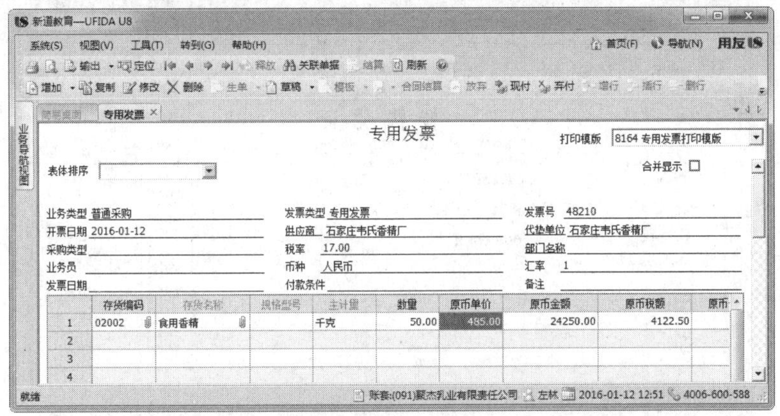

图 11.56 发票录入

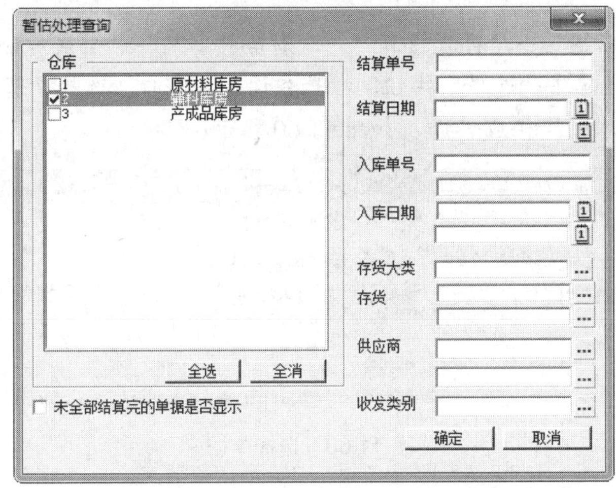

图 11.57 “暂估处理查询”对话框

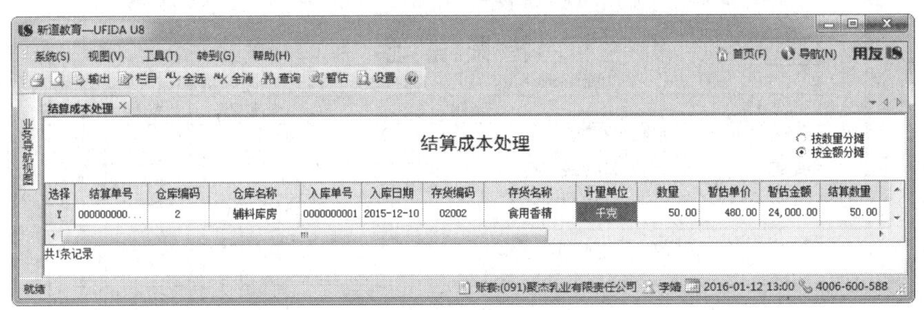

图 11.58 “结算成本处理”窗口

(6) 执行“财务会计”→“应付款管理”→“应付单据处理”→“应付单据审核”命令，打开“应付单据审核”窗口，对应付单据进行审核，审核完成后执行“制单处理”

命令，生成如图 11.59 所示的凭证并保存。

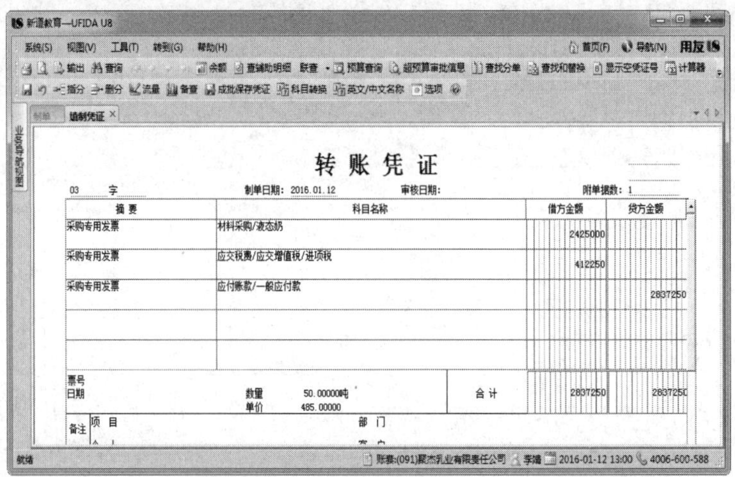

图 11.59 生成的凭证

(7) 执行“供应链”→“存货核算”→“财务核算”→“生成凭证”命令，打开“生成凭证”窗口，然后单击“选择”按钮，打开查询条件窗口，选择“蓝字回冲单(报销)”，单击“确定”按钮，选择相应单据，如图 11.60 所示。

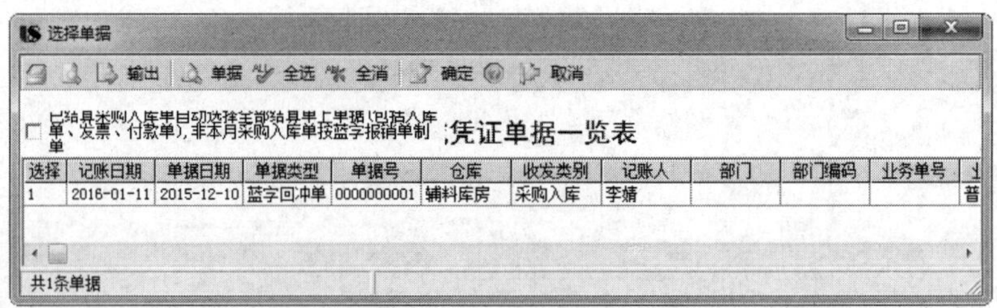

图 11.60 选择单据

(8) 单击“确定”按钮，然后单击“生成”按钮，生成如图 11.61 所示的凭证并保存。

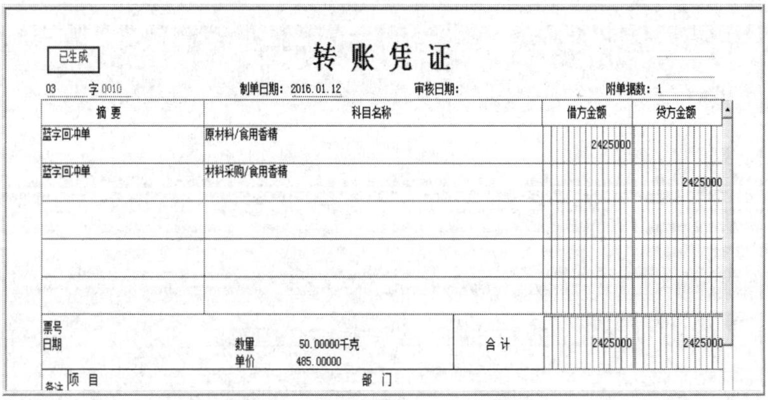

已生成

转 账 凭 证

03 字 0010 制单日期：2016.01.12 审核日期： 附单据数：1

摘要	科目名称	借方金额	贷方金额
蓝字回冲单	原材料/食用香精	2425000	
蓝字回冲单	材料采购/食用香精		2425000
票号 日期	数量 50.00000千克 单价 485.00000 合计	2425000	2425000
备注 项目	部门		

图 11.61 蓝字回冲单生成凭证

11.3.5　采购结算前退货

案例 11.12　2016 年 1 月 23 日，收到内蒙古锡林浩特青城牧业有限公司提供的液态奶 20 吨，单价为 5000 元，验收入原料库。1 月 24 日，其中，10 吨液态奶因质量问题退还给内蒙古锡林浩特青城牧业有限公司，同日收到该公司开具的专用发票一张，票号为 C008，进行采购结算并生成相关凭证。

操作步骤：

(1) 以“左林”的身份登录企业应用平台，登录日期为 2016-01-23，执行“供应链”→“库存管理”→“入库业务”→“采购入库单”命令，打开“采购入库单”窗口，单击“增加”按钮，录入采购入库单并审核。

(2) 以“左林”的身份登录企业应用平台，登录日期为 2016-01-24，执行“供应链”→“库存管理”→“入库业务”→“采购入库单”命令，打开“采购入库单”窗口，单击“增加”按钮，选择“红字”，录入如图 11.62 所示的红字入库单，保存并审核。

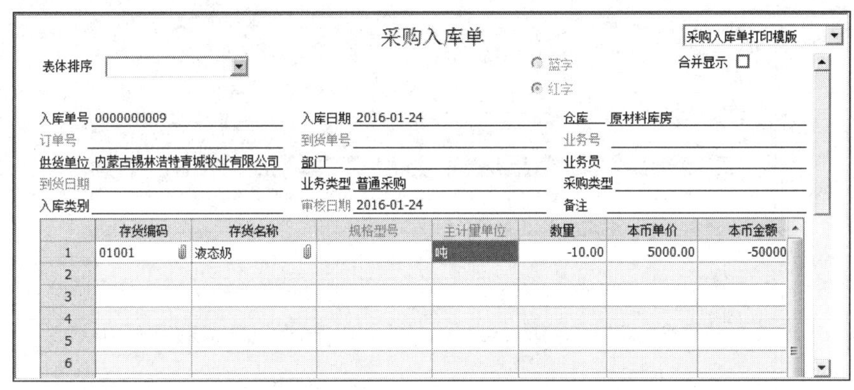

图 11.62　红字采购入库单

(3) 执行“供应链”→“采购管理”→“采购发票”→“专用采购发票”命令，打开“专用发票”窗口，单击“增加”按钮，执行“生单”→“入库单”命令，单击“确定”按钮后进入“拷贝并执行”窗口，选择 23 日入库单和 24 日红字入库单，如图 11.63 所示。

(4) 单击“OK 确定”按钮，返回发票窗口，保存采购发票。

(5) 将该发票和 23 日入库单、24 日红字入库单进行结算，如图 11.64 所示。

(6) 以“李婧”的身份登录企业应用平台，登录日期为 2016-01-24，应付款管理系统中审核应付单据并制单生成如图 11.65 所示的凭证。

(7) 存货核算中正常单据记账(选择 23 日入库单和 24 日红字入库单)，如图 11.66 所示。

(8) 执行“存货核算”→“财务核算”→“生成凭证”命令，单击“选择”命令，进入“查询条件”窗口，单击“确定”按钮，进入如图 11.67 所示的窗口，选择本业务的两张入库单后单击“确定”按钮，进入如图 11.68 所示的界面，设置对方科目为 140101，单击“合成”按钮，生成如图 11.69 所示的凭证。

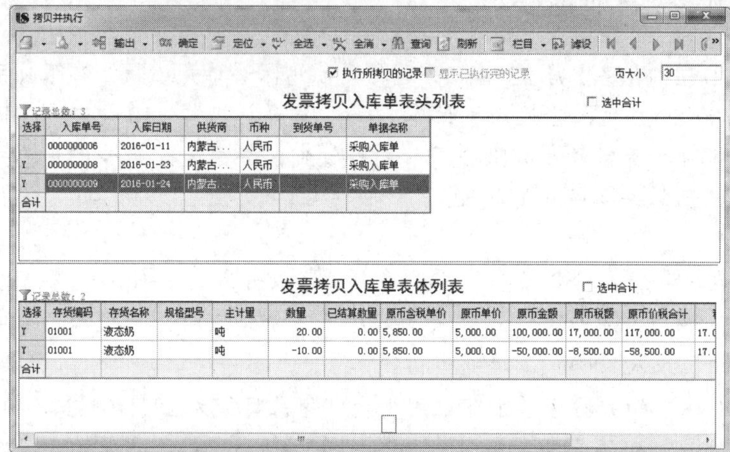

图 11.63 发票拷贝入库单

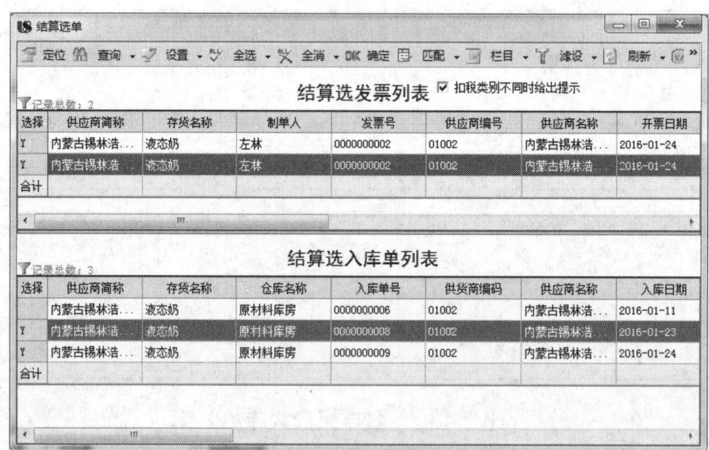

图 11.64 采购结算

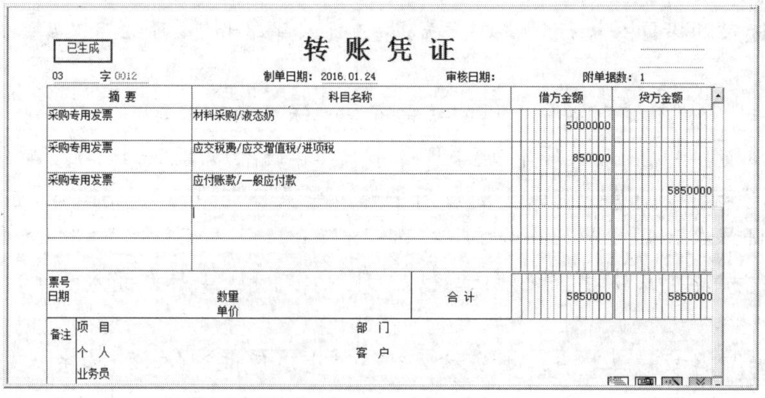

图 11.65 生成凭证

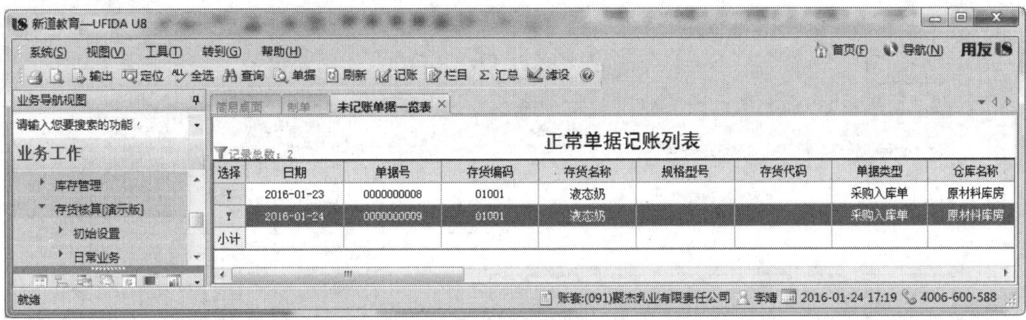

图 11.66　单据记账

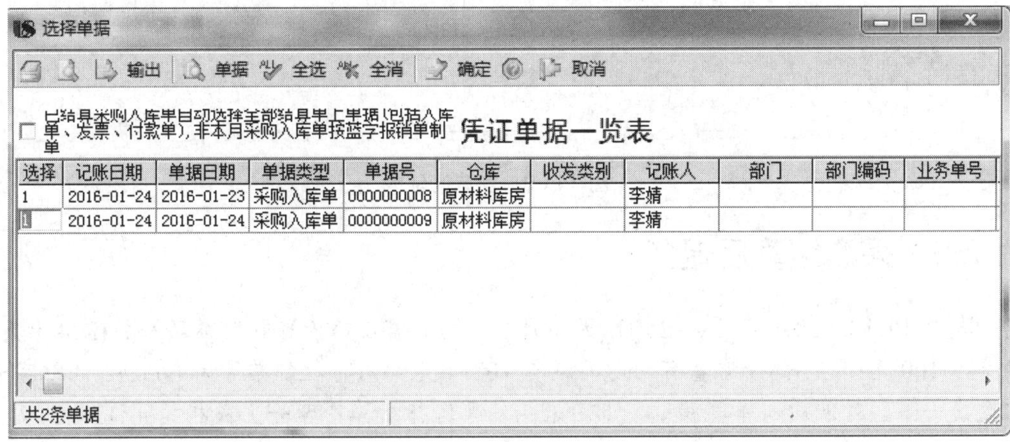

图 11.67　“选择单据”窗口

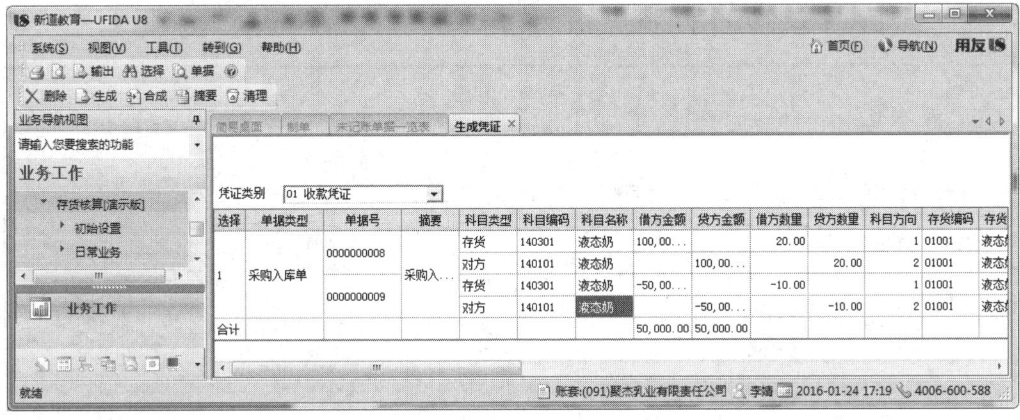

图 11.68　生成凭证的设置

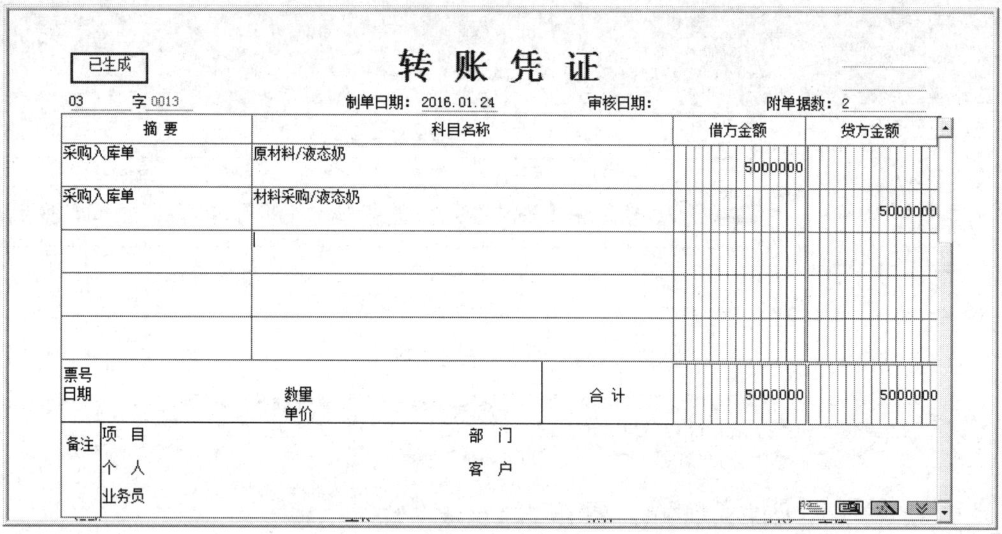

已生成

转 账 凭 证

03　字 0013　　制单日期：2016.01.24　　审核日期：　　附单据数：2

摘要	科目名称	借方金额	贷方金额
采购入库单	原材料/液态奶	5000000	
采购入库单	材料采购/液态奶		5000000
票号 日期　数量 单价	合计	5000000	5000000

备注　项　目　　部　门
　　　个　人　　客　户
　　　业务员

图 11.69　生成凭证

11.3.6 采购结算后退货

案例 11.13　2016 年 1 月 25 日，因 1 月 9 日向石家庄韦氏香精厂购买果胶(300 千克，单价为 100 元/千克)部分质量有问题，退货 100 千克，同时收到票号为 665218 的红字专用发票一张。对采购入库单和红字专用采购发票进行结算处理并生成相关凭证。

操作步骤：

(1) 以“左林”的身份登录企业应用平台，登录日期为 2016-01-25，在库存管理系统中录入红字入库单，如图 11.70 所示，保存并审核。

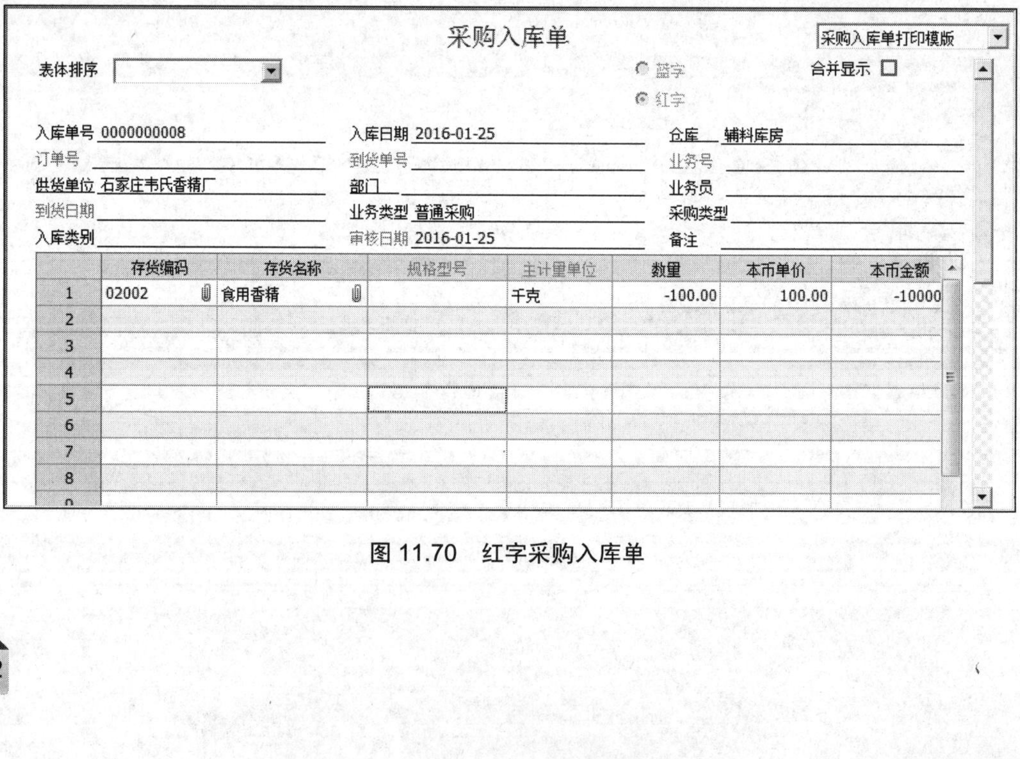

采购入库单　　采购入库单打印模版

表体排序　　○ 蓝字　◉ 红字　　合并显示 □

入库单号 0000000008　　入库日期 2016-01-25　　仓库 辅料库房
订单号　　到货单号　　业务号
供货单位 石家庄韦氏香精厂　　部门　　业务员
到货日期　　业务类型 普通采购　　采购类型
入库类别　　审核日期 2016-01-25　　备注

	存货编码	存货名称	规格型号	主计量单位	数量	本币单价	本币金额
1	02002	食用香精		千克	-100.00	100.00	-10000
2							
3							
4							
5							
6							
7							
8							

图 11.70　红字采购入库单

(2) 执行"供应链"→"采购管理"→"采购发票"→"红字专用采购发票"命令，单击"增加"按钮，执行"生单"→"入库单"命令，在"查询条件选择"窗口中单击"确定"按钮，进入如图 11.71 所示的窗口，选择 25 日红字入库单。

图 11.71 发票拷贝入库单

(3) 单击"OK 确定"按钮，返回发票录入窗口，保存发票。

(4) 对以上红字入库单和红字发票进行采购结算。

(5) 以"李婧"的身份登录企业应用平台，登录日期为 2016-01-26，审核应付单据，制单处理生成如图 11.72 所示的凭证。

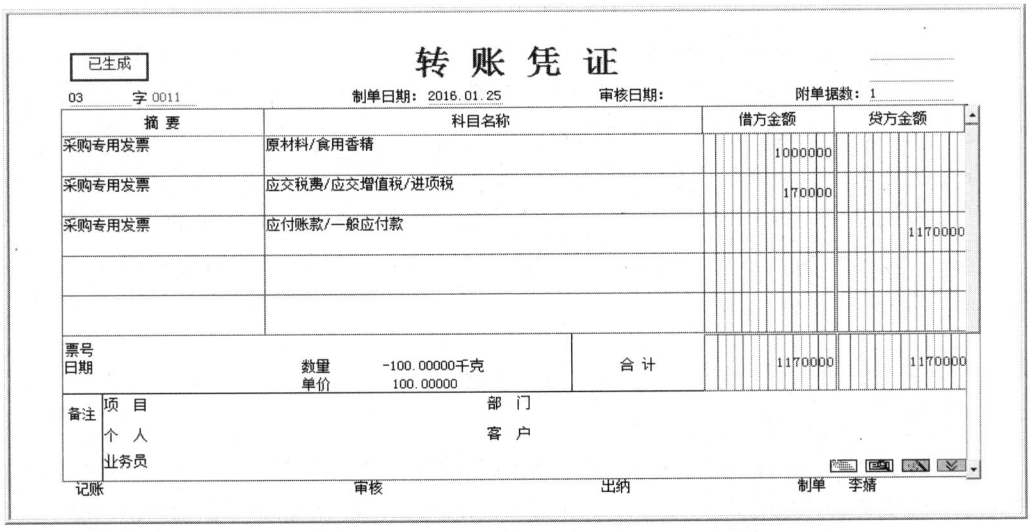

图 11.72 生成的凭证

(6) 在存货核算系统中正常单据记账并生成凭证，如图 11.73 所示。

已生成

转账凭证

03 字 0012　　制单日期：2016.01.25　　审核日期：　　附单据数：1

摘要	科目名称	借方金额	贷方金额
采购入库单	原材料/食用香精	1000000	
采购入库单	材料采购/食用香精		1000000
票号 日期	数量 单价　　合计	1000000	1000000

备注　项目　　部门
　　　个人　　客户
　　　业务员

记账　　审核　　出纳　　制单 李婧

图 11.73　生成的凭证

项 目 小 结

采购管理系统是实现采购业务的主要应用模块。采购管理系统用于实现企业的普通采购业务和特殊采购业务，如现付、退货等。

在应付款管理系统下，用户可以对采购管理系统下生成的采购发票进行审核，生成应付款确认凭证。在应付款管理系统下，用户可以录入付款单、票据等付款单，进行付款核销。对于供应商之间挂账错误或者红蓝发票的对冲业务，可以进行各种转账处理，实现会计核算要求。

采购管理系统和应付款管理系统结合在一起使用，可以完成采购过程中的物流(到货)、信息流(各项单据)、资金流(财务处理)的协同处理，既可以实现采购的处理和结算，也可以查询供应商的应付款余额，清楚了解采购订单的执行情况和付款情况，以此更好地对应付账款进行管理，提高资金使用效率。

学生在学习该项目时应掌握如下基础知识。

(1) 熟练掌握正常采购业务的处理流程及财务核算方法，生成相应的会计分录。

(2) 掌握采购现付、采购运费处理、采购退货的业务处理流程及财务核算方法，生成相应的会计分录。

拓展闯关 9

1. 1 月 20 日，向内蒙古锡林浩特青城牧业有限公司询问液态奶的价格为 5000 元/吨，评估后确认价格合理，随即向公司上级主管提出请购要求，请购数量为 10 吨计划到货日期为 1 月 22 日。业务员据此填制请购单。

2. 1 月 20 日，上级主管和内蒙古锡林浩特青城牧业有限公司沟通后确定价格为 5000

元/吨，签订采购合同，约定采购液态奶 10 吨，要求到货日期为 1 月 22 日。

3. 1 月 22 日，所订购液态奶到货，填制采购到货单。

4. 1 月 22 日，采购员与质检员对到货商品进行验收入原料库，填制采购入库单。

5. 1 月 23 日，收到该笔货物的专用发票一张，发票号为 ZP001，货款未付。

6. 1 月 24 日，财务部门开出转账支票一张，票号为 C1，付清采购货款。

7. 1 月 24 日，向内蒙古锡林浩特青城牧业有限公司退货 2 吨并收到红字采购专用发票(票号 CGT002)。

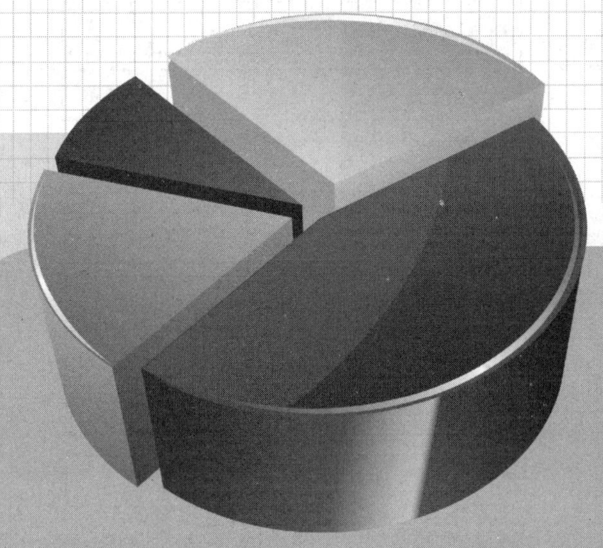

项目 12

销售管理系统

职业能力目标

销售业务是企业经营成果的体现，经营活动的中心，也是企业利润形成的重要环节。因此，销售管理系统也是供应链系统的重要组成部分。学生在学习该项目时，应结合财务会计知识，了解销售环节的业务流程，熟悉单据之间的关联关系，掌握相关单据财务核算的处理方法，了解特殊销售业务的电算化处理过程。

典型工作任务

- 正常销售业务流程和每一销售环节的单据操作方法
- 特殊销售业务，如销售现结、代垫费用
- 委托代销业务
- 分期收款业务
- 直运业务、销售退货
- 零售业务
- 销售管理系统的月末处理

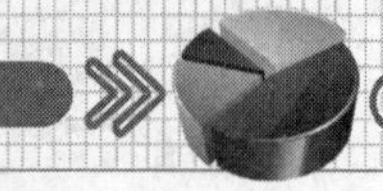

知识架构

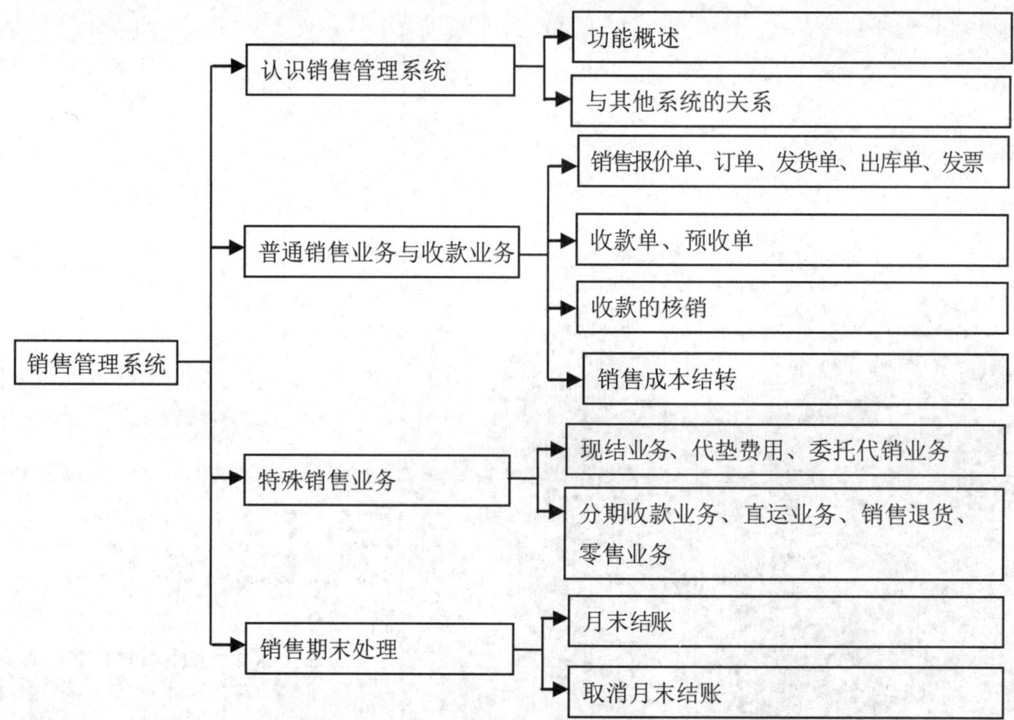

任务 12.1　认识销售管理系统

12.1.1　销售管理系统功能概述

销售管理系统是用友 ERP-U8 V10.1 供应链系统的一个子系统，其主要功能包括销售系统初始设置、销售业务管理、销售账簿及销售分析等几个方面。

销售是企业生产经营成果的实现过程，是企业经营活动的中心。销售管理系统提供了销售计划编制、销售报价、销售订货、销售发货及销售开票的完整销售流程，支持普通销售、委托代销、分期收款、直运、零售和销售调拨等多种类型的销售业务，并可对销售价格和信用进行实时监控。在销售过程中，还可以对销售支出、销售代垫费用和销售包装物租借等业务数据进行记录和统计。用户可以根据实际情况对系统进行定制，构建自己的销售业务管理平台。

销售订单，又称销售合同，是企业将与客户达成的有效纸质文件利用电子数据的形式录入到电算化软件中的一种表现形式。它作为 MRS/MRP 的需求来源，承担着销售业务的重要组成部分，也是销售业务的起点。销售发货单可以参照销售订单生成，销售退货单也可以参照销售订单生成。对于直运业务，销售订单也可以被采购管理系统参照生成采购订单。

销售管理系统为应收款管理系统提供已复核的销售发票、代垫费用单和销售调拨单，应收款管理系统要对其进行应收单据审核并生成凭证，并对发票进行收款核销，处理客户的往来两清结算。应收款管理系统生成的凭证传递到总账系统下，此凭证又称外部凭证，总账系统要对外部凭证进行审核、记账、查询等操作。应收款管理系统和应付款管理系统联合启用时，用来处理应付冲应收、应收冲应付的转账处理。

12.1.2 销售管理系统与其他系统的关系

销售管理系统与应收款管理系统、采购管理系统、存货核算系统和库存管理系统均有接口，具体关系如图 12.1 所示。

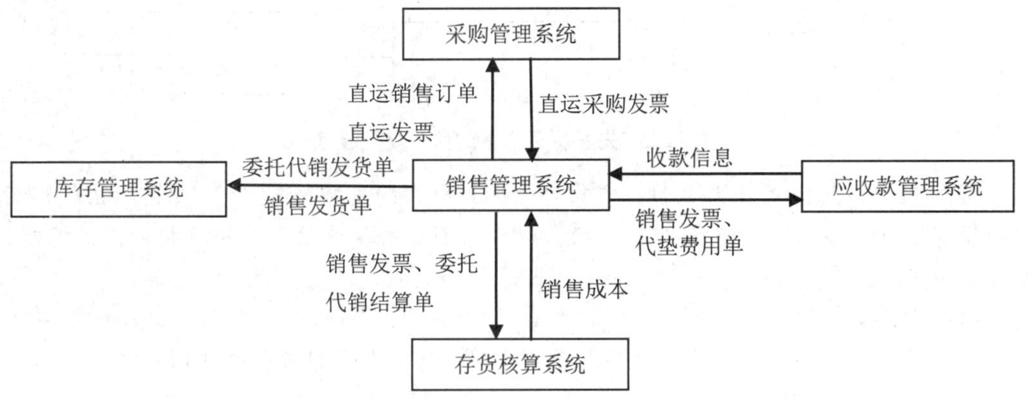

图 12.1 销售管理系统与其他系统的关系

任务 12.2 普通销售业务与收款业务

普通销售业务模式适用于大多数企业的日常销售业务，与其他系统一起，提供对销售报价、销售订货、销售发货、销售开票、销售收款结算和结转销售成本的全过程处理。用户也可以根据企业的实际业务应用，结合本系统对销售流程进行灵活配置。了解普通销售业务流程对认识特殊销售业务及财务核算处理有非常重要的作用，因此，学生要熟练掌握该部分内容。

普通销售业务支持两种业务模式：先发货后开票业务模式和开票直接发货业务模式。以先发货后开票为例，其业务处理流程如图 12.2 所示。

1. 销售报价

销售报价是企业向客户提供货品、规格、价格和结算方式等信息，双方达成协议后，销售报价单可以转为有效力的销售合同或销售订单。企业可以针对不同的客户、不同存货、不同批量提出不同的报价、扣率。在销售业务流程中，销售报价环节不是必需的，用户可以根据企业的实际情况来决定是否执行销售报价业务。

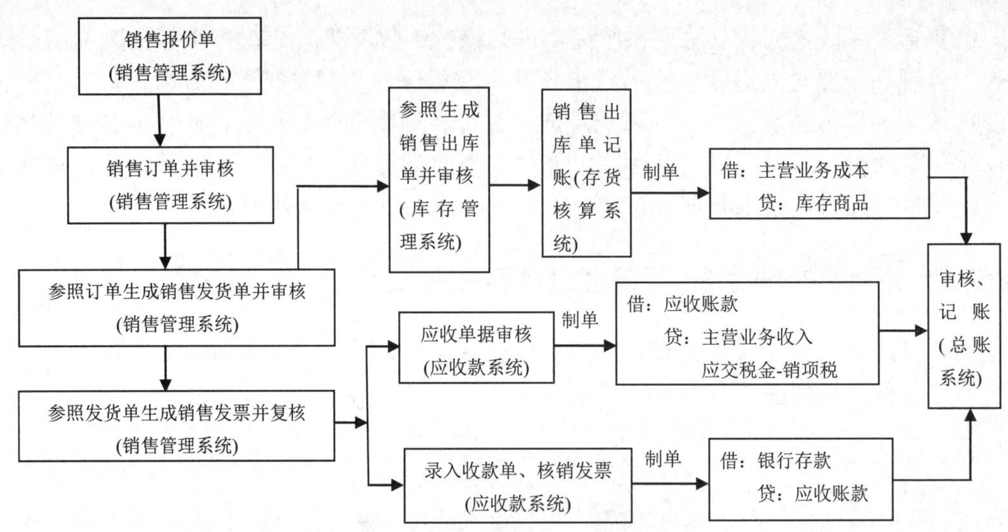

图 12.2　先发货后开票的业务处理流程

案例 12.1　2016 年 1 月 3 日，内蒙古康德公司欲购买特仑苏盒装 40 箱，税率 17%，向销售部了解价格。销售部报价(不含税)为 45 元/箱，并给予康德公司 9 折优惠。填制并审核报价单。

操作步骤:

以销售主管“孙东明”的身份登录企业应用平台，登录日期为 2016-01-03。

(1) 执行“供应链”→“销售管理”→“销售报价”→“销售报价单”命令，打开“销售报价单”窗口。

(2) 单击“增加”按钮，输入日期为 2016-01-03，销售类型为“普通销售”，客户为“内蒙古康德”，销售部门为“销售部”。

(3) 选择存货编码为 03001，数量为 40，报价为 45，扣率为 90，系统自动计算含税单价、无税单价、税额、价税合计和折扣额等信息，如图 12.3 所示。

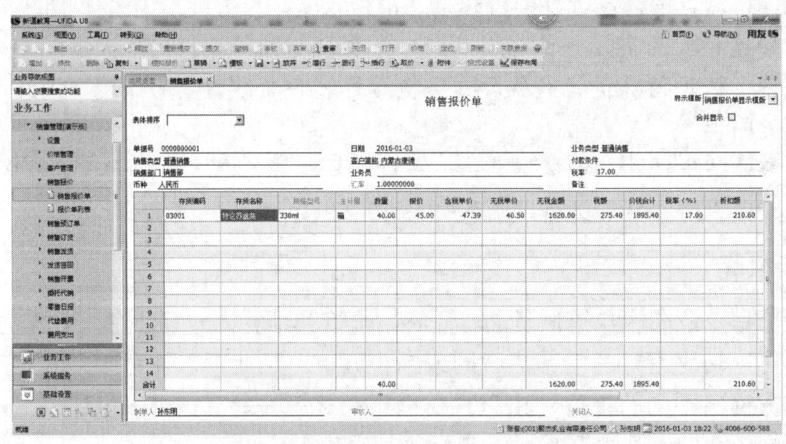

图 12.3　“销售报价单”录入窗口

(4) 单击“保存”按钮，再单击“审核”按钮，保存并审核报价单后关闭“销售报价单”录入窗口。

提示:

- 修改销售选项，取消选中“报价含税”选项，也就是报价为不含税价。
- 给予客户折扣时可设置最多两级扣率，系统会优先计算扣率 1 下的折扣额。
- 含税单价=报价×税率×扣率%；无税单价=报价×扣率%；无税金额=无税单价×数量；税额=无税金额×税率；价税合计=含税单价×数量；折扣额=报价×(1−扣率%)×数量×(1+税率)
- 如果不对客户给予折扣优惠，则扣率栏默认值为 100。

2. 销售订货

销售订货处理是指企业与客户签订销售合同，在系统中体现为销售订单，如果前面已有对客户的报价，也可以参照已审核的报价单生成销售订单。在销售业务流程中，订货环节是否必须录入也是根据销售选项进行控制的，用户可在“设置”→“选项”→“业务控制”页签中，选择是否选中“普通销售必有订单”选项，如果选中该选项，则销售发货单、销售发票不可以手工录入，只能参照销售订单生成。

案例 12.2 2016 年 1 月 4 日，内蒙古康德公司在了解销售报价后，要求订购特仑苏盒装 40 箱，税率 17%，报价 45 元/箱，扣率 90%，要求预发货日期为 1 月 5 日。填制并审核销售订单。

操作步骤:

以销售主管“孙东明”的身份登录企业应用平台，登录日期为 2016-01-04。

(1) 执行“供应链”→“销售管理”→“销售订货”→“销售订单”命令，打开“销售订单”窗口。

(2) 单击“增加”按钮，单击“生单”下拉菜单，选择“报价”功能菜单，打开“订单参照报价单”过滤窗口。

(3) 单击“确定”按钮，进入“参照生单”窗口。从列表中选择需要参照的报价单，双击报价单的“选择”栏，出现“Y”标志，如图 12.4 所示。

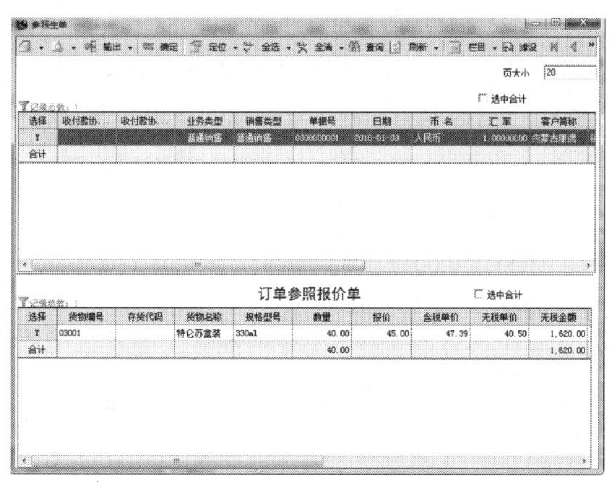

图 12.4 “参照生单”窗口

(4) 单击“确定”按钮，将报价单信息带入销售订单。修改订单日期为 2016-01-04，预发货日期为 2016-01-05，如图 12.5 所示。

(5) 依次单击“保存”“审核”按钮后，然后关闭“销售订单”窗口。

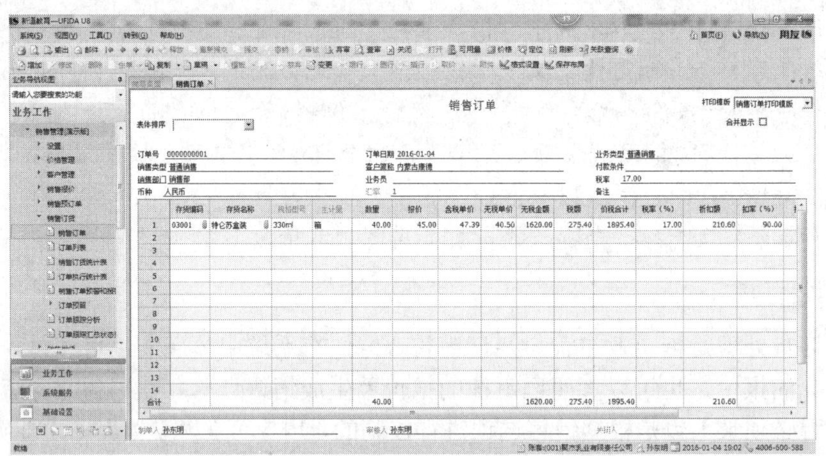

图 12.5 “销售订单”窗口

3. 销售发货

销售发货是企业执行与客户签订的销售合同或销售订单，将货物发往客户的行为，是销售业务的执行阶段。除了根据销售订单发货外，销售管理系统也有直接发货的功能，即无须事先录入销售订单只需手工录入销售发货单即可将产品发给客户，但必须修改销售选项，取消选中“普通销售必有订单”复选框。

在销售业务流程中，销售发货业务是必需的。

先发货后开票模式中发货单由销售部门根据销售订单填制或手工输入，客户通过发货单取得货物所有权。如果选中“销售生成出库单”复选框，则发货单审核后，库存管理系统会自动生成销售出库单，不能修改出库单数量，只能对其进行审核；如果选中“库存生成出库单”复选框，则库存管理系统下生成的销售出库单可以修改出库单数量。

在开票直接发货模式中，销售发票保存后自动生成销售发货单，发货单只做浏览，不能进行修改、删除和弃审等操作，但可以关闭、打开；销售出库单根据自动生成的发货单生成。

案例 12.3 2016 年 1 月 5 日，销售部从产成品仓库向内蒙古康德公司发出其所订货物。填制并审核销售发货单。

操作步骤：

以销售主管“孙东明”的身份登录企业应用平台，登录日期为 2016-01-05。

(1) 执行“供应链”→“销售管理”→“销售发货”→“发货单”命令，打开“发货单”录入窗口。

(2) 单击“增加”按钮，弹出“参照订单”过滤窗口，单击“确定”按钮，进入“参照生单”窗口，选择需要参照的销售订单，双击销售订单的“选择”栏，显示“Y”标志，

如图 12.6 所示。

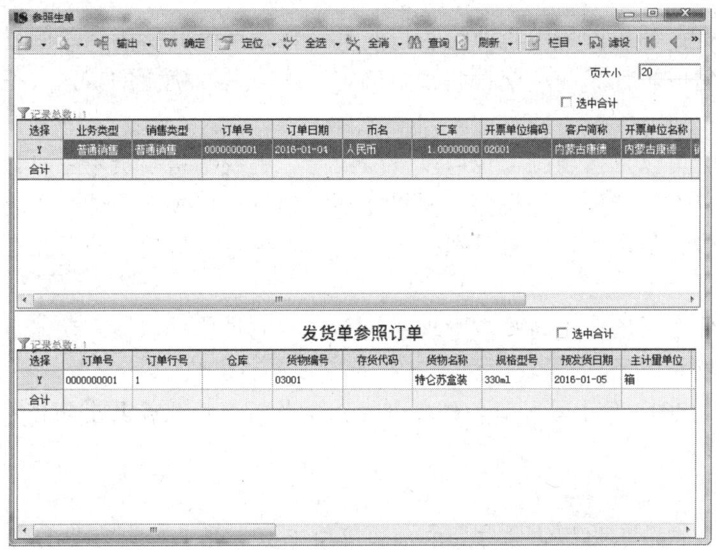

图 12.6　“参照生单”窗口

(3) 单击“确定”按钮，将销售订单信息带入发货单。输入发货日期为 2016-01-05，选择仓库名称为“产成品库房”，单击“保存”按钮，如图 12.7 所示。

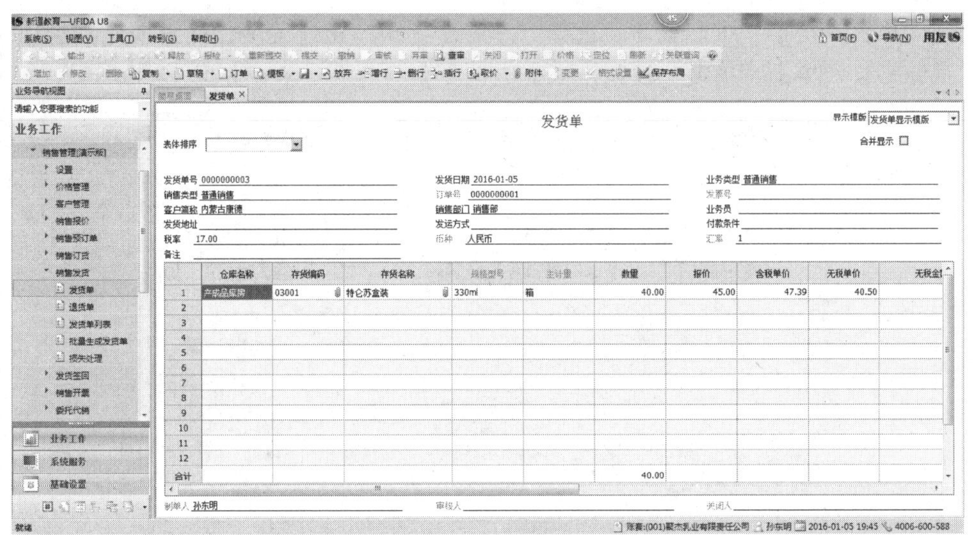

图 12.7　“发货单”窗口

(4) 再单击“审核”按钮，然后关闭该窗口。

提示:

如果销售选项设置为“普通销售必有订单”，则发货单只能参照订单生成，不能手工增加。

4. 销售开票

销售开票是在销售过程中企业给客户开具销售发票及其所附清单的过程，它是销售收入确定、销售成本计算、应交销售税金确定和应收账款确定的依据，是销售业务的必要环节。

销售发票既可以直接填制，也可以参照销售订单或销售发货单生成。如果选中“普通销售必有订单”复选框，则销售发票只能参照销售订单生成不能手工增加。参照发货单开票时，多张发货单可以汇总开票，一张发货单也可以拆单生成多张销售发票，即一次发货多次开票。

销售发票保存后应在“应收款管理系统”的“应收单据审核”功能下进行审核，才能生成对应的收入凭证。

案例 12.4 2016 年 1 月 8 日，销售部发出货物后，据此开具全额销售专用发票，税率为 17%。

操作步骤：

以销售主管“孙东明”的身份登录企业应用平台，登录日期为 2016-01-08。

(1) 执行“供应链”→“销售管理”→“销售开票”→“销售专用发票”命令，打开“销售专用发票”录入窗口。

(2) 单击“增加”按钮，系统自动弹出“参照订单”过滤窗口，单击“确定”按钮关闭该窗口。

(3) 单击“生单”下拉菜单，选择“参照发货单”功能菜单，弹出“发票参照发货单”过滤窗口，单击“确定”按钮，双击选择要参照的发货单，如图 12.8 所示。

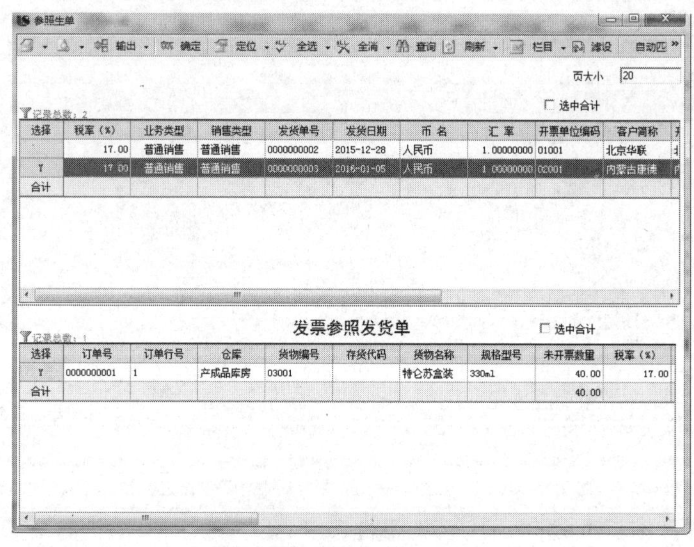

图 12.8 “参照生单”窗口

(4) 单击“确定”按钮，将发货单信息带入销售专用发票。输入开票日期为 2016-01-08，单击“保存”按钮，然后单击“复核”按钮，如图 12.9 所示。

(5) 关闭“销售专用发票”录入窗口。

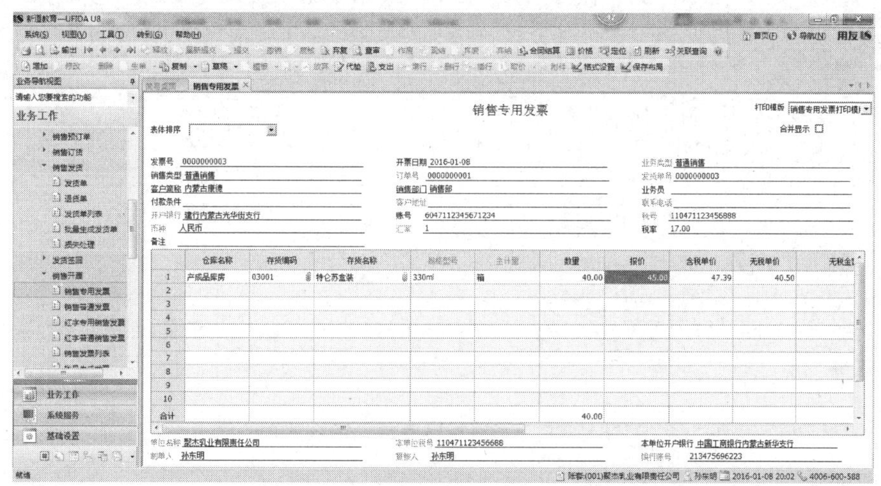

图 12.9　“销售专用发票”录入窗口

提示:

- 如果生成销售普通发票，则操作方法类似于销售专用发票的生成。销售普通发票的表头、表体税率均应改为 3%。
- 参照发货单生成销售发票时，用户可以修改发票数量，但发票数量要小于发货数量，即“一次发货多次开票”，下次再根据此发货单生成销售发票时，系统会自动修改开票数量为“发货数量减去已开票数量”。

5. 销售出库

销售出库是销售业务的必要环节。根据参数设置的不同，销售出库单可以在销售管理系统生成，也可以在库存管理系统生成。当销售选项选择为“销售生成出库单”时，销售发货单审核后会在库存管理系统中自动生成一张销售出库单，用户只能对其进行审核而不能修改销售出库单的数量、金额等数据，即一次销售全部出库；当库存选项选择为“库存生成出库单”时，库存管理系统下的销售出库单参照销售发货单生成，库存可以修改出库数量，可以实现一次销售分次出库。

如果销售管理系统和库存管理系统同时启用时，销售出库单只能在“库存管理系统”→“出库业务”→“销售出库单”中生成并审核。

案例 12.5　审核 2016 年 1 月 5 日生成的内蒙古康德公司的销售出库单。

操作步骤:

以仓库主管“史艳”的身份登录企业应用平台，登录日期为 2016-01-08。

(1) 执行“供应链”→“库存管理”→“出库业务”→“销售出库单”命令，打开“销售出库单”窗口。

(2) 单击 ⇥ 按钮，找到自动生成的销售出库单，然后单击“审核”按钮，系统弹出“该单据审核成功！”提示信息，如图 12.10 所示。

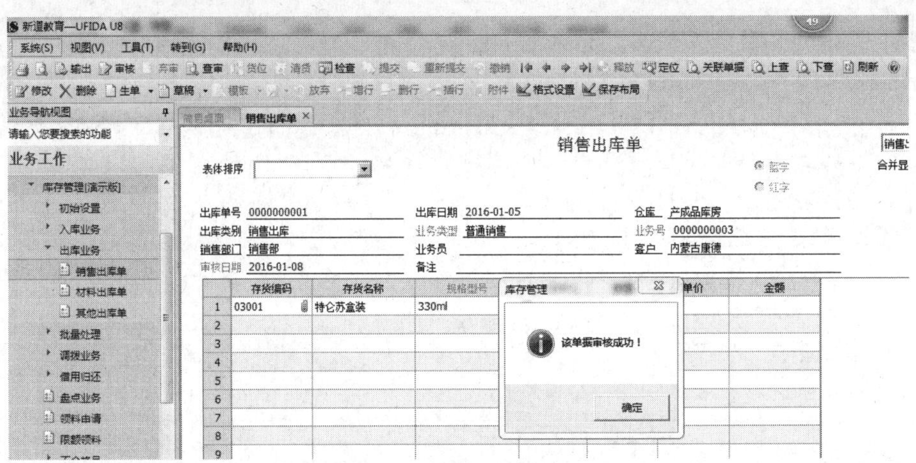

图 12.10 “销售出库单”审核成功

(3) 单击“确定”按钮返回，关闭“销售出库单”窗口。

提示:

如果选择“销售生成出库单”选项，则销售出库单只能进行审核而不能修改出库数量，即一次发货全部出库。

6. 出库成本确认

销售出库(销售开票)之后，要进行出库成本的确认，结转已销产品成本。对于先进先出、后进先出、移动平均和个别计价这四种计价方式的存货在存货核算系统单据记账时进行出库成本核算；而全月平均、计划价/售价法计价的存货在存货期末处理时进行出库成本核算。

存货核算系统下的“销售成本核算方式”可以选择按照“销售出库单”核算，也可以选择按照“销售发票”核算，用户可以自行设置，系统默认的是按照“销售出库单”核算。当选择按照“销售出库单”核算时，销售出库单审核后就可以在存货核算系统下进行正常单据记账操作。否则，只有当发票复核后才能正常单据记账。

案例 12.6 2016 年 1 月 8 日，业务部门将销售发票交给财务部门，财务部门对本次销售业务进行出库成本确认，生成凭证。

操作步骤：

以会计主管“李婧”的身份登录企业应用平台，登录日期为 2016-01-08。

(1) 执行“供应链”→“存货核算”→“业务核算”→“正常单据记账”命令，双击后打开“查询条件选择”对话框。

(2) 单击“确定”按钮，进入“正常单据记账”窗口。

(3) 选择需要记账的单据，双击选择栏选中，出现“Y”标识，如图 12.11 所示。单击“记账”按钮，系统提示记账成功。

(4) 执行“供应链”→“存货核算”→“财务核算”→“生成凭证”命令，双击后打开“生成凭证”窗口。

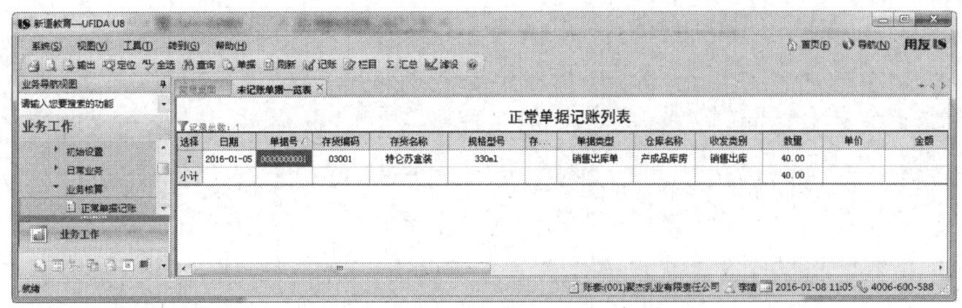

图 12.11　销售出库单正常单据记账

(5) 单击“选择”按钮，打开“查询条件”对话框，选择“销售出库单”选项，单击“确定”按钮，进入“选择单据”窗口。

(6) 选择需要生成凭证的单据，然后单击“确定”按钮，系统根据初始化设置好的存货科目和对方科目，自动生成销售凭证成本结转的会计分录，如图 12.12 所示。

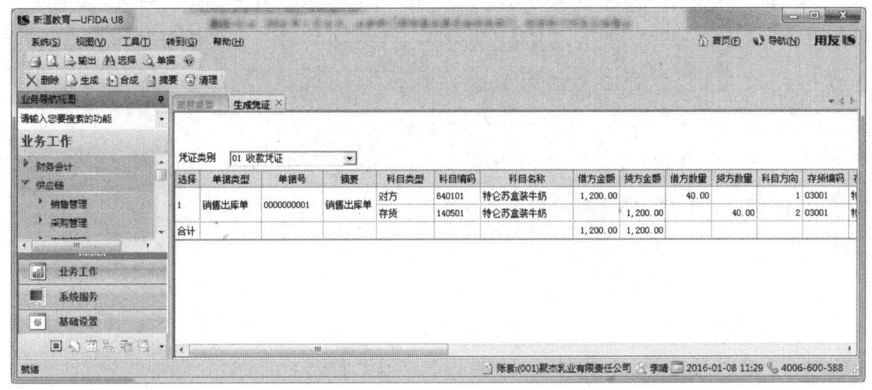

图 12.12　“生成凭证”窗口

(7) 单击“生成”按钮，修改凭证类别为“转账凭证”，日期为 2016.01.08，然后单击“保存”按钮，即可保存凭证，如图 12.13 所示。

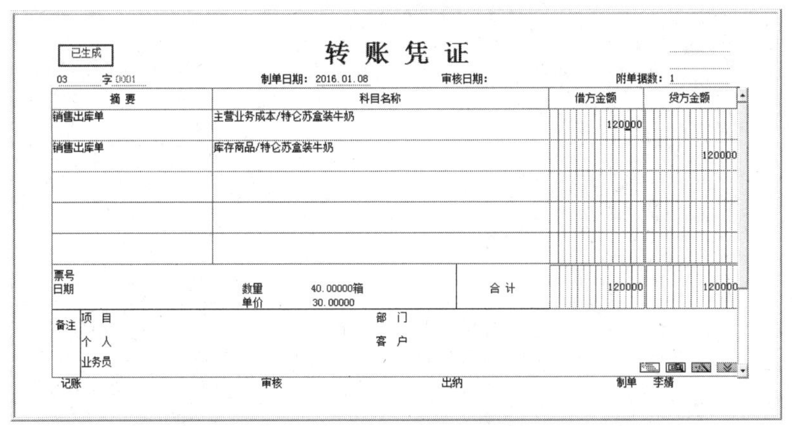

已生成

转 账 凭 证

03 字 0001　　制单日期：2016.01.08　　审核日期：　　附单据数：1

摘要	科目名称	借方金额	贷方金额
销售出库单	主营业务成本/特仑苏盒装牛奶	120000	
销售出库单	库存商品/特仑苏盒装牛奶		120000
票号 日期	数量 40.00000箱 单价 30.00000	合计 120000	120000

备注　项目　　部门
　　　个人　　客户
　　　业务员

记账　　审核　　出纳　　制单 李靖

图 12.13　生成成本结转凭证

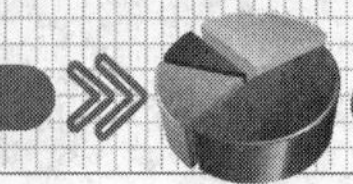

提示:

- 正常单据记账必须在存货核算系统期初记账后方能进行。
- 如果选项是按照“销售发票”核算出库成本，则对于一次发货多次开票的销售业务，成本的确认是在开具销售发票之后分次进行。
- 如果选项是按照“销售出库单”核算出库成本，则对于一次发货多次开票的销售业务，成本的确认是在销售出库单审核后一次进行，而不管是否开具销售发票。
- 销售出库单记账时不显示单价，由系统根据计价方式自动计算成本单价，生成相应会计分录。
- 要想自动生成正确的会计凭证，必须注意以下两点：①销售出库单和销售发票上要完善“出库类别”信息；②设置正确的存货科目和对方科目。

7. 销售收入的确认

销售开票后，即可确定销售收入。销售收入的确认在应收款管理系统下进行。及时进行应收账款确定及收款处理是财务核算工作的基本要求，以明确应收账款款项来源、销售收入分析、资金清算情况，有效掌握收款核销情况，提供适时地催款依据，提高资金周转率。

案例 12.7 2016 年 1 月 10 日，业务部门将销售发票交给财务部门，财务部门对本次销售业务进行收入确认，生成凭证。

操作步骤：

以会计主管“李婧”的身份登录企业应用平台，登录日期为 2016-01-10。

(1) 执行“财务会计”→“应收款管理”→“应收单据处理”→“应收单据审核”命令，双击进入“应收单查询条件”对话框，如图 12.14 所示。

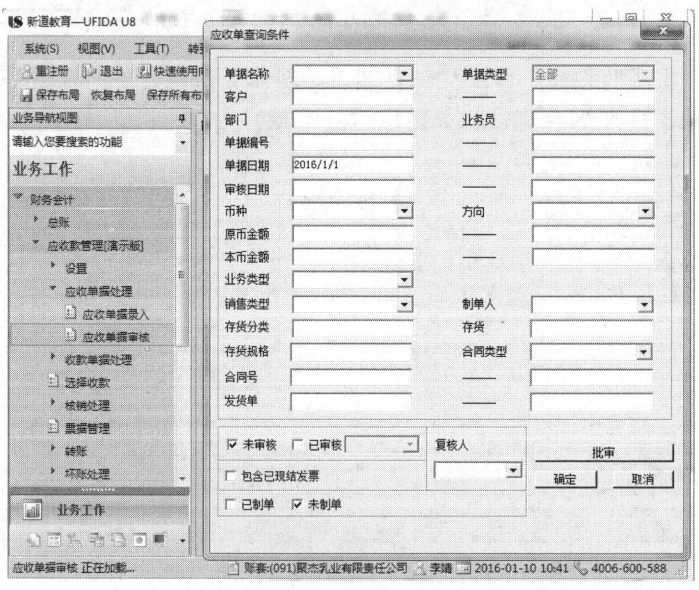

图 12.14 “应收单查询条件”对话框

(2) 单击“确定”按钮，进入“应收单据审核”窗口，双击打开要审核的单据，如图 12.15 所示。

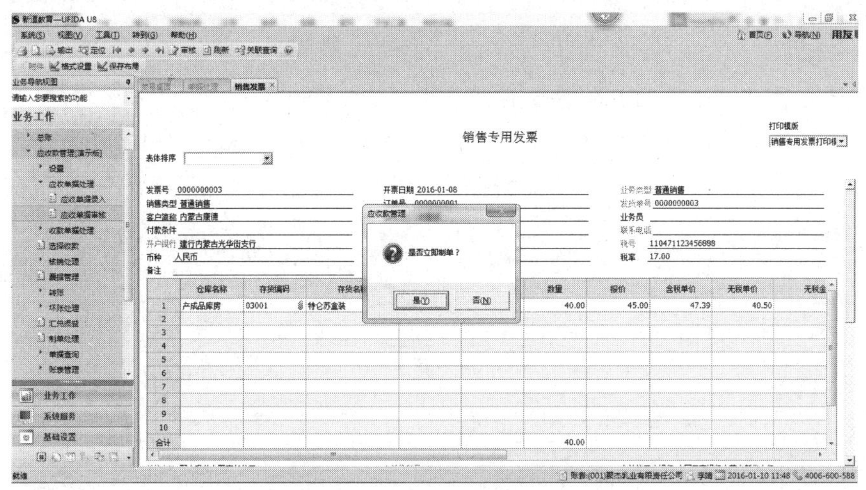

图 12.15 应收单据的审核

(3) 单击“审核”按钮，系统弹出“是否立即制单？”提示信息，单击“是”按钮。修改凭证类别为“转账凭证”，日期为 2016.01.10，单击“保存”按钮即可，如图 12.16 所示。

图 12.16 收入确认凭证

8. 销售收款与核销

销售发票开具后，随后要进行收款结算业务的财务处理。当收到客户交来的支票或票据时，用户要录入收款单并进行核销处理。如果在销售发票中进行了付款条件设置，则系统会根据收到货款的时间与销售发票收入确认时间间隔来进行判断，找到符合时间段对应的折扣率自动计算现金折扣，计入财务费用科目。

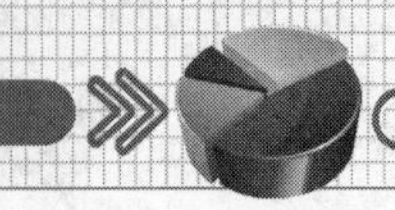

案例 12.8 2016 年 1 月 12 日，财务部收到内蒙古康德公司交来的转账支票一张，金额为 1895.4 元，支票号为 ZZ005。据此填制收款单并制单，将此收款单和销售发票进行核销处理。

操作步骤:

以会计主管“李婧”的身份登录企业应用平台，登录日期为 2016-01-12。

(1) 录入收款单，步骤如项目 7 案例 7.17 所示，操作结果如图 12.17 所示。

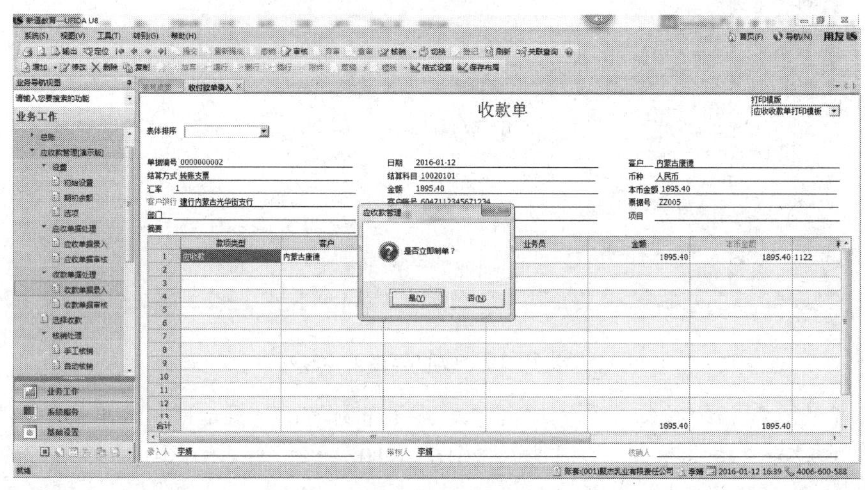

图 12.17 录入收款单

(2) 在图 12.17 界面，单击“审核”按钮，系统弹出“是否立即制单？”提示信息，单击“是”按钮，进行制单处理，修改凭证类别为“收款凭证”，日期为 2016.01.12，单击“保存”按钮即可，如图 12.18 所示。

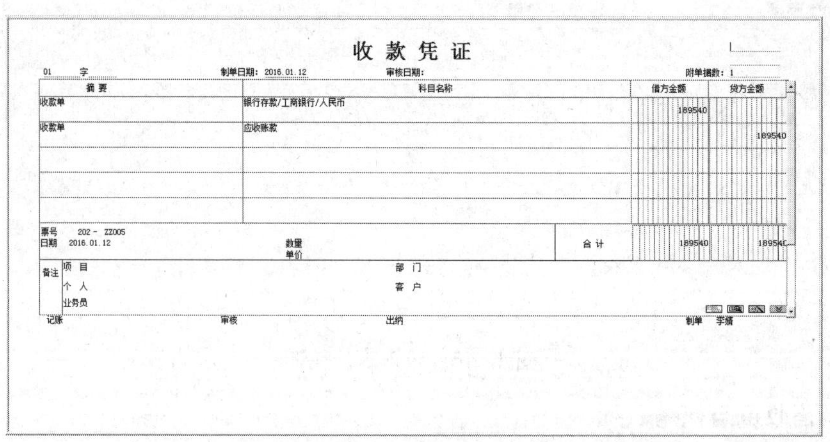

图 12.18 收款单制单

(3) 收款单审核后，在图 12.17 界面下单击“核销”按钮，系统弹出“核销条件”对话框，单击“确定”按钮，系统将该客户尚未全部核销的收款单、发票进行列示。用户在“本次结算”金额栏中输入 1895.4，单击“保存”按钮即可核销确认，如图 12.19 所示。

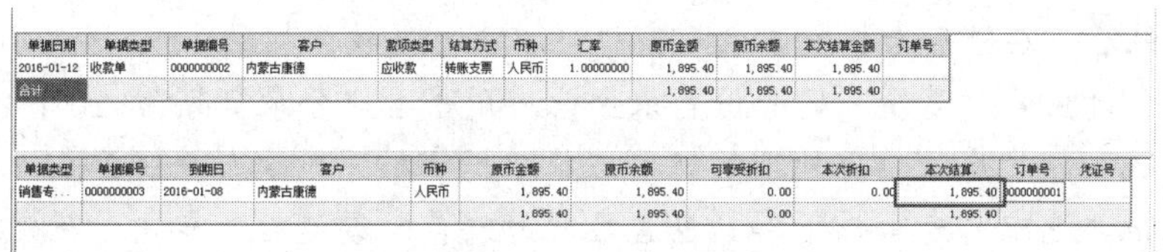

单据日期	单据类型	单据编号	客户	款项类型	结算方式	币种	汇率	原币金额	原币余额	本次结算金额	订单号
2016-01-12	收款单	0000000002	内蒙古康德	应收款	转账支票	人民币	1.00000000	1,895.40	1,895.40	1,895.40	
合计								1,895.40	1,895.40	1,895.40	

单据类型	单据编号	到期日	客户	币种	原币金额	原币余额	可享受折扣	本次折扣	本次结算	订单号	凭证号
销售专...	0000000003	2016-01-08	内蒙古康德	人民币	1,895.40	1,895.40	0.00	0.00	1,895.40	0000000001	
					1,895.40	1,895.40	0.00		1,895.40		

图 12.19　收款的核销处理

提示:

- 录入收款单时，收款单支票号和结算方式要填写正确。
- 当销售业务开具发票后，如果收到货款则一定要进行核销操作，否则会影响坏账的计提。

任务 12.3　特殊销售业务

12.3.1　现结业务

所谓现结业务，是指企业在开具发票的同时收到了客户交纳货款的情况，又叫作票款两收。

案例 12.9　2016 年 1 月 12 日，销售部向呼和浩特市联盛商贸公司销售特仑苏盒装 10 盒，无税单价 45 元/盒，当天从产成品库房发货，填制相应单据，生成销售专用发票的同时收到联盛公司交来现金 526.5 元结清货款，进行现结业务处理。

操作步骤:

(1) 以销售主管“孙东明”的身份登录企业应用平台，登录日期为 2016-01-12。填制销售订单。

(2) 根据销售订单生成销售发货单，仓库为“产成品库房”。(1)、(2)的详细操作步骤前面已经介绍此处不再赘述。

(3) 根据销售发货单生成销售专用发票，保存后单击“现结”按钮，如图 12.20 所示。

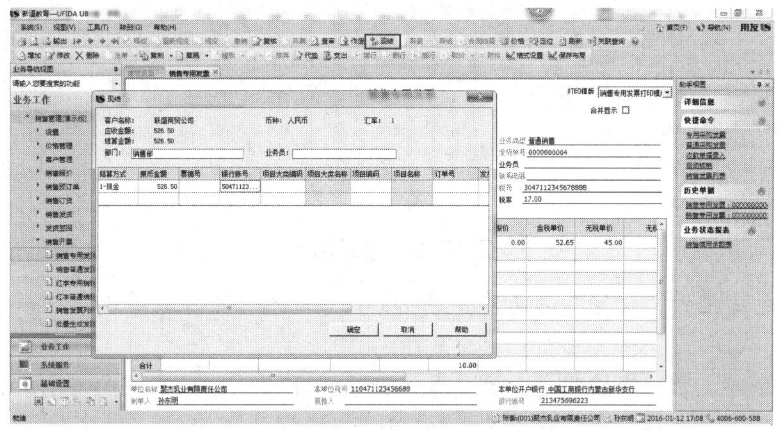

图 12.20　销售现结

(4) 现结后，在销售专票发票录入窗口，单击“复核”按钮。

(5) 以会计主管“李婧”的身份登录企业应用平台，登录日期为 2016-01-12。执行“应收款系统”→“应收单据处理”→“应收单据审核”命令，系统弹出“应收单查询条件”对话框，选中“未审核”和“包含已现结发票”复选框，单击“确定”按钮，如图 12.21 所示。

应收单查询条件

单据名称		单据类型	全部
客户		——	
部门		业务员	
单据编号		——	
单据日期	2016-01-01	——	
审核日期		——	
币种		方向	
原币金额		——	
本币金额		——	
业务类型			
销售类型		制单人	
存货分类		存货	
存货规格		合同类型	
合同号		——	
发货单		——	

☑ 未审核 ☐ 已审核 复核人 批审

☑ 包含已现结发票 确定 取消

☐ 已制单 ☑ 未制单

图 12.21 “应收单查询条件”对话框

(6) 双击打开待审核的销售发票，单击“审核”按钮，选择立即制单，生成现结凭证，如图 12.22 所示。

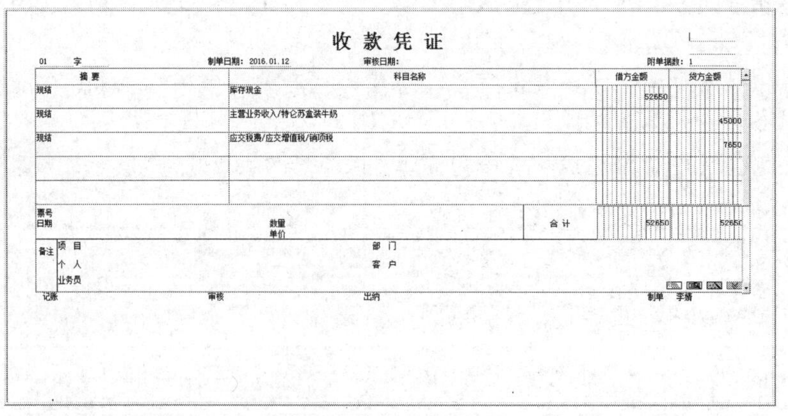
收款凭证

01 字 制单日期：2016.01.12 审核日期： 附单据数：1

摘要	科目名称	借方金额	贷方金额
现结	库存现金	52650	
现结	主营业务收入/特仑苏盒装牛奶		45000
现结	应交税费/应交增值税/销项税		7650
票号 日期	数量 单价 合计	52650	52650

备注 项目 部门

个人 客户

业务员

记账 审核 出纳 制单 李婧

图 12.22 现结制单

(7) 以仓库主管“史艳”的身份登录企业应用平台，登录日期为 2016-01-12。审核销售出库单。

(8) 以会计主管“李婧”的身份登录企业应用平台，登录日期为 2016-01-12。执行“存货核算”→“业务核算”→“正常单据记账”命令，生成成本确认凭证，如图 12.23 所示。

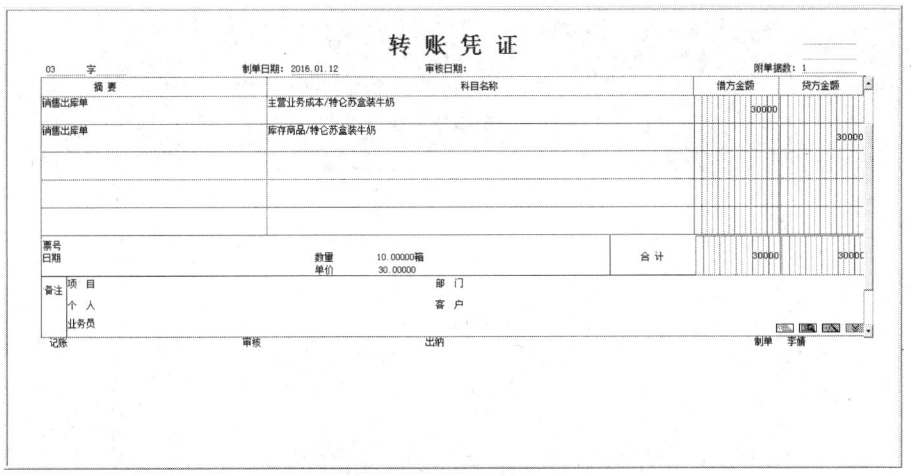

转 账 凭 证

03 字　　制单日期：2016.01.12　　审核日期：　　附单据数：1

摘要	科目名称	借方金额	贷方金额
销售出库单	主营业务成本/特仑苏盒装牛奶	30000	
销售出库单	库存商品/特仑苏盒装牛奶		30000
票号 日期	数量 10.00000箱 单价 30.00000　合计	30000	3000C

备注　项目　　部门

个人　　客户

业务员

记账　　审核　　出纳　　制单 李婧

图 12.23　成本确认凭证

提示:

- 销售发票保存后先进行“现结”再进行“复核”，只有复核后的销售发票才能进行应收单据审核。
- 因存货核算系统选项选择成本确认为“销售出库单”，则销售出库单审核后才能进行正常单据记账。
- 现结业务涉及的销售发票，在应收单据审核查询条件下一定要选中“包含已现结发票”复选框。

12.3.2　代垫费用

在销售业务中，代垫费用是指随货物销售所发生的，不通过发票处理而形成的，暂时代垫将来需向客户收取的费用项目，如运杂费、保险费等。代垫费用实际上形成了用户对客户的应收款，代垫费用的收款核销由应收款管理系统进行处理。

案例 12.10　2016 年 1 月 14 日，销售部向呼和浩特市联盛商贸公司销售牛奶干吃片 20 盒，无税单价 11 元/盒，当天从产成品库房发货，填制相应单据，生成销售专用发票的同时以现金的方式替客户代垫运费 20 元，尚未收到货款。

操作步骤：

(1) 以账套主管“李光宁”的身份登录企业应用平台，登录日期为 2016-01-14。

(2) 执行“基础设置”→“基础档案”→“业务”→“费用项目分类”命令，打开“费用项目分类”窗口，单击“增加”按钮，录入“分类编码”为 1，“分类名称”为“物流费”后，单击“保存”按钮，如图 12.24 所示。

(3) 执行“基础设置”→“基础档案”→“业务”→“费用项目”命令，打开“费用项目”窗口，单击“增加”按钮，输入“费用项目编码”为 1，“费用项目名称”为“运输费”，“费用项目分类”为“物流费”，“盈亏项目”为“运费”，然后单击“保存”按钮，如图 12.25 所示。

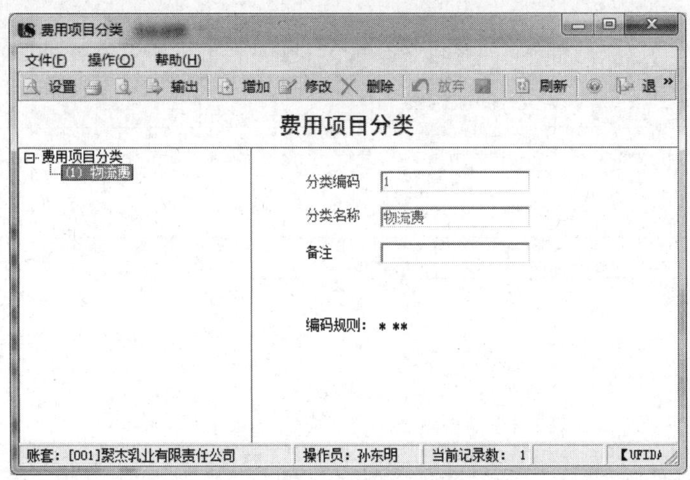

图 12.24 “费用项目分类”窗口

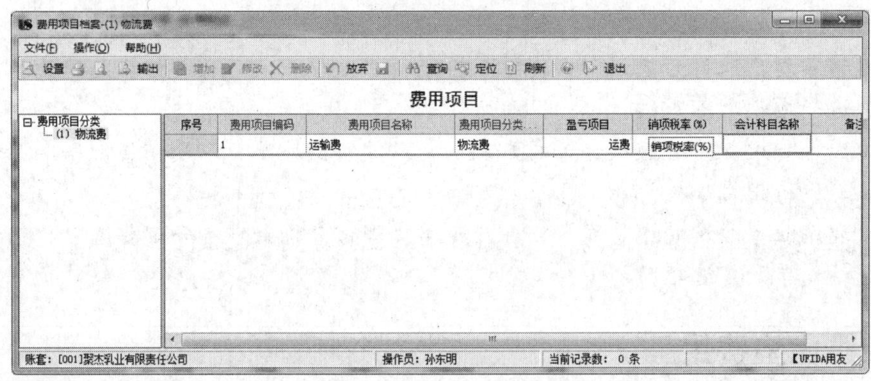

图 12.25 “费用项目”窗口

(4) 以销售主管“孙东明”的身份登录企业应用平台，登录日期为 2016-01-14。填制销售订单。

(5) 根据销售订单，生成销售发货单，仓库为“产成品库房”。

(6) 根据销售发货单，生成销售专用发票，“复核”后单击“代垫”按钮，打开“代垫费用单”录入窗口。

(7) 输入“费用项目”为“运输费”，“代垫金额”为 20，然后单击“保存”按钮，再单击“审核”按钮，审核代垫费用单，如图 12.26 所示。关闭代垫费用单。

(8) 以会计主管“李婧”的身份登录企业应用平台，登录日期为 2016-01-14。执行“应收款系统”→“应收单据处理”→“应收单据审核”命令，系统弹出“应收单查询条件”对话框，单击“确定”按钮，打开待审核应收单据列表，系统显示联盛公司的销售专用发票一张和其他应收单一张，如图 12.27 所示。

(9) 审核销售专用发票并制单生成收入确认凭证，凭证类别为“转账凭证”，如图 12.28 所示。

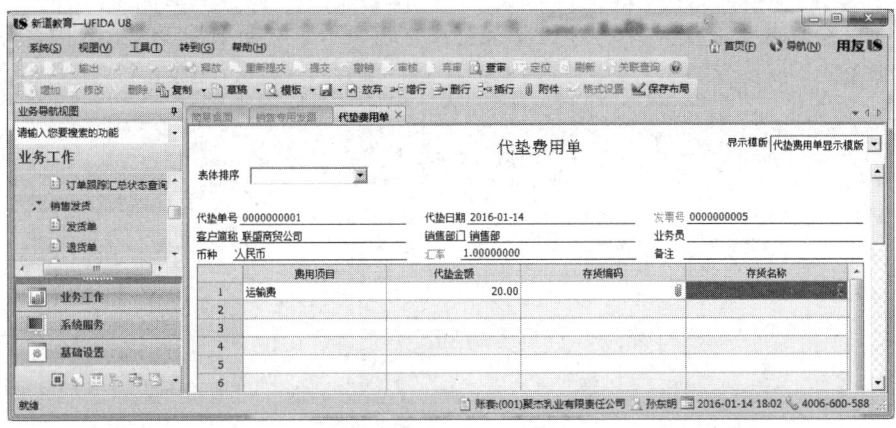

图 12.26 代垫费用单的录入

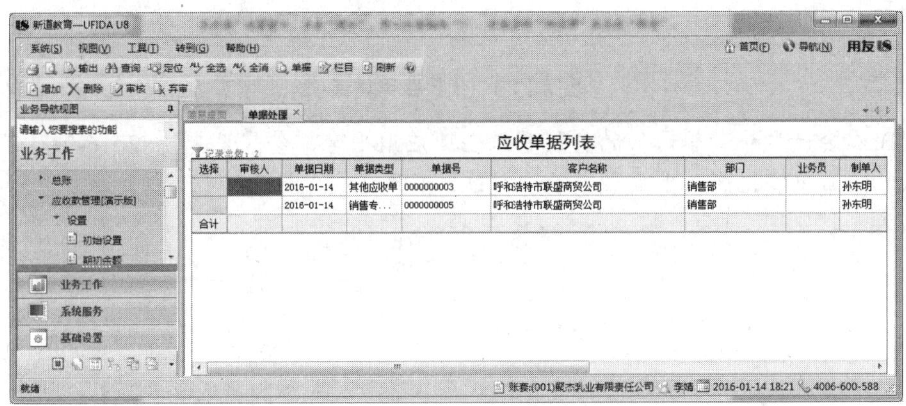

图 12.27 应收单据的审核

转 账 凭 证

03 制单日期：2016.01.14 审核日期： 附单据数：1

摘要	科目名称	借方金额	贷方金额
销售专用发票	应收账款	25740	
销售专用发票	主营业务收入/牛奶干吃片		22000
销售专用发票	应交税费/应交增值税/销项税		3740
票号 日期	数量 单价 合计	25740	25740

备注 项目 部门

个人 客户 联盛商贸公司

业务员

记账 审核 出纳 制单 李靖

图 12.28 收入确认凭证

(10) 双击打开其他应收单，在表体科目一栏输入科目为“1001 现金”，单击“保存”按钮后再单击“审核”按钮，选择立即制单，生成代垫费用凭证，凭证类别为“付款凭证”，如图 12.29 所示。

(11) 以仓库主管“史艳”的身份登录企业应用平台，登录日期为 2016-01-14。审核销售出库单。

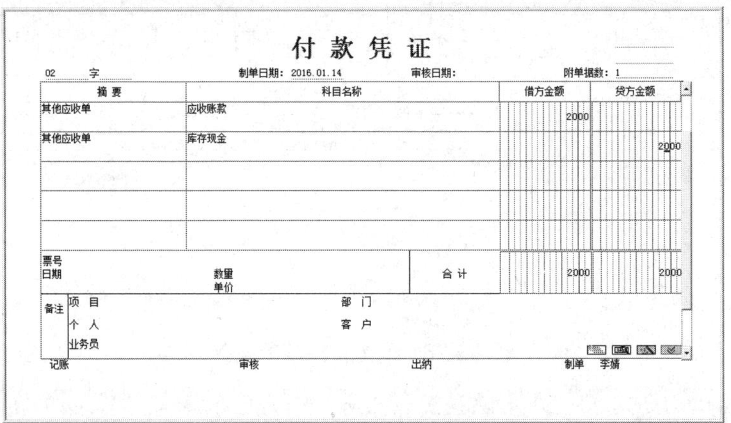

付 款 凭 证

02 字　　制单日期：2016.01.14　　审核日期：　　附单据数：1

摘要	科目名称	借方金额	贷方金额
其他应收单	应收账款	2000	
其他应收单	库存现金		2000
票号 日期	数量 单价 合计	2000	2000

备注　项目　部门
个人　客户
业务员

记账　审核　出纳　制单　李婧

图 12.29　代垫费用凭证

(12) 以会计主管“李婧”的身份登录企业应用平台，登录日期为 2016-01-14。执行存货核算正常单据记账，生成成本确认凭证，如图 12.30 所示。

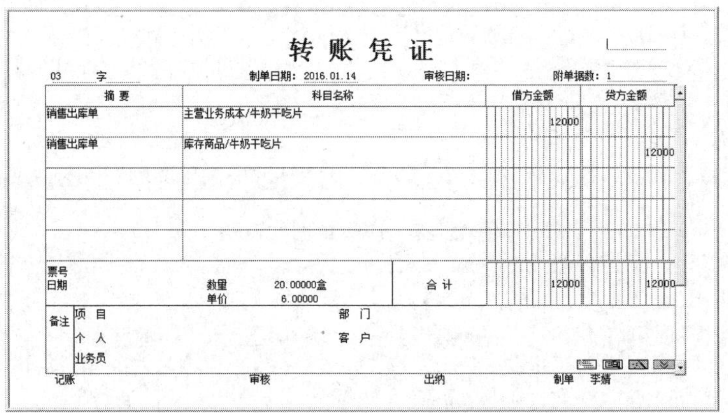

转 账 凭 证

03 字　　制单日期：2016.01.14　　审核日期：　　附单据数：1

摘要	科目名称	借方金额	贷方金额
销售出库单	主营业务成本/牛奶干吃片	12000	
销售出库单	库存商品/牛奶干吃片		12000
票号 日期	数量 20.00000盒 单价 6.00000 合计	12000	12000

备注　项目　部门
个人　客户
业务员

记账　审核　出纳　制单　李婧

图 12.30　成本确认凭证

提示:

- 录入代垫费用单之前，应先在基础档案下维护“费用项目分类”和“费用项目”档案。
- 代垫费用单保存后要进行“审核”，销售发票保存后要进行“复核”，否则不能进行应收单据审核。

12.3.3　委托代销业务

委托代销业务，是指企业将商品委托他人进行销售但商品所有权仍归本企业的销售方式，委托代销商品销售后，受托方与企业进行委托代销结算，并开具正式的销售发票，

形成销售收入，确认销售成本，商品所有权进行转移。只有库存管理系统与销售管理系统集成使用，且在销售选项设置中选中“有委托代销业务”参数，才能使用委托代销业务。委托代销业务只能先发货后开票，不能开票直接发货。委托代销的业务流程如图 12.31 所示。

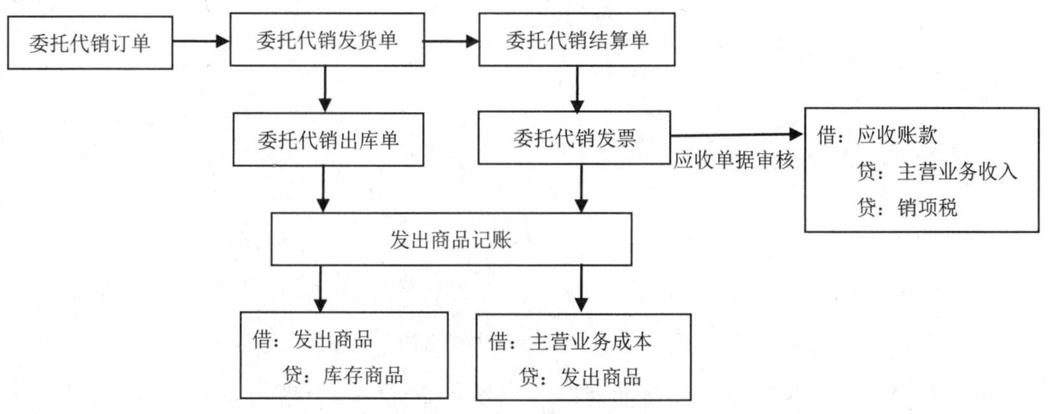

图 12.31　委托代销的业务流程

案例 12.11　2016 年 1 月 16 日，销售部委托北京广发公司代销牛奶干吃片 500 盒，无税单价 10 元/盒，当天从产成品库房发货。向呼和浩特市联盛商贸公司销售牛奶干吃片 20 盒，无税单价 11 元/盒，货已从产成品库房发出。1 月 25 日，广发公司销售牛奶干吃片 200 盒，填制委托代销结算单，并开具销售专用发票，确认销售收入和销售成本。

操作步骤：

(1) 以销售主管“孙东明”的身份登录企业应用平台，登录日期为 2016-01-16。

(2) 执行“供应链”→“销售管理”→“销售订货”→“销售订单”命令，打开“销售订单”录入窗口。

(3) 单击“增加”按钮，选择业务类型为“委托代销”，录入其他销售订单信息，单击“保存”按钮后，再单击“审核”按钮，审核销售订单。

(4) 执行“供应链”→“销售管理”→“委托代销”→“委托代销发货单”命令，弹出“参照订单”查询条件窗口，单击“确定”按钮，参照委托代销订单生成委托代销发货单，仓库为“产成品库房”，日期为 2016-01-16。单击“保存”按钮，并单击“审核”按钮，审核委托代销发货单。

(5) 以销售主管“孙东明”的身份登录企业应用平台，登录日期为 2016-01-25。

(6) 执行“供应链”→“销售管理”→“委托代销”→“委托代销结算单”命令，弹出“参照发货单”查询条件窗口，单击“确定”按钮，参照委托代销发货单生成委托代销结算单。

(7) 修改数量为 200，日期为 2016-01-25，其余信息为系统默认，单击“保存”按钮，然后单击“审核”按钮，审核委托代销结算单。

(8) 在弹出的“请选择发票类型”选中“专用发票”单选按钮，如图 12.32 所示。单击“确定”按钮，生成一张销售专用发票。

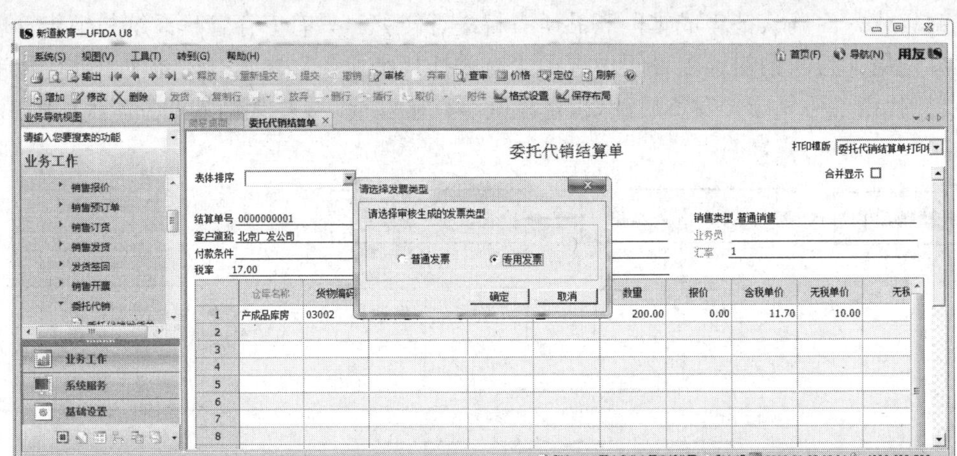

图 12.32　委托代销结算生成销售专用发票

(9) 执行“供应链”→“销售管理”→“销售开票”→“销售专用发票”命令，在销售专用发票窗口单击按钮，找到刚才生成的委托代销发票，对它进行复核。

(10) 以仓库主管“史艳”的身份登录企业应用平台，登录日期为 2016-01-25。审核销售出库单。

(11) 以会计主管“李婧”的身份登录企业应用平台，登录日期为 2016-01-25。

(12) 执行“财务会计”→“应收款管理”→“应收单据处理”→“应收单据审核”命令，对销售专用发票审核并制单，生成收入确认凭证，如图 12.33 所示。

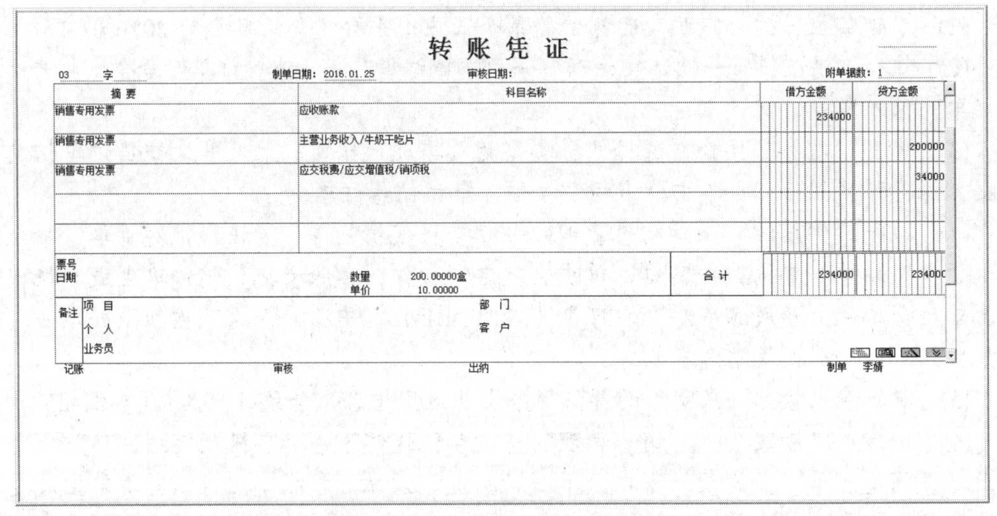

转账凭证

03 字　　制单日期：2016.01.25　　审核日期：　　附单据数：1

摘要	科目名称	借方金额	贷方金额
销售专用发票	应收账款	234000	
销售专用发票	主营业务收入/牛奶干吃片		200000
销售专用发票	应交税费/应交增值税/销项税		34000
票号 日期　数量 200.00000盒 单价 10.00000	合计	234000	234000

备注　项目　　部门
个人　　客户
业务员

记账　　审核　　出纳　　制单 李婧

图 12.33　委托代销收入确认凭证

(13) 执行“供应链”→“存货核算”→“业务核算”→“发出商品记账”命令，对委托代销发货单和销售专用发票记账，如图 12.34 所示。

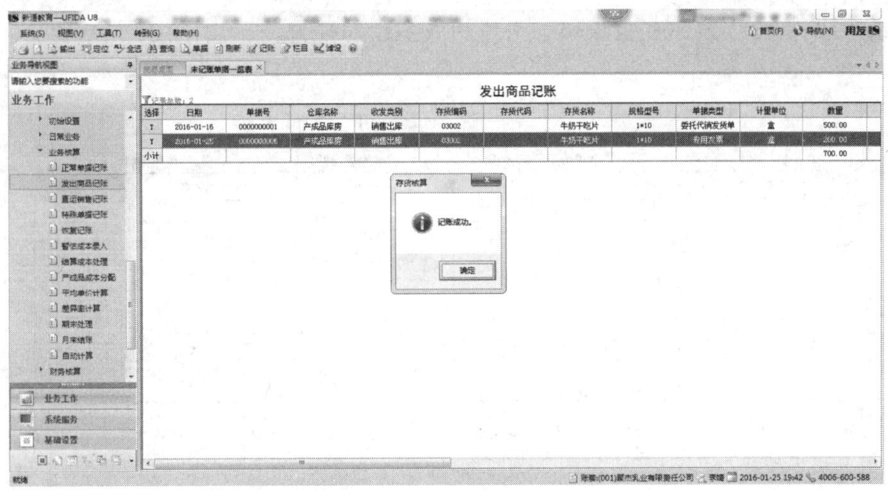

图 12.34　发出商品记账

(14) 执行“供应链”→“存货核算”→“财务核算”→“生成凭证”命令，选择委托代销发货单和销售专用发票，如图 12.35 所示。

凭证类别　01 收款凭证

选择	单据类型	单据号	摘要	科目类型	科目编码	科目名称	借方金额	贷方金额	借方数量	贷方数量	科目方向	存货编码	存货名称	存货代码	规格型号	部
1	委托代销…	0000000001	委托代…	发出商品	140602	牛奶干吃片	3,000.00		500.00		1	03002	牛奶干…		1*10	04
				存货	140502	牛奶干吃片		3,000.00		500.00	2	03002	牛奶干…		1*10	04
	专用发票	0000000006	专用发票	对方	640102	牛奶干吃片	1,200.00		200.00		1	03002	牛奶干…		1*10	04
				发出商品	140602	牛奶干吃片		1,200.00		200.00	2	03002	牛奶干…		1*10	04
合计							4,200.00	4,200.00								

图 12.35　生成凭证

(15) 生成发出商品凭证，如图 12.36 所示。

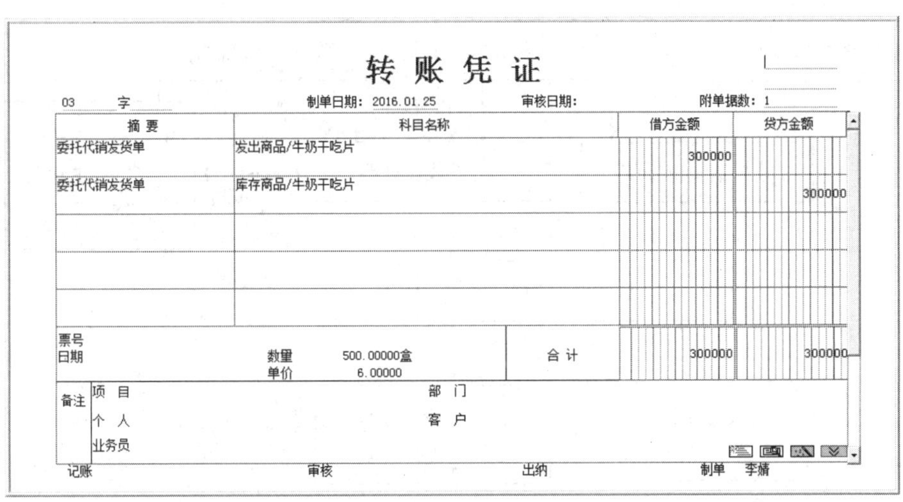

转 账 凭 证

03　字　　制单日期：2016.01.25　　审核日期：　　附单据数：1

摘 要	科目名称	借方金额	贷方金额
委托代销发货单	发出商品/牛奶干吃片	300000	
委托代销发货单	库存商品/牛奶干吃片		300000
票号 日期　　数量 500.00000盒 单价 6.00000	合 计	300000	300000

备注　项 目　　部 门
个 人　　客 户
业务员

记账　　审核　　出纳　　制单 李婧

图 12.36　发出商品凭证的生成

(16) 生成委托结算 200 盒牛奶干吃片的成本结转凭证，如图 12.37 所示。

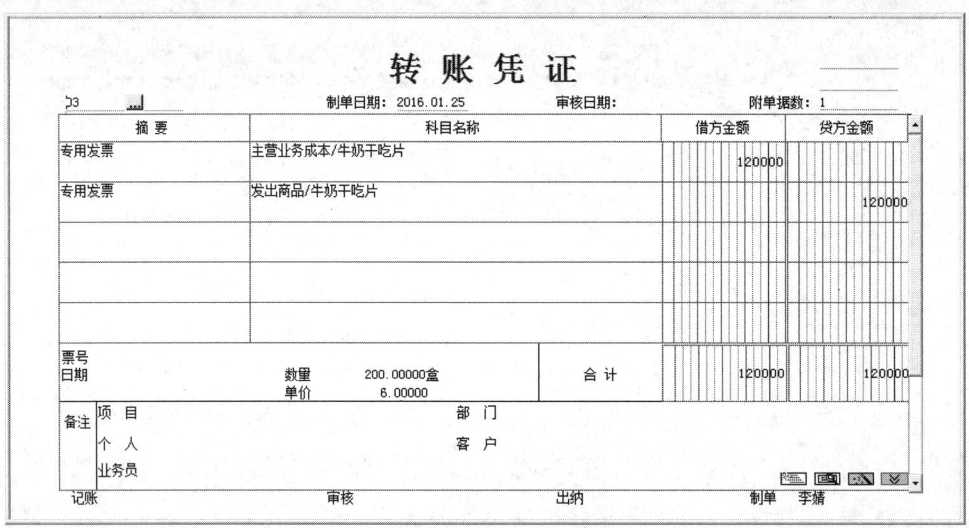

转 账 凭 证

记 3　制单日期：2016.01.25　审核日期：　附单据数：1

摘 要	科目名称	借方金额	贷方金额
专用发票	主营业务成本/牛奶干吃片	120000	
专用发票	发出商品/牛奶干吃片		120000
票号 日期	数量 200.00000盒 单价 6.00000 合 计	120000	120000

备注　项 目　部 门
个 人　客 户
业务员

记账　审核　出纳　制单 李婧

图 12.37　委托代销结算成本结转凭证

12.3.4　分期收款业务

分期收款业务，顾名思义就是对分期收回货款的一种销售形似，类似于委托代销业务，属于发出商品结算范畴。分期收款销售的特点是：一次发货，当时不确认收入，分次确认收入，在确认收入的同时配比性地转成本，直至全部收款，全部确认收入，全部结转完成本后方可完成该笔分期收款销售业务。进行分期收款业务操作前必须在销售选项中选中“有分期收款业务”参数，才能使用分期收款业务。分期收款业务只能先发货后开票，不能开票直接发货。分期收款的业务流程，如图 12.38 所示。

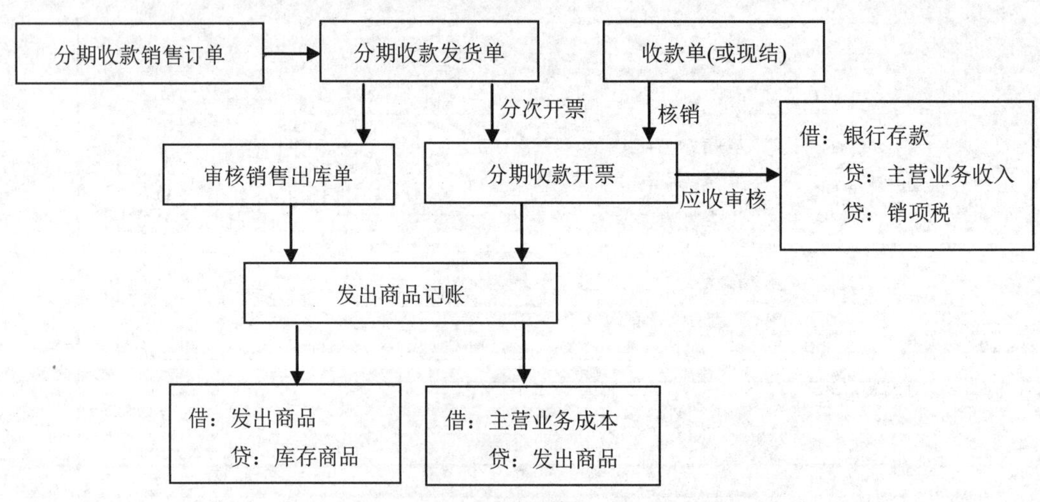

图 12.38　分期收款的业务流程图

案例 12.12　2016 年 1 月 26 日，销售部售给北京广发公司特仑苏盒装 100 箱，无税单价 45 元/盒，税率 17%。合同约定款项可以一个月内分两次收回货款，收回货款时开具相应金额的销售专用发票，确认销售收入并结转成本。当天从产成品库房发货并收到客户交来的第一批货款 2632.5 元，以转账支票支付，支票号为 ZZ006。

操作步骤：

(1) 以销售主管“孙东明”的身份登录企业应用平台，登录日期为 2016-01-26。

(2) 执行“供应链”→“销售管理”→“销售订货”→“销售订单”命令，打开“销售订单”录入窗口。

(3) 单击“增加”按钮，选择业务类型为“分期收款”，录入销售订单的相关信息，单击“保存”按钮，然后单击“审核”按钮，审核销售订单。

(4) 执行“供应链”→“销售管理”→“销售发货”→“发货单”命令，自动弹出“参照订单”查询条件窗口，关闭该窗口。

(5) 修改发货单的业务类型为“分期收款”，单击“订单”按钮，弹出“查询条件—参照订单”对话框，单击“确定”按钮，即可显示出刚才保存的分期收款订单，如图 12.39 所示。参照分期收款订单生成分期收款发货单，仓库为“产成品库房”，日期为 2016.01.26。单击“保存”按钮，然后单击“审核”按钮，“审核”分期收款发货单。

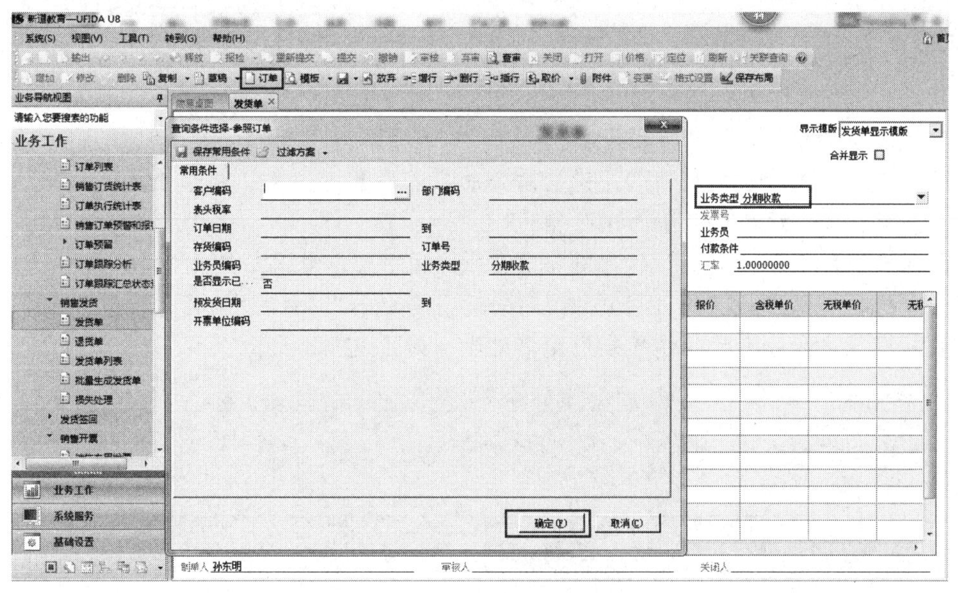

图 12.39　分期收款发货单

(6) 执行 “供应链”→“销售管理”→“销售开票”→“销售专用发票”命令，弹出“查询条件选择—参照订单”对话框，单击“确定”按钮，关闭该对话框。修改销售专用发票的业务类型为“分期收款”，单击“生单”下拉菜单，选择“参照发货单”，弹出“参照发货单”查询条件窗口，单击“确定”按钮，参照分期收款发货单生成分期收款专用发票，如图 12.40 所示。

(7) 修改数量为 50，其余信息选择系统默认，价税合计自动计算为 2632.5，单击“保存”按钮，然后单击是“现结”按钮，现结分期收款专用发票，录入结算方式为“转账支票”、金额 2632.5、支票号 ZZ006 后单击“确定”按钮，完成现结。

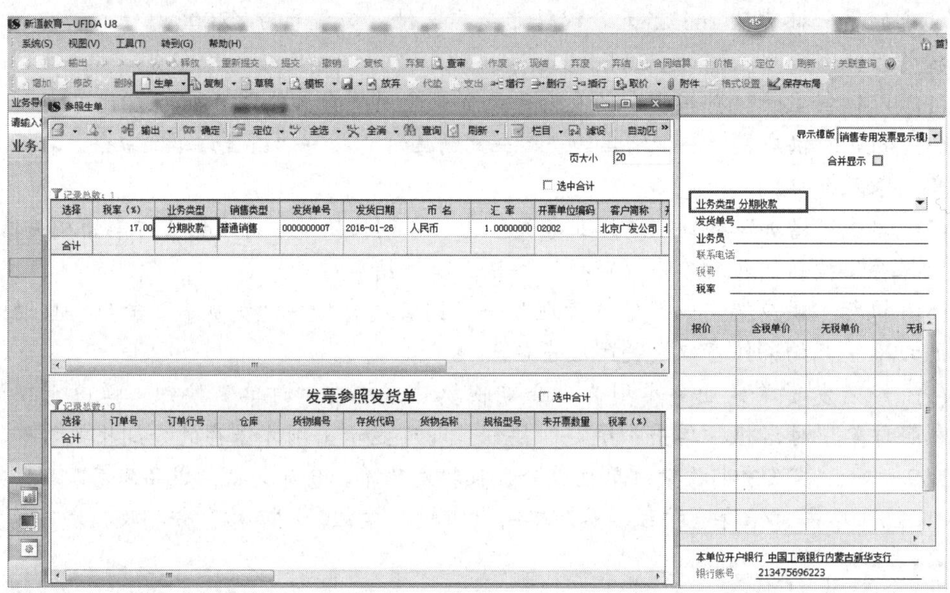

图 12.40　分期收款销售专用发票

(8) 复核分期收款销售专用发票。

(9) 以仓库主管“史艳”的身份登录企业应用平台，登录日期为 2016-01-26。审核销售出库单，此出库单的数量为 100 箱。

(10) 以会计主管“李婧”的身份登录企业应用平台，登录日期为 2016-01-26。

(11) 执行“供应链”→“存货核算”→“业务核算”→“发出商品记账”命令，对分期收款发货单和分期收款销售专用发票记账，如图 12.41 所示。

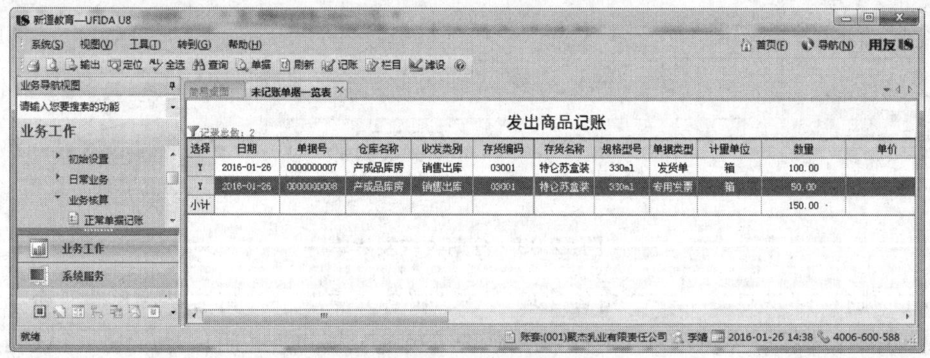

图 12.41　发出商品和销售发票记账

(12) 执行“供应链”→“存货核算”→“财务核算”→“生成凭证”命令，选择分期收款发货单和分期收款销售专用发票，如图 12.42 所示。

凭证类别　01 收款凭证

选择	单据类型	单据号	摘要	科目类型	科目编码	科目名称	借方金额	贷方金额	借方数量	贷方数量	科目方向	存货编码	存货名称	存货代码	规格型号	部
1	发货单	0000000007	发货单	发出商品	140601	特仑苏盒装牛奶	3,000.00		100.00		1	03001	特仑苏...		330ml	04
				存货	140501	特仑苏盒装牛奶		3,000.00		100.00	2	03001	特仑苏...		330ml	04
	专用发票	0000000008	专用发票	对方	640101	特仑苏盒装牛奶	1,500.00		50.00		1	03001	特仑苏...		330ml	04
				发出商品	140601	特仑苏盒装牛奶		1,500.00		50.00	2	03001	特仑苏...		330ml	04
合计							4,500.00	4,500.00								

图 12.42　生成分期收款凭证

(13) 生成发出商品凭证(如图 12.43 所示)和成本结转凭证(如图 12.44 所示)。

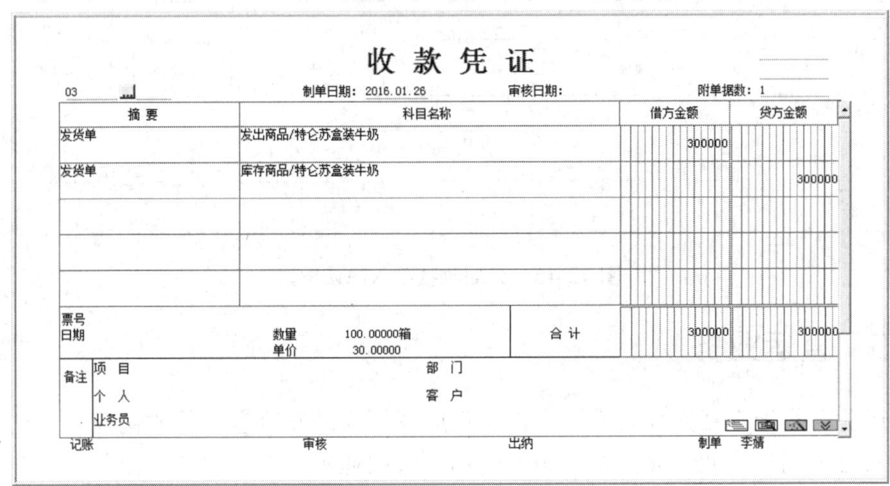

收 款 凭 证

03　　制单日期：2016.01.26　　审核日期：　　附单据数：1

摘 要	科目名称	借方金额	贷方金额
发货单	发出商品/特仑苏盒装牛奶	300000	
发货单	库存商品/特仑苏盒装牛奶		300000
票号 日期　数量 100.00000箱 单价 30.00000	合 计	300000	300000

备注　项 目　　部 门
个 人　　客 户
业务员

记账　　审核　　出纳　　制单　李婧

图 12.43　分期收款发出商品凭证

转 账 凭 证

03　字　　制单日期：2016.01.26　　审核日期：　　附单据数：1

摘 要	科目名称	借方金额	贷方金额
专用发票	主营业务成本/特仑苏盒装牛奶	150000	
专用发票	发出商品/特仑苏盒装牛奶		150000
票号 日期　数量 50.00000箱 单价 30.00000	合 计	150000	150000

备注　项 目　　部 门
个 人　　客 户
业务员

记账　　审核　　出纳　　制单　李婧

图 12.44

(14) 执行“财务会计”→“应收款管理”→“应收单据处理”→“应收单据审核”命令，选中“包含已现结发票”复选框，对销售专用发票审核并制单，生成收入确认凭

证，如图 12.45 所示。

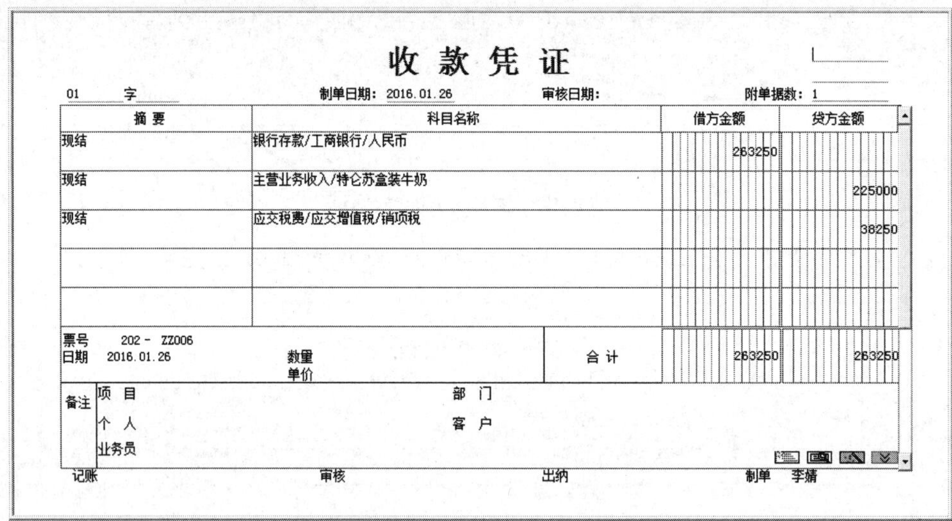

收 款 凭 证

01 字　　制单日期：2016.01.26　　审核日期：　　附单据数：1

摘要	科目名称	借方金额	贷方金额
现结	银行存款/工商银行/人民币	263250	
现结	主营业务收入/特仑苏盒装牛奶		225000
现结	应交税费/应交增值税/销项税		38250
票号 202 - ZZ006 日期 2016.01.26	数量 单价　　合计	263250	263250

备注　项目　　部门
　　　个人　　客户
　　　业务员

记账　　审核　　出纳　　制单 李婧

图 12.45　分期收款收入确认凭证

12.3.5　直运业务

直运业务是指产品无须入库，直接由供应商将商品发给客户的购销业务。结算时，由购销双方分别与企业结算，企业赚取购销差价的业务。直运业务操作前必须在销售选项中选中“有直运销售业务”参数，才能使用直运业务。直运业务包括直运销售业务和直运采购业务，没有实物的出入库，货物流向是直接从供应商到客户，财务结算通过直运销售发票和直运采购发票解决。直运业务的流程如图 12.46 所示。

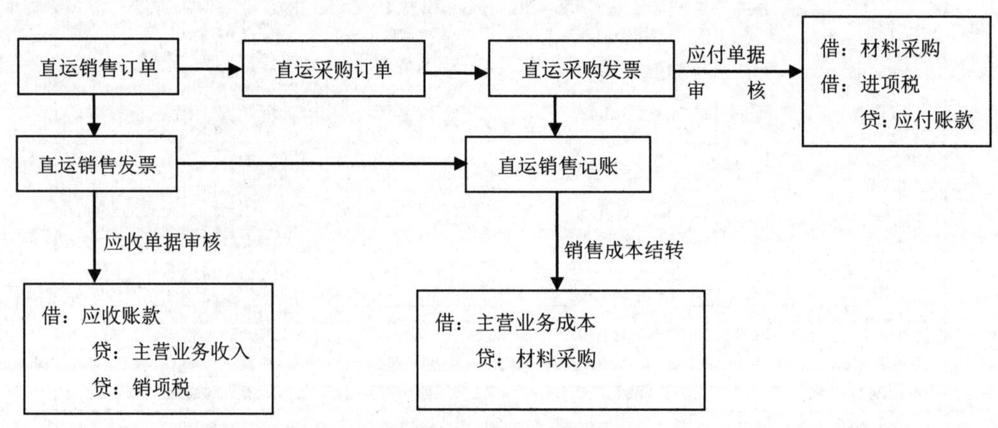

图 12.46　直运业务流程图

案例 12.13　2016 年 1 月 28 日，销售部售给北京广发公司液态奶 3 吨，无税单价 6500 元/吨，税率 17%。当天企业向内蒙古锡林浩特青城牧业有限公司提交了采购订单，无税单价 5000 元/吨。1 月 30 日，货物由内蒙古锡林浩特青城牧业有限公司直接送至北京广

发公司，贷款暂欠。当天，企业收到内蒙古锡林浩特青城牧业有限公司开具的采购专用发票，同时向客户北京广发公司开具了销售专用发票。财务部进行成本和收入的确认。

操作步骤：

(1) 以销售主管"孙东明"的身份登录企业应用平台，登录日期为 2016-01-28。

(2) 执行"供应链"→"销售管理"→"销售订货"→"销售订单"命令，打开"销售订单"录入窗口。

(3) 单击"增加"按钮，选择业务类型为"直运销售"，录入销售订单的相关信息，单击"保存"按钮，然后单击"审核"按钮，"审核"销售订单。

(4) 以采购主管"左林"的身份登录企业应用平台，登录日期为 2016-01-28。

(5) 执行"供应链"→"采购管理"→"采购订货"→"采购订单"命令，打开"采购订单"窗口，单击"增加"按钮，修改业务类型为"直运采购"，单击"生单"下拉菜单，选择"销售订单"选项，参照直运销售订单，生成直运采购订单，如图 12.47 所示。录入原币单价 5000，供应商为"内蒙古锡林浩特青城牧业有限公司"，采购类型为"普通采购"，预计到货日期为 2016-01-30，单击"保存"按钮，然后单击"审核"按钮，"审核"直运采购订单。

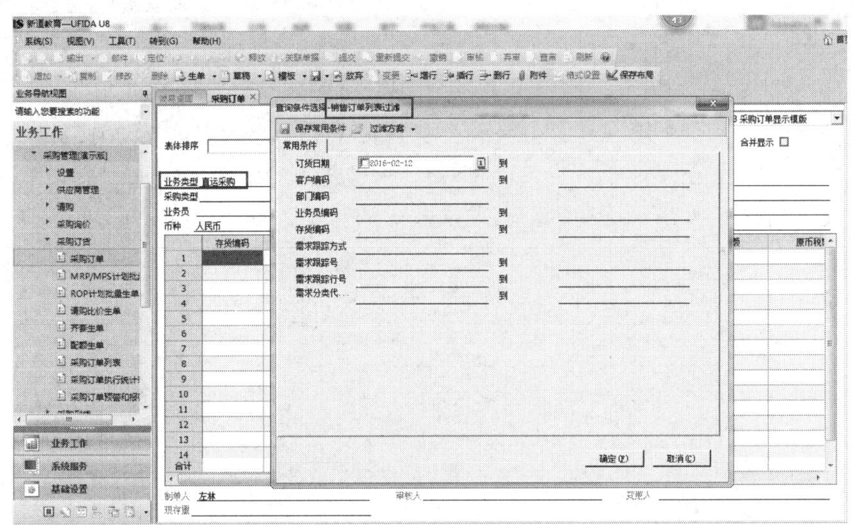

图 12.47 直运采购订单

(6) 执行"供应链"→"采购管理"→"采购发票"→"专用采购发票"命令，单击"增加"按钮，修改业务类型为"直运采购"，单击"生单"下拉菜单，选择"采购订单"命令，参照直运采购订单，生成直运采购专用发票。修改发票日期为 2016.01.30，"保存"直运采购发票。

(7) 以销售主管"孙东明"的身份登录企业应用平台，登录日期为 2016-01-30。

(8) 执行"供应链"→"销售管理"→"销售开票"→"销售专用发票"命令，打开"销售专用发票"窗口。单击"增加"按钮，弹出"参照订单"查询条件窗口，关闭该窗口。修改销售专用发票业务类型为"直运销售"，单击"生单"下拉菜单，选择"参照订单”，弹出“参照订单”查询条件窗口，单击“确定”按钮，参照直运销售订单生成直运销售发票。仓库不用录入，单击“保存”按钮，然后单击“复核”按钮，复核直运销售发票，如图 12.48 所示。

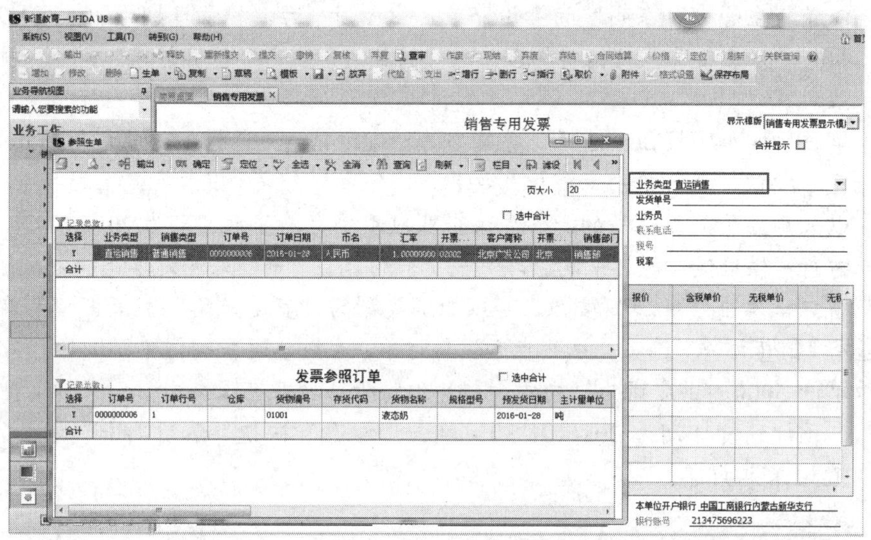

图 12.48　直运销售发票

(9) 以会计主管“李婧”的身份登录企业应用平台，登录日期为 2016-01-30。

(10) 执行“财务会计”→“应收款管理”→“应收单据处理”→“应收单据审核”命令，对直运销售发票审核并制单，生成收入确认凭证，如图 12.49 所示。

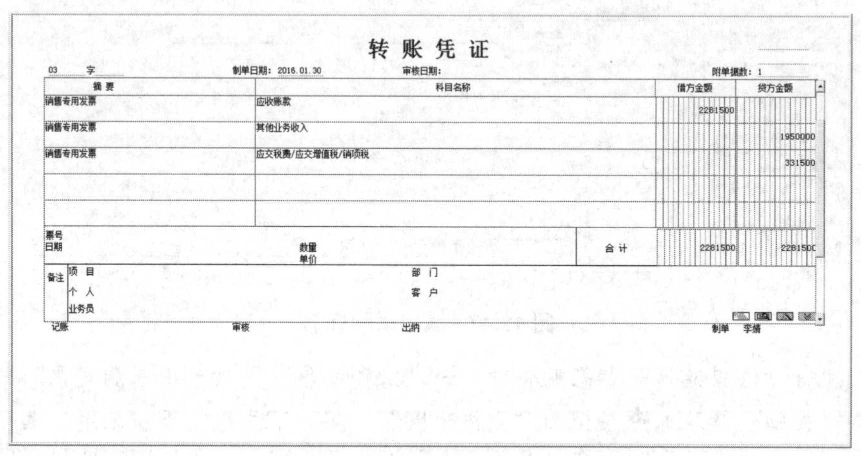

图 12.49　应收审核销售发票生成收入确认凭证

(11) 执行“财务会计”→“应付款管理”→“应付单据处理”→“应付单据审核”命令，对直运采购发票审核，选择立即制单。修改凭证类别为“转账凭证”，采购成本的会计科目为“140101 材料采购/液态奶”，保存凭证，如图 12.50 所示。

(12) 执行“供应链”→“存货核算”→“业务核算”→“直运销售记账”命令，对

直运采购发票和直运销售发票记账，如图 12.51 所示。

图 12.50 应付审核直运采购发票

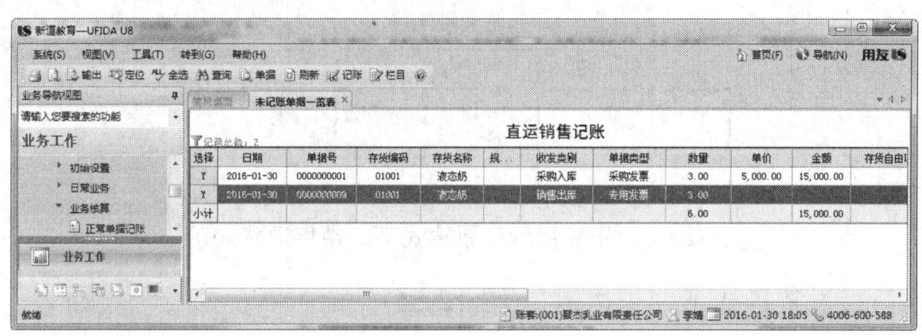

图 12.51 直运销售记账

(13) 执行“供应链”→“存货核算”→“财务核算”→“生成凭证”命令，选择直运销售发票，修改对方科目为“6402 其他业务成本”，存货科目为“材料采购/液态奶 ”，如图 12.52 所示。

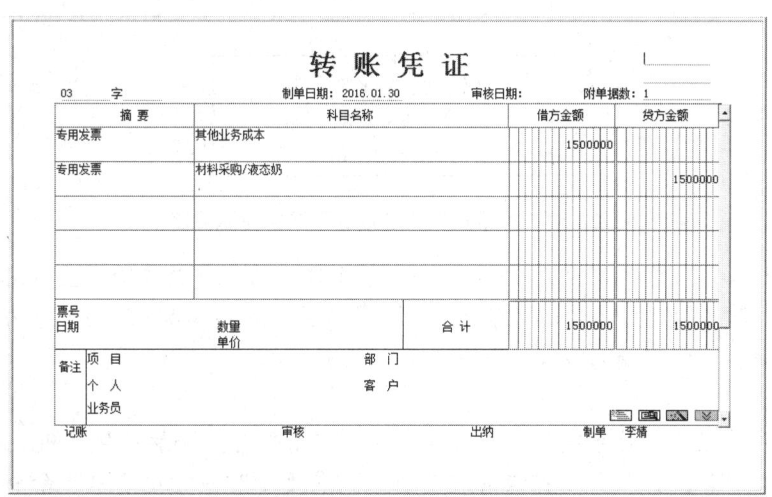

图 12.52 直运出库成本确认凭证

12.3.6 销售退货

销售退货是指客户因质量、品种、数量不符合规定要求而将已购货物退回。退货分为两种情况：①先发货后开票模式下的销售退货；②开票直接发货模式下的销售退货。

如果只是进行了产品的出库而未给客户开具销售发票，则可以录入退货单并审核后和之前录入的已审核发货单一同参照生成红字销售发票。

1. 先发货后开票模式下的销售退货(图 12.53)

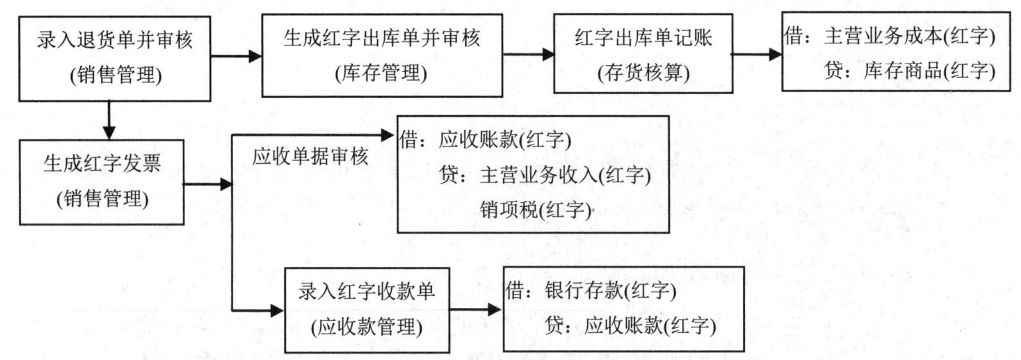

图 12.53 先发货后开票模式下的销售退货流程

2. 开票直接发货模式下的销售退货(图 12.54)

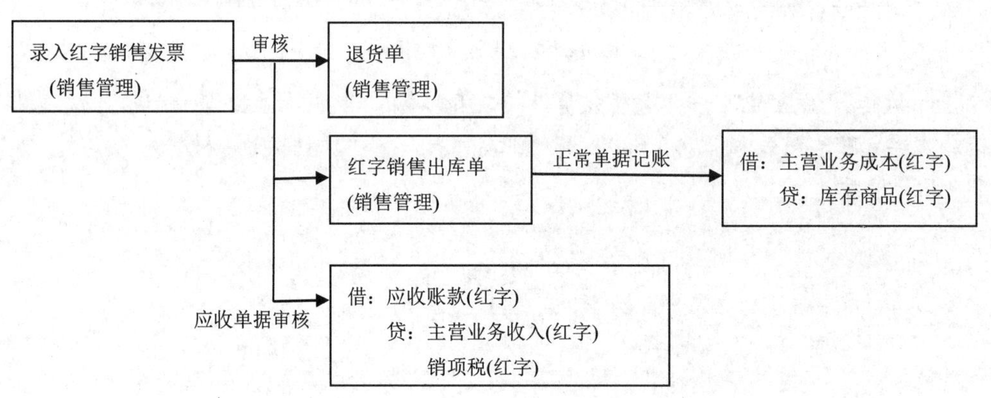

图 12.54 开票直接发货模式下的销售退货流程

案例 12.14 接案例 12.10，2016 年 1 月 14 日，销售部销售给联盛公司的牛奶干吃片由于质量问题发生退货，退回数量为 8 件，退回至产成品库房，退回日期为 1 月 30 日。填制退货单并生成红字销售发票。采用先发货后开票模式。

操作步骤：

(1) 以销售主管“孙东明”的身份登录企业应用平台，登录日期为 2016-01-30。

(2) 执行“供应链”→“销售管理”→“销售发货”→“退货单”命令，打开“退货单”窗口。单击“增加”按钮，弹出“参照订单”查询界面，单击“确定”按钮，找

到 1 月 14 日联盛公司的销售订单，再次单击“确定”按钮。

(3) 打开退货单录入窗口，修改仓库名称为“产成品库房”，数量为-8，其他保持不变，单击“保存”按钮，然后单击“审核”按钮，“审核”销售退货单，如图 12.55 所示。

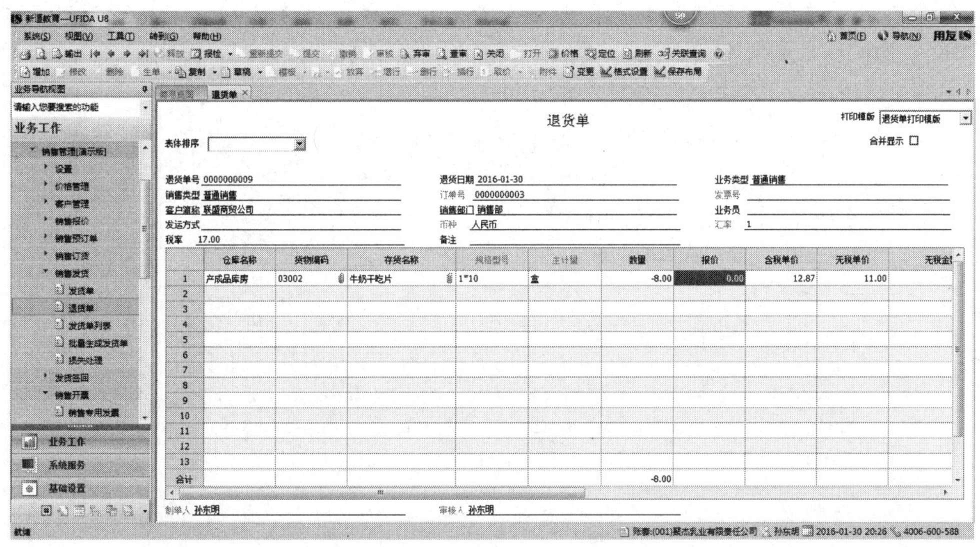

图 12.55　“退货单”录入窗口

(4) 执行“供应链”→“销售管理”→“销售开票”→“红字专用销售发票”命令，选择参照发货单生单，在“查询条件选择-发票参照发货单”对话框中，修改发货单类型为“红字记录”，单击“确定”按钮，如图 12.56 所示。

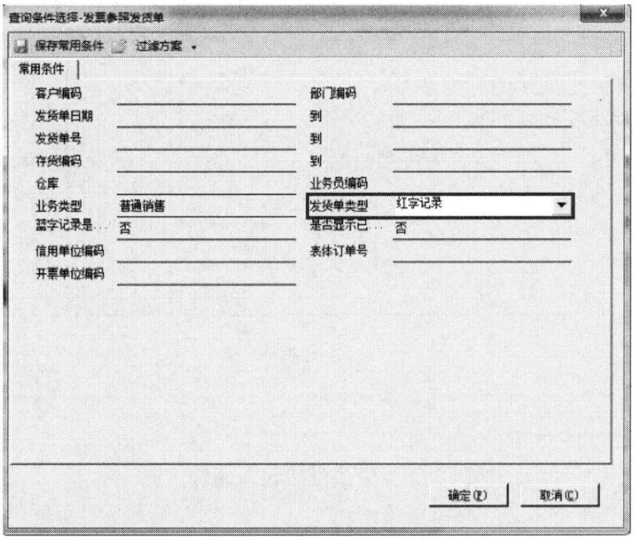

图 12.56　参照退货单生成红字专用发票

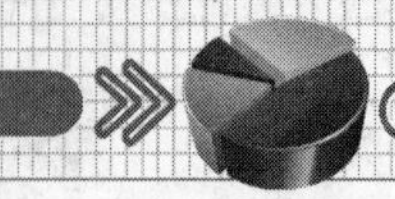

(5) 生成红字专用销售发票，单击“保存”按钮，然后单击“审核”按钮，“审核”发票。

(6) 以仓库主管“史艳”的身份登录企业应用平台，登录日期为 2016-01-30，审核红字销售出库单。

(7) 以会计主管“李婧”的身份登录企业应用平台，登录日期为 2016-01-30，进行正常单据记账并生成销售成本结转凭证，如图 12.57 所示。

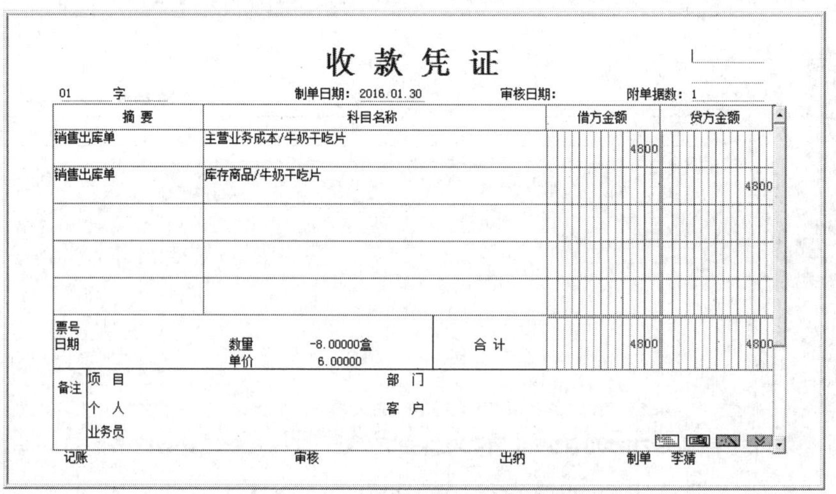

收 款 凭 证

01 字　　制单日期：2016.01.30　　审核日期：　　附单据数：1

摘要	科目名称	借方金额	贷方金额
销售出库单	主营业务成本/牛奶干吃片	4800	
销售出库单	库存商品/牛奶干吃片		4800
票号 日期	数量 -8.00000盒 单价 6.00000 合计	4800	4800

备注　项目　　部门
　　　个人　　客户
　　　业务员

记账　　审核　　出纳　　制单 李婧

图 12.57　生成红字销售成本结转凭证

(8) 在应收款系统下进行应收单据的审核，生成红字销售收入凭证，如图 12.58 所示。

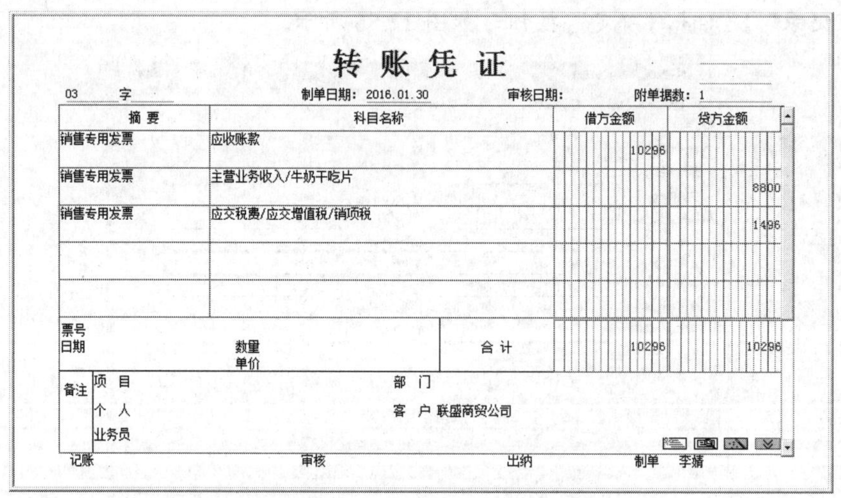

转 账 凭 证

03 字　　制单日期：2016.01.30　　审核日期：　　附单据数：1

摘要	科目名称	借方金额	贷方金额
销售专用发票	应收账款	10296	
销售专用发票	主营业务收入/牛奶干吃片		8800
销售专用发票	应交税费/应交增值税/销项税		1496
票号 日期	数量 单价 合计	10296	10296

备注　项目　　部门
　　　个人　　客户 联盛商贸公司
　　　业务员

记账　　审核　　出纳　　制单 李婧

图 12.58　生成红字收入确认凭证

12.3.7　零售业务

零售业务是处理商业企业将商品销售给零售客户的销售业务，如果用户有零售业务，

相应的销售票据是按销售订单汇总数据，然后通过零售日报进行处理。这种业务常见于商场、超市及企业的各零售店。使用零售业务前应修改销售选项，选中“有零售日报业务”复选框。零售业务的业务流程如图 12.59 所示。

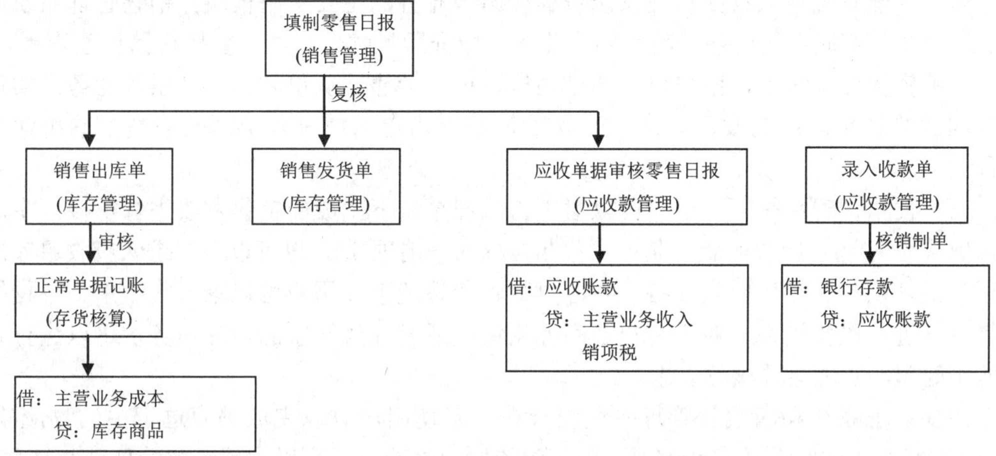

图 12.59　零售业务的业务流程

12.3.8　销售管理系统的月末处理

月末结账是将当月的单据数据封存，结账后不允许再对该会计期的销售单据进行增加、修改和删除处理。

案例 12.15　对销售管理系统月末结账。

操作步骤：

(1) 以销售主管“孙东明”的身份登录企业应用平台，登录日期为 2016-01-31。

(2) 执行“供应链”→“销售管理”→“月末结账”命令，打开“结账”对话框，选择会计月份为 1 月份，单击“结账”按钮，如图 12.60 所示。

(3) 系统弹出“销售管理”对话框，如图 12.61 所示。单击“否”按钮，结账成功。

(4) 结账后，如果要取消结账，单击“取消结账”按钮即可。

图 12.60　“结账”对话框

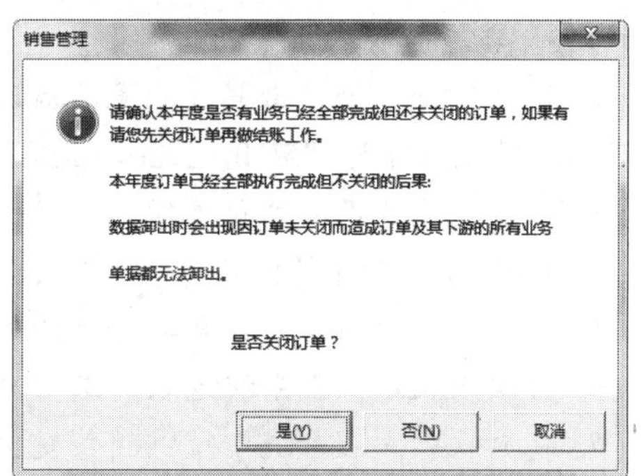

图 12.61　“销售管理”对话框

项 目 小 结

销售管理系统与应收款管理系统是实现销售业务的主要应用模块。销售管理系统用于实现企业的普通销售业务和特殊销售业务，如分期收款、直运、委托代销和退货等。

在销售管理系统下，用户可以通过销售订单、销售发货单和销售开票等业务来实现由合同的签订到商品的发出，最后开具销售发票确定销售收入金额的最基本销售业务流程。

在应收款管理系统下，用户可以对销售管理系统下生成的销售发票进行审核，生成收入确认凭证(借：应收账款　贷：主营业务收入—销项税)，也可以手工录入应收单完成除正常销售以外的其他应收业务。在应收款管理系统下，用户可以录入收款单、票据等收款单，进行收款核销。对于客户之间挂账错误或者红蓝发票的对冲业务，可以进行各种转账处理，实现会计核算要求。

销售管理系统和应收款管理系统结合在一起使用，可以完成销售过程中的物流(发货)、信息流(各项单据)和资金流(财务处理)的协同处理，既可以实现销售的处理和结算，也可以查询客户的应收款余额，清楚了解销售订单的执行情况和客户的收款情况，以此更好地对应收账款进行管理，提高资金使用效率。

学生在学习该项目时应掌握如下基础知识。

(1) 熟练掌握正常销售业务的处理流程及财务核算方法、生成相应的会计分录。

(2) 掌握销售现结、代垫费用和销售退货的业务处理流程及财务核算方法，生成相应的会计分录。

(3) 了解委托代销、分期收款和直运销售的业务处理流程及财务核算方法，生成相应的会计分录。

(4) 掌握销售业务的月末结账和取消月末结账的处理方法。

拓展闯关 10

1. 以系统管理员 admin 的身份登录系统管理，引入账套“供应链初始化账套”。(项目十案例 10.22)

2. 1 月 10 日，销售部售给内蒙古康德公司特仑苏盒装 10 箱，无税单价 45 元/盒，税率 17%，付款条件为“5/10，2/20，*n*/30”，填制销售订单。

3. 当天商品从产成品仓库发出，根据销售订单生成销售发货单。

4. 1 月 10 日，开具销售专用发票。

5. 审核销售出库单，正常单据记账并结转销售成本。

6. 修改应收款管理系统选项，选中“核销生成凭证”复选框。

7. 在应收款管理系统中审核销售发票并制单。

8. 1 月 16 日，收到内蒙古康德交来的现金 500.17 元，录入收款单并审核制单。

9. 选择手工核销，系统自动根据付款条件计算现金折扣为 26.33 元，核销并制单。

10. 1 月 18 日，销售部向北京广发公司销售牛奶干吃片 50 盒，无税单价 11 元/盒，预计发货日期为 1 月 18 日；特仑苏盒装 30 箱，无税单价 45 元/箱，预计发货日期为 1 月 20 日。填制销售订单。

11. 1 月 18 日，先从产成品仓库发出牛奶干吃片 50 盒，生成并审核销售发货单。

12. 1 月 20 日，从产成品仓库发出特仑苏盒装 30 箱，生成并审核销售发货单。

13. 参照两张发货单生成一张销售发票，保存该发票并复核。

14. 在应收款管理系统下审核该销售发票，生成收入确认凭证。

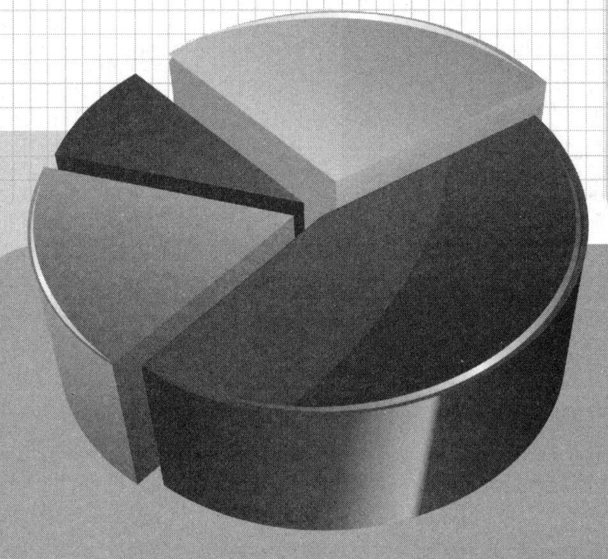

项目 13 库存管理系统

职业能力目标

了解库存管理系统的基本功能，理解库存管理系统与其他系统的数据传递关系；掌握库存管理的出入库和盘点业务的处理方法。

典型工作任务

- 入库与出库业务处理
- 盘点业务处理

知识结构

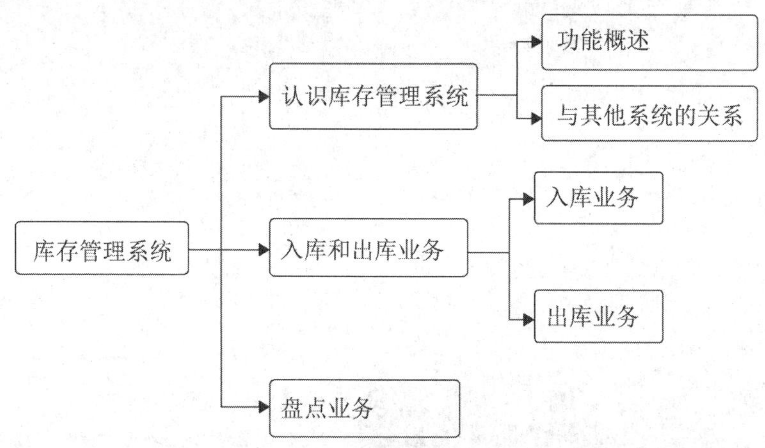

任务 13.1　认识库存管理系统

库存管理系统是用友 ERP-U8 V10.1 版本供应链部分的重要产品，能够满足采购入库、销售出库、产成品入库、材料出库(配额发料、限额发料)、其他出入库和盘点管理等业务需要，提供仓库货位管理、批次管理、保质期管理、出库跟踪入库管理及可用量管理等全面的业务应用。

13.1.1　认识库存管理系统功能

1. 日常收发存业务处理

库存管理的主要功能就是对采购管理系统、销售管理系统及库存管理系统填制的各种出入库单据进行审核，并对存货的出入库数量进行管理。

2. 库存控制

库存管理支持批次跟踪、保质期管理、委托代销商品管理、不合格品管理、现存量管理以及安全库存管理，对超储、短缺、呆滞积压和超额领料等情况进行报警。

3. 库存账簿及统计分析

库存管理可以提供入库流水账、现存量查询、库存台账、受托代销商品备查簿、委托代销商品备查簿、呆滞积压存货备查簿供用户查询，同时提供各种统计汇总表。

13.1.2　库存管理系统与其他系统的关系

库存管理系统接受来自采购管理系统的采购到货单和委外管理系统的委外到货单，经审核之后，生成采购入库单；接收来自销售管理系统的销售发票，经审核之后，生成销售出库单；库存管理系统还可以参照生产订单、委外订单进行材料发料(材料出库单)；

参照生产订单生成产成品入库单。

库存管理系统可以和采购管理、销售管理和存货核算集成使用，也可以单独使用。在集成应用模式下，库存管理系统与其他系统的关系如图 13.1 所示。

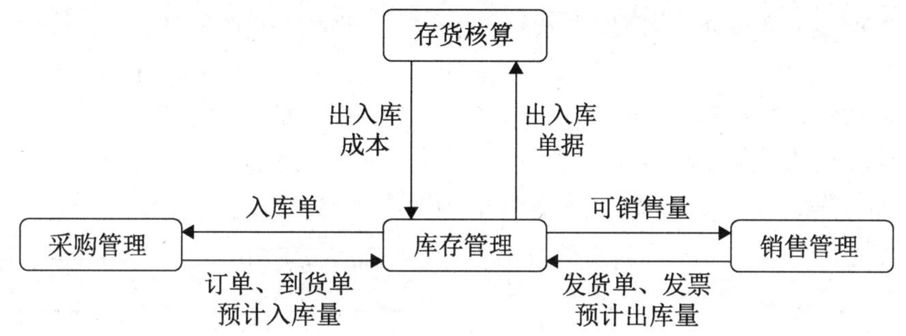

图 13.1　库存管理系统与其他系统的关系

库存管理系统可以参照采购管理系统的采购订单、采购到货单生成采购入库单，库存管理系统将入库情况反馈到采购管理系统，采购管理系统向库存管理系统提供预计入库量。

根据“销售管理系统”→“设置”→“选项”→“是否销售生成出库单”，“库存管理系统”→“设置”→“选项”→“是否库存生成销售出库单”的设置，销售出库单可以在库存管理系统填制、生成，也可以在销售管理系统生成后传递到库存管理系统，库存管理系统再进行审核，但二者只能选择其一。如果选择“库存生成销售出库单”选项，则销售发票审核后，库存管理系统可以对出库单进行修改；如果选择“销售生成销售出库单”选项，库存管理只能对出库单进行审核不能修改。销售管理系统为库存管理系统提供预计出库量，库存管理系统为销售管理系统提供用于销售存货的可用量。

库存管理系统为存货核算系统提供各种出入库单据。所有出入库单均由库存管理系统填制，存货核算只能填写入库单的单价、金额，并可对出入库单进行记账操作，核算入库的成本。

任务 13.2　入库与出库业务

13.2.1　入库业务处理

1. 采购入库业务

采购业务员将采购回来的存货交到仓库时，仓库保管员对其所购存货进行验收确定，填制采购入库单。采购入库单生成的方式有四种：参照采购订单、参照采购到货单、检验入库、直接填制。采购入库单的审核相当于仓库保管员对采购的实际到货情况进行质量、数量的检验和签收。相关业务处理参见项目 11。

2. 产成品入库业务

产成品入库单是管理工业企业的产成品入库、退回业务的单据。对于工业企业，企业对原材料和半成品进行一系列的加工后，形成可销售的商品，然后验收入库。只有工业企业才有产成品入库单，商业企业没有此单据。产成品一般在入库时无法确定成本，所以在填写产成品入库单时，一般不添有单价和金额，只添数量，待月末生产成本计算之后，可以进行产成品成本分配操作，分配后，系统自动根据完工入库产品数量和成本金额自动计算产成品的单位成本，并将成本单价自动回写到产成品入库单中。

产成品入库业务的处理流程，如图 13.2 所示。

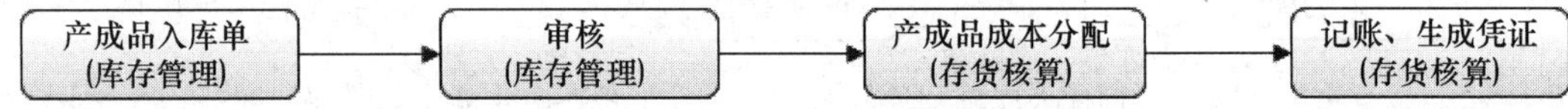

图 13.2　产成品入库业务的处理流程

案例 13.1　2016 年 1 月 15 日，产成品库房收到当月生产部加工的 5000 个牛奶干吃片作为产成品入库。1 月 16 日，产成品库房收到当月生产部加工的 3000 个牛奶干吃片作为产成品入库。随后收到财务部门提供的完工产品成本，其中，牛奶干吃片的总成本为 48 000 元，立即做成本分配，记账生成凭证。

操作步骤：

(1) 以账套主管“李光宁”的身份登录“企业应用平台”，执行“供应链”→“库存管理”→“入库业务”→“产成品入库单”命令，双击打开“产成品入库单”窗口。

(2) 单击“增加”按钮，输入入库日期 2016-01-15，选择仓库为“产成品库房”，入库类别为“产成品入库”，部门为“生产部”。

(3) 选择产品编码为 03002，产品名称“牛奶干吃片”，输入数量 5000，单击“保存”按钮，如图 13.3 所示。

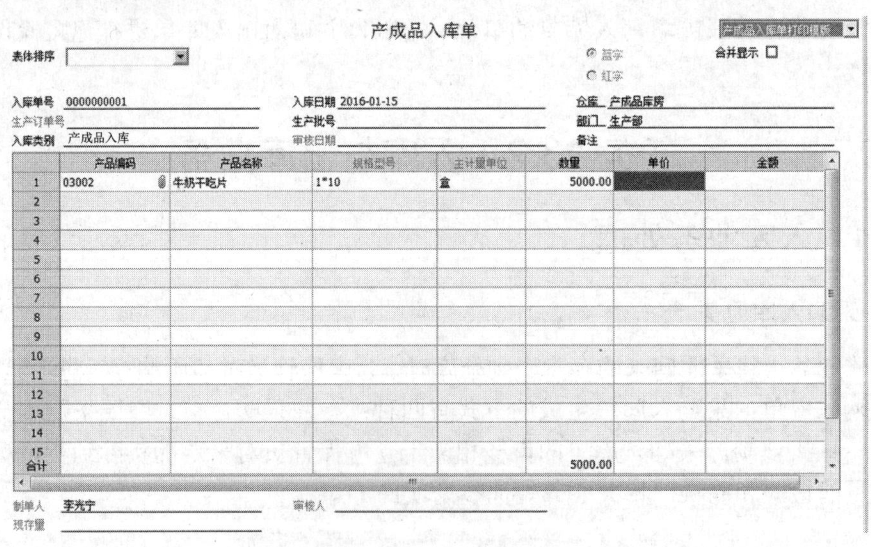

产成品入库单

表体排序　　◉ 蓝字　○ 红字　　合并显示 ☐

入库单号 0000000001　入库日期 2016-01-15　仓库 产成品库房
生产订单号　生产批号　部门 生产部
入库类别 产成品入库　审核日期　备注

	产品编码	产品名称	规格型号	主计量单位	数量	单价	金额
1	03002	牛奶干吃片	1*10	盒	5000.00		
2							
3							
4							
5							
6							
7							
8							
9							
10							
11							
12							
13							
14							
15							
合计					5000.00		

制单人 李光宁　审核人
现存量

图 13.3　产成品入库单的填制

(4) 再单击“审核”按钮，弹出“该单据审核成功！”提示信息，单击“确定”按钮，完成对该单据的审核。

(5) 同理，输入第二张产成品入库单。

(6) 执行“存货核算”→“业务核算”→“产成品成本分配”命令，进入“产成品成本分配表”窗口。

(7) 单击“查询”按钮，打开“产成品成本分配表查询”对话框，选中“产成品库房”复选框，如图13.4所示。

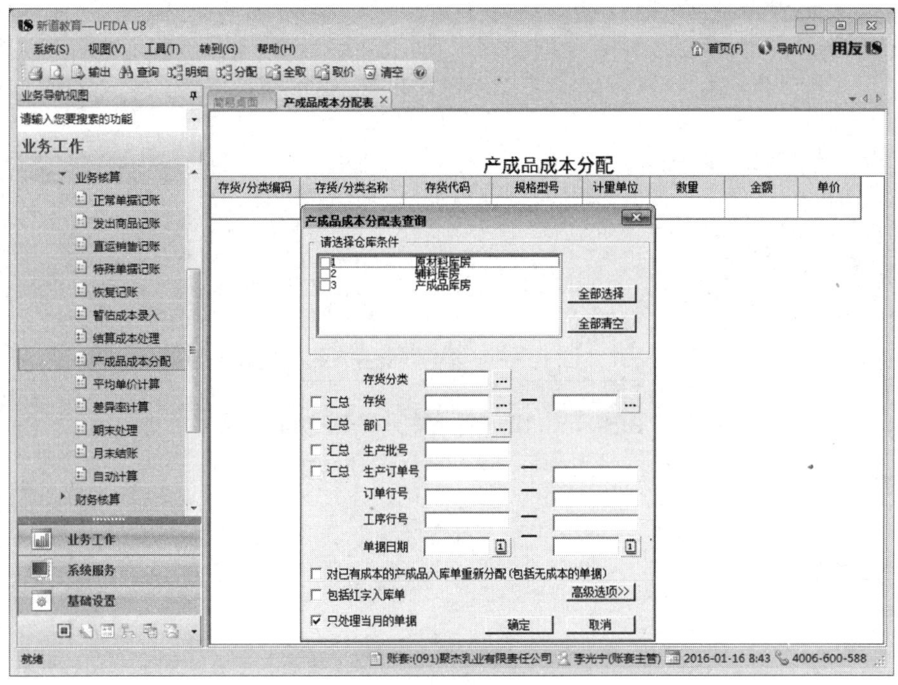

图13.4　“产成品成本分配表查询”对话框

(8) 单击“确认”按钮，系统将符合条件的记录带回“产成品成本分配表”。

(9) 在“03002牛奶干吃片”记录行“金额”栏输入48 000，如图13.5所示。

(10) 单击“分配”按钮，系统弹出“分配操作顺利完成！”提示信息，单击“确定”按钮返回。

(11) 执行“存货核算”→“日常业务”→“产成品入库单”命令，进入“产成品入库单”窗口，查看入库存货单价，单价为6元，如图13.6所示。

(12) 执行“存货核算”→“业务核算”→“正常单据记账”命令，对产成品入库单进行记账处理。

(13) 执行“存货核算”→“财务核算”→“生成凭证”命令，选择“产成品入库单”生成凭证。在“生成凭证”窗口，选择凭证类别为“转账凭证”，单击“合成”按钮，可合并生成一张入库凭证，修改制单日期为2016.01.16，单击“保存”按钮，生成转账凭证，如图13.7所示。

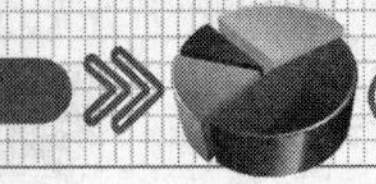

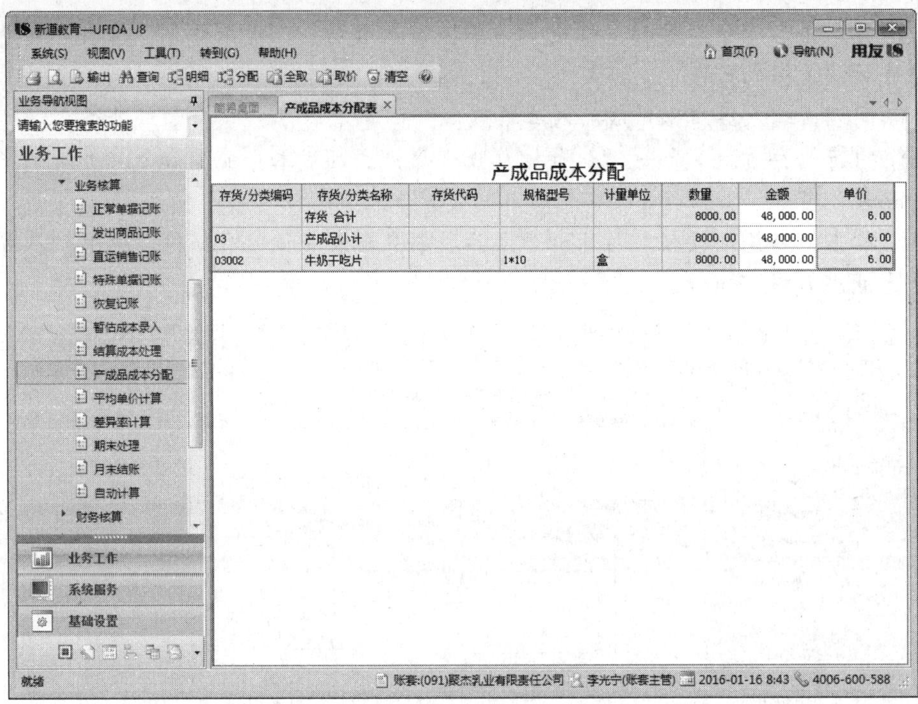

图 13.5 “产成品成本分配表”窗口

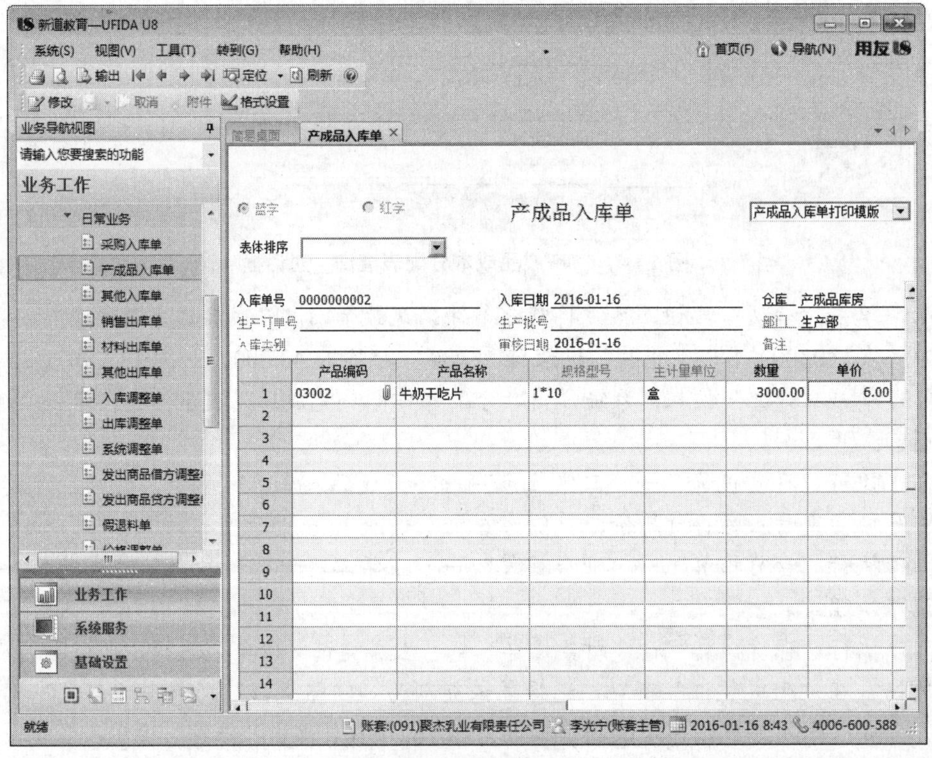

图 13.6 “产成品入库单”窗口

面向十二五高职高专会计专业规划教材

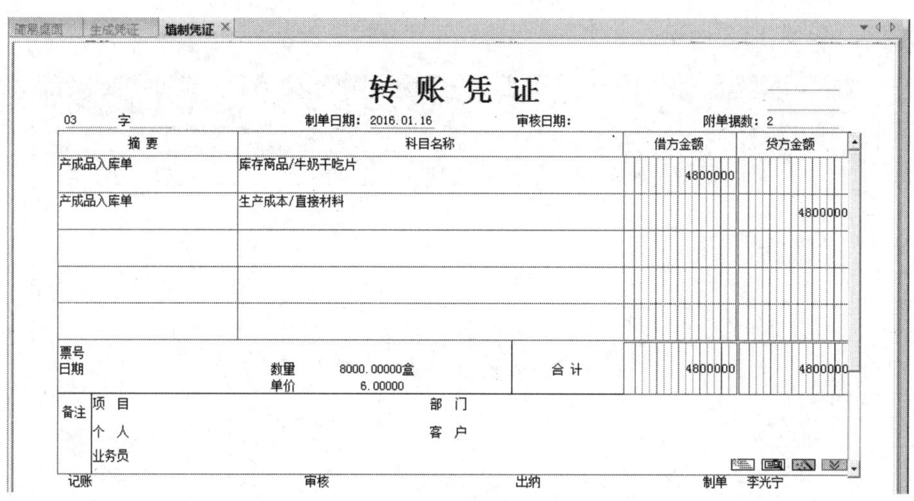

转 账 凭 证

03　字　　制单日期：2016.01.16　　审核日期：　　附单据数：2

摘要	科目名称	借方金额	贷方金额
产成品入库单	库存商品/牛奶干吃片	4800000	
产成品入库单	生产成本/直接材料		4800000
票号 日期	数量 8000.00000盒 单价 6.00000	合计 4800000	4800000

备注　项目　　部门

个人　　客户

业务员

记账　　审核　　出纳　　制单　李光宁

图 13.7　转账凭证

提示:

- 产成品入库单上不添加单价，待产成品分配后会自动写入。
- 生产成本、直接材料为项目核算科目，本业务项目为“牛奶干吃片”。

13.2.2　出库业务处理

1. 销售出库业务

如果没有启用销售管理系统，销售出库单需要手工增加。如果启用了销售管理系统，则在销售管理系统中填制的销售发票、发货单、销售调拨单等，经复核后均可以参照生成销售出库单。根据选项设置，销售出库单可以在库存管理系统填制、生成，也可以在销售管理系统生成后传递到库存管理系统，库存管理系统再进行审核。相关业务处理参见项目 12。

2. 领料出库业务

材料出库单是工业企业领用材料时所填制的出库单据，材料出库单也是日常业务处理和记账的主要原始单据之一。只有工业企业才有材料出库单，商业企业没有此单据。

案例 13.2　2016 年 1 月 17 日，生产部向原材料库房领用液态奶 20 吨，用于生产牛奶干吃片产品。记材料明细账，生成领料凭证。

操作步骤:

(1) 以账套主管“李光宁”的身份登录企业应用平台，打开工作列表中的“业务工作”选项卡，执行“供应链”→“库存管理”→“出库业务”→“材料出库单”命令，进入“材料出库单”窗口。

(2) 单击“增加”按钮，填写出库日期为 2016-01-17，选择仓库为“原材料库房”，出库类别为“材料领用出库”，部门为“生产部”。

(3) 选择材料编码为 01001，材料名称为“液态奶”，输入数量 20，单击“保存”按钮，如图 13.8 所示。

图 13.8 “材料出库单”窗口

(4) 再单击“审核”按钮。

(5) 执行“存货核算”→“业务核算”→“正常单据记账”命令，对材料出库单记账。

(6) 执行“存货核算”→“财务核算”→“生成凭证”命令，选择材料出库单生成凭证。在“生成凭证”窗口，选择凭证为“转账凭证”，单击“合成”按钮，可合成并生成一张出库凭证，修改制单日期为 2016.01.17，单击“保存”按钮，生成转账凭证，如图 13.9 所示。

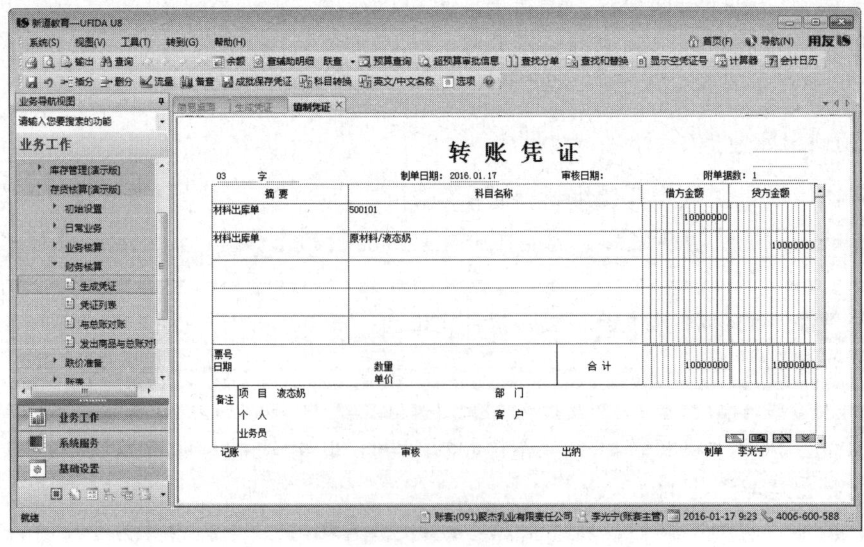

图 13.9 转账凭证

提示:

生产成本、直接材料为项目核算科目，本业务项目为“液态奶”。

任务 13.3　盘 点 业 务

为了保证企业库存资产的安全和完整，做到账实相符，企业必须对存货进行定期的清查，查明存货盘盈、盘亏、毁损的数量以及造成的原因，并据此编制存货盘点报告表，按规定程序报有关部门批准。经有关部门批准后，应进行相应的账务处理，调整存货账的账面数，使存货账面记录与库存实物核对相符。

盘点时系统提供多种盘点方式，如按仓库盘点、按批次盘点和按类别盘点等，还可对各仓库或批次中的全部或部分进行盘点，盘盈、盘亏自动生成其他出入库单。

案例 13.3　2016 年 1 月 31 日，对辅料库房的果胶存货进行盘点，盘点后，发现多出 200 千克。经确认，该果胶的成本为 80.00 元/千克。经查明，该存货是非正常原因造成的原材料盘盈。

操作步骤:

(1) 以账套主管“李光宁”的身份登录企业应用平台，执行“业务工作”→“供应链”→“库存管理”→“盘点业务”命令，打开“盘点单”窗口。

(2) 单击“增加”按钮，输入盘点日期为 2016-01-31，选择盘点仓库为“辅料库房”，出库类别为“盘亏出库”，入库类别为“盘盈入库”，单击“盘库”按钮，系统弹出“库存管理”提示对话框，如图 13.10 所示。

图 13.10　“盘点单”窗口

(3) 单击“是”按钮，弹出“盘点处理”对话框，选择盘点方式为“按仓库盘点”，如图 13.11 所示。

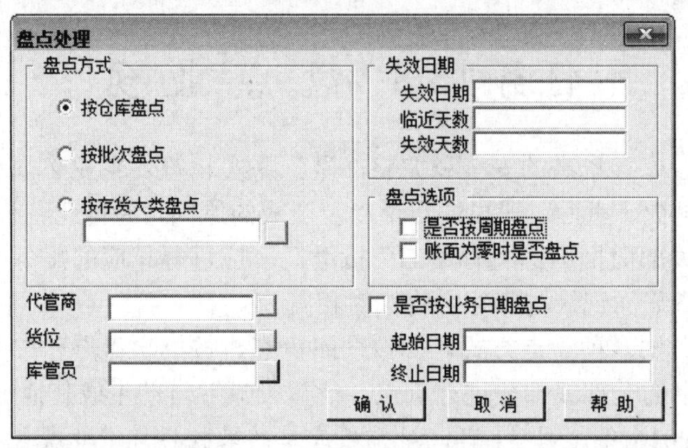

图 13.11 “盘点处理”对话框

(4) 单击“确认”按钮，系统将盘点结果带入“盘点单”窗口，输入果胶的“盘点数量”为 2950.00，单价 80.00，如图 13.12 所示。

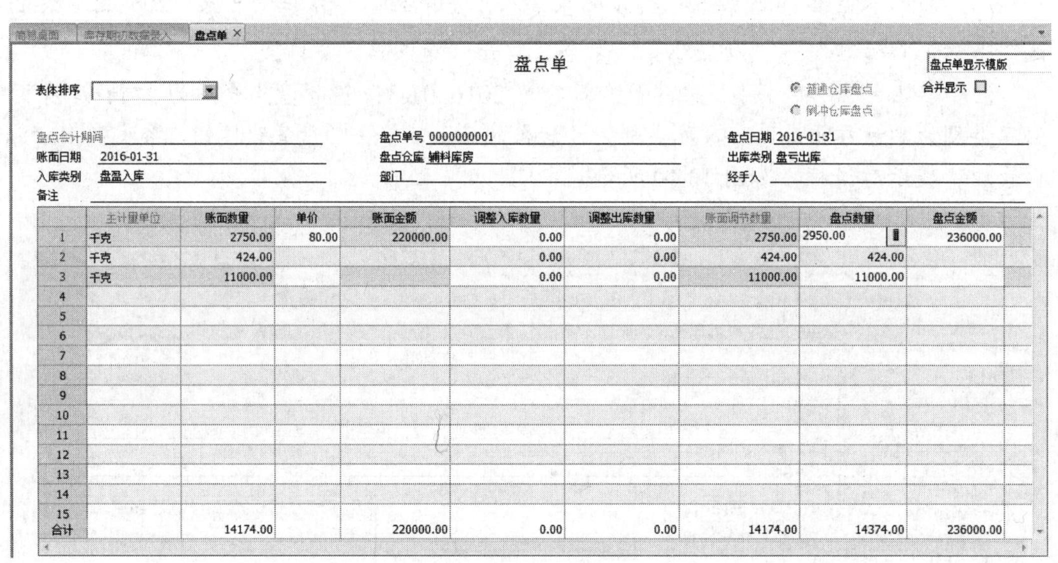

盘点单

表体排序　　普通仓库盘点　倒冲仓库盘点　合并显示　盘点单显示模版

盘点会计期间　　盘点单号 0000000001　　盘点日期 2016-01-31
账面日期 2016-01-31　　盘点仓库 辅料库房　　出库类别 盘亏出库
入库类别 盘盈入库　　部门　　经手人
备注

	主计量单位	账面数量	单价	账面金额	调整入库数量	调整出库数量	账面调节数量	盘点数量	盘点金额
1	千克	2750.00	80.00	220000.00	0.00	0.00	2750.00	2950.00	236000.00
2	千克	424.00			0.00	0.00	424.00	424.00	
3	千克	11000.00			0.00	0.00	11000.00	11000.00	
4									
5									
6									
7									
8									
9									
10									
11									
12									
13									
14									
15									
合计		14174.00		220000.00	0.00	0.00	14174.00	14374.00	236000.00

图 13.12 盘点单的录入

(5) 单击“保存”按钮，然后单击“审核”按钮。

(6) 执行“库存管理”→“入库业务”→“其他入库单”命令，对盘点单生成的其他入库单进行审核。

(7) 执行“存货核算”→“业务核算”→“正常单据记账”命令，对其他入库单记账。

(8) 执行“存货核算”→“财务核算”→“生成凭证”命令，选择“其他入库单”生成凭证。在“生成凭证”窗口，选择凭证为“转账凭证”，单击“合成”按钮，可合

成并生成一张出库凭证，修改制单日期为 2016.01.31，单击“保存”按钮，生成转账凭证，如图 13.13 所示。

已生成　转 账 凭 证
03 字 0009　制单日期：2016.01.31　审核日期：　附单据数：1

摘要	科目名称	借方金额	贷方金额
其他入库单	原材料/果胶	1600000	
其他入库单	待处理财产损溢/待处理流动资产损溢		1600000
票号 日期　数量 200.00000千克　单价 80.00000	合 计	1600000	1600000

备注　项 目　部 门
个 人　客 户
业务员
记账　审核　出纳　制单 李光宁

图 13.13　转账凭证

项 目 小 结

库存管理系统是供应链的基本模块，库存管理系统既可以对生产、销售需要的出入库单据进行管理，也可以对企业的存货进行现存量、货位等库存信息的管理和查询，有效地配置库存结构，管理库存价值，降低企业库存成本关系到企业资产的良性运作，是提高企业竞争力的基础。用友 ERP U8 系列软件细致严谨的库存管理系统包括库存业务处理(入库、出库、调拨、盘点、货位管理、其他特殊业务)、库存状态控制和库存分析三个方面，能够有效地跟踪库存的出入库情况，分析库存的异常状态，针对库存的短缺、超储、安全库存提供了预警机制，提供鲜活的动态库存信息，为企业各个部门进行决策提供依据。

拓展闯关 11

1. 产成品入库业务

1 月 31 日，产成品库收到生产部生产的特仑苏盒装牛奶 50 箱，做产成品完工入库。随后收到财务部提供的特仑苏盒装牛奶 50 箱的完工成本共计 1500 元，立即做成本分配，记账生成凭证。

2. 材料领用

1 月 31 日，生产部向辅料库领用果胶 100 千克(材料出库单)。

3. 盘点业务

1 月 31 日，对辅料库的所有存货进行盘点，盘点后，发现食用砂糖 50 千克，经确认，该食用砂糖的成本为 5 元/千克。

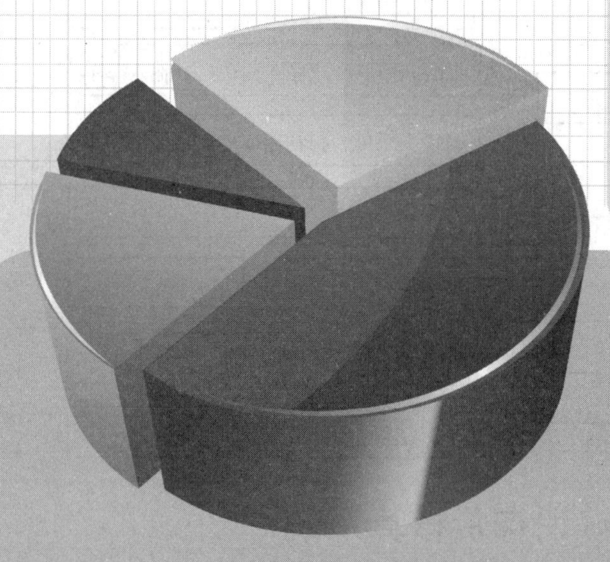

项目 14

存货核算系统

职业能力目标

存货核算系统是连接供应链业务和财务管理业务的桥梁，在这个项目中学生应了解存货流动不同过程中涉及的不同存货核算方法；掌握存货的入库业务处理、出库业务处理的单据录入及成本核算。

典型工作任务

- 出入库单据记账与凭证的生成
- 存货成本调整业务
- 存货核算系统的期末处理

知识架构

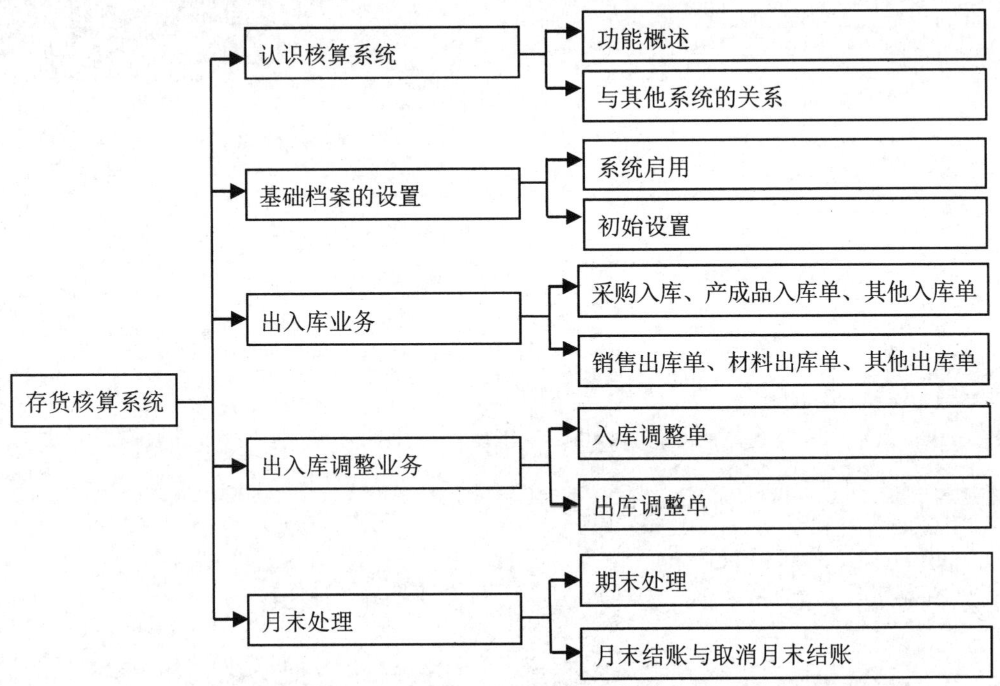

任务 14.1　认识存货核算系统

14.1.1　存货核算系统功能概述

存货是指企业在生产经营过程中为销售或耗用而储存的各种资产，包括商品、产成品、半成品、在产品以及各种材料、燃料、包装物和低值易耗品等。为了保障生产经营的过程和利润的形成，企业需要不断地进行原料的采购、半成品或在产品的生产以及商品的完工入库和销售等过程。那么在此过程中就要对存货流动的过程进行成本的统计与核算，促使企业努力降低存货成本，提高利润空间。存货核算是 ERP-U8 V10.1 管理软件的重要组成部分。学生应了解存货流动不同过程中涉及的不同存货核算方法；掌握存货的入库业务处理、出库业务处理的单据录入及成本核算。

14.1.2　存货核算系统与其他系统的关系

存货核算系统相关联的系统有销售管理系统、采购管理系统、库存管理系统、总账系统和成本管理系统等，系统之间均有接口，可以进行数据的传递，具体关系如图 14.1 所示。

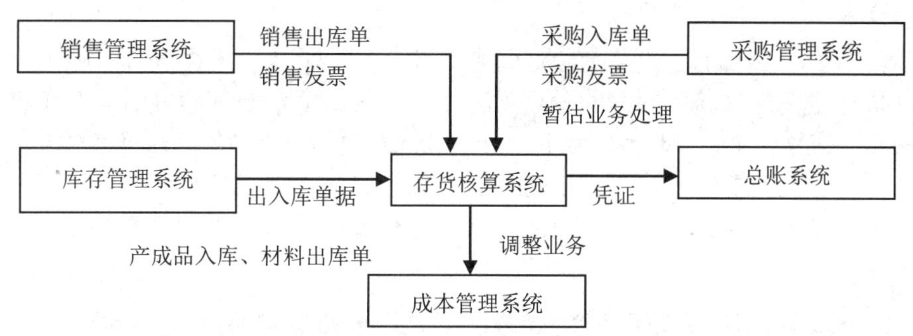

图 14.1 存货核算与其他系统的关系

任务 14.2 基础档案的设置及日常业务处理

14.2.1 系统启用

存货核算系统可以在新建账套时立即启用，也可以在建立完账套后打开企业应用平台下再进行启用。如果和采购管理系统、销售管理系统一同启用，则存货核算系统必须在采购、销售系统启用后才能进行启用。

只有在采购管理系统进行了采购期初记账后，存货核算系统才能进行财务核算。

14.2.2 存货核算系统的初始设置

1. 存货分类及存货档案的设置

存货分类及存货档案的设置见项目 10 的相关内容。

2. 科目设置

科目设置包括基本科目设置、对方科目设置、运费科目设置和结算科目设置等。其中，基本科目设置、对方科目设置的方法见项目 10 的相关内容，请学生自行查看。运费科目是指在用友系统中生成采购业务凭证所需的各种运费科目。结算科目用于设置本系统生成普通采购业务凭证所需要的结算科目。因此，用户在制单之前应先在此模块中将科目设置正确、完整，否则无法自动生成完整、正确的会计凭证。

案例 14.1 建立如表 14.1 所示的结算科目。

表 14.1 结算科目

结算方式	结算名称	币种	科目编码	科目名称
201	现金支票	人民币	10020101	银行存款—人民币
202	银行支票	人民币	10020101	银行存款—人民币
301	商业承兑汇票	人民币	1121	应收票据

操作步骤:

以账套主管“李光宁”的身份登录企业应用平台，登录日期为 2016-01-01。

(1) 执行“存货核算”→“初始设置”→“科目设置”→“结算科目”命令，打开“结算科目”窗口，单击“增加”按钮，分别输入结算方式为 201、结算名称为“现金支票”、币种为“人民币”、科目为 10020101、科目名称为“人民币”。

(2) 继续单击“增加”按钮，依次增加其他结算科目后单击“保存”按钮即可，如图 14.2 所示。

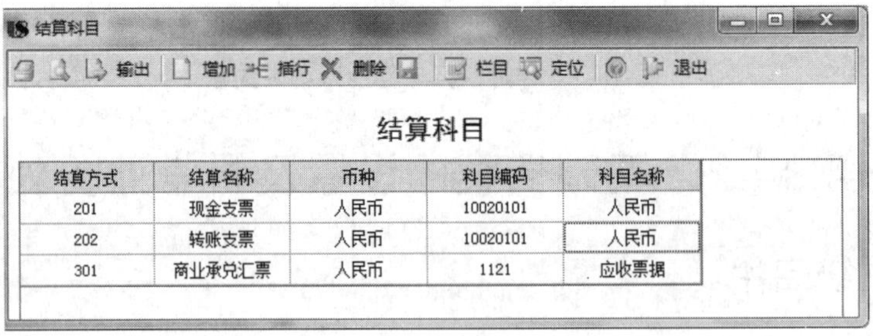

结算方式	结算名称	币种	科目编码	科目名称
201	现金支票	人民币	10020101	人民币
202	转账支票	人民币	10020101	人民币
301	商业承兑汇票	人民币	1121	应收票据

图 14.2 “结算科目”窗口

3. 存货核算的期初数据

存货核算的期初数据可以手工录入存货名称、数量及成本等数据，也可以和库存管理系统一同启用，相互进行取数并和库存管理系统进行对账。具体操作方法见项目 10 的相关内容。

14.2.3 入库业务处理

入库业务包括采购入库、产成品入库单和其他入库单。采购业务中采购入库单的记账与财务核算在项目 11 中进行了介绍，学生请自行查看。产成本入库单在库存管理系统中录入，一般填制时只填写数量、单价与金额既可以通过修改产成品入库单直接填入，也可以由存货核算系统的产成品分配功能自动计算填入。其他入库单大都是由相关业务直接生成的，例如，盘盈生成其他入库单，调整单生成的其他入库单等。

案例 14.2 2016 年 1 月 28 日，本月生产部生产的特仑苏盒装 1800 箱，牛奶干吃片 3000 盒均已完工入库，入库产成品库房。

操作步骤:

以账套主管“李光宁”的身份登录企业应用平台，登录日期为 2016-01-28。

(1) 执行“库存管理”→“入库业务”→“产成品入库单”命令，打开“产成品入库单”录入窗口。

(2) 单击“增加”按钮，输入入库日期为 2016-01-28，仓库名称为“产成品库房”，入库类别为“产成品入库”，部门为“生产部”，表体行输入产品编码为 03001，产品名称为“特仑苏盒装”，数量为 1800。第二行输入产品编码为 03002，产品名称为“牛奶干吃片”，数量为 3000，如图 14.3 所示。

(3) 单击“保存”按钮后对单据进行“审核”。

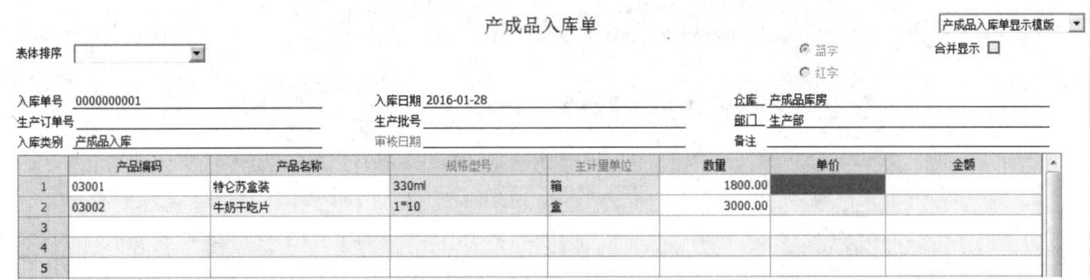

产成品入库单

产成品入库单显示模版

表体排序

◉ 蓝字　○ 红字　合并显示 ☐

入库单号 0000000001　入库日期 2016-01-28　仓库 产成品库房

生产订单号　生产批号　部门 生产部

入库类别 产成品入库　审核日期　备注

	产品编码	产品名称	规格型号	主计量单位	数量	单价	金额
1	03001	特仑苏盒装	330ml	箱	1800.00		
2	03002	牛奶干吃片	1*10	盒	3000.00		
3							
4							
5							

图 14.3　产成品入库单的录入

(4) 执行“存货核算”→“业务核算”→“产成品成本分配”命令，打开“产成品成本分配表”窗口。

(5) 单击“查询”按钮，打开“产成品成本分配表查询”对话框，选择“产成品库房”，单击“确定”按钮，如图 14.4 所示。

图 14.4　“产成品成本分配表查询”对话框

(6) 在“金额”栏中输入特仑苏盒装的成本金额为 57 600，牛奶干吃片的成本金额为 19 500，系统自动计算成本单价，单击“分配”按钮，系统弹出“分配操作顺利完成！”提示信息，如图 14.5 所示。

(7) 执行“库存管理”→“入库业务”→“产成品入库单”命令，打开上述产成品入库单后，发现入库单价自动写到单据上，如图 14.6 所示。

(8) 执行“存货核算”→“业务核算”→“正常单据记账”命令，对产成品入库单进行记账。

(9) 执行“存货核算”→“财务核算”→“生成凭证”命令，依次单击“选择”“确定”按钮后，在未生成凭证单据一览表中选择产成品入库单，单击“确定”按钮，生成凭证，如图 14.7 所示。

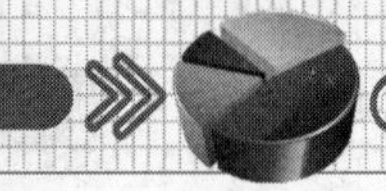

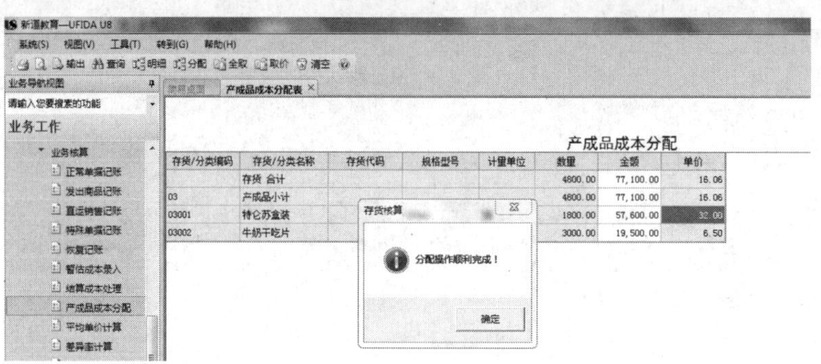

图 14.5 “产成品成本分配表”窗口

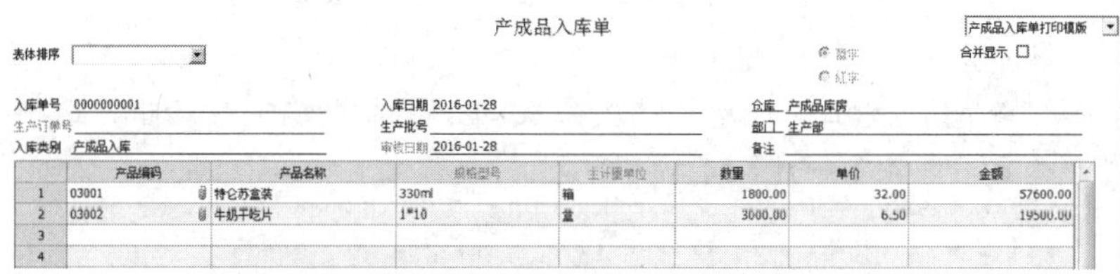

产成品入库单

入库单号 0000000001 入库日期 2016-01-28 仓库 产成品库房

生产订单号 生产批号 部门 生产部

入库类别 产成品入库 审核日期 2016-01-28 备注

	产品编码	产品名称	规格型号	主计量单位	数量	单价	金额
1	03001	特仑苏盒装	330ml	箱	1800.00	32.00	57600.00
2	03002	牛奶干吃片	1*10	盒	3000.00	6.50	19500.00
3							
4							

图 14.6 产成品成本分配后的产成品入库单

图 14.7 产成品入库单财务凭证

14.2.4 出库业务处理

出库业务包括销售出库单、材料出库单和其他出库单。

案例 14.3 2016 年 1 月 29 日，生产车间领用辅料食用香精 16 千克，食用砂糖 40 千克，领料仓库为“辅料库房”，出库类别为“材料领用出库”。

操作步骤:

以账套主管“李光宁”的身份登录企业应用平台，登录日期为 2016-01-29。

(1) 执行“库存管理”→“出库业务”→“材料出库单”命令，打开“材料出库单”窗口。

(2) 单击“增加”按钮，录入出库日期为 2016-01-29，出库类别为“材料领用出库”，部门为“生产部”。

(3) 表体行输入材料编码为 02002 ，材料名称为“食用香精”，数量为 16; 第二行

输入材料编码为 02003，材料名称为“食用砂糖”，数量为 40，单击“保存”按钮，如图 14.8 所示。

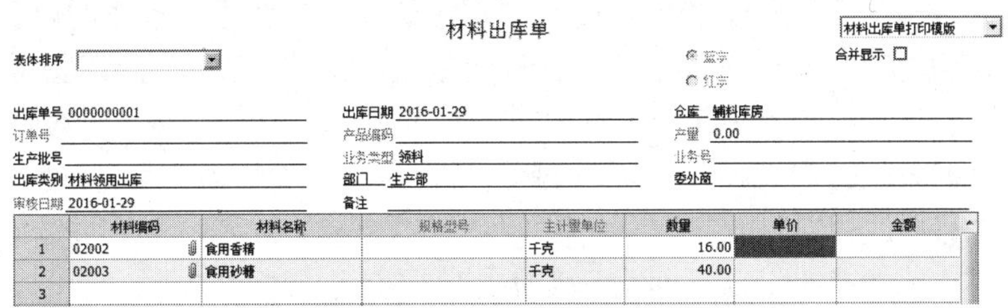

图 14.8 材料出库单的录入

(4) 单击“审核”按钮。

(5) 执行“存货核算”→“业务核算”→“正常单据记账”命令，对材料出库单进行记账，如图 14.9 所示。

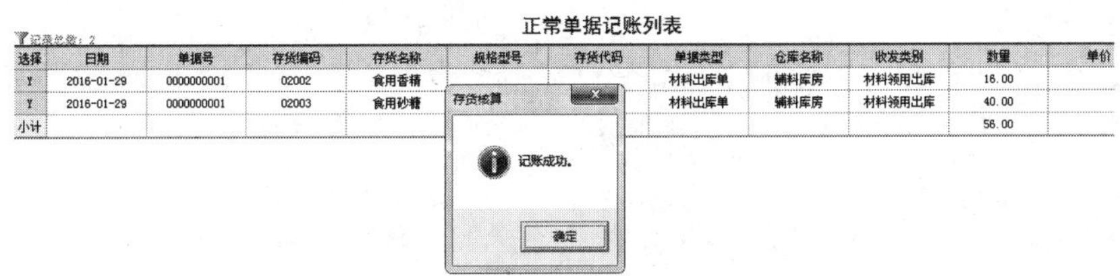

图 14.9 材料出库单的记账

(6) 执行“存货核算”→“财务核算”→“生成凭证”命令，依次单击“选择”“确定”按钮后，在未生成凭证单据一览表中选择材料出库单，单击“确定”按钮，生成的凭证如图 14.10 所示。

图 14.10 材料出库单凭证

14.2.5 调整业务

出入库单据记账后，发现单据金额错误或者需要调整记账金额，可以利用调整单来进行调整。例如，遇到暂估入库后发生零出库业务等原因所造成的出库成本不准确，或库存数量为零而仍有库存金额的情况，就需要利用调整单来调整成本金额。

调整单据包括入库调整单和出库调整单。它们都只针对当月存货的出入库成本进行调整，并且只调整存货的金额，不调整存货的数量。入库调整单用来调整当月的入库金额，并相应调整存货的结存金额，可针对单据进行调整，也可针对存货进行调整。

如果是单据录入错误，操作员可以利用“恢复记账”功能取消“单据记账”操作，然后对单据进行修改后再进行记账。

出入库调整单保存即记账，因此已保存的单据不可修改和删除。

入库调整单与采购或委外系统集成使用时，输入的被调整单号所对应的单据不能是采购入库单，即不能对采购入库单进行调整。

已生成凭证的单据不允许调整，应先删除所生成的凭证后再进行调整。

案例 14.4 2016 年 1 月 30 日，发现当月 28 日录入的产成品入库单的产成品分配金额错误，对牛奶干吃片的入库成本调增 1500 元。

操作步骤：

以账套主管“李光宁”的身份登录企业应用平台，登录日期为 2016-01-30。

(1) 执行“存货核算”→“日常业务”→“入库调整单”命令，打开“入库调整单”窗口。

(2) 单击“增加”按钮，输入仓库为“产成品库房”，日期为 2016-01-30，收发类别为“产成品入库”，部门为“生产部”。

(3) 表体行输入存货编码为 03002，存货名称为“牛奶干吃片”，金额为 1500，单击“保存”按钮。

(4) 执行“记账”命令，如图 14.11 所示。

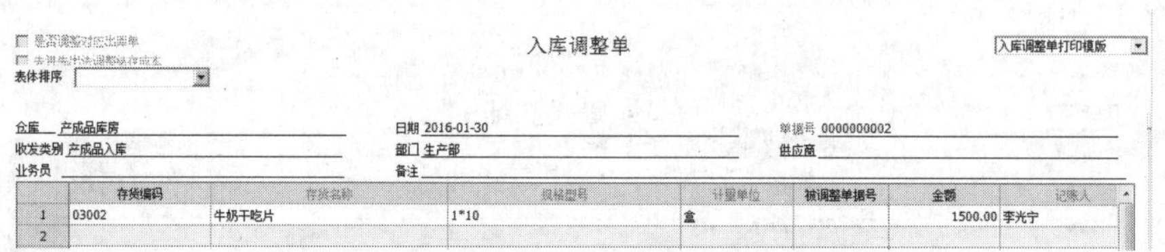

入库调整单

表体排序

仓库 产成品库房　日期 2016-01-30　单据号 0000000002

收发类别 产成品入库　部门 生产部　供应商

业务员　备注

	存货编码	存货名称	规格型号	计量单位	被调整单据号	金额	记账人
1	03002	牛奶干吃片	1*10	盒		1500.00	李光宁
2							

图 14.11　入库调整单

(5) 执行“存货核算”→“财务核算”→“生成凭证”命令，依次单击“选择”“确定”按钮后，在未生成凭证单据一览表中选择入库调整单，单击“确定”按钮，如图 14.12 所示。

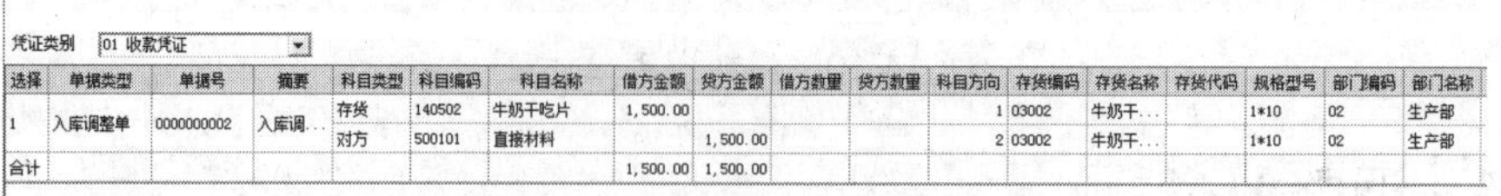

凭证类别 01 收款凭证

选择	单据类型	单据号	摘要	科目类型	科目编码	科目名称	借方金额	贷方金额	借方数量	贷方数量	科目方向	存货编码	存货名称	存货代码	规格型号	部门编码	部门名称
1	入库调整单	0000000002	入库调...	存货	140502	牛奶干吃片	1,500.00				1	03002	牛奶干...		1*10	02	生产部
				对方	500101	直接材料		1,500.00			2	03002	牛奶干...		1*10	02	生产部
合计							1,500.00	1,500.00									

图 14.12　入库调整单生成的凭证

(6) 单击“生成”按钮，选择凭证类别为“转账凭证”，修改凭证日期为 2016.01.30，单击“保存”按钮，生成调整凭证，如图 14.13 所示。

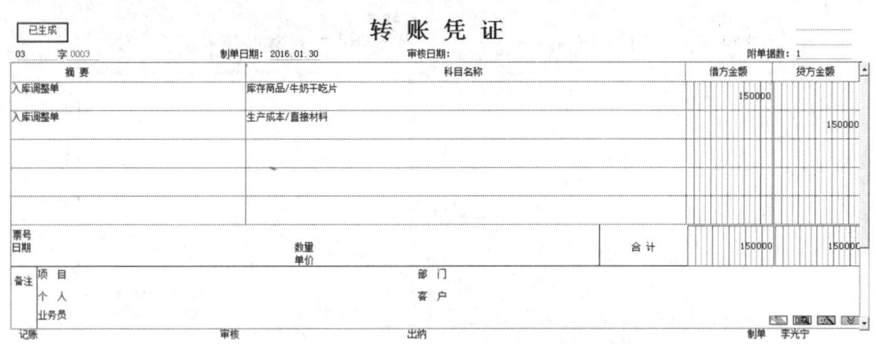

图 14.13　入库调整单凭证

提示:

入库调整单在录入保存后已经进行了记账，故在生成调整凭证前无须进行“正常单据记账”，直接执行“生成凭证”命令即可。

任务 14.3　存货核算的月末处理

存货核算系统的月末处理工作包含期末处理和结账两部分。

(1) 期末处理。当存货核算系统日常业务全部完成后，用户可以对已记账存货进行期末处理。对按照全月平均法核算存货，期末处理后可以计算存货的全月平均单价及其出库成本；对按照计划价/售价方式核算的存货，期末处理可以计算存货的差异率/差价率及其本会计月的分摊差异/差价。

如果存货核算系统和采购管理系统、销售管理系统一同启用，则期末处理操作需在采购系统、销售系统结账后才可进行。

用户可以选择在期末处理后出现存货数量为零，金额不为零的情况，是否自动生成出库调整单。如要自动生成出库调整单，则用户需选中“结存数量为零金额不为零生成出库调整单” 选项。

(2) 结账。存货核算系统期末处理完成后，就可以进行月末结账。如果是集成应用模式，必须采购管理、销售管理和库存管理全部结账后，存货核算系统才能结账。

案例 14.5　2016 年 1 月 31 日，对原材料库房、辅料库房、产成品库房进行期末处理。选择对结存数量为零金额不为零生成出库调整单。

操作步骤:

以账套主管“李光宁”的身份登录企业应用平台，登录日期为 2016-01-31。

(1) 执行“存货核算”→“业务核算”→“期末处理”命令，对 1 月份存货进行期末处理。

(2) 打开“未期末处理仓库”选项卡，选中“原材料库房”“辅料库房”“产成品库房”复选框，单击“处理”按钮，如图 14.14 所示。

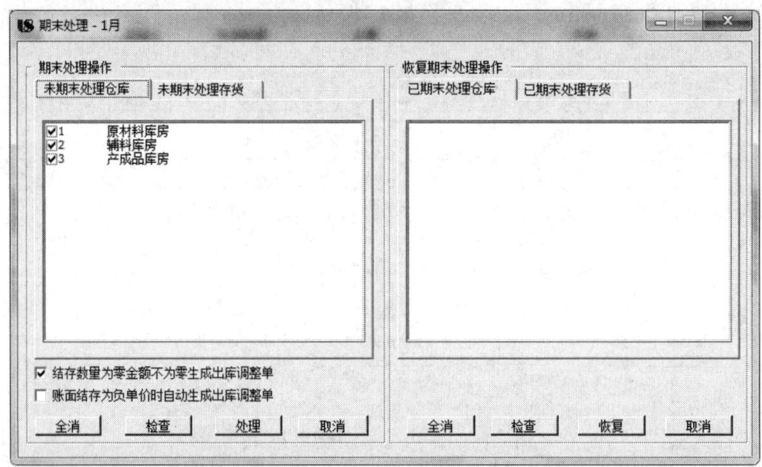

图 14.14　期末处理

提示：

- 进行期末处理前应对所有单据进行记账，否则将影响存货成本的计算。
- 如果期末处理错误，可以在期末处理界面单击“恢复”命令进行恢复。

案例 14.6　2016 年 1 月 31 日，对存货核算模块进行月末结账。

操作步骤：以账套主管“李光宁”的身份登录企业应用平台，登录日期为 2016-01-31。

(1) 执行“存货核算”→“业务核算”→“月末结账”命令，对 1 月份数据进行月末结账。

(2) 选中会计月份为 1 的记录行，单击“月结检查”按钮，通过后才能进行存货核算结账，如图 14.15 所示。

(3) 单击“结账”按钮，系统弹出“月末结账完成！”提示信息，如图 14.16 所示。

图 14.15　月结检查

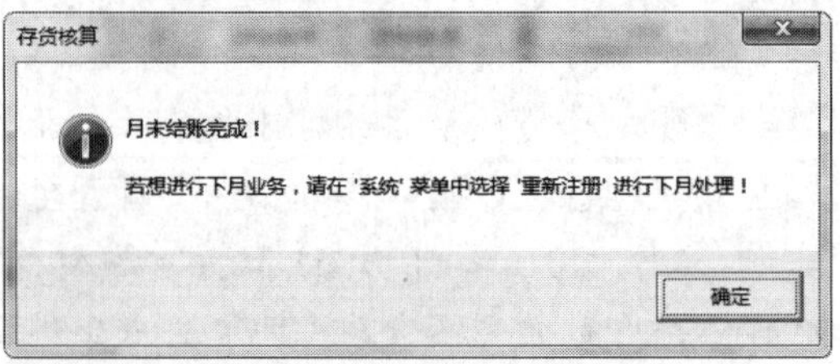

图 14.16　月末结账完成

提示：

- 存货核算系统结账前应分别对采购管理系统、销售管理系统和库存管理系统进行结账。

- 如果月末结账错误，可以以结账日期的次月日期登陆，单击结账界面下的“取消结账”按钮即可恢复结账。

项 目 小 结

存货核算系统是实现财务业务一体化 ERP 系统集成的重要功能模块。存货核算系统主要针对企业存货的收发存业务进行核算，掌握存货的耗用情况，及时准确地把各类存货的成本进行归集和统计。如果存货的计价方式采用的是移动平均法，则存货的成本可以实时进行统计，满足用户对成本核算准确性、及时性的核算要求。

在存货核算系统进行了出入库成本记账的单据可以生成一系列的财务凭证传递到总账管理系统，从而实现企业财务业务一体化。

学生在学习该项目时应掌握如下基础知识：

(1) 掌握单据的记账和凭证的生成。

(2) 掌握调整单的录入规则和操作方法，以及调整凭证的生成。

(3) 掌握存货核算系统期末处理和月末结账的方法及要求。

拓展闯关 12

1. 1 月 18 日，向内蒙古澳亚牧场订购液态奶 80 吨，单价为 5000 元，将收到的原材料验收入原材料库房。

2. 1 月 21 日，将 1 月 18 日发生的采购液态奶的入库成本增加 300 元。

要求：录入相应单据并生成财务凭证。

参 考 文 献

[1] 中华人民共和国财政部. 企业会计准则(2006)[S]. 北京：中国财政经济出版社，2006.

[2] 马占丽. 会计基础[M]. 北京：中国铁道出版社，2016.

[3] 王新玲. 会计信息系统实验教程用友 ERP-U8 V10.1 版[M]. 北京：清华大学出版社，2016.

[4] 谈先球. 会计电算化实务[M]. 北京：教育科学出版社，2015.

[5] 牛永芹. ERP 供应链管理系统实训教程用友-U8 V10.1 版[M]. 北京：高等教育出版社，2016.